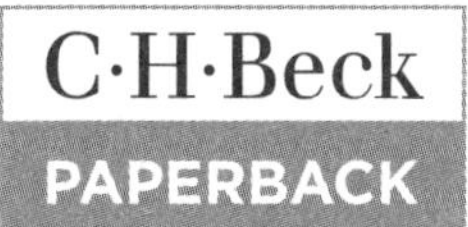
C·H·Beck
PAPERBACK

Die Geschichte des Russischen Reiches wird oft als russische Nationalgeschichte mißverstanden. Erst der Zerfall des sowjetischen Imperiums hat einer breiten Öffentlichkeit bewußt gemacht, daß die Sowjetunion ein Vielvölkerreich war, das über 100 Völker mit unterschiedlichen Lebensformen, Religionen und Wirtschaftsweisen umfaßte. Dieses Buch, das von den Anfängen des Vielvölkerreiches im Mittelalter bis in die unmittelbare Gegenwart reicht, erweitert die Geschichte Rußlands um die Geschichte der Nicht-Russen und zeigt auf, daß das Problem der unterschiedlichen Völkerschaften eine wesentliche Konstante der russischen Geschichte war. Es untersucht die historischen Voraussetzungen, die es erlauben, den Zusammenbruch der Vielvölkerreiche der Zaren und der Sowjets aus ihrer Geschichte heraus zu verstehen.

Andreas Kappeler ist Professor für Osteuropäische Geschichte an der Universität Wien. Bei C. H. Beck sind außerdem von ihm erschienen: *Kleine Geschichte der Ukraine* (^{2}2000) und *Russische Geschichte* (^{5}2008).

Andreas Kappeler

Rußland als Vielvölkerreich

Entstehung · Geschichte · Zerfall

C. H. Beck

Mit 11 Karten

Die erste Auflage dieses Buches erschien in gebundener Form 1992
Aktualisierte Neuausgabe in der Beck'schen Reihe. 2001
2. Auflage in der Beck'schen Reihe,
um ein Nachwort ergänzt. 2008
3., unveränderte Auflage in C.H.Beck Paperback. 2019

4. Auflage. 2022

Satz: C.H.Beck.Media.Solutions, Nördlingen
Druck und Bindung: Druckerei C.H.Beck, Nördlingen
Umschlagentwurf: malsyteufel, Willich
Umschlagabbildungen: Johann Gottlieb Georgi, Beschreibung aller Nationen des Russischen Reiches. St.Petersburg 1776
Printed in Germany
ISBN 978 3 406 74314 6

www.chbeck.de

Inhalt

Viertes Kapitel
Das vormoderne Vielvölkerreich Rußland
Seite 99

Fünftes Kapitel
Koloniale Expansion in Asien im 19. Jahrhundert
Seite 139

Sechstes Kapitel
Die nationale Herausforderung
Seite 177

Siebtes Kapitel
Die Reaktion des Staates: Nationalitätenpolitik 1831–1904
Seite 203

Achtes Kapitel
Das spätzarische Vielvölkerreich zwischen Modernisierung und Tradition
Seite 230

Neuntes Kapitel
Nationalitätenfrage und Revolution
Seite 267

Ausblick
Wandel und Kontinuität im sowjetischen Vielvölkerreich
Seite 300

Anhang

Verzeichnis der Karten

Einleitung

Der Zusammenbruch der Sowjetunion, den wir im letzten Jahrzehnt des 20. Jahrhunderts erleben, steht nicht nur am Ende der siebzigjährigen Geschichte des multinationalen kommunistischen Imperiums, sondern er ist der Schlußakt der über vierhundertjährigen Geschichte des Vielvölkerreichs Rußland. So greifen die Erklärungen zu kurz, die den Zerfall der UdSSR auf die Krise des sozialistischen Systems reduzieren und nicht auch das Erbe des russischen Imperiums in ihre Überlegungen einbeziehen. Aus einer so erweiterten Perspektive ist das Auseinanderfallen der Sowjetunion Teil des universalen Prozesses der Auflösung polyethnischer Imperien und ihrer Aufsplitterung in Nationalstaaten, wie er in Europa besonders an den Beispielen des Osmanischen und des Habsburger Reiches im 19. und frühen 20. Jahrhundert, in den außereuropäischen Gebieten in der Dekolonisation zutage trat. Die Oktoberrevolution und die Sowjetherrschaft haben aus dieser Sicht den Zerfall des Russischen Imperiums lediglich um einige Jahrzehnte verzögert.

In diesem Buch wird erstmals versucht, einen Gesamtüberblick über die Geschichte des Vielvölkerreichs Rußland zu geben. Dabei setze ich mir im wesentlichen drei Ziele. Erstens sollen die Nationalitätenprobleme und der Zerfall der Sowjetunion in einen größeren historischen Kontext eingeordnet werden. Für ein tieferes Verständnis des sowjetischen Vielvölkerreiches, seiner Nationen und ethnischen Gruppen und ihrer Emanzipation von der Zentrale, ist der Rückgriff auf seinen Vorgänger notwendig. Die Strukturen des polyethnischen Imperiums, die Muster der Wechselbeziehungen zwischen Zentrale und Peripherie und der interethnischen Kontakte haben sich im Laufe von Jahrhunderten herausgebildet. Auch nationale Identität und nationale Bewegungen sind das Produkt einer langen Entwicklung und legitimieren sich wesentlich aus der Geschichte. So ist die unterschiedliche politische Kultur der Esten, Litauer, Ukrainer, Armenier und Tataren durch die Nationalbewegungen des 19. und frühen 20. Jahrhunderts geprägt worden. Die Spannung zwischen der politischen und militärischen Dominanz Rußlands und seiner relativen sozio-ökonomischen Rückständigkeit gegenüber der westlichen Peripherie des Reiches ist nicht erst ein Kennzeichen des sowjetischen Imperiums. Aktuelle Probleme wie der armenisch-aserbaidschanische Konflikt, der russische Antisemitismus, das europazentrische Superioritätsgefühl der Russen gegenüber den Muslimen Mittelasiens und ihre ablehnende Haltung gegenüber der nationalen Emanzipation der Ukrainer, das konfliktgeladene Verhältnis der Polen und das relativ entspannte der Finnen zu Rußland haben ihre Wurzeln in vorrevolutionärer Zeit.

Das zweite Ziel des Buches ist eine Erweiterung unseres Bildes der Geschichte Rußlands, die weithin als russische Nationalgeschichte mißverstanden wird. Bis vor kurzem wurden im westlichen Ausland gemeinhin alle Bewohner der UdSSR pauschal als Russen bezeichnet, und man hatte kaum je etwas von Litauern, Kasachen und Georgiern, geschweige denn von Osseten, Mescheten oder Gagausen gehört. Das autoritäre System deckte mit einem weitgehenden Informationsmonopol, mit harmonisierender Propaganda und Repression die nationalen Probleme während Jahrzehnten zu. Die meisten westlichen Beobachter gaben sich damit zufrieden, entweder weil sie sich Staaten ohnehin nur als ethnisch geschlossene Nationalstaaten vorstellen konnten, oder weil sie dem Wunschdenken verhaftet waren, in einer Epoche supranationaler Zusammenschlüsse seien nationale Kategorien obsolet. Erst der Zerfall des sowjetischen Imperiums hat einer breiteren Öffentlichkeit bewußt gemacht, daß die Sowjetunion ein Vielvölkerreich war.

Diese politischen Veränderungen haben in den letzten Jahren das Interesse am sowjetischen Vielvölkerreich belebt, und eine Reihe von Überblicksdarstellungen sind erschienen.[1] Die Interpretation des Zarenreiches ist jedoch davon bisher nicht berührt worden. Obwohl die Russen am Ende des 19. Jahrhunderts nur etwa 43 Prozent seiner Bevölkerung ausmachten, wird das Russische Reich bis heute weitgehend als russischer Nationalstaat begriffen. Das gilt für die westliche Historiographie noch mehr als für die sowjetische. Die nationalstaatliche Interpretation der russischen Geschichte hat im wesentlichen zwei Wurzeln: Die eine ist die russische Geschichtsschreibung des 19. Jahrhunderts, die dem damaligen Zeitgeist folgend die Geschichte Rußlands als die eines Nationalstaats begriff, und die nicht nur auf die sowjetische, sondern über ihre Werke und über Emigranten auch auf die europäische und nordamerikanische Historiographie großen Einfluß ausübte. Zum zweiten ist die westliche Geschichtsschreibung selber seit dem 19. Jahrhundert stark in nationalstaatlichen Kategorien befangen, und die sowjetische Historiographie ist unter Stalin mindestens partiell zu einer russisch-nationalen Interpretation zurückgekehrt. Eine nationalstaatliche Sicht der Geschichte Rußlands führt meines Erachtens in die Irre. Es wird deshalb im folgenden der Versuch unternommen, diese russozentrische Optik zu korrigieren und zu zeigen, daß die Polyethnizität eine wesentliche Konstante der russischen Geschichte darstellt, daß sowohl die Geschichte Rußlands wie die seiner Regionen und Völkerschaften ohne ein Verständnis des polyethnischen Gesamtzusammenhangs unzureichend bleibt.

Dieses Buch soll drittens einen Beitrag zu einer universalen Geschichte von Vielvölkerreichen leisten, die von der nationalstaatlich orientierten Historiographie vernachlässigt worden sind.[2] Gerade in einer Zeit, in der das Modell des ethnisch einheitlichen Nationalstaats eine Renaissance erlebt, sollte daran erinnert werden, daß in der Geschichte polyethnische Staaten die Regel waren und – mindestens außerhalb Europas – auch heute noch sind. Das Ideal des ethnisch einheitlichen Nationalstaates ist dagegen erst im

19. Jahrhundert entstanden und hat in der Folge viel Unheil über die Menschheit gebracht. Die Untersuchung von Vielvölkerreichen kann alternative Konstruktionsprinzipien von Staat und Gesellschaft in Erinnerung rufen und die Problematik des (ethnisch eingeengten) nationalstaatlichen Prinzips verdeutlichen. Dazu eignet sich das Vielvölkerreich Rußland mit seiner ungeheuren ethnischen Vielfalt, die Europa und Asien, vier Weltreligionen und eine ganze Skala von Lebensformen und Wirtschaftsweisen umfaßte, besonders gut. Da umfassende Vorarbeiten weitgehend fehlen, kann hier das Beispiel Rußland allerdings nicht in einen Vergleich mit anderen Imperien gestellt werden, doch sollen Elemente für eine solche komparative Betrachtung herausgearbeitet werden. Sie sind gleichzeitig die zentralen Fragestellungen:

1. Mit welchen Methoden und Instrumenten vollzog sich die Expansion und Eingliederung von Territorien mit einer ethnisch und konfessionell fremden Bevölkerung, mit unterschiedlichen Wirtschaftsweisen, Sozialordnungen und Kulturen?

2. Wie reagierten die Unterworfenen, besonders ihre Eliten? Mit bewaffnetem Widerstand oder mit Bereitschaft zur Kooperation? Wie wirkte sich die Fremdherrschaft auf Verwaltungsordnung, Sozialstruktur, Wirtschaft und Kultur ihrer Regionen aus?

3. Welchen Charakter hatte das polyethnische Reich? Wie war seine sozio-ethnische, administrative und wirtschaftliche Struktur? In welchen Bereichen gab es eine interethnische Arbeitsteilung und welche spezifischen Funktionen übernahmen die einzelnen ethnischen Gruppen im Rahmen des Imperiums? Wie vollzog sich die Begegnung der unterschiedlichen Kulturen und Religionen?

4. Welche Veränderungen erfuhren das vormoderne supranationale Imperium und seine Ethnien unter dem Einfluß der Modernisierung, im besonderen durch die Nationalbewegungen? Wie gestaltete sich das Wechselverhältnis zwischen nationaler Emanzipation und sozialer Revolution?

Die skizzierten Zielsetzungen und Fragestellungen bestimmen den Aufbau des Buches. Nach einer knappen Erörterung der mittelalterlichen Voraussetzungen (1. Kapitel) folgt die Darstellung der Expansion Rußlands nach Osten, Süden und Westen vom 16. bis frühen 19. Jahrhundert, die aus dem auf die Wälder Nordosteuropas beschränkten Moskauer Staat ein riesiges eurasiatisches Imperium machte (2. und 3. Kapitel). Im 4. Kapitel wird der chronologische Ablauf durch eine systematische Analyse der Struktur des vormodernen Vielvölkerreichs am Ende des 18. und zu Beginn des 19. Jahrhunderts ergänzt. Die Entwicklung im 19. Jahrhundert, die den Übergang zur Moderne brachte, wird nach thematischen Gesichtspunkten auf drei Kapitel aufgeteilt: Das fünfte Kapitel ist der letzten Etappe der Expansion des Russischen Reiches, die ausschließlich in südlicher und östlicher Richtung ging und zur Angliederung weiter asiatischer Gebiete führte, gewidmet. Die wichtigste Zäsur bedeutete die neue historische Kraft der Nationalbewegungen, die den Zusammenhalt des vornationalen Imperiums in Frage stellte (Kapitel 6). Unter dem Einfluß von Modernisierung und nationalem Aufbruch wandelten sich die russische Nationalitätenpolitik (7. Kapitel) und der Charakter des Vielvölkerreiches, dessen Struktur am Ende des 19. Jahrhunderts noch einmal systematisch dargestellt wird (Kapitel 8). Die Wechselwirkung von nationaler Frage und Revolution steht im Mittelpunkt des neunten Kapitels, das über die Revolutionen von 1905 und 1917 bis zum Zerfall des Russischen Reiches im Jahre 1918 führt. Den Abschluß macht ein Ausblick auf die Entwicklung des sowjetischen Vielvölkerreiches bis zu seinem Zusammenbruch im Jahre 1991.

Das Unterfangen einer umfassenden Geschichte des Vielvölkerreichs Rußland ist vermessen. Es ist unmöglich, allen Aspekten der Entwicklung und jeder der über hundert ethnischen Gruppen gerecht zu werden. So bleiben etwa die ungenügend erforschten Fragen des interethnischen Kontaktes und der wechselseitigen Akkulturation weitgehend ausgeklammert.[3] Der Schwerpunkt der Darstellung liegt auf dem Wechselverhältnis des Staates, des Zentrums, und seiner Machteliten mit der nichtrussischen Bevölkerung der peripheren Regionen. Dabei stehen die ethnischen Gruppen mit Oberschichten, staatlichen Traditionen und Hochkulturen, also etwa die Polen, Tataren oder Georgier, und zerstreut siedelnde Gruppen mit spezifischen Funktionen wie die Deutschen, Juden und Armenier stärker im Vordergrund als die Masse der sozial schwach differenzierten übrigen Ethnien. Doch auch die zahlreichen «kleinen Völker» Rußlands, deren Geschichte weniger bekannt ist, die aber keineswegs – wie Engels einst behauptete – «geschichtslos» waren, sollen zu Wort kommen.

Eine historische Synthese des Vielvölkerreichs Rußland steht vor einer Reihe von methodischen Problemen. Obwohl dieser Ansatz explizit der vorherrschenden russozentrischen Optik der Geschichte Rußlands entgegengesetzt wird, bleibt auch er in seiner auf den russischen Staat bezogenen Fragestellung einer russozentrischen Sichtweise verhaftet. Aus ihrer nationalen Perspektive haben Polen und Jakuten, Esten und Usbeken, Tschuwaschen und Georgier außer der Klammer der russischen Herrschaft kaum historische Gemeinsamkeiten. Der berechtigten Forderung, die von Rußland unterworfenen Völker ins Zentrum zu stellen, kann hier nicht nachgekommen werden. Dies ist die Aufgabe der einzelnen Nationalgeschichten, während eine auf das ganze Reich bezogene Darstellung vom Staat auszugehen hat, der die Einheit des Untersuchungsgegenstandes bestimmt. Die Ethnien der Peripherie sollen aber nicht nur als Objekte staatlicher Politik, sondern als die historische Entwicklung wesentlich mitbestimmende Kräfte betrachtet werden. Die Geschichte der Nichtrussen vor ihrer Eingliederung in das Russische Reich, die im Falle Transkaukasiens und Mittelasiens viel weiter zurückreicht als die russische Geschichte, kann allerdings nur in groben Zügen resümiert werden.

Eine komparative Betrachtung der Ethnien des ganzen Imperiums bringt den Vorteil mit sich, daß die nationalhistorische Sicht erweitert werden kann. Jede Nationalgeschichte tendiert dazu, das historische Schicksal der eigenen Gruppe für einzigartig zu halten. Im Vergleich mit anderen Nationen werden aber Gemeinsamkeiten und Unterschiede erkennbar, die der national-exklusiven Interpretation Tiefenschärfe geben. Eine umfassende Analyse der Eingliederung der einzelnen Ethnien in das Russische Reich, der sozio-ethnischen und wirtschaftlichen Strukturen der einzelnen Regionen, der einzelnen Nationalbewegungen und der auf eine Ethnie bezogenen Nationalitätenpolitik ist nur im Rahmen einer komparativen Untersuchung möglich.

Die auf das gesamte Reich gerichtete Blickweise bringt eine Einseitigkeit der Informationsbasis mit sich. Die wichtigsten Quellen stammen aus dem russischen Zentrum und sind dementsprechend einseitig gefärbt, während die Quellen von nichtrussischer Seite sehr viel spärlicher fließen und meist nur enge Ausschnitte betreffen. Damit verbindet sich das Problem der sprachlichen Zugänglichkeit. Ich konnte nur die in slawischen und westlichen Sprachen verfaßten Quellen und Darstellungen heranziehen. Für die Geschichte der meisten peripheren Regionen des Reiches mußte ich mich deshalb auf die von sprachkundigen Historikern im Westen verfaßten Spezialstudien und die in Russisch erschienenen sowjetischen Arbeiten verlassen. Die unlösbaren sprachlichen Probleme bringen eine zusätzliche russozentrische Komponente mit sich, die sich auch in der russischen Schreibweise georgischer, tatarischer, burjätischer oder weißrussischer Namen manifestiert.

Der Anspruch, die russozentrische Sicht der Geschichte Rußlands durch eine polyethnische Optik zu erweitern, birgt die Gefahr einer anachronistischen Überbewertung nationaler Phänomene. In vornationaler Zeit – das hieß für Rußland bis weit ins 19. Jahrhundert – spielten sprachlich-ethnische Identitäten und Loyalitäten gegenüber ständischen, religiösen, regionalen und dynastischen eine untergeordnete Rolle. Wenn der ethnische Faktor zum zentralen Untersuchungsgegenstand wird, besteht die Gefahr einer ahistorischen Rückprojektion der nationalen Sichtweise, der die meisten Nationalgeschichten erliegen. Eine wichtige Aufgabe dieses Buches besteht deshalb darin, gegenüber der russozentrisch-nationalstaatlichen Optik und gegenüber der verengten Perspektive der nationalen Historiographien den übernationalen, den polyethnischen Charakter des vormodernen Russischen Reiches herauszustellen. Auch der von der national-russischen Geschichtsschreibung weitgehend unterschlagene Beitrag der Nichtrussen zur Geschichte des Russischen Reiches soll angemessen gewürdigt werden. Schließlich ist die vormoderne Geschichte der ethnischen Gruppen Rußlands auch von Bedeutung als Vorgeschichte der Nationen, die im 19. und 20. Jahrhundert nicht aus dem Nichts heraus entstanden sind.[4] Die Gefahr einer Überschätzung nationaler Elemente besteht ebenso für die Moderne, und das Wechselverhältnis zwischen sozialen und nationalen Faktoren muß besonders sorgfältig geprüft werden.

Ein theoretisches Modell, das einen systematischen Zugriff auf die komplexe Problematik erlauben würde, ist mir nicht bekannt. Die aus der Erfahrung der Herrschaft der kapitalistischen Mächte Westeuropas über außereuropäische Gebiete entspringenden Ansätze können nicht unbesehen auf die russische Agrar-Autokratie übertragen werden. Das gilt für Wallersteins Modell des europäischen Weltsystems ebenso wie für die Dependenz- und Imperialismus-Theorien, die zudem nur einen beschränkten Zeitraum betreffen. Das bedeutet nicht, daß diese theoretischen Ansätze wie überhaupt die Arbeiten zur Geschichte der europäischen Expansion und Kolonialherrschaft nicht als Hebel zur Erklärung von Teilaspekten der Geschichte des russischen Imperiums angesetzt werden könnten.[5] Ebenso habe ich Theorien mittlerer Reichweite für Einzelfragen herangezogen, etwa unterschiedliche Ansätze der Nationalismus-Forschung und John Armstrongs Modell der mobilen Diasporagruppen. In einem allgemeineren theoretischen Kontext reagiert dieses Buch auf den Paradigmawechsel von der Politologie und Soziologie zur Ethnologie, der in den beiden vergangenen Jahrzehnten stattgefunden hat.

Mit den methodischen und theoretischen Problemen eng verbunden ist die Frage der Terminologie. Da das an Westeuropa entwickelte Kolonialismusmodell nicht einfach auf Rußland übertragen werden kann, sollen die Begriffe Kolonie, koloniale Abhängigkeit usw. nicht ohne genauere Prüfung der jeweiligen Situation verwendet werden. Die vor allem in der amerikanischen Forschung übliche pauschale Übertragung der Begriffe Kolonialismus und Imperialismus auf Rußland und die Sowjetunion verschleiert mehr als sie erklärt.

Die Begriffe Nation und national (Nationalbewußtsein, Nationalbewegungen, Nationalitäten usw.), gebrauche ich nur für die Epoche der modernen Nation, die im späten 18. Jahrhundert eingesetzt und dann phasenverschoben Europa und die Welt erfaßt hat. Für die Vormoderne, und das bedeutet für einzelne Regionen des Russischen Reichs bis ins 20. Jahrhundert hinein, verwende ich den Begriff ethnische Gruppe oder Ethnie (ethnisch, ethnisches Bewußtsein usw.). Den mehrdeutigen Volksbegriff (mit dem politisch diskreditierten Adjektiv völkisch), der im Deutschen oft dafür verwendet wird, vermeide ich nach Möglichkeit. Der Begriff Nationalismus steht hier im Gegensatz zur englischsprachigen und einem Teil der neueren deutschsprachigen Forschung nicht als übergreifender neutraler Terminus für alle Aspekte des Nationalen, sondern nur in seiner im Deutschen und Russischen geläufigen engeren Bedeutung der aggressiven, übersteigerten, chauvinistischen nationalen Ideologie.

Ein weiteres Problem stellt der Gebrauch der Ethnonyme dar: Soll man die heute gebräuchlichen Bezeichnungen der Nationen auf die Vergangenheit übertragen oder die zeitgenössischen Namen verwenden? Angesichts der verwirrenden Vielfalt der zum Teil mehrfach wechselnden Namen und der oft schwankenden Identität der über hundert Ethnien des Russischen

Reiches konnte hier keine Konsequenz erreicht werden. Die erst in sowjetischer Zeit eingeführten Ethnonyme verwende ich in der Regel nicht: Die heutigen Komi erscheinen also als Syrjänen (das in der Zarenzeit übliche Ethnonym), die Mari als Tscheremissen usw. Falls die alte Bezeichnung zu Mißverständnissen Anlaß geben könnte, wie im Falle der im Russischen Reich als Kirgisen bezeichneten Kasachen oder des vieldeutigen Begriffs Tataren, der auch für die heutigen Aserbaidschaner verwendet wurde, habe ich sie dagegen nicht beibehalten. Wenn sich eine Ethnie vor 1917 eine neue Selbstbezeichnung gab, habe ich diese verwendet. So bezeichne ich die Ukrainer nicht als Kleinrussen oder Ruthenen. Die rumänischsprachige Bevölkerung Bessarabiens, die sogenannten Moldauer, bezeichne ich als Rumänen (zu Sprachen und Ethnonymen vgl. Tabelle 1).

Eine umfassende moderne Geschichte des Vielvölkerreichs Rußland gibt es bisher nicht, auch nicht in russischer Sprache. Die Hauptursache dafür ist die nationalstaatliche Verengung der Optik, die gerade zu dem Zeitpunkt eintrat, als die moderne Geschichtswissenschaft entstand. Im Zeitalter der Aufklärung war das Interesse an Rußland als Vielvölkerreich noch groß gewesen. Die «Beschreibung aller Nationen des Russischen Reichs» Johann Gottlieb Georgis, die «Lebensart, Religion, Gebräuche, Wohnungen, Kleidungen und übrige Merkwürdigkeiten» von über sechzig ethnischen Gruppen schildert, erlebte am Ende des 18. Jahrhunderts mehrere Auflagen.[6] Der französische Historiker Levêque hielt es für notwendig, seiner großen Geschichte Rußlands eine zweibändige «Histoire des différents peuples soumis à la domination des Russes» folgen zu lassen, die sich stark an Georgis Werk anlehnt.[7] Auch Heinrich Storch legte in seinem «Historisch-Statistischen Gemälde des Russischen Reiches» viel Gewicht auf dessen polyethnische Zusammensetzung.[8] Dieser polyethnische Ansatz ist in der Folge verschüttet worden. Die großen russischen Historiker des 19. Jahrhunderts Karamzin, Solov'ev, Ključevskij und Platonov betrieben wie die meisten Historiker anderer Länder Nationalgeschichte.[9] Die Geschichte des Vielvölkerreichs Rußland wurde zur russischen Geschichte.

Im westlichen Ausland kamen die ersten Ansätze zu einer übergreifenden modernen Geschichte des Vielvölkerreichs zu Beginn der 50er Jahre von zwei aus dem alten Rußland stammenden Gelehrten. «La formation de l'Empire russe» des russischen Emigranten Boris Nolde ist der bisher einzige Versuch einer umfassenden Gesamtdarstellung, die leider unvollendet blieb, ihren Wert als quellennahe Darstellung der frühen Phasen russischer Expansion aber bis heute nicht verloren hat.[10] Der Deutschbalte Georg von Rauch richtete sein Augenmerk auf den Gegensatz von «staatlicher Einheit und nationaler Vielfalt» und seine mögliche Auflösung durch eine föderalistische Ordnung.[11] Eine stark auf die vorrussische Zeit und kulturelle Aspekte konzentrierte «Geschichte der orientalischen Völker Rußlands» legte der Orientalist Emanuel Sarkisyanz vor.[12] Mehr als zwei Jahrzehnte später gelang dem amerikanischen Historiker Edward Thaden eine überzeugende Synthese der

Geschichte der westlichen Teile des russischen Imperiums vom 18. bis in die 60er Jahre des 19. Jahrhunderts, nachdem er zuvor schon mit einer Arbeit zur spätzaristischen Russifizierung im Baltikum und Finnland hervorgetreten war.[13] In einer Fallstudie zu den Ethnien der Mittleren Wolga habe ich vor einem Jahrzehnt versucht, den Grundlagen des Vielvölkerreichs Rußland nachzugehen.[14]

Die amerikanische Forschung hat eine Reihe von Sammelbänden hervorgebracht, die meist auf die Sowjetunion konzentriert sind, aber in einzelnen Beiträgen auch auf das vorrevolutionäre Vielvölkerreich eingehen. Besonders hervorzuheben sind die beiden Aufsätze von Marc Raeff und S. Frederick Starr, die anregende und scharfsinnige Beobachtungen und Thesen zur russischen Nationalitätenpolitik und zum polyethnischen Imperium der Zaren enthalten.[15] Ganz dem Zarenreich gewidmet sind zwei Bände zum «russischen Imperialismus» und zur «russischen kolonialen Expansion», die einzelne wertvolle Beiträge enthalten, jedoch zu keiner geschlossenen übergreifenden Interpretation gelangen.[16]

Die neuere sowjetische Historiographie hat in der großen Überblicksdarstellung der «Geschichte der UdSSR» die Regionen, die Bestandteil der Sowjetunion geworden waren, mit berücksichtigt, nicht aber Polen und Finnland, die später unabhängige Staaten wurden. Dabei integrierte man die Nichtrussen nicht in die Geschichte des Russischen Reiches, sondern fügte einer stark russisch-national geprägten Darstellung kurze Abschnitte zu ihrer Geschichte hinzu.[17] Im übrigen herrschte Arbeitsteilung zwischen den Historikern im Zentrum und in den Republiken, was dazu führte, daß nicht nur keine Synthesen zum gesamten Vielvölkerreich erschienen, sondern auch den in der Sowjetzeit in mehrere Verwaltungsgebiete aufgeteilten historischen Regionen (Mittelasien, Steppe, Baltikum, Mittlere Wolga usw.) kaum Arbeiten gewidmet wurden.[18] Die Historiographien der einzelnen Sowjetrepubliken haben zwar seit der Stalinzeit eine institutionelle Ausweitung und Professionalisierung erlebt, doch blieben sie unter der Kontrolle der Zentrale. Die Erforschung der politisch heiklen Fragen des Vielvölkerreichs Rußland wurde durch die offizielle, die Eroberung des Zarenreiches legitimierende Ideologie besonders erschwert. Die verbindlichen Axiome der «Völkerfreundschaft» und «der progressiven Vereinigung mit Rußland» durchziehen deshalb die Arbeiten der 50er bis 80er Jahre. Widerstandsbewegungen der Nichtrussen sind meist als reaktionär-feudal, die Nationalbewegungen als reaktionär-bürgerlich abqualifiziert worden, und viele Bereiche der Beziehungen zwischen Rußland und den Nichtrussen blieben tabu. Davon hatten sich noch einige Publikationen der 20er und frühen 30er Jahre positiv abgehoben, sei es durch ihre Konzeption, die die russische Politik als Kolonalismus und das Zarenreich mit Lenin als «Völkergefängnis» interpretierte, sei es durch Quellenpublikationen, die im Gegensatz zur Folgezeit noch nicht gefiltert waren.[19] Nach der in der Geschichtswissenschaft zögernd vollzogenen Wende zu Glasnost' und Perestrojka sind bisher noch keine konzeptionell neuen Arbeiten zum Vielvölkerreich Rußland erschienen. Allerdings wurde seit dem Ende der 80er Jahre deutlich, daß sich die nichtrussischen Historiker allmählich aus dem Prokrustesbett der harmonisierenden Dogmen befreien. In der russischen Zentrale hielten sich dagegen die traditionellen russozentrischen Haltungen und Vorurteile, und in einer Epoche der russisch-nationalen Wiedergeburt ist eine rasche Umorientierung wenig wahrscheinlich.

Die Geschichte der einzelnen Ethnien und Regionen ist erheblich besser erforscht als das Vielvölkerreich Rußland als ganzes. Das gilt besonders für die Polen und Finnen, die nach dem Ersten Weltkrieg unabhängige Staaten und Historiographien aufbauen konnten. Im Falle der Polen blieb allerdings nach 1945 die politisch heikle Erforschung der ehemaligen Ostgebiete Polen-Litauens, die jetzt zur Sowjetunion gehörten, weit hinter der Kongreßpolens zurück. Die nationalen Historiographien der UdSSR haben zwar viele wichtige Arbeiten, vor allem zur Sozial- und Wirtschaftsgeschichte, vorgelegt, die brisanten Themen der Unterwerfung und Eingliederung ins Russische Reich, der Nationalbewegungen und der Nationalitätenpolitik wurden aber ausgeklammert oder einseitig ideologisiert. Deshalb sind für diese Fragen in der Regel die im Westen erschienenen Werke heranzuziehen. Durch zahlreiche Arbeiten gut erschlossen ist die Geschichte der baltischen Völker, der Muslime Mittelasiens unter russischer Herrschaft, der Juden und Deutschen, während etwa die Geschichte der Weißrussen, der Rumänen Bessarabiens und der kaukasischen Muslime noch immer ungenügend erforscht ist. Führend ist die amerikanische Forschung, besondere Bedeutung kommt der von Wayne S. Vucinich herausgegebenen, noch nicht abgeschlossenen Reihe «Studies of Nationalities in the USSR» zu.[20]

Einige technische Fragen zum Schluß:

Die Transliteration von Namen in Dutzenden von Sprachen und mehreren Alphabeten stellt ein unlösbares Problem dar. Ich habe mich im Zweifelsfall für die im Russischen Reich geltende und in der Forschung eingebürgerte russische Form entschieden und dafür den Vorwurf des Russozentrismus in Kauf genommen. Kyrillische Namen werden nach der deutschen wissenschaftlichen Umschrift transliteriert, mit Ausnahme der Ethnonyme, die nach der Duden-Transliteration eingedeutscht wurden, um Wortungetüme wie čuvašisch, azerbajdžanisch oder Čukčen zu vermeiden.

In das Verzeichnis der benutzten Quellen und Fachliteratur sind alle mehrfach zitierten Werke aufgenommen worden, die dann in den Anmerkungen nur mehr abgekürzt zitiert werden. Da im Rahmen dieser Überblicksdarstellung die Geschichte der einzelnen Regionen und Ethnien nur knapp zusammengefaßt werden kann, führe ich die wichtigste weiterführende Literatur in den Anmerkungen an. Dabei habe ich Werke in deutscher, englischer und französischer Sprache bevorzugt, falls notwendig aber auch russische, polnische und ukrainische Literatur angeführt.

Ich bin zahlreichen Personen und Institutionen zu Dank verpflichtet. Teilbereiche des Themas habe ich in zwei Forschungsprojekten erschlossen, in einem von der Deutschen Forschungsgemeinschaft geförderten Vorhaben zur Auswertung der in der russischen Volkszählung von 1897 enthaltenen Daten zu den Nationalitäten des Reiches und im Projekt der European Science Foundation zu «Governments and non-dominant ethnic groups in Europe, 1850–1940».[21] Meine Kollegen und Kolleginnen Fikret Adanır, Manfred Alexander, Otto Dann, Uwe Halbach, Hans-Henning Hahn, Sirje Kivimäe und Gerhard Simon sowie Ernst-Peter Wieckenberg vom Verlag C. H. Beck haben Teile des Manuskripts gelesen und kritische Bemerkungen und Korrekturen eingebracht. Den Geldgebern und den Kolleginnen und Kollegen, mit denen ich über längere Zeit in einer wissenschaftlichen Diskussion stand, sei gedankt. Schließlich danke ich den Studierenden an der Universität Köln, die mir in mehreren Lehrveranstaltungen mit schriftlichen Arbeiten und kritischen Diskussionsbeiträgen wesentliche Anregungen vermittelt haben.

Erstes Kapitel

Mittelalterliche Voraussetzungen

Die Geschichte des Vielvölkerreichs Rußland beginnt im Jahre 1552 mit der Eroberung von Kazan' durch den Moskauer Zaren Ivan IV., den Schrecklichen. Dies ist die in der Forschung innerhalb und außerhalb der Sowjetunion vorherrschende Meinung, die auch in der russischen Volksüberlieferung eine Stütze findet. Für diese Auffassung lassen sich gute Gründe anführen: Mit der Eroberung des Khanats von Kazan' kam erstmals ein eigenständiger Herrschaftsverband mit einer historischen Tradition, einer dynastischen Legitimation und einer Oberschicht, die nicht nur eine andere Sprache sprach, sondern einer fremden Weltreligion und Hochkultur, dem Islam, angehörte, unter russische Herrschaft. Auf der anderen Seite verschleiert die traditionelle Datierung des Übergangs von einem ethnisch relativ geschlossenen zu einem polyethnischen Rußland, daß die Bevölkerung des Moskauer Staats und der anderen ostslawischen Fürstentümer schon seit jeher polyethnisch und multireligiös zusammengesetzt war, daß einige der Nationalitäten der ehemaligen Sowjetunion schon seit dem Mittelalter unter russischer Herrschaft standen.[1]

Schon die Bevölkerung des ersten Herrschaftsverbandes der Ostslawen, der Kiever Rus', wies einen beträchtlichen Anteil finnisch- und baltischsprachiger Stämme und eine geringe Anzahl von turksprachigen Kriegern und (in der Frühzeit) skandinavischen Warägern auf. Auch die ersten Teilfürstentümer, in die das Kiever Reich seit dem 12. Jahrhundert zerfiel, waren ethnisch nicht einheitlich. Im Nordosten der Rus' formierte sich damals, wie schon der russische Historiker V. O. Ključevskij geschrieben hat, in gegenseitiger Akkulturation von Ostslawen und finnischsprachigen Stämmen die neue ethnische Gruppe der Großrussen.[2]

Ein riesiges, von zahlreichen nichtslawischen Ethnien bewohntes Reich entstand im 11. bis 14. Jahrhundert um die Stadtrepublik Novgorod im Nordwesten des ostslawischen Siedlungsgebiets. Ein erster Kreis von finnischsprachigen Stämmen im Norden – Karelier, Woten, Ischoren (Ingrier) und Wepsen – wurde von Novgorod direkt verwaltet, ein äußerer Kreis unterlag einer lockeren indirekten Tributherrschaft. Dazu gehörten finnischsprachige Lappen im Hohen Norden und weiter im Nordosten die ebenfalls finnischsprachigen Syrjänen und Permjaken, die ugrischsprachigen Ostjaken und Wogulen sowie die Samojeden (vgl. Tabelle 1 und Karte 1). Novgorod erhob von den Jägern und Fischern des Nordostens einen Tribut, der mit militärischer Gewalt erzwungen wurde. Sein wichtigster Bestandteil waren wertvolle Pelze, die von Novgorod über die Hanse nach Westeuropa exportiert wurden. Es waren die Pelze, vor allem der Zobel, die russische Kriegs-

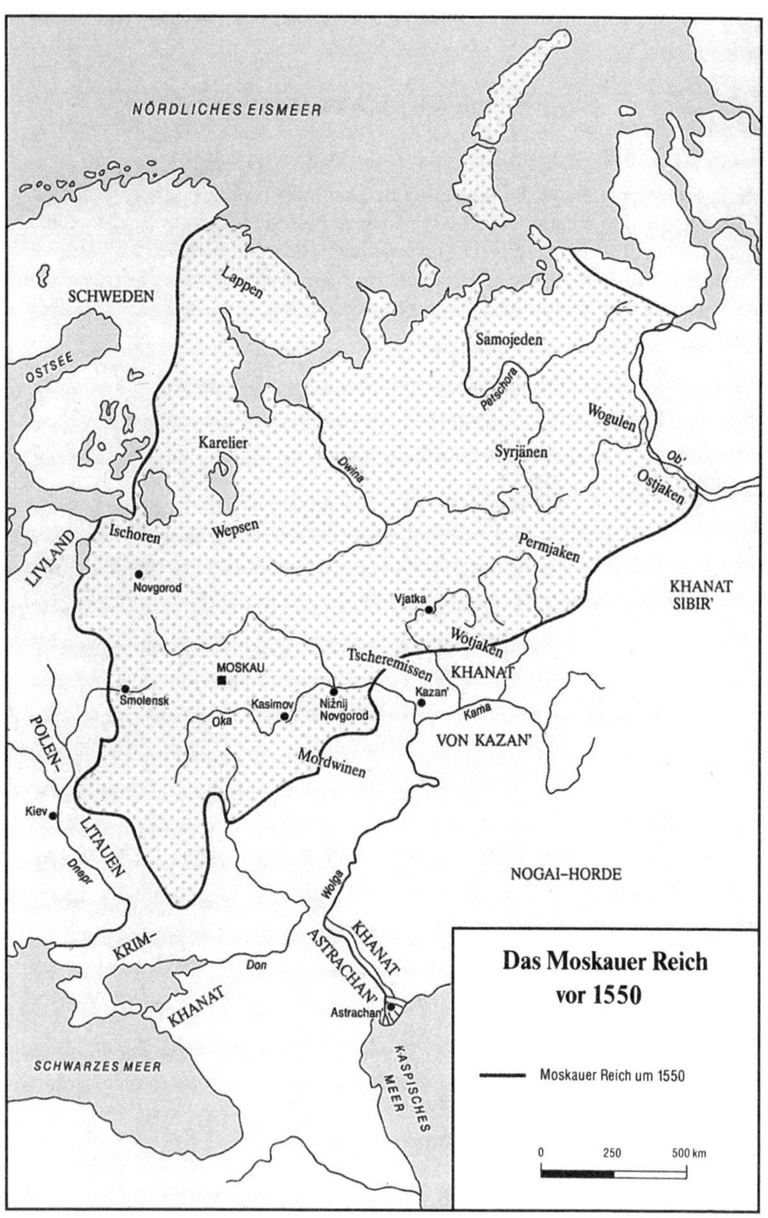
NÖRDLICHES EISMEER
SCHWEDEN
OSTSEE
Lappen
Karelier
Samojeden
Petschora
Wogulen
Syrjänen
Dwina
Ob'
Ostjaken
Ischoren
Wepsen
LIVLAND
Permjaken
Novgorod
KHANAT
SIBIR'
Vjatka
Wotjaken
Tscheremissen
KHANAT
MOSKAU
Smolensk
Kazan'
Kasimov
Nižnij
Novgorod
Kama
Oka
VON KAZAN'
POLEN-
Mordwinen
Kiev
LITAUEN
Dnepr
NOGAI-HORDE
Wolga
KHANAT
ASTRACHAN'
KRIM-
Don
KHANAT
Astrachan'
Das Moskauer Reich
vor 1550
SCHWARZES MEER
KASPISCHES
MEER
Moskauer Reich um 1550
0
250
500 km

Karte 1

leute und Trapper von Novgorod über Tausende von Kilometern bis in den nördlichen Ural lockten. Die inneren sozio-politischen Verhältnisse und das animistische Wertsystem der entlegenen Stämme wurden nicht angetastet. Die loyalen Stammesführer blieben im Amt und waren für das Einziehen des Tributs verantwortlich. Diese erste große Ostexpansion der Russen über das Flußsystem des Nordens fand ihre Fortsetzung in der Eroberung Sibiriens.

Die überwiegend Ackerbau und Waldgewerbe betreibenden finnischsprachigen Ethnien des inneren Kreises wurden dagegen direkt in die Novgoroder Verwaltung eingegliedert. Ihre Gebiete wurden allmählich von russischen Bauern besiedelt und von weltlichen und geistlichen Grundherren aus Novgorod in Besitz genommen. Sie wurden zum orthodoxen Christentum bekehrt, und der orthodoxe Glaube ist bis heute das entscheidende Abgrenzungskriterium der Karelier von den Finnen. Die Integration nichtslawischer Ethnien vollzog sich keineswegs immer als friedliche Akkulturation, sondern es sind in den Quellen auch bewaffnete Protestaktionen gegen die Novgoroder Herrschaft überliefert. Dazu kam, daß auch der schwedische König Ansprüche auf die Karelier erhob, die dadurch oft zum Opfer von Grenzkonflikten zwischen Novgorod und Schweden wurden.

Im Novgoroder Land des 12. bis 15. Jahrhunderts sind eine ganze Reihe von Faktoren schon angelegt, die für das spätere Vielvölkerreich Rußland charakteristisch werden sollten: unterschiedliche Motive der Expansion, die beiden Typen direkter und indirekter Herrschaft, die stufenweise Eingliederung der Nichtrussen von der wirtschaftlichen über eine administrative bis zu einer sozialen und religiös-kulturellen Integration.

Auch in den Fürstentümern des Nordostens, unter ihnen das im Laufe des 14. und 15. Jahrhunderts zur Vormacht aufsteigende Großfürstentum Moskau, lebten Russen mit finnischsprachigen Ethnien zusammen. Allerdings wurden die meisten Ureinwohner (Merja, Muroma und Ves') in einem Jahrhunderte andauernden wechselseitigen Akkulturationsprozeß sprachlich und religiös assimiliert, und sie verschwinden im 14. Jahrhundert aus den Quellen. Lediglich die seit dem 13. Jahrhundert von russischen Fürsten unterworfenen westlichen Mordwinen an den östlichen Nebenflüssen der Oka blieben im Moskauer Reich als eigenständige Ethnie erhalten. Im Nordosten dehnte Moskau seit dem 14. Jahrhundert seinen Einfluß auf die unter Novgoroder Oberhoheit stehenden Syrjänen und Permjaken aus. Dabei spielte die Syrjänen-Mission des später heilig gesprochenen Bischofs Stephan von Perm' eine wichtige Rolle. Sowohl die Tatsache, daß hier erstmals die christliche Mission zum Schrittmacher der russischen Expansion wurde, wie die flexiblen Christianisierungs-Methoden mit Hilfe von muttersprachlicher Predigt und von Übersetzungen, die in einem neu geschaffenen syrjänischen Alphabet geschrieben waren, sollten in der Geschichte der Moskauer Expansion Ausnahmen bleiben.

Die gewaltsame Annexion Novgorods durch Ivan III. im Jahre 1478 verlieh dem Großfürstentum Moskau endgültig einen polyethnischen Charakter. 1489 wurde zusätzlich das Land Vjatka unterworfen, wo neben Russen auch finnischsprachige Wotjaken und Tscheremissen, wohl von wolgabulgarischen Siedlern abstammende Besermjane und eine kleine tatarische Oberschicht lebten. Im Testament Ivans III. von 1503/4 werden die meisten nichtrussischen Ethnien eigens genannt, und auch der österreichische Diplomat Sigismund von Herberstein, der zu Beginn des 16. Jahrhunderts zweimal nach Moskau kam, beschreibt in seinem berühmten Rußlandbuch die Karelier, Lappen, Samojeden, Permier (für Syrjänen und Permjaken), Tscheremissen (zum Teil auch für Wotjaken), Mordwinen und die ugrischsprachigen Ethnien des Ural, die er schon als Sprachverwandte der Ungarn bezeichnet.[3]

Allerdings waren all diese nichtrussischen Ethnien zahlenmäßig kleine periphere Gruppen. Die Bevölkerung des Moskauer Reiches bestand in der ersten Hälfte des 16. Jahrhunderts in ihrer weit überwiegenden Mehrheit aus Großrussen. Es war stärker russisch und orthodox geprägt als seine Nachfolger, und es war ethnisch und konfessionell erheblich homogener als alle seine Nachbarn (Litauen, Livland, Schweden, die Khanate von Kazan', Sibir' und der Krim) und auch als Polen und Ungarn, die großen Königreiche Ostmitteleuropas.

Die nichtrussischen Ethnien, die vor der Mitte des 16. Jahrhunderts zum Moskauer Staat gehörten, kann man in vier Typen einteilen, die auch in der Folgezeit immer wieder anzutreffen sind.

1. Die Ackerbau und Waldgewerbe treibenden, administrativ, wirtschaftlich und sozial integrierten, mindestens formal zur Orthodoxie übergetretenen Ethnien, deren Oberschicht verschwunden und deren Territorium auch von russischen Bauern besiedelt war. Zu diesem Typ gehörten die Karelier, Wepsen und Ischoren im Nordwesten und die Syrjänen und Permjaken im Nordosten. Es ist bemerkenswert, daß diese Gruppen – vor allem die Karelier und Syrjänen (heute Komi) – auch in der Gegenwart, nach über sieben Jahrhunderten russischer Herrschaft und Akkulturation, ihre ethnische Identität bewahrt haben; ihr Russifizierungsgrad ist allerdings höher als bei den meisten anderen Nationalitäten der Sowjetunion.

2. Die Jäger, Fischer und Rentierzüchter der von der russischen Siedlung nicht erfaßten, klimatisch rauhen nördlichen und nordöstlichen Peripherie, die einer lockeren Tributherrschaft unterlagen, welche die inneren soziopolitischen Verhältnisse mit einheimischen Stammesführern und die animistischen Religionen nicht antastete. Ihre wichtigste Funktion für das Zentrum war eine wirtschaftliche: Die Entrichtung des Tributs vor allem in der Form von Pelzen, zum Teil von Fischen und Walroßzähnen. Diese Gruppe umfaßte in der ersten Hälfte des 16. Jahrhunderts die Samojeden, Lappen, Ostjaken und Wogulen.

3. Zwischen diesen beiden Typen stehen die an der Grenze zum Khanat von Kazan' lebenden Mordwinen, Tscheremissen, Wotjaken und Besermjane. Sie betrieben überwiegend Ackerbau und Waldgewerbe, und ihre Gebiete waren administrativ und wirtschaftlich – mindestens partiell – inte-

griert und von der russischen Siedlung bereits erreicht worden, doch hatten sie sich eine nichtrussische Oberschicht und ihr animistisches Wertsystem bewahrt.

4. Als vierter Typ wären die zahlenmäßig kleinen, qualitativ aber bedeutsamen Gruppen von Ausländern zu nennen, die im Moskauer Staat lebten und spezifische, für das Herrschaftszentrum wichtige Funktionen erfüllten. Zum einen handelte es sich um Tataren, die in den Dienst des Großfürsten getreten waren und als schlagkräftige Kavallerie die Moskauer Heere wesentlich verstärkten oder als Grenzschutz gegen die Steppe angesiedelt wurden. In dieser letzten Funktion waren sie direkte Vorläufer der ostslawischen Kosaken. Diese Aufgabe hatte ursprünglich auch das in der Mitte des 15. Jahrhunderts an der Oka begründete Khanat von Kasimov, dessen tatarische Herrscher Vasallen des Moskauer Großfürsten waren, das aber seine traditionelle sozio-politische Ordnung und den islamischen Glauben mehr als zwei Jahrhunderte lang bewahren konnte. Falls sie sich auf Dauer im Moskauer Reich niederließen, wurden tatarische Aristokraten in den Adel des Reiches aufgenommen. Dieser Typ kann als Vorläufer der späteren russischen Praxis gelten, fremde Eliten zu kooptieren und ihnen komplementäre Funktionen zu übertragen. Dazu gehörten auch Ausländer aus West- und Südeuropa, unter Ivan III. vor allem Griechen und Italiener, die als Spezialisten in der Verwaltung, der Diplomatie, in technischen Bereichen, in Architektur und Malerei wirkten.

Die Traditionen des frühen Moskauer Vielvölkerreiches, die sich im Mittelalter herausgebildet hatten, stellten wichtige Voraussetzungen für das polyethnische Imperium dar, das seit der Mitte des 16. Jahrhunderts entstand. Ein zweites Bündel von Voraussetzungen liegt im erfolgreichen territorialen Wachstum Moskaus seit dem 14. Jahrhundert, das gemeinhin als «Sammeln der Länder der Rus'» bezeichnet wird.[4] In weniger als zwei Jahrhunderten wurde das kleine, politisch unbedeutende Fürstentum Moskau zum territorial größten Staat Europas, wobei das ehemals von Novgorod abhängige riesige Tajga- und Tundragebiet im Norden und Nordosten allerdings sehr dünn besiedelt war. Im «Sammeln der Länder der Rus'» entwickelten die Moskauer Herrscher Grundmuster einer Expansionspolitik, die eine Vielzahl von Methoden anwandte: Eine geschickte Diplomatie, die oft das Instrument des «divide-et-impera» einsetzte, fremde Eliten abwarb und in eigene Dienste nahm; ein schrittweises Vorgehen von einem durch eine Loyalitätserklärung besiegelten Protektorat bis zur später folgenden endgültigen Annexion; den Kauf kleinerer Territorien; die militärische Eroberung mit brutalen Repressionen; die Legitimation der Annexionen mit politischen Argumenten, wie dem Vorwurf der Kollaboration mit ausländischen Feinden Moskaus, oder historischen Begründungen, wie dem Anspruch, alle Gebiete des ehemaligen Großfürstentums Vladimir seien das «Vatererbe» (votčina) des Moskauer Herrschers. In der Eingliederung der Territorien von Novgorod, Vjatka und Pskov gingen die Moskauer Großfürsten besonders brutal vor, indem sie die von Moskau wesentlich abweichende sozio-politische Ordnung zerstörten und große Teile der adligen Elite und der Kaufleute in die zentralen Gebiete des Moskauer Staates umsiedelten.

Flexible Diplomatie und gewaltsame Eroberung kamen auch in der Auseinandersetzung mit Polen-Litauen zum Zug, die am Ende des 15. und zu Beginn des 16. Jahrhunderts zur Angliederung einer ganzen Reihe der im 14. und frühen 15. Jahrhundert von den litauischen Großfürsten eroberten ostslawischen Fürstentümer führte. Ein wichtiges Element der Expansion war hier der freiwillige Übertritt ostslawischer orthodoxer Fürsten in Moskauer Dienste. Der Moskauer Großfürst, der sich nun «Herrscher der ganzen Rus'» nannte, entwickelte das Sammeln der Länder der Rus' zu einem Anspruch auf das Vatererbe des ganzen Kiever Reichs weiter, der auch vom in Moskau residierenden Metropoliten der orthodoxen Kirche unterstützt wurde. Der weitere Konflikt mit Polen-Litauen um die unter dessen Herrschaft stehenden, von orthodoxen Ostslawen bewohnten Gebiete war damit vorprogrammiert. Er sollte die russische Außenpolitik der Folgezeit prägen – bis hin zu den Teilungen Polens am Ende des 18. Jahrhunderts und im Jahre 1939. Mit der Angliederung der «severischen» Fürstentümer an der Desna und des Fürstentums Smolensk zu Beginn des 16. Jahrhunderts kamen erstmals Ukrainer und Weißrussen unter Moskauer Herrschaft. Die zeitgenössischen Quellen lassen allerdings ethnische Unterschiede zwischen den als Rus' bezeichneten Ostslawen noch nicht erkennen.

Ein dritter Komplex von mittelalterlichen Voraussetzungen des multinationalen Russischen Imperiums ergibt sich aus der jahrhundertelangen Zugehörigkeit der nordöstlichen Rus' zur Goldenen Horde. Mit dem Niedergang des mongolischen Großreiches im 15. Jahrhundert entbrannte der Kampf um sein Erbe. Diese Frage soll zu Beginn des nächsten Kapitels behandelt werden, das in Anlehnung an den eingebürgerten Begriff des «Sammelns der Länder der Rus'» mit «Das Sammeln der Länder der Goldenen Horde» überschrieben ist.

Zweites Kapitel

Das Sammeln der Länder der Goldenen Horde im 16. bis 18. Jahrhundert

Am 2. Oktober 1552 eroberte ein großes russisches Heer unter Führung des jungen Zaren Ivan IV. die Stadt Kazan': «Mit Hilfe unseres allmächtigen Herrn Jesus Christus und den Gebeten der Gottesmutter ... kämpfte unser von Gott gekrönter rechtgläubiger Zar und Großfürst Ivan Vasil'evič, Selbstherrscher der ganzen Rus' mit den Gottlosen, und er überwand sie endgültig und nahm den Zaren von Kazan' Ediger-Mahmet gefangen, ... und er nahm das Zartum und die bevölkerungsreiche Stadt Kazan' ein. Der Zar ließ die Frauen und kleinen Kinder gefangennehmen, die Bewaffneten aber ließ er wegen ihres Verrats alle erschlagen», so ein Auszug aus der offiziellen zeitgenössischen russischen Chronik.[1]

Die Eroberung von Kazan' war ein bisher beispielloser Schritt in der Geschichte des Moskauer Staates. Hatte sich das «Sammeln der Länder der Rus'» auf historische, dynastische und religiöse Rechtfertigungen stützen können, so sprengte die Annexion eines souveränen Staatswesens, das nie zur Rus' gehört hatte, sondern Bestandteil des vom mongolischen Weltreich begründeten dschingisidischen Staatensystems und der islamischen Gemeinschaft war, die traditionellen Rechtsvorstellungen. In den zeitgenössischen Quellen und in zahlreichen Werken der russischen Historiographie wird deshalb die Eroberung von Kazan' mit einer Vielzahl von – oft willkürlich konstruierten – Argumenten legitimiert, so als Verteidigungsakt gegen die Raubzüge der Kazan'-Tataren und als Vergeltung für ihren Verrat, als Kreuzzug gegen die Ungläubigen (wie im oben zitierten Chronikbericht), als (von Gesandtschaften erbetene) Befreiung vom Joch der Krim und des Osmanischen Reiches. In direkter Anlehnung an das Sammeln der Länder der Rus' wird das Khanat sogar als Erbbesitz (votčina) des Moskauer Herrschers, als «altes Land der Rus'» bezeichnet, was wiederum mit bis auf die Kiever Zeit zurückgreifenden dynastischen Ansprüchen «belegt» wird.[2] Auf die Frage nach den Motiven Moskaus zur Eroberung von Kazan' komme ich noch zurück. Doch muß zunächst die Perspektive erweitert werden.

Die Eroberung des Khanats von Kazan' und die vier Jahre später folgende des Khanats von Astrachan' sind epochale Schlüsselereignisse in der Geschichte Rußlands und ganz Eurasiens. Der überwiegend ostslawisch-orthodoxe nordosteuropäische Moskauer Staat wurde nun endgültig ein polyethnisches, multireligiöses Imperium. Mit der Kontrolle des Wolgaweges und der damit verbundenen Zweiteilung der eurasiatischen Steppe trat der Moskauer Herrscher die Nachfolge der Khane der Goldenen Horde an, und die russische Ostpolitik der folgenden Jahrhunderte kann als «Sammeln der Länder der Goldenen Horde» beschrieben werden.

Die Eroberung der Rus' durch die Mongolen in den Jahren 1237 bis 1240 und die folgende, über zwei Jahrhunderte andauernde mongolisch-tatarische Herrschaft bedeuteten einen tiefen Einschnitt in die Geschichte der Ostslawen und Rußlands. Für die Khane der Goldenen Horde, die als westliches Teilgebiet des ehemaligen mongolischen Weltreichs von der Krim bis in die Steppen Mittelasiens und vom Kaukasus bis nach Nordrußland reichte, hatte die periphere Rus' dagegen keine erstrangige Bedeutung.[3] Sie beschränkten sich daher auf eine indirekte Herrschaft, die bei Bedarf durch militärisches Eingreifen durchgesetzt wurde. Die politischen, sozialen und religiösen Verhältnisse wurden nicht verändert. Der Khan behielt sich lediglich das Recht vor, den Großfürsten einzusetzen, und angesichts der ständigen Konflikte zwischen den einzelnen Linien der Rjurikiden gab ihm das gute Möglichkeiten, als Schiedsrichter in die inneren Verhältnisse der Rus' einzugreifen. Die zweite Verpflichtung war die Entrichtung eines Tributs, der schwer auf der Rus' lastete.

Die Großfürsten von Moskau, denen es im 14. Jahrhundert gelang, ihre Konkurrenten aus Tver' aus dem Feld zu schlagen, und die Metropoliten der orthodoxen Kirche verhielten sich den mongolischen Khanen gegenüber in der Regel loyal und betrieben eine pragmatische Politik gegenüber der Goldenen Horde. Die Grenze zwischen Seßhaften und Steppenbewohnern, zwischen Christentum und Islam trennte zwar die Ostslawen von den Tataren, doch waren sie im Rahmen der Goldenen Horde gleichzeitig durch ständige politische und wirtschaftliche Kontakte miteinander verknüpft. Diese Symbiose zwischen der Rus' und den Tataren spiegelt sich allerdings nur unvollständig in den zeitgenössischen, fast ausschließlich kirchlichen Quellen, die einen fundamentalen Antagonismus zwischen den rechtgläubigen Russen und den ungläubigen Tataren verkünden. Die Ambivalenz zwischen einer Politik der pragmatischen Kooperation und einer Doktrin des Konflikts der Religionen und Lebensformen bildete ein Grundmuster des Verhältnisses der Ostslawen zur Steppe und zum Islam von den Zeiten der Kiever Rus' bis in die Neuzeit.[4]

Seit der Mitte des 14. Jahrhunderts zeigte das politische System der Goldenen Horde Auflösungserscheinungen, eine ganze Reihe von Nachfolgestaaten begannen eine Auseinandersetzung um das Erbe des Großreichs, um die Kontrolle des Steppenweges nördlich des Kaspischen und Schwarzen Meeres. Die wichtigsten Rivalen waren die Große Horde als formaler Nachfolger an der unteren Wolga, die Khanate der Krim und von Kazan' sowie die Nogai-Horde und (kleiner und schwächer) die Khanate von Astrachan' und Sibir' (vgl. Karte 2). An dieser Auseinandersetzung beteiligten sich auch das Großfürstentum Moskau, das ja ebenfalls Teil der Goldenen Horde gewesen war, sowie Polen-Litauen und (stärker im Hintergrund) das Osmanische Reich. Für Moskau bedeutete der erste Sieg über ein tatarisches Heer im

Das Sammeln der Länder
der Goldenen Horde in Europa
Moskauer Reich um 1550
Russisches Reich um 1750
Russisches Reich um 1783
0
300 km
Vjatka
KHANAT
Belaja
Ufa
Kazan'
Kama
BASCHKIREN
17. JH.
VON
KAZAN'
1552–1557
Nižnij Novgorod
MOSKAU
Oka
Sura
Samara
Orenburg
Ural
Saratov
Kiev
Wolga
GROSSE NOGAI-HORDE
ca. 1600
gebietsgleich mit
KHANAT DER KALMÜCKEN
18. JH.
Dnepr
KHANAT
VON
ASTRACHAN'
1554–56
Donez
Don
Astrachan'
Azov
KHANAT DER
KRIMTATAREN
1783
KASPISCHES
MEER
Bachčisaraj
SCHWARZES MEER

Karte 2

Jahre 1380 einen ersten Wendepunkt, und in der Folge beteiligten sich die Großfürsten mit Geschick an den Auseinandersetzungen. Es gelang ihnen auch hier, Angehörige der Oberschicht aus den anderen Nachfolgereichen in ihre Dienste zu stellen. Zahlreiche vornehme Tataren erhielten Güter, stellten dafür Reitertruppen und wurden als ebenbürtig in den Moskauer Adel aufgenommen.

Die Auseinandersetzung um das Erbe der Goldenen Horde verlief nach den von den Mongolen und der Steppenwelt gesetzten Regeln.[5] Zu ihnen gehörten die Achtung vor der Dynastie Dschingis-Khans, die Respektierung fremder Religionen und Kulturen, die auf personalen Bindungen beruhenden, häufig wechselnden Koalitionen, die Erhebung des Tributs und die Einsetzung der Herrscher als Zeichen der Unterordnung, nicht aber die Forderung nach Aufgabe der Souveränität und nach Integration in ein anderes Territorium. Die Regeln der Steppe standen im Widerspruch zum patrimonialen Prinzip, wie es vom seßhaften Moskau entwickelt worden war. Eide, die Herrscher der Steppe dem Moskauer Fürsten leisteten, wurden von Moskau als ewige Unterwerfung interpretiert, obwohl sie nur als zeitweilige Unterordnung oder sogar nur als Allianz gedacht waren. Der Abfall von Moskau wurde von diesem als Verrat, von jenen als Wahrnehmung des Rechtes eines Koalitionswechsels gesehen. Die Unvereinbarkeit dieser grundsätzlich verschiedenen Traditionen sollte in den Beziehungen Rußlands zur Steppe bis ins 19. Jahrhundert eine wichtige, in der von Vertretern «seßhafter» Kulturen dominierten Geschichtsschreibung oft übersehene Rolle spielen.

Die zweite Hälfte des 15. Jahrhunderts war geprägt von einer Koalition zwischen Moskau und der Krim gegen die von Polen-Litauen unterstützte Große Horde. Dies ermöglichte es Moskau, sich im Jahre 1480 formal von der Herrschaft der Goldenen Horde zu lösen und einige Jahre darauf in Kazan' einen ihm genehmen Dschingisiden als Herrscher einzusetzen. Daraus leitete der Großfürst in der Folge einseitig einen Anspruch auf ein Moskauer Protektorat über Kazan' ab. Der Machtzuwachs Moskaus und der endgültige Untergang der Großen Horde führten zu Beginn des 16. Jahrhunderts zu einem Wechsel der Allianzen: Der Krim-Khan verbündete sich mit Polen-Litauen gegen Moskau und setzte 1521 in Kazan' einen Vertreter seiner Dynastie als Herrscher ein. Das führte zu einer Verschärfung der Auseinandersetzung um die Nachfolge der Goldenen Horde: Die Krimtataren unternahmen Einfälle in Moskauer Gebiet, und Moskau intensivierte seine Anstrengungen, das nun vom Krim-Khanat abhängige Khanat von Kazan' wieder unter Kontrolle zu bekommen.

1. Grundlegung des Vielvölkerreichs Rußland: Die Eroberung der Khanate von Kazan' und Astrachan'

Das Khanat von Kazan' nahm unter den tatarischen Nachfolgereichen der Goldenen Horde eine Sonderstellung ein.[6] Zwar entsprach seine sozio-politische Organisation dem Muster der Goldenen Horde mit einem theoretisch unumschränkten Herrscher aus der Dynastie Dschingis Khans und einer tatarischen Aristokratie, die seine Macht in der Praxis wesentlich beschränkte, doch war es kein Steppenreich mit nomadischer Bevölkerung, sondern es umfaßte in erster Linie Ackerbaugebiete und Wälder. «Die Tataren von dort sind menschlicher als die andern, bewohnen Häuser, bebauen die Äcker, treiben Handel, führen selten Krieg», stellte der österreichische Diplomat Herberstein in der ersten Hälfte des 16. Jahrhunderts fest.[7] Die Traditionen einer seßhaften islamischen Hochkultur gingen an der Mittleren Wolga bis ins 10. Jahrhundert zurück, als die Wolgabulgaren hier ein Reich begründet hatten, das als Machtfaktor und als Handelsdrehscheibe zwischen Ostsee und Orient eine wichtige Rolle spielte. Das Khanat von Kazan' stand somit in der doppelten Tradition des wolgabulgarischen Reiches und der Goldenen Horde.

Die Bevölkerung des Khanats bestand im wesentlichen aus fünf ethnischen Gruppen. Die turksprachigen islamischen Kazan'-Tataren stellten die soziale und politische Führungsschicht, die Dienst im Reiterheer oder der Verwaltung leistete und als Entgelt Landbesitz erhielt. In der großen, etwa 20 000 Einwohner zählenden Hauptstadt Kazan', die Zentrum des Wolgahandels war, lebten tatarische Kaufleute, Handwerker, Geistliche und Gelehrte. Literatur, Historiographie und Architektur der Kazan'-Tataren waren Vorposten der islamischen Hochkultur am östlichen Rande Europas. Zwar gab es auch eine Schicht tatarischer Bauern, doch bestand die Mehrheit der Landbevölkerung des Khanats aus Nichttataren. Südlich der Wolga wohnten die turksprachigen Tschuwaschen und finnischsprachigen östlichen Mordwinen, die in erster Linie Ackerbauern, Fischer und Beutner (Waldbienenzüchter) waren, mehrheitlich nördlich der Wolga lebten die finnischsprachigen Tscheremissen und südlichen Wotjaken, bei denen außerdem die Jagd eine wichtige Rolle spielte. Die Vertreter aller vier nichttatarischen Ethnien hatten dem Khan einen Tribut, den Jasak, zu entrichten, für dessen Eingang die Oberschicht die Verantwortung trug. Sie lebten aber im übrigen in ihren von Stammes- und Sippenbeziehungen und von animistischen Glaubensvorstellungen geprägten Gemeinschaften weitgehend unbehelligt.

Das Khanat von Kazan' unterschied sich somit in Wirtschaftsweise und sozio-politischer Organisation, im Grad der ökonomischen und kulturellen Entwicklung nicht grundsätzlich vom Moskauer Reich. Dieser qualitativen Ebenbürtigkeit stand allerdings eine quantitative Unterlegenheit gegenüber: Das territorial kleine Khanat hatte erheblich geringere wirtschaftliche und personelle Ressourcen und war ethnisch und politisch weniger homogen als der Moskauer Staat, der in der ersten Hälfte des 16. Jahrhunderts zu einer gegen außen und im Inneren gefestigten Großmacht herangewachsen war.

Trotz diesem erheblich gestärkten Machtpotential blieb die Moskauer Politik gegenüber Kazan' auch nach der Eskalation von 1521 im Rahmen der traditionellen Steppenpolitik. Das Ziel war, mit militärischem und wirtschaftlichem Druck (so einem Handelsboykott) und mit der bewährten Methode, Teile der tatarischen Oberschicht auf seine Seite zu ziehen, erneut die Einsetzung eines Moskau ergebenen Khans durchzusetzen und Kazan' dadurch in Abhängigkeit zu bringen. Das gelang in den Jahren 1532, 1546 und 1551, doch wurden die Moskauer Prätendenten jeweils nach kurzer Zeit wieder gestürzt. Der entscheidende Schritt hin zu einer Annexion erfolgte erst im Jahre 1551, als auf dem Territorium des Khanats die Festung Svijažsk errichtet und die rechts der Wolga liegenden Gebiete des Khanats in den Moskauer Staat eingegliedert wurden. Erst als ein letzter Versuch eines Marionettenkhans im Frühjahr 1552 gescheitert war, fiel die Entscheidung für die Eroberung Kazan's und eine direkte Angliederung des Khanats.

Schon zwei Jahre später setzte Moskau auch in Astrachan' einen ihm genehmen Herrscher ein. Als dieser auf die Seite des Krimkhans überlief, eroberte ein russisches Heer die Stadt, und im Jahre 1556 wurde auch das Khanat von Astrachan' annektiert. Das in erster Linie von Tataren bewohnte Khanat von Astrachan' war ähnlich organisiert wie die anderen Nachfolgereiche der Goldenen Horde, es war aber viel kleiner und schwächer als das Khanat von Kazan'. Der Khan von Astrachan' war abhängig von den in der Steppe nomadisierenden, in rivalisierende Clans gespaltenen Nogai-Tataren, deren eine Horde mit Moskau gemeinsame Sache machte (siehe unten 3.). Die am Wolgadelta gelegene Stadt Astrachan' hatte aber eine außergewöhnliche strategische und kommerzielle Bedeutung. Mit der Eroberung Astrachan's gewann der Moskauer Zar nicht nur die Kontrolle über den ganzen Wolgaweg und ein Fenster zum Kaspischen Meer und damit zu den Märkten des Iran, sondern auch die Möglichkeit, den Steppenweg von der Krim nach Mittelasien zu sperren. Astrachan' lag außerdem, wie auch in der Chronik betont wird, nicht weit von Sarai, der ehemaligen Hauptstadt der Goldenen Horde, und sein Besitzer konnte sich als Erbe des mongolischen Großreiches fühlen.

Weshalb, soll noch einmal gefragt werden, durchbrach Moskau in den 50er Jahren des 16. Jahrhunderts die Regeln der Steppenpolitik im Rahmen des Kampfes um das Erbe der Goldenen Horde und ging dazu über, Territorien seiner Rivalen zu annektieren? Die Frage ist in der Forschung ganz unterschiedlich beantwortet worden. Ohne Zweifel spielten strategisch-militärische Motive ebenso eine Rolle wie wirtschaftliche Erwägungen (Wolgahandel, Landreserven für den Moskauer Dienstadel). Entscheidend für den qualitativen Sprung zur Eroberung und Annexion war das neue Selbstverständnis, das der junge Moskauer Herrscher und seine Umgebung in diesen Jahren entwickelten. Sein Kern war ein imperiales Sendungsbewußtsein, das in der Zarenkrönung von 1547 und in Legitimitätslegenden, die Ansprüche von Kiev, Byzanz und sogar von Rom herleiteten, seinen Ausdruck fand. Diese Herrschaftsideologie beruhte nicht, wie die ältere Forschung behauptet hat, auf der Doktrin von «Moskau, dem dritten Rom» und der Idee einer «translatio imperii» von Konstantinopel nach Moskau, sondern auf der Betonung der eigenen Entwicklung der Rus', der Rjurikiden-Dynastie und ihrer erfolgreichen Expansionspolitik im «Sammeln der Länder der Rus'». Dieses imperiale Bewußtsein wurde verstärkt durch den Kampf um das Erbe des Großreichs der Goldenen Horde: Kazan' und Astrachan' als Sitze von legitimen dschingisidischen Herrschern, die in Rußland als Zaren bezeichnet wurden, konnten den Nimbus und den imperialen Anspruch des Moskauer Zaren erheblich steigern. Dieses neue Selbstbewußtsein hatte auch eine religiöse Komponente. In der Zeit der Minderjährigkeit Ivans IV. hatte die orthodoxe Kirche beträchtlich an Einfluß gewonnen, und der neue Metropolit Makarij und der Protopop Sil'vestr gehörten zu den führenden Persönlichkeiten am Moskauer Hof. Gerade Makarij hatte schon als Erzbischof von Novgorod eine aggressive Christianisierungspolitik betrieben, und seit 1549 erließ der Metropolit mehrere Aufrufe zum Kreuzzug gegen «die gottlosen Hagarsöhne», die «eidbrüchigen, verfluchten, gottlosen Kazan'-Tataren».[8] Der Feldzug gegen Kazan' und die Eroberung der Stadt hatten denn auch – jedenfalls in der Darstellung der Chroniken – die Form eines Kreuzzuges gegen den Islam. Das Pendel des ambivalenten Verhältnisses zur Steppe und zum Islam schlug in diesen Jahren eines schwachen Herrschers und einer starken Kirche von der lange vorherrschenden pragmatischen Haltung zur aggressiven Konfrontation um.

Die Moskauer Politik folgte zunächst den genannten aggressiven Zielsetzungen. Der Aufruf des einflußreichen Beraters des Zaren, des Protopopen Sil'vestr, die Muslime und Animisten des Khanats – wenn nötig auch gewaltsam – zum Christentum zu bekehren, wurde befolgt. Die männliche Bevölkerung der Stadt Kazan' wurde getötet, Moscheen wurden zerstört und an ihrer Stelle orthodoxe Kirchen errichtet, der Khan und andere vornehme Tataren wurden ins Innere des Moskauer Staates deportiert und getauft; falls sie sich weigerten, wurden sie ertränkt.

Doch schon im Jahre 1555 vollzog Moskau eine Wende: Dem neu ernannten Erzbischof von Kazan', Gurij, wurde zwar ebenfalls aufgetragen, die Tataren zu taufen, doch wurde betont, dies habe ohne Zwang zu geschehen.[9] Dies hatte zur Folge, daß die Mission unter den Ethnien der Mittleren Wolga-Region für mehr als ein Jahrhundert praktisch eingestellt wurde. Auch in anderen Bereichen ging Moskau nun von einer aggressiven zu einer flexiblen Politik über. Zwei Erklärungen bieten sich dafür an: Zum einen kam es im Jahre 1553 infolge einer schweren Krankheit des Zaren zu einer innenpolitischen Krise, als deren Resultat Ivan IV. sich vermehrt von seinen Ratgebern emanzipierte. Dies hatte zur Folge, daß die traditionell pragmatische Politik des Staates sich wieder gegenüber der aggressiv-intoleranten

Kirche durchsetzte. Zum anderen legten die Ereignisse im eroberten Khanat von Kazan' Zurückhaltung nahe. Tataren und Nichttataren (vor allem Tscheremissen) erhoben sich nach dem Abzug der Moskauer Truppen gegen die Fremdherrschaft und versuchten in einer fünf Jahre andauernden Kette von Aufständen ihre Unabhängigkeit wiederzugewinnen. Nur mit mehreren großen Feldzügen und einer Politik der Peitsche und des Zuckerbrotes gelang es Moskau bis zum Jahre 1557, die Erhebungen niederzuschlagen.

Die Methoden, mit denen Moskau in den folgenden Jahrzehnten die Khanate von Kazan' und Astrachan', die ersten eigenständigen Staatswesen mit von der Rus' abweichender politischer Tradition und Hochkultur, eingliederte, dienten auch als Muster für die spätere «Nationalitätenpolitik». Gleichzeitig griffen sie auf die Traditionen der Steppenpolitik, des «Sammelns der Ländern der Rus'» und der Novgoroder und Moskauer Politik gegenüber nichtslawischen Ethnien zurück. Da wir über die Politik gegenüber Astrachan' nur wenig wissen, konzentriere ich mich auf das ehemalige Khanat von Kazan'.[10]

Grundsätzlich sind zwei Linien der Politik zu unterscheiden. Die repressive Variante hatte das Ziel, die Loyalität der neuen Untertanen zu sichern, die erste Priorität hatte. Aufstände wurden mit militärischen Mitteln konsequent niedergeschlagen. Das geschah, als sich die Tscheremissen und Tataren in den Jahren 1570–72 und 1581–84 erneut gegen die Moskauer Herrschaft erhoben. Gleichzeitig legte Moskau ein System von Festungen an, um die Gebiete zu kontrollieren und gegen allfällige Angriffe von außen abzusichern. Anlaß dazu gaben ständige Einfälle der Krim- und Nogai-Tataren sowie ein osmanischer Feldzug gegen Astrachan' im Jahre 1569. Neben zahlreichen Festungen im Gebiet des ehemaligen Khanats wurde in den 80er Jahren der Wolgaweg nach Astrachan' mit drei Stützpunkten gesichert. Schon kurz nach der Eroberung von Kazan' wurde eine Grenzverhaulinie zur Steppe errichtet, die das rechte Wolgaufer gegen die Steppe sichern sollte. Sie wurde im 17. Jahrhundert weiter nach Süden vorgeschoben und durch die «Trans-Kama-Linie» links der Wolga ergänzt. Erst aus dem 17. Jahrhundert bezeugt sind weitere Maßnahmen, die der Pazifizierung der Nichtrussen dienen sollten: Ihnen wurde der Besitz von Waffen und sogar von Metallwaren überhaupt verboten, und sie hatten Geiseln (amanaty) zu stellen, die im russischen Verwaltungszentrum leben mußten. Auch die direkte Eingliederung des Khanats in die Moskauer Verwaltungsorganisation der Kreise (uezd) kann mindestens zum Teil mit dem Ziel der Sicherung erklärt werden. Die russischen Voevoden, die diesen Verwaltungseinheiten vorstanden, hatten gleichzeitig auch militärische Funktionen. Das Khanat als Ganzes behielt aber eine gewisse Sonderstellung, da es einem eigenen Zentralamt (Prikaz Kazanskogo Dvorca) unterstellt wurde.

Die Moskauer Eingliederungspolitik war auch von wirtschaftlichen Erwägungen bestimmt. Die Stadt Kazan' wurde von Russen besetzt, russische Kaufleute wurden nach Kazan' umgesiedelt, und lediglich einer beschränkten Zahl von Tataren wurde die Ansiedlung in einer Vorstadt erlaubt. Damit wurden die Tataren ihres wirtschaftlichen und kulturellen Zentrums beraubt und auf das Land abgedrängt. Die Städte des Khanats wurden zu russischen Enklaven in einer nichtrussischen Umgebung. Der Kazaner Erzbischof und russische Klöster erhielten Land, Fischgründe und Handelsprivilegien. Der Grund und Boden, der zuvor dem Khan oder getöteten, deportierten oder geflohenen Adligen gehört hatte, wurde russischen Dienstadligen und freien Bauern zugewiesen. Das Moskauer Interesse am Wolgahandel, an den Bienen der Wälder, den reichen Fischgründen der Wolga und den Salzseen von Astrachan' tritt in den Quellen deutlich hervor.

Die heftigen Widerstandsbewegungen hatten der Moskauer Regierung jedoch gezeigt, daß nur eine vorsichtig zurückhaltende Politik die Loyalität der Bewohner des Khanats von Kazan' und den wirtschaftlichen Profit auf Dauer sichern konnte. Diese flexible, pragmatische Linie der Politik, die in noch stärkerem Maß bei der Eingliederung des Khanats von Astrachan' zum Zuge kam, sollte für die vormoderne russische «Nationalitätenpolitik» beispielhaft bleiben. Sie basierte auf der Zusammenarbeit mit den loyalen nichtrussischen Eliten und der weitgehenden Garantie des Status quo. Die Anknüpfung an bestehende Traditionen und Institutionen sollte einen reibungslosen Übergang der Herrschaft und eine Verankerung der Moskauer Legitimität gewährleisten.

Der Landbesitz, die Waldbienen- und Biberjagdgründe der überlebenden Oberschicht und der Bauern und ihre hergebrachten Privilegien und Aufgaben wurden bestätigt. Die tatarischen Reiter und aus allen fünf Ethnien rekrutierte militärische Abteilungen dienten nun in den Heeren des Moskauer statt des Kazaner oder Astrachaner Zaren. Die Vertreter der nichtrussischen Oberschicht behielten ihre Funktionen in der Lokalverwaltung. Die tatarisch-muslimische landbesitzende Elite wurde in den erblichen Adel Rußland kooptiert, während die meisten Vertreter der animistischen Oberschichten sich zwar als «Dienstleute» von der Masse der Lastenpflichtigen abhoben, die Gleichberechtigung mit dem russischen Adel aber nicht erreichten. Damit zeichnete sich ein auch in Zukunft gültiges Muster ab: Wo die nichtrussische Oberschicht eine dem russischen Adel vergleichbare soziale Stellung hatte, wurde sie als ebenbürtig anerkannt, wo dies nicht der Fall war, indem etwa Sippen- und Stammesbeziehungen vorherrschten, kam es zwar zur Kooperation mit der nichtrussischen Elite, nicht aber zu ihrer Kooptation in den Adel des Reiches.

Im Verhältnis zu den lastenpflichtigen Grundschichten knüpfte Moskau direkt an das mongolische Steuersystem des Jasak an. Die Bauern hatten jetzt den Jasak (in Geld und Naturalien und in gleichem Umfang wie zuvor) in die Moskauer statt in die Kazaner (oder Astrachaner) Staatskasse zu entrichten. Auch der rechtliche Status der nichtrussischen Bauern blieb erhalten: Trotz der Verbreitung russischen Grundbesitzes und trotz eines großen Mangels an Arbeitskräften wurde das Verbot ausgesprochen, Nichtrussen als Leibeigene oder Cholopen in Abhängigkeit zu bringen. Daran sollte sich auch in den folgenden Jahrhunderten nichts ändern: Die tatarischen, tschuwaschischen, mordwinischen, tscheremissischen und wotjakischen Bauern des ehemaligen Khanats von Kazan' blieben in der Sonderkategorie der «Jasakleute» und später als Staatsbauern direkt dem Staat und seinen Verwaltungsleuten untergeordnet. Auch die Wertsysteme der neuen Untertanen wurden, nachdem die anfängliche Missionsoffensive abgeblasen worden war, bis ins 18. Jahrhundert nicht mehr angetastet. Moskau ließ es sogar zu, daß im Laufe der Zeit Tausende von orthodoxen Russen zu Gutsbauern muslimischer Tataren wurden, während – wie erwähnt – russische Adlige keine nichtrussischen Bauern in ihre Abhängigkeit bringen durften.

Die pragmatische Grundrichtung der Politik blieb bis gegen Ende des 17. Jahrhunderts dominant, wie etwa die ständig wiederholte Formel in den Moskauer Instruktionen an die lokalen Voevoden, den Nichtrussen «mit Wohlwollen, Freundlichkeit und Vorsicht» zu begegnen, dokumentiert. Sie hatte im ganzen gesehen Erfolg. Zwar blieb, wie die Erhebungen während der Zeit der Wirren zu Beginn des 17. Jahrhunderts und unter Stepan Razin (1670/71) zeigen sollten, das Protestpotential unter den Ethnien der Mittleren Wolga groß, doch gelang es, sie – auch mit Hilfe der kooptierten tatarischen Eliten – in Schach zu halten. Zur weiteren Integration des ehemaligen Khanats trug die Masseneinwanderung russischer Bauern vor allem in die fruchtbareren südlichen Gebiete der Mittleren Wolga-Region bei. Allerdings kam dadurch auch neues Konfliktpotential in der Form von Streitigkeiten um Landbesitzrechte auf. Es zeigte sich immer mehr, daß die von der Zentrale verkündete Grundrichtung der pragmatischen Politik und der flexiblen Rücksichtnahme von den Vertretern der Regionalverwaltung nicht immer umgesetzt wurde. Fälle von Korruption, Willkür, und besonderer Benachteiligung von Nichtrussen waren häufig.

Die militärische Sicherung des ehemaligen Khanats von Kazan' war in der zweiten Hälfte des 17. Jahrhunderts gewährleistet, so daß die wirtschaftlichen Interessen, der Profit (pribyl') für den Zaren, in den Quellen stärker in den Vordergrund treten. Die administrative Sonderstellung ging bis auf einige Reste in der Lokalverwaltung allmählich verloren. Die soziale Integration der Eliten und Unterschichten blieb dagegen unvollständig. Zwar war die tatarische Elite in den Adel des Moskauer Reiches kooptiert worden, doch stellte ihr islamischer Glaube ein Hindernis für eine vollständige Integration dar. Auch in der rechtlichen und sozialen Stellung der anderen Nichtrussen waren Besonderheiten erhalten geblieben.

In der ersten Hälfte des 18. Jahrhunderts wandte sich der von Peter dem Großen reformierte russische Staat von den Moskauer Methoden der pragmatischen Flexibilität ab und ging zur forcierten Integration der Ethnien des ehemaligen Khanats von Kazan' über.[11] Das aus Westeuropa übernommene Ziel der Transformation Rußlands in einen systematisierten, regulierten und nivellierten absolutistischen Staat ließ keinen Raum für die bisher respektierten Rechte und Traditionen der Nichtrussen. In einem ersten Schritt wurde die Kooperation mit der muslimischen Elite aufgekündigt. Schon in den Jahren 1680 bis 1682 und endgültig 1713 wurde den muslimischen Gutsbesitzern befohlen, zum Christentum überzutreten; andernfalls würden ihre von christlichen russischen Bauern besiedelten Güter konfisziert.[12] Damit wurde die tatarische Oberschicht gespalten: Ein kleinerer Teil – vor allem reicherer Gutsbesitzer – trat zur Orthodoxie über. Sie behielten ihre Güter, wurden als erbliche Adlige bestätigt – viele sogar mit ihrem traditionellen Fürstentitel – und in der Folge allmählich russifiziert. Die Mehrheit nahm den Verlust ihrer Güter in Kauf und hielt dem Islam die Treue. Diese tatarischen Adligen wurden im Jahre 1718 zu einer den russischen Einhöfern (odnodvorcy) vergleichbaren neuen Bevölkerungskategorie deklassiert, die in der Folge unter die lastenpflichtigen, aber nicht leibeigenen Staatsbauern eingereiht wurde.[13] Die später als «Laschmänner» (lašmany) bezeichneten Tataren hatten als Waldarbeiter Holz für den Flottenbau zu schlagen und zu transportieren. Viele von ihnen verloren ihren Grundbesitz und verlagerten ihre Aktivitäten auf den Handel.

Auch die Grundschicht der mordwinischen, tschuwaschischen, tscheremissischen, wotjakischen und tatarischen Jasakleute verlor in den Jahren 1718 bis 1724 ihren Sonderstatus und wurde ebenfalls in die Kategorie der Staatsbauern eingegliedert. Mit der Angleichung an den Status der russischen Bauern erhöhten sich ihre Abgaben und Dienstleistungen erheblich. Der Staat blieb jedoch nicht bei der sozialen Nivellierung stehen, sondern ging erstmals systematisch zur religiösen Integration der Animisten und Muslime der Mittleren Wolga über. Nach ersten Taufaktionen unter Peter dem Großen wurde 1740 der Übertritt zur Orthodoxie mit massiven wirtschaftlichen Druckmitteln erzwungen: Die Getauften wurden drei Jahre von der Kopfsteuer und generell von der Pflicht, Rekruten zu stellen, befreit; diese Lasten sollten zusätzlich den Ungetauften aufgebürdet werden.[14] Es war vor allem die letzte Maßnahme, die eine Tauflawine auslöste und dazu führte, daß die überwiegende Mehrheit der Mordwinen, Tschuwaschen, Tscheremissen und Wotjaken zur Orthodoxie übertrat. Die Christianisierung war allerdings nur ein formaler Akt und blieb lange oberflächlich. Obwohl die Zwangschristianisierung der islamischen Tataren besonders aggressive Züge annahm – so wurden 418 der 536 Moscheen zerstört – hatte sie wenig Erfolg, sondern weckte im Gegenteil erbitterten Widerstand.

Der Angriff auf den Islam wurde denn auch schon 1755 wieder abgeblasen, und Katharina II. hob nach 1763 die meisten diskriminierenden Maßnahmen wieder auf. Unter dem Banner des aufgeklärten Absolutismus kehrte sie seit 1775 zur traditionellen Kooperation mit der tatarischen Elite zurück. Im Jahre 1784 wurden die muslimischen Aristokraten erneut in den russischen Adel kooptiert, allerdings ohne das Recht auf russische Leibeigene wiederzuerlangen.[15] Die tatarischen Kaufleute erhielten Handelsprivilegien, die es ihnen ermöglichen sollten, die Kasachensteppe und Mittelasien für russische Interessen zu erschließen. Die muslimische Geistlichkeit wurde 1788 in einer eigenen Behörde, der «Muselmanischen Geistlichen Versammlung», unter einem Mufti neu organisiert.

Damit hatte sich bis zum Ende des 18. Jahrhunderts die Lage der Ethnien des ehemaligen Khanats von Kazan' wesentlich verändert. Sie waren nun sozial weitgehend in das Ständesystem Rußlands integriert, und die Mordwinen, Tscheremissen, Tschuwaschen und Wotjaken waren nun auch in ihrer Religion an die Russen angeglichen worden. Dennoch waren die Wertsysteme und sozialen Beziehungen der ehemaligen Animisten weitgehend intakt geblieben, und die islamischen Kazan'-Tataren schickten sich an, ihre neuen Freiräume für eine ökonomische und kulturelle Renaissance zu nutzen.

2. Vorstoß nach Nordasien: Die Eroberung und Erschließung Sibiriens

Nach der Eroberung der Khanate von Kazan' und Astrachan' versuchte Moskau im Livländischen Krieg nach Westen zu expandieren und die Ostsee zu erreichen. Als dieser Durchbruch zu Beginn der 1580er Jahre endgültig gescheitert war, wandte es seine Aufmerksamkeit wieder stärker dem «Sammeln der Länder der Goldenen Horde» zu. Von Astrachan' aus lag ein weiterer Vorstoß in die Steppe, in Richtung Kaspisches und Schwarzes Meer, nahe, und der Moskauer Zar entfaltete in dieser Richtung rege politische Aktivitäten (vgl. den folgenden Abschnitt). Allerdings war der Respekt der russischen Waldbewohner vor der offenen Steppe groß, und militärisch blieben sie den Reiternomaden bis ins 18. Jahrhundert unterlegen.

So bot sich als zweite Expansionsrichtung der Osten an, wohin nach dem Fall von Kazan' der Weg frei geworden war. Hier herrschte der Khan von Sibir', ein weiterer Nachfolger der Goldenen Horde, über ein weites, dünn besiedeltes Gebiet im oberen Ob-Becken. Ein Herrscher hatte sich nach dem Fall von Kazan' sogar dem Moskauer Zaren unterstellt, doch kündigte schon wenige Jahre später der neue Khan Kučum die Allianz mit Moskau auf. Die Expansion nach Sibirien war also eine Etappe im «Sammeln der Länder der Goldenen Horde». Gleichzeitig knüpfte sie an die mittelalterliche Ostbewegung Novgorods und Moskaus an, als auf der Suche nach Pelzen die Stämme des Nordens und Nordostens einer lockeren Tributherrschaft unterworfen worden waren.

Die Eroberung und Erschließung Sibiriens, ein Vorgang von welthistorischer Bedeutung, kann hier nur knapp umrissen werden, wobei der Aspekt der Formierung des Vielvölkerreichs Rußland im Vordergrund steht.[16] Die ethnischen Gruppen, die Sibirien im 16. und 17. Jahrhundert bewohnten, kann man nach Siedlungsraum und Wirtschaftsform in eine nördliche und südliche Gruppe gliedern. Die Ethnien der nördlichen Tajga (Nadelwald-

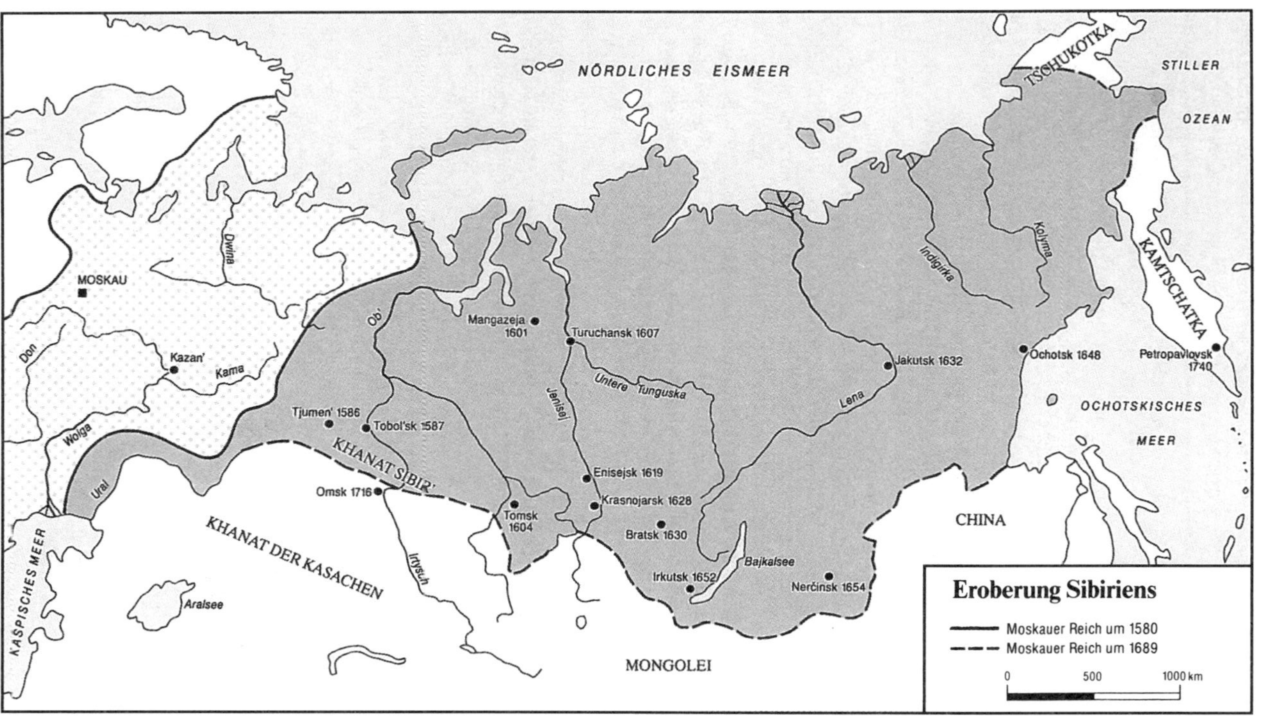
Eroberung Sibiriens
Moskauer Reich um 1580
Moskauer Reich um 1689
0
500
1000 km
NÖRDLICHES EISMEER
STILLER
OZEAN
TSCHUKOTKA
KAMTSCHATKA
Petropavlovsk 1740
OCHOTSKISCHES
MEER
Ochotsk 1648
Kolyma
Indigirka
Jakutsk 1632
Lena
CHINA
MONGOLEI
Nerčinsk 1654
Bajkalsee
Irkutsk 1652
Bratsk 1630
Krasnojarsk 1628
Enisejsk 1619
Untere Tunguska
Turuchansk 1607
Jenisej
Mangazeja 1601
Tomsk 1604
Ob'
Tobol'sk 1587
Tjumen' 1586
KHANAT SIBIR'
Omsk 1716
Irtysch
KHANAT DER KASACHEN
Aralsee
Ural
KASPISCHES MEER
Wolga
Don
Kazan'
Kama
Dwina
MOSKAU

Karte 3

zone) und Tundra betrieben eine den extremen natürlichen Bedingungen angepaßte extensive Wirtschaft. Sie waren in Sippen und nur teilweise in größeren Stammesgemeinschaften organisiert. Die nomadischen Jäger und Fischer der Tajga waren in erster Linie mandschurischsprachige Tungusen und paläoasiatische Jukagiren, die nomadischen Rentierzüchter der Tundra und Waldtundra Samojeden, Tungusen und – im Osten – paläoasiatische Tschuktschen, Kamtschadalen und Korjaken. Seßhaft waren kleine Gruppen von Fischern, Walroß- und Seehundjägern. Die Ethnien der in Klima und Bodenbeschaffenheit weniger rauhen südlichen Tajga und Waldsteppe betrieben mehrheitlich nomadische Viehzucht, mit Pferden, Groß- und Kleinvieh, und waren meist in Stämmen organisiert. Die wichtigste ethnische Gruppe waren die mongolischsprachigen Burjäten in der Gegend des Bajkalsees. Zu dieser südlichen Gruppe rechnet man neben einigen turksprachigen Gruppen von Jägern und Fischern (so die Teleuten im Altai oder die als Tataren bezeichneten Schoren) auch die ebenfalls turksprachigen Jakuten, die allerdings schon im Mittelalter aus der Steppe an die mittlere Lena gezogen waren. Sie hielten auch im Hohen Norden an ihren hirtennomadischen Traditionen fest, obwohl sie sich teilweise den dort lebenden tungusischen Gruppen anpaßten. Alle diese ethnischen Gruppen Sibiriens waren politisch kaum organisiert und in kleine Einheiten zersplittert. Der einzige größere Herrschaftsverband war das westsibirische Khanat, wo neben den auf die Steppenrandgebiete konzentrierten, Viehzucht und Ackerbau betreibenden sibirischen Tataren auch ugrischsprachige Ostjaken und Wogulen als jasakpflichtige Jäger und Fischer lebten. Mit Ausnahme der islamischen Tataren waren alle Ethnien Sibiriens Anhänger schamanistischer Naturreligionen.

Die Initiative zum Ausgreifen Rußlands nach Sibirien ging zunächst nicht vom Staat, sondern von der Unternehmerfamilie Stroganov aus, die seit dem Ende des 15. Jahrhunderts mit Unterstützung der Moskauer Regierung im russischen Norden ein vorwiegend auf Salzgewinnung und Pelzhandel basierendes, halbautonomes Wirtschaftsgebiet aufgebaut hatten. Die Suche nach Pelzen lenkte die Aufmerksamkeit der Stroganovs auf die an Pelztieren reichen Wälder jenseits des Ural. Ein in ihrem Dienst stehender Kosakentrupp unter Führung des später in der russischen Volksüberlieferung als Helden besungenen Jermak eroberte 1581/82 die Hauptstadt des westsibirischen Khanats am unteren Irtysch; die Motive und genaueren Umstände dieses Feldzugs sind bis heute umstritten. Nach anfänglichem Zögern stieß der Moskauer Staat nach und sicherte das Territorium des Khanats mit zahlreichen Festungen (1586 Tjumen', 1587 Tobol'sk, 1604 Tomsk; vgl. Karte 3). Dieses Wechselspiel von privater und staatlich-militärischer Initiative sollte für die Eroberung ganz Sibiriens typisch bleiben.

Russische Trapper, Abenteurer, Händler und Kosaken, aber auch Abteilungen der regionalen Militärverwaltung stießen in der ersten Hälfte des 17. Jahrhunderts über die sibirischen Flußsysteme immer weiter nach Osten vor. Dabei mieden sie die von Kasachen und Mongolen beherrschte Steppe.

Der wichtigste Motor der erstaunlich raschen Expansion über mehr als 6000 Kilometer blieb die Erbeutung von Pelzen, allen voran des wertvollen Zobels.[17] Das rücksichtslose Vorgehen führte zur raschen Dezimierung der Pelztiere in den leichter zugänglichen Gebieten, was die Erschließung immer neuer Regionen nach sich zog und die fragile ökologische Balance gefährdete. Begehrt waren außerdem Walroßzähne und Edelmetalle. An allen diesen Gütern war auch der Moskauer Zar interessiert, der deshalb schnell nachrückte, Festungen anlegen ließ und sich in Form von Tributen und Zöllen einen erheblichen Anteil am wirtschaftlichen Gewinn sicherte. Schon 1607 war der Jenissei erreicht, 1632 wurde an der Lena die Festung Jakutsk errichtet, und 1639 standen die ersten russischen Trupps am Pazifik, wo 1648 der Hafen Ochotsk begründet wurde. Von hier zogen russische Abteilungen bis ins Amurbecken, wo sie aber der Widerstand der seßhaften Einheimischen und die militärische Reaktion der Mandschus bald wieder zur Rückkehr zwangen. Etwas langsamer kam die Expansion im Süden, am Steppenrand, voran: 1643 war der Bajkalsee erreicht, und 1652/61 wurde die Festung Irkutsk begründet. Auch hier stießen die Russen dann mit den Mongolen und den seit 1644 über China herrschenden Mandschus auf militärisch stärkere Gegner, und 1689 wurde in Nerčinsk die bis ins 19. Jahrhundert geltende russisch-chinesische Grenze festgelegt. In der ersten Hälfte des 18. Jahrhunderts griff die russische Expansion dann auch in den äußersten Nordosten Eurasiens, auf die Halbinseln Tschukotka und Kamtschatka, aus.

Die meisten Ethnien Sibiriens leisteten den Russen heftigen Widerstand. Schon die Tataren des ehemaligen Khanats Sibir' organisierten während der «Wirren» zu Beginn des 17. Jahrhunderts groß angelegte Aufstände mit separatistischer Zielsetzung, die auch die Ostjaken und andere Ethnien Westsibiriens erfaßten. Wiederholt revoltierten auch nach ihrer formalen Unterwerfung die Jakuten und Burjäten sowie die Jukagiren, Tschuktschen, Kamtschadalen und Korjaken des Nordostens. Die in kleinen Gemeinschaften organisierten, waffentechnisch unterlegenen Ethnien Sibiriens zogen zwar militärisch gegenüber den maximal einige hundert Mann umfassenden, mit brutaler Gewalt vorgehenden Moskauer Trupps meist den kürzeren, doch bestärkte ihr immer wieder aufflammender Widerstand die Moskauer Regierung in ihrer vorsichtigen Politik der Eingliederung. Zurückhaltung schien auch geboten, um ihr Hauptziel, das regelmäßige Einziehen des Pelzjasak, nicht zu gefährden. Dazu griff man auf die bewährte Methode der Garantie des Status quo und der Zusammenarbeit mit den fremden Oberschichten zurück.

Moskau bestätigte in der Regel die Sippen- und Stammesführer in ihren Besitzungen und Vorrechten und übertrug ihnen die Aufgaben der niederen Gerichtsbarkeit und der Lokalverwaltung, in erster Linie das Einziehen des Jasak, der hier meist in der Form von Pelzen erhoben wurde.[18] Die Vertreter der einheimischen Oberschicht wurden aber mit Ausnahme der sibirischen Tataren nicht in den erblichen Adel des Reiches kooptiert. Zur Sicherung dienten – wie an der Mittleren Wolga – Festungen mit russischen Besatzungen sowie die repressiven Maßnahmen der Geiselnahme und des Waffenverbots. Auch der bewährten Methode, die einzelnen Sippen und Stämme gegeneinander auszuspielen, bediente man sich mit Geschick: Abteilungen von Nichtrussen unterstützten die Russen nicht selten bei der Unterwerfung anderer Ethnien. Im übrigen mischte sich die russische Verwaltung nicht in die inneren Verhältnisse der Ethnien Sibiriens ein, die ihre Wirtschaftsweisen, Lebensformen und ihren schamanistischen Glauben beibehielten. Der russische Staat ließ es sogar zu, daß die Mehrheit der animistischen Burjäten zu Beginn des 18. Jahrhunderts von mongolischen und tibetischen Missionaren zum lamaistischen Buddhismus bekehrt wurde.

Diese zurückhaltende Politik Moskaus spiegelt sich in den ständig wiederholten Ermahnungen an die sibirischen Voevoden, den Nichtrussen «mit Wohlwollen und Milde zu begegnen, den Jasak nicht mit Härte und Zwang zu erheben». Doch hielten sich die regionalen Verwaltungsleute und die russischen Trapper, Händler, Kosaken und Abenteurer oft nicht an diese Anordnungen. Moskau war weit entfernt, und Korruption, administrative Willkür, Erpressung, gesetzwidrige Versklavung (vor allem von einheimischen Frauen), Raub und Gewalttaten waren an der Tagesordnung. «Barmherziger Herrscher», wandte sich 1663 eine Gruppe von Jukagiren an den Zaren, «laß es nicht zu, daß die Dienstleute und Trapper uns ... weiterhin kränken, berauben, uns gewaltsam ihre Waren aufzwingen und uns ... mit Stöcken schlagen und einsperren, oder daß sie ... die Jurten abreißen, aus den Speichern ... Rentierfelle rauben und uns unsere Frauen und Kinder wegnehmen!».[19] In noch geringerem Maß als an der Mittleren Wolga deckten sich die Theorie der Regierungspolitik und die Praxis in der Region.

Hatte sich zunächst die russische Besiedlung Sibiriens auf die Festungen und kleinen Städte beschränkt, so wurden im Laufe des 17. Jahrhunderts immer mehr russische Bauern in Sibirien angesiedelt, in erster Linie um die Besatzungen mit Getreide zu versorgen. Zum Beginn des 18. Jahrhunderts hatten die Russen die nichtrussische Bevölkerung Sibiriens zahlenmäßig schon deutlich überflügelt. Allerdings konzentrierten sich die russischen Bauern fast ausschließlich auf den fruchtbaren südwestsibirischen Schwarzerdegürtel. Diese Region war denn auch zu dieser Zeit schon weitgehend in das Russische Reich integriert, während die riesigen Territorien des Nordens und Ostens mit ihrer zahlenmäßig geringen Bevölkerung von Jägern, Rentierzüchtern, Fischern und Hirtennomaden über ein lockeres Netz von Festungen und Verwaltungszentren wirtschaftlich ausgebeutet wurden; eine weitergehende soziale oder kulturell-religiöse Integration war zunächst nicht beabsichtigt.

Im 18. Jahrhundert forcierte der russische Staat wie an der Mittleren Wolga auch in Sibirien die Eingliederung der nichtrussischen Ethnien. An eine soziale Integration der Jäger, Fischer und nomadischen Viehzüchter in die Gesellschaftsordnung Rußlands war allerdings nicht zu denken, obwohl die orthodoxe Mission Sibirien sogar früher als die Mittlere Wolga erfaßte. Schon Peter der Große befahl nämlich 1706 und 1710 dem neuen Erzbischof für Sibirien, die Ostjaken und Wogulen mit Hilfe materieller Anreize und wenn nötig mit Gewalt zu taufen. Trotz heftigen Widerstands traten die meisten Vertreter der beiden ugrischsprachigen Ethnien zur Orthodoxie über.[20] Als im Jahre 1731 auch in Irkutsk eine Eparchie errichtet worden war, wurden in den folgenden Jahrzehnten zahlreiche Jakuten, Tungusen und nordwestliche Burjäten, ja sogar Tschuktschen und Korjaken mit ähnlichen Methoden bekehrt: «Seit dieser Zeit ... kamen aus der nördlichen Stadt Priester», heißt es in einer jakutischen Überlieferung, «die herumreisten, die Menschen an einem Ort versammelten, sie mit Wasser übergossen und so tauften und ihnen russische Namen gaben. Tapfere Männer mit langen Zöpfen neigten weinend ihre Köpfe, andere Widerspenstige versuchten, an den Oberlauf der Flüsse zu fliehen.»[21] Die Zwangschristianisierung in Sibirien trug aber in noch höherem Maß als an der Mittleren Wolga formalen Charakter, und die nichtrussischen Ethnien blieben in ihrem Glauben und in ihren Sozialbeziehungen vom Schamanismus geprägt.

In der Eingliederung Sibiriens in den Moskauer Staat vermischten sich die Muster indirekter Herrschaft, wie sie von Novgorod entwickelt worden waren, mit Methoden einer festeren militärischen, administrativen und wirtschaftlichen Bindung an die Zentrale, wie sie Moskau an der Mittleren Wolga erprobt hatte. Daß die Zentrale Sibirien zunächst im selben Kontext wie das Khanat von Kazan' betrachtete, wird auch dadurch belegt, daß Sibirien dem Moskauer Zentralamt des Kazaner Prikaz unterstellt wurde. Erst 1637 wurde mit dem Sibirskij Prikaz eine eigene Kanzlei für Sibirien geschaffen.

Man hat die russische Expansion nach Sibirien gelegentlich mit der amerikanischen Westexpansion verglichen, und in der Tat sind Parallelen offensichtlich. Auch die Interpretation der beiden welthistorisch bedeutsamen Vorgänge verlief nach ähnlichen Mustern: Die Erschließung des Wilden Westens wie des Wilden Ostens wurden von den Nachkommen der europäischen Siedler heroisiert und legitimiert. Das brutale Vorgehen gegenüber den einheimischen Ethnien, deren traditionale Ordnungen mit Waffen, Schnaps und Seuchen erschüttert wurden, und der bedenkenlose Raubbau an der Natur (Pelztiere und Bisons) sind lange vergessen worden. Das Problem hat seine Aktualität bis heute nicht eingebüßt, wie die jüngsten Diskussionen in der Sowjetunion (und in Amerika) um den Raubbau an der Natur vor allem bei der Erdgas- und Erdölgewinnung und um die tiefe Krise der Urbevölkerung zeigen. Allerdings dürfen die geographischen Unterschiede zwischen Nordamerika und Sibirien nicht übersehen werden; sie lassen einen Vergleich mit Kanada sinnvoller erscheinen. Auch die historischen Traditionen der nach Übersee ausgewanderten Europäer unterschieden sich von denen der Russen, die schon seit Jahrhunderten in Kontakten mit Ethnien des Nordens standen. Ob sich daraus – wie gelegentlich behauptet wird[22] – in Sibirien ein weniger brutales, «menschlicheres» Kontaktmodell zwischen

Europäern und nichteuropäischen Jägern und Normaden ergeben hat als in Amerika, bleibt umstritten.

3. Schrittweises Vordringen in die Steppe

Die russische Expansion nach Sibirien stand in der Tradition der ostslawischen Ostsiedlung, die seit der Zeit der Kiever Rus' auf immer neue Waldgebiete ausgriff. Die offene waldlose Steppe nördlich des Schwarzen und des Kaspischen Meeres blieb für die Russen fremd, feindlich, furchteinflößend, und lediglich an den Flüssen wagten Kosaken und Moskauer Dienstleute Stützpunkte zu errichten. Vorstellungen von der Steppe als typischem Lebensraum der Russen sind erst im 19. Jahrhundert durch Lieder und Belletristik verbreitet worden. Bis dahin war die Steppe eine Domäne der Reiternomaden. Ihre auf der nomadischen Weidewirtschaft mit weiträumigen saisonalen Wanderungen beruhende Lebensform war den natürlichen Bedingungen der Steppenregion angepaßt. Ihr entsprachen die außerordentlichen militärischen Qualitäten der Reiternomaden und eine dezentralisierte, instabile, auf Clan-Beziehungen basierende sozio-politische Ordnung. Zu den seßhaften Ostslawen bestanden seit jeher enge Kontakte, die einerseits durch Raub- und Plünderungszüge der Steppennomaden, andererseits durch intensive wirtschaftliche und diplomatische Wechselbeziehungen geprägt waren.

Das Moskauer Reich hatte sich mit der Annexion der Khanate von Kazan' und Astrachan' an der Wolga eine strategische Position geschaffen, die es ihm erlaubte, Einfluß auf die Steppe zu nehmen und in der Auseinandersetzung um das Erbe der Goldenen Horde eine aktive Rolle zu spielen. Allerdings konnte Moskau hier nicht mit Waffengewalt vorgehen, da die russischen Heere den Reiternomaden in der Steppe auch im 16. und 17. Jahrhundert nicht gewachsen waren. Der Moskauer Zar setzte deshalb in erster Linie politische Mittel ein, um seine Stellung in der Steppe schrittweise auszubauen. Die diplomatischen Beziehungen zu den Reiternomaden folgten dabei den traditionellen Mustern der «Steppenpolitik», die auf personalen Koalitionen beruhten und Abhängigkeitsverhältnisse mit der Erhebung des Tributs und der Einsetzung von Herrschern, nicht aber mit territorialen Annexionen etablierten. Moskau versuchte mit Geschick, die Reiternomaden zu spalten und einzelne Führer oder ganze Clans auf seine Seite zu ziehen. Die Treu-Eide, die diese dann dem «weißen Zaren» schworen, wurden von beiden Seiten unterschiedlich interpretiert. Während sie in den Augen der Nomaden eine temporäre Unterordnung besiegelten, die für andere Führer oder Clans nicht galt, so leitete das in seßhaften, patrimonialen Traditionen denkende Moskau daraus Ansprüche auf den ganzen Herrschaftsverband und sein Territorium ab.[23] Diese Auseinandersetzungen spielten sich nach wie vor in einem internationalen Kontext ab, an dem neben Polen-Litauen das Osmanische Reich und die Khanate der Kasachen beteiligt waren. Langfristig konnte Moskau seine Stellung als Erbe der Goldenen Horde immer stärker ausbauen. Dazu trug auch der wirtschaftliche Niedergang der Steppe infolge der Entdeckungen bei, die den alten Handelsweg zwischen Europa und Asien zunehmend überflüssig machten.

Baschkiren

Mit der Eroberung von Kazan' kam der Moskauer Staat in direkten Kontakt mit den Baschkiren, die zum Teil unter der Oberhoheit des Khanats von Kazan' gestanden hatten.[24] Die turksprachigen muslimischen Baschkiren, deren Siedlungsgebiet im südlichen Ural zwischen Kama und Jaik (Ural) lag, waren keine «reinen» Steppennomaden. Im Norden und auf den Höhen des Ural bewohnten einige Stämme auch Waldgebiete und betrieben Jagd, Fischfang, Beutnerei und im Westen auch Ackerbau. Die Mehrheit der Baschkiren in der südlichen und östlichen Wald- und Grassteppe waren jedoch halbnomadische und nomadische Viehzüchter. Die Baschkiren waren in Clans und Stämmen organisiert und sozial deutlich differenziert. Wie die anderen Reiternomaden waren sie Truppen seßhafter Mächte in der Steppe überlegen und unternahmen periodisch Raubzüge in die russischen Grenzgebiete. Im Gegensatz zu den meisten anderen Nomaden, die zur Goldenen Horde gehört hatten, bildeten die Baschkiren keine politische Einheit, doch standen sie in engen Wechselbeziehungen zu den Khanaten von Kazan' und Sibir' im Norden und den Horden der Nogai-Tataren und Kasachen im Süden.

Nach der Eroberung von Kazan' unterstellten sich einige Gruppen der Baschkiren der Moskauer Oberherrschaft. Die Herrschaftsansprüche, die der Zar daraus ableitete, konnten allerdings noch lange nicht durchgesetzt werden. Zwar war schon 1586 im nördlichen Baschkirien die Festung Ufa gegründet worden, doch erst in der Mitte des 17. Jahrhunderts wurde im äußersten Nordwesten des baschkirischen Siedlungsgebietes «zum Schutz vor den Baschkiren und Kalmücken» die Transkama-Befestigungslinie errichtet.[25] Auch jetzt war die Herrschaft über die Baschkiren lose: Einzelne Stammesführer traten in Moskauer Dienste, einige Gruppen im Norden und in der Nähe der Festung Ufa entrichteten dem Zaren einen – im Umfang beschränkten – Jasak. Es ist also fragwürdig, mit der sowjetischen Forschung die «freiwillige Vereinigung» der Baschkiren mit Rußland schon auf die zweite Hälfte des 16. Jahrhunderts zu datieren.[26]

Erst in der zweiten Hälfte des 17. und zu Beginn des 18. Jahrhunderts begann der Staat allmählich, von den Baschkiren systematischer Abgaben und Dienstleistungen zu erheben.[27] Gleichzeitig wanderten immer mehr Tataren, Mordwinen, Tschuwaschen, Tscheremissen und Russen aus der Mittleren Wolga-Region in den mittleren und südlichen Ural und ließen sich als Ackerbauern auf dem Weideland der Baschkiren nieder, so daß die Baschkiren im Laufe des 18. Jahrhunderts zu einer Minderheit in ihrem angestammten Siedlungsgebiet wurden. Es gelang den baschkirischen Aristokraten zwar, die meisten der eingewanderten nichtrussischen Jasakleute, die in den russischen Quellen als Teptjaren und Bobylen bezeichnet werden, in ihre Abhängigkeit zu bringen. Dennoch kam es immer häufiger zum klassischen Konflikt zwischen seßhaften Ackerbauern und Nomaden um Landbesitz. Dies war – zusammen mit den steigenden staatlichen Ansprüchen – der Hintergrund für bewaffnete Erhebungen der Baschkiren in den Jahren 1662–1664, 1676–1682 und 1705–1710, die sich oft gegen russische Siedler richteten.

Auf diese Aufstände reagierte der russische Staat wie gewohnt mit Peitsche – so mit Geiselnahmen – und Zuckerbrot, etwa der Garantie des Grundbesitzes. Erst in den 30er Jahren des 18. Jahrhunderts ging man daran, die Baschkiren zu unterwerfen. Unterdessen hatte sich die Situation wesentlich verändert. Der durch Peter den Großen reformierte und militärisch gestärkte Staat ging systematisch daran, das Reich zu vereinheitlichen und auch die Ressourcen der Randgebiete zu nutzen. Die Reserven fruchtbaren Landes und die Bodenschätze des von den Baschkiren bewohnten südlichen Urals zogen das Interesse des Staates auf sich. Unmittelbarer Anlaß für die im Jahre 1734 begonnene Orenburger Expedition waren die eben eingeleiteten neuen Beziehungen zu den Kasachen, die den Blick auf den Mittelasienhandel lenkten. Die befestigte Grenzlinie, die in den Jahren 1735 und 1740 zwischen Samara an der Wolga und dem neu begründeten Orenburg am Jaik errichtet wurde, schnürte die Baschkiren von der Steppe ab. Die Baschkiren reagierten mit einer ganzen Kette groß angelegter bewaffneter Erhebungen, die erst in einem fünfjährigen, brutal geführten Krieg niedergeschlagen werden konnten, wobei die Truppen in der Regel auch von den eingewanderten nichtrussischen Jasakleuten unterstützt wurden.

Es kam zwar in den folgenden Jahrzehnten erneut zu Aufständen der Baschkiren, doch stand der südliche Ural jetzt unter der militärischen Kontrolle Rußlands. Er wurde nun auch administrativ in das Russische Reich eingegliedert. Die weitere Integration folgte den bewährten Mustern: Die baschkirische Oberschicht, die den russischen Feldzügen nicht zum Opfer gefallen war, und zusätzlich auch die aus der Mittleren Wolga-Region zugewanderten tatarischen Mischaren (Meščerjaki), wurden in ihren Besitzrechten und Privilegien bestätigt und als Kavallerie in russische Dienste genommen. Die Grundschichten hatten weiter den Jasak zu entrichten, wobei die Baschkiren weniger aufzubringen hatten als die Einwanderer der anderen ethnischen Gruppen und die nichtrussischen Teptjaren und Bobylen weniger als die russischen Staatsbauern. Obwohl die Besitzrechte grundsätzlich garantiert wurden, ging der Konflikt um das baschkirische Land weiter, und im Gebiet der Baschkiren blieb viel ethnischer und sozialer Zündstoff erhalten. Im Gegensatz zu den Nichtrussen des Khanats von Kazan' wurden die Baschkiren auch im 18. und in der ersten Hälfte des 19. Jahrhunderts sozial nicht in das Russische Reich integriert, sondern behielten eine Sonderstellung. Am Ende des 18. Jahrhunderts wurden sie zusammen mit den Mischaren in einen den russischen Kosaken vergleichbaren Militärstand umgewandelt, in einem irregulären «Baschkirischen Heer» organisiert und einer eigenen Militärverwaltung unterstellt. Sie dienten an der Orenburger Grenzlinie und auch in Feldzügen im Westen, so zwischen 1806 und 1813.[28]

Nogai-Tataren

Mit der Eroberung von Astrachan' im Jahre 1556 hatte der Moskauer Staat einen Stützpunkt mitten in der Steppe gewonnen. Hier nomadisierten die turksprachigen islamischen Nogai-Tataren, die Nachfolger der «Großen Horde» in den zentralen Gebieten der Goldenen Horde zwischen Wolga und Aralsee.[29] Sie waren typische Reiternomaden mit großen Herden, weiträumigen saisonalen Wanderungen, einer lockeren Organisation in Clans und Stämmen, die sich zuweilen in einer oder mehreren Horden vereinten. Die durch die Moskauer Eroberungen bewirkte Destabilisierung hatte den Zerfall der Nogaier in drei Horden zur Folge. Die «Kleine Horde» überquerte die Wolga und unterstellte sich dem Krimkhan, im Osten schloß sich eine Horde den Kasachen an, während die «Große Horde» im Zentrum von Machtkämpfen einzelner Clans erschüttert wurde.

Moskau unterhielt schon seit dem Ende des 15. Jahrhunderts enge diplomatische und kommerzielle Beziehungen zu den Nogai-Tataren. Mit der Eroberung der Wolga-Khanate wurden die Nogaier der Großen Horde zu direkten Nachbarn des Moskauer Staates und gerieten zusehends in eine wirtschaftliche Abhängigkeit. Moskau spielte die zerstrittenen Clans gegeneinander aus, und 1557 schwor Fürst Ismail dem Zaren einen Eid, der in Moskau als Unterordnung interpretiert wurde. Nogai-Tataren dienten als Söldner in den russischen Heeren, und einzelne Aristokraten traten in die Dienste des Zaren, unter ihnen die Stammesväter des Fürstengeschlechts der Jusupov, die an der oberen Wolga umfangreiche Güter mit Tausenden russischer Bauern erhielten. Das Verhältnis Moskaus zu den Nogai-Tataren blieb jedoch instabil. Zwar gelang es Moskau am Ende des 16. Jahrhunderts, die Stellung von Geiseln zu erzwingen und im Jahre 1600 einen Fürsten einzusetzen, doch lösten sich einzelne Clans immer wieder aus der Abhängigkeit. Die Große Nogai-Horde stand zwar zeitweilig unter Moskauer Protektorat, blieb aber auch im 17. Jahrhundert unabhängig.

Die innere Krise und der sukzessive Zerfall der Großen Nogai-Horde wurden zu Beginn der 1630er Jahre besiegelt, als die Kalmücken die Steppe östlich der Wolga besetzten. Die Nogai-Tataren überquerten die Wolga und organisierten sich in der Steppe vom Kuban bis zum Dnestr neu in Horden, die unter der Oberhoheit des Krimkhanats standen. Die Nogai-Tataren waren damit die letzten Reiternomaden im Raum nördlich des Schwarzen Meeres.

Kalmücken

Der Vorstoß der Kalmücken bis an die Wolga war die letzte Welle der Westexpansion zentralasiatischer Reiternomaden, die mit den Hunnen begonnen und im universalen Reich der Mongolen ihren Höhepunkt erlebt hatte.[30] Die Kalmücken waren westmongolische Stämme, die unter dem Druck der Ostmongolen und Kasachen in den ersten Jahrzehnten des 17. Jahrhunderts in mehreren Schüben nach Südwesten wanderten und die Steppe nördlich des Kaspischen Meeres in Besitz nahmen. Die Kalmücken waren wie die Nogai-Tataren «reine» Hirtennomaden und disziplinierte, gefürchtete Krieger. Sie waren in Sippenverbänden und in von einem «tajši» angeführten Horden oder Stämmen (Ulus) organisiert; an der Wolga schlossen sie sich dann zu einem Khanat zusammen. Die Kalmücken waren wie die übrigen Mongolen Lamaisten, sie gründeten Klöster, unterhielten Beziehungen zu Tibet und benutzten das neu geschaffene westmongolische Alphabet. Sie waren so ein Außenposten des Buddhismus am südöstlichen Rande Europas und ein Fremdkörper inmitten der turksprachigen islamischen Steppenwelt.

Der Moskauer Staat versuchte schon früh, die Kalmücken an sich zu binden. Im Jahre 1655 kam es zu einer Vereinbarung, die der Khan der Kalmücken mit einem Loyalitäts-Eid beschwor: «Wir Ulus-Leute sind alle dem Großen Herrscher, dem Zaren und Großfürsten Aleksej Michajlovič, ewig gehorsam.»[31] Für die Moskauer Regierung – und die sowjetische Historiographie[32] – waren die Kalmücken damit Untertanen des Zaren, für die Kalmücken handelte es sich um eine freiwillige Militärallianz im Sinne der Steppenpolitik. Moskau brauchte die tüchtigen Krieger als Puffer im Süden und als Hilfstruppen gegen die Krimtataren und war bereit, der kalmückischen Oberschicht dafür Geschenke und Handelsprivilegien zukommen zu lassen. An eine Kontrolle über die Steppe war nicht zu denken, auch wenn die Kalmücken vorübergehend Geiseln stellten. Das Khanat der Kalmücken blieb unabhängig, worauf auch die Tatsache hinweist, daß die Eide ständig wiederholt wurden. Unter Khan Ajuki (1670–1724) erreichten die Wolga-Kalmücken den Gipfel ihrer politischen und militärischen Macht. Obwohl auch Beziehungen zum Osmanischen Reich und China gepflegt wurden, blieb die Allianz mit Rußland erhalten, und die Kalmücken dienten unter Peter dem Großen als Ordnungsmacht im Steppenbereich – auch gegen die aufständischen Baschkiren – und als Hilfstruppen im Nordischen und Persischen Krieg.[33]

In den Jahrzehnten nach dem Tod Ajukis verstärkte sich der russische Druck auf die Kalmücken: Seine Nachfolger wurden von Petersburg eingesetzt und mußten ihre Kinder als Geiseln stellen, die Gouverneure von Astrachan' mischten sich in die inneren Angelegenheiten des Khanats ein, russische, ukrainische und deutsche Ackerbauern nahmen Weidegebiete der Kalmücken in Besitz, und deren nomadische Wirtschaft erlebte einen Niedergang.[34] Versuche der Kalmücken, ihren Landbesitz und ihre alten Rechte zu verteidigen, hatten wenig Erfolg, so daß ihre Bereitschaft wuchs, in ihre alte Heimat zurückzukehren. Als dann China, das die Westmongolen vernichtend geschlagen hatte, die Kalmücken einlud, Weidegebiete in der jetzt stark entvölkerten Dsungarei in Besitz zu nehmen, folgten mehr als zwei Drittel der Kalmücken diesem Ruf. Im Januar 1771 zogen über 100 000 Kalmücken unter Khan Ubaši nach Osten, doch nur ein Bruchteil erreichte ihr Ziel, die übrigen fielen den Überfällen der Kasachen und Kirgisen oder der Wüste zum Opfer. Die in den Steppen nördlich des Kaspischen Meeres, vor allem westlich der Wolga, zurückgebliebenen wenig zahlreichen Kalmücken wurden nun in die Verwaltung des Russischen Reiches eingegliedert. Das Khanat wurde liquidiert, jeder einzelne Ulus dem Gouverneur von Astrachan' unterstellt, die westlich siedelnden Kalmücken wurden dem Donkosakenheer angegliedert. Die nomadischen Kalmücken wurden nicht in die russische Gesellschaft integriert, sondern erhielten sich auch im 19. Jahrhundert ihre traditionelle innere sozio-politische Ordnung, auch wenn ihre Autonomie ebenso wie ihr Weideland allmählich eingeschränkt wurden.

Krimtataren

Von den Mächten, die in der ersten Hälfte des 16. Jahrhunderts mit dem Moskauer Staat um die Nachfolge der Goldenen Horde konkurriert hatten, war im 18. Jahrhundert nur das Khanat der Krimtataren noch nicht unter russischer Herrschaft. Die turksprachigen islamischen Krimtataren beherrschten die weiten Steppen nördlich des Schwarzen Meeres dank ihrer herausragenden militärischen und organisatorischen Fähigkeiten, aber auch dank der Rückendeckung, die ihnen das Osmanische Reich gab.[35] Die Osmanen hatten am Ende des 15. Jahrhunderts die Ufer des Schwarzen Meeres unter Kontrolle gebracht, auf der Krim die große, ehemals genuesische Handelstadt Kaffa und einige andere Festungen, darunter Tana (Azov) an der Donmündung, annektiert. Das Krim-Khanat befand sich seither in lockerer Abhängigkeit vom Osmanischen Reich, doch behielt es bis ins 17. Jahrhundert einen breiten Spielraum und blieb in der Steppe eigenständige Großmacht.

Die Krimtataren und die mit ihnen verbündeten Nogai-Tataren unternahmen regelmäßig Überfälle auf die in der Nähe der Steppengrenze siedelnden seßhaften ostslawischen Bauern. Sie raubten ihre Habe, verwüsteten ihre Höfe und führten Tausende gefangen weg, um sie als Sklaven zu verkaufen. Im Konflikt mit Moskau zogen krimtatarische Heere seit 1521 auch in die inneren Gebiete Rußlands und brannten 1571 sogar Moskau nieder. Die Khane der Krim erhoben von Polen-Litauen und Moskau Tribute und untermauerten damit ihren Anspruch auf das Erbe der Goldenen Horde. Es verwundert deshalb nicht, daß die Krimtataren in der russischen Überlieferung als grausame und treulose Räubergesellen gelten, die aus lauter Mordlust, Habgier und Barbarei friedliche christliche Siedler überfielen, versklavten oder umbrachten. Die Vorstellungen von den tückischen nomadischen Erbfeinden der Russen sind bis ins 20. Jahrhundert wirksam geblieben: Es ist kein Zufall, daß gerade die Krimtataren und Kalmücken zu den am Ende des Zweiten Weltkriegs nach Asien deportierten Völkern gehörten. Dieses für seßhafte Gesellschaften typische Bild der Nomaden ist jedoch eindimensional und – etwa vom amerikanischen Historiker Alan Fisher – zu Recht kritisiert worden.

Das Khanat der Krim war seit dem 15. Jahrhundert ein sozial und politisch differenziertes, ökonomisch und kulturell entwickeltes, nomadische und seßhafte Traditionen vereinendes Vielvölkerreich. Die von Dschingis Khan abstammende Dynastie der Giray und die Clans der tatarischen Aristokratie herrschten über ein Territorium, das neben der Halbinsel die ganze Steppe nördlich und östlich des Schwarzen Meeres umfaßte. Zur Bevölkerung des Khanats gehörten neben den zum größeren Teil seßhaft gewordenen Krimtataren verschiedene Gruppen von Nogai-Tataren, die in den Steppen des Festlandes nomadisierten, und die seßhafte Stadtbevölkerung der Krim, die neben Tataren aus Armeniern, meist tatarischsprachigen Griechen und turksprachigen Juden (Krymčaki und Karaim) bestand. Die Wirtschaft kombinierte nomadische Viehzucht, Ackerbau und Weinbau und einen intensiven Handel mit Sklaven, Vieh und Luxusgütern. Die nicht-islamischen Gruppen des Khanats wurden der mongolischen und osmanischen Tradition folgend nicht behelligt, mußten jedoch relativ hohe Steuern bezahlen. Die tatarische Kultur, Literatur, Historiographie, Architektur und das islamische Bildungswesen erlebten auf der Krim eine Blüte.

Im 18. Jahrhundert hatte das Krim-Khanat seinen Höhepunkt allerdings schon hinter sich. Die Wirtschaft befand sich in einer Krise, innere Konflikte erschütterten die soziale und politische Stabilität, die Abhängigkeit vom Sultan verstärkte sich. Das russische Verhältnis zu den Krimtataren wurde nun immer stärker von den Beziehungen zum Osmanischen Reich bestimmt. Seit Peter dem Großen war Rußland hier zur Offensive übergegangen und versuchte, parallel zum Durchbruch an die Ostsee, auch einen Zugang zum Schwarzen Meer zu gewinnen. Nach einer ganzen Reihe von mißglückten Feldzügen durch die Steppe gewann Rußland im Laufe des 18. Jahrhunderts die militärische Überlegenheit. Das zeigte sich schon im Krieg von 1736–39, als russische Truppen die Krimtataren schlugen und vorübergehend sogar auf die Krim vorstießen. Erst der russisch-türkische Krieg von 1768–74 brachte dann den Durchbruch, indem die Osmanen vom Nordufer des Schwarzen Meeres verdrängt wurden. Damit stand das Khanat der Krimtataren dem mächtigen Russischen Reich allein gegenüber.

Die Annexion der Krim vollzog sich in drei Etappen, die der Inkorporation anderer Nachfolgereiche der Goldenen Horde entsprachen, aber viel schneller aufeinander folgten.[36] Im Jahre 1771 wurde die Krim erobert und im folgenden Jahr das osmanische Protektorat über das Krim-Khanat durch ein russisches ersetzt, jedoch die Existenz des Khanats als «freies, von niemand abhängiges Gebiet» garantiert.[37] Vier Jahre später setzte Rußland einen neuen Khan ein, der eine Reihe nivellierender Reformen durchführte. Als die tatarische Aristokratie dagegen rebellierte, ließ Katharina II. erneut russische Truppen einmarschieren, und im Jahre 1783 wurde der letzte Khan abgesetzt. Das Khanat der Krimtataren verlor damit seine politische Autonomie und wurde ins Russische Reich eingegliedert. Die Mehrheit der städtischen Griechen und Armenier war schon einige Jahre früher ins Gebiet nördlich des Asow'schen Meeres umgesiedelt worden, wo sie die Kolonien Mariupol' und Neu-Nachičevan begründeten. Im Laufe der Eroberung des Krim-Khanats spielte Rußland die nomadischen Nogai-Tataren geschickt gegen die krimtatarische Führungsschicht aus, und zahlreiche Nogaier wanderten in das Kuban-Gebiet nördlich des Kaukasus ab.[38] Dadurch wurde die Steppe nördlich des Schwarzen Meeres, die der Lebensraum der Nogai-Tataren gewesen war, frei für die Besiedlung durch ukrainische, russische und ausländische Bauern (vgl. den folgenden Abschnitt). In der Steppe nördlich des Kaukasus, die nun auch an Rußland fiel, blieben die Nogai-Tataren in ihrer Mehrheit auch im 19. Jahrhundert ihrer nomadischen Lebensform treu. Ein Teil kehrte wieder in die Steppe nördlich der Krim zurück und ging allmählich zur Seßhaftigkeit über; diese große Gruppe der Nogai-Tataren emigrierte nach dem Krimkrieg ins Osmanische Reich.

Die Methoden, mit Hilfe derer das Krim-Khanat eingegliedert wurde, entsprachen zunächst denen, die man über zwei Jahrhunderte früher gegenüber dem Khanat von Kazan' angewandt hatte. Nach der militärischen Sicherung und administrativen Integration versuchte auch Petersburg, die Krimtataren durch eine vorsichtige Politik für sich zu gewinnen: «Wir versprechen heilig und unerschütterlich in unserem Namen und im Namen unserer Nachfolger auf dem Thron, sie in Gleichheit mit unseren eingeborenen Untertanen zu halten, ihre Personen, Güter, Tempel und ihre natürliche Religion zu erhalten und zu verteidigen ... und jedem ihrer Stände die in Rußland geltenden Rechte und Privilegien zu gewähren», heißt es im Annexions-Manifest vom 8. April 1783.[39] Die Verwaltungsstruktur des Khanats wurde übernommen und einem russischen Gouverneur unterstellt. Die russischen Behörden arbeiteten mit der tatarischen Oberschicht zusammen: Ihr Landbesitz und ihre Privilegien wurden garantiert. Dafür hatten sie nun dem russischen Kaiser in der Armee oder der regionalen Verwaltung zu dienen. Die muslimischen tatarischen Aristokraten wurden auch – anders als die Elite der anderen Steppenreiche, aber gleich wie die ebenfalls seßhaften Kazan'-Tataren – in den erblichen Adel des Reiches kooptiert. Sie mußten allerdings Beweise für ihre vornehme Abkunft vorlegen, was die Verleihung der vollen Adelsrechte nicht selten verzögerte.[40] Auch die tatarischen Bauern behielten ihren Landbesitz und ihren Status als freie, nicht von Gutsbesitzern abhängige Staatsbauern. In der Epoche des aufgeklärten Absolutismus war Toleranz gegenüber dem Islam selbstverständlich. Man suchte die Kooperation mit der islamischen Geistlichkeit, garantierte ihren Landbesitz (waqf) und integrierte sie – wie im Osten – über eine «Taurische Mohammedanische Verwaltung» in die staatliche Bürokratie, um sie auf diesem Wege zu kontrollieren und für eigene Interessen einzuspannen.

Diese pragmatisch-flexible Politik hatte Erfolg.[41] Obwohl die Krimtataren ihre jahrhundertelange staatliche Eigenständigkeit verloren hatten, kam es zu keinen bewaffneten Erhebungen gegen die russische Herrschaft. Allerdings protestierten schon in den 1780er Jahren viele Tausende von Tataren mit den Füßen und emigrierten ins Osmanische Reich. Diese Auswanderungsbewegung sollte sich in den folgenden Jahrzehnten fortsetzen und während und nach dem Krimkrieg einen Höhepunkt erreichen. Zwischen 1783 und 1860 hat so weit über die Hälfte der Krimtataren ihre Heimat verlassen. Da seit dem Anfang des 19. Jahrhunderts die Krim von zahlreichen ostslawischen Bauern und ausländischen Kolonisten besiedelt wurde, wurden die Tataren nach der Jahrhundertmitte zu einer Minderheit auf der Halbinsel. Die Kolonisation der Krim wurde nun von der russischen Regierung tatkräftig gefördert, und die Tataren verloren einen Teil ihres Landes. Allmählich wurde auch die administrative Integration vorangetrieben, und alle wichtigeren Verwaltungsaufgaben wurden von Russen übernommen. Auch aus den Städten der Krim wurden die Tataren verdrängt. Zwar konnten sich die Krimtataren ihre soziale Ordnung und kulturell-religiöse Identität bewahren, doch waren sie in der Mitte des 19. Jahrhunderts politisch entmachtet und demographisch und wirtschaftlich wesentlich geschwächt. Die letzten souveränen Nachfolger der tatarischen Oberherren waren zu drittrangigen Untertanen der Russen geworden.

4. Erschließung der Steppe: Kosaken und deutsche Kolonisten

Die endgültige Unterwerfung der Baschkiren, die Abschaffung des Khanats der Kalmücken und die Annexion des Krim-Khanats hatten zur Folge, daß die fruchtbaren Steppengebiete nördlich des Schwarzen und Kaspischen Meeres, die seit jeher eine Domäne der Reiternomaden gewesen waren, von Bauern besiedelt werden konnten. Zwar waren ostslawische Kosaken schon seit dem 16. Jahrhundert in die Steppe vorgedrungen, doch hatten sie sich nur an den Flußläufen niedergelassen. Die Kosaken waren an der Steppengrenze aus einer Mischung der Ostslawen mit tatarischen und anderen ethnischen Elementen entstanden, doch waren sie seit dem 17. Jahrhundert eindeutig orthodox und russisch oder ukrainisch geprägt. Auf die ukrainischen Dnepr-Kosaken komme ich im folgenden Kapitel zurück, die russischen Kosaken stelle ich hier kurz vor, da sie – so meine These – Ansätze für eine ethnisch-eigenständige Entwicklung aufwiesen.

Die Kosaken, die sich seit dem 16. Jahrhundert am Don, an der Wolga, am Jaik (Ural) und am Terek niederließen, rekrutierten sich in erster Linie aus russischen und ukrainischen Bauern, die vor dem Steuerdruck und der Ausbreitung der Leibeigenschaftsordnung an den Rand der Steppe flohen, wo sie zunächst vor dem Zugriff des Staates und der Gutsbesitzer sicher waren.[42] Sie lebten in befestigten Lagern an den Flüssen, betrieben Fischfang, Jagd und Beutnerei, später auch Viehzucht. Andere Einkünfte hatten sie aus regelmäßigen Raubzügen gegen Steppennomaden, aus Überfällen auf Kaufleute sowie aus Zahlungen des Moskauer Staates. Rußland bediente sich der Kosaken in seiner Auseinandersetzung mit den Steppennomaden als Grenzwächter, Späher und Räuber und nahm sie auch als Söldner in seine Dienste. Dennoch erhielten sich die einzelnen Kosakenheere einen hohen Grad an Autonomie. Ähnlich wie die Steppennomaden waren sie in den Augen der Russen unzuverlässige Alliierte. So stellten Kosaken die Anführer und Kerntruppen der großen Volksaufstände des 17. und 18. Jahrhunderts.

Neben der den Bedingungen der Steppe angepaßten spezifischen Lebensform entwickelten die Kosaken auch eine eigene, von der russischen Autokratie grundsätzlich abweichende sozio-politische Ordnung. In dieser militärdemokratischen Verfassung fällte die Versammlung aller Kosaken, der Ring (krug), die wichtigsten Entscheidungen und wählte den Ataman, den Anführer. Die soziale Differenzierung der Kosaken nahm – vor allem am Don – seit dem 17. Jahrhundert zu, da immer mehr Bauern an die Steppengrenze strömten. Es gelang der russischen Regierung im Laufe des 18. Jahrhunderts auch hier, die Oberschicht an sich zu binden und dadurch die Kontrolle über die unruhigen Kosaken zu gewinnen. Doch blieb das Heer der Donkosaken im 18. Jahrhundert administrativ und sozio-politisch deutlich vom übrigen Rußland geschieden.[43] Als die Reiternomaden in das Russische Reich integriert wurden, verloren die Kosaken allerdings ihre wichtigste Funktion. Ihre Autonomie wurde allmählich eingeschränkt, und es setzte ein Prozeß der «Verbauerung» ein. Dennoch blieben die Kosaken am Don auch im 19. Jahrhundert als eigener Militärstand mit einer deutlich ausgeprägten Identität erhalten. In Georgis «Beschreibung aller Nationen des Russischen Reichs» von 1776–1780 werden sechs Gruppen von Kosaken angeführt, und auch in einer späteren russischen Aufzählung der ethnischen Gruppen des Reiches werden die Kosaken eigens genannt.[44] Zu einer eigenen Nation sind sie aber nicht geworden.

Zur Erschließung der weiten Steppengebiete zog der russische Staat neben ostslawischen Kosaken und Bauern auch ausländische Kolonisten heran.[45] Damit setzte er einerseits die Tradition der europäischen, vor allem deutschen, Ostsiedlung fort, im Laufe derer seit dem Hohen Mittelalter Bauern und Stadtbewohner aus Mitteleuropa dem Ruf osteuropäischer Herrscher gefolgt waren, andererseits folgte er den Rezepten der absolutistischen «Peuplierungs»-Politik. Schon seit dem 15. Jahrhundert waren Spezialisten aus Westeuropa nach Rußland eingeladen worden, und seit Peter dem Großen hatte sich ihre Zahl wesentlich erhöht.[46] Sie ließen sich in den Städten, vor allem in der neuen Hauptstadt St. Petersburg, nieder. Gleichzeitig gab es auch in den Städten des Südens und Ostens Kolonien ausländischer Spezialisten, so von armenischen Orient-Kaufleuten in Astrachan'. Unter Kaiserin Elisabeth wurden orthodoxe Emigranten aus dem Osmanischen Reich zum Schutz der ukrainischen Steppengrenze angesiedelt. Die Militärsiedlungen von «Neu-Serbien» und «Slavo-Serbien» bewohnten seit den frühen 1750er Jahren in erster Linie Rumänen, Serben und Bulgaren.

Der entscheidende Impuls zur Besiedlung der neu gesicherten Steppenräume durch Ausländer ging dann von zwei Manifesten aus, die Katharina II. in den Jahren 1762 und 1763 erließ.[47] Ausländischen Kolonisten wurden Land, ein Handgeld und Kredite in Aussicht gestellt, und «ein jeder soll von aller Steuer und Auflagen ... genießen dreyßig Frey-Jahre». Dazu kamen die unbefristete Befreiung vom Militärdienst, die Garantie der «freien Religions-Übung nach ihren Kirchen-Satzungen und Gebräuchen» und der inneren Selbstverwaltung. Es waren vor allem Deutsche, die dem Ruf der Kaiserin folgten, und die im folgenden halben Jahrhundert vor allem aus Südwestdeutschland nach Rußland emigrierenden Siedler waren die Vorfahren der großen Gruppe von Deutschen, die bis heute in der Sowjetunion leben. In einer ersten Welle wanderten bis zum Jahre 1775 über 30000 Personen in die Steppengebiete westlich der unteren Wolga, die nun gegen die Baschkiren und zunehmend auch gegen die Kalmücken gesichert waren. Unter diesen ersten Wolgadeutschen waren auch Mitglieder der Herrnhuter Brüdergemeine, die 1765 in Sarepta südlich Caricyn eine Musterkolonie begründeten.

Gleichzeitig wurde das Gebiet der ukrainischen Steppengrenze als «Neurußland» (Novorossija) neu organisiert. Nach der Auflösung der Zaporoher Sič', des letzten autonomen Stützpunktes der Dnepr-Kosaken, im Jahr 1775 und der Annexion des Krim-Khanats im Jahre 1783 wurden auch hier die Schleusen für ukrainische, russische und ausländische Siedler geöffnet. Seit den 1780er Jahren ließen sich aus Westpreußen eingewanderte deutsche Mennoniten am unteren Dnepr nieder, doch erst als im Jahre 1803 die offizielle Werbung wieder verstärkt wurde, strömten Zehntausende von deutschen Siedlern in die fruchtbaren Gebiete Neurußlands und legten die Grundlagen für die Gemeinschaft der Schwarzmeerdeutschen. Neben Deutschen wurden am Ende des 18. und zu Beginn des 19. Jahrhunderts in dieser Region auch zahlreiche aus dem Osmanischen Reich ausgewanderte Bulgaren, Griechen und Rumänen sowie kleinere Gruppen von Schweizern, Schweden, Korsen und Italienern angesiedelt. Dieser Massenandrang veranlaßte die Regierung Alexanders I. 1804 dazu, die Abgabenfreiheit auf zehn Jahre zu beschränken, die Aufnahmebedingungen zu verschärfen und als Kolonisten nur noch erfahrene Acker- oder Weinbauern, Seidenraupen- oder Viehzüchter und Dorf-Handwerker zuzulassen.[48] Im Jahre 1819 wurde die offizielle Berufung von Kolonisten ganz eingestellt. Gleichzeitig ließen sich auch viele Ausländer in den neuen Städten Neurußlands, vor allem im 1794 gegründeten Odessa, nieder.

Die Kolonisten blieben in der ersten Hälfte des 19. Jahrhunderts eine eigene rechtliche und soziale Gruppe, die gegenüber der Mehrheit der ukrainischen und russischen Bauern privilegiert war. Der umfangreichere Landbesitz, die Selbstverwaltung, die Steuerprivilegien und die Befreiung vom Militärdienst waren dafür verantwortlich, daß die Kolonisten wirtschaftlich besser gestellt waren als die ostslawischen Bauern. Die spezifische Erbordnung, die weder Erbteilung noch Umteilung zuließ, und die besseren wirtschaftlichen und bildungsmäßigen Voraussetzungen brachten es mit sich, daß die Wirtschaften der Deutschen im Schwarzmeerraum (und ganz besonders der Mennoniten) in der Regel mehr prosperierten als die der Bulgaren und Griechen sowie der Wolgadeutschen, die mehrheitlich das russische System der periodischen Neuverteilung des Landes unter den Gemeindemitgliedern übernommen hatten. Die deutschen Kolonien mit ihrer protestantischen oder katholischen Bevölkerung blieben Enklaven in einer orthodoxen Umwelt. Sie erfüllten die Erwartungen insofern, als sie erfolgreich Landwirtschaft und Gewerbe betrieben, wirkten aber kaum als Vorbilder für die ostslawischen Bauern.

5. Zusammenfassung

Das «Sammeln der Länder der Goldenen Horde» war mit der Auflösung der Khanate der Kalmücken und Krimtataren am Ende des 18. Jahrhunderts zu einem gewissen Abschluß gekommen. Die Steppe vom Dnestr bis zum Jaik (Ural) war jetzt unter russischer Kontrolle, und im Osten waren die Grenzen der Mongolensteppe und Chinas erreicht. Rußland war nun unangefochten der Erbe des eurasiatischen Großreiches der Goldenen Horde.

Dieser Nachfolgekampf hatte sich über mehr als drei Jahrhunderte hingezogen. Die erste Phase fand im Rahmen der traditionellen Steppenpolitik statt. Mit der Eroberung von Kazan' wurde sie zu einer imperialen Expansion, die das Ziel verfolgte, die Territorien der Goldenen Horde in das Russische Reich einzugliedern, ähnlich wie es schon zuvor im Sammeln der Länder der Rus' geschehen war. In wenigen Jahrzehnten wurde das Waldgebiet Sibiriens bis zum Pazifik erobert, wobei Moskau hier auch an die mittelalterliche Nordostexpansion Novgorods anknüpfte. Die dritte Phase, der Kampf um die Herrschaft über die Steppe und damit auch um den Zugang zum Kaspischen und Schwarzen Meer, dauerte erheblich länger: Nach der Inkorporation Astrachan's im Jahre 1556 rückte Rußland während mehr als zwei Jahrhunderten langsam Schritt für Schritt vor, bis es im Jahre 1783 den schärfsten Konkurrenten, das Krim-Khanat, eliminieren konnte. Dieser letzte Schritt wurde auch dadurch erschwert, daß die Krimtataren von der anderen eurasischen Großmacht, die ebenfalls das Erbe der Goldenen Horde beanspruchte, unterstützt wurden. Mit der Einbeziehung des Osmanischen Reiches wurde Rußlands Sammeln der Länder der Goldenen Horde auch zu einem Gegenstand der europäischen Politik.

Die Methoden, die Rußland bei der Eroberung der einzelnen Gebiete anwandte, variierten je nach der militärischen und politischen Macht des Gegners.[49] Typisch war ein schrittweises Vorgehen im Sinne der traditionellen Steppenpolitik. Das erste Ziel war es, durch das Einsetzen eines loyalen Herrschers ein lockeres Protektorat zu errichten, das in einem Eid besiegelt wurde. Aus der Perspektive Rußlands war damit ein Untertanenverhältnis etabliert, auf das in der Folge immer wieder rekurriert wurde, während die andere Seite dies höchstens als eine persönliche, zeitlich beschränkte Unterordnung ansah. Im Laufe der allmählichen Eroberung bediente sich Rußland geschickt der Methode des divide-et-impera, indem es Nichtrussen gegeneinander aufhetzte und Segmente der gegnerischen Oberschicht an sich zog. Letztlich entschied dann aber meist militärische Gewalt: Festungsringe, die den Gegner einschnürten, Eroberungs- und Verwüstungsfeldzüge.

Fast überall stießen die russischen Heere auf erbitterten Widerstand, der auch nach der Eroberung immer wieder aufflammte. Während sich die Kazan'-Tataren und Tscheremissen, die Tataren, Ostjaken, Wogulen, Jakuten, Burjäten und Tschuktschen Sibiriens und die Baschkiren der Eroberung und Eingliederung mit Waffengewalt widersetzten, reagierten die Kalmücken, Nogai- und Krimtataren mit der nomadischen Protestform der Auswanderung. Schon diese Tatsache allein zeigt die Verlogenheit des in der Sowjetunion während Jahrzehnten geltenden Axioms von «der freiwilligen Vereinigung mit Rußland».[50]

Die Methoden, mit denen die eroberten Gebiete eingegliedert wurden, griffen auf mittelalterliche Muster, wie sie vor allem Novgorod entwickelt hatte, auf das «Sammeln der Länder der Rus'» und die Regeln der Steppenpolitik zurück. Die Eingliederung des Khanats von Kazan' wurde dabei zum Modell für alle von Nichtrussen bewohnten Gebiete, die bis 1637 auch von einem Moskauer Zentralamt gemeinsam verwaltet wurden. Man kann zwei Grundlinien der Politik unterscheiden. Zunächst hatte die Sicherung der neu erworbenen Gebiete absolute Priorität: Widerstand wurde mit Waffengewalt niedergeschlagen, Festungsbau, Geiselnahmen und Waffenverbote sollten die Loyalität der Nichtrussen sichern. Das zweite Ziel, der wirtschaftliche Profit, war dem Ziel der Sicherung untergeordnet und kam auch nicht überall in gleichem Maß zum Zug. Deutlich wird es im Run auf die Pelze Sibiriens, dem Interesse an den Fischgründen und Handelsplätzen der Wolga-Khanate und an den Bodenschätzen des Ural sowie am Kolonisationsdruck hin zu den fruchtbaren Böden der Steppengrenze.

Wenn die Sicherung des Gebietes gewährleistet war, ging Rußland in der Regel zu einer vorsichtigen flexiblen Politik über. Ein wesentliches Element war die weitgehende Respektierung des Status quo. Zwar wurde mit der Annexion die Herrschaftsspitze durch Beauftragte des Zaren ersetzt, doch blieben darunter die administrative und rechtliche Ordnung, die Landbesitzverhältnisse und die Wertsysteme weitgehend unangetastet. So übernahm Rußland von der Goldenen Horde etwa das Abgabensystem des Jasak und garantierte auch die persönliche Freiheit der Jasak zahlenden Bauern, Hirten oder Jäger, die nicht wie die russischen Bauern zu Leibeigenen werden konnten. Die vorsichtige Politik der Regierung wurde allerdings von ihren regionalen Verwaltungsleuten nicht selten konterkariert.

Das zweite Grundprinzip der vorsichtigen Eingliederungspolitik war die Zusammenarbeit mit den nichtrussischen Oberschichten. Ihre Privilegien wurden bestätigt, dafür hatten sie die Unterschichten zu kontrollieren und Militärdienst zu leisten. Am einfachsten war für Rußland die Kooperation mit Eliten, die in ihrer sozio-politischen Stellung dem russischen Adel ähnlich waren, also einen seßhaften, landbesitzenden Militärstand bildeten. Sie wurden in den erblichen Adel des Reiches kooptiert. Das traf für die tatarische Elite der Khanate von Kazan' und der Krim zu, die zusätzlich noch über den Nimbus der herrschenden Schicht der Goldenen Horde verfügten. Problematischer war die Anerkennung der nomadischen Aristokratie, deren Lebensform und Kultur wesentlich vom russischen Muster abwichen. Zwar arbeitete man auch mit Baschkiren, Nogaiern und Kalmücken eng zusammen, als erbliche Adlige wurden sie aber in der Regel nicht anerkannt. Noch weniger kam dies für die Anführer der sibirischen Sippen und Stämme in Frage. In der russischen Perzeption begann sich im 18. Jahrhundert eine Rangordnung von den Seßhaften über die Steppen-Nomaden bis zu den Jägern abzuzeichnen. Die Ober- und Grundschichten der seßhaften Gesellschaften waren nun einem viel stärkeren Integrationsdruck ausgesetzt als die ausgegrenzten Nomaden.

Zur allmählichen Anpassung an die russischen Verhältnisse trug auch die Besiedlung der Mittleren Wolga und der Krim durch ostslawische Bauern bei, wobei es überall zu Auseinandersetzungen kam. Noch tiefer greifende Auswirkungen hatte der säkulare Konflikt zwischen Ackerbauern und Nomaden um deren Sommerweiden, der den wirtschaftlichen Niedergang der Hirtennomaden wesentlich beschleunigte.

Neben der Grundlinie der pragmatisch-flexiblen Eingliederungspolitik wandte der Staat in einzelnen Perioden auch Zwang an. Das geschah schon in den 50er Jahren des 16. Jahrhunderts, als die Kirche vorübergehend aggressive Kreuzzugsideen durchsetzte. Diese repressive Linie kam erneut in der ersten Hälfte des 18. Jahrhunderts zum Zug, als sich der absolutistische Staat nach westeuropäischem Vorbild von der pragmatischen Moskauer Politik abwandte und in seinem Streben nach Systematisierung und Unifizierung der Verhältnisse zahlreiche Animisten und Muslime gewaltsam zur Orthodoxie zu bekehren suchte, die Sonderstellung der seßhaften Nichtrussen im Osten abschaffte und sie in die Ständeordnung Rußlands einfügte. Doch kehrte Katharina II. dann wieder zur traditionellen Politik der Kooperation mit der tatarischen Elite zurück.

Wenn man den Blick auf Westeuropa richtet, stellt sich die Frage, wie das Sammeln der Länder der Goldenen Horde in den Prozeß der kolonialen Expansion Europas einzuordnen ist.[51] Zahlreiche Parallelen in den Motiven und den Methoden der Expansion und der Eingliederung sind offensichtlich, von der Mischung aus strategischen und ökonomischen Zielsetzungen über die Instrumente des divide-et-impera und der indirekten Herrschaft bis zu spezifischen Formen der Repression. Besonders auffällig sind die Übereinstimmungen zwischen der Eroberung Sibiriens und Kanadas, und Sibirien paßt überhaupt am besten in das koloniale Modell.

Doch fallen auch wesentliche Unterschiede auf. So waren die Faktoren des wirtschaftlichen Profits und der Mission in der frühen russischen Ostexpansion schwächer als bei den Seemächten Westeuropas. Der entscheidende Unterschied war die geringere Distanz zwischen Russen und Nichtrussen im Vergleich zum Verhältnis zwischen Westeuropäern und Kolonialvölkern in Amerika, Asien und Afrika. Zum ersten die geographische Distanz: Die fremden Ethnien waren nicht durch weite Meere getrennt, sondern waren – wieder mit Ausnahme der Ethnien Ostsibiriens – Nachbarn der Russen. Dazu kamen Unterschiede in der «historischen Distanz»: Während die Westeuropäer ihre Kolonien neu entdeckten, standen die Ostslawen seit dem Mittelalter in engen Kontakten mit Nomaden und Jägern im Osten und Süden und befanden sich sogar während Jahrhunderten im Rahmen desselben Herrschaftssystems. Aus dem Respekt gegenüber der Goldenen Horde und ihrer Aristokratie ergab sich eine Hochachtung der tatarischen Elite, die als gleichberechtigt anerkannt wurde. Die langen Wechselbeziehungen brachten es auch mit sich, daß die kulturelle Distanz zu alternativen Lebensformen und die religiöse Distanz zu Muslimen und Animisten erheblich geringer war als in Westeuropa. Die allmähliche Verwestlichung Rußlands im 18. Jahrhundert und die Übernahme europazentrischer Werte durch Staat und Elite führten allerdings dazu, daß die Distanz zu Nomaden und Islam größer wurde als im Moskauer Reich. Die Ostexpansion Rußlands im 16. bis 18. Jahrhundert entsprach jedoch – mit der partiellen Ausnahme Sibiriens – nicht dem Modell der kolonialen Expansion Westeuropas.

Mit der verstärkten Westorientierung Rußlands ging seit der zweiten Hälfte des 17. Jahrhunderts die Bedeutung des «Sammelns der Länder der Goldenen Horde» als Motor der Expansion allmählich zurück. Dennoch bestehen Verbindungen zur russischen Asien-Expansion des 19. Jahrhunderts, besonders deutlich im Fall der Kasachen, die bereits im 18. Jahrhundert unter ein lockeres Protektorat kamen. Die entscheidende Phase der Annexion der Kasachensteppe vollzog sich aber erst im 19. Jahrhundert unter veränderten Bedingungen (vgl. 5. Kapitel, 3.). Zunächst muß aber die russische Westexpansion behandelt werden, die im 17. und 18. Jahrhundert gleichzeitig mit dem «Sammeln der Länder der Goldenen Horde» verlief.

Drittes Kapitel

Die Expansion nach Westen vom 17. bis zum Beginn des 19. Jahrhunderts

Die Ost- und Südexpansion des Moskauer Staates stand immer in Wechselwirkung zur Expansion im Westen. Dem Sammeln der Länder der Goldenen Horde ging das Sammeln der Länder der Rus' voran, das schon früh zu einer Auseinandersetzung mit dem Großfürstentum Litauen um dessen von orthodoxen Ostslawen bewohnten Gebiete wurde. Darüber hinaus fand die imperiale Eroberung der Khanate von Kazan' und Astrachan' (1552–1557) schon 1558 ihre Fortsetzung in der Expansion an die Ostsee. Im fünfundzwanzigjährigen Livländischen Krieg kamen weite Teile Livlands und des Großfürstentums Litauen vorübergehend unter russische Herrschaft. Die Niederlage, die Rußland erlitt, und die Teilung Livlands durch Polen-Litauen und Schweden machten aber offenbar, daß Rußland im Westen auf ebenbürtige Großmächte gestoßen war. Diese Erfahrung bestätigte sich zu Beginn des 17. Jahrhunderts, als polnische und schwedische Truppen weite Teile des Moskauer Reiches besetzten. Die russische Westexpansion des 17. bis frühen 19. Jahrhunderts richtete sich deshalb gegen Polen-Litauen und Schweden. Sie vollzog sich im Rahmen der europäischen Politik, über die drei nordischen Kriege (1558–1583, 1654–1667, 1700–1721) bis zur «Koalition der drei schwarzen Adler» mit Österreich und Preußen in den vier Teilungen Polens.[1]

Zu diesen unterschiedlichen äußeren Voraussetzungen der Ost- und Westexpansion kamen die erheblich voneinander abweichenden inneren Strukturen der von Rußland annektierten Gebiete. Im Westen stand das zentralistische, autokratische Rußland vor der Aufgabe, Gesellschaften mit korporativer Organisation, ständischen und regionalen Traditionen zu integrieren. Hier zeigte sich erstmals ein Grunddilemma russischer Nationalitätenpolitik: Das militärisch und politisch überlegene Rußland gliederte sich Gebiete an, die in ihrer sozio-politischen Organisation, in Wirtschaft und Kultur – auch aus russischer Sicht – weiter entwickelt waren als die Metropole. Diese Elemente einer westlich geprägten Struktur wurden im 18. Jahrhundert zum Vorbild des neuen, verwestlichten Rußland, und die im Westen erworbenen Gebiete wurden teilweise zu Experimentierfeldern russischer Reformpolitik. Zwischen der Aufgabe, die westliche Peripherie in das sozio-politische System der Zarenautokratie zu integrieren, und dem Wunsch, sie als Modell für eine Reform dieses Systems zu nutzen, bestand ein unauflösbarer Widerspruch.

1. Die Ukraine: Wiedervereinigung oder Zwangsintegration?

Ein großer Teil der Ukraine kam in der Mitte des 17. Jahrhunderts unter russische Herrschaft.[2] Die Vereinbarung von Perejaslav, die Moskau 1654 mit dem Hetman der Dnepr-Kosaken Bohdan Chmel'nyc'kyj schloß, und die sich daran anschließende allmähliche Integration eines Teiles der Ukraine in das Russische Reich sind in der Geschichtsschreibung bis heute kontrovers interpretiert worden. Die meisten ukrainischen Historiker sehen den Akt von 1654 als Allianz zweier unabhängiger Partner, die höchstens ein zeitlich begrenztes Moskauer Protektorat, nicht aber die Eingliederung in den russischen Staat begründet habe. Die sowjetische Historiographie hat dagegen seit den großen Jubiläumsfeiern von 1954 die «Wiedervereinigung der Ukraine mit Rußland», die Befreiung der seit dem Zerfall des Kiever Reiches von den Russen getrennten ostslawischen Brüder vom polnischen Joch, zum Axiom erhoben.[3] Daß man in der Sowjetunion der Angliederung der Ukraine so viel Aufmerksamkeit gewidmet hat, ist kein Zufall: Die Ukrainer waren das mit Abstand zahlenmäßig größte nichtrussische Volk des Vielvölkerreiches, und die Ukraine war und ist von außerordentlicher wirtschaftlicher und strategischer Bedeutung. Außerdem haben die sprachliche Verwandtschaft, die Zugehörigkeit zur Orthodoxie und die zum Teil gemeinsame Geschichte die Ukrainer in den Augen der Russen immer als Sonderfall erscheinen lassen, falls sie nicht einfach als Bestandteil der russischen Nation angesehen wurden. Auch die Historiker und die öffentliche Meinung in Westeuropa haben bis vor kurzem die Existenz der 45 Millionen zählenden ukrainischen Nation kaum zur Kenntnis genommen.

Die komplizierten und umstrittenen Probleme der ukrainischen Ethnogenese können hier nicht erörtert werden. Sie war jedenfalls im 17. Jahrhundert abgeschlossen, und die im Südosten Polen-Litauens lebenden Ostslawen, die sich selbst meist als Rus' bezeichneten, grenzten sich deutlich von den Großrussen oder Moskowitern ab.[4] Die Ukraine, die seit der Union von Lublin (1569) fast ganz zum polnischen Teil der Adelsrepublik gehörte, wurde administrativ, wirtschaftlich und sozial sukzessive in das Königreich integriert. Dabei bestanden allerdings große Unterschiede zwischen Galizien im Westen, das schon seit dem 14. Jahrhundert zu Polen gehörte, und den weiten Gebieten im Osten und Süden, die bis 1569 Bestandteil des Großfürstentums Litauen gewesen waren und sich eine größere Eigenständigkeit bewahrt hatten. Während die bäuerlichen Unterschichten ihre orthodoxe Konfession und ostslawische Sprache überall bewahrten, war der ostslawische Adel in die Szlachta, die privilegierte Adelsnation des Königreichs, kooptiert worden und – vor allem in seinen oberen Schichten – großenteils zum katholischen Glauben übergetreten und allmählich polonisiert worden.[5] Auch die ukrainische Stadtbevölkerung war zum Teil akkulturiert, zum Teil von Polen, Deutschen, Juden und Armeniern verdrängt worden. Die im Zuge der

Gegenreformation 1596 zustande gekommene Union von Brest hatte eine dem Papst untergeordnete unierte Kirche geschaffen und damit die Kiever Metropolie gespalten. Zum Teil als Reaktion auf die Herausforderung des Katholizismus kam es in der Ukraine zu einer protonationalen geistigen Renaissance. Das vom Metropoliten Petro Mohyla begründete Kiever Kollegium wurde als erste ostslawische Hochschule zu einem Zentrum ukrainischer Kultur, das orthodoxe Traditionen mit westlich-polnisch-lateinischen Einflüssen verband. Parallel zu den Prozessen der sozialen, religiösen und sprachlich-kulturellen Angleichung an Polen verstärkte sich nach der Union von Lublin der Druck der polnischen (und der polonisierten ukrainischen) Gutsbesitzer auf die ukrainischen Bauern, die in immer größerer Zahl in die Steppenrandgebiete im Süden flohen.

Hier, am unteren Dnepr, war seit dem 16. Jahrhundert in lockerer Bindung an Polen-Litauen eine kosakische Gemeinschaft entstanden, die in ihrer Lebensform und sozio-politischen Organisation den russischen Kosaken an Don, Wolga, Jaik und Terek glich.[6] Das Heer der Dnepr-Kosaken mit seinem jenseits der Stromschnellen gelegenen befestigten Zentrum, der Zaporoher Sič', war zu Beginn des 17. Jahrhunderts ein bedeutender militärischer und politischer Faktor an der Steppengrenze (ostslawisch ukraina, davon Ukraine). Kosaken dienten in den Feldzügen Polens gegen Moskau und unternahmen auf ihren Booten Raubzüge ins Osmanische Reich. Als Polen versuchte, die Kosaken unter seine Kontrolle zu bringen, reagierten diese mit einer Welle von bewaffneten Aufständen, wobei zunächst die Masse der nicht privilegierten und besoldeten Kosaken die treibende Kraft waren und sich mit ukrainischen Bauern verbanden. Die kosakische Oberschicht forderte in erster Linie die Bestätigung ihrer Autonomie und ihrer Privilegien, nahm aber auch konfessionelle Anliegen des orthodoxen Klerus auf.

Die Erhebung unter Führung des aus dem Kleinadel stammenden Bohdan Chmel'nyc'kyj (ca. 1595–1657) wurde 1648/49 zu einem großen Aufstand der Ukrainer gegen den polnischen Adel, die polnischen Verwaltungsleute und den katholischen Klerus. Ihm fielen auch viele Tausende von Juden zum Opfer, die in den Städten lebten oder als Verwalter, Pächter, Schankwirte und Steuereinzieher im Dienste der polnischen Magnaten standen. Nach erfolgreichen Feldzügen gelang es den Kosaken, die militärische Organisation des Zaporoher Heeres auf einen großen Teil der Ukraine zu übertragen und einen, von Hetman Chmel'nyc'kyj und der aus den Kosaken-Offizieren stammenden Oberschicht (staršyna) angeführten unabhängigen Herrschaftsverband zu schaffen. Da Polen den Abfall der Ukraine nicht hinnehmen wollte, die Dnepr-Kosaken der Großmacht Polen aber nicht gewachsen waren, mußten sie sich einen Bundesgenossen suchen. In Frage kamen einerseits das Krim-Khanat und das hinter ihm stehende Osmanische Reich, und 1648 wählte Chmel'nyc'kyj diese Option, doch erwiesen sich die Krimtataren als wenig zuverlässige Verbündete.

In Frage kam auch das Moskauer Reich, und die ukrainischen Kosaken boten dem Zaren seit 1648 wiederholt an, sich seiner Oberherrschaft zu unterstellen, falls er ihnen zu Hilfe komme. Obwohl das Moskauer Reich im Rahmen des Sammelns der Länder der Rus' seit langem dynastisch begründete und von der Kirche unterstützte Ansprüche auf das Kiever Erbe erhoben hatte, wurden die Anfragen der Kosaken zunächst abgewiesen. Der Moskauer Staat hatte sich zwar von der schweren Krise der Smuta, des Bürgerkriegs zu Beginn des 17. Jahrhunderts, erholt, doch bestand wenig Neigung, sich auf einen Konflikt mit Polen-Litauen einzulassen. Erst nach längerem Zögern berief Zar Aleksej eine Reichsversammlung (zemskij sobor) ein, die einer Verbindung mit den Dnepr-Kosaken zustimmte. Im Januar 1654 schworen Hetman Chmel'nyc'kyj und die Zaporoher Kosaken in Perejaslav dem Zaren «ewige Treue», und im März wurde die Vereinbarung in Moskau – mit kleinen Veränderungen – bestätigt: Der Zar garantierte dem Kosakenheer seine Privilegien, ein eigenes Rechtswesen, Selbstverwaltung mit der freien Wahl des Hetmans und sogar eine gewisse, wenn auch eingeschränkte, außenpolitische Bewegungsfreiheit. In einer gesonderten Vereinbarung bestätigte der Zar auch dem Adel, dem Metropoliten und den Städten der Ukraine ihre Privilegien und Selbstverwaltungsrechte.[7]

Als die Kosaken in Perejaslav von Vasilij Buturlin, dem Moskauer Botschafter, ebenfalls einen Eid forderten, lehnte dieser entrüstet ab: Der Zar habe Privilegien zu gewähren, nicht zu beschwören. Diese in Buturlins Bericht überlieferte Episode gibt einen Hinweis auf die unterschiedlichen Konzeptionen der beiden Seiten. Die von der Tradition Polen-Litauens und der Steppenpolitik geprägten Kosaken sahen die Vereinbarung von Perejaslav als eine Art Militärkonvention an, die zwar eine Unterordnung implizierte, aber die Selbständigkeit des Hetmanats wahrte und jederzeit kündbar war. Für Moskau dagegen war der Akt von Perejaslav ein erster Schritt zur Inkorporation der Ukraine. Der Zar nannte sich schon in den Vereinbarungen von 1654 «Selbstherrscher von ganz Groß- und Kleinrußland» und bezeichnete «Kleinrußland» als sein Vatererbe (votčina) und dessen Bewohner als seine Untertanen; der Begriff «Kleinrußland» (Malorossija), der aus der kirchlich-byzantinischen Terminologie stammte, wurde in der Folge zur offiziellen russischen Bezeichnung der Ukraine. Zunächst waren die Dnepr-Kosaken als militärischer Verbündeter zum Schutz der Südwestgrenze willkommen. Dafür war man bereit, dem Hetmanat Autonomie zu gewähren. Die Vereinbarung von Perejaslav stand damit, was von der vorwiegend europazentrischen Forschung nicht genügend beachtet worden ist, in der Tradition der zahlreichen Abkommen, die Moskau im Rahmen des Sammelns der Länder der Goldenen Horde mit nomadischen Herrschaftsverbänden geschlossen hatte und die von den beiden Partnern immer unterschiedlich interpretiert worden waren.

Der 1654 eröffnete Krieg Rußlands mit Polen-Litauen, in den auch Schweden eingriff, erschütterte die Allianz zwischen den Dnepr-Kosaken und dem Moskauer Zaren: Schon 1656 schloß Moskau einen Waffenstillstand mit Polen-Litauen, während Chmel'nyc'kyj ein Bündnis mit den Schweden einging.[8] Nach dem Tod des Hetmans unterstellten sich die Dnepr-Kosaken 1658 im Vertrag von Hadjač – mit vorteilhaften Bedingungen – sogar wieder dem polnischen König, doch ein großes Moskauer Heer machte ein Jahr später diese Verbindung wieder zunichte. Moskau benutzte die Gelegenheit, die Bedingungen von 1654 zu seinen Gunsten zu verändern, indem die außenpolitische Manövrierfähigkeit der Kosaken beschnitten und russische Garnisonen in der Ukraine eingerichtet wurden. Die polnische Orientierung blieb aber vor allem auf dem rechten Dnepr-Ufer stark, so daß das Kosaken-Hetmanat in zwei Teile zersplittert wurde.

Im Waffenstillstand von Andrusovo, den Moskau 1667 mit Polen-Litauen schloß, wurde diese Teilung sanktioniert. Die rechts des Dnepr gelegene Hälfte fiel an Polen, das linksufrige Gebiet an den Moskauer Staat. Das am rechten Dnepr-Ufer gelegene Kiev wurde Moskau zwar nur für zwei Jahre zugesprochen, doch blieb es in der Folge russisch. Die Zaporoher Sič' am unteren Dnepr sollte unter dem Protektorat beider Mächte stehen und weiter der Sicherung der Steppengrenze dienen. Die Kosaken auf dem linken Ufer reagierten auf die Teilung der Ukraine mit einem Aufstand, während der Hetman im rechtsufrigen Gebiet, Petro Dorošenko, vergeblich versuchte, die Wiedervereinigung unter osmanischem Protektorat zu erreichen. Obwohl dies nicht der letzte Versuch bleiben sollte, war die Teilung der Ukraine damit besiegelt. Die Ukrainer waren von nun an auf sieben unterschiedlich strukturierte Gebiete aufgesplittert (vgl. Karte 4): Neben den beiden Hetmanaten das fest in das Königreich Polen integrierte Galizien, die ungarische Karpato-Ukraine im äußersten Westen und die zum Osmanischen Reich gehörende Bukowina. Die Zaporoher Sič' erhielt sich ihre Bewegungsfreiheit am Steppenrand, die auch Koalitionen mit den Krimtataren und dem Osmanischen Reich einschloß, die traditionellen Lebens- und Wirtschaftsformen und die Militärdemokratie mit Kosakenrat, Ataman und – mindestens im Zentrum der Sič' – dem Zölibat. Ukrainer besiedelten vermehrt die sogenannte Sloboda-Ukraine (Slobids'ka Ukraina) im Osten des Hetmanats, wo an der Südwestgrenze des Moskauer Reiches eine eigene Kosakenorganisation entstand, deren einzelne Regimenter direkt von den Moskauer Voevoden in Belgorod abhängig waren.

Das linksufrige Hetmanat (mit dem Brückenkopf Kiev) behielt dagegen trotz der erwähnten Einschränkungen eine weitgehende Autonomie innerhalb Rußlands.[9] Seine militär-administrative Gliederung in zehn Regimenter und die kosakischen Institutionen blieben erhalten. Die Versammlung aller Kosaken, der Heeres- oder Generalrat, in dem jetzt auch die Geistlichen und Stadtbewohner vertreten waren, wählten «Seiner Erlauchten Zarischen Majestät Hetman des Zaporoher Heeres», doch waren die kleineren Gremien des Offiziersrats (rada staršyny) und der General-Staršyna wichtigere Entscheidungsträger. Neben der Verwaltung bestand die eigentliche Heeresorganisation aus offiziell 30000 Kosaken fort. Auch wirtschaftlich blieb das

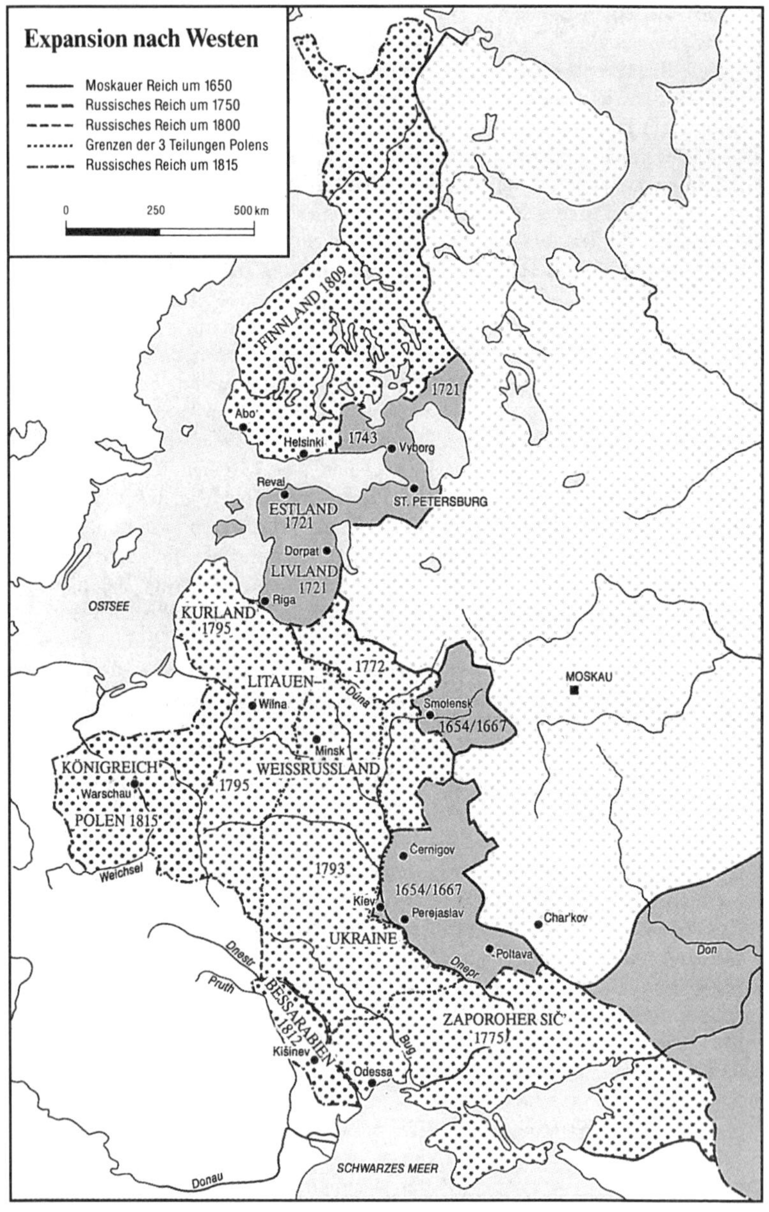
Expansion nach Westen
Moskauer Reich um 1650
Russisches Reich um 1750
Russisches Reich um 1800
Grenzen der 3 Teilungen Polens
Russisches Reich um 1815
0
250
500 km
FINNLAND 1809
1721
Abo
1743
Helsinki
Vyborg
Reval
ST. PETERSBURG
ESTLAND
1721
Dorpat
LIVLAND
1721
Riga
OSTSEE
KURLAND
1795
1772
LITAUEN
Düna
MOSKAU
Wilna
Smolensk
1654/1667
Minsk
KÖNIGREICH
WEISSRUSSLAND
Warschau
1795
POLEN 1815
Černigov
Weichsel
1793
1654/1667
Kiev
Perejaslav
Char'kov
UKRAINE
Dnestr
Poltava
Don
Pruth
Dnepr
BESSARABIEN
1812
ZAPOROHER SIČ
1775
Bug
Kišinev
Odessa
SCHWARZES MEER
Donau

Karte 4

Hetmanat weitgehend selbständig. Die Privilegien der kosakischen Oberschicht, der «vornehmen Heeresgenossen» (znatni vijs'kovi tovaryši), in die auch Reste des ukrainischen und polonisierten Adels eingegangen waren, wurden bestätigt. Ihre Vertreter erhielten Güter mit abhängigen Bauern zugewiesen, und allmählich verwandelte sich die militärische Elite der Kosaken in einen landbesitzenden Adel. Moskau unterstützte diese Tendenzen, die eine Angleichung an die Stellung des russischen Adels mit sich brachten und eine Kooperation mit der ukrainischen Oberschicht erleichterten.

Der Zar beschränkte sich weitgehend auf die Kontrolle des Hetmanats: Dazu dienten die 1663 geschaffene Kleinrussische Kanzlei (Malorossijskij Prikaz) und die in einigen Städten der Ukraine stationierten, zahlenmäßig schwachen russischen Garnisonen. Außerdem wurde die Kiever Metropolie im Jahre 1685 endgültig dem Patriarchen von Moskau unterstellt. Trotz dieser Integrationstendenzen stand das Hetmanat am Ende des 17. Jahrhunderts nur in loser Abhängigkeit von Rußland. Darauf weist auch hin, daß der Malorossijskij Prikaz dem Moskauer Außenamt unterstand und daß zwischen dem Hetmanat und Rußland weiter eine Zollgrenze existierte. Dennoch besaß das Hetmanat vor allem außenpolitisch eine nur beschränkte Souveränität.

Das linksufrige Hetmanat erlebte seinen letzten Höhepunkt unter der Herrschaft des Hetmans Ivan Mazepa. Das traditionsreiche Kiever Kollegium, das 1701 in den Rang einer Akademie erhoben wurde, war immer noch die führende ostslawische Hochschule und strahlte nun immer stärker auch auf Rußland aus (vgl. dazu Kapitel 4). Auch das Elementar- und Sekundarschulwesen war erheblich weiter entwickelt als in Rußland. Mazepa gelang es zu Beginn des 18. Jahrhunderts mit einer geschickten Schaukelpolitik erneut, die getrennten Teile der Dnepr-Ukraine zu vereinen. Im (dritten) Nordischen Krieg wurde die Ukraine zum Schauplatz militärischer Auseinandersetzungen, und Mazepa und die Zaporoher Sič' setzten auf die schwedische Karte. Die russische Regierung reagierte sofort mit der Zerstörung der Sič' und der Absetzung Mazepas. Nachdem Peter der Große in der Schlacht von Poltava seinen schwedischen Gegner Karl XII. und den mit ihm verbündeten Mazepa entscheidend geschlagen hatte, begann er das Hetmanat enger an Rußland zu binden. Zunächst wurden die russischen Garnisonen in der Ukraine erheblich verstärkt. Gleichzeitig wurde die Ukraine nun durch Abgaben und Zölle wirtschaftlich stärker geschröpft. Im Jahre 1722 wurde das aus russischen Offizieren bestehende «Kleinrussische Kollegium» geschaffen, das im Gegensatz zum Malorossijskij Prikaz nicht mehr dem Außenamt, sondern dem Senat zugeordnet wurde, seinen Sitz in der Ukraine, am Hof des Hetmans, hatte und erhebliche administrative und judikative Kompetenzen erhielt. Folgerichtig wurde auch das Amt des Hetmans nicht mehr regelmäßig besetzt.

Die Jahre nach Peters Tod brachten dem Hetmanat noch einmal eine Atempause: 1727 wurde wieder ein Hetman zugelassen, und in das Kleinrussische Kollegium nahmen nun auch Ukrainer Einsitz. Gleichzeitig setzte Petersburg die Politik der Zusammenarbeit mit der loyalen Oberschicht der Kosaken fort, die immer stärker in den Adel des Russischen Reiches integriert wurde. Zu diesem Assimilationsprozeß trug auch bei, daß russischen Adligen Güter in der linksufrigen Ukraine verliehen wurden. Trotz gewichtiger Einschränkungen und erneuter Rückschläge zwischen 1734 und 1750 konnte sich das Hetmanat seinen administrativen und sozialen Sonderstatus bis in die zweite Hälfte des 18. Jahrhunderts erhalten und erlebte unter dem letzten Hetman Kyrylo Rozumovs'kyj (1750–1764) sogar eine letzte Blüte.

Es war dann die Regierungszeit Katharinas II., die der Autonomie des Hetmanats ein Ende setzte.[10] Die Kaiserin sprach den «Kleinrussen» jede Eigenständigkeit ab, zumal deren Oberschicht allmählich im russischen Adel aufging. Außerdem erschien ihr die vorabsolutistische ständisch-korporative Organisation des Hetmanats und vor allem der Zaporoher Sič' als Hindernis auf dem Weg der Modernisierung Rußlands und als potentielle Gefahr für die Autokratie. Für eine stärkere Integration sprach auch, daß die Ukraine mit dem Ausgreifen Rußlands in die Steppengebiete nördlich des Schwarzen Meeres erheblich an wirtschaftlicher und strategischer Bedeutung gewonnen hatte. Im Jahre 1764 wurde das Amt des Hetmans endgültig abgeschafft, und eine gleichzeitige Instruktion Katharinas II. macht deutlich, wie sehr ihr das Hetmanat mißfiel: «Wenn es in Kleinrußland keinen Hetman mehr gibt, soll man sich bemühen, das Zeitalter und den Namen der Hetmane zum Verschwinden zu bringen.»[11] Doch ging die russische Regierung auch hier schrittweise vor, und erst zu Beginn der achtziger Jahre wurde die administrative Sonderstellung des Hetmanats beseitigt und die russische Gouvernementsverwaltung und das russische Steuersystem eingeführt. Schon 1765 war die Sloboda-Ukraine normale Provinz des Russischen Reiches geworden. Als nach dem Sieg über die Osmanen die Steppe gesichert war, wurde 1775 die Zaporoher Sič' von russischen Truppen zerstört, die Zaporoher Kosaken neu organisiert und später an den Kuban umgesiedelt. Das Kosakenheer im ehemaligen Hetmanat wurde abgeschafft und in reguläre Einheiten der russischen Armee umgewandelt. Auch die soziale Integration der Ukraine wurde nun forciert, indem 1785 ein Teil der Kosaken-Elite in den Adel des Reiches kooptiert wurde, während die weniger Vornehmen ihre adlige Abstammung in zum Teil jahrzehntelangen Verfahren erst nachweisen mußten. Die übrigen sozialen Gruppen wurden nach russischem Vorbild nivelliert: Die für das Hetmanat charakteristischen freien Kosaken wurden allmählich in die Kategorie der Staatsbauern eingegliedert, die zwar mehrheitlich abhängigen, aber nicht leibeigenen ukrainischen Bauern zu Leibeigenen deklassiert, der ukrainische Klerus an den russischen angeglichen. Auch die sprachliche Homogenisierung schritt fort, indem die Oberschicht allmählich zum Russischen überging, das auch Verwaltungssprache wurde. Das Ukrainische sank dagegen zur nur gesprochenen Bauernsprache ab. Die weitgehende Integration des Hetmanats in das Russische Reich unter Katharina II. rief, wie die Meinungsäußerungen ukrainischer Abgeordneter in der Gesetzgebenden Kommission von 1767/68 zeigen, zunächst gewissen Protest hervor, stieß aber im ganzen auf wenig Widerstand. Das lag in erster Linie daran, daß es gelungen war, die ukrainische Elite zu kooptieren, partiell zu assimilieren und dadurch weitgehend zu neutralisieren.

Am Ende des 18. Jahrhunderts war die Autonomie des Hetmanats bis auf wenige Reste der administrativen und sozialen Struktur verschwunden. Die linksufrige Ukraine war in den Augen der russischen Regierung zu einem russischen Kernland geworden. Der von den Dnepr-Kosaken geschaffene ukrainische Herrschaftsverband war eliminiert. Das Hetmanat der Dnepr-Kosaken, vor allem seine Anfangsphase, ist aber als «Goldenes Zeitalter» in der ukrainischen Überlieferung lebendig geblieben. Immer wieder hat man sich gefragt, weshalb die Ukrainer sich den in der Mitte des 17. Jahrhunderts erkämpften souveränen Staat nicht erhalten konnten. Zur Beantwortung dieser Schicksalsfrage der ukrainischen Nation sind außenpolitische Faktoren – der Machtkampf der Großmächte um die Vorherrschaft in Osteuropa – und innere Ursachen – die politische und soziale Labilität des Hetmanats und die «Kollaboration» der kosakischen Oberschicht mit der russischen Regierung –, genannt worden. Daß die außergewöhnlich weitgehende Autonomie, die das Hetmanat bis zum Beginn des 18. Jahrhunderts hatte, in wenigen Jahrzehnten vollständig abgeschafft wurde, hat außerdem mit dem zu Beginn dieses Abschnitts genannten besonderen Verhältnis Rußlands zu den orthodoxen sprachverwandten Ukrainern zu tun, das auch die russische Politik im 19. und 20. Jahrhundert beeinflussen sollte.

2. Erster Schritt nach Weißrußland: Smolensk

Im selben Jahr 1654, in dem sich die ukrainischen Kosaken dem Moskauer Zaren unterstellten, eroberten russische Truppen die Stadt Smolensk am oberen Dnepr. Smolensk hatte seit dem Beginn des 15. Jahrhunderts zum Großfürstentum Litauen gehört, war 1514 von Moskauer Truppen erobert worden und 1611 wieder an Polen-Litauen gefallen. Bevor das Gebiet von Smolensk in der Mitte des 17. Jahrhunderts erneut unter russische Herrschaft kam, hatte es also schon fast hundert Jahre zum Moskauer Staat gehört (vgl. Karte 4). Diese Tradition und die Tatsache, daß Smolensk in der Sowjetzeit der Russischen und nicht der Weißrussischen Republik angegliedert worden ist, haben dazu beigetragen, daß die Eroberung von Smolensk fast nie in den Rahmen der Formierung des Vielvölkerreiches gestellt wird, obwohl das Gebiet bis zum Beginn des 19. Jahrhunderts mehrheitlich von weißrussischen Bauern bewohnt wurde und die soziale und politische Elite des Gebiets im 17. Jahrhundert aus Vertretern des polnischen oder polonisierten Adels bestand.

Die Eroberung von Smolensk vollzog sich im Kontext des zweiten Nordischen Krieges, im Laufe dessen weite Teile Litauens von russischen Truppen besetzt wurden.[12] In Smolensk wurde der Besatzung und der übrigen Bevölkerung freier Abzug garantiert, doch die Mehrheit schwor dem Zaren den Treue-Eid. Obwohl Moskau dem Adel und der Stadtbevölkerung Besitzrechte und Privilegien garantierte, wurden im Verlauf des Krieges aus den eroberten Gebieten zahlreiche Adlige, Dienstleute und Stadtbewohner ins Innere des Moskauer Reiches umgesiedelt, so über 300 Smolensker Adlige und Kosaken an die neu errichtete Transkama-Befestigungslinie weit im Osten.[13] Die engen Kontakte mit Litauen und die Existenz einer bedeutsamen weißrussischen Kolonie in Moskau trugen – ähnlich wie der ukrainische Einfluß – zur Verwestlichung Rußlands bei.

Nach der Eroberung wurde das Gebiet von Smolensk in die russische Verwaltung inkorporiert. Gleichzeitig wurde sofort ein für «das Fürstentum Smolensk» zuständiges Moskauer Zentralamt (Prikaz knjažestva Smolenskago) geschaffen, entsprechend den schon bestehenden Ämtern für das Khanat von Kazan' und Sibirien und dem einige Jahre später begründeten Malorossijskij Prikaz.[14] Auch kirchlich wurde das Gebiet nun Moskau unterstellt: Das unierte Erzbistum Smolensk wurde abgeschafft und an seiner Stelle ein orthodoxes Bistum begründet. Zwar wurde den Katholiken die Freiheit der Religionsausübung garantiert, in der Praxis folgten aber bald Einschränkungen.[15]

Nachdem Polen-Litauen das Gebiet von Smolensk im Waffenstillstand von Andrusovo (1667) endgültig an den Moskauer Staat abgetreten hatte, wurden die Besitzrechte des Adels noch einmal bestätigt: «Die Großen Herrscher haben der Szlachta von Smolensk, Bel'sk und Roslavl' Gnade erwiesen, und sie befehlen, daß diese und ihre Nachkommen ihre Güter (maetnosti nach dem polnischen majętność)... gemäß ihren herrscherlichen Befehlen und gemäß den Schenkungen und Privilegien der polnischen Könige besitzen sollen.»[16] Der Kleinadel von Smolensk, aus dem unter anderen Grigorij Potemkin, der Staatsmann und Favorit Katharinas II., stammte, konservierte in den folgenden Jahrzehnten manche eigenständigen Züge, so die polnische Umgangssprache, und auch die Bürgerschaft verwies noch lange auf Privilegien wie das Recht auf Landbesitz und die Befreiung von der Kopfsteuer.[17]

Im 18. Jahrhundert wurden die Sonderstellung der Szlachta von Smolensk und ihre Beziehungen zu Polen-Litauen allmählich eingeschränkt.[18] Es wurde ihnen verboten, ihre Güter weiter maetnosti zu nennen, ihre Söhne auf Jesuitenkollegien in Litauen zu schicken und katholische Priester ins Land zu rufen. Im Jahre 1761 wurde die administrative Sonderstellung der Smolensker Szlachta aufgehoben, und nach den Teilungen Polens verschmolz sie allmählich mit dem russischen Adel. Dazu trug auch bei, daß dem Gouvernement Smolensk im Osten großrussische Gebiete, die seit dem 15. Jahrhundert ununterbrochen zu Rußland gehört hatten, zugeschlagen und daß russischen Adligen vermehrt Güter verliehen wurden. Trotz dieser allmählichen Russifizierung stellten die weißrussischen Bauern im Westen des Gebiets bis zum 19. Jahrhundert die Bevölkerungsmehrheit, und die weißrussische nationale Geschichtsschreibung betrachtet weite Teile der Region von Smolensk (weißrussisch Smalensk) bis heute als Bestandteil Weißrußlands.[19]

3. Fenster nach Europa: Estland und Livland

Schon die Eingliederung der östlichen Ukraine und des Gebiets von Smolensk hatte Rußland mit teilweise mitteleuropäischen Strukturen und Traditionen konfrontiert, das direkte «Fenster nach Europa» öffnete aber erst Peter der Große mit dem Durchbruch an die Ostsee. Zwar hat Puschkin in seinem «Ehernen Reiter» die neue Hauptstadt Petersburg als Fenster nach Europa bezeichnet, doch paßt die Metapher fast noch besser für Estland und Livland, die Rußland 1710 eroberte. Dieses Gebiet an der Ostsee hatte seit dem Mittelalter durch den Deutschen Orden, die deutsche Ostsiedlung und später durch die schwedische Herrschaft eine mitteleuropäische Prägung erhalten. Die Ostseeprovinzen wurden zu einem Fremdkörper im Russischen Reich, doch entsprach im 18. Jahrhundert die ständisch-korporative Struktur von Adel und Stadtbevölkerung den Reformvorstellungen, die Peter für ganz Rußland hatte. Damit wurde erstmals ein Dilemma russischer Nationalitätenpolitik im Westen offenbar: Der Widerspruch zwischen den absolutistischen Idealen der Unifizierung und Systematisierung des Reiches und der Brücken- und Modellfunktion mitteleuropäisch strukturierter Gesellschaften für die Verwestlichung Rußlands.

Das alte, vom Schwertbrüderorden zu Beginn des 13. Jahrhunderts begründete Livland war 1561 zwischen Polen-Litauen und Schweden aufgeteilt worden; 1629 fiel auch der Süden (mit Ausnahme Lettgallens) an Schweden, während das Herzogtum Kurland unter polnischer Oberhoheit blieb.[20] Die beiden Teile, das kleinere Estland mit Reval und Narva im Norden und Livland mit Riga und Dorpat im Süden, besaßen im Königreich Schweden eine autonome Sonderstellung. Die deutsch geprägten ständisch-korporativen Institutionen der Ritterschaften (Landtag, Landratskollegium) und der Städte (Rat und Gilden) hatten ihre Selbstverwaltungsrechte und Privilegien – unter der Kontrolle schwedischer Gouverneure – bewahren können. Der deutsche, zum Teil auch schwedische Adel besaß Grund und Boden und leistete dafür Kriegsdienst. Die estnischen und lettischen Bauern, die überwiegende Bevölkerungsmehrheit, waren im Gegensatz zu den freien schwedischen Bauern an die Scholle gebunden und von den deutschen Gutsherren abhängig. Die deutsche Stadtbevölkerung betrieb einen blühenden Fernhandel mit Holland auf der einen, Litauen und Rußland auf der anderen Seite.

Mit der ständischen Selbstverwaltung waren auch die lutherische Kirche und ihre deutschen Geistlichen verknüpft. Der mitteleuropäische Charakter der Region zeigt sich auch im Bildungswesen: In Dorpat war 1632 – über ein Jahrhundert vor der ersten russischen Universität – eine Universität begründet worden, die (mit größeren Unterbrechungen) bis 1710 existierte. Neben den schon bestehenden Stadtschulen und Gymnasien wurden am Ende des 17. Jahrhunderts auch Landschulen für die «undeutsche» Bevölkerung begründet.

Rußland hatte seit dem 16. Jahrhundert versucht, die an der Ostsee gelegene Nachbarregion mit ihren reichen Städten, die einen Teil des russischen Westhandels kontrollierten, unter seine Herrschaft zu bringen. In den ersten beiden Nordischen Kriegen (1558–1583, 1656–1661) waren Teile von Livland und Estland erobert worden, doch wurde Rußland immer wieder dazu gezwungen, sich von der Ostseeküste zurückzuziehen. Es lag deshalb für Peter den Großen nahe, einen erneuten Versuch zu unternehmen, Estland und Livland zu erobern und damit seine beiden zentralen Anliegen, die Erhebung Rußlands zur europäischen Großmacht und seine Modernisierung, entscheidend voranzutreiben: Der Verlust seiner reichsten Provinzen würde Schweden, den wichtigsten Rivalen in Nordosteuropa, entscheidend schwächen, die ökonomischen und personellen Ressourcen und die mitteleuropäisch geprägte Infrastruktur der Region konnten der zweiten Zielsetzung dienen.[21]

Der komplizierte Ablauf des (dritten) Nordischen Krieges (1700–1725) ist hier nicht zu resümieren. Nachdem Peter schon früh das schwedische Ingermanland erobert und dort 1703 an der Neva-Mündung die künftige neue Hauptstadt St. Petersburg begründet hatte, gelang es Rußland erst 1710, nach dem Sieg von Poltava, mit Hilfe Polens und Dänemarks Livland und Estland zu erobern. Obwohl Livland ursprünglich Polen-Litauen versprochen worden war, behielt es Peter in russischer Hand (vgl. Karte 4). Kurland blieb dagegen weiter polnisch, kam aber über Heiratsverbindungen unter russischen Einfluß. Peter hatte es – nach alten Mustern – verstanden, einen Teil der deutschbaltischen Adligen (so den ehemaligen Sprecher der livländischen Ritterschaft, Johann Reinhold von Patkul, und den estländischen Ritter Gerhard Johann von Löwenwolde) auf seine Seite zu ziehen, da diese ihre Autonomie und Privilegien durch integrierende und nivellierende Maßnahmen des schwedischen Absolutismus bedroht sahen. So führte Zar Peter als Rechtfertigung für die Annexion Livlands und Estlands neben dem Recht auf Eroberung und alten Ansprüchen auch die Befreiung von der schwedischen Unterdrückung an: «Wir… persuadiren unß nicht allein von Einer Wohlgebornen Ritter- und Landschafft, sondern auch von der Stadt Reval, daß Sie den Anblick ihrer Erlösung von dem Schwedischen Joche, darunter sie lange haben seufzen müßen, gebührend werden erkennen.»[22] Allerdings leistete die Mehrheit der deutschbaltischen Adligen und Städter den russischen Heeren erbitterten Widerstand.

Nach der Eroberung im Jahre 1710 schloß Rußland mit den Ritterschaften und Städten Kapitulationen ab, die eine weitgehende Sonderstellung Estlands und Livlands im Russischen Reich begründeten und 1721 im Frieden von Nystad völkerrechtlich sanktioniert wurden. Die Grundprinzipien russischer Eingliederungspolitik – Wahrung des Status quo und Kooperation mit der fremden Elite – wurden hier modellhaft angewandt. Die schwedischen Provinzen Livland und Estland wurden zu zwei Gouvernements des Russischen Reiches, und die zum Teil aus den Reihen der Deutschbalten rekrutierten (General)-Gouverneure stellten praktisch die einzige Verbindung zu Petersburg dar. Regionalverwaltung und Gerichtswesen blieben bei den ständischen Institutionen der Ritterschaften und Städte, deren Privilegien bestätigt wurden: «Der Status provincialis wird plenarie retabliret und die Ritterschaft bey den von alters dabey gehabten Competenzen conserviret.» «Hiemit obgemeldten unserer getreuen Ritter und Landschafft in Lifland, und ihren Nachkommen», heißt es in der General-Confirmation des Zaren Peter, «alle ihre vorhin woll erworbene und zu Unss gebrachte Privilegia, ... Statuten, Ritterrechte, Immuniteten, Gerechtigkeiten, Freyheiten, ... rechtmässige Possessiones und eigenthümer ... von unss und unsere rechtmässige Successores hiemit und Krafft dieses gnädigst confirmiren und bestätigen.» Der lutherische Glaube und die Landeskirche wurden ebenso garantiert wie die deutsche Amts- und Gerichtssprache: «Daß im Lande sowohl als in allen städten die biss herzu in Lieffland exercirte Evangelische Religion ... ohne einigen Eindrang ... rein und unverrückt conserviret.»[23] Der Status quo wurde nicht nur bestätigt, sondern die Stellung der deutschbaltischen Oberschicht verbesserte sich gegenüber der schwedischen Zeit sogar, indem die Kontrolle der Zentrale vermindert und die sogenannten Reduktionen, die adligen Grundbesitz zugunsten der schwedischen Krone reduziert hatten, rückgängig gemacht wurden.

Die konsequente Befolgung der Prinzipien der indirekten Herrschaft mit Hilfe der einheimischen Elite läßt sich im Falle der Deutschbalten mit der oben kurz skizzierten besonderen Interessenlage des Petrinischen Rußland erklären. Die wirtschaftlichen, administrativen, militärischen und geistigen Fähigkeiten der deutschen Oberschicht Estlands und Livlands sollten für die Kriege und die Modernisierung Rußlands nutzbar gemacht werden. Dazu mußten die hergebrachten Strukturen nicht verändert werden, da sie als eine Art Prototyp eines europäischen Rußland galten. Tatsächlich orientierten sich die petrinischen Reformen stark am schwedischen Vorbild.[24] Außerdem war eine Zusammenarbeit mit dem deutschbaltischen Adel für Rußland auch deswegen leicht, weil die soziale Ordnung der russischen weitgehend entsprach. Die von den deutschen Gutsbesitzern abhängigen estnischen und lettischen Bauern werden denn auch in den Unterwerfungsverträgen gar nicht erwähnt.

Im Laufe des 18. Jahrhunderts konsolidierten sich die neuen Ostseeprovinzen im Rahmen des Russischen Reiches. Die russische Regierung trug zur weiteren Verfestigung der oligarchischen Herrschaft des deutschbaltischen Adels bei, indem sie zuließ, daß die Ritterschaften zu geschlossenen Korporationen wurden und die Landtage monopolisierten, der adlige Grundbesitz zunahm und die Leibeigenschaft sich nach russischem Muster auf die estnischen und lettischen Bauern ausbreitete. Wirtschaftlich erholte sich die Region von den Kriegszerstörungen und der Pest, und Riga wurde zum führenden Außenhandelshafen Rußlands. Deutschbalten wanderten zum Teil auch ins Innere Rußlands, vor allem nach Petersburg, aus und leisteten einen wertvollen Beitrag zur Modernisierung Rußlands (vgl. Kapitel 4). Dafür kamen vermehrt Einwanderer aus Deutschland ins Land, zu einer russischen Besiedlung der Ostseeprovinzen kam es dagegen (noch) nicht.

Das nahezu ungetrübte Zusammenwirken Rußlands mit der deutschbaltischen Elite erlitt unter Katharina II. eine erste Krise.[25] Die Kaiserin hatte zunächst die Privilegien und Rechte der Deutschbalten bestätigt, dann versuchte sie ohne Erfolg, in den Ostseeprovinzen Agrarreformen durchzuführen. In der Folge beschränkte sie die Autonomie der Ostseeprovinzen, wenn auch längst nicht so rigoros wie im Falle der Ukraine. Die 1783 eingeführte neue Verwaltungsordnung schaffte die ständisch-korporativen Körperschaften zum Teil ab oder beschnitt ihre Kompetenzen, die gleichzeitige Einführung der Kopfsteuer setzte der finanziellen Autonomie ein Ende (und löste einen Bauernaufstand aus). Die 1785 erlassenen Gnadenurkunden für den Adel und die Städte paßten die sozialen Verhältnisse an die russischen an und beseitigten das Monopol der Ritterschaften und der ständischen Institutionen der Städte.

Diese Versuche einer stärkeren administrativen, ökonomischen und sozialen Integration der Ostseeprovinzen waren jedoch nicht von Dauer. Nach Katharinas Tod machte Kaiser Paul 1796 die meisten Maßnahmen seiner Mutter rückgängig und garantierte erneut die traditionellen Selbstverwaltungsorgane, Rechte und Privilegien der Ritterschaften und Städte. Bezeichnenderweise nicht abgeschafft wurde die Kopfsteuer, die auf den Bauern ebenso lastete wie die durch Paul auf die Ostseeprovinzen übertragene Pflicht, Rekruten zu stellen.[26] Die loyale deutschbaltische Oberschicht erfüllte weiter ihre Funktion als Garant der Stabilität in der Region und als komplementäre Elite in Bürokratie, Militär und Kultur im ganzen Russischen Reich. Die Ostseeprovinzen blieben auch in der ersten Hälfte des 19. Jahrhunderts eine Welt für sich, in ihrer sozio-politischen Struktur weiter vormodern geprägt, in Bildungswesen und Kultur und in ihrer Vermittlungstätigkeit noch immer ein Fenster nach Europa.

4. Die vier Teilungen Polens

Die Teilungen Polens stellten einen in der bisherigen Geschichte Europas beispiellosen Gewaltakt dar, der die rechtlichen Normen verletzte und die politische Ordnung des alten Europa ins Wanken brachte.[27] Mit dem Königreich Polen-Litauen wurde ein seit Jahrhunderten bestehendes, souveränes, gleichberechtigtes Glied des europäischen Staatensystems von seinen Nachbarn Preußen, Rußland und Österreich ausgelöscht und aufgeteilt. In der Geschichte der russischen Expansion gab es für die Annexion eines souveränen Staatswesens allerdings Präzedenzfälle: Die über zwei Jahrhunderte zurückliegende Eingliederung des Khanats von Kazan' und – nach der ersten Teilung Polens – diejenige des Krim-Khanats. Im Kontext der europäischen Politik hatte die Eliminierung Polen-Litauens aber eine andere Qualität als die der beiden Tatarenreiche.

In den vier Teilungen Polens zwischen 1772 und 1815 gewann das Russische Reich ein großes Territorium von über 450 000 Quadratkilometern mit bedeutenden personellen und wirtschaftlichen Ressourcen und festigte seine Vormachtstellung in Osteuropa. Polen war aber, wie schon Rousseau in seinen 1772 publizierten «Considérations sur le gouvernement de Pologne» vorausgesagt hatte, leichter zu verschlucken als zu verdauen:[28] Die weiten Gebiete Polen-Litauens waren in ihrer historischen Tradition, ihrer soziopolitischen Organisation, in Religion und Kultur ein Fremdkörper in Rußland, und der Widerstandskampf der Polen sorgte dafür, daß die polnische Frage bis ins 20. Jahrhundert ein ständiges Problem der internationalen Politik und ein destabilisierender Faktor im autokratischen Rußland blieb.

Das Königreich Polen-Litauen war seit dem Mittelalter ein Vielvölkerreich und bot im 18. Jahrhundert ein buntes ethnisches und konfessionelles Bild.[29] Da keine verläßlichen Quellen vorliegen, unterscheiden sich die Zahlenangaben der einzelnen ethnischen Gruppen in den nationalen Historiographien beträchtlich. Die römisch-katholischen Polen stellten nur etwa 40 Prozent der Bevölkerung, in den östlichen Gebieten des Großfürstentums Litauen und der Ukraine, die an Rußland fielen, war ihr Anteil noch erheblich geringer. Hier waren die Ukrainer und Weißrussen in der Mehrheit; im gesamten Polen-Litauen machten sie ebenfalls etwa 40 Prozent der Bevölkerung aus. Sie gehörten in ihrer Mehrheit zur dem Papst unterstellten Unierten Kirche, eine Minderheit war der Orthodoxie treu geblieben. Etwa 5 Prozent der Gesamtbevölkerung stellten die katholischen Litauer, etwa 4 Prozent die mehrheitlich lutherischen Deutschen (vor allem im Westen) und einen erheblich kleineren Anteil diejenigen Letten, die in Kurland (Lutheraner) und in Polnisch-Livland oder Lettgallen (Katholiken) lebten. Erheblich zahlreicher waren die Juden mit 7 bis 9 Prozent der Bevölkerung Polen-Litauens (darunter eine kleine Gruppe von Karaim); sie stellten die größte jüdische Gemeinschaft Europas dar. Während die Juden ihre eigene Sprache – das Jiddische – bewahrten, wurden die zwei kleinen Minderheiten der mit Rom unierten Armenier und der muslimischen Tataren allmählich polonisiert. Nachdem im Großfürstentum Litauen bis ins 17. Jahrhundert eine ostslawische, stark weißrussisch geprägte Schriftsprache als Kanzleisprache gedient hatte, setzte sich das Polnische im 18. Jahrhundert überall durch.

Die politische, soziale und kulturelle Führungsschicht, die politische Nation Polen-Litauens, war der Adel (szlachta). Er bestand aus Polen und aus ostslawischen oder litauischen Adligen, die im Laufe der Jahrhunderte polonisiert worden waren, sich aber zum Teil ein regionales Sonderbewußtsein erhalten hatten. Im Vergleich mit anderen Ländern stellte der Adel in Polen mit über 7 Prozent der Gesamtbevölkerung und etwa 20 Prozent der Polen eine sehr große Gruppe dar.[30] Er war sozial und wirtschaftlich stark differenziert: Über 40 Prozent der Adligen hatten gar kein eigenes Land, und 40 Prozent nur wenig Grundbesitz. Auf den Latifundien der schmalen Magnatenschicht und den Gütern des mittleren Adels, des Klerus und der Krone lebten die meisten Bauern als fronpflichtige Leibeigene, im Zentrum und im Westen vor allem Polen, in den östlichen Territorien ganz überwiegend Ukrainer, Weißrussen und Litauer. In der rechtsufrigen Ukraine, die zum 1648 von Chmel'nyc'kyj begründeten Hetmanat der Dnepr-Kosaken gehört hatte, war die Organisation der Kosaken bereits am Ende des 17. Jahrhunderts aufgehoben worden, ihre Oberschicht war daraufhin im polnischen Adel aufgegangen, und die ukrainischen Bauern kamen wieder unter die Kontrolle der polnischen Magnaten.[31] Doch blieben hier soziale und ethnisch-religiöse Spannungen erhalten, wie die Erhebungen der ukrainischen Hajdamaken, in der Tradition der Kosaken stehenden Sozialbanditen, zeigten, die sich gegen den polnischen Adel, katholische Priester und Juden richteten und nur mit russischer Waffenhilfe niedergeworfen werden konnten.

In Polen-Litauen gab es eine große Zahl meist kleiner Städte, die zu einem bedeutenden Teil im Besitz der Magnaten waren – ein Zeichen für die Dominanz des Adels über die Stadtbevölkerung. Die polnischen und deutschen Stadtbürger besaßen eine ständisch-korporative Organisation nach deutschem Recht, während Ukrainer, Weißrussen und Litauer höchstens in städtischen Unterschichten vertreten waren. Die große jüdische Gemeinschaft genoß seit dem Mittelalter in Polen umfangreiche Privilegien, Selbstverwaltung in ihren Gemeinden (mit dem Organ des Kahal) und die ungehinderte Ausübung der Religion.[32] Die Juden waren persönlich frei, steuerpflichtig und standen unter dem Schutz des Königs, hatten aber keine politischen Rechte in der Adelsrepublik. Die meisten Juden lebten in den Städten als Kaufleute, Kleinhändler, Geldverleiher und Handwerker. Sie bildeten eine rechtlich, kulturell-religiös und in ihrer Lebensform von den anderen Ethnien getrennte, sozial und wirtschaftlich stark differenzierte Gemeinschaft. Von polnischen Magnaten war auch ein immer größerer Prozentsatz von Juden abhängig, die auf dem Lande als Gutsverwalter, Pächter oder Schankwirte beschäftigt waren. Juden und Christen lebten also in Polen-Litauen in engem Kontakt, in der Stadt in wirtschaftlicher Konkurrenz, was gelegentlich zu Spannungen führte, auf dem Land in einem sozialen Antagonismus, in dem die Juden den ukrainischen, weißrussischen und litauischen Bauern als Vertreter der Adligen begegneten.

Das polnisch-litauische Vielvölkerreich stellte den extremen Typ einer altständischen Verfassung dar, in der die Stände – das hieß der Adel – gegenüber dem König ein deutliches Übergewicht hatten. Das Herrschaftssystem war also dem des autokratisch-absolutistischen Rußland diametral entgegengesetzt. Die Adelsversammlungen, die Landtage (sejmiki) und der Reichstag (Sejm), entschieden über die wichtigsten Angelegenheiten wie Steuerbewilligung und Königswahl, und die traditionellen Prinzipien der Einstimmigkeit (liberum veto) in der Landbotenkammer des Sejm, der Gleichheit und der individuellen «Goldenen Freiheit» der Adligen wurden hochgehalten. Die diese Prinzipien unterhöhlende, ständig zunehmende Dominanz der Magnaten und der wirtschaftliche und außenpolitische Niedergang Polen-Litauens, der in der Mitte des 17. Jahrhunderts einsetzte, hatten eine Funktionskrise der libertären Verfassung zur Folge. Sie bot den auswärtigen Mächten vielfältige Möglichkeiten zur Einmischung. Auch das Verhältnis zwischen den Katholiken und den anderen Konfessionen verschlechterte sich. War Polen-Litauen im 16. Jahrhundert ein Hort der Toleranz gewesen, so wurden im Zuge der Gegenreformation Nichtkatholiken vermehrt benachteiligt. Konfessionelle Konflikte verbanden sich mit sozialen Spannungen, und auch dies konnten die Nachbarn Rußland und Preußen ausnutzen, um als Schutzmacht für die orthodoxen und lutherischen «Dissidenten» aufzutreten.

Die Teilungen von 1772, 1793 und 1795: Polen, Ukrainer, Weißrussen, Litauer

Der Konflikt zwischen Rußland und Polen-Litauen, der am Ende des 15. Jahrhunderts begann und bis ins 18. Jahrhundert andauerte, setzte die Auseinandersetzung fort, die die Großfürsten von Moskau und Litauen um die Vorherrschaft über die Rus' seit dem 14. Jahrhundert geführt hatten. Im 16. Jahrhundert lag die Initiative zunächst beim Moskauer Staat, mit der Niederlage Ivans IV. im Livländischen Krieg ging sie an den polnischen König über, der im Jahre 1610 Moskau besetzte und seinen Sohn zum Zaren krönen ließ. In der Mitte des 17. Jahrhunderts wandte sich das Blatt erneut, und Polen-Litauen mußte dem Moskauer Staat die linksufrige Ukraine und Smolensk abtreten. Im großen Nordischen Krieg wurde Rußland dann zur Vormacht in Osteuropa und errichtete eine hegemoniale Kontrolle über Polen-Litauen, in dessen innere Auseinandersetzungen es immer wieder eingriff.[33] Das Königreich wurde zum militärischen Exerzierfeld und zum außenpolitischen Objekt der Großmächte. Dem nach dem Siebenjährigen Krieg wieder mit Preußen verbündeten Rußland gelang es 1764, mit Stanisław August Poniatowski einen russischen Kandidaten als König einzusetzen und 1768 sein Protektorat über Polen-Litauen festzuschreiben. Als sich große Teile des Adels in der Konföderation von Bar dagegen zur Wehr setzten, brach ein Bürgerkrieg aus, in den russische Truppen eingriffen. Die beiden anderen osteuropäischen Großmächte, Preußen und Österreich, betrachteten die Entwicklung, die auch durch russische Erfolge gegen die Osmanen gekennzeichnet war, mit Mißtrauen und drängten auf Kompensationen zu Lasten Polens.

In der ersten Teilung von 1772 verlor das Königreich etwa ein Drittel seines Territoriums und seiner Bevölkerung (vgl. Karte 4). Rußland erhielt die östlichen Gebiete Weißrußlands und Polnisch-Livland. Dieses bis zu Düna und oberem Dnepr reichende Territorium war vorwiegend von weißrussischen (und in Polnisch-Livland lettischen) Bauern, einer Stadtbevölkerung, deren größte Gruppe die Juden waren, und einer dünnen polnischen Adelsschicht bewohnt. Die Polen reagierten auf den Schock der Teilung mit Reformen im Steuer- und Bildungswesen, in Armee und politischem System, die in der Verfassung vom 3. Mai 1791 gipfelten. Diese erste geschriebene Repräsentativverfassung Europas stellte im Zeitalter der Französischen Revolution eine Herausforderung der absolutistischen Nachbarmächte dar. Rußland war zusätzlich alarmiert, weil sich die Adelsrepublik seit 1788 aus dem Protektoratsverhältnis löste. Von einer neuen (schwachen) Adelskonföderation unterstützte russische Truppen marschierten 1792 in Polen-Litauen ein, um «die französische Pest» zu bekämpfen.[34] Die zweite Teilung von 1793 entriß dem Königreich mehr als die Hälfte des verbliebenen Territoriums und ließ nur einen von Rußland abhängigen Rumpfstaat übrig. Ein von Tadeusz Kościuszko angeführter Befreiungskampf endete 1794 mit einer Niederlage der Polen, von denen viele in der Folge emigrierten und vom Ausland, vor allem von Frankreich aus für die Befreiung Polens kämpften. Der Niederschlagung des Aufstandes folgte die dritte, «allgemeine, endgültige und unwiderrufliche Teilung» im Jahre 1795, und zwei Jahre später anerkannten die drei Teilungsmächte «die Notwendigkeit, alles zu eliminieren, was die Erinnerung an die Existenz des Königreichs Polen wachrufen könnte, ... und verpflichteten sich, die Bezeichnung ‹Königreich Polen› nie in ihre Titel einzufügen, sondern für immer abzuschaffen».[35]

Rußland gewann in der 2. und 3. Teilung Polens fast alle von Litauern, Weißrussen und Ukrainern besiedelten Gebiete (mit Ausnahme des mehrheitlich ukrainischen Ostgaliziens, das an Österreich, und des südwestlichen Litauens, der Suvalkija, die an Preußen fiel) bis an Memel, westlichen Bug und Dnestr sowie das Herzogtum Kurland. Fast alle zu Rußland gekommenen Gebiete hatten eine nichtpolnische Bevölkerungsmehrheit, und die russische Regierung legitimierte die Annexion der neuen Territorien unter anderem mit der Vollendung des «Sammelns der Länder der Rus'», «der Länder und Städte, die einst zum Russischen Reich gehört hatten, von ihren Stammesgenossen (edinoplemenniki) bevölkert und durch den orthodoxen christlichen Glauben erleuchtet sind».[36] Daran knüpfte später die russische und sowjetische Historiographie an, wenn sie die Teilungen Polens als «historisch progressive Wiedervereinigung» fast aller orthodoxen Ostslawen im Russischen Reich interpretierte.[37]

Die Eingliederung des riesigen, in den drei Teilungen Polens annektierten

Territoriums mit seinen mehr als 7 Millionen Menschen, seiner politischen, sozialen, wirtschaftlichen, ethnischen und religiösen Vielfalt, stellte selbst den schon über reiche Expansions-Erfahrungen verfügenden russischen Staat vor neue Probleme.[38] In der Praxis unterschied die russische Politik vier Regionen: Das schon im Jahre 1772 russisch gewordene östliche Weißrußland mit Polnisch-Livland (die späteren Gouvernements Vitebsk und Mogilev); die rechtsufrige Ukraine (Podolien, Wolhynien und die Teile des Gouvernements Kiev, die erst 1793 an Rußland fielen); das eigentliche Litauen (die späteren Gouvernements Wilna, Minsk und Grodno); das Herzogtum Kurland. Das Herzogtum Kurland mit seiner deutschbaltischen Elite und lettischen Grundschicht wurde in der Folge als drittes Gouvernement den Ostseeprovinzen Livland und Estland zugeordnet. Die Privilegien der Ritterschaft und die von den anderen beiden Gouvernements zum Teil abweichenden Selbstverwaltungsorgane wurden bestätigt.[39] Kurland muß im folgenden im Rahmen der Ostseeprovinzen behandelt werden.

Die russische Politik gegenüber den Gebieten Polen-Litauens veränderte sich in den Jahrzehnten nach der ersten Teilung. Während unter Katharina II. – wie schon in der Ukraine und im Baltikum – eine Homogenisierung und Unifizierung des Reiches angestrebt wurde, brachte die kurze Regierungszeit Pauls (1796–1801) eine Wende zu einer größeren Achtung der traditionellen Strukturen in den Randgebieten. Das bedeutete, daß die schon seit 1772 russischen Gebiete dem Integrationsdruck viel länger und stärker ausgesetzt waren als der erst 1793 und 1795 annektierte Hauptteil. Die ständigen kriegerischen Verwicklungen Rußlands im Westen ließen zwischen 1798 und 1815 eine forcierte Integration der ehemaligen Territorien Polen-Litauens nicht zu. Dem entsprachen im Inneren die Reformen unter dem jungen Alexander I., an denen polnische Magnaten mitwirkten, an ihrer Spitze Fürst Adam Jerzy Czartoryski (1770–1861), russischer Außenminister von 1804 bis 1806.

Die russische Politik stand bei der Integration der Gebiete Polen-Litauens grundsätzlich vor der gleichen Frage wie schon im Falle der östlichen Ukraine, des Gebiets von Smolensk und des Baltikums: Wie konnten Regionen mit einer eigenständigen ständisch-korporativen Organisation, Rechtsordnung und politischen Tradition in das Russische Reich eingefügt werden? Von entscheidender Bedeutung war auch hier, ob es gelang, mit der Elite einen Modus vivendi zu finden. Das war im Falle des polnischen Adels besonders schwierig, da er ja nicht nur die sozial, wirtschaftlich und kulturell führende Schicht, sondern auch die politische Nation des Königreichs gewesen war, die sich nicht mit dem Verlust der Unabhängigkeit und der politischen Partizipation abfinden konnte. Die nichtadlige Bevölkerung, die Stadtbürger und die litauischen, weißrussischen und ukrainischen Bauern, spielten dagegen als Partner der russischen Politik kaum eine Rolle. Einzig der Status der Juden mußte geregelt werden (siehe unten).

Nachdem die neuen Territorien militärisch durch russische Truppen gesichert worden waren, mußte zunächst die Frage entschieden werden, ob «die von Polen angeschlossenen Gebiete» (oblasti ot Pol'ši prisoedinennye) wie einst das Kosaken-Hetmanat eine autonome Einheit bleiben sollten. Die Möglichkeit eines mit Rußland nur lose verbundenen Großfürstentums Litauen, wie sie etwa 1811 von Michał Ogiński vorgeschlagen wurde, hatte im Zeitalter Katharinas II. ebensowenig eine Chance wie eine Sonderstellung nach dem Muster der Ostseeprovinzen. Die neuen Territorien wurden sofort in die 1775 geschaffene Gouvernementsordnung einbezogen, und die gesamtstaatlichen Institutionen, vor allem der Sejm, wurden abgeschafft. Zunächst garantierte Katharina den neuen Untertanen auch keine Sonderrechte, sondern versprach ihnen «alle Rechte, Freiheiten und Privilegien, die ihre alten Untertanen genießen».[40] Auf der regionalen Ebene mußte Rußland aber auf die Erfahrungen der polnischen Adligen zurückgreifen und besetzte die meisten Verwaltungsposten mit Polen. Die polnische Amts- und Gerichtssprache blieb erhalten, und das Litauische Statut, der aus dem 16. Jahrhundert stammende Rechtskodex des Großfürstentums Litauen, wurde bestätigt. Im östlichen Weißrußland, das als russisches Gebiet betrachtet wurde, hatte man allerdings 1778 die russische Sprache und russische Gerichtshöfe eingeführt und russische Beamte in die wichtigeren Positionen eingesetzt, doch blieb die lokale Verwaltungsebene auch hier unter polnischer Kontrolle. Unter Kaiser Paul wurden auch die adligen Landtage (sejmiki) wiederbelebt, deren Kompetenzen dann nach 1802 allmählich wieder eingeschränkt wurden. Paul bestätigte im Dezember 1796 den Gouvernements Weißrußlands, Litauens und der rechtsufrigen Ukraine (ebenso wie den Ostseeprovinzen, Altfinnland und dem ehemaligen Hetmanat), daß sie «auf besonderen Grundlagen, gemäß ihren Rechten und Privilegien» verwaltet werden sollten.[41] Das galt allerdings nur mit Einschränkungen für das östliche Weißrußland und das Gouvernement Kiev, dessen Hauptstadt seit dem 17. Jahrhundert zu Rußland gehört hatte.

Rußland suchte, wie in seinen früheren Expansionsschritten, die Kooperation mit der regionalen Elite. Das stellte insofern keine großen Probleme, als die soziale Stellung des polnischen gutsbesitzenden Adels derjenigen des russischen entsprach. Die loyalen polnischen Adligen wurden denn auch in den Adel des Reiches kooptiert, ihr Grundbesitz mit den abhängigen Bauern wurde bestätigt, und sie wurden in der Lokalverwaltung eingesetzt.[42] Probleme ergaben sich allerdings aus ihrer großen Zahl und ihrer sozialen Differenzierung: Nun standen im Russischen Reich den etwa 150000 russischen Adligen eine erheblich größere Zahl vorwiegend polnischer Adliger aus den Gebieten Polen-Litauens gegenüber![43] Es stellte sich die Frage, ob die Masse der armen Angehörigen der Szlachta, die keine Leibeigenen und oft kein Land besaßen und damit der russischen Vorstellung des gutsbesitzenden Adligen nicht entsprachen, ebenfalls in den erblichen Adel kooptiert werden sollte.

Wie die russischen Adligen mußten auch die Polen ihre adlige Abstammung nachweisen, um in den Adelsstand aufgenommen zu werden. Die Überprüfung und daraus folgende Prozesse zogen sich oft jahrzehntelang hin, so daß man nur schwer einen Überblick über die Resultate gewinnen kann. Das Problem ist nicht genügend erforscht, doch arbeitet eine neue polnische Untersuchung heraus, daß viele landlose polnische Adlige, die meist von Magnaten abhängig waren, schon nach den Teilungen zu Lastenpflichtigen deklassiert wurden.[44] Zwar versuchten manche, ihre adlige Abkunft zu beweisen, doch drangen sie in der Regel nicht durch, wobei nicht nur die russischen Behörden, sondern auch polnische Magnaten gegen die Nobilitierung der landlosen Szlachta auftraten. Entgegen der bisher dominanten Forschungsmeinung waren demnach schon vor 1831 zahlreiche arme polnische Adlige deklassiert worden, bezahlten Abgaben und hatten Rekruten zu stellen. Trotz ihrer zahlenmäßigen Reduzierung bildeten die in den Adel des Reiches kooptierten polnischen Adligen weiter eine im Verhältnis zur Gesamtbevölkerung viel größere Gruppe als der russische Adel. Ohne die über 200 000 Personen zählende Szlachta des 1815 russisch gewordenen Königreichs Polen stellten die Polen nach den Angaben der Revisionen, der vormodernen russischen Volkszählungen, 1795 66 Prozent, 1816 64 Prozent und 1850 55 Prozent des erblichen Adels Rußlands.[45] Die entscheidende Kraft blieb aber die schmale Schicht der Magnaten, und es gelang der russischen Regierung, viele von ihnen für eine Zusammenarbeit zu gewinnen. Dabei traten gemeinsame Interessen in den Vordergrund, so in der Bewahrung des sozialen Status quo vor den radikalen Strömungen der Republikaner und in der wirtschaftlichen Entfaltung besonders der Ukraine, wo die neuen Schwarzmeerhäfen einen Ersatz für den von Preußen besetzten traditionellen Getreideexportweg boten.

Die ständisch-korporative Organisation der Städte wurde von Rußland bestätigt und in der Folge mit der neuen städtischen Ordnung, wie sie in der Gnadenurkunde von 1785 festgelegt wurde, verbunden. Die Situation der leibeigenen Bauern veränderte sich grundsätzlich nicht. Ihre ohnehin geringen Rechte wurden dem russischen Muster folgend noch weiter beschnitten, und ihre Belastung erhöhte sich durch die Einführung der Kopfsteuer und der Pflicht, Rekruten zu stellen, unter russischer Herrschaft.

In den Teilungsakten versprach Rußland den neuen Untertanen, ihnen «uneingeschränkte Freiheit in der öffentlichen Ausübung ihrer Religion zu garantieren».[46] Die römisch-katholische Kirche, der alle Polen und Litauer und etwa ein Viertel der Weißrussen angehörten, wurde von der russischen Regierung ohne Konsultation des Papstes mit dem Bistum (später Erzbistum und Metropolie) von Mogilev neu organisiert. Wie im Falle der Muslime arbeitete man mit dem höheren Klerus zusammen, um die Katholiken zu kontrollieren.[47] Die orthodoxe Kirche, deren Schutz ja schon vor den Teilungen Polens ein wichtiges Anliegen Rußlands gewesen war, wurde ebenfalls neu organisiert und gefördert. Von den orthodoxen Hierarchen gingen seit den 1770er Jahren Bemühungen aus, die unierten Weißrussen und Ukrainer, «die mit Gewalt und Hinterlist in die Union mit den Römern überführt worden waren», in den Schoß der Orthodoxie zurückzuführen.[48] Für die Unierten, die aus russischer Perspektive abtrünnige (oder von den Polen zum Abfall gezwungene) Häretiker waren, galt die Toleranz des aufgeklärten Absolutismus nicht. Katharina II. ließ unierte Bistümer auflösen, und bis zum Jahre 1796 wurden – zum Teil unter Anwendung von Zwang – mindestens 1,8 Millionen Unierte in die russisch-orthodoxe Kirche aufgenommen. Unter ihnen waren besonders viele Ukrainer aus den südlichen Gebieten, während die Mehrheit der Weißrussen und der Ukrainer Wolhyniens uniert blieb. Sie wurden in mehreren Bistümern und in einer Abteilung der Römisch-Katholischen Kirchenorganisation zusammengefaßt. Erst unter Nikolaus I. verstärkte sich der Druck auf die Unierte Kirche wieder bis zu ihrer Auflösung und Eingliederung in die Orthodoxie im Jahre 1839.

Im Bereich von Kultur und Bildungswesen blieben die neu erworbenen Gebiete polnisch geprägt. Als Rußland zu Beginn des 19. Jahrhunderts daran ging, sein Bildungswesen neu zu organisieren, spielten das polnische Vorbild und gebildete polnische Adlige sogar eine Schlüsselrolle. Mit Fürst Adam Jerzy Czartoryski (Wilna) und Graf Seweryn Potocki (Char'kov) standen zwei Polen als Kuratoren einer ganzen Schulregion vor. Besonders um die 1803 wiederbelebte Universität Wilna entfaltete sich ein blühendes polnisches Kulturleben, an dem unter anderen der junge Dichter Adam Mickiewicz teilnahm.[49] Auch in der Ukraine schuf Schulinspektor Tadeusz Czacki mit dem Lyzeum von Krzemieniec ein Zentrum polnischer Bildung. In den 1820er Jahren begann sich das russisch-polnische Verhältnis zu trüben. Ein Symptom war der Prozeß gegen einen studentischen Geheimbund an der Universität Wilna, dem auch Mickiewicz angehörte.

In der östlichen Hälfte des Königreiches, die in den drei Teilungen an Rußland fiel, blieb zunächst der Status quo weitgehend erhalten. Zwar hatte Polen-Litauen seine jahrhundertelange Unabhängigkeit eingebüßt und wurde von Petersburg militärisch und administrativ kontrolliert, in der Regionalverwaltung, im Rechtswesen, in der sozialen Struktur und Kultur blieb die Dominanz des polnischen Adels aber weitgehend erhalten. Nur mit Einschränkungen gilt das für das östliche Weißrußland und das Gouvernement Kiev. Die Bevölkerungsmehrheit der zum Teil zur Orthodoxie zurückgekehrten ukrainischen und weißrussischen Bauern blieb in der Abhängigkeit katholischer polnischer Gutsbesitzer. Im zweiten und dritten Jahrzehnt des 19. Jahrhunderts machten sich Tendenzen bemerkbar, die Stellung des polnischen Adels einzuschränken, doch brachte erst der Aufstand von 1830/31 eine Wende.

Kongreß-Polen

Der Wiener Kongreß schuf wieder ein «Königreich Polen», doch handelte es sich nicht um die Wiedererrichtung des alten Polen-Litauen, sondern um eine vierte Teilung Polens.[50] Rußland als wichtigstem Sieger wurde der Hauptteil des Herzogtums Warschau zugesprochen, das Napoleon aus den überwiegend polnischen Provinzen der preußischen und österreichischen Teilgebiete (ohne den Bezirk von Białystok, der 1807 an Rußland fiel) geschaffen hatte. Allerdings konnte sich Preußen mit dem Großherzogtum Posen und Thorn 1815 wesentliche Teilgebiete des Herzogtums Warschau sichern, und die alte Hauptstadt Krakau erhielt den Status einer Freien Stadt. So blieb für das oft als Kongreß-Polen bezeichnete Königreich Polen ein Gebiet um Warschau, das etwa ein Siebtel der Fläche und ein Fünftel der Bevölkerung des alten Polen-Litauen umfaßte. Auf dieses Territorium, das zu ungefähr drei Vierteln von Polen (zusätzlich von Juden, Deutschen und Litauern) besiedelt war, konnte Rußland auch bei großzügiger Interpretation der Geschichte keine historischen Ansprüche erheben, wie es das für die überwiegend von orthodoxen Ostslawen bewohnten früheren Teilungsgebiete getan hatte.

In weiten Kreisen des polnischen Adels verband man die Schaffung des Königreiches Polen, dessen Namen die Teilungsmächte 18 Jahre zuvor für immer abgeschafft hatten, mit Hoffnungen auf Wiedererrichtung der alten polnisch-litauischen Adelsrepublik. Solche Hoffnungen hatte schon Napoleon 1807 mit dem Herzogtum Warschau genährt; sie wurden aber durch die oktroyierte Verfassung nach französischem Muster und dann durch die Niederlage der Grande Armée, der auch Zehntausende von Polen angehört hatten, enttäuscht. Manche der napoleonischen Reformen, wie die Garantie der bürgerlichen Grundrechte und die Entlassung der Bauern aus der Leibeigenschaft (ohne Land), blieben jedoch für die Folgezeit von Bedeutung. Hoffnungen auf ein Polen-Litauen unter russischem Protektorat gingen von dem Kreis polnischer Aristokraten aus, der sich unter der Führung von Fürst Adam Czartoryski in Petersburg um den jungen Zaren Alexander I. versammelt hatte. Solche Pläne verbanden sich mit den allgemeinen Zielen einer Reformierung Rußlands, bei der Polen eine Vorreiterfunktion spielen sollte.

Der Status, den das Königreich Polen in der Verfassung von 1815 erhielt, war durchaus geeignet, solche Hoffnungen zu beflügeln.[51] Zwar wurde es in Artikel 1 «auf ewig mit dem Russischen Reich vereinigt», und der russische Kaiser wurde zum erblichen König Polens erklärt. Doch gewährte Alexander I. dem Königreich eine Verfassung, die an die beiden Verfassungen von 1791 und 1807 anknüpfte und die liberalste des damaligen Europa war. Die bürgerlichen Grundrechte und Freiheiten wurden – neunzig Jahre früher als in Rußland – garantiert und eine die polnische Tradition weiterentwickelnde und auch die reichere Stadtbevölkerung, Bauernschaft und Geistlichkeit einbeziehende Repräsentativ-Verfassung mit der traditionellen Dreiteilung des Sejm in König, Senat und Abgeordnetenkammer geschaffen: «Die polnische Nation soll für alle Zeiten ein nationales Vertretungsorgan (représentation nationale) erhalten» (Artikel 31). Das Königreich erhielt weitgehende Autonomie innerhalb des Russischen Reiches, eine eigene Armee unter polnischen Offizieren und eine Selbstverwaltung, in der nur Polen öffentliche Ämter bekleiden durften. Polnisch wurde offizielle Sprache in Verwaltung, Armee und Schulwesen, die katholische Religion wurde garantiert. Das Königreich Polen wies damit zahlreiche Attribute eines souveränen Staates auf, der in Personalunion mit Rußland verbunden war. Lediglich die Außenpolitik blieb Prärogative des Zaren.

Die Stellung Kongreß-Polens im Russischen Reich kam somit der des ukrainischen Hetmanats nach 1654 nahe. Allerdings stand das Hetmanat unter der Führung eines eigenen, gewählten Herrschers. Auf der anderen Seite legte Alexander I., anders als Zar Aleksej 161 Jahre zuvor, einen Eid auf die polnische Verfassung ab: «Alle unsere Nachfolger im Königreich Polen... werden den folgenden Eid schwören: ‹Ich schwöre und gelobe vor Gott und auf das Evangelium, die Verfassung mit allen meinen Kräften zu erhalten und zu vollziehen›» (Artikel 45). Dies war in doppelter Hinsicht ein Novum in der Geschichte der russischen Expansion: Noch nie hatte ein russischer Herrscher sich eidlich gegenüber seinen Untertanen verpflichten lassen, und noch nie hatte er eine Verfassung garantiert. Das Königreich Polen stellte als konstitutionelle Monarchie mit seiner liberalen politischen, rechtlichen und sozialen Ordnung einen Fremdkörper im Russischen Reich dar.

Die Motive für dieses – aus russischer Sicht – ungewöhnliche Entgegenkommen waren vielfältig: Die fehlende Legitimation für eine Herrschaft Rußlands, die Rücksicht auf die anderen europäischen Mächte und auf das Unabhängigkeitsstreben des polnischen Adels, mit dem man zusammenarbeiten wollte. Dazu kam die Absicht, das neu erworbene Gebiet mit seinen demokratischen Traditionen als Modell für eine geplante Reformierung Rußlands zu benutzen: «Die Organisation, die in Eurem Land schon existiert hat, hat es mir erlaubt, Euch ohne Verzug die Organisation zu gewähren, die die Prinzipien dieser liberalen Institutionen in die Praxis umsetzt... und deren heilbringender Einfluß sich, wie ich hoffe, mit Gottes Hilfe über alle Regionen verbreiten wird, die mir die Vorsehung anvertraut hat» (Rede Alexanders I. vor dem ersten Sejm im Jahre 1818).[52] In der Forschung ist allerdings umstritten, wie ernst es Alexander I. mit all diesen Schwüren und Versprechungen war. Schon die Verfassung von 1815 gab dem Herrscher Eingriffs- und Kontrollmöglichkeiten, so die Ernennung der Senatoren und Minister, die alleinige Gesetzesinitiative, die Einberufung des Sejm und das Einspruchsrecht gegen seine Beschlüsse sowie das wichtige Amt des kaiserlichen Statthalters. Außerdem wurde das in der Verfassung nicht vorgesehene Amt des Kaiserlichen Kommissars geschaffen und mit dem Russen N. N. Novosil'cev besetzt und der Oberbefehl über die polnische Armee dem Großfürsten Konstantin, dem Bruder des Zaren, übergeben. Es ist schwer zu entscheiden, ob Alexander I. die Verfassung von 1815 tatsächlich als Einschränkung der Autokratie gesehen hat, oder ob er sie in der Nachfolge von

Peter dem Großen und Katharina II. lediglich als Mittel zu einer Rationalisierung und Modernisierung Rußlands, einer effizienteren Organisation der Autokratie, nutzen wollte.[53] Der Widerspruch zwischen dem autokratischen Herrscher über Rußland und dem konstitutionellen Monarchen über Polen mußte jedenfalls zu Konflikten führen, oder wie es der korsische Ratgeber Alexanders I. Pozzo di Borgo schon 1814 weitblickend formuliert hatte: «Der Titel des Königs von Polen wird nie mit dem des Kaisers und Autokraten ganz Rußlands zu harmonisieren sein ... Ein Herrscher könnte diese so unterschiedlichen Funktionen nicht verbinden, ohne sich der Unzufriedenheit der einen oder der anderen Nation oder vielleicht gar beider Nationen auszusetzen.»[54]

Allerdings überwogen in den ersten Jahren bei zahlreichen Polen die Freude über das Wiedererstehen eines polnischen Staates und Hoffnungen auf die Vereinigung des Königreiches mit Litauen. Die harmonische Stimmung beherrschte noch die Eröffnung des ersten Sejm im Jahre 1818. Auch der kulturelle und wirtschaftliche Aufschwung Kongreß-Polens gab zu Hoffnungen Anlaß. Das polnische Bildungswesen blühte auf, und 1816 wurde in Warschau eine Universität begründet. Die praktische Aufhebung der Zollschranken mit Rußland schuf Absatzmärkte für Landwirtschaft und Textilindustrie. Wirtschaftsreformen legten den Grund für die Industrialisierung Polens.

Doch auch eine Reihe von Konfliktfeldern taten sich früh auf. Viele Polen waren von der Tatsache enttäuscht worden, daß 1815 nur ein kleines Polen wiedererstanden war, und erwarteten nun vom Zaren eine Wiedervereinigung aller unter russischer Herrschaft stehenden Gebiete des ehemaligen Königreiches. Alexander I. selber nährte durch vage Versprechungen solche Hoffnungen, ebenso wie seine liberale Kulturpolitik in Litauen und in der Ukraine. Doch wartete man vergeblich auf praktische Schritte in Richtung einer Wiedervereinigung Polens mit Litauen und der Ukraine. Die Politik gegenüber den in den ersten drei Teilungen erworbenen Gebieten, besonders gegenüber dem östlichen Weißrußland, entwickelte sich im Gegenteil in Richtung ihrer stärkeren Integration ins Russische Reich. Das ungebrochene politische Bewußtsein des polnischen Adels stieß so immer häufiger mit der russischen Politik zusammen: Konflikte in der Interpretation der Verfassung traten auf, besonders umstritten war die polnische Armee. In Polen kam es zu Auseinandersetzungen zwischen Liberalen und Konservativen, in Rußland zwischen der Regierung und der sich allmählich formierenden nationalen Gesellschaft. Viele Vertreter des russischen Adels, Militärs und der Bürokratie hatten Alexander I. schon vor dem Wiener Kongreß von einer Wiedererrichtung Polens abgeraten, die Konzessionen von 1815 gingen ihnen viel zu weit, und die im folgenden Jahrzehnt erstarkenden konservativen und nationalen Kräfte (unter ihnen etwa der Historiker N. M. Karamzin), aber auch Vertreter der allmählich entstehenden liberalen Intelligenzija (unter ihnen spätere Dekabristen), wandten sich gegen die Sonderstellung Polens:[55]

In der Ablehnung gegenüber Polen sollten sich auch später russische Konservative und Liberale finden. In den zwanziger Jahren war die Harmonie von 1815 bereits zerbrochen. Als die liberale Opposition in Polen erstarkte und sich in Geheimgesellschaften organisierte, reagierte die russische Regierung auf die «Undankbarkeit der Polen» mit einer Verschärfung ihrer Politik. Die Sensibilität gegenüber aufrührerischen Bewegungen wurde durch den Dekabristenaufstand noch verstärkt, und Nikolaus I. (1825–55) wandte sich dann ganz von der liberalen Reformpolitik seines Bruders ab.

Viele Polen hatten sich nicht mit dem Verlust der staatlichen Selbständigkeit abfinden können, und der allmähliche Wandel der russischen Politik schwächte das Lager derjenigen, die mit dem Russischen Reich kooperieren wollten. Die Masse der polnischen Oberschicht, darunter auch Adam Czartoryski, unterstützte deshalb den im Anschluß an die Revolutionen in Frankreich und Belgien im November 1830 ausgebrochenen Aufstand.[56] Die im Januar 1831 verkündete Absetzung Nikolaus I. und der Romanov-Dynastie machte den Krieg mit Rußland unvermeidlich. Die Polen, die mit keinerlei Hilfe von außen rechnen konnten, hatten gegen die Militärmacht Rußland keine Chance. Ich werde auf den Novemberaufstand im Zusammenhang mit der polnischen Nationalbewegung (Kapitel 6) noch einmal zurückkommen.

Die Folgen für Kongreß-Polen waren schwerwiegend. Ein großer Teil der politischen, militärischen und geistigen Elite wanderte nach Westeuropa aus und versuchte, in der «Großen Emigration» die Befreiung Polens von außen zu fördern. Die russische Regierung reagierte auf die Erhebung, wie immer, mit harter Repression. Mit dem Aufstand hatten «die verräterischen Polen» in den Augen der Russen auch das Recht auf ihre Sonderstellung eingebüßt: Das Königreich Polen verlor seine staatliche Souveränität und wurde in das Russische Reich eingegliedert. Die aggressive Integrationspolitik des nikolaitischen Rußland gegenüber Polen gehört aber nur mehr zum Teil in den Zusammenhang des vormodernen russischen Vielvölkerreiches. Ich werde deshalb in Kapitel 7 darauf eingehen.

Die Eingliederung der Juden

Mit den vier Teilungen Polens kamen nicht nur zahlreiche Polen, Ukrainer, Weißrussen und Litauer unter russische Herrschaft, sondern auch die große jüdische Gemeinschaft.[57] Erst damit gelangte die jüdische Frage nach Rußland, die hier im 19. und 20. Jahrhundert eine besondere Brisanz erhalten sollte. Rußland kam viel später als die meisten anderen europäischen Länder mit Juden in Berührung. Vor 1772 hatte es keine Erfahrungen mit Juden gesammelt, es gab auch kaum antijüdische Stereotypen in der russischen Gesellschaft. Weder im Moskauer noch im Petrinischen Reich lebte eine nennenswerte Zahl von Juden. Falls sich größere Gruppen in Rußland niederließen, wurden sie in der Regel ausgewiesen, so noch im Jahre 1742, nicht zufällig gleichzeitig mit den Repressionen gegenüber Muslimen und Animisten. Die Eingliederung von Hunderttausenden von Juden, dieser ethnoreligiösen Diasporagruppe mit ihrer spezifischen sozio-ökonomischen Struktur, der die beiden für Rußland konstitutiven sozialen Gruppen, der Adel und die Bauern, fehlten, stellte die russische Regierung also vor neue Probleme.

Die Regierung Katharinas II. folgte zunächst der traditionellen Methode der Respektierung des Status quo: In einem Manifest wurden 1772 den Juden des östlichen Weißrußland «alle Freiheiten, die sie jetzt in bezug auf ihre Religion und ihren Besitz genießen», garantiert; «denn die Menschenliebe Ihrer Kaiserlichen Hoheit gestattet es nicht, sie allein aus dem allgemeinen Wohlwollen für alle auszuschließen».[58] Auch das Selbstverwaltungsorgan der jüdischen Gemeinden, der Kahal, und seine steuerlichen, administrativen, gerichtlichen, kulturellen und religiösen Funktionen wurden beibehalten. Dafür sprach neben fiskalischen Erwägungen auch die Notwendigkeit, den Kahal als Partner der Regierung und als Kontrollorgan zu gewinnen, da bei den Juden ja keine dem Adel vergleichbare Elite existierte, mit der man hätte zusammenarbeiten können.

Andererseits war Katharina II. auf Nivellierung und Reglementierung der Verhältnisse bedacht und wollte gleichzeitig die spezifischen ökonomischen Fähigkeiten der Juden für die Modernisierung des Reiches nutzen. Der bisherige rechtliche Status der Juden als eigener ethno-religiöser Stand wurde deshalb abgeschafft, und die Juden wurden in den 70er und 80er Jahren des 18. Jahrhunderts in das Ständegefüge des Reiches integriert. Da sie weder Adlige noch Bauern waren, wurden die reichen Juden als gleichberechtigte Mitglieder in den Stand der Gildenkaufleute, die Masse der ärmeren Juden in den Stand der meščane (Kleinbürger) aufgenommen. Sie erhielten damit dieselben Pflichten und Rechte wie die christlichen Angehörigen der städtischen Stände. Das aufgeklärt-absolutistische Rußland diskriminierte die Juden also zunächst nicht, sondern versuchte, sie durch eine administrative und rechtliche Gleichstellung zu integrieren, um ihre Fähigkeiten optimal zu nutzen und sie langfristig zu assimilieren. Damit hob sich die russische Gesetzgebung mindestens bis zur zweiten Teilung Polens von der weniger großzügigen der meisten anderen europäischen Länder ab.

Allerdings stieß die aufklärerische Theorie bald mit den sozialen Realitäten und polnisch-litauischen Traditionen zusammen. Das zeigte sich schon an der Frage der als Schankwirte, Pächter und Verwalter auf dem Lande ansässigen Juden, die im östlichen Weißrußland zahlreicher waren als die jüdische Stadtbevölkerung. Auch diese auf dem Lande lebenden Juden wurden den städtischen Ständen und damit den Stadtgemeinden zugeschrieben. Das löste sie aus der bisherigen Abhängigkeit vom polnischen Adel, machte ihre Stellung aber auch unsicherer. Mehrfach wurde den Juden das Schankgewerbe und die Pacht verboten, was aber lange nicht konsequent in die Tat umgesetzt werden konnte. Seit den 1780er Jahren wurden dann immer wieder Dekrete erlassen, die Juden vom Land in die Städte umzusiedeln. Zwar erwies es sich als unmöglich, die Dekrete kurzfristig in die Tat umzusetzen, doch kam es im ersten Viertel des 19. Jahrhunderts wiederholt zu brutalen Massenumsiedlungen, so daß die Zahl der auf dem Lande wohnenden Juden erheblich abnahm. Mit diesen Maßnahmen wollte die Regierung die Gesellschaft nach ihren Vorstellungen regulieren, d. h. die Juden ganz dem städtischen Bereich zuordnen. Allerdings änderte sie zu Beginn des 19. Jahrhunderts ihre Strategie und ermunterte die Juden mit Privilegien dazu, sich als Kolonisten in «Neurußland» niederzulassen – mit bescheidenem Erfolg. Das wichtigste Motiv der Regierung für diese radikalen Maßnahmen bestand darin, die traditionelle Stellung der Juden auf dem Dorf, wo sie als Verwalter und Pächter Macht über ostslawische Bauern ausübten, zu eliminieren. Die Abhängigkeit orthodoxer Christen von Nichtchristen wurde ja auch im Falle der Muslime nicht mehr geduldet, die Bauern mußten – so die vorherrschende Meinung – vor den Juden in Schutz genommen werden. Zu dieser Entflechtung von Juden und Nichtjuden auf dem Lande trugen aus der polnischen Tradition übernommene antijüdische Vorurteile bei, wie die des verderblichen Einflusses der jüdischen «Parasiten und Ausbeuter» auf die ostslawischen Bauern. Sie gelangten seit dem Ende des 18. Jahrhunderts allmählich nach Rußland und wurden dort sowohl von Konservativen wie dem Dichter Deržavin und Liberalen wie dem Dekabristen Pestel aufgenommen.[59]

Auch in den Städten traten bald Probleme auf. Zum einen ergaben sie sich aus der doppelten administrativen Zuordnung der Juden zur Stadtverwaltung und zum Kahal. Die Folge davon war, daß die administrativen und judikativen (nicht aber die fiskalischen und kulturell-religiösen) Aufgaben des Kahal allmählich beschnitten wurden. Wie schon im alten Polen-Litauen protestierten Teile der christlichen Stadtbevölkerung gegen die Gleichstellung und partielle Privilegierung der Juden. Die Russen fürchteten vor allem die wirtschaftliche Konkurrenz, die Polen wehrten sich gegen die Einbeziehung der Juden in die städtische Selbstverwaltung. Eine Integration in die christliche Gesellschaft lehnte auch die Mehrheit der Juden ab. Die Regierung nahm solche «Klagen über verschiedene Auswüchse und Mißstände zum Nachteil... der Bewohner in jenen Gouvernements, wo die Juden wohnen«,[60] auf und nutzte sie für ihre wirtschaftlichen Ziele.

Dies waren die wichtigsten Ursachen dafür, daß die Gleichberechtigung der Juden im Russischen Reich schon vor der zweiten und dritten Teilung Polens durch Sondergesetze durchbrochen wurde. Im Statut von 1804 wurden die Erlasse über die Juden dann erstmals (unsystematisch) zusammengefaßt.[61] Für die Juden wurde ein Ansiedlungsrayon (čerta osedlosti) festgelegt, außerhalb dessen sie sich nicht ständig niederlassen durften. Er umfaßte die ehemals polnischen Gebiete und zusätzlich die linksufrige Ukraine und Neurußland (sowie vorübergehend die Gouvernements Astrachan' und den Ķaukasus). Diese bis zum Ende des Zarenreichs geltende Beschränkung der

Freizügigkeit der Juden ging auf eine Petition Moskauer Kaufleute zurück, die die Konkurrenz der Juden fürchteten. Die Regierung nahm sie wohl auch deswegen auf, um die Aktivitäten der Juden auf die neu zu erschließenden Gebiete nördlich des Schwarzen Meeres zu lenken. Eine eindeutige Diskriminierung der Juden stellte die 1794 eingeführte doppelte Besteuerung der Juden (außer den Karaim) dar, die dadurch als religiöse Gruppe ausgegrenzt wurden. Eine entsprechende Maßnahme hatte schon Peter der Große gegenüber den Altgläubigen erlassen, andererseits unterlagen Muslime, Buddhisten oder Animisten keiner steuerlichen Diskriminierung. Die Doppelbesteuerung der Juden wurde aber bald nach Erlaß des Statuts de facto abgeschafft. Eher ein Privileg war dagegen das Recht der Juden, sich – wie die Kaufleute, aber anders als die christlichen meščane – von der Pflicht, Rekruten zu stellen, loskaufen zu können.

Das Statut von 1804 enthielt auch kulturelle Einschränkungen: Die Juden sollten ihre Geschäftsbücher fortan in Russisch, Polnisch oder Deutsch führen, und jüdische Amtsträger in der Stadtverwaltung sollten eine der genannten Sprachen lesen und schreiben können und durften keine jüdische Kleidung tragen. Andererseits bestätigte das Statut die Glaubensfreiheit, die wirtschaftlichen Privilegien der Juden und ihre Mitwirkung an der Stadtverwaltung, und es garantierte ihnen den Besuch der – zu dieser Zeit allerdings noch wenig zahlreichen – staatlichen Schulen und Universitäten ebenso wie das eigene Schulwesen, das nun auch Kenntnisse des Russischen, Polnischen oder Deutschen vermitteln sollte. Die Zielsetzung der Regierung, die spezifischen Fähigkeiten der Juden für die Modernisierung Rußlands zu nutzen, zeigen sich in den Abschnitten, die die Juden mit Privilegien zu industriellen Aktivitäten als Fabrikanten und Fabrikarbeiter ermutigen. Sie hatten insofern Erfolg, als jüdische Unternehmer in der Folge eine wichtige Rolle in der Entwicklung der Textilindustrie im Westen Rußlands spielten. Zahlreiche andere Bestimmungen des Juden-Statuts von 1804 blieben allerdings weitgehend auf dem Papier.

Die Juden in Kongreßpolen unterlagen nicht den russischen Bestimmungen.[62] In der Verfassung von 1815 wurden die Juden nicht erwähnt, doch wurde bald deutlich, daß ihnen die Gleichberechtigung mit den Christen vorenthalten blieb. In den folgenden Diskussionen zeigten die russischen Beamten, so Novosil'cev, mehr Entgegenkommen gegenüber den Juden als die stark in judophoben Vorurteilen befangene Mehrheit der Polen, die die Juden als wirtschaftliche Konkurrenten ansah. Die Polen setzten sich durch und verknüpften eine Emanizipation der Juden mit ihrem zivilisatorischen Fortschritt, den man zunächst – auch mit Hilfe aufgeklärter Juden – fördern wollte; in der Praxis hieß das, daß die Juden erst nach ihrer Polonisierung die Gleichberechtigung erlangen konnten. Zunächst wurden die 1808 für das Herzogtum Warschau erlassenen rechtlichen Einschränkungen (Entzug der politischen Rechte für zehn Jahre) auf das Königreich Polen übertragen und stillschweigend verlängert. In der Folge wurden weitere Gesetze bestätigt, die die Rechte der Juden beschnitten und sie aus der Stadtgesellschaft ausgrenzten. Ende 1821 wurde der Kahal abgeschafft und durch eine neue, vom Rabbi der Gemeinde geleitete, auf den religiösen Bereich beschränkte Behörde ersetzt. Wirtschaftliche Beschränkungen reduzierten die Mittlerfunktion der Juden zwischen Stadt und Land. Im ganzen verpaßte das Königreich Polen die Chance, die seiner liberalen Verfassung gemäße Emanzipation der Juden in die Wege zu leiten.

Die Lage der Juden im Russischen Reich veränderte sich in der ersten Hälfte des 19. Jahrhunderts nicht grundsätzlich. Nach 1815 wurde ohne Erfolg versucht, Juden mit Anreizen zur Taufe zu bewegen. Im Jahre 1825 wurde der jüdische Ansiedlungsrayon etwas eingeschränkt, indem die Gouvernements Astrachan', das Kaukasusgebiet und eine Zone von 50 Werst an der Landesgrenze (um Schmuggeltätigkeiten zu unterbinden) ausgeklammert wurden. Im Jahre 1815 wurde das Statut von 1804 im wesentlichen bestätigt. Allerdings wurden die staatlichen Eingriffe unter Nikolaus I. erheblich schärfer.[63] So wurde 1827 das Recht der Juden, sich von der Rekrutenstellung loszukaufen, abgeschafft. Das bedeutete an sich nur eine Gleichstellung der Juden mit den Nichtjuden, doch war die Art und Weise diskriminierend, mit der 12- bis 18jährige Juden zwangsausgehoben und als sogenannte Kantonisten einem äußerst harten Vorbereitungsdienst unterworfen wurden, dem sich dann der 20- bis 25jährige Militärdienst anschloß. Die Juden wehrten sich durch Flucht, Selbstverstümmelungen und Petitionen gegen diese Zwangsmaßnahmen, die auch die Taufe der jungen Juden zum Ziele hatten und erst 1856 wieder aufgehoben wurden. Im Jahre 1843 wurde die schon 1825 dekretierte Aussiedlung der Juden aus den grenznahen Gebieten brutal durchgesetzt, und ein Jahr später wurde der Kahal offiziell abgeschafft; doch blieben seine religiösen, kulturellen und sozialen Funktionen weitgehend erhalten. Auf der anderen Seite erschütterten die radikalen Eingriffe der Regierung doch die soziale Stabilität der jüdischen Gesellschaft und trugen – zusammen mit der von der Regierung unterstützten Aufklärungsbewegung (Haskalah) – bei zu ihrer Transformation.

Die russische Politik gegenüber den Juden war in den ersten Jahrzehnten nach den Teilungen Polens widersprüchlich. Zum einen war sie von Anfang an darauf ausgerichtet, die Juden in das Sozialgefüge Rußlands zu integrieren mit dem Ziel, ihre wirtschaftlichen Fähigkeiten zu nutzen und sie zu assimilieren. Doch wurde die anfänglich gewährte Gleichberechtigung bald wieder eingeschränkt und damit die Strategie umgekehrt: Erst durch ihre Assimilation, das hieß durch den Übertritt zum Christentum, konnten die Juden die rechtliche Gleichstellung mit den Christen erreichen. Die diskriminierenden Gesetze und die alltägliche Praxis grenzten die Juden aus der christlichen Gesellschaft aus, wobei ein wichtiges Ziel war, die als schädlich betrachteten Einflüsse der Juden auf die Christen zu beseitigen. Eine Segregation entsprach im übrigen den Wünschen vieler Juden und Nichtjuden. Weder die Regierungspolitik noch die Haltung der Bevölkerung hatten aber in der ersten Hälfte des 19. Jahrhunderts den Charakter einer konsequenten, ideologisch begründeten oder rassistischen Judenfeindschaft. Beides, eine scharfe Diskriminierung und das Aufkommen eines russischen Antisemitismus, blieb der zweiten Hälfte des Jahrhunderts vorbehalten.

5. Autonomie für Finnland

Zwischen der dritten und vierten Teilung Polens kam ganz Finnland unter russische Herrschaft.[64] Auch diese Gebietserweiterung vollzog sich im Rahmen der europäischen Politik. Im Laufe erfolgreicher Kriege gegen Schweden hatte Rußland Finnland schon zweimal (1713–21, 1742/43) besetzt, doch erst die Tilsiter Allianz mit Napoleon führte 1808/09 zur Annexion: Im Frieden von Frederikshamn mußte Schweden auf seine östliche Provinz verzichten. Die Eingliederung Finnlands in das Russische Reich kann einerseits mit der fast gleichzeitigen Integration Polens oder mit der ein Jahrhundert zurückliegenden Integration Estlands und Livlands verglichen werden, die ebenfalls zu Schweden gehört hatten.

Finnland war seit dem Mittelalter Bestandteil des Königreichs Schweden, ohne daß es – wie die später erworbenen baltischen Provinzen – einen Sonderstatus besessen hätte. Im Gegensatz zum Baltikum sprachen Adel und Stadtbevölkerung schwedisch, und Schwedisch dominierte auch als Verwaltungssprache. Die über 85 Prozent der Bevölkerung Finnlands ausmachenden finnischsprachigen Bauern wurden schwedisiert, falls sie sozial aufstiegen. Ihre rechtliche Lage unterschied sich von derjenigen der lettischen und estnischen Bauern des Baltikums, da sie wie die schwedischen Bauern persönlich frei waren. Die gesamte Bevölkerung Finnlands gehörte der lutherischen Staatskirche an, die ein recht entwickeltes Schulwesen unterhielt. In Abo (Turku) bestand seit 1640 auch eine Universität, von der am Ende des 18. Jahrhunderts ein gelehrtes Interesse für die finnische Sprache und Folklore ausging.

Finnland war aber eine abgelegene, wirtschaftlich zurückgebliebene, von Stockholm vernachlässigte Provinz Schwedens. Die vier Stände des Adels, des Klerus, der Bürgerschaft und der Bauern entsandten zwar Vertreter in den Reichstag, sie besaßen aber keine korporative Organisation in Finnland. Der wachsende Druck von seiten des Königs und die in Finnland ausgefochtenen ständigen Kriege mit Rußland ließen unter der Elite Finnlands ein Regionalbewußtsein wachsen, das sich gegen den schwedischen König richtete. Einzelne finnländische Adlige – so bezeichne ich im folgenden die schwedischsprachige Elite in Abgrenzung von den finnischsprachigen Finnen – wandten sich dem nahen Petersburg zu. Eine führende Rolle spielte Oberst G. M. Sprengtporten, der seit 1786 in russischen Diensten stand und Projekte eines unter russischem Protektorat stehenden autonomen Finnland ausarbeitete. Während eines neuen, von Schweden vom Zaun gebrochenen

Krieges gegen Rußland organisierte sich 1788 ein rußlandfreundlicher Offiziersbund, der ähnliche Pläne entwarf. So konnte Rußland in Finnland – ähnlich wie im Baltikum und im Gegensatz zu Polen – von Anfang an mit der Unterstützung eines Teils der einheimischen Elite rechnen.

Ein Gebiet Finnlands, das sogenannte Alt-Finnland, war schon in der ersten Hälfte des 18. Jahrhunderts russisch geworden. Nachdem Rußland im Nordischen Krieg ganz Finnland besetzt hatte, trat ihm Schweden 1721 nicht nur Estland, Livland und Ingermanland, sondern auch Teile Kareliens mit Wiborg ab. Infolge eines weiteren schwedisch-russischen Krieges kamen 1743 noch einige Gebiete an der Grenze hinzu. Diesem jetzt als Gouvernement Vyborg organisierten Territorium hatte Rußland 1721 zunächst nur die lutherische Konfession garantiert, doch wurden dann 1743 «die unter schwedischer Herrschaft geltenden Privilegien, Bräuche und Rechte» bestätigt.[65] Alt-Finnland erhielt damit eine autonome Stellung, die in mancher Beziehung derjenigen der baltischen Provinzen entsprach. Deutschbalten wurden dann auch in Alt-Finnland oft mit Verwaltungsaufgaben betraut, und neben der offiziellen russischen und der schwedischen gewann die deutsche Sprache an Bedeutung.

Das in den Jahren 1808/9 an Rußland angegliederte Großfürstentum Finnland erhielt eine noch erheblich weiter gehende Autonomie. Schon 1808 versprach Alexander I. den Finnländern die Anerkennung des Status quo, und auf das Frühjahr 1809 wurde erstmals ein Landtag einberufen. Vor der Eröffnung dieser ersten Ständeversammlung Finnlands in Borgå (Porvoo) garantierte der Zar am 15. März 1809 «die Religion, die angestammten Gesetze, die Rechte und Privilegien, die jeder Stand dieses Fürstentums im besonderen und alle dort wohnenden Untertanen ... nach ihrer Rechtsordnung bisher besaßen».[66] Die dem Großfürstentum Finnland zugesprochene Autonomie war erheblich größer als unter Schweden. Das zeigte sich im eigenen Landtag, im eigenen Verwaltungs- und Gerichtssystem mit einem ausschließlich finnländischen Beamtenapparat, der lediglich von einem russischen Generalgouverneur als Vertreter des Zaren beaufsichtigt, nicht aber den russischen Zentralbehörden unterstellt wurde. Auch die russische Militärordnung wurde nicht auf Finnland übertragen, das demnach frei blieb von Rekrutierungen und eine (kleine) eigene Armee unterhalten durfte. Daß das Großfürstentum Finnland auch wirtschaftlich von Rußland getrennt blieb, zeigte sich in der Zollgrenze, einer eigenen Bank und einem eigenen Münzwesen. An Rußland gebunden war Finnland in der Person des Zaren-Großfürsten und seiner Dynastie und in der Außenpolitik.

In der Eingliederung Finnlands praktizierte Rußland also erneut – und besonders konsequent – die Methoden der Garantie des Status quo und der Kooperation mit fremden Eliten. Der Stellung des Großfürstentums Finnland kam die des ukrainischen Hetmanats (im 17. Jahrhundert) und die des wenige Jahre später begründeten Königreichs Polen am nächsten, während die Ostseeprovinzen weniger Autonomie besaßen. Im Unterschied zu Kongreß-Polen, das 1815 eine liberale Repräsentativ-Verfassung erhielt, blieb die sozio-politische Ordnung Finnlands wie im Baltikum traditionell ständisch geprägt, und anders als im Falle Polens ging der Zar nicht so weit, sich eidlich auf eine Verfassung zu verpflichten. Die finnländische Öffentlichkeit und Historiographie haben den Akt von 1809 zwar später in Ablehnung russischer Ansprüche als formellen Staatsgründungsakt und als staatsrechtlich garantierte Verfassung interpretiert, doch geht eine solche Auslegung, wie heute auch die meisten finnischen Historiker meinen, zu weit.[67] Das von Alexander I. in Borgå unterzeichnete Manifest enthält zwar einige unklare, zweideutige Begriffe, doch trägt mindestens der maßgebende russische Text den Charakter einer Garantie traditioneller ständischer Autonomie und Privilegien, wie sie frühere russische Zaren den ukrainischen Kosaken oder den Deutschbalten gewährt hatten.[68]

Das Problem war in der ersten Hälfte des 19. Jahrhunderts auch gar nicht akut. Die Mehrheit der finnländischen Oberschicht war mit der de facto gewährten Autonomie zufrieden, die erheblich größer war als unter dem schwedischen König. Dazu trug bei, daß im Jahre 1812 das seit 1721 bzw. 1743 russische Alt-Finnland mit dem Großfürstentum vereinigt wurde. Im Gegensatz zu den Polen, die sich von Alexander I. vergeblich die Wiedererrichtung ihres souveränen Staates erhofften, hatten die Finnländer weitgehende Autonomie in einem erweiterten Territorium erreicht. Zwar berief der Zar bis 1863 keinen neuen Landtag mehr ein, doch bestätigte auch Nikolaus I. die Sonderstellung des Großfürstentums Finnland. Die finnländische Oberschicht war deshalb in der Folge Rußland gegenüber loyal, sie nutzte den inneren Freiraum, und Finnland erlebte unter russischer Herrschaft einen wirtschaftlichen und kulturellen Aufschwung. In der Verlegung der Hauptstadt und der Universität von Abo, das am Bottnischen Meerbusen gegenüber Stockholm liegt, nach Helsingfors (Helsinki) am Finnischen Meerbusen fand die neue Orientierung ihren Ausdruck. Helsingfors geriet in den wirtschaftlichen und kulturellen Bannkreis der nahe gelegenen Hauptstadt Petersburg. Manche Finnländer traten als Offiziere oder Beamte ganz in russische Dienste. Das politische Verhältnis zu Petersburg war pragmatisch, keine Seite wollte Konflikte. Sowohl die in Petersburg wie die in Finnland wirkenden finnländischen Politiker nahmen Rücksicht auf die inneren Verhältnisse Rußlands, vermieden Provokationen und gingen in der Regierungszeit Nikolaus I. auch gegen oppositionelle Strömungen in Finnland vor. Die schwedischsprachige Elite Finnlands wurde so – im Gegensatz zu den Polen, aber ähnlich wie die Deutschbalten – zu einem Musterpartner der russischen Regierung.

Das Großfürstentum Finnland besaß also im 19. Jahrhundert trotz dem Fehlen einer staatsrechtlichen Garantie ein Ausmaß von innerer Autonomie, wie sie von den anderen Randgebieten nur das Königreich Polen (vorübergehend) aufwies. Wie läßt es sich erklären, daß gerade Finnland eine (nach 1831) einzigartige Sonderstellung gewährt wurde? Zu nennen ist einmal die unsichere außenpolitische Lage im Jahre 1809, die eine Sicherung der Nordwestflanke des Reiches erforderte. Auch in der Folge lag es im Interesse Rußlands, an dieser strategisch wichtigen Lage in der Nähe der Hauptstadt ein ruhiges Land mit einer loyalen Bevölkerung zu wissen. Andererseits war Finnland wirtschaftlich nicht attraktiv, einzig die spezifischen Fähigkeiten der Oberschicht konnten genutzt werden, was wiederum nur über eine Politik der Zusammenarbeit möglich war. Schließlich konnte Finnland mit seiner Ständeordnung, seiner freien Bauernschaft und seinem lutherischen, westlich geprägten Bildungswesen – ähnlich wie das Königreich Polen und früher das Baltikum – in der Reformperiode als Vorbild für ganz Rußland gelten.

Die weitgehende Autonomie, die das Großfürstentum Finnland 1809 erstmals in seiner Geschichte erhielt, legte den Grund und setzte den Rahmen für die finnische Staatswerdung und Nationsbildung. Auch Alexander I. hatte in seiner Rede in Borgå davon gesprochen, daß Finnland «fortan einen Platz unter den Nationen» habe,[69] doch ahnte er nicht, daß Finnland später diesen Platz außerhalb Rußlands suchen würde. Andererseits wurde nach 1809 die pragmatische Kooperation mit Rußland begründet, die trotz schwerer Störungen und Unterbrechungen bis heute die besondere Stellung Finnlands als eines Kleinstaates im Schatten der russischen Großmacht ausmacht.

6. Bessarabien: Rumänen oder Moldauer?

Zu Beginn des 19. Jahrhunderts machte die russische Westexpansion drei letzte Schritte über das ostslawische Siedlungsgebiet hinaus: Im Nordwesten entriß Rußland dem Königreich Schweden 1809 ganz Finnland, im Westen kamen 1815 weite Teile Polens unter die Herrschaft des Zaren, und im Südwesten mußte 1812 das Osmanische Reich das Territorium zwischen Dnestr und Pruth bzw. unterer Donau, das in der Folge Bessarabien genannt wurde, an Rußland abtreten. Die drei Territorien gingen Rußland während und nach dem Ersten Weltkrieg verloren, nur das rumänische Bessarabien wurde 1940 – ebenso wie Estland, Lettland und Litauen – von Stalin ins Sowjetreich heimgeholt und als Moldauische Sowjetrepublik organisiert. Dieser Name war Programm: In der Folge wurde mit viel Aufwand, aber zweifelhaftem Erfolg versucht, in Abgrenzung von Rumänien eine moldauische Nation mit einer eigenen Identität zu schaffen.[70]

Das Gebiet zwischen Dnestr und Pruth war nie eine historische Einheit, sondern seit langem ein Teil des zu beiden Seiten des Pruth liegenden Fürstentums Moldau gewesen.[71] Nach einer Blütezeit im Spätmittelalter wurde das Fürstentum Moldau dann zum osmanischen Vasallen, während die am Schwarzen Meer gelegenen Steppen des Budschak dem Krim-Khanat, die osmanischen Festungen direkt Istanbul unterstanden. Die lockere Tributherrschaft über die Donaufürstentümer wurde erst im 18. Jahrhundert unter den Phanarioten drückender. Die komplizierte, auf Maximierung der Steuereinnahmen ausgerichtete und von Korruption geprägte Verwaltung wurde nun von wenigen, zum Teil aus Istanbuler Griechen, zum Teil aus gräzisierten Rumänen bestehenden, dem Sultan ergebenen Familien dominiert. Die führenden gesellschaftlichen Gruppen waren der relativ zahlreiche und sozial stark differenzierte rumänischsprachige Adel (die Bojaren) und der orthodoxe Klerus. Die rumänischsprachigen Bauern waren zwar rechtlich frei, doch hatte die als ţaran bezeichnete Mehrheit keinen Landbesitz und mußte deshalb den adligen Grundbesitzern einen Zehnten entrichten und Frondienste leisten. Unfrei waren dagegen die meisten Zigeuner (Rom). Die kleinen Städte, in denen auch Juden, Griechen und Armenier lebten, spielten keine große Rolle, wie überhaupt der östliche Teil des Fürstentums Moldau um 1800 ein abgelegenes, von ständigen Kriegen betroffenes, ökonomisch wenig prosperierendes Randgebiet des Osmanischen Reiches war.

Rußland hatte schon mit dem mittelalterlichen Fürstentum Moldau Beziehungen unterhalten. Als während der russisch-türkischen Kriege des 18. Jahrhunderts russische Truppen das Gebiet mehrfach besetzten, wurden sie vom orthodoxen Klerus und Teilen des rumänischsprachigen Adels unterstützt.[72] Da Rußland zudem seit 1774 den Anspruch erhob, Schutzmacht der orthodoxen Untertanen des Sultans zu sein, gewann es einen beträchtlichen politischen Einfluß auf die Donaufürstentümer Moldau und Walachei. Im Rahmen der Napoleonischen Kriege und infolge einer Parteinahme des Sultans für Frankreich besetzte Rußland Ende 1806 die Donaufürstentümer erneut. Im Frieden von Bukarest, der im Mai 1812 den neuen russisch-türkischen Krieg beendete, wurde das Fürstentum Moldau geteilt, wobei das Territorium östlich von Pruth und unterer Donau an Rußland fiel. Obwohl die lange russische Besatzung schwer auf der Bevölkerung lastete, wurde Rußland auch diesmal von einem beträchtlichen Teil der moldauischen Elite unterstützt. Der Anschluß Bessarabiens an das Russische Reich hatte also mindestens teilweise freiwilligen Charakter.

Aufgrund dieser Voraussetzungen und der prekären Situation des Jahres 1812 lag es nahe, daß das von Napoleons Grande Armée bedrohte Rußland auch hier die Kooperation mit der einheimischen Elite suchte und den rechtlichen, administrativen und sozialen Status quo bestätigte. «Meine Absicht ist es, Bessarabien eine Selbstverwaltung zu gewähren, die in Einklang steht mit seinen Rechten, Bräuchen und Gesetzen: Alle Stände seiner Bewohner haben das gleiche Recht auf dieses Erbe ihrer Vorfahren», schrieb Alexander I. etwas später.[73] Nach einigen Jahren der Improvisation wurde im Jahre 1818 die autonome Stellung Bessarabiens im Russischen Reich festgelegt.[74] Die Verwaltung, die Rechtsordnung und auch das Steuersystem des neuen Gebiets (oblast') basierten auf den bestehenden Verhältnissen, und alle Funktionen wurden vom regionalen Adel wahrgenommen, mit Ausnahme derjenigen des (russischen) Militär-Generalgouverneurs und seines Stabes. Die soziale Ordnung blieb erhalten: Landbesitz und Privilegien der Bojaren wurden bestätigt, und sie wurden in den Adel des Reiches kooptiert. Die Bauern blieben persönlich frei, aber von den adligen Grundbesitzern abhängig. Die orthodoxe Kirche wurde in der Eparchie von Kišinev neu organisiert. Das Statut von 1818 gab Bessarabien weitgehende Autonomie, die von Vizegouverneur F. Vigel' mit der Stellung des Großfürstentums Finnland und des Königreichs Polen gleichgesetzt wurde.[75]

Von den nordwestlichen Gebieten Bessarabiens, die weiter von den rumänischsprachigen Bojaren dominiert blieben, unterschieden sich die am Schwarzen Meer liegenden Steppen des Budschak. Nachdem die dort lebenden Nogai-Tataren und türkischen Soldaten ausgesiedelt worden waren, förderte Rußland gezielt die Kolonisation des fast menschenleeren Gebiets. Zehntausende von Rumänen, Bulgaren und Gagausen (turksprachige orthodoxe Christen) aus dem Osmanischen Reich ließen sich hier nieder. Unter ihnen waren prorussische rumänische Bojaren, die mit Landbesitz ausgestattet wurden und versuchten, die Bauern in ihre Abhängigkeit zu bringen. Auch russischen Beamten wurde hier Land verliehen, und zahlreiche ukrainische und russische Bauern siedelten sich im Süden Bessarabiens an. Dazu kamen, wie im benachbarten Neurußland, deutsche Kolonisten und Juden. Der polyethnische Charakter des Gebiets verstärkte sich also unter russischer Herrschaft.

Die nach 1812 eingeführte und 1818 festgelegte, auf den osmanischen Grundlagen basierende Verwaltungsorganisation Bessarabiens blieb nicht lange erhalten. Die russischen Behörden erkannten bald, daß die rechtlichen und administrativen Traditionen der osmanischen Zeit, auf denen die Autonomie beruhte, nicht – wie im Baltikum oder in Finnland – ihren Vorstellungen einer ständisch-korporativen Ordnung entsprachen. Das für die Bauern ruinöse Steuersystem und die sich häufenden Mißbräuche der adligen Selbstverwaltung erregten ihren Unwillen, und als ein neuer Türkenkrieg die Aufmerksamkeit auf Bessarabien lenkte, wurde im Jahre 1828 die sehr weitgehende Autonomie erheblich beschnitten. Die administrative Struktur wurde an die in Rußland geltende Ordnung angepaßt, die Rolle des rumänischen Adels in Verwaltung, Steuer- und Gerichtswesen eingeschränkt, und dem Generalgouverneur von Neurußland unterstehende russische Beamte übernahmen nun die wichtigsten Funktionen. Dennoch behielt das Gebiet Bessarabien noch bis in die zweite Hälfte des Jahrhunderts eine gewisse administrative Sonderstellung als Grenzgebiet, und das traditionelle, noch byzantinisch geprägte Privatrecht blieb erhalten. Auch der soziale Status quo wurde nicht verändert: «Die Bewohner des Gebiets Bessarabien aller Stände, nämlich die Geistlichkeit, der Adel, ... die Kaufleute und meščane, die Cyrane oder Ackerbauern, die dem Staat und den Gutsbesitzern gehörenden Zigeuner und die Juden behalten alle Rechte und Privilegien, die sie bis zu diesem Zeitpunkt genossen haben.»[76] Die als erbliche Adlige anerkannten rumänischsprachigen Bojaren waren weiter die dominierende Schicht, die Bauern blieben persönlich frei, aber wirtschaftlich abhängig, und brauchten keine Rekruten zu stellen, die Sonderstellung der unfreien Zigeuner und der Juden wurde bestätigt. Die schwierige Aufgabe, die vielfältigen traditionellen Bevölkerungskategorien Bessarabiens in die Ständeordnung Rußlands einzupassen, wurde allerdings auch in den folgenden Jahrzehnten fortgesetzt.

Im südwestlichen Teil der Moldau auf der anderen Seite des Pruth und in der Walachei, die unter osmanischer Herrschaft verblieben waren, entfaltete sich in dieser Epoche die rumänische Nationalbewegung, die nach dem Krimkrieg zur Bildung eines rumänischen Nationalstaats führte. Die Optik der Rumänen veränderte sich nun grundlegend: Was 1812 als Befreiung von phanariotischer und osmanischer Herrschaft erschienen war, konnte nun als russische Fremdherrschaft erscheinen: Rußland wurde mit dem Problem eines rumänischen Irredentismus belastet.

7. Zusammenfassung

Die Expansion Rußlands kam 1815 im Westen zum Abschluß. Seit der Mitte des 17. Jahrhunderts war das Zarenreich bis an die Ostsee und den Bottnischen Meerbusen, die Donaumündung und bis in den Kern Polens vorgestoßen. War die russische Ostexpansion im Rahmen der eurasiatischen Steppenpolitik, dem «Sammeln der Länder der Goldenen Horde», vor sich gegangen, so war die Westexpansion Bestandteil der europäischen Politik, der drei Nordischen Kriege, der Teilungen Polens, der Auseinandersetzung mit Napoleon und mit dem Osmanischen Reich. Zwar waren die Gebiete Polen-Litauens, die Rußland im 17. Jahrhundert und in den drei ersten Teilungen zufielen, vorwiegend von orthodoxen Ostslawen bewohnt, doch stellte das traditionelle Sammeln der Länder der Rus' keine primäre Triebkraft der Expansion mehr dar, sondern diente höchstens noch ihrer Legitimierung.

Die Frage nach den Motiven der Expansion Rußlands im 16. bis 19. Jahrhundert ist immer wieder gestellt und unterschiedlich beantwortet worden, sei es mit Rußlands «Drang nach dem Meer» (Kerner), sei es mit der alten Tradition eines russischen Imperialismus, beruhend auf den fehlenden natürlichen Grenzen und einem daraus resultierenden Sicherheitsbedürfnis oder sei es auf einem in der Lehre vom Dritten Rom wurzelnden Messianismus.[77] Auch wenn solche Pauschalerklärungen nicht ganz falsch sind, bleibt der Historiker skeptisch und verweist eher auf die inneren Voraussetzungen des russischen Staates und die günstigen äußeren Möglichkeiten, die sich einer Expansion gegenüber schwächeren Mächten immer wieder boten. Angesichts des ständig wachsenden Territoriums stellt sich allerdings auch die Frage nach dem Sinn der Expansion. Es ist zwar kaum möglich, eine alle Faktoren berücksichtigende Kosten-Nutzen-Rechnung aufzustellen, doch hat sich Rußland, wie schon Rousseau prophezeit hatte, spätestens mit der

Einverleibung des Königreichs Polen überfressen. An den Verdauungsstörungen sollten nicht nur die Polen, sondern auch der russische Staat und die russische Gesellschaft schwer leiden.

Die Nichtrussen im Westen setzten der russischen Herrschaft erheblich weniger Widerstand entgegen als die Ethnien im Osten und Süden. Zuweilen vollzog sich die Angliederung an Rußland als mindestens zum Teil freiwilliger Akt, so in den Fällen der Ost-Ukraine und Bessarabiens. Für die meisten Nichtrussen bedeutete sie nur einen Wechsel des Herrschers, nicht der sozialen und politischen Ordnung, was die Akzeptanz der russischen Herrschaft erleichterte. Die eine Ausnahme waren die ukrainischen Kosaken, die sich bis zu Mazepa mehrmals mit wechselnden Koalitionen Bewegungsfreiheit von Rußland verschaffen wollten, die andere die Polen, von denen sich ein beträchtlicher Teil nicht mit dem Verlust des seit Jahrhunderten souveränen Staates abfinden wollte.

Die Westexpansion konfrontierte das autokratische Rußland mit ständisch-korporativen Organisationsformen und regionalen Traditionen. Dennoch knüpfte man zunächst an die Muster der Eingliederung an, wie sie das Moskauer Reich im «Sammeln der Länder der Goldenen Horde» entwickelt hatte.[78] Erste Priorität hatte auch hier die militärische und politische Sicherung des neuen Territoriums, die Loyalität der nichtrussischen Untertanen, die soziale und politische Stabilität. Dazu kam der Profit, den man sich versprach, im Westen vermehrt in der Form personeller Ressourcen. Falls die primären Ziele nicht gefährdet waren, versuchte man auch im Westen die russische Herrschaft in den bestehenden Verhältnissen zu verankern (Garantie des Status quo) und mit den nichtrussischen Eliten zusammenzuarbeiten.

Im Gegensatz zu den Gebieten des Ostens und Südens, die teilweise von Nomaden, Jägern und Sammlern bewohnt wurden, gab es hier überall adlige Oberschichten, mit denen Rußland kooperieren und die es in den Adel des Reiches kooptieren konnte: Die Deutschbalten, der polnische gutsbesitzende Adel, der schwedischsprachige Adel Finnlands, die rumänischen Bojaren Bessarabiens und auch die Aristokratie der ukrainischen Kosaken, als sie im Laufe des 18. Jahrhunderts in den russischen Adel hineingewachsen war. Das über wenige Fachkräfte verfügende Rußland war auf die nichtrussischen Eliten angewiesen: Sie hatten die Randgebiete und ihre Bevölkerung zu kontrollieren und zu verwalten und ihre spezifischen Fähigkeiten in Administration, Armee und Kultur des Reiches einzubringen. Dafür bestätigte Rußland ihnen ihre Privilegien, ständischen Rechte und Besitzungen. Auch die soziale und rechtliche Stellung der Stadtbevölkerung und der Bauern wurde zunächst nicht verändert. Kaufleute und Unternehmer, so auch aus den Reihen der Juden, sollten ihre Fähigkeiten ebenfalls in den Dienst Rußlands stellen. Für die bäuerlichen Massen hatte die russische Regierung dagegen wenig Interesse. So nahm Rußland ethnische Gruppen wie die Weißrussen, Litauer, Letten, Esten, Finnen und zum Teil auch die Ukrainer kaum zur Kenntnis.

Auch in der Praxis der religiösen Toleranz knüpfte man an die Moskauer Tradition an.[79] So wie Rußland im 17. Jahrhundert den Islam der Tataren und Baschkiren oder den Lamaismus der Burjäten und Kalmücken akzeptiert hatte, garantierte es nun das lutherische Bekenntnis in den Ostseeprovinzen und Finnland, und den katholischen und jüdischen Glauben in Polen-Litauen. Einzig für die Unierten als von der Rechtgläubigkeit Abgefallene galt die Toleranz zeitweise nicht. Auch die in Verwaltung und Schulwesen vorherrschenden Sprachen wurden garantiert, das Deutsche im Baltikum, das Schwedische in Finnland, das Polnische in den Teilungsgebieten mit Ausnahme des östlichen Weißrußlands und das Rumänische in Bessarabien. Auch in der östlichen Ukraine war zunächst das Ukrainische erhalten geblieben, doch wurde es im Laufe des 18. Jahrhunderts vom Russischen verdrängt, wozu die Akkulturation der Eliten und Maßnahmen der russischen Regierung, die das «Kleinrussische» nicht mehr als Hochsprache akzeptierte, beitrugen. Obwohl sich im Fall der sprach- und glaubensverwandten Ukrainer und Weißrussen eine Politik der forcierten Integration schon abzeichnete, halte ich es für verfehlt, in Rückprojektion nationalstaatlicher Prinzipien und der späteren zarischen Assimiliationspolitik für die Epoche vor der Mitte des 19. Jahrhunderts von einer Politik der Russifizierung zu sprechen. Sprachliche, ethnische und – mit Ausnahme kürzerer Perioden – auch religiöse Kategorien spielten in dieser Zeit noch immer eine untergeordnete Rolle. Entscheidend war neben der politischen Loyalität die sozialständische Zugehörigkeit. Ein loyaler Adliger wurde von der russischen Regierung in der Regel als gleichwertig akzeptiert, auch wenn er lutherischer Deutschbalte, katholischer Pole oder muslimischer Tatare war. Orthodoxe ostslawische Bauern kamen dagegen als Partner nicht in Frage.

Der administrativ-politische Status quo der Gebiete im Westen wurde in unterschiedlichem Maß garantiert. Eine weitgehende Autonomie, die nur durch die Verbindung mit der Romanov-Dynastie und in der Außenpolitik beschränkt wurde, genossen das Hetmanat der Dnepr-Kosaken in der zweiten Hälfte des 17. sowie das Königreich Polen und das Großfürstentum Finnland zu Beginn des 19. Jahrhunderts. Die drei Territorien galten denn auch nur bedingt als Bestandteile des Russischen Reiches. Ihre Sonderstellung ist mindestens teilweise auf außenpolitische Rücksichten zurückzuführen. Eine nur geringfügig weniger weitgehende Autonomie hatte Bessarabien bis 1828, während die Ostseeprovinzen administrativ unzweifelhaft zu Rußland gehörten, jedoch über eine weitgehende Selbstverwaltung verfügten. Lediglich im regionalen Bereich blieb der rechtliche und administrative Status quo im westlichen Weißrußland, in Litauen und der rechtsufrigen Ukraine erhalten, während das östliche Weißrußland ebenso wie die linksufrige Ukraine nach 1764 nur mehr Reste ihrer alten Verwaltungsordnung behielten. Die administrative Sonderstellung der westlichen Gebiete des Reiches wurde zu Beginn des 19. Jahrhunderts auch dadurch dokumentiert, daß sie – mit Ausnahme der als integriert angesehenen Gouvernements Smolensk und Char'kov – in einer eigenen Abteilung des Senats zusammengefaßt wurden.[80] Im Vergleich mit den Gebieten im Süden und Osten verlief die administrative Eingliederung im Westen vorsichtiger. Dort hatte es zwar den Typ des weitgehend souveränen Vasallen – etwa im Khanat der Kalmücken und der Großen Nogai-Horde – ebenfalls gegeben, doch wurden die Gebiete nach ihrer endgültigen Annexion schneller in die russische Verwaltungsorganisation eingefügt.

Diese Unterschiede sind zum Teil mit der im Osten und Süden viel intensiveren russischen Kolonisation und mit außenpolitischen Rücksichten zu erklären, vor allem aber durch den Modellcharakter, den die sozio-politische Ordnung einiger Gebiete im Westen für das neue Rußland hatte. Das trifft zu für die korporative Organisation der deutschbaltischen und finnländischen Stände und für das Verfassungsexperiment des Königreichs Polen, nicht hingegen für das ukrainische Hetmanat. Zwar verfügte es auch über ständisch-korporative Elemente und beeinflußte Rußland im kulturellen Bereich, doch war seine auf der militär-demokratischen Kosakenverfassung beruhende politische Ordnung nie ein Vorbild für die russische Autokratie, sondern wurde im Gegenteil als potentielle Gefahr und ständiger Unruheherd gesehen. Auch die als anarchisch angesehene Verfassung der polnischen Adelsrepublik, wie sie im regionalen Bereich noch teilweise weiterlebte, war für das absolutistische Rußland ebensowenig ein Vorbild wie das osmanische Verwaltungsmodell Bessarabiens. In diesen Gebieten wurde die administrative Autonomie denn auch sukzessive eingeschränkt.

Rußland förderte im Westen wie im Osten die allmähliche administrative und soziale Integration der von Nichtrussen bewohnten Gebiete, doch tat es dies in den einzelnen Regionen und in unterschiedlichen Perioden mit unterschiedlicher Intensität. Das traditionale Moskauer Reich respektierte in der Regel hergebrachte Rechte, so auch im Falle des Hetmanats, das ähnlich wie andere Steppenrandgebiete lange in einer lockeren Abhängigkeit blieb. Ähnlich hatte Moskau die in der Mitte des 16. Jahrhunderts (nach dem Ende einer kurzen aggressiven Phase) etablierte Ordnung an der Mittleren Wolga bis zum Anfang des 18. Jahrhunderts konserviert. Es war dann die vom Westen beeinflußte, auf Nivellierung und Systematisierung bedachte Politik Peters des Großen, die hier die muslimische Oberschicht deklassierte, den Sonderstatus der Jasakleute aufhob und erstmals seit 1555 zur Missionierung der Animisten (in Sibirien) aufrief. In den Jahren 1740 bis 1755 folgten die systematische Zwangschristianisierung der Animisten und eine neue, aggressive Islampolitik. Gleichzeitig hatte Peter schon 1702 den nichtorthodoxen christlichen Konfessionen Toleranz zugesichert und den baltischen Provinzen eine weitgehende Autonomie gewährt, die auch von seinen Nachfolgerinnen nicht angetastet, sondern noch auf Alt-Finnland ausgeweitet wurde. Andererseits schränkte er – teilweise bedingt durch den Abfall Mazepas – die Autonomie des Kosaken-Hetmanats ein. Leitlinie seiner Politik war die Orientierung auf das vom Westen übernommene Ideal des «wohlgeordneten

Polizeystaates» (Raeff). Was diesem Ideal entsprach, sollte erhalten bleiben, was als Hindernis für die Modernisierung Rußlands erschien, sollte an die russische Ordnung angeglichen werden. Das galt auch für die traditionelle Toleranz, die vom bedeutenden politischen Denker Pososkov als ein Element der Rückständigkeit Rußlands angeprangert wurde. Er stellte 1719 der Missionstätigkeit katholischer Missionare in Amerika und China das Unvermögen der Russen gegenüber, in ihrem eigenen Reich das Wort Gottes zu verkünden: «Wenn wir auf ihre Bemühungen schauen, müssen wir uns da nicht schämen?»[81]

Die Politik Katharinas II. verfolgte die gleichen Ziele, unterschied sich jedoch in den Methoden von der Peters des Großen.[82] Im Zeichen des aufgeklärten Absolutismus kehrte sie zur traditionellen Toleranz zurück und akzeptierte zum Nutzen und unter Kontrolle des Staates die muslimischen Tataren und (neu) auch die Juden, die allerdings schon bald ersten diskriminierenden Maßnahmen ausgesetzt wurden. Gleichzeitig wollte sie aber die erneut systematisierte administrative und soziale Ordnung Rußlands nun auch in den westlichen Randgebieten durchsetzen. «Kleinrußland, Livland und Finnland (gemeint ist Altfinnland) sind Provinzen, die durch ihnen bestätigte Privilegien regiert werden... Man muß sie, wie auch die von Smolensk, mit wenig drückenden Methoden dazu bringen, daß sie russisch werden (obruseli) und aufhören, wie die Wölfe zum Wald zu schauen»,[83] schrieb sie 1764. Im Falle des Hetmanats, des Gebiets von Smolensk und des kalmückischen Khanats trieb sie die Integration stark voran, nachdem die ukrainischen Kosaken und kalmückischen Reiternomaden ihre militärische Bedeutung für Rußland eingebüßt hatten; die Oberschichten in der Ukraine und Smolensk waren weitgehend integriert. Die unifizierenden und homogenisierenden Maßnahmen im Baltikum und in Polen-Litauen wurden aber nach ihrem Tode weitgehend rückgängig gemacht.

Die Epoche Alexanders I. wiederholte dann noch einmal den Versuch Peters, in Finnland und im Königreich Polen Modelle für ein reformiertes Rußland erstehen zu lassen und auch den anderen Gebieten im Westen ihren Sonderstatus zu bestätigen. Dieser Ausrichtung nach Westen entsprach wiederum eine wenig flexible Integrationspolitik im als Asien angesehenen Transkaukasien (vgl. Kapitel 5). Unter Nikolaus I. verschärften sich die integrativen Tendenzen im Westen erneut, zum Teil schon vor 1830 (Bessarabien, Juden), dann aber vor allem als Folge des Novemberaufstandes. Die loyalen Deutschbalten und Finnländer wurden dagegen nicht behelligt, sondern dienten im Gegenteil als Stützen des nikolaitischen Regimes. Mehr denn je hatte die Aufrechterhaltung der politischen und sozialen Stabilität für die Regierung Priorität. Während sie mit loyalen landbesitzenden Eliten kooperierte, reagierte sie auf Abfall- und Widerstandsbewegungen (der ukrainischen Kosaken, der Baschkiren und Tataren im Pugačev-Aufstand, der Polen) mit Entschiedenheit und Härte. Gerade im Zeichen einer wachsenden Revolutionsangst der russischen Eliten hatten die traditionellen Sicherheitserwägungen weiter Vorrang gegenüber einer konsequenten Politik der Integration.

Die erste Hälfte des 19. Jahrhunderts war eine Übergangsperiode, in der sich auch schon Tendenzen zeigten, die dann für die zweite Jahrhunderthälfte charakteristisch werden sollten. Die zunehmend europazentrische Sichtweise verwandelte die Expansionspolitik in Asien allmählich in eine koloniale (Kapitel 5), die Nationalbewegungen zunächst der Polen, dann auch der Russen und anderer Ethnien stellten die ständisch-übernationale Ordnung des dynastischen Vielvölkerreiches in Frage (Kapitel 6), und die Politik der Zarenregierung reagierte darauf mit einer Intensivierung der Integrationsbestrebungen (Kapitel 7). Bevor ich zu diesen Problemen übergehe, will ich versuchen, einen systematischen Überblick über das vormoderne russische Vielvölkerreich zu geben.

Viertes Kapitel

Das vormoderne Vielvölkerreich Rußland

«Durch den Beistand der Gnade Gottes Wir, Katharina II., Kaiserin und Selbstherrscherin von ganz Rußland, von Moskau, Kiev, Vladimir, Novgorod, Zarin von Kazan', Zarin von Astrachan', Zarin von Sibirien, Zarin des Taurischen Chersones (Krim), Herrscherin von Pskov und Großfürstin von Smolensk. Fürstin von Estland, Livland, Karelien, Tver', Jugra, Perm', Vjatka, Bulgarien (gemeint ist Wolgabulgarien) usw.» Schon die ersten Zeilen des Herrschertitels (hier eine Urkunde von 1785) machen die wichtigsten Etappen der russischen Expansion und die Heterogenität des Russischen Reiches deutlich, die von der Kaiserin im selben Dokument noch explizit betont wird: «Das Allrussische Imperium zeichnet sich auf der Welt aus durch die Ausdehnung der zu ihm gehörenden Länder von Kamčatka bis über die Düna, die bei Riga in die Ostsee mündet, über 165 Längengrade, und von den Mündungen der Wolga, des Kuban, Don und Dnepr, die ins Kaspische und Schwarze Meer münden, bis zum Eismeer über 32 Breitengrade.»[1]

Das infolge jahrhundertelanger Expansion entstandene riesige Vielvölkerreich Rußland zeichnete sich durch eine große ethnische, konfessionelle, soziale, wirtschaftliche, administrative und kulturelle Vielfalt aus. Die in der Regel pragmatisch-flexible Politik der Regierung respektierte – allerdings in unterschiedlichem Maß – den Status quo der neu erworbenen Gebiete, so daß zahlreiche Elemente fremder sozialer, wirtschaftlicher und administrativer Strukturen und eigenständige nichtorthodoxe, nichtrussische Kulturen im Rahmen des Russischen Reiches erhalten blieben. Als Klammer dieses bunten Konglomerats von Territorien und Gesellschaften diente die Loyalität zum Zaren und seiner Dynastie. Falls diese gefährdet war, wurden Zwangsinstrumente bis hin zum militärischen Eingreifen eingesetzt.

In diesem Kapitel unternehme ich erstmals den Versuch, einen Überblick über die Struktur des vormodernen russischen Vielvölkerreichs zu geben. Ein umfassendes Bild kann, auch angesichts der spärlichen Vorarbeiten, nicht gezeichnet werden. Folgende Aspekte greife ich heraus: In einem ersten Teil werden die ethnische Gliederung und die soziale Struktur (die sozio-ethnische Struktur) des gesamten Reiches und seiner Regionen untersucht. Der zweite Abschnitt gibt einen Einblick in interethnische wirtschaftliche Arbeitsteilung und spezifische Funktionen, die Nichtrussen in unterschiedlichen Bereichen ausübten. Drittens werden Religionen und Kulturen charakterisiert, wobei dem Bildungswesen und Akkulturationsprozessen besondere Aufmerksamkeit geschenkt wird. Der vierte Teil fragt nach dem Widerstand der Nichtrussen gegen die russische Herrschaft, und zum Schluß soll der Charakter des russischen im Vergleich zu anderen Vielvölkerreichen erörtert werden. Chronologisch steht die ganze Epoche vom 17. Jahrhundert bis etwa 1830 zur Diskussion, es werden jedoch nur die Ethnien und Territorien berücksichtigt, die in den vorangegangenen Kapiteln schon eingeführt worden sind. Die im Kontext der kolonialen Asienexpansion zu behandelnden Gebiete Transkaukasiens und der Kasachensteppe werden also ausgeklammert, obwohl sie teilweise schon in der ersten Hälfte des 19. Jahrhunderts unter russische Herrschaft kamen.

1. Ethnische Gliederung und soziale Struktur

Die ethnische Zusammensetzung des Russischen Reiches ist vor der ersten allgemeinen Volkszählung von 1897 zahlenmäßig nur approximativ faßbar. Zwar erhoben die Revisionen (die seit 1719 durchgeführten Zählungen der steuerpflichtigen Bevölkerung) mindestens im 18. Jahrhundert auch ethnische Kriterien, doch wurden nicht alle Randgebiete und auch nicht alle Ethnien erfaßt, und vor allem die in der Peripherie erhobenen Daten waren wenig zuverlässig. Außerdem wurden Teile der nicht lastenpflichtigen Bevölkerung, vor allem die Adligen und die Angehörigen der Armee, nicht erfaßt. Die in den Archiven erhalten gebliebenen Daten der Revisionen hat der sowjetische Historiker V. M. Kabuzan erschlossen und in einer ganzen Anzahl von Publikationen quellenkritisch aufgearbeitet und durch andere Quellen ergänzt.[2] Da mir eine direkte Auswertung des sehr umfangreichen Archivmaterials nicht möglich war, basieren die folgenden Ausführungen weitgehend auf den in den genannten Arbeiten angeführten Daten.[3]

Am Ende des 16. Jahrhunderts dürften Nichtrussen (die Tataren und die übrigen Ethnien der Mittleren Wolga und die Ethnien des Nordens) etwas über 10 Prozent, die Russen also gegen 90 Prozent der Bevölkerung des Moskauer Reiches ausgemacht haben. Im 17. Jahrhundert kamen die Ukrainer des Hetmanats und die Weißrussen von Smolensk im Westen und die Ethnien Sibiriens und der Steppe im Osten hinzu. Im Jahr 1718/19, dem Stichjahr der 1. Revision, machten die Russen nach Kabuzan 70,7 Prozent der auf 15,7 Millionen bezifferten Gesamtbevölkerung aus (vgl. Tabelle 3, auch zum folgenden). Unter den Nichtrussen, die also knapp 30 Prozent der Bevölkerung ausmachten, waren die Ukrainer (fast 13 Prozent) weitaus am zahlreichsten, und zusammen stellten die drei ostslawischen Ethnien nicht weniger als 86 Prozent der Gesamtbevölkerung. Je zwischen 4 und 5 Prozent machten die Ethnien der Mittleren Wolga (darunter die Tataren gegen 2 Prozent) und des Baltikums (Esten 2 Prozent) aus, 3 Prozent die nur lose mit Rußland verbundenen Nomaden der Steppe und je etwa 1 Prozent die Ethnien des Nordens und Sibiriens. Die Bevölkerung des petrinischen Rußland war also noch immer stark russisch geprägt, besonders wenn man in Rechnung zieht, daß die Mehrheit der 2 Millionen Ukrainer im autonomen Hetmanat lebte.

Bis zum Ende des 18. Jahrhunderts veränderte sich das Bild wesentlich. Nach den Angaben der 5. Revision von 1795, die Kabuzan mit Hilfe anderer Quellen und von Rückschlüssen rekonstruiert hat, stellten die Russen nur noch gut 53 Prozent der auf etwa 37 Millionen angewachsenen Gesamtbevölkerung. Der Anteil der Ukrainer (8,16 Millionen) war jetzt auf 21,8 Prozent gestiegen, derjenige der Weißrussen auf über 8 Prozent, so daß die drei ostslawischen Ethnien zusammen etwa 83 Prozent der Gesamtbevölkerung ausmachten. Die restlichen 17 Prozent verteilten sich einerseits auf die schon 1719 zu Rußland gehörenden Ethnien, deren Anteil (mit Ausnahme der Letten, deren Zahl mit der Erwerbung Kurlands anstieg) infolge der Ausdehnung des Territoriums sank, und andererseits auf die neuen, je weniger als zwei Prozent der Gesamtbevölkerung ausmachenden Gruppen der Litauer, Polen,[4] Juden, Krimtataren und Deutschen. Die entscheidende zahlenmäßige Verschiebung vollzog sich also zwischen 1719 und 1795 zugunsten der Ukrainer und Weißrussen, die am Ende des 18. Jahrhunderts mit einem Anteil von etwa 30 Prozent fast doppelt so zahlreich waren als alle nicht-ostslawischen Ethnien Rußlands zusammen.

Die Gebietsveränderungen der nächsten beiden Jahrzehnte verminderten den Anteil der Russen weiter, und im Jahre 1834 (8. Revision) stellten sie schon weniger als die Hälfte der Bevölkerung Rußlands (mit Kongreßpolen und Finnland, ohne Transkaukasien). Gestiegen war vor allem der Anteil der Polen, der wohl über 7 Prozent ausmachte sowie der Finnen (etwa 1,8 Prozent), Juden (über 2,5 Prozent), Litauer und Deutschen. Neue Gruppen waren schließlich die etwa 400 000 Rumänen Bessarabiens (1835) sowie die bulgarischen, gagausischen und griechischen Kolonisten. Der Schwerpunkt des Russischen Reiches hatte sich im 18. und beginnenden 19. Jahrhundert stark nach Westen verlagert, was sich auch in seiner ethnischen Zusammensetzung widerspiegelte. Die koloniale Expansion des 19. Jahrhunderts brachte dann eine Rückverschiebung nach Osten.

Die genannten Bevölkerungszahlen und Prozentwerte haben allerdings nur einen beschränkten Aussagewert. Zum einen sagen sie im vordemokratischen Zeitalter nichts über die politische und soziale Bedeutung der einzelnen ethnischen Gruppen aus. Die Esten und Letten waren 1719 zusammen zehnmal zahlreicher als die Deutschbalten, und es gab 1795 in Rußland fünfmal mehr Weißrussen als Polen. Trotz ihrer deutlichen zahlenmäßigen Unterlegenheit waren es die Deutschbalten und Polen, die in ihren Regionen das politische und soziale Leben bestimmten. Zum zweiten sagen Pauschaldaten für Rußland nichts über die ethnische Zusammensetzung der einzelnen Gebiete aus. Ich will deshalb im folgenden die sozio-ethnische Struktur der peripheren Regionen Rußlands kurz vorstellen.[5]

Die Bevölkerung des Russischen Reiches war – seit Peter I., endgültig seit Katharina II. – in die Stände des Adels, der Geistlichkeit, der Stadtbevölkerung und der Bauern gegliedert. Der Adel war in einen erblichen Adel und einen nichterblichen persönlichen Adel unterteilt. In beide Kategorien konnte man über eine Karriere in Bürokratie oder Armee aufrücken. Die städtischen Stände waren die meščane (Kleinbürger), die die Masse der Handwerker und Gewerbetreibenden umfaßte, und die kleine Gruppe der Kaufleute, die nach ihrem Vermögen in drei Gilden unterteilt waren. Der Bauernstand setzte sich zusammen aus den von Gutsherren abhängigen Leibeigenen, den auf Gütern der kaiserlichen Familie lebenden Palast- oder Apanagebauern und den persönlich freien Staatsbauern, einer von Peter I. geschaffenen Gruppe, in der die russischen freien Bauern des Nordens und Sibiriens, die nichtrussischen Jasakleute und die deklassierten niederen Dienstleute, nach 1764 auch die ehemals auf Kloster- oder Kirchenland siedelnden abhängigen Bauern, zusammengefaßt wurden.

In den meisten Regionen des Reiches bestand seit dem Mittelalter eine ethnische Gemengelage. Lediglich das russische Kerngebiet um Moskau war seit dem 14. Jahrhundert ethnisch weitgehend einheitlich. Die Komplexität dieses ethnischen Mosaiks wurde durch ständige Migrationen noch vergrößert. Zu nennen sind hier die Wanderungen der Nomaden (Nogai-Tataren, Kalmücken), die Ansiedlung ausländischer Kolonisten und die Migrationen ukrainischer Bauern und Kosaken sowie zahlreicher Vertreter der Wolga-Ethnien (Tataren, Mordwinen, Tschuwaschen) nach Osten und Süden. Die Russen zeigten seit dem Mittelalter ebenfalls eine große horizontale Mobilität. Russische Bauern suchten neues, nach Möglichkeit fruchtbareres Land und flohen vor der immer drückenderen Leibeigenschaft, doch Klöster und Gutsbesitzer rückten rasch nach. Vor dem 16. Jahrhundert war nur der Weg in die Wälder des Nordens frei, mit dem Fall des Khanats von Kazan' siedelten sich Russen zunächst an der Mittleren Wolga, seit der Mitte des 17. Jahrhunderts häufiger an der Steppengrenze und seit dem 18. Jahrhundert in den Steppengebieten des südlichen Ural, der unteren Wolga und Neu-Rußlands an.[6] Als ein Gliederungsprinzip für die folgende Übersicht über die sozioethnische Struktur der Regionen Rußlands dient mir der Anteil der russischen Bevölkerung.

1. Einen ersten Typ stellen die administrativ autonomen Randregionen dar, die kaum von Russen besiedelt wurden. Die kleinen russischen Bevölkerungsgruppen beschränkten sich auf einzelne Beamte, auf Garnisonen und auf gelegentliche Siedler in Grenzgebieten zum eigentlichen Rußland. Zu diesem Typ gehört das *Großfürstentum Finnland,* dessen Grenzen seit 1812 bis auf etwa 30 Kilometer an die Hauptstadt Petersburg herankamen und das 1834 dennoch nur einen russischen Anteil von 2,2 Prozent aufwies.[7] Von den (1834) 1,4 Millionen Einwohnern waren etwa 86 Prozent Finnen (vor allem freie Bauern), während die politisch, sozial, wirtschaftlich und kulturell dominierende schwedischsprachige Bevölkerung etwa 12 Prozent stellte. Ganz ähnlich war das Bild in den *Ostseeprovinzen* Estland und Livland, wo Russen 1719 nur 0,3, 1795 (mit Kurland) nur 1,1 Prozent der Bevölkerung ausmachten. Die Deutschbalten, die die adlige Oberschicht (1 Prozent der Bevölkerung) und die städtischen Ober- und Mittelschichten stellten, waren

mit 6,6 Prozent (78 500 im Jahre 1795) zahlenmäßig gegenüber den Letten und Esten noch schwächer vertreten als die Schweden gegenüber den Finnen. Der wichtigere Unterschied zu Finnland war die Unfreiheit der erbuntertänigen lettischen und estnischen Bauern: 70 Prozent der Bauern in den Ostseeprovinzen waren 1795 von Gutsbesitzern abhängig, bei einem gesamtrussischen Durchschnitt von 60 Prozent.

Ebenfalls zu diesem Typ zu rechnen sind die in den drei ersten Teilungen annektierten Gebiete Polen-Litauens, *Weißrußland-Litauen* (Gouvernements Vitebsk, Mogilev, Minsk, Wilna und Grodno) und die *rechtsufrige Ukraine* (Gouvernements Kiev, Wolhynien und Podolien). Die Russen zählten in der rechtsufrigen Ukraine 1795 0,1 und nach 1834 nur 0,3 Prozent der Bevölkerung, in Weißrußland-Litauen etwa 1 Prozent. Obwohl die beiden großen, zwischen 1772 bis 1795 annektierten Gebiete keine autonome Stellung im Russischen Reich hatten, dominierte der polnische oder polonisierte Adel das soziale, kulturelle und partiell auch das politische Leben weiter. Infolge der unscharfen ethnischen Abgrenzung zwischen Polen und partiell polonisierten Weißrussen, Ukrainern und Litauern differieren die Zahlenangaben der Forschung erheblich. Während Kabuzan – den russischen Quellen folgend – die Anzahl der Polen 1795 auf 6,7 (Weißrußland-Litauen) und 7,8 Prozent (rechtsufrige Ukraine) beziffert, führt die polnische Forschung erheblich höhere Prozentsätze an (zwischen 10 und 20 Prozent).[8] Die (vorwiegend polnischen) Adligen umfaßten mindestens 6 Prozent der Gesamtbevölkerung, womit der Adel in den ehemals polnischen Gebieten einen etwa zehnmal höheren Anteil an der Gesamtbevölkerung hatte als im eigentlichen Rußland.[9] Dieser polnischen oder partiell polonisierten Oberschicht standen in Weißrußland-Litauen kompakt siedelnde weißrussische (64 Prozent, nach polnischen Darstellungen erheblich weniger), litauische (15 Prozent), ukrainische (5 Prozent) und lettische (3 Prozent) Bauern, in der rechtsufrigen Ukraine fast ausschließlich ukrainische Bauern (88 Prozent) gegenüber, während die Juden (etwa 5 Prozent[10]) zunächst in Stadt und Land, im 19. Jahrhundert zunehmend in den Städten lebten. Die Bauern waren in dieser Region zu 85 Prozent leibeigene Gutsbauern.

Der Westen und Süden des schon im 17. Jahrhundert eroberten Gouvernements *Smolensk*, wo die Weißrussen die weit überwiegende Bevölkerungsmehrheit stellten, wich am Ende des 18. Jahrhunderts in seiner Sozialstruktur vom übrigen Weißrußland-Litauen ab. Hier war der ehemals polnische oder polonisierte Adel weitgehend russifiziert worden, so daß nun einer russischen Oberschicht nichtrussische orthodoxe Bauern gegenüberstanden. Die östlichen und nördlichen Kreise des Gouvernements waren rein russisch.

Die sozio-ethnische Struktur der genannten drei Regionen (mit Ausnahme von Smolensk) weist die Gemeinsamkeit auf, daß unter russischer Herrschaft eine nichtrussische Elite ihre Stellung weitgehend erhalten konnte und Bauern, die einer anderen ethnischen Gruppe angehörten, in

Abhängigkeit hielt. Die Besonderheit Finnlands war das freie Bauerntum, die der ehemals polnischen Gebiete, daß die im Adel überwiegende ethnische Gruppe (die Polen) sozial breit differenziert war und in den Städten von einer anderen Gruppe (den Juden) konkurrenziert wurde. Das Fortbestehen der Leibeigenschaft und die weitgehende Kongruenz der ethnischen und sozialen Grenzen schufen im Baltikum und in den ehemaligen polnischen Gebieten ein Potential interethnischer Spannungen, die der russischen Regierung die Möglichkeit boten, als Schiedsrichter aufzutreten und die einzelnen Gruppen gegeneinander auszuspielen.

2. Auch im weitgehend autonomen *Königreich Polen* lebten praktisch keine Russen. Hier stellten jedoch die Polen im Jahre 1817 mit etwa drei Vierteln der Bevölkerung nicht nur die politisch und sozial führende Adelsschicht, sondern auch die Mehrzahl der seit 1807 persönlich freien Bauern und einen großen Teil der Stadtbevölkerung. Die litauischen (7 Prozent) und ukrainischen (6 Prozent) Bauern konzentrierten sich auf je eine Randregion, während die Juden (8,6 Prozent) und Deutschen (4,2 Prozent) mehrheitlich in den Städten des Königreichs lebten. Obwohl die Städte einen polyethnischen Charakter hatten, war das Königreich Polen ethnosozial einheitlicher als die drei oben genannten Regionen.

Dasselbe gilt für die *linksufrige Ukraine,* deren Hauptteil bis 1764 als autonomes Hetmanat organisiert war. Hier machten Russen 1719 2,2 und 1795 etwa 5 Prozent der Bevölkerung aus. Die Ukrainer überwogen mit 96 (1719), bzw. 93 Prozent (1795), im Gouvernement Poltava sogar mit fast 99 Prozent, deutlich. Sie stellten den Adel (1,3 Prozent der Bevölkerung), die breite ländliche Mittelschicht der Kosaken und die erst nach der Aufhebung des Hetmanats zum Teil in die Leibeigenschaft abgesunkenen Bauern und auch einen großen Teil der Stadtbevölkerung. Allerdings wurde die soziale Struktur der linksufrigen Ukraine allmählich ethnisch weniger einheitlich: Die kosakische Oberschicht wurde russifiziert, in der Sloboda-Ukraine (Gouvernement Char'kov) nahm die Zahl russischer Bauern und Gutsbesitzer zu, und in den Städten siedelten sich russische Kaufleute und – seit dem Ende des 18. Jahrhunderts – Juden an. Zu diesem Grundtyp kann auch das *zentrale Bessarabien* mit 78 Prozent Rumänen (Bojaren und Bauern) und einer ethnisch gemischten Stadtbevölkerung gerechnet werden.

3. Eine ethnisch geschlossene Sozialstruktur hatten auch die Nomaden, Jäger und Sammler im Südosten, Osten und Norden. Zwar wurden die Großregionen des *Nordens, Sibiriens und der Steppe* intensiv von Russen besiedelt, doch blieben bei den in den Rückzugsgebieten der Tundra, Tajga und Steppe lebenden Ethnien die traditionalen Sippen- und Stammesstrukturen erhalten. Das trifft zu für die wenig zahlreichen, im Jahre 1719 zusammen etwas über 50000 Menschen umfassenden Jäger und Rentierzüchter des Hohen Nordens und Sibiriens (Lappen, Samojeden, Ostjaken, Wogulen, Tungusen usw.) und die zahlreicheren jakutischen Viehzüchter und nomadischen Burjäten. Im ganzen gab es 1795 in Sibirien etwa 360000 Nichteuro-

päer, davon über die Hälfte Burjäten und Jakuten. Ihnen standen 819 000 Russen gegenüber, vor allem freie, nicht von privaten Gutsbesitzern abhängige Staatsbauern, die sich auf den schmalen Streifen fruchtbaren Ackerlandes in Südwestsibirien und später auch im südlichen Ostsibirien konzentrierten. In diesem Typ sozio-ethnischer Struktur standen Russen und Nichtrussen zwar in wirtschaftlichen und administrativ-fiskalischen Kontakten, doch lebten sie in eigenen, ethnisch einheitlichen Gesellschaften.

4. Eine aus Russen und Nichtrussen gemischte Sozialstruktur wiesen die Regionen auf, in die nach der Annexion russische Siedler eingewandert waren. Der (auch historisch) erste Typ sind die Gebiete im *Norden und Nordosten,* die schon im Mittelalter von russischen Bauern, Klöstern und Grundherren kolonisiert worden waren. Die nichtrussischen Ackerbauern waren administrativ und sozial fast vollständig integriert, den russischen Bauern gleichgestellt und auch zur Orthodoxie bekehrt worden, hatten aber mindestens zum Teil ihre ethnische Identität behalten, die im dünn besiedelten Norden lebenden Karelier und Syrjänen in höherem Maß als die Ischoren (Ingrier) im Gouvernement Petersburg und die Wepsen. Fast die Hälfte der Karelier Rußlands lebte seit dem 17. Jahrhundert in der Region von Tver', also in altem russischen Siedlungsgebiet.

5. Nach der Eroberung von Kazan' wurde die Gegend der *Mittleren Wolga* von Russen besiedelt. Im 17. Jahrhundert formierte sich hier eine besonders komplizierte sozio-ethnische Struktur. Die adlige Oberschicht bestand aus Russen und muslimischen Tataren, die Stadtbevölkerung vorwiegend aus Russen, während die bäuerlichen Grundschichten in die tschuwaschischen, tatarischen, mordwinischen, tscheremissischen, wotjakischen und (vereinzelten) russischen Jasakbauern und die ausschließlich russischen, von Gutsherren und Klöstern abhängigen herrschaftlichen Bauern untergliedert werden können. Bemerkenswert ist, daß die Jasakleute im Gegensatz zu den russischen Bauern persönlich frei waren, weniger Abgaben und Pflichten, aber mehr Landbesitz und Vieh hatten als diese. Schon im Jahre 1719 waren die Russen in allen Gouvernements der Mittleren Wolga die größte Gruppe. Ihr Anteil nahm in der ersten Hälfte des 18. Jahrhunderts in den fruchtbareren südlichen Teilen der Region zunächst noch etwas zu, blieb aber dann konstant, da der Hauptstrom der Siedlung nun an die untere Wolga und in den südlichen Ural floß. Die kompakt siedelnden Tschuwaschen (1795 310 000), Tscheremissen (140 000) und Wotjaken (127 000) stellten in ihren angestammten Waldgebieten weiter die Bevölkerungsmehrheit, während sich die etwa 400 000 Tataren und 260 000 Mordwinen auf einen größeren, auch von Russen besiedelten Raum verteilten.[11] Die Nivellierungspolitik des 18. Jahrhunderts schaltete die tatarische Oberschicht weitgehend aus, trug aber dazu bei, daß unter den Tataren eine wirtschaftlich aktive Kaufleute- und Unternehmerschicht entstand. Die Bauernkategorien wurden unifiziert, doch blieben die russischen Leibeigenen am unteren Rand der regionalen Sozialpyramide.

6. Ein Sondertypus ist der von Baschkiren bewohnte *Süd-Ural*, der im Laufe des 18. Jahrhunderts vermehrt von Russen und von Ethnien der Mittleren Wolga besiedelt wurde. Die nach Kabuzan 1719 etwa 172 000, nach Akmanov 1730 aber 380 000, 1795 wegen schwerer Verluste infolge der zahlreichen Aufstände wieder nur etwa 200 000 Baschkiren stellten auch im 18. Jahrhundert in weiten Gebieten die landbesitzende Oberschicht, doch wurde ihre Stellung durch russische Gutsbesitzer und Siedler allmählich beschränkt. Auf der Sozialpyramide der Region befanden sich am Ende des 18. Jahrhunderts unter dem russischen Adel und den baschkirischen und (1795 etwa 50 000) tatarischen, zum Teil als meščerjaki bezeichneten, Dienstleuten, die eine Sonderstellung als Militärstand behielten, die Sondergruppe der über 100 000 tatarischen, mordwinischen, tscheremissischen und tschuwaschischen Teptjaren (vor allem im Norden), über 40 000 vor allem tatarische Jasakbauern und über 300 000 russische Staats- und Gutsbauern (vor allem im Süden), die mehr Abgaben und Dienstleistungen zu entrichten hatten als die Nichtrussen.[12] Die Baschkiren konnten zwar eine Sonderstellung bewahren, waren aber zahlenmäßig zu einer Minderheit geworden.

7. Einen letzten Typ stellen die *Steppen-Randgebiete* dar, aus denen die Hirtennomaden vertrieben und die neu besiedelt wurden. Die Steppe der unteren Wolga war die Domäne der Kalmücken, die vor dem Jahre 1771 mit etwa 200 000 Menschen zahlenmäßig dominierten. Nach deren Massenemigration siedelten sich hier vor allem russische, daneben auch ukrainische, tatarische und mordwinische Bauern und deutsche Kolonisten an. Sozial dominierte der russische Adel. Die Weidegründe der dezimierten kalmückischen Reiternomaden wurden stark reduziert. In den Steppen nördlich des Kaukasus lebten etwa 100 000 Nogai-Tataren, russische und ukrainische Kosaken und Bauern in weitgehend getrennten Gesellschaften. Neben Russen hatten sich im Gebiet der Donkosaken auch Kalmücken niedergelassen, und der Anteil der Ukrainer stieg auf etwa ein Drittel an. Ungefähr gleich groß war der Prozentsatz an Ukrainern in den russischen Schwarzerde-Gouvernements Voronež und Kursk.

Nachdem die Nogai-Tataren aus dem Steppengebiet nördlich des Schwarzen Meeres vertrieben worden waren, wurde es im späten 18. und frühen 19. Jahrhundert neu besiedelt. Im sogenannten *Neurußland* (die Gouvernements Ekaterinoslav und Cherson sowie Teile des taurischen Gouvernements) lebten im Jahre 1815 schon etwa 1,5 Millionen Menschen, zu etwa drei Vierteln ukrainische Staats- und Gutsbauern, zusätzlich russische Bauern und deutsche, jüdische, griechische, rumänische und südslawische Kolonisten. Die neuen Städte, unter ihnen das rasch wachsende Odessa, waren ethnisch bunt gemischt, wobei die Zahl der Juden stark zunahm. In Neurußland, wo sich eine «neue» polyethnische Gesellschaft mit einer Mehrheit nichtleibeigener Bauern formierte, gab die russische Minderheit in Adel und Stadtbevölkerung den Ton an. Zum Typ der polyethnisch besiedelten Steppe ist auch das *südliche Bessarabien* (Budschak) zu rechnen, das vor allem von rumänischen, ukrainischen und russischen Bauern und von deutschen, bulgarischen und gagausischen Kolonisten bewohnt war.

Die *Krim* hatte in den ersten Jahrzehnten russischer Herrschaft eine ähnliche sozio-ethnische Struktur wie die Mittlere Wolga: ein tatarischer und zunehmend auch russischer Adel, eine ethnisch gemischte Stadtbevölkerung, tatarische Staatsbauern, ukrainische und russische Staats- und Gutsbauern. Dazu kamen zu Beginn des 19. Jahrhunderts als neue ländliche Mittelschicht die vorwiegend deutschen Kolonisten. Nachdem die etwa 160 000 Krimtataren noch am Ende des 18. Jahrhunderts die weit überwiegende Bevölkerungsmehrheit gestellt hatten, führten diese Immigration und mehrere Wellen tatarischer Emigration im 19. Jahrhundert zu einem dramatischen Absinken des Anteils der Tataren an der Bevölkerung der Krim.

Die Übersicht über die sozio-ethnische Struktur der Peripherie des Russischen Reiches ergibt ein sehr komplexes Bild. Die ethnischen Gruppen lassen sich nicht eindeutig sozialen Schichten zuordnen. Das trifft auch für das russische Staatsvolk zu, das zwar in den Regionen des Ostens und Südens die adlige Elite dominierte, gleichzeitig aber auch die gegenüber nichtrussischen Bauern unterprivilegierte Schicht der Leibeigenen stellte. Es bestätigt sich, daß ethnische und konfessionelle Kriterien für die soziale Struktur des vormodernen Rußland nicht entscheidend waren.

Zwar war die Elite des Reiches, der erbliche Adel, die Bürokratie, die Offiziere, die reichen Gutsbesitzer in ihrer Mehrheit russisch und orthodox, doch wurden auch Nichtrussen kooptiert, zunächst muslimische Tataren, dann protestantische Deutschbalten und Finnländer, katholische Polen und zahlreiche Ausländer. Im ersten Drittel des 19. Jahrhunderts waren im erblichen Adel Rußlands die Nichtrussen sogar erheblich zahlreicher als die Russen, vor allem dank der Kooptation eines großen Teils der allerdings überwiegend armen polnischen Szlachta. Bei den seßhaften Ethnien der Peripherie blieben in der Regel die alten nichtrussischen Eliten tonangebend und konnten sich oft eine administrative Autonomie bewahren, auch wenn sie dort, wo sich vermehrt Russen ansiedelten, mit dem russischen Adel in Konkurrenz standen. Die nomadischen Eliten erhielten ihre Stellung auch, blieben aber gemeinsam mit den anderen sozialen Schichten ihrer Ethnien außerhalb der russischen Ständeordnung.

Die Städte der westlichen Peripherie besaßen lange einen auf alte Stadtrechte zurückgehenden Sonderstatus und waren ethnisch gemischt. Im Ansiedlungsrayon waren Juden besonders stark vertreten. In den Städten des Südens und Ostens dominierten Russen, doch spielten auch hier Armenier, Griechen, Deutsche und andere mobile Diasporagruppen eine wichtige Rolle (vgl. unten Abschnitt 2).

Die Masse der Landbevölkerung Rußlands war von Gutsbesitzern abhängig, wobei russische Adlige in der Regel russische (und wenige weißrussische oder ukrainische) Leibeigene hatten, nichtrussische Adlige dagegen oft über Bauern fremder Ethnien und Konfessionen geboten. Zuweilen kam es auch vor, daß auf ihren Gütern russische Bauern lebten, so im Falle der muslimischen Tataren des 17. Jahrhunderts. Da der soziale Status quo konserviert wurde, behielten die Bauern der westlichen Peripherie ihre der russischen Leibeigenschaft ähnliche rechtliche und soziale Stellung (Ausnahme die Finnen), während die persönlich freien nichtrussischen Bauern im Osten und Süden in der Regel unter die Staatsbauern eingeordnet wurden und damit ebenso wie die einen Sonderstatus besitzenden Kolonisten, Kosaken und Nomaden rechtlich, ökonomisch und sozial besser gestellt waren als die russischen Bauern. Die russischen Bauern waren also zum Teil gegenüber den nichtrussischen rechtlich diskriminiert. Dieser bemerkenswerte Zug der sozio-ethnischen Struktur hatte sich noch drastischer schon im Moskauer Reich gezeigt, wo die unterste soziale Kategorie der Sklaven (Cholopen) fast ausschließlich aus Russen bestand, während in den meisten anderen Gesellschaften die Sklaven rassische, ethnische oder religiöse Außenseiter waren.[13] Es bestätigt sich erneut die geringe Bedeutung, die ethnische Kategorien für die russische Elite und Regierung in der Vormoderne hatten.

Die komplizierte sozio-ethnische Struktur des vormodernen russischen Vielvölkerreiches ist eine entscheidende Voraussetzung für die Nationalbewegungen des 19. Jahrhunderts, die Gegenstand des sechsten Kapitels sind. Ethnische und soziale Antagonismen verstärkten sich in der Regel, doch richteten sie sich nicht unbedingt gegen die in der Zentrale dominierenden Russen, sondern oft gegen die fremden Ober- und Mittelschichten der Regionen, seien es vorwiegend Russen (wie im Osten und Süden) oder polnische Magnaten, jüdische Händler und deutschbaltische Barone.

2. Interethnische Arbeitsteilung und spezifische Funktionen der Nichtrussen im Russischen Reich

In der Analyse der ökonomischen Struktur des vormodernen russischen Vielvölkerreiches stehen sich zwei Interpretationsmodelle gegenüber: Gemäß der vorrevolutionären russischen und der sowjetischen Historiographie seit den 30er Jahren hatte die Vereinigung der von Nichtrussen bewohnten Gebiete mit Rußland eine grundsätzlich progressive Bedeutung,[14] in der Sicht vieler nichtrussischer Historiographien und in der sowjetischen Geschichtsschreibung vor Stalin handelte es sich um koloniale Ausbeutung der nichtrussischen Peripherie durch die russische Zentrale. Umfassende Analysen, die eine der beiden Thesen nachweisen würden, stehen aber bisher aus. Hier kann lediglich ein knapper Überblick über die wirtschaftliche Bedeutung der nichtrussischen Randgebiete gegeben werden.[15] Mehr Gewicht lege ich dann auf die Frage nach spezifischen, oft komplementären Funktionen, die Nichtrussen im Rahmen des Russischen Reiches hatten.

Für die Mehrheit der russischen wie der nichtrussischen Bevölkerung des

Reiches war im 18. und beginnenden 19. Jahrhundert der Ackerbau der dominierende Wirtschaftszweig.[16] Die Produktionsmethoden waren traditional, die Erträge gering, die ständige Erweiterung der Ackerfläche im Süden und Südosten begünstigte eine extensive Wirtschaftsweise. Von diesem Bild hob sich der Ackerbau in den Ostseeprovinzen, wo deutschbaltische Gutsbesitzer gewisse Innovationen durchführten, und (nach Anfangsschwierigkeiten) bei den deutschen, vor allem mennonitischen, Kolonisten der Süd-Ukraine durch eine höhere Produktivität ab. Die großen Unterschiede in der Bodenqualität zwischen den fruchtbaren Schwarzerdgebieten im Süden und den Podsol-Räumen im Norden führten zu einer interregionalen Arbeitsteilung und einem Getreidefluß von Süden nach Norden. Neben den russischen Schwarzerdgebieten produzierten die meisten von nichtrussischen Ackerbauern bewohnten Regionen (die Ostseeprovinzen, Weißrußland-Litauen, das Königreich Polen, die Ukraine, die Mittlere Wolga, der Südural) einen Getreideüberschuß. Er wurde zu einem bedeutenden Teil zu Schnaps verarbeitet, während der Anteil des vermarkteten und in andere Regionen oder ins Ausland exportierten Getreides hier bis zum Beginn des 19. Jahrhunderts relativ gering blieb.[17]

Für Russen und Nichtrussen, die in den Waldgebieten des Nordens und Ostens lebten, spielte seit jeher die Waldwirtschaft eine bedeutende Rolle. Zu nennen sind hier die Ethnien der Mittleren Wolga, die als Spezialisten der Waldbienenzucht ihre Abgaben zum Teil in der Form von Wachs und Honig entrichteten und als Hilfsarbeiter am Abholzen der Wälder für Pottascheproduktion und Flottenbau beteiligt waren. Die kleinen Ethnien des Hohen Nordens und Sibiriens erlegten Zobel und andere Pelztiere, deren Felle über den Jasak nach Rußland flossen, im 17. Jahrhundert etwa 10 Prozent der Staatseinnahmen einbrachten und zu einem bedeutenden Teil exportiert wurden.[18] Die nomadischen Kalmücken, Nogai-Tataren, Baschkiren und Burjäten blieben Spezialisten der Viehzucht und lieferten im Austausch für Getreide und Fertigwaren Pferde, Häute, Wolle und Talg nach Rußland. Auch in der Ukraine, im Baltikum und in den neu erschlossenen Steppengebieten Neurußlands und der unteren Wolga spielte die Viehhaltung eine größere Rolle als in Kernrußland.

Aus ursprünglich nur von Nichtrussen bewohnten Randgebieten bezog Rußland einen wesentlichen Anteil der Metalle, deren Abbau und Verarbeitung im 18. Jahrhundert einen bedeutenden Aufschwung nahm. Neben Karelien (Eisen) und Sibirien (Silber, Gold, Kupfer) war es in erster Linie der südliche Ural, der zum Zentrum der Gewinnung und Verarbeitung von Eisen und Kupfer wurde. Die Baschkiren, denen das Land gehört hatte, wurden verdrängt und die Wälder abgeholzt. Doch wurden die Nichtrussen der Region höchstens für Hilfsarbeiten eingesetzt, während die Arbeiter aus den Russen rekrutiert wurden. In der Anfangsphase der Metallgewinnung spielten ausländische Spezialisten wie die Holländer Winius, Marselis oder Hennin eine wichtige Rolle,[19] die meisten Unternehmer der Folgezeit waren dann aber Russen. Auch die Textilmanufakturen der linksufrigen Ukraine und der Mittleren Wolga wurden vorwiegend von russischen Unternehmern betrieben, während in den Ostseeprovinzen Deutschbalten, in den ehemals polnischen Gebieten polnische Adlige und dann auch Juden auftraten. Neue Industriezweige wie Zuckerraffinerien oder Baumwollspinnereien wurden in der ersten Hälfte des 19. Jahrhunderts oft von ausländischen, meist deutschen und englischen, oder von polnischen und jüdischen Unternehmern initiiert.[20] Handel und Industrie im Königreich Polen, das nach 1815 zur wirtschaftlich dynamischsten Region des Russischen Reiches wurde, lagen mindestens bis 1830 ohnehin in der Hand von Polen, Juden und Deutschen. In einzelnen industriellen Branchen spielten im Osten des Reiches Armenier und Tataren eine Pionierrolle.

Den Binnenhandel in Kernrußland dominierten russische Kaufleute, während der Außenhandel im Westen und Süden in der Hand ausländischer Kaufleute lag. Am Innen- und Außenhandel beteiligten sich aber auch nichtrussische Ethnien Rußlands, die zum Teil mit Ausländern zusammenarbeiteten, im Nordwesten Deutschbalten, in der östlichen Ukraine Ukrainer und die Griechen von Nižyn, im Westen seit den Teilungen Polens vor allem Juden und in geringerem Maß Polen, im Süden und Osten Griechen, Armenier und Tataren. Seit dem 17. Jahrhundert protestierten russische Kaufleute unentwegt, aber ohne viel Erfolg, gegen die Privilegierung von Ausländern und Nichtrussen, was die Verbreitung protonationaler Strömungen unter der russischen Kaufmannschaft förderte.[21] Die Aufhebung der Zollgrenzen in der Jahrhundertmitte förderte die Einbeziehung der Randgebiete in den gesamtrussischen Markt,[22] und auch die in den folgenden Jahrzehnten inkorporierten Territorien mit Ausnahme des Großfürstentums Finnland wurden ökonomisch allmählich integriert.

Es entwickelte sich eine partielle Arbeitsteilung zwischen den Regionen und Ethnien. Im Falle der Pelze Sibiriens handelte es sich eindeutig um koloniale Ausbeutung, und auch die Gewinnung der Bodenschätze des Ural brachte den Baschkiren vorwiegend Nachteile. Der wirtschaftliche Austausch zwischen den Hirtennomaden und den Russen hatte dagegen eine jahrhundertealte Tradition und kam ursprünglich beiden Seiten zugute. Erst mit der Beschränkung der Weidegründe durch russische Siedler wurden die Grundlagen der nomadischen Wirtschaft erschüttert. Ob die in der Mitte des 18. Jahrhunderts beginnende wirtschaftliche Ausrichtung auf Rußland der Ukraine in dieser Zeit Vor- oder Nachteile brachte, ist umstritten, doch mehrten sich im Laufe der Zeit die Anzeichen einer einseitigen Abhängigkeit.[23] Die Ostseeprovinzen, Finnland und auch das Königreich Polen, die sozio-ökonomisch entwickelter waren als das russische Zentrum, konnten aber aus dieser Stellung durchaus wirtschaftlichen Gewinn ziehen. Das galt auch für die polnischen Magnaten in der Ukraine sowie für einzelne Gruppen nichtrussischer Kaufleute und Unternehmer, die ihre traditionellen Privilegien gegen die Forderungen der russischen Kaufleute meist erfolgreich verteidigten, sowie für die ausländischen, vor allem die deutschen, Kolonisten. Die meisten nichtrussischen Randgebiete brachten Rußland bis ins 19. Jahrhundert ohnehin wenig Profit, wenn man die fiskalischen Privilegien mancher Nichtrussen und die hohen Ausgaben für Verwaltung und Militär in Rechnung zieht.[24] Jedenfalls zeigt es sich, daß die ökonomische Heterogenität des vormodernen Russischen Reiches Pauschalerklärungen wie die des grundsätzlich segensreichen Einflusses Rußlands auf die Randgebiete oder die ihrer wirtschaftlichen Rückständigkeit aufgrund kolonialer Abhängigkeit nicht zuläßt.

Neben der Wirtschaft übernahmen Nichtrussen auch in anderen Bereichen wichtige Funktionen. Grundsätzlich verfügte Rußland in der Vormoderne über viel zu wenig gut ausgebildete Fachleute, um die gewaltigen Modernisierungsaufgaben, die Peter der Große dem Land gesetzt hatte, lösen zu können. Infolge dieses als maloljud'e oder maloljudstvo (Mangel an Leuten) bezeichneten Umstandes war die Regierung auf die Mitwirkung von Nichtrussen angewiesen. Daß die nichtrussischen Eliten in ihren Gebieten auch unter russischer Herrschaft wichtige Funktionen in der Verwaltung, in der Rechtsprechung und im Polizeiwesen beibehielten, habe ich schon mehrfach betont. Für die in den erblichen Adel Rußlands kooptierten Oberschichten geschah das seit den Reformen Katharinas II. zum Teil im Rahmen der neuen ständischen Lokalverwaltung, zum Teil, so in den Ostseeprovinzen, in Finnland und im Königreich Polen, in den hergebrachten ständischen Korporationen, während die Oberschichten der nomadischen und sibirischen Ethnien, die außerhalb der Ständeordnung des Reichs blieben, ihre Stammes- und Sippenorganisationen beibehielten. Das in den Regionen im Vergleich zum europäischen Standard extrem unterverwaltete Rußland hätte die weiten neu erworbenen Gebiete nicht mit russischem Personal kontrollieren und administrieren können.[25]

Der zweite Bereich, in dem Nichtrussen schon früh wichtige Aufgaben übernahmen, war das *Militär.* Die Armee spielte in Rußland seit den Anfängen des Moskauer Staates eine zentrale Rolle nicht nur in den fast ohne Pause geführten Kriegen, sondern auch als Kontrollinstrument und Verwaltungsorgan besonders in den Randgebieten.[26] Im Moskauer Reich wurde die Kavallerie regelmäßig durch reiternomadische Abteilungen verstärkt. Zunächst waren es Tataren aus den Nachfolgereichen der Goldenen Horde, die angeworben wurden, dann kamen Baschkiren und Kalmücken hinzu. Kalmückische Reitertrupps kämpften noch im Siebenjährigen Krieg und im «Vaterländischen Krieg» gegen Napoleon auf russischer Seite, und zwei kalmückische Kavallerie-Regimenter zogen 1814 auf Kamelen in Paris ein. Sie trugen dazu bei, daß die russischen Heere im Westen nicht selten als barbarisch und asiatisch angesehen wurden.[27] Aber auch irreguläre Verbände seßhafter Ethnien, der Wolga-Tataren aus Kazan' und Kasimov, der Mordwinen und Tscheremissen, stellten im 16. und 17. Jahrhundert bis zu einem Viertel des Moskauer Heeres und wurden auch zum Schutz der Steppengrenze eingesetzt.[28] Später wurden die an der Steppengrenze lebenden russischen Kosakenheere durch Nichtrussen (Kalmücken, Ukrainer, Tataren, Baschkiren, Burjäten und Tungusen) verstärkt. Die in einem selbständigen Heer organisierten ukrainischen Dnepr-Kosaken dienten Rußland ebenfalls als Grenzschutz im Südosten, zusätzlich nahmen größere Abteilungen auf russischer Seite an den Kriegen des 17. und 18. Jahrhunderts teil, und außerdem traten die als čerkasy bezeichneten Ukrainer in der zweiten Hälfte des 17. Jahrhunderts zu Tausenden in den direkten Dienst des Zaren.[29]

Als Rußland im 17. und 18. Jahrhundert daran ging, seine traditionellen Reitertruppen durch eine moderne, den westlichen Heeren gewachsene Armee zu ersetzen, machte sich wiederum der Mangel an ausgebildeten Fachleuten bemerkbar. Der Aufbau der «Truppen neuer Ordnung» geschah zunächst vorwiegend unter Leitung ausländischer Offiziere. Im Jahre 1679 waren von 66 höheren Offizieren nicht weniger als 42 Ausländer, und in der Moskauer Ausländer-Vorstadt waren die Offiziere weit in der Überzahl; es wären etwa die Schotten Leslie, Bruce und Gordon sowie der Genfer Lefort, der unter Peter dem Großen zu Prominenz gelangte, zu nennen.[30] Peter der Große, der die russische Armee weiter ausbaute, warb noch mehr ausländische Offiziere an (unter ihnen etwa den Deutschen Burchard Christoph Münnich, der später als einziger Nichtrusse Präsident des Kriegskollegiums wurde), trieb nun aber auch die Ausbildung von russischen Offizieren voran. Zu Beginn des Nordischen Krieges stellten Ausländer ein Drittel der Offiziere, später sank die Zahl auf ein Achtel, doch blieb ihr Anteil in den oberen Chargen viel höher. So waren 1730 von 114 höheren Offizieren 37 Ausländer, darunter mehrere Schotten, Franzosen, Deutsche, Polen und Schweden.[31] An die Stelle der Ausländer traten im Laufe des 18. Jahrhunderts zahlreiche, oft im Petersburger Kadettenkorps ausgebildete Deutschbalten. Im Jahre 1762 waren 41 Prozent der 402 höheren Offiziere und die Hälfte der vier höchsten Ränge Nichtrussen, drei Viertel davon Deutschbalten und Deutsche.[32]

In den folgenden Jahrzehnten traten weitere Ausländer, wie der Preuße Diebitsch, der Hesse Klinger (ein Jugendfreund Goethes) oder der Georgier Bagration, und zahlreiche deutschbaltische, finnländische und polnische Adlige als Offiziere in russische Dienste, und unter Nikolaus I. waren Nichtrussen noch immer sehr stark vertreten.[33] Der Anteil der Protestanten (in erster Linie Deutschbalten und Finnländer) war unter den höheren Offizieren besonders hoch, während die katholischen Polen, denen die russische Regierung zunehmend mißtraute, bei den unteren Offizieren viel stärker, bei den oberen schwächer vertreten waren. Juden blieb im Gegensatz zu Muslimen der Zugang zu Offizierstellen verwehrt.[34]

Die polyethnische Zusammensetzung der Armee war kein russisches Spezifikum, sondern auch die Offizierskorps anderer vormoderner Reiche wie Preußen und Österreich waren kosmopolitisch. Allerdings war Rußland in noch höherem Maß als die anderen Länder auf nichtrussische Offiziere angewiesen, die mit dem Transfer von westlicher Militärtechnologie und Taktik sowie preußischem Drill wesentlich zur Modernisierung des russischen Heerwesens im 18. Jahrhundert beitrugen. Der Beitrag der Nichtrussen darf aber auch nicht überschätzt werden. Technische Innovationen ließen sich leichter übertragen als Werthaltungen wie das preußische Pflichtbewußtsein. Unter den nichtrussischen Offizieren befanden sich nicht wenige Glücksritter, und die Nichtrussen unterlagen auch dem Einfluß der russischen Tradition. Dennoch blieb das Offizierskorps bis zur Mitte des 19. Jahrhunderts kosmopolitisch mit einem starken deutschen Einschlag.[35]

Es kann nicht verwundern, daß Russen gelegentlich Protest gegen die Bevorzugung von Nichtrussen, seien es Ausländer oder Untertanen des Zaren, in der Armee erhoben. «Weshalb brauchen wir so viele ausländische Offiziere?» fragte in der zweiten Hälfte des 18. Jahrhunderts der russische General-Leutnant Rževskij und wies darauf hin, daß diese die Aufstiegschancen fähiger Russen behinderten. Unter Nikolaus I. erhob sich russischer Widerstand gegen deutsche Offiziere: «Deutsche mag man nicht in unserer Armee ... Sie sind Intriganten und Egoisten und unterstützen einander wie Glieder einer Kette.»[36] Solche Stimmen, die sich auch gegen die zahlreichen, oft als unzuverlässig angesehenen polnischen Offiziere richteten, lassen ein für die Folgezeit wichtiges Motiv des russischen Nationalbewußtseins anklingen, die Benachteiligung der Russen gegenüber den privilegierten, als Mobilitätsbarriere perzipierten Nichtrussen, doch zeitigte es bis zur zweiten Hälfte des 19. Jahrhunderts noch wenig Wirkung.

Zur zweiten Machtsäule des Russischen Reiches wurde neben dem Militär die *Bürokratie*. Das absolutistische Rußland baute seinen Verwaltungsapparat aus, doch fehlte es auch hier an gut ausgebildeten russischen Kadern, so daß das vormoderne Rußland auf die spezifischen Fähigkeiten von Nichtrussen angewiesen war. Schon der Moskauer Staat hatte beim Aufbau seiner Zentralverwaltung unter Ivan III. auf die Dienste erfahrener Immigranten, besonders von Griechen und Tataren, zurückgegriffen.[37] Eine neue Rekrutierungsbasis waren seit der Mitte des 17. Jahrhunderts die von Polen-Litauen gewonnenen Gebiete, vor allem die östliche Ukraine mit der Kiever Akademie als orthodoxer Kaderschmiede. Aus dem Smolensker Raum stammte der getaufte Jude Šafirov, dessen Sohn unter Peter dem Großen Karriere machte, und zu den wichtigsten Mitarbeitern des Zaren zählten die Ukrainer Feofan Prokopovyč und Stefan Javors'kyj. Während des ganzen 18. Jahrhunderts stiegen Vertreter der ukrainischen Oberschicht wie A. K. Rozumovs'kyj, A. A. Bezborodko, P. V. Zavadovskij und V. P. Kočubej in hohe Staatsämter auf.[38]

Eine noch wichtigere Rolle spielten bei der Modernisierung der russischen Verwaltung Westeuropäer und Deutschbalten, die von Peter dem Großen angeworben und, auch wenn sie nichtadliger Herkunft waren, über die Rangtabelle in den Adel Rußlands aufgenommen wurden. In der Kollegienverwaltung wurden zwar in der Regel Russen zu Präsidenten ernannt, doch wurden ihnen Nichtrussen, wie die Deutschbalten Magnus Wilhelm Nieroth, Hermann von Brevern oder Johann Benckendorff, zur Seite gestellt. Zu besonderer Prominenz gelangten nach dem Tode Peters neben Münnich der ebenfalls aus Deutschland stammende Heinrich Ostermann, der Deutschbalte Reinhold Gustav von Löwenwolde und der Kurländer Ernst Johann von Biron (Bühren). Im Laufe des 18. Jahrhunderts gewannen die Deutschbalten auf Kosten der deutschsprachigen Ausländer an Gewicht. Unter Katharina II. wären etwa die bedeutenden Staatsmänner Johann Jakob Sievers und Otto Heinrich Igelström zu nennen. Alexander I. betraute einzelne vornehme Polen wie Adam Jerzy Czartoryski oder Seweryn Potocki und Finnländer wie Gustav Armfelt mit wichtigen Aufgaben.

Alle genannten Gruppen zeichneten sich durch eine gute westliche Ausbildung und zum Teil durch Erfahrungen in der Verwaltung ihrer Regionen aus, die Rußland als Vorbilder dienten. Ethnische und konfessionelle Kriterien spielten keine Rolle, die nichtrussischen Beamten mußten nicht die russische Sprache annehmen oder zur Orthodoxie übertreten. Das galt allerdings nur für Christen, während Juden oder Muslime, obwohl sie zum Teil auch über die entsprechenden bildungsmäßigen Voraussetzungen verfügten, in der Bürokratie nicht akzeptiert wurden. Orthodoxe Nichtrussen, also etwa Ukrainer oder Rumänen, können statistisch nicht erfaßt werden, da in den Dienststellen lediglich die konfessionelle, nicht aber die ethnische Zugehörigkeit vermerkt wurde.

War der Ausländeranteil unter den hohen Beamten zu Beginn des 19. Jahrhunderts noch bei etwa 8 Prozent gelegen, so ging er unter Nikolaus I. weiter zurück.[39] Immerhin stammten zwei seiner wichtigsten Minister, Außenminister Karl Nesselrode und Finanzminister Georg Kankrin, aus Deutschland. Dafür erreichten die Deutschbalten jetzt den Höhepunkt ihres Einflusses in der Bürokratie und stellten unter Nikolaus I. 19 der 134 Mitglieder des Reichsrats. Zwar machten Lutheraner (in ihrer Mehrheit Deutschbalten) um die Jahrhundertmitte nicht einmal 4 Prozent aller Beamten aus, doch immerhin etwa ein Achtel der 350 Spitzenposten, 12 von 113 Mitgliedern des regierenden Senats, 9 der 55 Mitglieder des Reichsrats und 9 von 48 Gouverneuren. Schätzungen des deutschen Anteils an der russischen militärischen und zivilen Elite gehen noch höher.[40] Von den Deutschbalten erlangten unter Nikolaus I. der erste Vorsteher der Dritten Abteilung (der geheimen Staatspolizei), Alexander Benckendorff, und der Unterrichtsminister Karl Lieven besondere Prominenz.

Welchen politischen Einfluß hatten die in den oberen Rängen der Bürokratie Rußlands breit vertretenen Deutschen und Deutschbalten? Sie brachten meist gute Fachkenntnisse in die Behörden ein und gaben in gewissen Bereichen den Ton an. Doch blieb der Kern der politischen Elite Rußlands auch nach der petrinischen Verwestlichung russisch. Selbst in der aus der Perspektive eines russischen Proto-Nationalismus als «Deutschenherrschaft» denunzierten Zeit nach Peters Tod blieb die alte russische Aristokratie die dominierende Kraft, während die Rolle einzelner Ausländer zwar groß, ihre Bedeutung als Gruppe aber immer beschränkt blieb.[41] Unter der Regierung Nikolaus I. war es trotz Alarmrufen national gesinnter Russen wie Michail Pogodin oder Jurij Samarin oder der 1844 erschienenen Schrift «La Russie envahie par les Allemands» nicht anders.[42] Nicht die Deutschen regierten den russischen Staat, sondern dieser benutzte die Deutschen, die auf die Gnade des Herrschers angewiesen waren, als Instrumente für seine Ziele. Außerdem wurden Deutschbalten und Deutsche vom russischen Milieu akkulturiert, und sie verwandelten die Bürokratie Rußlands nicht in eine preußische, auch wenn Nikolaus I. das gewünscht haben und manchen mit den «Deutschen» konkurrierenden Russen es so erschienen sein mag.

Der Anteil der Polen an der Beamtenschaft Rußlands betrug um die Mitte des 19. Jahrhunderts etwa 3 Prozent und unter den hohen Beamten immerhin 6 Prozent.[43] Allerdings leisteten zahlreiche Polen ihren Dienst in speziellen, auf Polen bezogenen Institutionen oder im Westen des Reiches und traten deshalb in der Zentralverwaltung nur zu Beginn des 19. Jahrhunderts in Erscheinung, zumal die russische Regierung spätestens seit dem Novemberaufstand von 1830/31 dem polnischen Adel mit Mißtrauen begegnete. Es zeigt sich also, daß eine gute Ausbildung, über die manche Polen durchaus verfügten, nicht das einzige Kriterium für die Aufnahme in die hohe Bürokratie war, sondern daß zusätzlich die Loyalität zum Herrscher und seiner Dynastie erforderlich war. Dieser doppelten Anforderung entsprachen von den gebildeten Eliten des Russischen Reiches die Deutschbalten am besten, während die ebenfalls geeigneten Finnländer eher die militärische, seltener aber die zivile Laufbahn einschlugen. Neben dem maloljud'e, dem Mangel an ausgebildeten Russen, dürfte als zweites Motiv für die wichtige Rolle von Nichtrussen in Militär und Verwaltung auch die Absicht der Regierung mitgespielt haben, in den loyalen, privilegierten, auf den Herrscher angewiesenen fremden Gruppen ein Gegengewicht zum russischen Adel zu schaffen. Das gilt nicht nur für die Zeit Nikolaus I., sondern teilweise schon für die vorangegangenen Jahrhunderte, als vornehme Tataren herausragende Stellungen am Moskauer Hof bekleideten. So war es vielleicht kein Zufall, daß der erste Chef der politischen Polizei (Benckendorff) und sein zweiter Mann (von Fock) Deutschbalten waren, und man könnte sogar eine Verbindungslinie zu den zahlreichen nichtrussischen Spezialisten der frühen sowjetischen Geheimpolizei ziehen.

Eine besondere Domäne von Nichtrussen war schon seit der Moskauer Zeit die *Diplomatie,* als im Westen Griechen wie Georgios Trachaniotes, im Osten und Süden Tataren wertvolle Vermittlerdienste leisteten.[44] Mit dem Ausbau der diplomatischen Beziehungen zu Westeuropa im 18. Jahrhundert wurden viele Ausländer, vor allem Deutsche, und Deutschbalten mit solchen Aufgaben betraut. Es ist symptomatisch, daß als Vertreter Rußlands Jakob Bruce und Heinrich Ostermann den Frieden von Nystad unterzeichneten. Unter den Diplomaten treten in der Folge deutschbaltische Familien wie die

Stackelberg, Meyendorff, Krüdener und Pahlen hervor, daneben auch einzelne Polen und aus dem Osmanischen Reich eingewanderte Orthodoxe wie der rumänische Fürst Antioch Kantemir.[45] Für die Diplomatie spielten westliche Bildung, Sprachkenntnisse und internationale familiäre Verbindungen eine besondere Rolle. So waren im Jahre 1853 9 von 19 Gesandten und Botschaftern Rußlands lutherischer Konfession.[46]

Auch in der orthodoxen *Kirchenhierarchie* hatten Nichtrussen im 18. Jahrhundert ein sehr großes Gewicht. Die ukrainischen Absolventen der Kiever Akademie paßten mit ihrem hohen, auch lateinisch-polnische Elemente integrierenden Bildungsstand besser in das verwestlichte Rußland als die traditionale russische Geistlichkeit, die sich den Reformen Peters des Großen widersetzte. Von den zwischen 1700 und 1762 geweihten 127 Bischöfen waren nicht weniger als 75 (60 Prozent) Ukrainer und nur 38 (30 Prozent) Russen, die meisten übrigen waren Griechen, Serben und Rumänen aus dem Osmanischen Reich.[47] Die zum Teil westlich gebildeten ukrainischen Hierarchen hatten keinen leichten Stand in den russischen Eparchien, und als sich der Bildungsstand der russischen Geistlichkeit allmählich verbesserte, ging die Bevorzugung der Ukrainer seit 1760 zurück.

Sehr wichtig war die Vermittlungstätigkeit von Ausländern und Nichtrussen in *Kultur und Wissenschaft*. Im Bildungswesen und in der Wissenschaft war ihr Anteil im 18. und beginnenden 19. Jahrhundert noch größer als in den bisher genannten Bereichen. Ich kann die farbige Geschichte dieser vielfältigen, bis auf das 15. Jahrhundert zurückgehenden kulturellen Kontakte hier nicht nacherzählen, sondern nur knapp auf einige ihre Komponenten hinweisen. Zu nennen sind die einzelnen ausländischen Fachleute, die seit dem Mittelalter nach Rußland kamen und dort in manchen Bereichen innovativ wirkten.[48] Tiefgreifend war seit der zweiten Hälfte des 17. Jahrhunderts der Einfluß von Ukrainern und Weißrussen auf die russische Kultur und Wissenschaft. Westlich gebildete Ostslawen aus den ehemals polnisch-litauischen Gebieten, vor allem Absolventen der Kiever Akademie wie Epifanij Slavynec'kyj, Simeon Polockij, Stefan Javors'kyj und Feofan Prokopovyč, erfüllten bis in die erste Hälfte des 19. Jahrhunderts wichtige geistige Brückenfunktionen zwischen dem römisch-katholischen Abendland und Rußland. Es ist kein Zufall, daß P. V. Zavadovskij, ein ukrainischer Absolvent der Kiever Akademie, zum Vorsitzenden der 1782 geschaffenen Hauptschulkommission und 1802 zum ersten Minister für Volksaufklärung ernannt wurde.[49]

Peter der Große intensivierte die Anwerbung ausländischer Fachleute beträchtlich, und in der Folge wurden ganze Bereiche wie die Medizin oder die Ingenieurkunst zu einer Domäne westlicher Ausländer, später auch von Deutschbalten und Polen. So trugen im 18. Jahrhundert über die Hälfte der Mitglieder der neu gegründeten Akademie der Wissenschaften und mit Ausnahme des Ukrainers Kirill Rozumovs'kyj alle Präsidenten deutsche Namen.[50] Das zu Beginn des 19. Jahrhunderts neu organisierte Hochschulwesen wurde in hohem Maß von polnischen Aristokraten wie Adam Czartoryski und Seweryn Potocki, die auf die Erfahrungen der polnischen «Kommission für ein nationales Erziehungswesen» zurückgreifen konnten, und von deutschen, deutschbaltischen und polnischen Gelehrten aufgebaut. Die deutsche Universität Dorpat und die polnische Universität Wilna wirkten ohnehin als Vermittler westlicher Wissenschaft und Ideen, ganz zu schweigen von den Universitäten Warschau und Helsingfors in den weitgehend autonomen Territorien des Königreichs Polen und des Großfürstentums Finnland.[51]

Neben der Vermittlung westlicher Kultur und Wissenschaft tritt die Mittlerfunktion zur orientalisch-islamischen Welt zurück. Die religiöse Schranke verhinderte eine intensive Aufnahme islamischer oder buddhistischer kultureller Einflüsse in Rußland. Dennoch wirkten nichtrussische Untertanen des Zaren auch hier als Vermittler. So waren Kalmücken und Tataren als Übersetzer für das Außenministerium wichtig. Tatarische Mullahs und Kaufleute begannen im 18. und in der ersten Hälfte des 19. Jahrhunderts zum Teil im Auftrag der russischen Regierung die Steppenvölker und dann auch die seßhaften Kulturen Mittelasiens wirtschaftlich, politisch und geistig zu infiltrieren. Diese Vermittlungstätigkeit diente der Vorbereitung russischer kommerzieller und allenfalls auch politischer Expansion, doch wirkte sie sich mittelfristig auch auf das nationale Erwachen der Ethnien Mittelasiens aus.[52]

Zusammenfassend: Die Elite Rußlands war kosmopolitisch wie in anderen vormodernen Reichen auch. Der Mangel an ausgebildeten Russen führte dazu, daß die russische Regierung auf die Dienste von Nichtrussen angewiesen war. Zunächst waren es in erster Linie Ausländer, seit der Mitte des 18. Jahrhunderts immer häufiger nichtrussische Untertanen des Zaren, die komplementäre Funktionen in Wirtschaft, Militär, Bürokratie, Diplomatie, Wissenschaft und Kultur hatten und zur Modernisierung Rußlands wesentlich beitrugen. Zwar protestierten Russen gelegentlich gegen die Privilegierung von Nichtrussen, doch hatten sie solange keinen Erfolg damit, als diese nicht zu ersetzen waren.

Dieses Bild der Funktionen von Nichtrussen entspricht mindestens zum Teil dem Modell der *«mobilen Diaspora-Gruppen»* des amerikanischen Politologen John Armstrong[53]. Er hat beobachtet, daß in zahlreichen multinationalen Imperien die Regierungen mit Eliten von ethnischen Diaspora-Gruppen zusammenarbeiten, die spezifische Funktionen ausüben, die von der dominanten ethnischen Gruppe nicht geleistet werden können. Er gliedert die mobilen Diaspora-Gruppen in zwei Subtypen, die «archetypical diaspora», für die die Religion und der religiöse Mythos eine besondere Rolle spielen (die Juden als klassischer Fall), und die «situational diaspora», die zwar ebenfalls zerstreut siedelt, aber ein großes Mutterland im Rücken hat (so die Deutschen in Osteuropa oder die Chinesen in Südostasien). Die intensiven Kommunikationsnetze und Sprachkenntnisse machen die mobilen Diasporagruppen zu Spezialisten der Vermittlung und der Innovationen und von Tätigkeiten als Kaufleute, Unternehmer, Geldverleiher, Mediziner oder Diplomaten, die durch die dominierende ethnische Gruppe nicht erfüllt werden können. Sie sind abhängig von der Protektion der Regierung und der Gefahr ausgesetzt, infolge der sozialen Mobilisierung unterer Schichten der dominanten ethnischen Gruppe als Sündenbock geopfert zu werden.

Armstrong hat sein Modell auf den Fall der Deutschbalten angewandt, die seiner Ansicht nach die zentrale mobile Diasporagruppe des Russischen Reiches im 18. und 19. Jahrhundert waren[54]. Er unterscheidet zu Recht die drei Untergruppen des Adels, der sich auf Militär und Bürokratie, die wirtschaftliche Stadtbevölkerung, die sich auf Handel, und das Bildungsbürgertum der Literati, die sich auf Kultur und Wissenschaft spezialisierten. Als mobile Diaspora-Gruppe mit den entsprechenden Funktionen bezieht er aber auch die deutsche Stadtbevölkerung Rußlands, die über die lutherische Kirche mit den Deutschbalten verbunden war, in seine Überlegungen ein. Die wichtigsten Funktionen, die Deutsche und Deutschbalten im Rahmen des Russischen Reiches bis zur Mitte des 19. Jahrhunderts hatten, habe ich oben beschrieben. Ihre Loyalität galt dem Zaren und seiner Dynastie, unter deren Schutz sie standen. Verbindungen zum staatlich zersplitterten Deutschland bestanden zwar und erleichterten die wirtschaftliche, diplomatische und kulturelle Vermittlungstätigkeit der Deutschbalten und der deutschen Stadtbevölkerung, doch blieben sie unpolitisch. Zu Konflikten kam es erst mit dem Aufkommen nationaler Strömungen seit den 40er Jahren des 19. Jahrhunderts.

Neben der deutschsprachigen Bevölkerung, die als wichtigste Diasporagruppe im Zentrum und Nordwesten Rußlands gelten kann, gab es eine Reihe anderer Ethnien, die in ihren Regionen entsprechende Funktionen erfüllten. Die Juden wurden durch diskriminierende Einschränkungen und durch ihren eigenen Traditionalismus daran gehindert, eine entsprechende Rolle im ganzen Reich zu spielen. Sie waren deshalb gezwungen, sich auf wirtschaftliche Aktivitäten im Ansiedlungsrayon und im Königreich Polen zu konzentrieren. Juden dominierten hier den Kleinhandel und einzelne Handwerkszweige wie die der Schneider, Fuhrleute oder Barbiere, während sie ihr Monopol im Schankgewerbe verloren. Die wachsende Konkurrenz führte zur Verarmung breiter Schichten. Die schmale Oberschicht der reicheren Juden wirkte als Geldverleiher und Kaufleute, wobei ihnen ihre Verbindungen zu Juden im Ausland zugute kamen. Nach einer allerdings nicht unumstrittenen zeitgenössischen Aufstellung stellten Juden in der Mitte des 19. Jahrhunderts in acht der vierzehn Gouvernements des Ansiedlungsrayons über drei Viertel des Standes der Kaufleute. Auch unter den reichen Kaufleuten der ersten Gilde waren sie gut vertreten. Jüdische Unternehmer engagierten sich in der Tuchfabrikation, zum Teil als Nachfolger polnischer Adliger, und später in den neuen Zuckerraffinerien. In ihren Fabriken wurden im Gegensatz zu zahlreichen, auf Zwangsarbeit basierenden polnischen und russischen Unternehmen vorwiegend jüdische Lohnarbeiter beschäftigt, und ihre Tätigkeit trug wesentlich zur Modernisierung der Industrie im Westen Rußlands bei[55].

Die Armenier, die sich wie die Juden durch eine exklusive Religion (und eine eigene sakrale Schrift) von allen anderen Ethnien abheben und die seit dem 11. Jahrhundert zum Teil in über weite Gebiete Asiens und Europa zerstreuten Gemeinschaften lebten, spielten seit dem Mittelalter eine wichtige Rolle im Handel zwischen Polen-Litauen, bzw. der Rus' und dem Orient[56]. In den Hauptstädten Moskau und Petersburg, in den an der Mündung zweier wichtiger Flüsse gelegenen Astrachan' (an der unteren Wolga) und Neu-Nachičevan, der 1778 von den aus der Krim ausgesiedelten Armeniern begründeten Kolonie am unteren Don, und im bessarabischen Grigoropol' formierten sich armenische Gemeinschaften, denen die russische Regierung Handelsprivilegien und Glaubensfreiheit, zum Teil auch Steuerprivilegien und Selbstverwaltung, gewährte. Neben dem in Astrachan' konzentrierten Orienthandel, an dem auch eine Kolonie indischer Kaufleute beteiligt war, entfalteten Armenier im 18. und zu Beginn des 19. Jahrhunderts Aktivitäten als Unternehmer. So gehörten Armenier zu den Pionieren von Baumwoll- und Seidenmanufakturen in Astrachan' und Moskau. Einige Armenier dienten auch als Offiziere in der russischen Armee. Die reiche, 1784 geadelte Familie Lazarev, die aus dem Iran nach Moskau übergesiedelt war, betrieb nicht nur eine weit gefächerte Handels- und Unternehmertätigkeit, sondern trat auch als Mäzen hervor. Das 1815 in Moskau begründete Lazarev-Institut für orientalische Sprachen diente in hervorragender Weise der kulturellen Vermittlung Rußlands zu Asien. Armenier hatten so bis zum Beginn des 19. Jahrhunderts gewisse für mobile Diaspora-Gruppen typische Aufgaben im Russischen Reich übernommen. Ihre komplementären Funktionen im Osmanischen und im Iranischen Reich waren aber ungleich wichtiger. Seit dem Anschluß Transkaukasiens verstärkte sich dann ihre Bedeutung als mobile Diaspora in Rußland wesentlich.

Während die komplementären Aktivitäten der Juden und Armenier in der Regel von der Forschung beachtet worden sind, gilt das weniger für die Wolga-Tataren, obwohl auch sie eine typische mobile Diasporagruppe waren. Sie waren im europäischen Teil des Russischen Reiches seit dem 16. Jahrhundert eine exklusive religiöse Minderheit und siedelten außerhalb ihres Kerngebietes über den ganzen Osten Rußlands zerstreut. Die diskriminierende Politik gegenüber der muslimischen Elite, die sie seit der ersten Hälfte des 18. Jahrhunderts aus den Reihen des grundbesitzenden Adels und damit auch aus Karrieren in Militär und Bürokratie ausschloß, lenkte ihre Aktivitäten auf den Handel. Tatarische Kaufleute aus Kazan' und Orenburg spielten in der zweiten Hälfte des 18. und zu Beginn des 19. Jahrhunderts im regionalen Binnenhandel und im Außenhandel mit den Kasachen und den Khanaten Mittelasiens eine immer wichtigere Rolle. Sie erhielten von der Regierung Handelsprivilegien und mit «tatarischen Rathäusern» in Kazan' und einer Vorstadt von Orenburg auch Selbstverwaltungsorgane. Im ersten

Viertel des 19. Jahrhunderts stellten Tataren etwa ein Drittel der Gildenkaufleute im Gouvernement Kazan', an ihrer Spitze reiche Familien wie die Junusov, Apanaev, Jusupov und Akčurin. Tatarische Kaufleute spielten auch als Unternehmer in der Leder- und Seifenproduktion sowie – ähnlich wie die Armenier – als Pioniere der Baumwollverarbeitung in Rußland eine nicht unerhebliche Rolle. In diesem Bereich vermittelten sie Erfahrungen aus Mittelasien nach Rußland weiter, wie überhaupt ihre komplementären Funktionen sich weitgehend aus ihrer wirtschaftlichen, politischen und kulturellen Vermittlungstätigkeit zwischen Rußland und Mittelasien, für die sie als Muslime prädestiniert waren, ergaben[57].

Als mobile Diaspora wirkten in Rußland auch Griechen. Sie gehörten mit den Armeniern und Juden zu den ethno-religiösen Minderheiten, die im Osmanischen Reich wichtige komplementäre Funktionen erfüllten. Seit dem Mittelalter waren im Rahmen der Kirchenbeziehungen immer wieder Griechen in die Ukraine und nach Rußland gekommen und hatten eine bedeutsame Rolle als kulturelle und diplomatische Vermittler gespielt[58]. Die vom ukrainischen Hetman und dann vom russischen Herrscher privilegierten griechischen Kaufleute von Nižyn in der Ukraine wirkten im 18. Jahrhundert als Handelsvermittler zwischen Rußland und dem Osmanischen Reich und auch als Begründer von Baumwoll-Manufakturen[59]. Mit der Erschließung Neurußlands verlagerten sich diese Aktivitäten auf die neuen Städte am Schwarzen Meer, wo griechische Kolonien begründet wurden. Besonders die Griechen von Odessa spielten als Pioniere des russischen Schwarzmeerhandels und später als Träger eines für die nationale Bewegung der Griechen wichtigen kulturellen und politischen Zentrums der Diaspora eine bedeutsame Rolle. Die «situational diaspora» der Griechen macht damit auch Zusammenhänge zwischen ethnischen Minderheiten und russischer Außenpolitik deutlich. Einzelne Griechen machten Karriere in der russischen Marine und Diplomatie. Der bekannteste unter ihnen war Ioannis Kapodistrias, der zwischen 1815 und 1822 Staatssekretär im russischen Außenministerium war und 1827 zum ersten Präsidenten Griechenlands gewählt wurde[60].

Ob auch noch andere ethnische Gruppen im vormodernen Reich die Funktionen der mobilen Diasporagruppen erfüllten, müßten weitere Untersuchungen zeigen. In Frage kämen die Zigeuner, obwohl sie von Armstrong explizit nicht zu dieser Kategorie gerechnet werden. Sie hatten zwar in der Tat nicht die für mobile Diasporas typischen Aufgaben von Eliten, doch hatten sie, etwa in Bessarabien, klar abgegrenzte wirtschaftliche Aufgaben[61].

Es zeigt sich, daß nichtrussische mobile Diasporagruppen im vormodernen Russischen Reich eine ganze Reihe von komplementären Funktionen erfüllten, die von Russen nicht zu leisten waren. Während im Zentrum die Deutschbalten und Deutschen in Bürokratie, Militär und Wissenschaft eine hervorragende Rolle spielten, so entfalteten im Westen Juden, im Süden Griechen, im Osten Armenier und Tataren und im Nordwesten wiederum Deutschbalten und Deutsche wichtige Vermittlungstätigkeiten in Handel,

Früh-Industrialisierung, Kultur und Diplomatie. Die Frage stellt sich, wie sich die komplementären Funktionen der mobilen Diaspora-Gruppen im Verlauf der Modernisierung Rußlands im 19. Jahrhundert entwickelten. Ihre Privilegien und ihre Sonderstellung wurden, wie wir gesehen haben, von Russen wiederholt kritisiert und als Konkurrenz und als Barriere der eigenen Aufstiegschancen gesehen. Dieser Druck verstärkte sich infolge der sozialen Mobilisierung der Russen im 19. Jahrhundert. Wie reagierte die russische Regierung darauf? Opferte sie die mobilen Diasporagruppen, als sie auf ihre Dienste nicht mehr angewiesen war? Ich werde in den Kapiteln 6 bis 8 auf diese Fragen zurückkommen.

3. Religiöse und kulturelle Vielfalt

«Kein anderer Staat auf dem Erdboden enthält eine solche Mischung und Mannigfaltigkeit von Bewohnern. Russen und Tataren, Deutsche und Mongolen, Finnen und Tungusen – leben hier in unermeßlichen Entfernungen und unter den verschiedensten Himmelsstrichen als Mitbürger eines Staats, durch ihre politische Verfassung amalgamirt, aber durch ihre körperliche Beschaffenheit, Sprache, Religion, Lebensart und Sitten bis zu den seltsamsten Kontrasten verschieden», schrieb der in Rußland lebende Gelehrte Heinrich Storch am Ende des 18. Jahrhunderts, und er kam zum Schluß, «daß die Bewohner des russischen Reichs wenigstens achtzig besondere Nationen bilden, die sich sowohl ihrer Abstammung als ihren Sitten und ihrer Sprache nach wesentlich voneinander unterscheiden... Eine so außerordentliche Menge von Völkern und Völkerschaften in Einem Staatskörper vereinigt zu sehen, ist allerdings eine höchst seltne Erscheinung, zu welcher wir vergebens ein zweytes Beyspiel in der Weltgeschichte suchen würden»[62]. Mag der gelehrte Beobachter auch etwas übertrieben haben, das Russische Reich war auch schon vor den kolonialen Eroberungen des 19. Jahrhunderts von einer großen kulturellen Vielfalt. Das wichtigste kulturelle Merkmal war in der Vormoderne das Glaubensbekenntnis, das die Gruppenidentität in viel höherem Maß bestimmte als die Sprache. Mehrsprachigkeit war unter Ober- und Mittelschichten weit verbreitet, Religion konnte man aber nur eine haben. Auch das Bildungswesen war noch weitgehend religiös bestimmt.

Unter den Ethnien des vormodernen Russischen Reiches befanden sich Angehörige von vier Weltreligionen: des Christentums, des Judentums, des Islam und des Buddhismus. Dazu kamen Angehörige von Naturreligionen. Die Christen überwogen zahlenmäßig bei weitem mit 1719 etwa 91 Prozent und 1815 mit etwa 94 Prozent der Gesamtbevölkerung. Unter ihnen waren die Angehörigen der *Orthodoxie* (inbegriffen die zahlenmäßig nicht gesondert erfaßten Altgläubigen) mit 1719 etwa 87 Prozent und 1815 noch etwa drei Viertel der Bevölkerung am zahlreichsten. Folgende ethnische Gruppen waren um 1815 orthodox: Alle Russen, die überwiegende Mehrheit der

Ukrainer, ein Teil der Weißrussen, die Rumänen Bessarabiens, die Griechen, Bulgaren und Gagausen, die im Mittelalter getauften Karelier, Ingrier, Wepsen und Syrjänen sowie die im 18. Jahrhundert christianisierten Tschuwaschen, Mordwinen, Tscheremissen, Wotjaken, Jakuten und andere kleine Ethnien Sibiriens[63].

Die Orthodoxie war die Staatskirche Rußlands, seit den Anfängen des Moskauer Reiches eng mit dem Herrscher verbunden, seit dem 18. Jahrhundert ganz unter der Kontrolle des Staates. Die ehemals selbständige Kiever Metropolie war schon Ende des 17. Jahrhunderts dem Moskauer Patriarchat unterstellt worden, die Rumänen Bessarabiens wurden 1813 in der Eparchie Kišinev organisiert[64]. Die große Gruppe der ausschließlich russischen Altgläubigen blieb außerhalb der Kirche und wurde seit dem 18. Jahrhundert geduldet, wenn auch diskriminiert.

Aus der Geschichte der Expansion Rußlands ist deutlich geworden, daß der Staat seit der Moskauer Zeit im Rahmen seiner Praxis der Garantie des Status quo nicht-orthodoxe Bekenntnisse tolerierte[65]. Zwar begrüßte er die orthodoxe Mission, doch nur wenn sie seine primären Ziele – soziale und politische Stabilität, wirtschaftlicher Profit – nicht gefährdete. Nur in der Mitte des 16. und in der ersten Hälfte des 18. Jahrhunderts wich der Staat von dieser Praxis ab und unterstützte mit ökonomischen Anreizen und Zwangsmaßnahmen die Taufe von Muslimen und Animisten. Zur selben Zeit, als die massivste Welle der Zwangsbekehrung im Osten einsetzte, verkündete Peter der Große 1702 in seinem Toleranzmanifest die Glaubensfreiheit für Ausländer, die in russische Dienste treten wollten, und garantierte 1710 die Religionsfreiheit in den Ostseeprovinzen. Der aufgeklärte Absolutismus kehrte nach 1755 auch zur Toleranz gegenüber Nicht-Orthodoxen im Osten des Reiches zurück. Katharina II. verstärkte aber die staatliche Kontrolle über die fremden Bekenntnisse und versuchte ihre Anhänger für den Staatsnutzen zu instrumentalisieren.

Die Toleranz galt nicht für vom wahren Glauben Abgefallene, so nicht für die 1654 und vor allem seit 1772 unter russische Herrschaft gekommenen unierten Ukrainer und Weißrussen. Mission war nur der Orthodoxie erlaubt, und der Übertritt eines Orthodoxen zu einem anderen Glauben war verboten. Der Übertritt zur Orthodoxie wurde dagegen mit Anreizen gefördert. Die Gemeinschaft der orthodoxen Gläubigen wurde seit dem Mittelalter oft mit den Russen gleichgestellt, obwohl seit jeher auch andere ethnische Gruppen dazu gehörten. Dieser orthodoxen Kerngruppe Rußlands wurden die inovercy, die Andersgläubigen, entgegengestellt. Lange trennte der Staat die Andersgläubigen auch räumlich von den Orthodoxen, indem er ihnen nur die Ansiedlung in eigenen Vorstädten außerhalb der eigentlichen Städte erlaubte. Die Taufe ließ diese und andere Schranken verschwinden, Diskriminierungen, aber auch Privilegien der Andersgläubigen fielen damit weg. Zwar wurden Einzelpersonen durch die Taufe in der Regel allmählich russifiziert, nicht aber größere ethnische Gruppen.

Die russische Orthodoxie prägte bis zum Ende des 17. Jahrhunderts die russische Kultur und weit darüber hinaus das Denken der Grund- und Mittelschichten. Das Elementarschulwesen blieb trotz Ansätzen einer Verweltlichung unter Peter und Katharina mindestens auf dem Lande kirchlich, doch war das Netz der Pfarrschulen weitmaschig, und die Alphabetisierungsrate der Russen blieb gering[66]. Lediglich der russische Adel und ein Teil der Geistlichkeit und Stadtbevölkerung erhielten in neu geschaffenen Schulen im 18. und frühen 19. Jahrhundert eine adäquate Bildung. Die bis 1830 acht Universitäten Rußlands hatten erheblich mehr nichtrussische Professoren und Studierende als russische, zwei von ihnen (Wilna und Warschau) waren polnischsprachig, eine (Dorpat) deutsch- und eine (Helsingfors) schwedischsprachig.

Die Ukrainer des Hetmanats waren zwar ebenfalls orthodox, ihre Kultur war jedoch seit dem 17. Jahrhundert erheblich stärkeren Einflüssen aus dem Westen, vor allem aus Polen, ausgesetzt als die russische. Davon zeugen noch heute zahlreiche Bauwerke des ukrainischen Barock. Am deutlichsten schlug sich der abendländische Einfluß im Bildungswesen nieder, das nach dem Vorbild der Jesuitenschulen aufgebaut wurde und in dem die lateinische Sprache einen wichtigen Platz einnahm. An seiner Spitze stand die berühmte Kiever Akademie, die, wie oben ausgeführt, zeitweilig zur Kaderschmiede ganz Rußlands wurde und die, wie Heinrich Storch am Ende des 18. Jahrhunderts schrieb, eine Universität mit 1500 Studenten sei[67]; dazu kamen Kollegien in Černyhiv und Char'kiv, die nicht nur Geistliche, sondern auch Söhne von Adligen und Bürgern ausbildeten. Doch auch das Netz an Elementarschulen war dichter als in Rußland, so daß die Ukrainer im 18. Jahrhundert eine erheblich höhere Alphabetisierungsquote aufwiesen als die Russen. Mit der Integration der Ukraine, der allmählichen Russifizierung ihrer Elite und Nivellierung der übrigen Schichten sowie mit dem Ausbau eines weltlichen Bildungswesens in Rußland ging aber dieser Vorsprung allmählich verloren.

Mit den Teilungen Polens waren zahlreiche Angehörige der unter päpstlicher Suprematie stehenden *Unierten Kirche* mit slavischem Ritus unter russische Herrschaft gekommen. Wie oben ausgeführt, wurden die unierten Ukrainer und Weißrussen von den russischen Behörden behindert und noch am Ende des 18. Jahrhunderts in Massen zum Übertritt zur Orthodoxie gezwungen. Die noch immer mehrere Millionen umfassenden unierten Ostslawen wurden zunächst zu Beginn des 19. Jahrhunderts in die römisch-katholische Kirchenorganisation eingegliedert. Schon 1839 folgte die Aufhebung der Unierten Kirche (mit Ausnahme einer Restorganisation in der Diözese Cholm). Die unierten Weißrussen und Ukrainer Rußlands waren zum größten Teil von der polnisch-katholischen Oberschicht abhängige analphabetische Bauern[68].

Römisch Katholiken gab es vor den Teilungen Polens in Rußland nicht sehr viele. Zum einen waren es einzelne ausländische Fachleute, vor allem

Offiziere, aus Schottland, Frankreich, Italien und Polen, die in den beiden Hauptstädten lebten und dort seit Peter dem Großen auch Kirchen hatten. Zum zweiten gab es schon im 17. Jahrhundert in Smolensk und (infolge von Umsiedlungen) in anderen Teilen Rußlands polnische oder polonisierte Adlige, die aber in der Regel bald zur Orthodoxie übertraten. Erst zwischen 1772 und 1815 wurden die Angehörigen der römischen Kirche mit gegen 10 Prozent der Bevölkerung zur größten nicht-orthodoxen Glaubensgemeinschaft Rußlands. Es handelte sich in erster Linie um Polen, dazu kamen die Litauer und Teile der Weißrussen, Letten und deutschen Kolonisten. Die Katholiken des Russischen Reiches wurden ohne Rücksicht auf den Heiligen Stuhl zunächst im Erzbischof Mogilev organisiert und zu Beginn des 19. Jahrhunderts – mit Ausnahme der im Erzbistum Warschau organisierten katholischen Kirche des Königreichs Polen – dem «Römisch-katholischen geistlichen Kollegium» der Petersburger «Hauptverwaltung der geistlichen Angelegenheiten fremder Konfessionen» unterstellt[69].

Kultur und Bildungswesen in den ehemaligen Gebieten Polen-Litauens (mit Ausnahme Kurlands) waren auch unter russischer Herrschaft polnisch geprägt und wirkten akkulturierend auf Litauer, Weißrussen und Ukrainer. Das auf jahrhundertelangen Traditionen basierende und in den letzten Jahren der Republik reformierte dreistufige Schulsystem blieb im wesentlichen erhalten. Es wies ein relativ dichtes Netz von kirchlichen und weltlichen Elementarschulen auf, zahlreiche, meist auf jesuitische oder piaristische Kollegien zurückgehende Mittelschulen und an der Spitze die Akademie, seit 1803 Universität, Wilna, zu der 1805 das Lyzeum von Krzemieniec und 1816 die Universität Warschau kamen. Die ersten zwei Jahrzehnte russischer Herrschaft waren eine Blütezeit des polnischen Bildungswesens und der polnischen Kultur im Königreich und in Litauen[70]. Der Alphabetisierungsgrad und der Anteil an Personen mittlerer und höherer Bildung waren unter den Polen auf jeden Fall erheblich höher als unter den Russen, Weißrussen und Litauern[71].

Seit dem 16. Jahrhundert kamen immer wieder Gruppen von *Protestanten* unter russische Herrschaft. Ausländische Fachleute und Gefangene aus Livland bildeten das wichtigste Element der Moskauer Ausländer-Vorstadt (Nemeckaja sloboda), die dann in der großen deutschen Kolonie in Petersburg eine Fortsetzung fand. Seit dem Nordischen Krieg waren die lutherischen Esten, Letten, Deutschbalten und Finnen Alt-Finnlands, seit der dritten Teilung Polens auch die Letten und Deutschen Kurlands russische Untertanen. Dazu kamen später die mehrheitlich protestantischen deutschen Kolonisten und Deutschen des Königreichs Polen, die Finnen und Schweden Finnlands. Die im Gegensatz zu den Katholiken heterogenen Protestanten Rußlands, unter denen die Reformierten eine kleine Minderheit bildeten, machten zwar nur ungefähr 5 Prozent der Bevölkerung aus, ihre qualitative Bedeutung war jedoch erheblich größer. Die evangelischen Kirchen in den Ostseeprovinzen, Finnland und im Königreich Polen blieben selbständige

Landeskirchen, während die Deutschen in den Städten und Kolonien Gemeinden und Kirchen begründeten, die zu Beginn des 19. Jahrhunderts organisatorisch in Konsistorien zusammengefaßt wurden. 1832 verstärkte der Staat die Kontrolle auch über die Protestanten Rußlands und unterstellte sie – mit Ausnahme derjenigen Finnlands und Polens, aber nicht des Baltikums – neu der Evangelisch-Lutherischen Kirche mit Sitz in Petersburg[72].

Die Lutheraner Rußlands lebten in eigenen, mitteleuropäisch geprägten Welten, die trotz der konfessionellen Gemeinschaft wenig Kontakt miteinander hatten. Sie wiesen übereinstimmend ein am russischen Durchschnitt gemessen hohes Bildungsniveau aus, das über die kirchliche Unterweisung auch die bäuerlichen Unterschichten erreichte. Schon am Ende der schwedischen Zeit hatten die estnisch- und lettischsprachigen Schulen der Kirchspiele in Estland und vor allem in Livland einen hohen Prozentsatz der Landbevölkerung erfaßt, und am Ende des 18. Jahrhunderts wird der Alphabetisierungsgrad der Bauern Nord-Livlands auf nicht weniger als zwei Drittel geschätzt[73]. Reformen im zweiten Jahrzehnt des 19. Jahrhunderts gaben dann der Volksbildung nochmals neue Impulse. In den Städten gab es neben deutschen Volksschulen eine ganze Anzahl mittlerer Lehranstalten, unter ihnen die alte Domschule in Riga, an der auch Herder gewirkt hatte. An der Spitze des Bildungswesens stand die 1802 wiederbelebte deutsche Universität Dorpat, die als Kaderschmiede eine wichtige Rolle spielte.

Ein mit den Ostseeprovinzen vergleichbares Bildungsniveau hatte im Russischen Reich nur mehr das Großfürstentum Finnland mit seinem dichten Netz von finnischsprachigen Kirchspielschulen, die auch einen relativ hohen Prozentsatz der Bauern erfaßten, und der schwedischen Universität Helsingfors. Die Schulen der Deutschen in Moskau und vor allem in Petersburg wurden im 18. und zu Beginn des 19. Jahrhunderts zu Lehranstalten hohen Niveaus ausgebaut, die auch Kinder vornehmer Russen anzogen. Die deutschen Kolonien an der Wolga und in der südlichen Ukraine hatten zwar alle Schulen, doch entwickelten sie sich in den ersten Jahrzehnten nach der Einwanderung nur langsam[74]. Von den zahlreichen Sekten müssen wenigstens die *Mennoniten* erwähnt werden, die aus Westpreußen nach Rußland eingewandert waren und in Neurußland gegen außen abgeschlossene, wirtschaftlich und kulturell blühende Gemeinschaften begründet hatten[75].

An Vertretern anderer christlichen Konfessionen müssen schließlich die *Armenier* genannt werden, deren Kolonien in Rußland zum größeren Teil der armenisch-gregorianischen, zum kleineren Teil der armenisch-unierten Kirche zugehörige Gemeinschaften bildeten, die von der russischen Regierung anerkannt wurden[76].

Auch die *Juden*, die in dem Ansiedlungsrayon im Westen des Reiches lebten, bildeten gegen außen abgeschlossene Gruppen, deren Kultur, Alltag und Zusammenleben weitgehend von ihrer Religion bestimmt wurde. Sie waren weiter in den traditionellen Gemeinden mit der Selbstverwaltungsorganisation des Kahal organisiert, in denen die Rabbis eine wichtige Rolle spielten. Das geistige Leben der Juden war seit dem 18. Jahrhundert von Auseinandersetzungen zwischen dem Volksglauben des Chassidismus und der rabbinischen Orthodoxie bestimmt. In den ersten Jahrzehnten des 19. Jahrhunderts waren Anfänge der Aufklärungsbewegung (Haskalah) zu beobachten, doch herrschten in Kultur und Bildungswesen die alten Traditionen noch lange vor. Die Elementarschule, der Cheder, und auch die höhere Talmudschule, die Jeschiwah, vermittelten den jüdischen Jungen eine religiöse Bildung, die sich auf das Lesen hebräischer Texte konzentrierte. Einzelne Schulen waren Zentren rabbinischer Gelehrsamkeit mit einem breiten Wirkungsfeld. Obwohl ein hoher Prozentsatz der jüdischen Jungen eine Schule besuchte, ist es angesichts des formalen Charakters des Unterrichts nicht einfach, Aussagen über den Alphabetisierungsgrad der Juden zu machen. Er lag aber auf jeden Fall höher als bei den anderen ethnischen Gruppen der Region[77]. Neben der überwiegenden Mehrheit der jiddischsprachigen gab es auch kleine Gruppen anderssprachiger Juden, so die krimtatarisch sprechenden Krymčaki[78]. Diese darf man nicht verwechseln mit den ebenfalls mehrheitlich tatarischsprachigen Angehörigen der jüdischen Sekte der *Karaim*, deren wenig zahlreiche Mitglieder als vom russischen Staat tolerierte und – im Gegensatz zu den Juden – nicht diskriminierte Gemeinschaften auf der Krim und in Litauen lebten[79].

Am Ende des 18. Jahrhunderts stellten *Muslime* nur etwa 4 Prozent der Bevölkerung Rußlands; ihr Anteil erhöhte sich erst im 19. Jahrhundert erheblich. Die Wolgatataren waren die erste größere Gruppe einer nichtchristlichen Weltreligion, die seit der Mitte des 16. Jahrhunderts unter russischer Herrschaft lebten. Später kamen die sibirischen Tataren, die Baschkiren und die Krimtataren hinzu; alle diese Gruppen gehören zur sunnitischen Richtung des Islam. Der Islam war bei den von tribalen Traditionen geprägten Nomaden weniger stark verwurzelt als bei den seit langem seßhaften Wolga- und Krimtataren, bei denen das islamische Recht und religiöse Traditionen Kultur und Zusammenleben bestimmten. Der Moskauer Staat hatte die Muslime Rußlands toleriert, besonders weitgehend im autonomen Khanat von Kasimov an der Oka und in der für ein christliches Reich erstaunlichen Tatsache, daß bis zum Ende des 17. Jahrhunderts Zehntausende russischer Bauern von muslimischen Tataren abhängig waren. Nachdem die zu Beginn des 18. Jahrhunderts eingeleitete forcierte Missionierung gescheitert war, gewährte der aufgeklärte Absolutismus den Muslimen erneut Toleranz und verstärkte gleichzeitig die staatliche Kontrolle, indem er eine «Geistliche Versammlung» in Ufa und eine entsprechende Institution auf der Krim unter je einem von Petersburg ernannten Mufti schuf[80].

Ähnlich wie die Gemeinschaften der Juden waren auch die der Muslime Rußlands von alten religiösen Traditionen geprägt. Der islamische Klerus übte eine Führungsrolle aus und trug auch das Schulwesen. Die jeder Moschee zugeordnete Koranschule (maktab) vermittelte den tatarischen Jungen Grundkenntnisse des Lesens in arabischer Sprache, die sich aber oft im

Auswendiglernen religiöser Texte erschöpften. Die islamischen Mittelschulen (madrasa), die es in einigen Städten gab, vertieften die religiöse Bildung. Wer eine höhere Bildung erlangen wollte, mußte dafür ins Ausland, etwa nach Buchara, reisen. Bei den Kazan'-Tataren zeigten sich am Ende des 18. und zu Beginn des 19. Jahrhunderts Anfänge einer geistigen Erneuerung, etwa in einer Förderung tatarischer Druckereien. Ähnlich wie bei den Juden ist angesichts der umstrittenen Qualität der Koranschulen der Alphabetisierungsgrad der Wolga- und Krimtataren schwer zu bestimmen. Zeitgenössische Beobachter heben aber hervor, daß er höher gewesen sei als bei den Russen der Region[81].

Daß auch der *Buddhismus* unter den Ethnien des Russischen Reiches vertreten war, ist wenig bekannt. Rußland stieß im Prozeß des «Sammelns der Länder der Goldenen Horde» auch auf die Nachkommen der Begründer des Weltreiches, die Mongolen, die im 16. und 17. Jahrhundert von Tibet aus zum Lamaismus bekehrt worden waren. Zwei mongolische Stammesgruppen kamen unter russische Herrschaft, die Kalmücken, die im 17. Jahrhundert Gebiete an der Unteren Wolga in Besitz nahmen, und die Burjäten in Südostsibirien. Die Kalmücken waren schon in der Westmongolei lamaistisch geworden, während die Burjäten südlich des Bajkalsees erst in der ersten Hälfte des 18. Jahrhunderts, also unter russischer Herrschaft, von tibetischen und mongolischen Lamas bekehrt wurden; die nördlichen Burjäten blieben Schamanisten. Rußland ließ auch in der Folgezeit gegenüber dem Lamaismus Toleranz walten, verstärkte aber in der zweiten Hälfte des 18. Jahrhunderts über einen von Petersburg bestätigten burjätischen und kalmückischen obersten Lama die Kontrolle auch über diese Religionsgemeinschaft. Träger der Kultur und des religiösen Bildungswesens waren die Klöster. Bei den Burjäten gab es in der ersten Hälfte des 19. Jahrhunderts etwa zwanzig, meist große Holzbauten nach tibetischem Muster, bei den Kalmücken zur selben Zeit über hundert kleine Klöster, die in der Regel in Zelten untergebracht waren und die nomadischen Wanderungen mit vollzogen. Die Klöster unterhielten Schulen, in denen zum Teil auch Weltliche unterrichtet wurden. Da die Mönche allein etwa zehn Prozent der Bevölkerung der beiden Ethnien stellten, ist anzunehmen, daß ihr Alphabetisierungsgrad höher war als der der Russen[82].

Einige finnischsprachige Ethnien des europäischen Rußland und die meisten Ethnien Sibiriens waren Anhänger von *Naturreligionen*. Das Moskauer Reich tolerierte auch sie, und erst seit Peter dem Großen wurden die meisten von ihnen mit wirtschaftlichen Anreizen und Zwang zur Orthodoxie bekehrt. Formal waren am Ende des 18. Jahrhunderts nur noch einige Ethnien des Hohen Nordens und Ostsibiriens, wie die Samojeden oder Tschuktschen, nicht getauft worden, doch bestimmten die traditionellen animistischen Bräuche und Traditionen weiter die Kultur und die sozialen Beziehungen auch bei den Neugetauften, so sogar bei den mitten im europäischen Rußland lebenden Tschuwaschen und Tscheremissen[83].

Festzuhalten ist, daß die Bevölkerung des Russischen Reiches zwar in ihrer großen Mehrheit zur orthodoxen Kirche gehörte, daß aber die Masse der orthodoxen Russen einen niedrigeren Alphabetisierungsgrad hatte als die meisten nicht-orthodoxen Nichtrussen, die lutherischen Deutschen, Esten, Letten und Finnen, die katholischen Polen und die Juden und wahrscheinlich auch als die muslimischen Tataren und die Lamaisten im Osten. Obwohl das mittlere und höhere russische Bildungswesen am Ende des 18. und zu Beginn des 19. Jahrhunderts stark ausgebaut wurde, kann man nicht von einem für Kolonialreiche typischen Bildungsgefälle Zentrum-Peripherie sprechen. Die religiöse Vielfalt Rußlands hatte auch einen doppelten außenpolitischen Aspekt: Mindestens die Katholiken, Lamaisten und Muslime unterlagen wegen ihrer Bindung an Rom, Lhasa und die islamischen Zentren im Ausland (vor allem Istanbul) dem Verdacht einer doppelten Loyalität. Umgekehrt konnten sie als Schrittmacher des russischen Einflusses vor allem in den östlichen Nachbarländern dienen.

Neben dem religiösen Bekenntnis hatte die Sprache als Identitätsfaktor eine nachgeordnete Bedeutung. Man kann die Sprachen des vormodernen Rußland grob in zwei Gruppen einteilen, 1. in die Sprachen, die von Oberschichten gesprochen und geschrieben wurden und Träger von Hochkulturen waren, und 2. in die nicht schriftlichen Sprachen, die lediglich von Unterschichten gesprochen wurden, die sich unter der Herrschaft andersethnischer Eliten befanden. Die Schriftsprachen der nichtrussischen Eliten wurden von Rußland anerkannt, so das Polnische, Deutsche, Schwedische, Griechische, Armenische, Mongolische, das Hebräische und Jiddische, das Wolgatatarische, Krimtatarische und Arabische. Diese Sprachen waren Unterrichtssprachen in Schulen verschiedener Stufen, und sie wurden auch gedruckt. Die weitgehend nichtschriftlichen Sprachen der übrigen Ethnien wurden von der russischen Regierung nicht zur Kenntnis genommen. Man ließ es auch zu, daß die nichtrussischen Elitesprachen und -kulturen auf die Bauernvölker einwirkten. So blieb der tatarische Einfluß auf die Tschuwaschen, Tscheremissen, Mordwinen und Baschkiren, der polnische auf die Litauer, Weißrussen und Ukrainer, der schwedische auf die Finnen, der deutsche auf die Esten und Letten erhalten[84].

Bei einigen Ethnien des Reiches gab es eine traditionelle Diglossie zwischen einer sakralen Schriftsprache und einer Umgangssprache, die nur zum Teil geschrieben wurde. Zu nennen wären die Bedeutung des Kirchenslawischen bei Russen und Ukrainern, des Armenischen, des Hebräischen bei den Juden, des Arabischen bei den Muslimen und des Tibetischen oder Altmongolischen bei den Lamaisten. Die Tatsache, daß diese Sprachen alle eigene Alphabete benutzten, trug zur kulturellen Absonderung von den Russen und zur Kohäsion der ethno-religiösen Gemeinschaften bei. Eine Sonderstellung hatten die Idiome der lutherischen Bauernvölker (der Letten, Esten und Finnen), die Unterrichtssprachen in den Elementarschulen und – in beschränktem Maß – Schriftsprachen waren. Die Ukrainer schließlich hatten neben dem Kirchenslawischen eine eigene Schriftsprache entwickelt, die jedoch allmählich verschwand, weil sie von der russischen Regierung nicht anerkannt wurde und weil die ukrainische Elite russifiziert wurde.

Die Frage der gegenseitigen Akkulturation der Ethnien und der Assimilationsprozesse, vor allem der Russifizierung, im vormodernen Russischen Reich ist bisher wenig bearbeitet worden. Grundsätzlich kann gesagt werden, daß es zwar vielfältige kulturelle Wechselwirkungen zwischen den ethnischen Gruppen gab, daß aber die Assimilation einer größeren Zahl von Menschen durch ein anderes Ethnos bis in die Mitte des 19. Jahrhunderts selten war[85]. Die einzelnen ethnischen Gruppen auf dem Lande und die ethno-religiösen Gruppen auch in der Stadt lebten weitgehend abgeschlossen voneinander und erhielten sich ihre traditionalen Kulturen: «Dennoch ist zu bewundern, daß die meisten zerstreueten Finnischen Stämme der Lage ihrer Besitzungen ohngeachtet so viel Eigenthümliches... beibehalten haben», schreibt Johann Gottlieb Georgi in den 70er Jahren des 18. Jahrhunderts über die Ethnien der Mittleren Wolga[86]. Ausnahmen waren kleine, seit Jahrhunderten in einer weitgehend russischen Umgebung zerstreut siedelnde finnischsprachige Ethnien wie die Ingrier und Woten und Teile der westlichen Mordwinen sowie Weißrussen und Ukrainer, die in russischen Siedlungsgebieten lebten[87]. Kamen Vertreter der Bauernvölker in die Stadt und stiegen dort sozial auf, so unterlagen sie in der Regel einer Aufstiegsassimilation durch die herrschende ethnische Gruppe: Letten und Esten wurden germanisiert, Litauer, Weißrussen und Ukrainer polonisiert bzw. russifiziert, die christianisierten Ethnien russifiziert. Die zum Christentum übergetretenen Bauern behielten dagegen meist ihre Sprache und Kultur. Das läßt sich an der Gruppe der getauften Tataren zeigen, die zum Teil schon im 16. Jahrhundert christianisiert worden waren, aber noch im 19. Jahrhundert Tatarisch sprachen und eine eigene, weder von den Russen noch von den muslimischen Tataren anerkannte ethnische Gruppe bildeten[88].

Während also die nichtrussische Landbevölkerung in der Vormoderne nur in geringem Maß russifiziert wurde, unterlagen die in den Adel kooptierten Nichtrussen stärker der Assmilierung. Seit dem Mittelalter waren immer wieder Angehörige nichtrussischer Eliten in den Adel Rußlands eingegangen, und unter den 125 Russen, die neben 54 Ausländern und Deutschbalten im Jahre 1730 die militärische und politische Elite des Reiches bildeten, war (ohne die ostslawischen Adligen aus Litauen) mindestens ein Viertel nichtrussischer Herkunft. Weitaus die meisten stammten von Tataren ab, so etwa die im 16. Jahrhundert in russische Dienste getretenen Abkömmlinge der Herrscherfamilie der Großen Nogai-Horde Jusupov und Urusov[89]. Auch die zu Beginn des 18. Jahrhunderts zur Orthodoxie übergetretenen wolgatatarischen Adligen wurden bald russifiziert, so die Familien Engalyčev, Kil'dišev, Kugušev und Tenišev[90]. Im Laufe des 18. und frühen 19. Jahrhunderts wurden dann die meisten Angehörigen der Smolensker Szlachta und der in den Adel kooptierten Oberschicht der ukrainischen Kosaken russifiziert, im 19. Jahrhundert folgte ein Teil der Deutschen und Deutschbalten, die im Zentrum dienten[91]. Die meisten aus dem Westen des Reiches stammenden deutschbaltischen, polnischen und finnländischen Angehörigen der Elite behielten aber ihre ethnische Identität, ganz zu schweigen von den nichtrussischen Oberschichten in der Peripherie.

Trotz gewisser Assimilationsprozesse blieb die Elite des vormodernen Russischen Reiches kosmopolitisch. Sie umfaßte neben Orthodoxen Protestanten, Katholiken und – in den Regionen – auch Muslime, sprachlich dominierte neben Russisch Französisch und Deutsch, im Westen auch Polnisch und Schwedisch, im Osten auch Tatarisch. Die meisten höheren Adligen waren mehrsprachig. Ein Beispiel für den kosmopolitischen Charakter der Elite Rußlands ist Karl Nesselrode. Als Sohn eines deutsch-katholischen Vaters und einer jüdisch-protestantischen Mutter in Lissabon geboren und anglikanisch getauft, war er über vier Jahrzehnte russischer Außenminister, ohne daß er dabei gelernt hätte, die russische Sprache wirklich zu beherrschen[92].

Ein Spiegelbild der komplexen religiösen und sprachlichen Struktur Rußlands war seine Hauptstadt: «Von seiner Begründung an stellte Petersburg, das wichtigste Glied des sich an Europa anheftenden Rußland, ein babylonisches Durcheinander dar, zeigte eine schreckliche Mischung von Sprachen, Sitten und Bräuchen», schien einem russischen Patrioten deutscher Abstammung[93]. Neben der bürokratischen und militärischen Elite des Reiches, der neben Russen auch Deutschbalten, Deutsche, Polen und Finnländer angehörten, gab es in Petersburg größere Gemeinschaften von Deutschen mit zahlreichen Kirchen und Schulen, von Polen (mit Kirche und Schule), Finnländern, Esten und sogar von Tataren (mit einer eigenen Moschee); in der ersten Hälfte des 19. Jahrhunderts stellten Ausländer etwa 9 und Nichtrussen aus Rußland etwa 5 Prozent der Bevölkerung[94]. Aber auch viele andere Städte waren polyethnisch und multireligiös, so Moskau, die Städte im Westen mit ihren jüdischen Gemeinschaften, die ethnisch besonders bunten Städte im Süden und Osten wie Odessa (u. a. Juden, Griechen, Bulgaren, Rumänen, Deutsche und Armenier), Astrachan' (mit seinen tatarischen, armenischen, indischen, persischen und griechischen Gemeinschaften)[95] oder Kazan'. Das fiel auch Katharina II. auf, als sie 1767 Kazan' besuchte und darauf an Voltaire schrieb: «Il y a dans cette ville vingt peuples divers, qui ne se ressemblent point du tout. Il faut pourtant leur faire un habit qui leur soit propre à tous»[96].

4. Nichtrussischer Widerstand

In der Darstellung der Formierung und der Struktur des vormodernen russischen Vielvölkerreiches, die ich in den vorangegangenen Kapiteln unternommen habe, habe ich ein allzu harmonisches Bild gezeichnet. Zwar war im

Vergleich zum nationalen Zeitalter die russische Politik gegenüber den nichtrussischen Ethnien des Reiches tatsächlich über weite Strecken bemerkenswert pragmatisch, flexibel und tolerant. Dasselbe gilt für das Zusammenwirken von Russen und Nichtrussen in Verwaltung, Armee, Wirtschaft und Kultur. Aus der Perspektive zahlreicher Nichtrussen – vor allem der Ethnien, die vor dem Anschluß an Rußland ein politisch selbständiges Gemeinwesen gehabt hatten – sah dies aber ganz anders aus: Die Herrschaft Rußlands wurde als gewaltsame Fremdherrschaft angesehen, die versuchte, den Nichtrussen eine fremde administrative und soziale Ordnung und langfristig auch eine fremde Religion und Kultur aufzuzwingen.

Einen ersten Hinweis auf das Protestpotential kann der Widerstand geben, den die ethnischen Gruppen der Annexion durch Rußland entgegensetzten. Wie die beiden Kapitel über die Expansion Rußlands gezeigt haben, war der bewaffnete Widerstand im Osten, bei den «Erben der Goldenen Horde», viel stärker als im Westen. Die Nichtrussen des Khanats von Kazan' reagierten auf die Eroberung mit einem erbitterten Befreiungskampf, der erst nach fünf Jahren durch große Moskauer Heere niedergeschlagen wurde, und sie versuchten auch in den folgenden Jahrzehnten zweimal, Schwächeperioden des Moskauer Staates auszunutzen, um in elementaren Volksbewegungen die russische Herrschaft abzuschütteln. Zahlreiche Ethnien Sibiriens, so die Jakuten, Burjäten, Korjaken und Tschuktschen, setzten der Eroberung und der russischen Herrschaft lang anhaltenden, bewaffneten Widerstand entgegen. Die zum Teil nomadischen Baschkiren wehrten sich in einer Kette von Aufständen ein ganzes Jahrhundert lang gegen die Integration in das Russische Reich, im letzten Aufstand von 1755 auch mit der Parole vom «Heiligen Krieg». Die nomadischen Nogai-Tataren und Kalmücken und auch die Krimtataren suchten dem steigenden russischen Druck durch Massenflucht zu entgehen.

Die russischen Behörden schlugen alle Aufstände mit dem Einsatz von Waffengewalt brutal nieder. Das Sicherheitsinteresse, die Aufrechterhaltung der russischen Herrschaft und der Loyalität der neuen Untertanen, hatte absolute Priorität. In der Periode einer besonders aggressiven Politik im Osten, die unter anderem auch das Mittel der Zwangschristianisierung anwandte, konnte das bis an den Rand des Ethnozids gehen: «Gegen jene unruhigen Tschuktschen soll man bewaffnet vorgehen und sie ganz ausrotten. Nur diejenigen, die sich in die Untertanenschaft Ihrer kaiserlichen Hoheit begeben, soll man gefangennehmen und aus ihren Wohnungen wegführen» (1742)[97]. Auch gegen die Baschkiren wurden in den Jahren 1735 bis 1740 regelrechte Vernichtungsfeldzüge geführt, die zu ihrer Dezimierung führten. Waren die Erhebungen der Nichtrussen erstickt, so zog man in der Regel den Schluß, daß zur Sicherung der Loyalität nicht eine Fortsetzung der Repressionen, sondern eine flexiblere Politik notwendig sei. Der Widerstand der Nichtrussen war somit auch ein wichtiger Faktor dafür, daß die russische Politik im ganzen zurückhaltend blieb.

Dennoch blieb das Protestpotential bei den Ethnien im Osten groß. So kann es nicht verwundern, daß die Ethnien der Mittleren Wolga und des Ural sich als erste den von russischen Kosaken ausgelösten und angeführten großen Volksaufständen des 17. und 18. Jahrhunderts anschlossen. Tschuwaschen, Mordwinen und Tataren trugen wesentlich zur Massenbasis der Erhebung des Stepan Razin (1670/71) bei, und im letzten Volksaufstand von 1773–75, dem Pugačev-Aufstand, stellten Nichtrussen, in erster Linie Baschkiren und Tataren, aber auch Wotjaken, Tschuwaschen und Mordwinen, die zahlenmäßig größte Trägerschicht. Die Tatsache, daß sich an diesen Erhebungen auch zahlreiche Russen beteiligten, zeigt, daß es nicht mehr in erster Linie um die Befreiung der Nichtrussen von der Fremdherrschaft, sondern um den gemeinsamen sozialen und politischen Protest gegen den zentralistischen Staat und seine regionalen Vertreter ging. Die großen vormodernen Volkserhebungen waren aber auch nicht, wie die sowjetische Historiographie behauptet hat, primär von russischen Bauern getragen und gegen die Leibeigenschaft gerichtet[98].

Die Nichtrussen im Westen leisteten Rußland weniger Widerstand als die Ethnien im Osten. Ursachen dafür dürften in Sozialordnung, Lebensform und Wertsystemen zu suchen sein. In tribalen Verbänden lebende, nomadische oder halbnomadische, animistische und muslimische Gruppen hatten ein höheres antirussisches Protestpotential als seßhafte, christliche Gesellschaften mit einer adligen Oberschicht und leibeigenen Bauern. Im Gegensatz zu den meisten Oberschichten im Osten wurden christliche Eliten als gleichwertig anerkannt, und es gelang der russischen Regierung in der Regel, sich ihre Loyalität durch Kooptation in den Adel und Garantie von Selbstverwaltung, Gutsbesitz und Privilegien zu sichern. So gab es in den Ostseeprovinzen, Finnland und Bessarabien kaum Widerstand gegen die russische Herrschaft. Das gilt für die Zeit nach 1709 auch für die linksufrige Ukraine (ohne die Zaporoher Sič'), während es in der Epoche des weitgehend autonomen Hetmanats wiederholt zu Abfallbewegungen von Moskau gekommen war. Eine Ausnahme waren aber die Polen, die – wie die meisten Ethnien im Osten – eine lange Tradition politischer Selbständigkeit hatten. Obwohl auch die polnischen Adligen ihren sozialen Status quo erhalten konnten, fanden sich viele nicht mit dem Verlust der staatlichen Souveränität ab und setzten sich die Wiedererrichtung des polnisch-litauischen Königreiches zum Ziel. Die Erhebung unter der Führung von Tadeusz Kościuszko 1794 und der Novemberaufstand von 1830 waren denn auch die größten Widerstandsbewegungen im Westen des Reiches. Rußland warf sie wie die Aufstände im Osten militärisch nieder und suchte mit Repressionen und Konzessionen die Loyalität der Polen zu sichern. Zahlreiche Polen zogen aber die Emigration vor, und die polnische Frage blieb auf der Tagesordnung.

Groß angelegte bewaffnete Aufstände waren nur die höchste Stufe einer ganzen Skala von Widerstandsformen gegen die russische Herrschaft. Die Verweigerung von Abgaben und Dienstleistungen, Desertionen aus der Armee, Fluchtbewegungen in vom russischen Staat (noch) nicht kontrollierte Gebiete, lokal begrenzte bewaffnete Aktionen waren unter Nichtrussen wie unter Russen häufig. Immer zahlreicher wurden die Auseinandersetzungen um Grund und Boden, sei es zwischen (meist nichtrussischen) Altsiedlern und (oft russischen) Neusiedlern, sei es zwischen Nomaden und seßhaften Russen und Nichtrussen. Obwohl die Zentrale immer wieder betonte, daß die Regionalverwaltung den ihr unterstehenden Nichtrussen «mit Sänfte und Vorsicht» zu begegnen habe, lassen unzählige Bittschriften darauf schließen, daß vor allem die nichtchristlichen und neugetauften Nichtrussen unter der Willkür der russischen Verwaltungsleute schwer zu leiden hatten. Besonders heftig war auch der Protest gegen die forcierte Christianisierung im zweiten Drittel des 18. Jahrhunderts.

Es ist sehr schwierig, das Potential und die Ziele des nichtrussischen Widerstandes zu erfassen, da sich nur ein Bruchteil in den Quellen niedergeschlagen hat. Die einzige Möglichkeit eines Einblicks in die Beschwerden zahlreicher ethnischer Gruppen bot die konsultative «Kommission für ein neues Gesetzbuch» von 1767. Unter den über 500 Delegierten, die sich zur Beratung in Moskau versammelten, befanden sich auch zahlreiche Nichtrussen, unter ihnen Vertreter der Adligen und der Stadtbevölkerung aus dem Hetmanat (34, mit 10 Kosaken), der Sloboda-Ukraine, Neurußland, den Ostseeprovinzen (14), Altfinnland, dem Gouvernement Smolensk, und Vertreter der tatarischen, tschuwaschischen, mordwinischen, tscheremissischen, wotjakischen, baschkirischen und einiger sibirischer Staatsbauern und Dienstleute (48). Obwohl eigentlich nur die «nichtnomadischen Völker» eingeladen wurden, waren auch je zwei Kalmücken und Burjäten vertreten. Die herrschaftlichen Bauern, die im Zentrum und im Westen die weit überwiegende Bevölkerungsmehrheit stellten, waren jedoch nicht oder nur über ihre Gutsherren präsent[99].

Gemeinsamer Nenner der in Instruktionen und Diskussionen überlieferten spezifischen Wünsche der Nichtrussen war die Erhaltung des Status quo, der durch die unifizierenden Eingriffe des absolutistischen Staates in vielfältiger Weise in Frage gestellt wurde. So verteidigten die Vertreter der deutschbaltischen, ukrainischen und Smolensker Oberschicht und Stadtbevölkerung und der tatarischen Kaufleute ihre traditionellen, von früheren Herrschern bestätigten Sonderrechte und Privilegien, während russische Delegierte deren Abschaffung forderten. Die muslimischen tatarischen Dienstleute und die ukrainische Kosaken-Elite forderten die Gleichstellung mit dem russischen Adel. Die nichtrussischen Staatsbauern beklagten sich über neue Abgaben und Dienstleistungen und verlangten die Garantie ihres von russischen Siedlern gefährdeten Landbesitzes. Gegen die Methoden der Zwangschristianisierung protestierten Vertreter der neugetauften und animistischen Ethnien, gegen die Diskriminierung der Muslime Tataren[100]. Zwar waren die in der Kommission von 1767 artikulierten Wünsche gewiß nicht repräsentativ für alle sozialen Gruppen, sondern nur für die einzelnen Stände, doch entspricht ihre Hauptstoßrichtung, die Erhaltung oder Wiederherstellung des «alten Rechts», den Zielsetzungen des wenige Jahre später ausgebrochenen Pugačev-Aufstandes, die allerdings zusätzlich auch sozialrevolutionäre Elemente enthielten.

Das Protestpotential der Nichtrussen des Russischen Reiches war beachtlich und stellte in der Vormoderne ein destabilisierendes Element des Herrschaftssystems dar, mit dem die russische Regierung in höherem Maß rechnen mußte als mit dem Widerstand der Russen. Zwar verfolgten die meisten der schon länger zum Russischen Reich gehörenden Ethnien nicht mehr das Ziel der Wiederherstellung der Unabhängigkeit, doch verteidigten sie beharrlich ihre von Rußland garantierten Rechte und Privilegien. Die Expansion in neue Gebiete erhöhte im 19. Jahrhundert das Protestpotential erneut, indem die Freiheitskriege der Nomaden und der Bergvölker des Kaukasus die Tradition des Widerstandes im Osten fortsetzten, während im Westen die Polen weiter die Wiederherstellung des polnisch-litauischen Staates anstrebten. Als neue destabilisierende Elemente kamen die Nationalbewegungen der Nichtrussen und die revolutionäre Bewegung der Russen hinzu.

5. Der Charakter des vormodernen russischen Vielvölkerreiches

Das Russische Reich, wie es sich bis zum Beginn des 19. Jahrhunderts formiert hatte, zeichnete sich durch eine große Heterogenität aus, die sich plakativen Etiketten wie «russischer Einheitsstaat», «orthodoxes Imperium» oder «Kolonialreich» entzieht. Diese ethnische, religiöse, kulturelle, sozioökonomische und sozio-politische Vielfalt fiel schon zeitgenössischen Beobachtern auf, so Heinrich Storch, der dieses Thema in seinem «Historisch-Statistischen Gemälde des Russischen Reiches» immer wieder aufgreift: «Diese so zahlreiche und so überaus gemischte Volksmasse bietet ein Schauspiel dar, welches jeden denkenden Beobachter aufs höchste interessiren muß. Der physische, bürgerliche und sittliche Zustand derselben bildet ein großes und lehrreiches Gemälde, in welchem alle Modifikationen sichtbar sind, ... einen Kommentar über die Geschichte der Menschheit, der die graduelle Entwicklung der Kultur durch die lebhaftesten und anschaulichsten Beispiele erläutert»[101].

Die Frage nach dem Charakter des Vielvölkerreiches Rußland, die eine ganze Reihe von zeitgenössischen Beobachtern in der zweiten Hälfte des 18. und zu Beginn des 19. Jahrhunderts beschäftigt hat, ist in der Folge kaum mehr gestellt worden: Der fiktive Idealtyp des Nationalstaats wurde auch der russischen Geschichte übergestülpt. Diese Fehlinterpretation, die bis heute weiterwirkt, kann sich auf eine Reihe von Argumenten stützen. Zwar wurde der imperiale Staat, das Moskauer und das «Reußische Reich» (Rossijskaja Imperija), terminologisch vom Ethnos «russisch» (russkij) abgegrenzt, doch läßt sich nicht bestreiten, daß der Begriff «Rußland» (Rossija) der ethnischen Gruppe der Russen eine Sonderrolle einräumte, daß die staatliche Ideologie auch Elemente des russischen ethnischen Bewußtseins aufnahm[102]. Noch wichtiger als das ethnische Element war das religiöse: Seit dem Mittelalter diente die Abgrenzung von den ungläubigen Muslimen, Lateinern und Animisten als Faktor russischer Identität. Das Moskauer Reich war nach dem Fall Konstantinopels einziger Hort der Orthodoxie, und auch das verwestlichte Rußland des 18. Jahrhunderts konnte nicht auf die Orthodoxie als Integrationsideologie verzichten.

Das russische ethnische Bewußtsein und der orthodoxe Glaube gehörten also durchaus zu den integrierenden Elementen des vormodernen Rußland: Konstitutive Prinzipien des Russischen Reiches und seiner Gesellschaft waren sie aber nicht. Das hat die Analyse der russischen Politik gegenüber den Nichtrussen und der Struktur des Reiches deutlich gemacht. Priorität hatten die Herrschaftsstabilisierung und die Loyalität der nichtrussischen Untertanen gegenüber dem Herrscher und seiner Dynastie. Der Zusammenhalt des Vielvölkerreiches konnte durch eine ethnisch oder konfessionell exklusive Ideologie nicht gesichert werden. Es waren die Prinzipien der Dynastie, des autokratischen, göttlich legitimierten Herrschers und seines Reiches, die den Staat und seine Institutionen bestimmten, und das ständische Prinzip, das für die sozialen Verbände maßgebend war.

Die Rückprojektion des exklusiven nationalen Prinzips auf die Vergangenheit versperrt auch den Blick auf die Tatsache, daß der Mensch der Vormoderne (und auch der Moderne) nicht eine einzige Identität und Loyalität, sondern eine Vielzahl von situativen Identitäten hatte (und hat). Die Adligen des Russischen Reiches waren dem Herrscher Rußlands und seiner Dynastie verbunden, und sie waren Angehörige ihres Standes. Diesen primären Loyalitäten untergeordnet waren in der Regel die Loyalitäten zu einer Region und zu einer Glaubensgemeinschaft. Eine noch geringere Rolle spielte dagegen die Zugehörigkeit zu einer Sprach- und Kulturgemeinschaft. In Ober- und Mittelschichten waren doppelte ethnische Identitäten und Mehrsprachigkeit häufig. Was den Adel Rußlands seit dem 18. Jahrhundert integrierte, war nicht die russische Sprache und Kultur und nicht der orthodoxe Glaube, sondern die vornehme Abkunft, der Dienst für den Herrscher und die auf westlicher Bildung beruhende Lebensform. Der Staat kooperierte mit adligen Eliten unterschiedlichen Bekenntnisses, nicht aber mit orthodoxen Bauern. Der deutschbaltische Adlige war zunächst Mitglied der Ritterschaft seiner Region und loyaler Untertan des Zaren, dann Angehöriger der lutherischen Konfession und erst am Ende auch der deutschen Sprach- und Kulturgemeinschaft. Die russischen, ukrainischen oder polnischen Bauern und Stadtbewohner waren dem russischen, ukrainischen oder polnischen Adligen fremder als der einer anderen ethnischen oder konfessionellen Gruppe zugehörige Standesgenosse. Auch für die Mittel- und Unterschichten spielte die Zugehörigkeit zu einer ständisch-sozialen Gruppe, einer Region und einer Glaubensgemeinschaft eine größere Rolle als die zu einer Ethnie. Für Nomaden, Jäger und Sammler waren die Lebens- und Wirtschaftsform und die daraus hervorgehenden sozialen und kulturellen Traditionen wichtiger als Religion oder Sprache.

Diese Priorität der dynastischen und ständischen Prinzipien über ethnische und sprachliche hatte Rußland mit anderen vormodernen Vielvölkerreichen gemein. Die utopische Forderung eines ethnisch einheitlichen Nationalstaates hat die Tatsache verdrängt, daß im Grunde alle Staaten eine polyethnische Bevölkerung hatten und haben. Die Frage ist nur, wie groß der Anteil der einzelnen Ethnien ist und in welchem Maß die dominierende ethnische Gruppe sich die übrigen Ethnien akkulturiert hat. Wenn man das Russische Reich unter diesem Gesichtspunkt mit anderen vormodernen Staaten vergleicht, so wird deutlich, daß die westeuropäischen Staaten (also etwa Frankreich oder Großbritannien) ihre ethnischen Minderheiten in erheblich stärkerem Maß integrierten als Rußland. Das gilt in abgeschwächter Form auch für Polen-Litauen und das Habsburger Reich im 18. Jahrhundert. All diese Beispiele hatte Heinrich Storch wohl vor Augen, wenn er die Sonderstellung Rußlands hervorhob: «Zwar giebt es noch einige europäische Länder, in welchen man mehr als Eine Nation antrifft, oder wo man noch itzt sichtbare Spuren der ehemaligen Verschiedenheit zwischen den ursprünglichen und spätern Bewohnern gewahr wird; aber fast überall in diesen Staaten hat das herrschende Volk das besiegte gleichsam verschlungen»[103].

Weshalb blieb diese Heterogenität gerade im zentralistischen, autokratisch-absolutistischen Rußland erhalten? Hier sind eine ganze Reihe von Faktoren zu nennen: Der große und durch die ständige Expansion immer größer werdende Raum, der Migrationen begünstigte, eine Siedlungsverdichtung erschwerte und Rückzugsgebiete anbot, die nur grobmaschige administrative Durchdringung des Reiches und das maloljudstvo, der Mangel an russischen Kadern. Als Ergebnis der vorangehenden Kapitel möchte ich drei Erklärungen besonders hervorheben: 1. das Entwicklungsdefizit der Russen im Vergleich zu vielen Nichtrussen des Reiches, 2. die bis auf das Mittelalter zurückgehenden alten Traditionen der polyethnischen Symbiose und 3. den Widerstand der Nichtrussen.

1. Im Gegensatz zu den meisten anderen europäischen Vielvölkerreichen war das «Staatsvolk» der Russen in seiner wirtschaftlichen Entwicklung, sozio-politischen Organisation und seinem Bildungsstand vielen anderen ethnischen Gruppen des Reiches nicht überlegen. Das traf nicht nur zu für das Verhältnis zu den ethnischen Gruppen der zumindestens teilweise mitteleuropäisch strukturierten Gesellschaften der Ostseeprovinzen, Finnlands, des Hetmanats und Polen-Litauens, sondern mindestens bis in die zweite Hälfte des 18. Jahrhunderts auch im Vergleich mit den seßhaften Muslimen (den Wolga- und Krimtataren) und den militärisch überlegenen Nomaden mit ihren dem Lebensraum der Steppe optimal angepaßten Lebens- und

Wirtschaftsformen. Dazu kam, daß die russische Regierung die russischen Grundschichten in der Regel nicht bevorzugte, sondern nicht selten zuließ, daß ihre wirtschaftliche und rechtliche Situation schlechter war als die der Nichtrussen, deren sozialer Status quo und Privilegien meist garantiert wurden. Eine Akkulturation an das russische Ethnos war deshalb für die Masse der Nichtrussen alles andere als attraktiv. Dasselbe gilt für den Übertritt einzelner Personen zur Orthodoxie, der, wie etwa die Beispiele der getauften Tataren zeigen, meist zu einer Statusverschlechterung führte. Ausnahmen betrafen Teile des nichtrussischen Adels, die im Übertritt zur Orthodoxie (Tataren) und einer Akkulturation an die Russen (Tataren, Ukrainer) ihren sozialen Status erhalten oder verbessern konnten. In diesem spezifischen Verhältnis zwischen dem «Staatsvolk» und den übrigen Ethnien unterschied sich das Russische Reich nicht nur von den westeuropäischen Vielvölkerstaaten, sondern auch von Polen-Litauen und dem Habsburger Reich. Am nächsten stand ihm in dieser Beziehung wie in der Heterogenität seiner Struktur wohl das eurasiatische Osmanische Reich.

2. Daß der polyethnische und multireligiöse Charakter des Russischen Reiches bis ins 19. Jahrhundert erhalten geblieben ist, ist auch auf die Traditionen des pragmatischen Umgangs mit anderen Kulturen und Religionen zurückzuführen – auch hier zeigen sich Parallelen zum Osmanischen Reich. Seit dem Mittelalter arbeiteten russische Fürsten und Kaufleute mit Steppennomaden und Muslimen eng zusammen, und schon im Großreich der Goldenen Horde wurden die Traditionen der Toleranz und des pragmatischen Verhältnisses zu Andersgläubigen begründet. Die orthodoxe Kirche konnte ihre Vorstellungen der Christianisierung auch in der Folge gegenüber dem Staat nicht durchsetzen. Rußland blieben die aggressive Missionspolitik der römischen Kirche und die Religionskriege der westlichen Staaten erspart. Als der neue russische Staat im 18. Jahrhundert auch in dieser Hinsicht dem Vorbild des Westens nacheiferte und zu Zwangschristianisierungen schritt, wurde dieses Experiment nach kurzer Zeit abgebrochen, da es offensichtlich die Herrschaftsverhältnisse destabilisierte. Während die Bekehrung zur Orthodoxie als Zielvorstellung eine gewisse – wenn auch in der Regel untergeordnete – Rolle spielte, so war sprachliche Assimilation kein Ziel russischer Politik. Statt die Russifizierung der Nichtrussen voranzutreiben, ließen die Behörden zu, daß nichtrussische Eliten wie die Polen, Deutschbalten und Tataren von ihnen abhängige Nichtrussen polonisierten, germanisierten oder tatarisierten.

3. Daß die ethnische Vielfalt des Russischen Reiches erhalten blieb, ist auch auf den Widerstand der Nichtrussen (vor allem der nichtchristlichen Ethnien im Osten) zurückzuführen. Ihre geschlossenen Sozial- und Wertsysteme blieben auch nach Jahrhunderten russischer Herrschaft und trotz enger Interaktionen mit Russen bis ins 19. Jahrhundert weitgehend intakt. Wenn der russische Staat die traditionalen Strukturen antastete, setzten sich Muslime, Lamaisten und Animisten, Seßhafte, Nomaden und Jäger immer

wieder zur Wehr und erzwangen damit eine Rückkehr zu Pragmatismus und Toleranz[104].

All dies macht deutlich, daß auch das Etikett des Kolonialreiches den Charakter des vormodernen russischen Imperiums nicht trifft. Zwar lassen sich koloniale Elemente aufzeigen, so im Verhältnis zu den Ethnien Sibiriens und – seit dem 18. Jahrhundert – zu den Hirtennomaden der Steppe und partiell auch zum ukrainischen Hetmanat. Das Fehlen eines Entwicklungs-Vorsprungs der Metropole gegenüber der Peripherie, die teilweise Diskriminierung der Russen gegenüber den Kolonialvölkern und allgemein die Priorität politisch-strategischer gegenüber ökonomischen Zielsetzungen passen allerdings nicht in das Bild eines kolonialen Imperiums. Der Westen Rußlands entsprach dem Modell des Kolonialreichs noch weniger[105]. Der politischen und militärischen Übermacht des Zentrums entsprach hier eine wirtschaftliche, soziale und kulturelle Überlegenheit der Peripherie. Die Ostexpansion des 19. Jahrhunderts, die Gegenstand des folgenden Kapitels ist, verstärkte dann allerdings den kolonialen Charakter Rußlands.

Rußland stellte eine Variante der vormodernen europäischen Vielvölkerreiche dar, die geprägt war durch eine große strukturelle Heterogenität, ein Entwicklungsgefälle, in dem das Staatsvolk hinter zahlreichen anderen Ethnien zurückgeblieben war, eine Ambivalenz zwischen alten, im eurasischen Kontext entstandenen Traditionen und neuen, vom Westen übernommenen Mustern. Im 19. Jahrhundert nahmen die westlichen Einflüsse mit der Herausforderung des Nationalismus und der Modernisierung zu. Doch die vormodernen Traditionen blieben weiter lebendig: Ihre Fernwirkungen sind bis heute spürbar.

Fünftes Kapitel

Koloniale Expansion in Asien im 19. Jahrhundert

Seit dem Mittelalter standen die Ostslawen in enger Interaktion mit den Reiternomaden und Muslimen Asiens: Asien – das hieß für Rußland die Welt der Steppe und die Welt des Islam. Das Verhältnis Rußlands zu seinen asiatischen Nachbarn war seit jeher ambivalent. Auf der einen Seite standen die militärischen Auseinandersetzungen mit den Reiternomaden und der ideologische Antagonismus zwischen Orthodoxie und Islam, auf der anderen Seite intensive wirtschaftliche, politische und kulturelle Wechselbeziehungen mit der Steppe und den Muslimen und eine pragmatische Politik gegenüber dem Oberherrn der Goldenen Horde. Grundsätzlich wurden Steppen-Nomaden und Muslime als ebenbürtige, wenn auch irrgläubige Partner anerkannt. Dieses traditionelle Verhältnis wurde im «Sammeln der Länder der Goldenen Horde» auch auf die muslimischen und nomadischen Untertanen des Moskauer Herrschers übertragen, wobei die pragmatische Kooperation gegenüber der antagonistischen Polarisierung in der Regel die Oberhand behielt.

In der zweiten Hälfte des 17. und ersten Hälfte des 18. Jahrhunderts nahm der wirtschaftliche und militärische Druck Rußlands auf die Steppe zu. Gleichzeitig übernahm Rußland vom Westen ein europazentrisches Superioritätsbewußtsein gegenüber Asien, die Distanz zu den Asiaten wurde größer, die Begriffe Islam, Nomadentum, Asien und Orient wurden nun eindeutig negativ besetzt. Das wichtigste Abgrenzungskriterium wurde die Religion, «Andersgläubige» (inovercy) wurde zum kollektiven Begriff für die Nichtchristen des Reiches[1]. Nach westlichem Vorbild wurde versucht, die Animisten und Muslime, wenn nötig auch mit Zwang, zu christianisieren. Auch gegen rebellische Nomaden wie die Baschkiren und Kalmücken ging Rußland nun härter vor.

Der aufgeklärte Absolutismus Katharinas II. brachte erneut einen Wechsel: Auch unter dem Eindruck des erbitterten Widerstandes der Nichtchristen kehrte man zu den pragmatisch-flexiblen Mustern der Politik zurück. Das bedeutete aber nicht eine Rückkehr zur alten Einstellung gegenüber den Völkern Asiens, sondern der europazentrische Glaube an eine «mission civilisatrice» Rußlands in Asien verstärkte sich noch[2]. Im Zuge der Besiedlung der Steppe durch Ostslawen und Kolonisten wurden nun die Nomaden zum primären Objekt der zivilisatorischen Aktivitäten, anstelle der Religion wurde die Lebensform zum wichtigsten Abgrenzungskriterium. Im Rahmen der als gesetzmäßig angesehenen Entwicklung der Menschheit vom Jäger und Sammler über den Hirtennomaden zum Seßhaften sollten die wilden, destruktiven und auch moralisch minderwertigen Nomaden allmählich der «höheren» europäischen Kultur nähergebracht werden. Damit verband sich das praktische Ziel, die nördlichen Steppengebiete als Ackerland zu gewinnen. Zur Zivilisierung der wilden Nomaden wurde nicht nur die ostslawische Kolonisation, sondern auch die aufklärerische und missionarische Tätigkeit der muslimischen Tataren unter den Kasachen gefördert, der Islam wurde als Mittel der neuen Politik instrumentalisiert.

Diese scharfe Trennung von Seßhaften und Nomaden zeigte sich in der Einladung zur Gesetzgebenden Kommission von 1767, die nomadische Völker von der Teilnahme ausschloß, während seßhafte Muslime und Animisten akzeptiert wurden. Damit wurden die Nomaden explizit als Bürger zweiter Klasse angesehen. Die Kommission beriet die Schaffung eigener Gesetze für «die nomadisierenden Völker», und im Jahre 1798 wurde das Projekt eines Statuts für die nicht-seßhaften Untertanen Rußlands vorgelegt, mit dem Fernziel, die Nomaden zu vollwertigen (das hieß seßhaften) Staatsbürgern zu machen. Sie wurden hier erstmals mit dem Begriff «inorodcy» (Fremdstämmige, Allogene) bezeichnet, der in der Folge an die Stelle des Terminus «inovercy» (Andersgläubige) treten sollte[3].

Es war dann aber erst der aufgeklärte Reformer M. M. Speranskij, der im Jahre 1822 die rechtlichen Grundlagen für den neuen Stand der inorodcy schuf. Um die administrative Willkür einzudämmen, erarbeitete der von 1819 bis 1821 als Generalgouverneur Sibiriens wirkende Speranskij zusammen mit G. S. Baten'kov eine neue Verwaltungsordnung für Sibirien und ein «Statut über die Verwaltung der inorodcy»[4]. Die neue rechtliche Kategorie der inorodcy umfaßte drei den Stufen der Zivilisation entsprechende Gruppen: Die Jäger, Sammler und Fischer des Hohen Nordens (brodjačie), wobei die Tschuktschen einen Sonderstatus erhielten; die Nomaden (kočevye) als weitaus größte Gruppe; die «seßhaften inorodcy», die als Übergangsphase zum Status vollwertiger Staatsbürger galten. Das Ziel der Reformen war es, die als zivilisatorisch rückständig angesehenen Ethnien Rußlands auf die höhere Ebene der seßhaften Russen zu bringen. Dabei war Speranskij der Ansicht, daß dies nur allmählich und auf freiwilliger Basis geschehen könne. Zunächst hielt er es für notwendig, den inorodcy einen eigenen Rechtsstatus zu verleihen, der Rücksicht auf ihre Lebensformen und Wirtschaftsweisen nahm und sie vor Mißbräuchen der russischen Verwaltung schützte.

Auf den unteren Ebenen garantierte das Statut von 1822 den inorodcy weitgehende Selbstverwaltung, die auf der Sippen- und Stammesordnung basierte. Die unterste Stufe waren die «Sippenverwaltungen» (rodovye upravlenija), die zweite die «inorodcy-Behörden» (inorodnye upravy), die dritte die «Steppen-Räte» (stepnye dumy). Für die Jäger und Sammler war nur die unterste Stufe vorgesehen, für die Nomaden auch die zweite, und für die großen Ethnien der Jakuten und Burjäten zusätzlich die Steppen-Dumen. Diese Institutionen erhielten Aufgaben der Lokalverwaltung, Polizei, Rechtssprechung (nach dem lokalen Gewohnheitsrecht) und des Eintreibens der Abgaben. Sie standen unter der Leitung von Ältesten oder Oberhäuptern, die in der Regel mit der Sippen- oder Stammesoberschicht identisch waren. Die Reform Speranskijs ließ sich also von den traditionellen Grundsätzen der Garantie des Status quo und der Kooperation mit der nichtrussischen Elite leiten. Dem entsprach auch, daß die Angehörigen der Oberschicht den Titel «Ehren-inorodcy» erhielten und daß ihre Privilegien garantiert wurden. Mit wenigen Ausnahmen wurden sie aber nicht in den erblichen Adel des Reiches kooptiert. Auch die Pflichten der inorodcy waren abgestuft: Sie hatten wie bisher den Jasak (in Pelzen oder in Geld), nur die Nomaden zusätzlich auch die regionalen Abgaben (zemskie povinnosti) zu entrichten. Mit Ausnahme der burjätischen Kosaken blieben alle inorodcy von der Pflicht zur Stellung von Rekruten befreit. Im ganzen war die Belastung der inorodcy geringer als die der russischen Bauern. Außerdem wurden ihnen die Glaubens-, Handels- und Gewerbefreiheit garantiert.

Das inorodcy-Statut von 1822 verband die Traditionen der pragmatischen Moskauer Minderheitenpolitik mit den aufklärerischen Zielen der paternalistischen Fürsorge und der «mission civilisatrice». Dieses Reformprogramm stieß jedoch bald mit den Realitäten Sibiriens, der administrativen Willkür, der Korruption und den fehlenden Kontrollmöglichkeiten, zusammen, und es wurde nur partiell in die Tat umgesetzt. Mindestens ebenso wichtig war, daß damit eine neue rechtliche Kategorie geschaffen wurde, die einen Teil der Nichtrussen aus dem Kreis der «natürlichen» (prirodnye) Bewohner des Reiches ausgrenzte. Die inorodcy genossen zwar eine Reihe von Privilegien und einen gewissen Schutz, doch waren sie Bürger zweiter Klasse. Die russische Regierung besaß damit ein Instrument, mit dem sie die Nichtrussen des Reiches hierarchisch in zwei Gruppen gliedern konnte. Die Frage war, welche ethnischen Gruppen außer denen Sibiriens sie im Laufe der kolonialen Expansion zu den inorodcy rechnen würde und welche nicht.

Allmählich wurde der Begriff inorodcy auch auf Ethnien übertragen, die nicht zur gleichnamigen rechtlichen Kategorie gehörten. In der russischen Publizistik wurden zunächst die Nichtrussen im Osten, dann immer häufiger alle Nichtrussen des Reiches als inorodcy bezeichnet. In diesem Kontext hatte der Begriff nicht mehr seine ursprüngliche neutrale Bedeutung, sondern er diente zur pejorativen Abgrenzung des nun vom Nationalismus erfaßten Staatsvolkes der Russen von den Fremden, die zu einem anderen «rod», einer fremden Sippe, Lebensweise und potentiell auch Rasse, gehörten.

1. Rußland und die Hochkulturen Transkaukasiens: Georgier, Armenier, Muslime

Die ethnischen Gruppen Transkaukasiens, der aus russischer Optik jenseits des Kaukasus gelegenen Region, können auf eine hochkulturelle und staatliche Tradition zurückblicken, die viel älter ist als die der Ostslawen. Obwohl sie zumeist seßhafte Angehörige von Hochkulturen und zu einem beträchtlichen Teil Christen waren, sahen die Russen die unter iranischer und osmanischer Herrschaft lebenden Bewohner Transkaukasiens im 18. und 19. Jahrhundert undifferenziert als Asiaten an, denen Rußland die Segnungen der europäischen Zivilisation zu bringen hatte. Dieses europazentrische Superioritätsgefühl der Russen stieß mit dem in den eigenen Traditionen wurzelnden Selbstbewußtsein der Georgier, Armenier und turksprachigen Muslime (Aserbaidschaner) zusammen.

Transkaukasien war Teil der antiken persisch-griechisch-römischen Welt, und staatliche Traditionen reichen bis vor Christi Geburt zurück[5]. Schon im 4. Jahrhundert nahmen die Armenier, deren Sprache einen eigenständigen Zweig des Indoeuropäischen darstellt, und die südkaukasischsprachigen Georgier das Christentum an und entwickelten eigenständige Hochkulturen mit eigenen Schriften, Literaturen und einer das byzantinische Vorbild variierenden Architektur. Das weitgehend unabhängige Armenien erlebte eine letzte Blüte im 10. und 11. Jahrhundert, bevor es von den Byzantinern und dann den Seldschuken erobert wurde. Das mittelalterliche Königreich Georgien erreichte seinen politischen und kulturellen Höhepunkt im 12. und frühen 13. Jahrhundert, und hier waren es die Mongolen, die dem Goldenen Zeitalter ein Ende setzten. Die Geschichte der Muslime Transkaukasiens war eng mit dem Iran verknüpft. Obwohl sie im Laufe des Mittelalters sprachlich turkisiert worden waren, blieben sie mit der iranischen Kultur verbunden, auch durch das gemeinsame Bekenntnis zum schiitischen Zweig des Islam. Im vornationalen Zeitalter kann man nur bedingt von Aserbaidschanern als einer homogenen ethnischen Gruppe sprechen, das Ethnonym setzte sich erst in den 1930er Jahren durch. Ich bezeichne sie deshalb als (turksprachige) Muslime. In Aserbaidschan lebten auch andere Ethnien wie die iranischsprachigen Talyschen und (nomadischen) Kurden sowie im Norden kaukasischsprachige Bergstämme. Die Sprecher des Georgischen (Kartwelischen) waren in zahlreiche kleinere Gruppen wie die Kartlier, Kachetier, Imerelier, Chewsuren, Pschawen, Mingrelier, Lasen und Swanen zersplittert, wobei den letzten drei Ethnien oft eigenständige Sprachen der südkaukasischen Gruppe zugeordnet werden. Dazu kamen georgischsprachige Muslime (Adscharen) und die der westkaukasischen Sprachgruppe zugehörigen muslimischen Abchasen. Die historischen Regionen Armenien und Aserbaidschan und die Siedlungsgebiete der Armenier und der turksprachigen Muslime gingen erheblich über Transkaukasien hinaus und umfaßten weite Teile Ostanatoliens bzw. des nordwestlichen Iran.

Der glanzvollen Vergangenheit entsprach die Gegenwart des 18. Jahrhunderts allerdings nicht mehr[6]. Seit dem 13. Jahrhundert erlebte Transkaukasien einen wirtschaftlichen und kulturellen Niedergang und wurde zum Zankapfel auswärtiger Mächte. Seit dem 16. Jahrhundert waren Westgeorgien und Westarmenien osmanisch, Aserbaidschan und Ostarmenien ira-

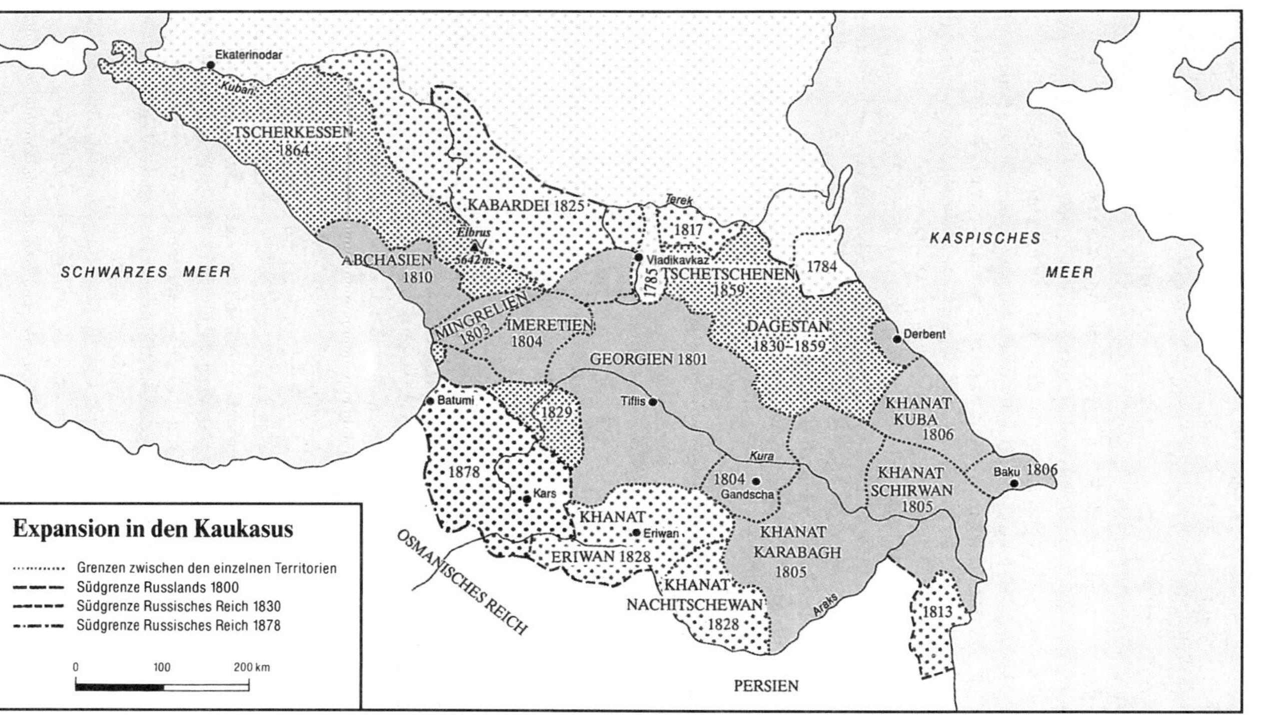
Expansion in den Kaukasus
Grenzen zwischen den einzelnen Territorien
Südgrenze Russlands 1800
Südgrenze Russisches Reich 1830
Südgrenze Russisches Reich 1878
0
100
200 km
Ekaterinodar
Kuban
TSCHERKESSEN
1864
KABARDEI 1825
Terek
1817
Elbrus
5642 m
ABCHASIEN
1810
SCHWARZES MEER
Vladikavkaz
1785
TSCHETSCHENEN
1859
1784
KASPISCHES
MEER
MINGRELIEN
1803
IMERETIEN
1804
DAGESTAN
1830–1859
Derbent
GEORGIEN 1801
Batumi
Tiflis
1829
KHANAT
KUBA
1806
Kura
1878
1804
Gandscha
KHANAT
SCHIRWAN
1805
Baku
1806
Kars
KHANAT
Eriwan
ERIWAN 1828
KHANAT
KARABAGH
1805
OSMANISCHES REICH
KHANAT
NACHITSCHEWAN
1828
Araks
1813
PERSIEN

Karte 5

nisch (vgl. Karte 5). Die unter persischer Oberherrschaft stehenden Khanate von Karabagh, Gandscha, Scheki, Schirwan, Derbent, Kuba, Baku, Talysch, Nachitschewan und Eriwan (Erevan) und das seit 1762 Kartli und Kachetien vereinigende ostgeorgische Königreich besaßen jedoch eine weitgehende Autonomie, ebenso das Königreich Imeretien und die Fürstentümer Mingrelien, Abchasien und Gurien im osmanischen Westgeorgien.

Soziale Führungsschicht waren bei den Georgiern der zahlenmäßig starke und hierarchisch gegliederte Adel, dessen obere Schichten weitgehende Privilegien und Verfügungsrechte über die leibeigenen georgischen Bauern besaßen. Die Armenier hatten sich dagegen nur einen schmalen eigenen Adel (meliki) bewahrt, der sich in kleinen Fürstentümern (melik) im Khanat von Karabagh halten konnte. In Aserbaidschan und Ostarmenien dominierte die muslimische Aristokratie der Begs (Bäys), die sich durch Militär- und Verwaltungsdienst in den Khanaten Privilegien erworben hatte. Wie in anderen muslimischen Staaten befanden sich die (armenischen und muslimischen) Bauern mehrheitlich nicht in direkter persönlicher Abhängigkeit von der landbesitzenden Oberschicht. Während die Georgier und Muslime also auf dem Lande dominierten, bestand die städtische Mittelschicht in ganz Transkaukasien vorwiegend aus Armeniern. Armenier stellten um 1800 fast drei Viertel der Bevölkerung von Tiflis, der wichtigsten Stadt Georgiens. Ähnlich wie die Juden und Tataren waren die partiell aus der Oberschicht verdrängten und demographisch zersplitterten Armenier auf wirtschaftliche Aktivitäten (Handel, Handwerk) ausgewichen und spielten die Rolle einer mobilen Diaspora. Armenische Kolonien gab es nicht nur in Transkaukasien, Persien und im Osmanischen Reich, sondern auch in Rußland, Westeuropa, Indien und China.

Angesichts der politischen und demographischen Zersplitterung der Armenier spielte die Kirche eine entscheidende Rolle in der Bewahrung ihrer kulturellen Tradition und ethnischen Identität. Die apostolische gregorianische Kirche hatte ihren alten Anspruch auf Selbständigkeit aufrechterhalten und verlieh damit den Armeniern ähnlich wie den Juden den Nimbus eines auserwählten Volkes. Die georgische Kirche gehörte zur Orthodoxie, war jedoch autokephal, hatte also ein eigenes Oberhaupt. Beide Kirchen wurden im Iranischen und Osmanischen Reich toleriert und stellten ein wichtiges einigendes Band für Armenier und Georgier dar. Die armenische und georgische Kirche und die muslimische Geistlichkeit waren die Träger von Bildungswesen und Kultur und besaßen auch eine starke wirtschaftliche Stellung. Die spezifische sozio-ethnische und sozio-religiöse Struktur Transkaukasiens barg potentiellen Sprengstoff für interethnische Konflikte, die sich jedoch im vornationalen Zeitalter nicht entluden.

Rußland stand seit dem Mittelalter in Kontakten mit den Ethnien des Kaukasusgebiets, und zahlreiche vornehme Georgier und Armenier traten vor allem im 18. Jahrhundert in russische Dienste, unter ihnen etwa Fürst Bagration, der Held des Krieges von 1812. Der Persienfeldzug Peters des

Großen brachte 1723 weite Teile Aserbaidschans unter russische Herrschaft, doch mußten sie schon 1735 wieder abgetreten werden. Im Zuge der Erschließung der Steppengebiete nach dem Sieg über die Osmanen 1774 verstärkte sich unter Katharina II. der russische Druck auf das Kaukasusgebiet erneut, und 1783 stellte sich der vom Iran und vom Osmanischen Reich bedrohte ostgeorgische König Erekle II. unter russische Protektion[7]. Als die Perser 1795 in Ostgeorgien einmarschierten, um es zurückzugewinnen, kam die russische Schutzmacht ihren Verpflichtungen nicht nach, sondern eroberte erst ein Jahr später einen Teil der Khanate Aserbaidschans. Nach dem Tode Katharinas II. zogen sich jedoch die russischen Truppen wieder zurück. Die endgültige Annexion Ostgeorgiens folgte in den Jahren 1800/01: Der neue georgische König Giorgi, der bald darauf starb, richtete ein Gesuch an den Zaren, Georgien in das Russische Reich zu inkorporieren. Paul I. griff zu, und «die Gebiete des Georgischen Zartums wurden vom Kaiserlichen Allrussischen Thron in unmittelbare Untertanenschaft aufgenommen». Doch stellte erst Alexander I., der seinem ermordeten Vater nachgefolgt war, klar, was das bedeutete: Die Dynastie der Bagratiden wurde abgesetzt und das georgische Königreich abgeschafft. Diese vorangegangenen Vereinbarungen mit den Georgiern widersprechende einseitige und direkte Annexion wurde im Manifest vom 12. September 1801 in schönen Worten mit dem Schutz der neuen Untertanen vor innerer Zwietracht und äußeren Feinden legitimiert: «Nicht zum Wachstum unserer Macht, nicht aus Habgier, nicht um die Grenzen des ohnehin schon größten Reiches der Welt weiter auszudehnen, haben wir die Last der Verwaltung des Georgischen Zartums auf uns genommen»[8]. Die unter osmanischer Herrschaft stehenden westgeorgischen Fürstentümer stellten sich zwischen 1803 und 1811 ebenfalls unter russischen Schutz, konnten jedoch mit Ausnahme des Königreichs Imeretien mehrere Jahrzehnte lang eine weitgehende Autonomie unter ihren einheimischen Fürstenfamilien bewahren.

Der russisch-iranische Krieg von 1804–1813 führte zur Inkorporation der Khanate im nördlichen Aserbaidschan in das Russische Reich[9]; das südliche Aserbaidschan um Täbris blieb persisch – diese Teilung ist bis heute erhalten geblieben. Ein weiterer Krieg gegen Persien sicherte die Neuerwerbungen und erweiterte sie durch die Khanate von Eriwan und Nachitschewan in Ost-Armenien (1828)[10]. Damit war Persien aus Transkaukasien verdrängt, der größere südwestliche Teil der Armenier befand sich aber immer noch unter osmanischer Herrschaft. Die Eingliederung Ost-Armeniens ins Russische Reich hatte eine Masseneinwanderung von Armeniern aus dem Iran und dem Osmanischen Reich nach Transkaukasien zur Folge, die innerhalb von wenigen Jahren dazu führte, daß die in persischer Zeit überall deutlich von Muslimen majorisierten Armenier in den Kerngebieten Russisch-Armeniens zur Bevölkerungsmehrheit wurden[11]. Im Gefolge eines Krieges gegen das Osmanische Reich annektierte Rußland 1878 auch die zum Teil von Armeniern und Adscharen bewohnten Gebiete von Kars und Batumi, aus denen in der Folge Muslime auswanderten und in die ebenfalls Armenier aus dem Osmanischen Reich einwanderten.

Die Eroberung Transkaukasiens war also ähnlich wie die Gebietserwerbungen im Westen und Südwesten eng verbunden mit den Auseinandersetzungen Rußlands mit anderen Großmächten, hier mit dem Iranischen und Osmanischen Reich. Die Schwächung der beiden Nachbarn im Süden erleichterte das russische Vordringen. Auch die britischen und französischen Diplomaten engagierten sich vermehrt in Transkaukasien und begannen Rußland als kolonialen Konkurrenten in Asien zu betrachten. Die russischen Interessen in Transkaukasien waren in erster Linie militärstrategischer Natur, doch wurden auch wirtschaftliche Zielsetzungen (Bodenschätze, Handelswege) artikuliert. Während für die Mehrheit der Muslime die Angliederung an Rußland eine gewaltsame koloniale Eroberung war, so wurde die Eingliederung Transkaukasiens in der zeitgenössischen russischen Politik und Öffentlichkeit (und der russischen und sowjetischen Historiographie) als Befreiung der christlichen Georgier und Armenier von der Herrschaft rückständiger islamischer Herren dargestellt. In der Tat setzten sich weite Kreise der Georgier und vor allem der Armenier, so auch zahlreiche Kirchenführer, immer wieder für die Unterordnung unter den Zaren ein und wirkten auch an den militärischen Auseinandersetzungen mit, so daß ihr Anschluß an Rußland ähnlich wie der Bessarabiens von der russischen und sowjetischen Historiographie nicht zu Unrecht als freiwillig bezeichnet worden ist. Doch sie erwarteten von Rußland nicht nur die Befreiung von der Fremdherrschaft, sondern auch die Gewährung von politischer und kultureller Autonomie. Diese Hoffnungen erfüllten sich im ganzen gesehen nicht, so daß aus georgischer und armenischer Perspektive der Anschluß an Rußland bis heute ambivalent interpretiert wird.

Die Eingliederung Transkaukasiens ins Russische Reich verlief nicht geradlinig, sondern in der Politik zeigten sich abwechselnd eine repressive und eine pragmatische Linie, zum Teil abhängig von der Person der über weitreichende Vollmachten verfügenden regionalen Militärstatthalter, die gleichzeitig bis in die 1860er Jahre mit der Aufgabe der militärischen Sicherung des Kaukasusgebiets beschäftigt waren[12]. Unter Nikolaus I. gewann die harte zentralistische Linie zunehmend an Boden, und die russische Politik war nun auf die möglichst vollständige Integration Transkaukasiens ausgerichtet, das als von unzivilisierten Asiaten bewohnte Kolonie betrachtet wurde. Transkaukasien sollte, wie der Reichsrat 1833 feststellte, «mit Rußland ... zu einem Körper verbunden und die dortige Bevölkerung dazu gebracht werden, russisch zu sprechen, zu denken und zu fühlen»[13]. Infolge der enttäuschten Hoffnungen, der repressiven Politik und der Unfähigkeit der mit den regionalen Gegebenheiten nicht vertrauten, europazentrisch-überheblichen Regionalbeamten kam es immer wieder zu Aufstandsbewegungen unter den georgischen Adligen und Bauern (so 1812, 1819/20, 1832 und 1841) und den Muslimen (in den 30er Jahren), hier zum Teil unter dem Einfluß des

«Heiligen Krieges» der kaukasischen Muslime. Der andauernde Widerstand, besonders auch der noch erheblich heftigere Befreiungskampf der kaukasischen Ethnien (vgl. unten 2.), das Scheitern der forcierten Integration und das Ausbleiben eines wirtschaftlichen Profits aus der Kolonie Transkaukasien, führten unter dem als erstem «namestnik» (Statthalter, Vizekönig) eingesetzten M. Voroncov (1845–1854) zur Einsicht, daß nur die traditionelle flexibel-pragmatische Politik und die Kooperation mit den nichtrussischen Eliten das Kaukasusgebiet endgültig für Rußland sichern konnten.

Die administrative Eingliederung der transkaukasischen Gebiete verlief ungleichmäßig[14]. Die meisten Gebiete wurden erst nach einer Phase weitgehender Autonomie unter einheimischen Vasallen in die russische Verwaltung integriert. Diese Phase dauerte unterschiedlich lange, in Ostgeorgien von 1783 bis 1801, bei den meisten Khanaten Aserbaidschans etwa 15 Jahre, in Westgeorgien bei Mingrelien und Abchasien über fünfzig Jahre (bis 1857 bzw. 1864), im Falle Imeretiens, dessen König Solomon II. sich erbittert wehrte und sogar Napoleon gegen Rußland zu Hilfe rief, aber nur von 1804 bis 1810. Die Khanate von Gandscha, Baku und Eriwan wurden direkt in russische Verwaltungseinheiten umgewandelt. In der Mitte des 19. Jahrhunderts war dann die russische Gouvernementsordnung auch in Transkaukasien eingeführt, und nicht mehr die einheimischen Herrscher, sondern von Petersburg ernannte Beamte standen an der Spitze der Gouvernements Tiflis, Kutais, Erevan, Schemacha und Derbent. Im Rechtswesen und in der Lokalverwaltung blieben aber lokale Besonderheiten weiter erhalten.

Von entscheidender Bedeutung war auch hier das Verhältnis zu den einheimischen Oberschichten. Dem georgischen Adel hatte schon das Annexionsmanifest von 1801 die Gleichstellung mit den russischen Adligen versprochen[15]. Das wurde auch dadurch erleichtert, daß seine rechtliche und soziale Stellung derjenigen des russischen Adels entsprach. Die oberste Schicht der Fürsten wurde schon früh in den russischen Adel kooptiert, doch die russischen Behörden zögerten lange, alle sehr zahlreichen, etwa 5 Prozent der Georgier umfassenden Adligen als gleichberechtigt zu anerkennen. Zwar wurden 1827 die georgischen Adligen mit den russischen gleichgestellt, doch wie anderswo mußten sie ihre adligen Rechte nachweisen. Das zog sich über Jahrzehnte hin, und wem der Nachweis nicht gelang, wurde zum Staatsbauern degradiert. Erst die vom neuen Statthalter Voroncov durchgeführten Reformen suchten konsequent und erfolgreich die Partnerschaft mit dem georgischen Adel, der stärker in die Regionalverwaltung einbezogen wurde. In den Gouvernements Tiflis und Kutais wurde auch die korporative Organisation des Adels eingeführt. In den 1850er Jahren wurden dann die erblichen Adelsrechte zahlreicher Georgier anerkannt, andere blieben ausgeklammert und bemühten sich weiter um den Nachweis ihres adligen Status[16].

Noch schwieriger gestaltete sich eine Kooptation der aserbaidschanischen Aristokraten, die Muslime waren und keine Leibeigenen besaßen[17]. Trotz der kolonialistischen Vorurteile scheint die Zuordnung der Aserbaidschaner zur rechtlichen Kategorie der inorodcy nie erwogen worden zu sein, doch war die Zeit des aufgeklärten Absolutismus, als muslimische Tataren vollberechtigt in den Adel kooptiert worden waren, vorbei, und die russische Regierung sicherte der muslimischen Oberschicht zunächst keine Privilegien zu. Erst unter Voroncov anerkannte Rußland im Jahre 1846 die erblichen Landbesitzrechte der Begs, zu denen auch die kleinen armenischen Adligen (meliki) gerechnet wurden, und bezog sie in die Regionalverwaltung ein. Auch die Steuerfreiheit wurde ihnen zugestanden, doch wurde die Frage, ob sie vollständig in den Adel des Russischen Reiches kooptiert und ob ihnen auch die übrigen Adelsrechte zugestanden werden sollten, bis zur Revolution nicht gelöst. Zwar anerkannten die sogenannten «Beg-Kommissionen» die Eigentumsrechte der meisten muslimischen Aristokraten und ihren Status als «höchster muselmanischer Stand», doch blieben die Begs eine nicht vollberechtigte Sonderkategorie des Adels[18]. Auch so erreichte die russische Regierung ihr Ziel, die transkaukasischen Eliten zu loyalen Partnern zu machen, und zahlreiche Georgier, Armenier und Muslime machten Karriere in der russischen Armee und Bürokratie.

Die Zusammenarbeit mit den transkaukasischen Eliten förderte die allmähliche Angleichung der rechtlichen und sozialen Verhältnisse an die russischen. Die einst rebellische, hierarchisch gegliederte Adelsschicht wurde vor allem in Georgien zu einem loyalen einheitlichen Dienstadel umgeformt. Die Bauern verloren traditionelle Rechte, doch wurden die muslimischen Bauern auch hier nicht zu Leibeigenen degradiert. Die armenischen Kaufleute, deren Privilegien von Rußland bestätigt wurden, bauten ihre wirtschaftlich führende Stellung aus. In Kooperation mit der Regierung erfüllten sie als mobile Diasporagruppe wichtige Funktionen in der Entwicklung des Fernhandels und Handwerks. Die Einwanderung von Armeniern aus dem Osmanischen Reich ging während des 19. Jahrhunderts weiter, so daß sich der Anteil der Armenier sowohl in Ost-Armenien wie in ganz Transkaukasien weiter erhöhte.

Nicht einheitlich war die russische Politik gegenüber den drei Glaubensgemeinschaften Transkaukasiens. Die seit Jahrhunderten autokephale georgische Kirche wurde schon 1811 in die russisch-orthodoxe Kirche zwangsintegriert und seit 1817 russischen Exarchen unterstellt[19]. Die Eigenständigkeit und die Privilegien der armenischen Kirche und Klöster wurden dagegen im Statut von 1836 bestätigt, allerdings wurden sie russischer Kontrolle unterworfen. Der Katholikos von Etschmiadsin, das geistliche Oberhaupt aller Armenier, blieb die eigentliche Führerfigur der Armenier Rußlands. Die traditionellen armenischen Kirchenschulen erlebten unter russischer Herrschaft einen Aufschwung. In Georgien förderte Voroncov weltliche (russische) Schulen und die georgische Kultur, die sich endgültig vom iranischen Vorbild ab- und Europa zuwandte. «Der verstorbene Fürst», berichtete später die Witwe Voroncovs, «liebte die Georgier sehr, er verehrte ihre große

Vergangenheit und hoffte auf eine bessere Zukunft für sie. Er pflegte zu sagen, daß dieses kleine Georgien im Stickrahmen Rußlands der schönste, farbigste und stärkste Brokat sein werde»[20]. Gegenüber den Muslimen Transkaukasiens hielt sich Rußland an die traditionellen Muster von Toleranz und Kontrolle, bestätigte Landbesitz und Privilegien der Geistlichkeit, die in Schulwesen und Kultur dominant blieb. Die Schiiten erhielten 1862 eine geistliche Organisation unter einem Scheich, die wie anderswo auch Kontrollfunktionen wahrnahm.

Mit der Erhaltung einer eigenen Elite und der traditionellen Hochkulturen waren wichtige Voraussetzungen für die Nationalbewegungen gegeben, die in der zweiten Hälfte des 19. und zu Beginn des 20. Jahrhunderts auch die Georgier, Armenier und Aserbaidschaner erfassen sollten. Ein Erbe der traditionellen sozio-ethnischen Struktur war, daß die nationalen Bewegungen sich nicht nur gegen Rußland, sondern auch gegen andere ethnische Gruppen richteten. Das in der Geschichte verankerte Selbstbewußtsein der Völker und die interethnischen Spannungen bestimmen die Situation Transkaukasiens bis heute.

2. Der lange Krieg gegen die Bergvölker des Kaukasus

Transkaukasien wurde in mehreren Feldzügen gegen den Iran und das Osmanische Reich unterworfen, und die russische Herrschaft war dann trotz zahlreicher Aufstände nicht mehr gefährdet. Die nördlich davon gelegene Gebirgsregion des Kaukasus konnte dagegen während der ganzen ersten Hälfte des 19. Jahrhunderts nicht pazifiziert werden. Da die wichtigste Landverbindung nach Transkaukasien über den zentralen Kaukasus ging, und weil Einfälle kaukasischer Ethnien einzelne Gebiete Georgiens immer wieder verwüsteten und destabilisierten, war die Unterwerfung der Kaukasier nicht nur eine Frage des Prestiges, sondern auch von strategischer Bedeutung (vgl. Karte 5). Rußland versuchte denn auch mit dem Einsatz eines großen Teils seiner Militärmacht, dieses Ziel zu erreichen, doch dauerte es Jahrzehnte, bis der Widerstand der zahlenmäßig weit unterlegenen Kaukasier gebrochen war. Dieser jahrzehntelange erfolgreiche Freiheitskrieg steht in der Geschichte der russischen Expansion einzigartig da. Die kaukasischen Krieger und ihr legendärer Anführer Schamil wurden deshalb in Rußland und im Ausland zum Mythos: Allein zwischen 1854 und 1860 erschienen in Westeuropa über dreißig Bücher zu diesem Thema[21]. Daß kleine muslimische Ethnien der russischen Großmacht so lange die Stirn boten, blieb auch in der Folgezeit ein Symbol des antikolonialen Widerstandes – bis hin zum Afghanistankrieg der jüngsten Vergangenheit.

Das Kaukasusgebiet zeichnet sich durch eine außerordentliche ethnische Vielfalt aus, die ihresgleichen auf der Erde sucht. Die wichtigsten der über fünfzig ethnischen Gruppen sind von Osten nach Westen die folgenden[22]: Allein über dreißig Ethnien leben in Dagestan, im Gebirge und am schmalen Küstenstreifen des Kaspischen Meeres, unter ihnen die kaukasischsprachigen Awaren (die mit dem Steppenvolk des 6. bis 8. Jahrhunderts nichts zu tun haben), Darginer, Lesgier und Laken, die iranischen Taten und die ebenfalls Tatisch sprechenden Bergjuden sowie die auf Täler und Ebenen konzentrierten turksprachigen Kumyken und Nogai-Tataren. In den westlich angrenzenden Berggebieten des zentralen Kaukasus folgen die kaukasischsprachigen Tschetschenen und Inguschen, dann am oberen Terek die iranischsprachigen Osseten und im Hochgebirge um den Elbrus die turksprachigen Balkaren und Karatschaier. Die Tscherkessen, die einer eigenen kaukasischen Sprachgruppe zugerechnet werden, bewohnten den ganzen westlichen Kaukasus bis zum Schwarzen Meer. Ihren östlichen Zweig bilden die Kabardiner, die im Vorgebirge westlich des Terek siedelten. Zu den ethnischen Gruppen des Kaukasusgebirges sind auch die Abchasen und Teile der Georgier (Swanen, Chewsuren) im Südwesten zu rechnen, deren Geschichte im Kontext Georgiens verlief.

Dieser sprachlichen Vielfalt entsprach – wie in anderen Gebirgen auch – eine bunte Mannigfaltigkeit archaischer exotischer Sitten und Bräuche, die von Reisenden immer wieder geschildert wurden. Beides ist auf die geographischen Gegebenheiten zurückzuführen, die eine Isolierung der einzelnen Gemeinschaften förderten. Auch in ihren Wirtschaftsformen und ihrer sozio-politischen Organisation unterschieden sich die Ethnien des Kaukasus voneinander. In den Gebirgen herrschte Viehwirtschaft (Schafe und Kühe) mit Transhumanz vor, und in den Tälern und Vorgebirgen wurde Ackerbau und teilweise auch nomadische Viehwirtschaft betrieben. Während in Teilen Dagestans wie in Aserbaidschan Khanate und Sultanate mit einer hierarchischen Sozialstruktur existierten, kam es in den übrigen Gebieten des Kaukasus nicht zu Staatsbildungen. Die auf Stämmen, Clans und Gemeinden basierenden Gemeinschaften wiesen jedoch große Unterschiede auf, von einer äußerst differenziert abgestuften Sozialstruktur bei den Kabardinern und – etwas weniger ausgeprägt – bei den Osseten bis zur wenig gegliederten, auf den Dorfgemeinden basierenden patriarchalischen, egalitären Ordnung bei den Tschetschenen, Inguschen, Karatschaiern, Balkaren, einzelnen Ethnien Dagestans und der Mehrheit der Tscherkessen.

Neben der großen Vielfalt bestanden aber auch wichtige Gemeinsamkeiten, die erst die Voraussetzung für den erfolgreichen Widerstand der Kaukasier gegen Rußland bildeten[23]. Zum einen die Religion: Fast alle Ethnien des Kaukasus bekannten sich zum Islam sunnitischer Richtung. Die einzige Ausnahme waren die Osseten, von denen nur eine Minderheit Muslime, die Mehrheit aber orthodoxe Christen waren. Der Grad der Islamisierung der Kaukasier war allerdings unterschiedlich. Während in Dagestan der Islam seit langem tief verwurzelt war und die arabische Sprache als Literatursprache diente, waren die westlichen Tscherkessen erst spät und oberflächlich islamisiert worden. Gemeinsamkeiten zeigten sich auch in den Lebensformen und Bräuchen der kaukasischen Bergvölker. Sie wurzelten in tribalen Beziehungen mit dem spezifischen Rechtssystem des Adat, das Blutrache und Gastfreundschaft als soziale Institutionen verknüpfte und Werte wie den Respekt vor dem Alter und den Ahnen schützte. Wie andere Bergvölker, etwa die Albaner und Montenegriner im Balkan, hatten die Kaukasier ein Kriegerethos mit einem eigenen Ehrenkodex, der den Männern Kampf und auch Raub auferlegte, und einem Superioritätsgefühl gegenüber Außenstehenden. Auch die Russen sahen die Ethnien des Kaukasus als einheitliche Gruppe, wie ihre Kollektivbezeichnung «gorcy» (Bergler) zeigt.

Rußland kam im Rahmen des «Sammelns der Länder der Goldenen Horde» in Kontakt mit Ethnien des Kaukasus[24]. In der Mitte des 16. Jahrhunderts, nach der Eroberung von Kazan' und Astrachan', suchten einige kabardinische Fürsten um die Protektion des Moskauer Zaren nach. Diese politische Allianz, die von der sowjetischen Historiographie als Unterwerfung der Kabardei gedeutet wird, wurde verstärkt durch die Heirat Ivans IV. mit einer kabardinischen Prinzessin und den Übertritt kabardinischer Fürsten in russische Dienste; von ihnen stammte das vornehme russische Fürstengeschlecht der Čerkasskij ab. Gleichzeitig begann Rußland militärisch im Kaukasus-Vorland Fuß zu fassen, indem es am Terek ein Fort begründete und Kosaken ansiedelte.

Doch erst im 18. Jahrhundert rückte Rußland systematischer vor, errichtete seit den 30er Jahren neue Festungen, die später zur «Kaukasischen Linie» vom Schwarzen bis zum Kaspischen Meer vereinigt wurden, und schuf Kosakenheere, die Terek-Kosaken im Osten, die vom Don ins westliche Kaukasusvorland umgesiedelten Kuban-Kosaken (1777–1781) und die aus den Resten der Zaporoher Sič' rekrutierten Schwarzmeer-Kosaken um die neue Festung Ekaterinodar (1792–1794). Der Sieg über die Osmanen 1774, die Annexion der Krim und das Protektorat über Georgien (beides 1783) gaben der russischen Expansion neue Impulse. Um die Verbindung mit Transkaukasien zu sichern, wurden einzelne Khanate Dagestans unter russischen Schutz genommen. Man begann die Georgische Heerstraße zu bauen, unterstellte die Kabardiner und Osseten, die diesen einzigen Verkehrsweg über den Kaukasus kontrollierten, formell der russischen Oberherrschaft und errichtete 1784 die Festung Vladikavkaz, deren Name (Herrscherin über den Kaukasus) Programm war.

Es sollte jedoch noch achtzig Jahre dauern, bis das Programm verwirklicht wurde. Seit dem Ende des 18. Jahrhunderts reagierten die Bergvölker auf das Vorrücken der Russen mit ständigen Überfällen auf Festungen und Kosaken. Die russische Präsenz im Vorgebirge gefährdete nicht nur ihre Sicherheit und Mobilität, sondern auch ihre wirtschaftliche Existenz, die auf Winterweiden in den Ebenen und Handelsaustausch mit dem Vorland angewiesen war. Der elementare Widerstand der einzelnen Ethnien und Stämme gewann besondere Schlagkraft durch den sufischen Muridismus[25]. Die mystische Lehre des

Sufismus hatte schon im Mittelalter in religiösen Bruderschaften eine Organisationsform gefunden, die in verschiedenen Teilen der Welt zum Katalysator muslimischen Widerstandes wurde. In Asien – auch im Kaukasus – gewann der im 14. Jahrhundert in Buchara begründete Naqšbandi-Orden besondere Bedeutung. Der Muridismus, die bedingungslose Gefolgschaft der Schüler (der Muriden) gegenüber ihrem sufischen Lehrer, war das Rückgrat der Organisationen. Ihre Integrationskraft gewannen sie aus dem Versuch, das islamische Recht (Scharia) gegenüber dem tribalen Gewohnheitsrecht (adat) durchzusetzen, und aus dem Prinzip des «djihad» oder «ghazavat» («Heiliger Krieg»), das sich gegen nicht glaubenstreue Muslime und gegen die Ungläubigen, im Kaukasus defensiv gegen die russische Aggression, richtete.

Obwohl die Quellen dazu schweigen, ist es wahrscheinlich, daß schon die erste Widerstandsbewegung, die unter dem Banner des «Heiligen Krieges» mehrere ethnische Gruppen des Kaukasus gegen Rußland vereinigte, von einer sufischen Bruderschaft organisiert wurde. Unter der Führung von Scheich Mansur führten Tschetschenen und Teile der Berg-Dagestaner in den Jahren 1785 und 1786 einen Guerillakrieg gegen die Russen[26]. Mit dem neuen russisch-türkischen Krieg verlagerte Mansur seine Tätigkeit 1787 auf die westlichen Tscherkessen, wo er mit den Osmanen zusammenarbeitete. Nach dem Ende des Krieges wurde er 1791 von russischen Truppen gefangen und in der Festung Schlüsselburg eingekerkert, wo er 1794 starb. Eindeutig sufische Organisationen entstanden im Kaukasus dann in den zwanziger Jahren des 19. Jahrhunderts. Ihr erster bekannter Führer war der Imam Gazi Muhammed, dem es gelang, mit muridischen Losungen die ethnisch heterogenen Stämme Dagestans und die Tschetschenen gegen Rußland zu vereinigen. Er starb 1832 im Kampf gegen russische Truppen, und zwei Jahre später wurde sein Schüler Schamil Imam.

Der islamisch gebildete Aware Schamil (1797–1871) sollte während eines Vierteljahrhunderts an der Herrschaft bleiben. Seine bedeutenden politisch-organisatorischen und militärischen Fähigkeiten und seine charismatische Ausstrahlung stempeln ihn zum bedeutendsten Führer des antirussischen islamischen Widerstandes im 19. Jahrhundert. In den vierziger Jahren schuf er im östlichen Kaukasus mit seinem theokratischen Imamat eine zentralisierte politische Organisation von hoher Effizienz. Die Losungen des Heiligen Kriegs und der Durchsetzung der Scharia verband er mit egalitären Zielsetzungen, die auch gegen die zum Teil mit Rußland kooperierenden kaukasischen Eliten gerichtet waren. Den Kern des Imamats bildeten die meisten Ethnien Dagestans und die Tschetschenen, während es nicht gelang, die Osseten, Kabardiner und Tscherkessen dauerhaft zu integrieren. Dennoch hielt der von Schamil angeführte Guerillakrieg die russischen Heere während 25 Jahren in Schach.

Die russischen Ziele hatte Nikolaus I. schon 1829 umrissen, als er seinem Feldherrn Paskevič zum Sieg gegen die Türken gratulierte: «Nachdem wir so ein ruhmreiches Unternehmen beendet haben, steht uns ein anderes, in meinen Augen nicht minder ruhmreiches, bevor, das in bezug auf die direkten Vorteile sogar viel wichtiger ist – die endgültige Befriedung der Bergvölker oder die Ausrottung der Unbotmäßigen»[27]. Die besten russischen Feldherren (unter ihnen Ermolov, Paskevič und Voroncov) versuchten immer wieder, mit Zehntausenden von Soldaten das Unternehmen ruhmreich zu gestalten, doch statt Ruhm ernteten sie immer wieder schmachvolle Mißerfolge: Rußland verlor im Kaukasus Zehntausende von Soldaten und bis zu einem Sechstel der Staatseinnahmen. In einem immer brutaleren Vernichtungskrieg trat mit der Zeit das Ziel der «Ausrottung» in den Vordergrund. Da die russischen Heere in den Bergen den Partisanen nicht gewachsen waren, zerstörten und verbrannten sie Dörfer, Felder und Wälder und trieben Vieh weg. Damit erschwerten sie zwar die wirtschaftliche Situation der Kaukasier, bewirkten aber gleichzeitig eine Eskalation des Konflikts. Vor allem Voroncov versuchte auch mit nichtrussischen Oberschichten zu kooperieren, was zum Teil gelang, dafür aber die egalitären Tendenzen des Widerstandes verstärkte. Erst nach dem Ende des Krimkriegs erstickte der neue kaukasische Statthalter Barjatinskij mit systematischem Vorgehen den Widerstand der Kaukasier. Schamil wurde im Jahre 1859 gefangengenommen und nach Rußland gebracht, wo er vom Zaren empfangen und von der Öffentlichkeit bestaunt wurde. Er lebte darauf in ehrenvollem Exil in Kaluga. Im Jahre 1870 ließ man ihn sogar ausreisen, und er starb 1871 in Medina.

Damit war der Widerstand der Ostkaukasier gebrochen, doch leisteten die Tscherkessen im Westkaukasus den russischen Truppen noch immer Widerstand. Die meist unabhängig von Schamil operierenden und nur zum kleineren Teil dem Muridismus folgenden tscherkessischen Stämme hatten seit Jahrzehnten russische Truppen immer wieder erfolgreich abgewehrt, wobei sie zum Teil von den Osmanen, die seit langem Beziehungen zu den Tscherkessen unterhielten, unterstützt wurden[28]. Nach der Unterwerfung Schamils ging Rußland nun auch brutal gegen die Tscherkessen vor, und im Jahre 1864 kontrollierte es auch den westlichen Kaukasus. Da Rußland die Schwarzmeerküste und das fruchtbare Vorgebirgsland durch christliche Siedler kolonisieren und sichern wollte, wurden die meisten Tscherkessen umgebracht oder vertrieben; andere zogen die Emigration der russischen Herrschaft freiwillig vor. In den 60er und 70er Jahren wanderten fast alle überlebenden Tscherkessen (mindestens 300 000) ins Osmanische Reich aus: 1897 gab es im Russischen Reich nur noch 44 746 Tscherkessen[29]. Auch die Mehrheit der mit den Tscherkessen sprachverwandten Abchasen emigrierte im Laufe des 19. Jahrhunderts in mehreren Wellen ins Osmanische Reich, außerdem Zehntausende von Tschetschenen, Kabardinern und Nogai-Tataren[30]. Die wenig bekannte Massenauswanderung der Kaukasier und Krimtataren aus Rußland ins Osmanische Reich war eine Tragödie, die in mancher Beziehung die Vertreibungen des 20. Jahrhunderts vorwegnahm.

«Die Unterwerfung des westlichen Kaukasus, die durch eine Reihe glänzender Heldentaten und lange währender Anstrengungen erreicht worden ist, beendete den langjährigen Kaukasischen Krieg», verkündete Alexander II. im Juli 1864, und er verkürzte die Dienstzeit der beteiligten Kosaken, «die Unsere Grenzen ohne Unterlaß vor den räuberischen Überfällen der ‹gorcy› beschützt haben.»[31] Nun ging man daran, das Kaukasusgebiet administrativ einzugliedern. Schon 1860 wurde die Militärverwaltung durch eine Zivilverwaltung ersetzt. Der Osten wurde als Terek-Gebiet, der Westen als Kuban-Gebiet bezeichnet, während der größte Teil Dagestans, nachdem die Khanate zwischen 1859 und 1867 abgeschafft worden waren, als eigenes Gebiet Transkaukasien zugeschlagen wurde[32]. Zunächst war den Behörden offenbar nicht klar, ob sie die Bergvölker des Kaukasus der rechtlichen Kategorie der «inorodcy» zuordnen oder in das Ständegefüge Rußlands eingliedern sollten[33]. In der Folge verlief ihre Integration nach dem Muster der Muslime Transkaukasiens. Rußland setzte auch hier auf die Zusammenarbeit mit den loyalen Eliten, die nicht emigriert waren. Solche Aristokraten gab es allerdings nur bei den sozial differenzierten Ethnien wie den Kabardinern und Kumyken, kaum aber bei denen mit egalitärer Sozialstruktur wie den Tschetschenen. Die Angehörigen der nichtrussischen Oberschicht wurden an der Lokalverwaltung beteiligt und erhielten zum Teil Land verliehen. Wie in Aserbaidschan wurden Kommissionen eingesetzt, die die Frage ihrer Landbesitzrechte und Privilegien prüften und wie dort zum Schluß kamen, die Oberschicht als «höchsten Stand der gorcy», in Dagestan auch als Begs, jedoch nicht als vollwertigen Adel anzuerkennen[34]. Über den Dienst in Armee und Verwaltung wurden aber einzelne Kaukasier in den erblichen Adel kooptiert. Auch die islamische Geistlichkeit mit ihren Koranschulen (vor allem in Dagestan) und die traditionale Sozialordnung der Kaukasier blieben unter russischer Herrschaft weitgehend intakt. Probleme ergaben sich vor allem aus der verstärkten Ansiedlung von Russen und Ukrainern in den Ebenen, Tälern und besonders im Westkaukasus. Daß der Widerstand der Kaukasier nicht völlig erstickt war, zeigte sich während des russisch-türkischen Kriegs von 1877/78, als sich Tschetschenen und Dagestaner erneut erhoben.

Über den Kaukasuskrieg wurde in der ersten Hälfte des 19. Jahrhunderts in der russischen Öffentlichkeit viel diskutiert[35]. Auch in der russischen Literatur, etwa bei Gribojedov, Puschkin, Lermontov oder Tolstoj, tauchen die «gorcy» immer wieder auf. Dabei werden sie zum Teil romantisch als edle, naturverbundene und freiheitsliebende Wilde verklärt. Langfristig sollte sich jedoch das Feindbild der unzuverlässigen Räuber und muslimischen Fanatiker durchsetzen. Es wirkte bis in sowjetische Zeit nach, und es ist kein Zufall, daß Stalin im Zweiten Weltkrieg neben Krimtataren, Kalmücken und Deutschen mit den Tschetschenen, Inguschen, Karatschaiern und Balkaren gerade vier der Kaukasusvölker, die Rußland viel Widerstand entgegengesetzt hatten, nach Mittelasien deportieren ließ. In der sowjetischen Historiographie war der antikoloniale Protest der «gorcy» immer heiß umstritten und wurde wiederholt uminterpretiert[36]. Im Kaukasus blieb die Gestalt Schamils als Symbol der Freiheit und des antikolonialen Widerstandes lebendig, und die sufischen Bruderschaften sind unter den Kaukasiern bis heute verbreitet.

3. Schrittweises Vordringen in die Kasachen-Steppe

Die riesigen Steppengebiete, die sich zwischen dem südlichen Ural und dem Kaspischen Meer im Westen und den Gebirgen des Altai und Tienschan im Osten über fast 3000 Kilometer, zwischen Südsibirien und den Oasen Mittelasiens über mehr als 1500 Kilometer erstrecken, sind das Siedlungsgebiet der Kasachen (vgl. Karte 6)[37]. Der wichtigste Faktor der kasachischen Geschichte war der Nomadismus, und die kasachische Sprache bezeichnet den Kasachen und den Nomaden mit demselben Begriff. Die Kasachen betrieben Weidewirtschaft mit jahreszeitlichen Wanderungen, im heißen Sommer hielten sie sich am nördlichen Steppenrand (im südlichen Sibirien und im Süd-Ural) auf, im kalten Winter in den südlicheren, teilweise schon zur Halbwüste gehörenden Gebieten. In den Bergregionen des Siebenstromlandes im Osten praktizierten sie auch Transhumanz. Ihr wichtigster Besitz waren Herden von Pferden, Schafen, Ziegen, seltener von Rindern und (im Süden) Kamelen. Ihre sozio-politische Organisation war tribal, die Clans garantierten den sozialen Zusammenhalt und organisierten die gemeinsamen Migrationen in mobilen Auls. Regelmäßig fanden Raub- und Kriegszüge gegen andere Nomaden und Seßhafte statt. Das patriarchalische Gewohnheitsrecht und animistische Vorstellungen mit Ahnen- und Tierkult waren tiefer verankert als das Bekenntnis zum Islam. Die Begegnung der Kasachen mit Rußland ist nach den Fällen der Nogai-Tataren, Baschkiren und Kalmücken ein weiteres Beispiel für die Konfrontation von Hirtennomaden mit seßhaften Ackerbauern.

Die turksprachige ethnische Gruppe der Kasachen taucht in den Quellen erst seit dem 15. Jahrhundert im Zusammenhang mit dem kasachischen Khanat auf. Die Russen bezeichneten sie bis in die frühe Sowjetzeit als Kirgisen, während die eigentlichen Kirgisen Kara-Kirgisen genannt wurden. Den Kasachen nahe verwandt waren die ebenfalls nomadischen Karakalpaken. Die Clans der Kasachen spalteten sich im 15. Jahrhundert vom Khanat der Usbeken ab und begründeten ein eigenes Khanat in der Steppe, das sich in der Folge in drei Horden gliederte, die Kleine oder Jüngere Horde im Westen, die Große oder Ältere Horde im Siebenstromland im Osten und die Mittlere Horde in den dazwischen liegenden zentralen Steppengebieten. Diese großräumigen Herrschaftsbildungen nach mongolischem Vorbild waren lockere Konföderationen von Stämmen. Neben den in den einzelnen Horden gewählten Khanen stand die mächtige Clan-Aristokratie der Sultane und Begs (Bijs). Traditionelle Gegner der Kasachen waren in der Steppe die mächtigen

Westmongolen (Oiraten), zu denen auch die Kalmücken gehörten. In den ersten Jahrzehnten des 18. Jahrhunderts fielen immer wieder oiratische Heere in Kasachstan ein und errangen zahlreiche Siege über die Kasachen. Diese Bedrohung führte dazu, daß kasachische Khane den seßhaften Nachbarn im Westen, den russischen Kaiser, um Hilfe gegen die nomadischen Feinde im Osten baten.

Die Begegnung Rußlands mit den Kasachen kann als Bestandteil des «Sammelns der Länder der Goldenen Horde» gesehen werden, das im 18. Jahrhundert die Steppengrenze überschritt und die Nomaden im Süden (Baschkiren, Kalmücken und Nogai-Tataren) integrierte[38]. Sowohl von Südsibirien wie vom südlichen Ural aus stieß man in die traditionellen Sommerweidegebiete der Kasachen vor und sicherte sie durch die Festungen Omsk (1716) und Semipalatinsk (1718) am Irtysch, die später durch eine Befestigungslinie verbunden wurden, und durch die Orenburger Linie. Gleichzeitig wurden die Handelsbeziehungen mit den Kasachen gefördert, auch im Hinblick auf den russischen Asienhandel. Die Hilfegesuche der Khane gaben Rußland dann die Möglichkeit, in bewährter Manier auch seinen politischen Einfluß auszudehnen. Zwischen 1731 und 1742 schworen die Khane der Kleinen und Mittleren Horde und sogar einige Clanführer der östlichen Großen Horde dem Zaren den Treueid[39]. Wie in anderen Fällen betrachteten die Steppennomaden diese Unterordnung als temporäre Allianzen zwischen zwei Herrschern, an die sich die Clanführer nicht gebunden fühlten. So unterstellten sich in der zweiten Hälfte des 18. Jahrhunderts Khane der Mittleren und Großen Horde der Protektion der Mandschu-Kaiser, nachdem die Westmongolen 1757 von China unterworfen worden waren. Zwar galten die Horden der Kasachen im 18. Jahrhundert noch nicht als Bestandteile des Russischen Reiches, doch stellten die Treueide aus russischer Perspektive rechtlich verbindliche Akte dar, die Herrschaftsansprüche begründeten. Sie werden auch von der sowjetischen Historiographie als Eckdaten der «freiwilligen Vereinigung der Kasachen mit Rußland» betrachtet.

Von einer Eingliederung der Kasachen in das Russische Reich kann man jedoch erst in der ersten Hälfte des 19. Jahrhunderts sprechen, als der russische Druck zunahm. Gleichzeitig erlebten die nach der Etablierung der Inneren oder Bukej-Horde zwischen Ural und unterer Wolga (1801) nun vier kasachischen Horden innere Krisen. 1822 wurde der Khan der Mittleren Horde abgesetzt und sein Gebiet der sibirischen Verwaltung und dem von Speranskij geschaffenen inorodcy-Statut unterstellt. 1824 folgte die Kleine, 1845 die Innere Horde, während die Große Horde, auf die auch der Khan von Kokand Ansprüche erhob, bis 1848 schrittweise aufgelöst wurde. Neue Forts wie Kokčetav und Akmolinsk und befestigte Linien wurden errichtet, welche die Kasachen kontrollieren sollten und ihre Weidegründe beschränkten.

Nachdem schon am Ende des 18. Jahrhunderts Kasachen wiederholt gegen die russische Oberherrschaft revoltiert und sich auch am Pugačev-Aufstand

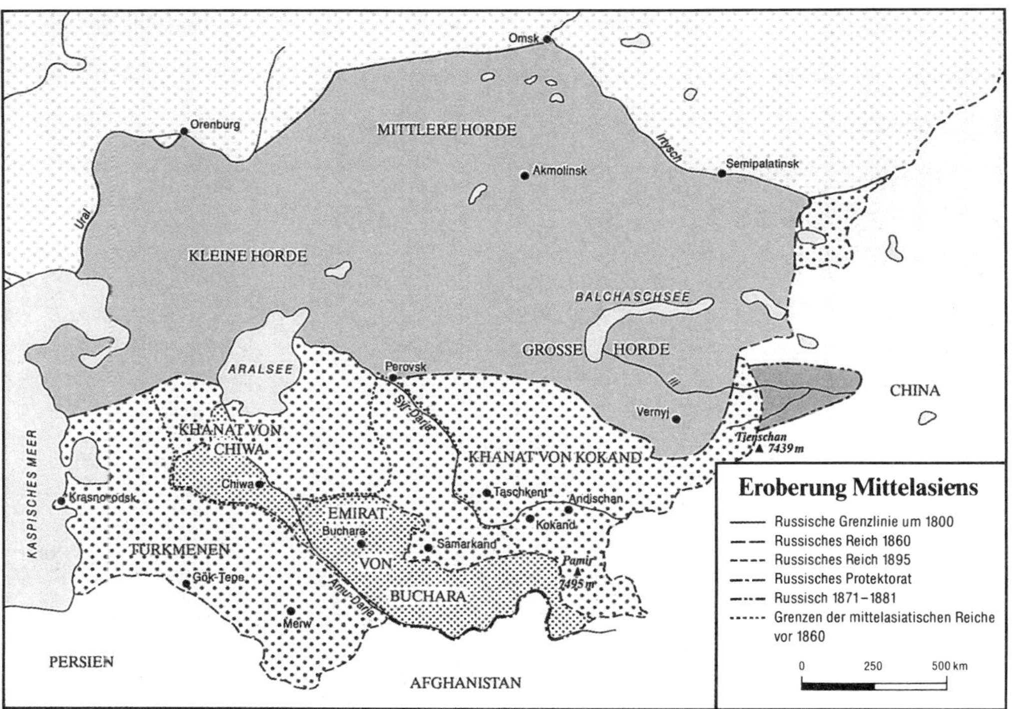
Eroberung Mittelasiens
Russische Grenzlinie um 1800
Russisches Reich 1860
Russisches Reich 1895
Russisches Protektorat
Russisch 1871–1881
Grenzen der mittelasiatischen Reiche vor 1860
0
250
500 km
Omsk
Orenburg
MITTLERE HORDE
Akmolinsk
Irtysch
Semipalatinsk
Ural
KLEINE HORDE
BALCHASCHSEE
GROSSE HORDE
Ili
ARALSEE
Perovsk
Syr-Darja
Vernyj
CHINA
Tienschan
▲ 7439 m
KASPISCHES MEER
KHANAT VON CHIWA
Chiwa
KHANAT VON KOKAND
Taschkent
Andischan
Kokand
Krasnowodsk
EMIRAT VON BUCHARA
Buchara
Samarkand
TURKMENEN
Pamir
7495 m
Gök-Tepe
Amu-Darja
Merw
PERSIEN
AFGHANISTAN

Karte 6

beteiligt hatten, reagierten sie auf den zunehmenden Druck und die Auslöschung der Horden mit einer Steigerung ihres Widerstandes. Kasachen überfielen russische Garnisonen, Kosaken, Siedler und Kaufleute, und in der Mittleren Horde kam es 1825 zu einer Massenerhebung. Ihr wichtigster Anführer wurde 1837 Kenisary Kasymov (1802–1847), ein Enkel Ablajs, des letzten bedeutenden Khans der Mittleren Horde. Er versuchte, die Kasachen gegen Rußland zu vereinigen und das Khanat wiederzuerrichten. Es dauerte zwanzig Jahre, bis die russischen Truppen die Erhebung der Mittleren Horde 1846 niederschlagen konnten, doch folgten in den 50er Jahren neue Aufstände. Kenisary Kasymov wurde in der kasachischen Tradition eine mit Schamil vergleichbare Heldenfigur, und die sowjetische Historiographie hat auch diesen Aufstand abwechselnd als progressive sozial- und nationalrevolutionäre oder reakionäre aristokratische Erscheinung interpetiert[40].

Um die Mitte des 19. Jahrhunderts hatte Rußland das riesige Gebiet der Kasachen-Steppe annektiert. Mit Festungen wie Irgiz, Turgaj und Aral'sk nördlich des Aralsees (1845–1847), Perovsk am unteren Syr-Darja (anstelle einer Festung des Khans von Kokand, 1853) und Vernyj (dem heutigen Alma-Ata) am Fuße des Tienschan (1854) sicherte es die neuen Gebiete ab. Zunächst wurden in Anlehnung an die drei Horden die Verwaltungseinheiten der «Kirgisen von Orenburg», der «sibirischen Kirgisen» (mit Zentrum in Omsk) und von Semipalatinsk geschaffen. Nach der Eroberung des südlichen Mittelasiens wurde die Kasachen-Steppe administrativ weiter aufgeteilt. Die südlichen Gebiete am Syr-Darja und im Siebenstromland wurden 1867 dem neu geschaffenen Generalgouvernement Turkestan zugeschlagen, während der Hauptteil im Norden in je zwei Gebiete (oblasti) geteilt und 1868 dem Generalgouverneur von Orenburg bzw. dem Generalgouverneur von Westsibirien (ab 1892 der Steppe) unterstellt wurde. Die Lokalverwaltung aller Steppengebiete wurde 1891 in einem besonderen Statut geregelt[41]. In die von Russen geleitete Kreisverwaltung wurden auch Kasachen einbezogen, die in der Lokalverwaltung mit «Ältestenräten» und in der Rechtsprechung (nach dem Gewohnheitsrecht) weitgehend autonom blieben. Rußland arbeitete auch hier mit der nichtrussischen Elite zusammen, doch wurden die kasachischen Begs nicht mehr wie noch die Oberschicht der kaukasischen Muslime praktisch (wenn auch nicht vollständig) in den Adel Rußlands kooptiert. Wie 1822 schon die «sibirischen Kirgisen» wurden nun alle Kasachen der für Nomaden vorgesehenen rechtlichen Kategorie der inorodcy zugeordnet, also nicht in den Kreis der vollwertigen Bürger aufgenommen. Das brachte für die Einheimischen auch Vorteile mit sich, neben der Selbstverwaltung etwa die Befreiung vom Militärdienst. Ein Teil der Kasachen der Kleinen Horde reagierte 1869 auf die neue Verwaltungsordnung wieder mit einem Aufstand, der von einer russischen Strafexpedition brutal niedergeschlagen wurde.

Die russische Politik gegenüber den Kasachen verfolgte, wie schon das inorodcy-Statut von 1822, das Ziel, die rückständigen Nomaden der «höheren Stufe» der Seßhaftigkeit näherzubringen. Die territoriale Verwaltungsordnung, die Geldsteuern und neue Landgesetze behinderten die Mobilität, ebenso wie die Natural- und Weidewirtschaft der Kasachen. Im kulturellen und wirtschaftlichen Bereich bediente sich die russische Regierung seit dem Ende des 18. Jahrhunderts zunächst der Kazan'-Tataren, um die Kasachen zu «zivilisieren». Tatarische und russische Kaufleute bewirkten eine erhebliche Ausweitung des Handels mit den Kasachen, die nun zu wichtigen Abnehmern russischer Industrieprodukte wurden. Gleichzeitig gelang es tatarischen Mullahs, den Islam unter den vom Animismus geprägten Nomaden zu stärken. Als die Behörden merkten, daß die Tataren zwar westliche Einflüsse zu den Kasachen brachten, gleichzeitig aber auch unerwünschte islamisch-protonationale Bewegungen auslösten, versuchte man die Kasachen nach dem System des Orientalisten Il'minskij in gemischt kasachisch-russischen Schulen dem tatarischen Einfluß zu entziehen[42]. Doch auch diese Bemühungen trugen mittelfristig weniger zur Integration ins Russische Reich als zur Erweckung einer kasachischen Nationalbewegung bei.

Wie für andere Nomaden wurde auch für die Kasachen die Besiedlung von Weidegebieten durch russische und ukrainische Ackerbauern zum entscheidenden destabilisierenden Faktor[43]. Nachdem die Steppenrandzone vorwiegend von Kosaken lange nur zögernd kolonisiert worden war, verschob sich die Grenze des Ackerbaus seit den 60er Jahren des 19. Jahrhunderts immer mehr nach Süden. Im Steppen-Statut von 1891 wurde der Landbesitz der Kasachen drastisch beschränkt, und in den folgenden beiden Jahrzehnten strömten Hunderttausende von Siedlern aus dem europäischen Rußland ins nördliche Kasachstan. Sie nahmen die fruchtbarsten Weidegebiete im Norden der Steppe in Besitz, die in der sommerlichen Dürrezeit für das Überleben der Herden notwendig waren. Der saisonale Wechsel zwischen den Weiden wurde damit eingeschränkt, und die Hirtennomaden wurden in die trockeneren Gebiete des Südens abgedrängt. Das brachte den Kasachen nicht nur schwere wirtschaftliche Probleme, sondern erschütterte auch ihre auf dem Nomadismus beruhende soziale Struktur. Eine Anzahl von Kasachen ging deshalb zur Seßhaftigkeit über, die Mehrheit blieb der traditionellen Lebensweise treu und setzte den Landvermessern, Verwaltungsleuten, Soldaten und Bauern Widerstand entgegen. Das Konfliktpotential zwischen nomadischen Kasachen und seßhaften Ostslawen nahm erneut zu; es sollte sich im Jahre 1916 wieder in einem großen Aufstand entladen (vgl. unten Kapitel 9). Auch unter sowjetischer Herrschaft setzte sich die Konfrontation zwischen Seßhaften und Nomaden fort. In den 30er Jahren führte Stalin die «mission civilisatrice» Rußlands zu Ende, indem er die Kasachen mit brutaler Gewalt zwang, zur Seßhaftigkeit überzugehen.

4. Eroberung und Angliederung des südlichen Mittelasiens

Die Geschichte Innerasiens ist bestimmt von der Opposition und der komplementären Symbiose zwischen Hirtennomaden und Bewohnern von Flußtälern und Oasen. Südlich der Steppen Kasachstans erstrecken sich große Wüsten (Kara-Kum, Kyzyl-Kum), durch die der Syr-Darja und der Amu-Darja in den Aralsee fließen (siehe Karte 6). Die beiden Flüsse, von den Griechen Jaxartes und Oxus genannt, entspringen in den Hochgebirgen des Tienschan und Pamir, die zusammen mit weniger hohen Ketten im Westen die südliche Grenze der Region bilden. Dieses von Wüsten, Oasen und Gebirgen geprägte Gebiet bezeichne ich im folgenden als Mittelasien, während ich den Begriff Zentralasien für den auch Sinkiang, Afghanistan und die Mongolei umfassenden Großraum, den Begriff Turkestan für die russische Verwaltungseinheit verwende.

Die Oasen und Flußtäler Mittelasiens wurden schon lange vor unserer Zeitrechnung zum Sitz von Hochkulturen, die auf intensivem Ackerbau (mit Bewässerung) und auf dem Handel beruhten [44]. An den Schnittpunkten der Karawanenwege, unter ihnen die Seidenstraße nach China, waren städtische Zentren entstanden, in Transoxanien oder Mawarannahr zwischen Syr-Darja und Amu-Darja Samarkand und Buchara, nordöstlich davon Taschkent, in Chorasan im Südwesten Merw und in Choresmien südlich des Aralsees Urgentsch und Chiwa. Die beiden wichtigsten kulturellen Einflußfaktoren waren der Iran und der Islam. Im Altertum gehörte Mittelasien zum Perserreich, und der Vorstoß Alexanders des Großen an den Syr-Darja brachte es in Berührung mit dem Hellenismus. Nach der arabischen Eroberung erlebte Mittelasien im 10. Jahrhundert unter den Samaniden einen Höhepunkt der iranisch-islamischen Hochkultur, und ihre Hauptstadt Buchara wurde zu einem Zentrum muslimischer Gelehrsamkeit.

Die politische Geschichte Mittelasiens wurde wesentlich durch Einfälle von Reiternomaden bestimmt. Für die Folgezeit prägend blieben die Mongolen und ihre Nachfolgereiche. Unter dem großen Eroberer Timur erlebte Mittelasien am Ende des 14. und zu Beginn des 15. Jahrhunderts eine weitere Blütezeit; Samarkand wurde zur glänzenden Hauptstadt des Timuridenreichs. Ein Jahrhundert später folgten als letzte Eroberer aus der Steppe die usbekischen Schaibaniden. Unter ihrer Herrschaft kam es im 17. und 18. Jahrhundert zu einem wirtschaftlichen und kulturellen Niedergang. Dazu trug bei, daß der transkontinentale Karawanenhandel seit den Entdekkungen gegenüber dem Seehandel an Bedeutung verlor und daß sich die mittelasiatischen Sunniten von den iranischen Schiiten zunehmend isolierten. Mit der Herrschaft der Usbeken setzte eine allmähliche Turkisierung auch der seßhaften Bevölkerung Mittelasiens ein, die neben dem Persischen auch eine osttürkische Schriftsprache, das Tschagataische, verwendete.

Die ethnischen und sprachlichen Verhältnisse Mittelasiens waren also in ständigem Fluß, die Stadtbevölkerung war oft zweisprachig, tribale oder regionale Identitäten, Religion und Lebensform (Nomaden oder Seßhafte) waren wichtiger als ethnisch-sprachliche Kriterien[45]. Mehrdeutig und Veränderungen unterworfen waren auch einzelne Ethnonyme, so daß eine Rückprojektion der heutigen Völkernamen in die Irre führen kann. So war die Abgrenzung der Termini «Sarten» und «Tadschiken», die für die seßhafte Bevölkerung gebraucht wurden, nicht immer klar, als Usbeken galten in der Regel nur die großenteils nomadischen Nachkommen der unter Führung der Schaibaniden eingewanderten Stämme, während in der Sowjetzeit auch andere turksprachige oder turkisierte seßhafte Ethnien als Usbeken bezeichnet wurden.

Die zentralen Gebiete waren vor allem von persischsprachigen, zum Teil turkisierten Tadschiken und von verschiedenen turksprachigen Ethnien bewohnt, von denen die Usbeken die wichtigste waren. In den Gebirgen im Osten lebten als Hirtennomaden die turksprachigen Kirgisen (von den Russen Kara-Kirgisen genannt), im Pamir einige kleine, ostpersische Dialekte sprechende, zum Teil ismailitische, Ethnien. Im Westen, in der Karakum-Wüste zwischen Kaspischem Meer und Amu-Darja, zum Teil auch im Iran und in Afghanistan, nomadisierten die Turkmenen, deren Sprache wie das Azeri und das Osmanisch-Türkische zur oghusischen Gruppe der Turksprachen gehört. Zur mittelasiatischen Region gehörten auch die südlichen Stämme der Kasachen und Karakalpaken.

Vor der russischen Eroberung gab es in Mittelasien drei Reiche unter usbekischen Dynastien, das Emirat von Buchara im Zentrum, das Khanat von Chiwa im alten Choresmien südlich des Aralsees im Nordwesten, unter dessen Herrschaft auch die Mehrheit der Karakalpaken war, und das Khanat von Kokand, in dessen Abhängigkeit sich die meisten Kirgisen befanden, im Südosten[46]. Die Turkmenen unterstanden zum Teil der Oberhoheit von Chiwa und Buchara, zum Teil dem Iran, doch waren sie praktisch unabhängig. Die drei mittelasiatischen Reiche mit ihren despotischen Herrschern hatten eine differenzierte Verwaltung mit einem komplizierten Steuersystem. Eine Quelle der Instabilität waren die häufigen Kriege zwischen den Khanaten und die ständigen inneren Auseinandersetzungen zwischen einzelnen Statthaltern und zwischen Seßhaften und Nomaden. In den Flußtälern und Oasen wurden Ackerbau (mit umfangreichen Bewässerungsanlagen), in den Gebirgen und Wüsten Viehwirtschaft betrieben. In den teilweise mehrere zehntausend Einwohner zählenden Städten blühten der Handel und ein reich differenziertes Handwerk. Die Oberschicht der Khane, Emire, Sultane und übrigen Aristokraten war usbekisch. Die persisch- und turksprachigen Ackerbauern und Handwerker waren mit mannigfaltigen Steuern belastet, aber persönlich frei. Sklaven wurden aus fremden Kriegsgefangenen, so aus Persern und Russen, rekrutiert. Die Kultur wurde von der konservativen islamischen (sunnitischen) Geistlichkeit beherrscht, ebenso das Bildungswesen mit Koranschulen (maktab) und mittleren und höheren Schulen (madrasa). Daneben spielten auch Sufi-Bruderschaften eine gewisse Rolle. Bei den Turkmenen und Kirgisen war der Islam weniger tief verwurzelt als bei den seßhaften Gruppen. Ihre Sozialstruktur war vorwiegend tribal geprägt und schwach differenziert. Die in Wüsten und Trockensteppen lebenden turkmenischen Hirtennomaden betrieben vor allem Schaf-, Pferde- und Kamelzucht und waren als tapfere Krieger berühmt, als Räuber gefürchtet. Einzelne turkmenische Stämme waren in Oasen seßhaft geworden. Die meisten Kirgisen nomadisierten mit ihren Schaf- und Pferdeherden im Hochgebirge des Tienschan.

Rußland unterhielt mit den islamischen Zentren Mittelasiens seit dem 16. Jahrhundert Handelsbeziehungen, die von mittelasiatischen Kaufleuten und Wolgatataren getragen wurden[47]. Nicht-Muslime hatten lange keinen Zugang zu den Märkten Mittelasiens. Einzelne militärische Expeditionen vom Kaspischen Meer aus gegen Chiwa scheiterten schon 1717 und wieder 1839 in der Wüste. Einige Forschungsreisen und Gesandtschaften brachten in der ersten Hälfte des 19. Jahrhunderts etwas mehr Kontakte, doch blieben die Khanate Mittelasiens bis in die Mitte des 19. Jahrhunderts für Rußland wenig bekanntes, abgelegenes, exotisches Asien. Erst die endgültige Eingliederung der Kasachensteppe und die Errichtung von Festungen an ihrem Südrand machte Rußland in den 50er Jahren zum direkten Nachbarn der Khanate Mittelasiens. Der Krimkrieg und die endgültige Niederwerfung der kaukasischen Bergvölker verzögerten die weitere Expansion nach Süden noch um zehn Jahre. Erst als 1864 auch der Widerstand der Tscherkessen gebrochen war, begann die Eroberung Mittelasiens.

Dahinter standen, wie in anderen Fällen kolonialer Expansion, wirtschaftliche, strategische und politische Motive. Gerade zu Beginn der 60er Jahre führte der amerikanische Bürgerkrieg dazu, daß die russische Textilindustrie nicht mehr ausreichend mit Baumwolle versorgt wurde. Der Blick richtete sich deshalb auf alternative Lieferanten dieses wichtigen Rohstoffes. Auch das russische Interesse an der Kontrolle der mittelasiatischen Handelsrouten und an Absatzmärkten für russische Industrieprodukte, die in Mittel- und Westeuropa schwer zu verkaufen waren, wurde immer wieder artikuliert. Die These einer überwiegend wirtschaftlichen Motivierung der russischen Expansion wird allerdings von einer Mehrheit sowjetischer und westlicher Forscher abgelehnt, die darauf hinweisen, daß die russische Politik dieser Zeit nicht primär ökonomisch, sondern politisch-strategisch determiniert war[48].

Nach der Niederlage Rußlands im Krimkrieg verlagerte sich der Gegensatz zu England auf Asien: «Nur in Asien können wir den Kampf mit England mit gewissen Erfolgschancen aufnehmen», meinte der Diplomat N. P. Ignat'ev schon 1857[49]. Von Indien aus versuchten die Briten im 19. Jahrhundert, Afghanistan unter Kontrolle zu bringen, und hier stießen die beiden Kolonialmächte aufeinander. Defensive Überlegungen Rußlands verbanden sich mit expansionistischen: «Gebt mir 100 000 Kamele, und ich werde Indien erobern», soll General Skobelev geäußert haben[50]. Die demütigende Niederlage im Krimkrieg hatte das Prestigebedürfnis der Elite, vor allem der militärischen Führung, verletzt und ließ sie nach Kompensationen suchen. In Asien sollte Rußland seine imperiale Potenz demonstrieren und Ebenbürtigkeit mit den westlichen Kolonialmächten erreichen. Solche Vorstellungen waren in Petersburg durchaus verbreitet, doch gab es auch Meinungsverschiedenheiten und nicht wenige Stimmen, die sich gegen eine Eroberung Mittelasiens aussprachen. In einer solchen Situation konnten einzelne Generäle der Peripherie die Initiative an sich reißen. Auch von persönlicher Ruhmsucht geleitet, führten sie zum Teil eigenmächtige Angriffe durch, die von der Regierung nachträglich sanktioniert wurden. Daß solche Aktionen auch mit dem Sicherheitsbedürfnis Rußlands begründet wurden, gehört in das traditionelle legitimatorische Arsenal kolonialer Expansion.

Die Mechanismen der Expansion hat Außenminister Gorčakov, der nicht zu den Kriegstreibern gehörte, im Jahre 1864 folgendermaßen erklärt: «Die Lage Rußlands in Mittelasien ist die aller zivilisierten Staaten, die in Kontakt mit halbwilden, umherschweifenden Völkerschaften ohne feste gesellschaftliche Organisation kommen. In einem solchen Fall verlangt das Interesse an der Sicherheit der Grenzen und an Handelsbeziehungen immer, daß der zivilisierte Staat eine gewisse Autorität über seine Nachbarn hat, die infolge ihrer wilden und ungestümen Sitten sehr unbequem sind. Er beginnt zunächst mit der Bändigung ihrer Einfälle und Raubzüge. Um ihnen Einhalt zu gebieten, ist er gewöhnlich gezwungen, die benachbarten Völkerschaften in eine mehr oder weniger direkte Unterwerfung zu bringen. Ist dies Resultat erreicht, nehmen jene zwar ruhigere Sitten an, doch werden sie jetzt ihrerseits von Überfällen entfernterer Stämme heimgesucht. Der Staat ist verpflichtet, sie vor diesen Raubzügen zu schützen und jene dafür zu bestrafen. Daraus ergibt sich die Notwendigkeit weiter, langwieriger periodischer Expeditionen gegen einen Feind, der auf Grund seiner Gesellschaftsordnung nicht einzufangen ist. ... So muß sich der Staat entscheiden: Entweder muß er diese unaufhörliche Arbeit aufgeben und seine Grenzen ständiger Unordnung preisgeben, ... oder er muß immer tiefer in die wilden Länder vordringen ... Dies war das Los aller Staaten, die diese Bedingungen antrafen. Die Vereinigten Staaten in Amerika, Frankreich in Afrika, Holland in seinen Kolonien, England in Ost-Indien – alle wurden weniger aus Ehrgeiz als aus Notwendigkeit auf diesen Weg der Vorwärtsbewegung gezogen, auf dem es sehr schwierig ist, wieder anzuhalten.«[51]

Diese subjektive Erklärung der Expansion als gewissermaßen elementare Notwendigkeit ist aus der Legitimation anderer Kolonialmächte bekannt. Im Rahmen der von der «mission civilisatrice» Rußlands und von Prestige-Erwägungen bestimmten Politik konnten sich aus der Optik des Außenministers Kettenreaktionen ergeben, die der Politik wenig Spielraum ließen. Allerdings hatten sich solche Erfahrungen eher aus der Konfrontation mit Steppennomaden ergeben und konnten nicht automatisch auf die seßhaften

Mittelasiaten übertragen werden. Als objektive Erklärung der russischen Expansion greift die Äußerung Gorčakovs zu kurz, doch erhellt sie deren ideologische Voraussetzungen, die Perzeption Asiens durch das russische Zentrum.

Im Mai 1864 zogen von Vernyj Oberst Černjaev mit 2600 Mann, von Perovsk eine kleinere Streitmacht nach Süden[52]. Schon im selben Jahr wurde die zum Khanat von Kokand gehörende Stadt Tschimkent besetzt. Entgegen Anweisungen aus Petersburg eroberte Černjaev 1865 auch das große Handelszentrum Taschkent. Alexander II. billigte jedoch die eigenmächtige Aktion sogleich. Schon 1867 wurden die nördlichen Gebiete des Khanats von Kokand als Generalgouvernement Turkestan mit Zentrum in Taschkent organisiert. Der erste Generalgouverneur, General von Kaufmann, zog im folgenden Jahr nach Westen, schlug ein zahlenmäßig überlegenes Heer des Emirs von Buchara in die Flucht, eroberte Samarkand, nicht aber – wohl aus Rücksicht auf England – das als Symbol wichtige Buchara. Im Jahre 1873 wurde das gefürchtete, aber militärisch schwache Khanat von Chiwa besiegt. Als im Khanat von Kokand 1875 ein von kirgisischen und usbekischen Nomaden getragener Aufstand ausbrach, der zum Heiligen Krieg gegen die Russen wurde, besetzte ein russisches Heer in mehreren Feldzügen 1875 und 1876 den Süden des Khanats von Kokand.

Als letzte Region Mittelasiens wurde das am weitesten westlich gelegene Gebiet der Turkmenen erobert. 1869 hatte man am Ostufer des Kaspischen Meeres, wo schon einige turkmenische Stämme unter russischer Herrschaft standen, den Stützpunkt Krasnovodsk errichtet, doch erst ein Jahrzehnt später begann die Eroberung Turkmenistans. Ein russisches Heer erlitt im Jahre 1879 gegen die Tekke-Turkmenen eine empfindliche Niederlage. In der Folge zog eine große russische Armee unter General Skobelev mit 20 000 Kamelen gegen die Turkmenen und stürmte im Januar 1881 deren Festung Gök-Tepe, wobei weniger als 300 Russen und wohl über 8000 Turkmenen starben. Der erbitterte Widerstand der Turkmenen war damit brutal gebrochen worden. 1884 wurde auch die Oase von Merw erobert, und im folgenden Jahr das auf dem Weg nach Herat liegende Kuschka.

Spätestens die Eroberung von Merw, das als Schlüssel zu Afghanistan galt, weckte in England Befürchtungen einer weiteren russischen Expansion in Richtung Iran und Indien. Die Presse schrieb von «Mervosität» und einem bevorstehenden britisch-russischen Krieg. Die energische britische Reaktion stoppte aber die russische Expansion, und in mehreren Grenzverträgen teilten sich die beiden Mächte Mittelasien auf, endgültig im Pamir-Abkommen von 1895. Eine Folge dieser Verträge war, daß Turkmenen, Tadschiken, Usbeken und Kirgisen auf unterschiedliche Staaten verteilt wurden. Daran hat sich bis heute nichts geändert.

Ein weiterer russischer Expansionsstoß hatte sich schon zu Beginn der 1870er Jahre gegen Sinkiang (Ost-Turkestan) gerichtet[53]. Ein von dem Kokander General Jakub Beg organisierter Aufstand gegen die chinesische

Herrschaft lieferte den Anlaß zum Eingreifen, und 1871 besetzten russische Truppen das obere Ili-Tal. Sechs Jahre später wurden die aufständischen Uiguren aber von den Chinesen besiegt, und nach längeren Verhandlungen mit China erklärte sich Rußland 1881 bereit, das Ili-Tal bis auf einen schmalen Gebietsstreifen im Westen zu räumen – einer der seltenen Fälle, daß Rußland ein gewonnenes Territorium wieder preisgab.

Im Gegensatz zur Expansion in den Kaukasus und in die Kasachen-Steppe stellte die Eroberung Mittelasiens Rußland vor keine größeren militärischen Probleme. Zwar hatten die Khanate der Eroberung militärischen Widerstand entgegengesetzt, doch einzig nomadische Gruppen wie die Turkmenen taten dies mit gewissem Erfolg. Im ganzen waren, wie es hieß, nur etwa 1000 russische Soldaten gefallen, während ihre Gegner ein Vielfaches an Opfern zu beklagen hatten. Die schlecht bewaffneten, politisch zersplitterten Muslime Mittelasiens hatten gegen die europäische Militärmacht keine Chance. Rußland war damit endgültig in den Kreis der europäischen Kolonialmächte aufgerückt. Das war Balsam für das Prestigebedürfnis seiner Eliten, und Dostojevskij sprach für viele, wenn er im Anschluß an die Eroberung von Gök-Tepe 1881 die glänzende Zukunft Rußlands in Asien ausmalte: «Der Sieg Skobelevs wird in ganz Asien, bis zu seinen entferntesten Grenzen, Widerhall finden ... Möge in diesen Millionenvölkern, bis nach Indien und sogar in Indien, die Überzeugung von der Unbesiegbarkeit des weißen Zaren wachsen!»[54]

Wie wurde dieses neue große Territorium in Asien in das Russische Reich eingegliedert? Im Gegensatz zum Kaukasus und zu Kasachstan wurde in Mittelasien nicht das ganze eroberte Gebiet inkorporiert[55]. Das Emirat von Buchara und das Khanat von Chiwa kamen lediglich unter russisches Protektorat, blieben also staatsrechtlich unabhängig. Ihr Territorium wurde allerdings wesentlich verkleinert und zog sich als relativ schmaler Streifen vom Aralsee bis in den Pamir quer durch Mittelasien. In Verträgen mit Rußland mußten der Emir und der Khan weitgehende Konzessionen machen: Buchara und Chiwa wurden den russischen Kaufleuten geöffnet und später ins russische Zollgebiet eingegliedert. Sie mußten hohe Kriegsreparationen bezahlen, die schwer auf ihrer Wirtschaft lasteten. Zur Kontrolle wurden den beiden Herrschern Russen als «politische Agenten» zur Seite gestellt, und außenpolitisch waren sie ganz von Petersburg abhängig. Im Inneren blieb jedoch die sozio-politische Struktur konserviert, Emir und Khan herrschten weiter ohne Einschränkung über ihre Untertanen. Lediglich der Sklavenhandel wurde verboten. Der Islam blieb die Grundlage von Gesellschaft und Kultur, und das «edle Buchara» bewahrte seine berühmten arabisch-persischen Schulen.

Das Emirat von Buchara und das Khanat von Chiwa befanden sich damit militärisch, politisch und wirtschaftlich unter der Kontrolle und in Abhängigkeit von Rußland. Dennoch behielten sie bis über die Revolution hinaus ihre formale staatliche Souveränität. Eine solche indirekte Herrschaft, wie sie die Briten in Indien praktizierten, übte Rußland im 19. Jahrhundert sonst nirgendwo aus. Auch das Großfürstentum Finnland, das Königreich Polen und die vorübergehend unter der Herrschaft der alten Dynastien verbliebenen Khanate Aserbaidschans und Fürstentümer Westgeorgiens waren Bestandteile des Russischen Reiches. So waren es wohl nicht nur die Vorteile des Protektorats, das reale Herrschaft mit minimalen Kosten ermöglichte, sondern auch außenpolitische Erwägungen, vor allem die Rücksicht auf England und auf die Reputation von Buchara in der islamischen Welt, die Rußland hier zur Zurückhaltung veranlaßten.

Das Khanat von Kokand war zunächst auch erhalten geblieben, doch wurde es nach dem Aufstand von 1875 dem 1867 begründeten und durch Gebiete des Emirats von Buchara (mit Samarkand) und des Khanats von Chiwa erweiterten Generalgouvernement Turkestan angegliedert[56]. Das vorwiegend von Turkmenen bewohnte Transkaspische Gebiet wurde dagegen zunächst der kaukasischen Administration unterstellt und erst 1897 ebenfalls Turkestan zugeschlagen, von dem es allerdings territorial durch die Reiche von Buchara und Chiwa getrennt war. Der in Taschkent residierende Generalgouverneur von Turkestan erhielt weitgehende Vollmachten. Der erste Inhaber des Amts, General Konstantin von Kaufmann, hat denn auch die neue sozio-politische Ordnung Mittelasiens wesentlich mitgeprägt. Eine Militärverwaltung und eine starke Truppenpräsenz garantierten die Loyalität der neuen Untertanen. Im ganzen gesehen befürwortete von Kaufmann die bewährte Politik der Nichteinmischung. Der Status quo blieb in Lokalverwaltung, Rechtswesen und Landbesitz (mit den wichtigten Wasserrechten) weitgehend erhalten. Allerdings wurden die Steuern allmählich unifiziert und eine begrenzte Landreform durchgeführt, die die landbesitzende Aristokratie zugunsten der Bauern schwächte.

Zwar übernahm die alte Elite Aufgaben in den Wahlämtern der Lokalverwaltung und Rechtssprechung, doch wurde offensichtlich nie erwogen, die usbekischen Aristokraten in den Adel des Reiches zu kooptieren. Allerdings nahm Rußland turkmenische Reitertruppen in seine Dienste, und einzelne Stammesführer wurden Offiziere der russischen Armee – für den englischen Beobachter Curzon ein Beispiel für Rußlands «bemerkenswertes Talent der Verbrüderung mit den Besiegten»[57]. Weder die Nomaden noch die Seßhaften Mittelasiens wurden aber als vollwertige Bürger Rußlands angesehen. Die Seßhaften wurden in der Regel als «Eingeborene» (tuzemcy) bezeichnet, praktisch entsprach ihre Stellung derjenigen der inorodcy[58]. Damit blieben die Mittelasiaten von den Russen segregierte Kolonialvölker, auch ihre Oberschicht wurde sozial nicht integriert. Andererseits kamen sie in den Genuß gewisser Privilegien wie der Befreiung vom Militärdienst. Daß seßhafte Ethnien mit einer alten hochkulturellen Tradition den inorodcy zugeordnet wurden, widersprach der ursprünglichen Definition dieser rechtlichen Kategorie, der ja die nomadische Lebensweise zugrundelag, und zeigte deutlich die im 19. Jahrhundert zunehmende Abgrenzung Rußlands nicht nur von den nicht-seßhaften Ethnien, sondern von allen Asiaten.

Dieser Tendenz zur Segregation entsprechend förderte man in Mittelasien die Mission und die sprachliche Russifizierung kaum. Die russischen Behörden konservierten vielmehr bewußt die konservative muslimische Geistlichkeit. Ihr ausgedehnter Landbesitz (waqf) wurde garantiert, und ihre Schulen blieben erhalten. Der orthodoxen Kirche wurde die Mission ausdrücklich verboten, ein geplantes Bistum Taschkent wurde nicht eingerichtet. Der Generalgouverneur hoffte, mit der Unterstützung des islamischen Establishments die politische und soziale Stabilität Mittelasiens zu garantieren[59].

Folgenschwerer als die Politik des politischen, sozialen und kulturellen «non-interference» waren für Mittelasien die Eingriffe in die wirtschaftliche Struktur[60]. Im Zuge der beschleunigten Industrialisierung setzten sich gegen Ende des 19. Jahrhunderts wirtschaftliche Zielsetzungen nach dem Muster der westlichen Kolonialmächte durch. Die mittelasiatischen Kolonien sollten den wirtschaftlichen Bedürfnissen des Mutterlandes angepaßt werden. Im Vordergrund stand der Baumwollanbau, der die Versorgung der russischen Textilindustrie sicherstellen sollte. Waren im Ferganatal 1885 nur 14 Prozent der Anbaufläche mit Baumwolle bepflanzt worden, so waren es 1915 schon gegen 40 Prozent. Die einheimischen Baumwollarten wurden allmählich durch qualitativ bessere amerikanische Sorten ersetzt. Gleichzeitig wurden große Projekte entworfen, um die Bewässerungsanlagen auszubauen, doch wurde wenig davon verwirklicht. Die Baumwolle wurde in der Regel in Mittelasien entkernt und gepreßt, das heißt die erste Stufe des Verarbeitungsprozesses fand vor Ort statt. Dann jedoch wurde sie zu den Zentren der russischen Textilindustrie transportiert, während in Mittelasien keine baumwollverarbeitende Industrie geschaffen wurde. Das Transportproblem wurde durch den Bau von Eisenbahnen gelöst. Die erste Eisenbahn, die Transkaspische, wurde allerdings 1881 aus strategischen Gründen begonnen. Sie führte vom Kaspischen Meer nach Merw (1886), dann durch das Gebiet des Emirats von Buchara nach Samarkand (1888) und erreichte 1898 Taschkent und 1899 Andischan im Ferganatal. Wichtiger für die Baumwolltransporte wurde dann die Linie Orenburg–Taschkent, die 1906 die direkte Verbindung nach Rußland herstellte.

In ihrer Konzentration auf die Baumwolle hatte die russische Wirtschaftspolitik in Mittelasien also durchaus kolonialen Charakter. In Teilgebieten wie dem Ferganatal, das vor dem Ersten Weltkrieg Getreide importieren mußte und wo sich tiefgreifende soziale Veränderungen vollzogen, kann man schon für diese Zeit von einer Monokultur sprechen. Im ganzen wurde aber im Jahre 1913 nur auf 15 bis 20 Prozent der landwirtschaftlich nutzbaren (bewässerten) Fläche Turkestans Baumwolle angepflanzt. Immerhin soll Baumwolle 1910 schon mehr als die Hälfte des Werts der landwirtschaftlichen Produktion Turkestans ausgemacht haben. Aus heutiger Perspektive ist deutlich, daß die damalige russische Wirtschaftspolitik den Grund gelegt hat für die schweren wirtschaftlichen und ökologischen Probleme, die sich aus der Baumwoll-Monokultur Mittelasiens ergeben haben.

Im ganzen blieb aber der russische Einfluß auf die Nichtrussen Mittelasiens gering. Die seßhaften und die nomadischen Muslime lebten weiter in ihren traditionellen Sozialordnungen und Werthaltungen. Die russische Präsenz beschränkte sich auf eine schmale Schicht von Verwaltungsleuten, auf die Garnisonen und auf die von der orientalischen Stadt geschiedenen neuen russischen Viertel in einigen großen Städten, vor allem in Taschkent. Einzig das fruchtbare Vorgebirge im Norden Kirgisiens wurde wie die kasachischen Steppen allmählich von ostslawischen Bauern besiedelt. Die Oasen und Flußtäler des Südens waren aber schon dicht bevölkert, und die russischen Ackerbauern hätten sich mit der fremden Bewässerungskultur wohl schwer zurechtgefunden. So blieb der Anteil der russischen Bevölkerung in Mittelasien wie in Transkaukasien gering – ein ethnodemographisches Muster, das bis heute erhalten geblieben ist.

Die russische Politik in Mittelasien folgte im ganzen gesehen den traditionellen Methoden der pragmatischen Flexibilität, wobei allerdings Mißbräuche der regionalen russischen Behörden nicht selten waren. Die nichtrussische Bevölkerung empfand die russische Herrschaft als Fremdherrschaft von Ungläubigen, und es kam immer wieder zu spontanen Rebellionen. Diese hatten meist einen lokalen Charakter, so der Cholera-Aufstand in Taschkent im Jahre 1892. Nur selten, etwa im Aufstand von Andischan 1898, wurden sie zu regional übergreifenden «Heiligen Kriegen», wobei dann wie im Kaukasus sufische Brüderschaften als Organisatoren eine wichtige Rolle spielten[61].

Für Rußland bedeutete die Eroberung und partielle Eingliederung Mittelasiens eine weitere Verschiebung seines Schwerpunktes nach Asien. Zwar war das demographische und wirtschaftliche Gewicht Mittelasiens am Ende des 19. Jahrhunderts noch gering, zwar blieb Rußland primär Europa zugewandt, doch hatte die Tatsache, daß nun das Russische Reich größere Gruppen von seßhaften Muslimen im Herzen Asiens umfaßte, daß es über Kolonien im eigenen Land verfügte, Rückwirkungen auch auf das Selbstverständnis Rußlands als eurasiatische Macht. Infolge ihrer nationalen Emanzipation und demographischen Explosion haben die Muslime Mittelasiens im 20. Jahrhundert immer mehr an Bedeutung gewonnen.

5. Ausgreifen nach Amerika und Fernost

Rußland expandierte seit dem 18. Jahrhundert in die Steppe und im 19. Jahrhundert weiter nach Süden, in den Kaukasus und nach Mittelasien. Gleichzeitig wurde von Kamtschatka und Ostsibirien aus auch die Wald-Expansion im Nordosten fortgesetzt. Da das Mandschureich im 18. Jahrhundert noch ein respektabler Gegner war, war vorerst nur der Weg über das Meer nach Alaska offen.

Nachdem zunächst eine russische Expedition unter dem Dänen Bering das

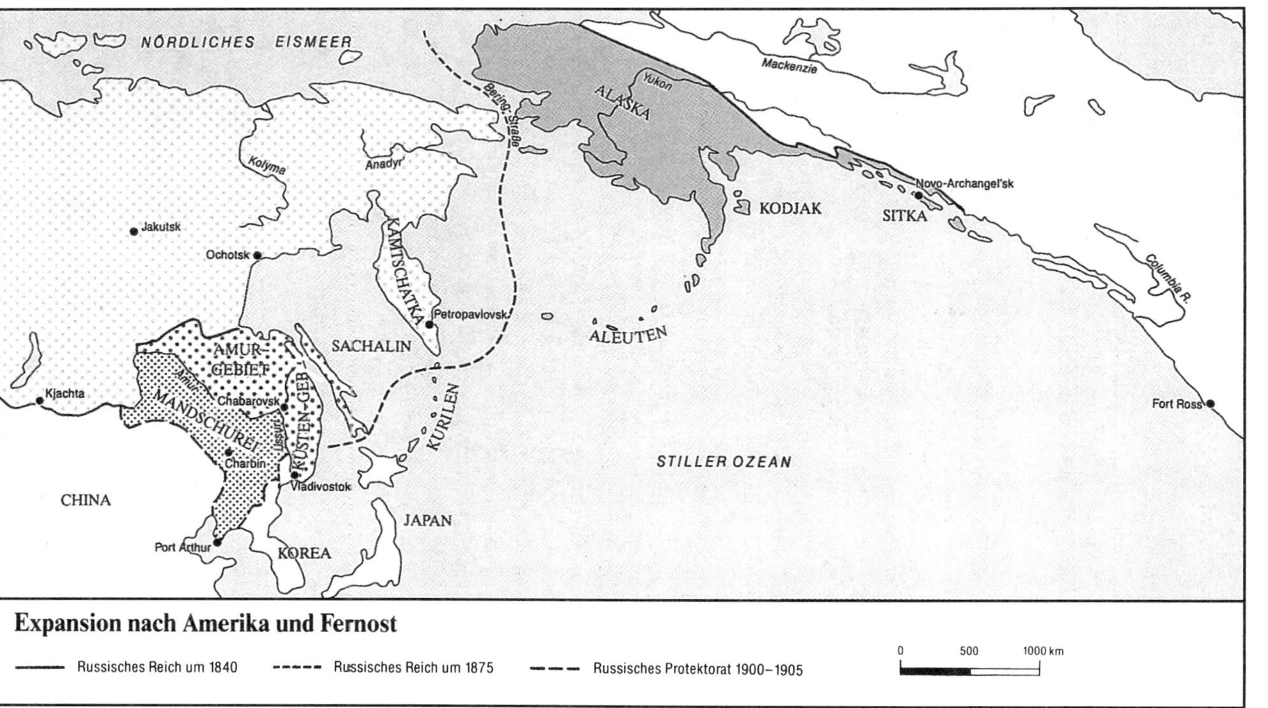
NÖRDLICHES EISMEER
Kolyma
Anadyr'
Bering-Straße
ALASKA
Yukon
Mackenzie
Jakutsk
Ochotsk
KAMTSCHATKA
Petropavlovsk
Novo-Archangel'sk
KODJAK
SITKA
Columbia R.
SACHALIN
ALEUTEN
AMUR-GEBIET
Amur
Kjachta
Chabarovsk
MANDSCHUREI
Ussuri
KÜSTEN-GEB.
KURILEN
Fort Ross
Charbin
Vladivostok
STILLER OZEAN
CHINA
JAPAN
Port Arthur
KOREA
Expansion nach Amerika und Fernost
Russisches Reich um 1840
Russisches Reich um 1875
Russisches Protektorat 1900–1905
0
500
1000 km

Karte 7

amerikanische Festland erreicht hatte, folgte von den 1740er Jahren an die schrittweise Expansion von Kamtschatka über die Aleuten bis zu den Alaska vorgelagerten Inseln Kodjak (1784) und Sitka (1799) (vgl. Karte 7)[62]. Das wichtigste Antriebselement war wie in Sibirien die Suche nach neuen Pelzgründen, wobei hier nicht mehr der Zobel, sondern der Seeotter zum begehrtesten Tier wurde. Träger der Expansion waren neben Trappern und Abenteurern russische Kaufleute, die früh Handelskompanien begründeten. Zu ihnen gehörte Grigorij Šelichov, auf dessen Initiative – allerdings erst nach seinem Tod – im Jahre 1799 die Russisch-Amerikanische Kompanie geschaffen wurde. Sie war nach dem Vorbild der britischen Hudson Bay Company und der East India Company aufgebaut und verband privates Unternehmertum mit Protektion durch die Regierung. Der russische Staat verlieh der Kompanie Privilegien und trat ihr sogar gewisse Kompetenzen ab – ein einmaliges Phänomen in der bisherigen Expansion Rußlands. Sie erhielt ein zwanzigjähriges Monopol des Pelzhandels vom 55. Breitengrad bis zur Beringstraße und die Aufgabe, in Alaska russische Forts zu errichten und den Seehandel bis Japan und China auszuweiten.

Der erste Direktor der Russisch-Amerikanischen Kompanie, Aleksandr Baranov, machte Novo-Archangel'sk auf Sitka zum Zentrum von Russisch-Amerika. Bis in die 1830er Jahre ließen sich etwa 800 Russen in Alaska, vor allem auf den Inseln, nieder. Die dort ansässigen Aleuten und Eskimos verhielten sich feindselig und zerstörten immer wieder russische Festungen. Sie wurden ausgebeutet, als Geiseln versklavt oder zu Zwangsarbeiten herangezogen, und ihre Zahl nahm sukzessive ab. Manche wurden unter Zwang zur Orthodoxie bekehrt oder in russische Schulen geschickt, «zehn amerikanische Knaben wurden nach Irkutsk gebracht und im Spiel auf verschiedenen Musikinstrumenten unterrichtet»[63]. Probleme bereitete die Versorgung der Siedler mit Lebensmitteln. So kamen die Russen auf den Gedanken, Besitzungen weiter im Süden zu gewinnen, wo Ackerbau betrieben werden konnte. Schon 1806 erreichte man das damals noch spanische Kalifornien, und 1812 errichtete die Kompanie an der Bodega Bay, etwa 100 Kilometer nördlich von San Francisco, ein Fort, das nach Rußland (Rossija) Ross genannt wurde. Von hier aus wurden Expeditionen nach Mexiko und Hawaii unternommen.

Die russische Expansion in Amerika stieß aber schon bald auf den Widerstand der Engländer und Amerikaner, die im Nordpazifik auf See überlegen waren und auch als Pelztierjäger und Walfänger zu Konkurrenten wurden[64]. Fort Ross wurde 1841 verkauft, und auch in Alaska verschlechterte sich die Position der Russen. Da die Pelzgründe rasch erschöpft waren und die Versorgungsprobleme nicht gelöst werden konnten, ließen sich immer weniger russische Siedler hier nieder. Als sich der Druck der Westmächte im Krimkrieg erhöhte und Rußland im Amurgebiet und in Mittelasien zu neuen Eroberungen schritt, gelangte die Regierung zur Einsicht, daß die abgelegenen, dünn besiedelten, wirtschaftlich wenig ergiebigen Gebiete in Amerika nicht zu halten seien. Im Jahre 1867 verkaufte Rußland deshalb Alaska mit den Aleuten für 7,2 Millionen Dollar an die Vereinigten Staaten, nachdem es ein höheres Angebot des britischen Erzfeindes ausgeschlagen hatte. Die Räumung der amerikanischen Besitzungen durch Rußland ist im Zeitalter des sowjetisch-amerikanischen Gegensatzes immer wieder diskutiert worden. Während die amerikanische Forschung betont, daß Rußland Alaska los sein wollte, bedauern manche sowjetischen Historiker den Verkauf und begründen ihn mit dem Druck der Westmächte: «Nie hätte ein Russe die Frage des Verkaufs von Russisch-Amerika gestellt, einem Land, das so reichlich mit dem Blut und Schweiß derer getränkt ist, die es entdeckten und erschlossen. Und Russisch-Amerika wäre russisch geblieben ....»[65]

Von Kamtschatka und Alaska aus fuhren russische Schiffe auch Richtung China (vgl. Karte 7). Im Jahre 1849 entdeckte der Seeoffizier Nevel'skoj zwei Jahrhunderte nach der ersten Entdeckung durch Rußland die Amur-Mündung neu, ließ dort im folgenden Jahr die russische Flagge hissen und gründete den Stützpunkt Nikolaevsk[66]. In Petersburg erhob sich Widerspruch gegen diese eigenmächtige Okkupation chinesischen Hoheitsgebietes, doch der Zar, nach dem das Fort genannt worden war, soll entgegnet haben: «Wo die russische Flagge einmal aufgezogen ist, da soll sie nicht wieder heruntergeholt werden.»[67] Dieses Prinzip russischer Expansion sollte erst sein Nachfolger in Alaska und im Ili-Tal brechen.

Es war jedoch nicht die Regierung, von der die Initiative zur Expansion ins Amur-Gebiet ausging, sondern wie schon im 17. Jahrhundert Befehlshaber an der Peripherie. Damals hatten Moskvitin, Pojarkov und Chabarov das Amurbecken erobert, und die Moskauer Regierung hatte dies nachträglich sanktioniert. Jetzt war es der Generalgouverneur von Ostsibirien, Nikolaj Murav'ev, der eigenmächtig Eroberungszüge organisierte, zunächst von Petersburg desavouiert, schließlich aber als Held gefeiert und mit dem ehrenden Beinamen Amurskij ausgezeichnet wurde. Im Jahre 1854 nahm Murav'ev das Amurgebiet in Besitz und begründete an der Mündung des Ussuri in den Amur eine Festung, die er nach seinem Vorläufer Chabarovsk nannte. Die wenig zahlreichen tungusischen und paläoasiatischen Ethnien der Region leisteten ebensowenig Widerstand wie China. Lediglich eine englisch-französische Flotteneinheit versuchte zu intervenieren, wurde aber geschlagen.

Dies verweist auf den gegenüber dem 17. Jahrhundert gewandelten internationalen Kontext. Während damals das unter der Mandschu-Dynastie neu gestärkte China Rußland Einhalt geboten und das Amurgebiet im Vertrag von Nerčinsk zurückgewonnen hatte, war China jetzt kein ebenbürtiger Gegner mehr. Die Niederlage im Opiumkrieg gegen England und Frankreich (1840–1842) und der Taiping-Aufstand (1850–1864) offenbarten seine Schwäche. Wie die anderen europäischen Mächte nutzte auch Rußland die Situation aus und erzwang im Vertrag von Aigun (1858) und im Frieden von Peking (1860) die Abtretung nicht nur des Territoriums nördlich des Amur, sondern auch des südlich davon liegenden und bis zur koreanischen Grenze reichenden Küstengebiets. Schon 1853 war auch die Insel Sachalin besetzt worden, das 1875 Rußland zugesprochen wurde, während die Kurilen an Japan fielen. Im Jahre 1860 wurde nahe der Grenze zu Korea eine Stadt begründet, die bald als Hafen und Marinebasis Bedeutung gewann. Man gab ihr dem Beispiel von Vladikavkaz folgend den programmatischen Namen Vladivostok (Beherrscherin des Ostens).

Das neu erworbene Territorium wurde administrativ in drei Gebiete gegliedert und 1884 in einem Amur-Generalgouvernement zusammengefaßt[68]. Die einheimische, zahlenmäßig schwache Bevölkerung wurde wie in Sibirien zu den inorodcy gerechnet und entsprechend organisiert. Doch bezahlten nicht alle den Jasak. Die unter anderem als Golden (heute Nanai), Orotschen, Oroken, Ultschen, Udegei und Negidalen bezeichneten mandschurisch-tungusischen Stämme, die zur paläoasiatischen Sprachgruppe gehörenden Giljaken und die sprachlich und ethnisch völlig isolierten Ainu auf Sachalin lebten in kleinen Sippengemeinschaften als Fischer und Jäger, teilweise auch als Rentierzüchter[69]. Eine Anzahl wurde zur Orthodoxie bekehrt, doch blieben alle ihren animistischen Glaubensvorstellungen treu. Die rücksichtslose Ausbeutung der natürlichen Ressourcen durch die Russen und zahlreiche Epidemien hatten im 19. Jahrhundert eine demographische Stagnation der Ethnien des Amurgebiets zur Folge. Die Präsenz von Russen im Amurgebiet diente zunächst der militärischen Sicherung gegen außen, 1858 wurde das kosakische Amurheer, 1889 das Ussuriheer geschaffen. Die Besiedlung durch ostslawische Bauern kam zunächst nur langsam voran und nahm erst zu Beginn des 20. Jahrhunderts infolge der Eröffnung der Transsibirischen Eisenbahn zu. Gleichzeitig wanderten immer mehr Koreaner und Chinesen als Bauern, Gewerbetreibende und Saisonarbeiter in die Küstenprovinz ein.

Die Eroberung und Eingliederung des Gebietes im Fernen Osten ist im Kontext des imperialistischen Wettlaufs der europäischen Großmächte in Ostasien zu sehen. Die Rivalität Rußlands mit England spielte auch hier eine wichtige Rolle. Daß der Name Vladivostok für einen russischen Imperialismus im Osten stand, wurde am Ende des 19. Jahrhunderts deutlich, als das Fernostgebiet zum Sprungbrett für die Expansion in die Mandschurei wurde[70]. Die Begründung der Russisch-Chinesischen Bank (1895), der Bau der Chinesischen Ost-Eisenbahn (1896–1903) und das damit einhergehende russische Protektorat über die nördliche Mandschurei sowie die Errichtung der eisfreien Häfen Port Arthur und Dairen in China (1898) waren ihre wichtigsten Stationen. Sie waren gleichzeitig die letzten Ausläufer der Ostexpansion Rußlands, die von der neuen asiatischen Großmacht Japan im Jahre 1905 gestoppt wurde.

6. Zusammenfassung

Während die russische Expansion im Westen 1815 ihr Ende gefunden hatte, ging sie im Osten während des ganzen 19. Jahrhunderts weiter und erweiterte die Grenzen des Zarenreiches in Asien um neue riesige Territorien. Die Asien-Expansion war partiell eine Fortsetzung des «Sammelns der Länder der Goldenen Horde». Aus der Eroberung Sibiriens ergab sich das Ausgreifen nach Alaska, ins Amurgebiet und in die Mandschurei. Nachdem Rußland die Kontrolle über die Steppen nördlich des Schwarzen und Kaspischen Meeres erlangt hatte, expandierte es weiter nach Süden, in den Kaukasus, und nach Osten, in die Kasachensteppe, und von hier in die Wüsten und Oasen Mittelasiens. Die Expansion kam – wie schon in früheren Jahrhunderten – dort zum Stillstand, wo sie auf eine militärisch ebenbürtige Großmacht traf, auf Großbritannien, Frankreich, die USA und Japan.

Die russische Asien-Expansion wurde im 19. Jahrhundert internationalisiert. Die Schauplätze Kaukasus, Mittelasien, Alaska und Fernost waren deshalb miteinander und mit der europäischen Politik, vor allem der Orientalischen Frage, verknüpft. Der wachsende Gegensatz zu England wurde zu einer wichtigen Triebkraft der russischen Expansion. Wie schon in den früheren Jahrhunderten wurde die russische Politik vorwiegend von strategischen und machtpolitischen Erwägungen bestimmt: Rußland expandierte dort, wo ein Machtgefälle zu seinen Gunsten bestand. Wirtschaftliche Zielsetzungen wurden zwar im 19. Jahrhundert regelmäßig formuliert, und man setzte in die asiatischen Kolonien Hoffnungen als Rohstofflieferanten und Absatzmärkte. Eine entscheidende Rolle für die Expansion spielten ökonomische Motive aber wohl nur im Pelz-Run nach Alaska und dann in der «friedlichen Durchdringung» der Mandschurei am Ende des 19. Jahrhunderts. Im Zuge der forcierten Industrialisierung Rußlands gewannen zu dieser Zeit wirtschaftliche Einflußfaktoren auch in Mittelasien (Baumwolle), Kasachstan (Kolonisation) und Transkaukasien (Erdöl) an Bedeutung.

Auch die Methoden der russischen Expansion waren deshalb nicht primär wirtschaftliche. Ausnahmen sind wiederum die Russisch-Amerikanische Kompanie und die in der Mandschurei eingesetzten Instrumente. Daß gerade diese beiden Unternehmungen scheiterten, zeigte deutlich die ökonomische Schwäche Rußlands, seine Unterlegenheit gegenüber den Industriestaaten Westeuropas. Erfolgreich waren dagegen die traditionellen Methoden militärischer Expansion, und die Armee spielte in der Asien-Expansion des 19. Jahrhunderts eine maßgebende Rolle, sei es in der Zentrale oder in der Person ehrgeiziger Generäle an der Peripherie, sei es anschließend in der Verwaltung der neu erworbenen Gebiete. Während Transkaukasien im Kontext von Kriegen gegen den Iran und das Osmanische Reich und unter Mitwirkung mit Rußland sympathisierender Armenier und Georgier annektiert wurde, wurden der Kaukasus, Kasachstan und Mittelasien in Kolonialkriegen erobert. Wie schon in früheren Jahrhunderten waren es die tribal organisierten, mobilen Ethnien der Steppen, Wüsten und Gebirge, die sich besonders erbittert zur Wehr setzten. Der Widerstand der kaukasischen «gorcy», der Kasachen und Turkmenen wurde mit brutaler Gewalt gebrochen, und in der massenhaften Vernichtung und Vertreibung der Tscherkessen erreichte die russische Gewaltpolitik einen traurigen Höhepunkt.

Die Eingliederung der neuen Territorien in Asien hatte den traditionell ambivalenten Charakter. Auf der einen Seite wirkte in Petersburg die pragmatische Tradition weiter, die stark von Sicherheitserwägungen bestimmt war, den Status quo in der sozio-politischen und wirtschaftlichen Organisation und in den Wertsystemen weitgehend respektierte und die soziale und langfristig auch kulturelle Integration der fremden Gesellschaften über eine Zusammenarbeit mit den nichtrussischen Eliten zu erreichen suchte. Andererseits wurde im 19. Jahrhundert das europazentrische Superioritätsgefühl der Russen gegenüber Nomaden, Muslimen und überhaupt gegenüber Asiaten, zu denen mindestens zu Beginn auch die christlichen Georgier und Armenier gerechnet wurden, ständig stärker und zeigte immer weniger Verständnis für die fremden Sozialordnungen, Wirtschaftsweisen und Wertsysteme. Wie die westeuropäischen Kolonialmächte, von denen dieses Bewußtsein übernommen wurde, sollte Rußland in Asien eine zivilisatorische Mission erfüllen, den «primitiven» Nichtrussen die Segnungen der «höheren» europäischen Kultur bringen. Im inorodcy-Statut von 1822 hatte man die Jäger, Sammler und Nomaden aus dem Kreis der gleichberechtigten Bürger ausgeschlossen. Das ursprüngliche Ziel, die inorodcy dadurch zu schützen und dann schrittweise zu integrieren, wurde zunehmend von Segregation, Diskriminierung und einem im Begriff «Fremdstämmige» mitschwingenden, von westlichen Auffassungen beeinflußten Rassismus überdeckt.

Dieser Ambivalenz entsprechend vollzog sich die Inkorporation der neuen asiatischen Territorien nicht einheitlich. In Transkaukasien hatte die Militärverwaltung zunächst wenig Verständnis für die selbstbewußten Eliten und ihre Hochkulturen gezeigt, doch setzte sich in den 1840er Jahren dann die Einsicht durch, daß die alten Methoden der Zusammenarbeit effizienter seien. Auch bei den «gorcy» wurden die Aristokraten, die nach Krieg und Vertreibung übriggeblieben waren, mindestens partiell in die Oberschicht des Reiches kooptiert. Während also die Ethnien des Kaukasus nicht zu den inorodcy gerechnet wurden, waren die nomadischen Kasachen, Kirgisen und Turkmenen Idealtypen dieser rechtlichen Kategorie, und ihre Eliten wurden deshalb nicht kooptiert. Obwohl die Mittelasiaten der Oasen und Flußtäler der Definition nicht entsprachen, wurden sie de facto als inorodcy eingestuft. Damit wurden erstmals seßhafte Angehörige von Hochkulturen aus dem Kreis der «natürlichen» Bewohner Rußlands ausgegrenzt. Diese Entwicklung spiegelt den Wandel der russischen Nationalitätenpolitik in Asien von einer paternalistisch-pragmatischen zu einer kolonialistischen. Daß aber auch in der zweiten Hälfte des 19. Jahrhunderts die alte vorsichtige

Linie nicht ganz verschwunden war, dokumentiert unter anderem die Tatsache, daß das Territorium Mittelasiens im Gegensatz zur Steppe nicht vollständig annektiert wurde, sondern zum Teil den Status von völkerrechtlich unabhängigen Protektoraten erhielt.

Eine wachsende Bedeutung erlangte gegen Ende des 19. Jahrhunderts die Besiedlung der Randgebiete der Steppen und Vorgebirge durch ostslawische Bauern. Die Besetzung ihrer Winterweiden erschütterte die wirtschaftlichen Grundlagen der Kasachen, Kirgisen und Kaukasier. Wie schon früher bei den Nogai-Tataren, Baschkiren und Kalmücken ergaben sich aus dieser Begegnung zwischen seßhaften Ackerbauern und nomadischen Viehzüchtern schwere Konflikte. Transkaukasien und Mittelasien wurden dagegen kaum von ostslawischen Bauern besiedelt, und die wirtschaftlichen und sozialen Strukturen blieben hier weitgehend intakt.

Auch im 19. Jahrhundert verliefen West- und Ostexpansion nicht im Gleichschritt. Die Regierung Alexanders I., die als Höhepunkt liberaler Experimente im Westen gelten kann, betrieb die Annexion und rücksichtslose Integration Transkaukasiens, und in die Zeit des Bauernbefreiers Alexanders II. fielen die brutale Niederschlagung der kaukasischen «gorcy» und die militärische Expansion nach Mittelasien und Fernost. Unter Nikolaus I., dem Gendarmen Europas und Totengräber der polnischen Freiheit, vollzog sich dagegen die Wende zur pragmatischen Transkaukasien-Politik. Eine Orientierung nach Europa ging also nicht selten mit Expansion und Aggression in Asien einher – sowohl in der Politik wie in der Ideologie. Das hatte schon die Zeit Peters des Großen gezeigt, und das wiederholte sich noch einmal unter Finanzminister Witte am Ende des 19. Jahrhunderts.

Gegenüber dem 17. und 18. Jahrhundert nahmen die kolonialen Elemente in der russischen Asienexpansion zu[71]. Das zeigt sich an der allmählich wachsenden Bedeutung wirtschaftlicher Zielsetzungen, vor allem aber an einer zunehmenden Distanz zwischen Russen und Asiaten. Zwar blieb die russische Expansion im Gegensatz zur westeuropäischen maritimen Expansion eine kontinentale, doch waren die neuen Untertanen in Transkaukasien und Mittelasien, die durch Hochgebirge und Wüsten von Rußland getrennt waren, keine direkten Nachbarn mehr. Mit ihnen hatte Rußland keine permanenten Beziehungen unterhalten, keine gemeinsame Geschichte. Dazu kam die geistige Distanz, das steigende europazentrische Überlegenheitsgefühl der Russen gegenüber allen Asiaten. Allerdings paßten auch jetzt nicht alle Regionen gleich gut in das koloniale Muster. So kann Transkaukasien, dessen Oberschicht sich zunehmend in den russischen Adel integrierte, seit der Mitte des 19. Jahrhunderts nur mehr bedingt als Kolonie gelten. Die Gebiete am Rand der Steppe und Gebirge waren Siedlungskolonien, während Mittelasien das klassische Beispiel einer europäischen Herrschaftskolonie darstellte. Auch der Begriff des Imperialismus kann spätestens am Ende des 19. Jahrhunderts auf Rußland übertragen werden, als es sich aktiv am Wettlauf der europäischen Mächte um die asiatischen Märkte beteiligte[72].

Rußlands Schwerpunkt verlagerte sich im 19. Jahrhundert nach Osten, und das Problem «Rußland und Asien» gewann damit an Aktualität[73]. Obwohl Rußland nun in Asien zu den europäischen Kolonialmächten zählte, blieben die russische Politik und Öffentlichkeit primär auf Europa orientiert. Asien war in mancher Beziehung ein Nebenschauplatz, der vor allem als Funktion der europäischen Politik Bedeutung gewann. Das Bewußtsein der Rückständigkeit Rußlands gegenüber Westeuropa gab aber andererseits der «mission civilisatrice» Rußlands in Asien eine kompensatorische Aufgabe: «In Europa waren wir nur Gnadenbrotesser und Sklaven, nach Asien aber kommen wir als Herren. In Europa waren wir Tataren, in Asien aber sind auch wir Europäer. Unsere Mission, unsere zivilisatorische Mission in Asien wird unseren Geist verlocken und uns dorthin ziehen, wenn nur erst einmal die Bewegung angefangen hat» (Dostojevskij 1881)[74].

Die Sowjetunion übernahm das asiatische Erbe Rußlands, die ambivalente Haltung gegenüber Asien, das Kolonialreich mit seinen strategischen Positionen in Zentral- und Ostasien und seinen Ressourcen, aber auch mit seinen Hypotheken, unter anderen seiner durch Wirtschaftsformen, soziale Strukturen und Werthaltungen wesentlich verstärkten Heterogenität. Ein Erbe des russischen Kolonialreiches stellt auch die Dekolonisation des Imperiums dar, die, verzögert gegenüber den anderen europäischen Mächten, erst am Ende des 20. Jahrhunderts stattfindet.

Sechstes Kapitel

Die nationale Herausforderung

Die europäischen Vielvölkerreiche wurden im 19. Jahrhundert von nationalen Bewegungen erschüttert und allmählich verändert. Die Fundamente des russischen Imperiums, der dynastische Reichsgedanke, die zarische Autokratie und die ständische Ordnung, wurden durch das moderne nationale Prinzip der die Standesgrenzen übergreifenden politischen Willensgemeinschaft und ethnischen Kulturgemeinschaft und die Idee der Volkssouveränität unterminiert. Die moderne Nation wurde zum primären Objekt von Identität und Loyalität, zum Ordnungsprinzip der modernen Welt. Sie verlangte politische Partizipation, Selbstbestimmung und Autonomie, strebte als Fernziel den in der Regel ethnisch homogenen Nationalstaat an und drohte damit die übernationalen dynastischen Reiche zu sprengen.

Die nationalen Bewegungen waren ein Produkt und gleichzeitig eine Komponente des fundamentalen wirtschaftlichen, sozialen, politischen und kulturellen Transformationsprozesses, der seit dem 18. Jahrhundert Europa und die Welt überrollt und für den sich der (europazentrische) Begriff Modernisierung eingebürgert hat. Moderne Gesellschaften erfordern die komplementäre Kommunikation der einzelnen sozialen und regionalen Gruppen, eine größere Homogenität und Mobilität der Bevölkerung, die politische Partizipation breiterer Schichten.[1] Die nationalen Bewegungen waren Folge und Ursache der sozialen und politischen Mobilisierung, der zunehmenden Kommunikation und der vertikalen Integration der Gesellschaften über hergebrachte ständische und regionale Grenzen hinweg. Ihre wichtigste Voraussetzung war eine soziale Mobilisierung der Gesellschaft infolge des Zerfalls der ständisch-feudalen Ordnung. Zu den mobilisierenden Faktoren gehörten Bauernbefreiung, Industrialisierung und Urbanisierung, Alphabetisierung, Schulwesen und Presse. Die Korrelation zwischen den nationalen Bewegungen und der sozialen, politischen, wirtschaftlichen und kulturellen Modernisierung einer Gesellschaft war indessen keine mechanische. Rahmenbedingungen des Herrschaftssystems, etwa der Grad der Zentralisierung oder der politischen und kulturellen Unterdrückung, müssen ebenso in Rechnung gezogen werden wie äußere geistige und politische Einflüsse.

Den erstaunlich gleichförmigen Ablauf der meisten europäischen Nationalbewegungen hat der tschechische Historiker Miroslav Hroch in drei Phasen gegliedert:[2] In Phase A erwachte das gelehrte Interesse einer kleinen Gruppe Gebildeter an Sprache, Geschichte und Folklore der ethnischen Gruppe. Auf diese kulturelle Erweckungsphase folgte die Phase der nationalen Agitation (Phase B). Eine Gruppe von Patrioten verfolgte nun das Ziel, das nationale Bewußtsein in breitere Bevölkerungsschichten zu tragen, sie zu mobilisieren und zu einer Nationsgesellschaft zu integrieren. Falls dies gelang, trat die Nationalbewegung in die Phase C, die Massenbewegung, ein, in der ein großer Teil der Gemeinschaft vom nationalen Bewußtsein erfaßt war und das Ziel politischer Autonomie anstrebte. Diese drei Phasen lassen sich zwar bei fast allen europäischen Nationalbewegungen beobachten, verliefen jedoch nicht gleichzeitig. Infolge seiner relativen sozio-ökonomischen Rückständigkeit und seiner autokratischen Herrschaftsform erfaßten nationale Bewegungen Rußland später als das übrige Europa, und auch innerhalb des Russischen Reiches verlief die Phasenverschiebung grundsätzlich von West nach Ost. Außerdem verfügten die traditionellen dynastisch-imperialen Prinzipien über eine große Integrationskraft, und die nationalen Gedanken machten ihnen nur allmählich mit Erfolg Konkurrenz.

Von grundsätzlicher Bedeutung für den Charakter der einzelnen Nationalbewegungen ist die Unterscheidung zwischen den sogenannten «großen» oder «alten» und «kleinen» oder «jungen» Nationen.[3] Die «alten» Nationen hatten eine eigene Elite und eine ungebrochene staatliche, hochkulturelle und hochsprachliche Tradition. Im Russischen Reich gehörten dazu in erster Linie die Russen, deren Nationalbewegung das Ziel verfolgte, den schon bestehenden Staat umzugestalten, die ethnische Gruppe der Russen zu einer Nation zu integrieren, die Kluft zwischen Elite und Massen, zwischen Hochkultur und Volkskultur zu schließen. Doch auch die Polen, Georgier, Krimtataren und mit Einschränkungen auch die Muslime Asiens, die von eigenen Eliten dominierte Staaten erst im späten 18. oder 19. Jahrhundert verloren und sich eine Oberschicht und Hochkultur erhalten hatten, sind zu den «alten» Nationen zu rechnen. Diese Nationalbewegungen verfolgten meist politische Ziele, so vorrangig die Wiedererrichtung ihres Staates, waren also primär gegen die russische Fremdherrschaft gerichtet. Zusätzlich sahen sich ihre Eliten vor der Aufgabe, die übrigen Bevölkerungsschichten zu einer Nation zu integrieren.

Die «jungen» oder «kleinen» Nationen hatten dagegen eine «unvollständige» soziale Struktur, es fehlten in der Regel eine eigene Elite und oft auch städtische Mittelschichten. Falls Bauern sozial aufstiegen, unterlagen sie der Assimilation durch die herrschende ethnische Gruppe. Die «jungen» Nationen hatten entweder nie eine eigene politische Einheit gebildet, oder ihre mittelalterlichen Staatstraditionen waren in der Frühen Neuzeit abgebrochen. Sie verfügten in der Regel über keine eigene Literatursprache und Hochkultur. Die «jungen» Nationen waren von andersethnischen Eliten beherrschte Bauernvölker, die zwar gelegentlich sozialen Protest artikuliert hatten, jedoch erst mit den Nationalbewegungen (wieder) zu Akteuren der politischen Geschichte wurden. Ihre Zielsetzungen waren primär sozialer Natur und zunächst weniger gegen den Staat als gegen die fremden Oberschichten gerichtet. Die Aufgabe ihrer Nationalbewegungen war es, die genannten Defizite zu beheben, also eine vollständige Sozialstruktur, eine eigene Hochkultur und politische Autonomie zu schaffen. Im Russischen

Reich gehörten zu dieser Kategorie die meisten ethnischen Gruppen im Westen (Ukrainer, Weißrussen, Litauer, Esten, Letten, Finnen) und schon länger zu Rußland gehörende Ethnien im Norden und Osten.

Die Unterscheidung zwischen «alten» und «jungen», «großen» und «kleinen» Nationen hat idealtypischen Charakter. In Wirklichkeit gab es eine ganze Reihe von Mischformen, so etwa bei den Ethnien, die sich Reste einer alten Elite und Hochkultur bewahrt hatten. Die mobilen Diasporagruppen der Juden und Armenier, die eine städtische Elite und eine Hochkultur, jedoch keinen Adel und keine politische Einheit besaßen, stellen Sonderfälle dar.

Im folgenden sollen die nationalen Bewegungen im Russischen Reich bis zum Jahre 1905 vergleichend untersucht werden. Dabei lege ich im Anschluß an Hroch einen Schwerpunkt auf die Frage, welche breitere soziale Schicht neben der Intelligenz, die fast immer die Führungsgruppe stellte, in der Phase B den Rückhalt der nationalen Bewegung darstellte. Ihre Interessen und ihre Mentalität haben – so meine These – die Ziele und Programme der Nationalbewegung und damit auch die politische Kultur der entstehenden Nationen wesentlich geprägt. Idealtypisch könnte man unter diesem Gesichtspunkt adlige, bürgerliche und bäuerliche Nationalbewegungen unterscheiden. Es ist allerdings zweifelhaft, ob die nationalen Bewegungen der Ethnien Asiens mit diesen aus der europäischen Erfahrung gewonnenen Kategorien hinreichend charakterisiert werden können.

1. Die polnische Adelsnation als Vorreiterin

Die Nationalbewegung, die das Russische Reich als erste und am stärksten erschütterte, war die polnische.[4] Sie forderte nicht nur die Regierung heraus, sondern auch weite Teile der russischen Gesellschaft, und wirkte auf die Litauer, Weißrussen und Ukrainer, die seit Jahrhunderten vom polnischen Adel abhängig gewesen und von der polnischen Kultur beeinflußt worden waren. Diese Vorreiterrolle der Polen hat sich in der Krise des Sowjetimperiums am Ende des 20. Jahrhunderts noch einmal wiederholt.

Die Polen waren eine «alte» Nation mit einer jahrhundertelangen staatlichen Tradition, die erst in den Teilungen von 1793 und 1795 abbrach, mit einer Elite, einer Hochkultur und einer Literatursprache. Die Szlachta war die politische Nation der Adelsrepublik gewesen, rechtlich nivelliert, jedoch sozial und wirtschaftlich stark differenziert. Die zahlenmäßig gegen 20 Prozent der ethnisch polnischen Bevölkerung umfassende Adelsnation stellte die breite Trägerschicht eines nationalen Bewußtseins. Dieser adlige Patriotismus hatte schon im 18. Jahrhundert einen politischen Charakter, der durch den Schock der 1. Teilung noch verstärkt wurde. Die darauf folgende, von Aufklärung und Französischer Revolution beeinflußte Reformbewegung brachte eine politische Mobilisierung der Adelsnation. Auch das grundsätzliche Problem der Erweiterung der Nation durch nichtadlige Schichten wurde diskutiert, ohne daß es gelöst worden wäre. Die polnische Nationalbewegung benötigte also keine Phase A, sondern setzte direkt mit Phase B, der politischen Agitation, ein. Die für die Phase A typischen kulturellen Bestrebungen um Sprache, Literatur, Geschichte und Folklore verliefen parallel dazu und schufen im Zeitalter der Romantik die Grundlagen für ein ethnisches Nationalbewußtsein. Doch das Hauptziel der polnischen Nationalbewegung war unbestreitbar ein politisches: Die Wiederherstellung des polnischen Staates, der polyethnischen Adelsrepublik in ihren alten Grenzen. Ich beschränke mich im folgenden auf die polnische Nationalbewegung im russischen Teilgebiet und vernachlässige die Wechselwirkungen mit den Aktivitäten in Preußen und Österreich.

Nachdem die Adelsnation ihre politischen Ziele im Rahmen des autonomen Königreichs Polen nicht hatte verwirklichen können, setzte sich der Insurrektionismus durch und kulminierte in den beiden großen Aufständen von 1830/31 und 1863/64. Sie mobilisierten die Mehrheit der Adelsnation und auch einzelne Gruppen von Nichtadligen und waren damit Massenbewegungen. Als sich die Hoffnungen auf Intervention des Auslandes nicht erfüllten und die überlegenen russischen Armeen die Aufstände niederschlugen, fiel die nationale Bewegung jedoch jeweils wieder in die Phase B zurück. Die Führer und wichtigsten Träger der Aufstände stellte der Adel, während die Mehrheit der Nichtadligen, vor allem der Bauern, sich nicht für die Ziele eines adligen Polen erheben wollten. Zwar erkannten polnische Radikale schon früh, daß eine nationale Mobilisierung der Bauern und ihre Integration in die polnische Nation eine Agrarreform erforderten, doch drangen sie mit solchen Vorstellungen bei der adligen Oberschicht nicht durch.

Die Niederlage von 1831 und die repressiven Maßnahmen der russischen Regierung beschleunigten allerdings die Transformation der Szlachta. Der soziale Abstieg der Mehrheit der Adligen setzte sich fort, und die Gruppe der aus dem Adel stammenden Intelligenz nahm an Bedeutung zu. Über 10 000 meist der politischen Führungsschicht zugehörige Polen emigrierten ins Ausland und setzten dort den Kampf «für unsere und Eure Freiheit» fort. Neben den politischen Radikalen weckte auch das patriotische Wirken von Chopin oder von Dichtern wie Mickiewicz und Słowacki, die einen polnischen Messianismus verkündeten, unter den Liberalen Europas eine Polenbegeisterung. In der «Großen Emigration» polarisierte sich die Nationalbewegung zwischen dem aristokratischen Flügel unter Adam Czartoryski und den Demokraten, die ein revolutionäres Programm entwickelten.[5]

Es waren radikale Kräfte, die zu Beginn des Jahres 1863 eine neue Erhebung auslösten, nachdem von Rußland eingeleitete Reformbestrebungen erneut Hoffnungen geweckt und politische Auseinandersetzungen ausgelöst hatten.[6] Auch der Januaraufstand wurde vorwiegend von Adligen und Intellektuellen getragen, doch schlossen sich ihnen auch Teile der Stadtbevölkerung und der Bauern an. Obwohl ihnen schon im Januar 1863 Land versprochen worden war, gelang es aber auch diesmal nicht, die Masse der Bauern zu mobilisieren. Nicht wenige Bauern wandten sich sogar – wie schon 1846 in Galizien – gegen die Aufständischen. Das galt besonders für die Ukrainer und Weißrussen, weniger für die (katholischen) Litauer, die sich der Erhebung zum Teil anschlossen.

Die russische Öffentlichkeit hatte schon den Novemberaufstand mehrheitlich verurteilt, und nationale Ideologen wie der Historiker M. Pogodin verstärkten in der Folge diese antipolnische Stimmung, so daß die Reaktion auf die Erhebung von 1863 noch schärfer ausfiel. Die russische Regierung konnte sich also auf eine weitgehende Unterstützung durch die russische Gesellschaft verlassen, als sie den Januaraufstand militärisch niederschlug, mit unbarmherzigen Strafmaßnahmen gegen seine Führer vorging und eine repressive Polenpolitik einleitete.[7]

Der Schock der erneuten Niederlage gegen die russischen Armeen und die Enttäuschung über das Ausbleiben ausländischer Unterstützung, die harten Repressionsmaßnahmen und die folgende Russifizierungspolitik führten zu einer Neuorientierung der polnischen Nationalbewegung. Im Gefolge der Bauernbefreiung und der sich beschleunigenden Industrialisierung und Urbanisierung Kongreßpolens wandelte sich die polnische Adelsnation in eine moderne Nation. Auch unter dem Einfluß der Polen im preußischen Teilungsgebiet trat an die Stelle der adlig-militärischen Aufstandstraditionen die «Arbeit an den Grundlagen» oder «Organische Arbeit», die eine Modernisierung der polnischen Gesellschaft in Ökonomie und Bildungswesen anstrebte. Im «Warschauer Positivismus» kann man eine gewisse Verbürgerlichung der politischen Methoden der Nationalbewegung sehen, die allerdings weiter unter Führung des Adels und der Adelsintelligenz vor sich ging. Inhaltlich trat nun neben das Ziel der Wiedererrichtung der Adelsrepublik verstärkt ein ethnisches Nationalbewußtsein, das in Abwehr der Russifizierung und der Verfolgung der katholischen Kirche die polnische Sprache und den katholischen Glauben als Integrationskräfte nutzte. Man sah keinen Widerspruch zwischen dem politischen Nationalbewußtsein, das den polyethnischen polnischen Staat wiedererrichten wollte, und dem ethnischen Nationalbewußtsein, weil man die Ukrainer, Weißrussen und Litauer seit jeher nicht als eigenständige Nationen betrachtete.

Die Integration der Mehrheit der Polen, der Bauern, war nur mit einer Lösung der Agrarfrage zu erreichen. Hier ging die Initiative nicht von der Nationalbewegung, sondern von der russischen Regierung aus. Die mehrheitlich nichtpolnischen leibeigenen Bauern in den sogenannten Westprovinzen waren 1861 nach russischem Muster befreit worden, doch erhielten sie im November 1863 bessere Bedingungen als die russischen Bauern. Die Agrarreform von 1864 in Kongreßpolen war noch großzügiger und teilte auch den bisher Landlosen Grundstücke zu. Das Ziel der Regierung war es, die Bauern für sich zu gewinnen und den Adel zu schwächen. Diese Maßnahmen hatten zunächst Erfolg, doch mittelfristig ermöglichte die von Rußland durchgeführte Emanzipation die Integration der Bauern in die polnische Nation. Ihre nationale Mobilisierung wurde dann durch die Russifizierungspolitik und vor allem durch die Verfolgung der katholischen Kirche gefördert. Die polnischsprachigen städtischen Mittelschichten wurden schon früher allmählich in die nationale Gesellschaft integriert, wobei dies weniger zu ihrer Verbürgerlichung als zu ihrer Akkulturation durch den Adel führte. Die Industrialisierung Kongreßpolens ließ auch allmählich ein Proletariat und (früher als in Rußland) eine sozialistische Bewegung entstehen, die bei den polnischen Arbeitern mit der Nationalbewegung konkurrierte.

Der polnischen Nationalbewegung gelang es also in den Jahrzehnten nach dem Januaraufstand, die Adelsnation allmählich in eine tendenziell alle sozialen Schichten umfassende moderne Nation zu verwandeln. Gegen Ende des 19. Jahrhunderts kam es – früher als in Rußland – zur Bildung von zwei nationalen politischen Parteien mit unterschiedlichen Programmen. In der Polnischen Sozialistischen Partei (PPS) versuchte Józef Piłsudski sozialistische mit nationalen Zielsetzungen zu verbinden. Dabei knüpfte er an die adelsromantische Tradition an, die mit militärischen Aufständen das alte Jagiellonenreich wiedererrichten wollte. Die nationale Parole «durch Unabhängigkeit zum Sozialismus» vermochte viele Arbeiter zu mobilisieren, was zeigt, wie groß die Integrationskraft der adligen Aufstandstradition noch immer war. Ein anderer Teil der Adelsintelligenz suchte das Bündnis mit bürgerlichen Schichten, und die von Roman Dmowski angeführten Nationaldemokraten wurden zur ersten bürgerlich-nationalistischen Partei im Russischen Reich. Sie entwickelten ein nationalstaatliches Programm mit chauvinistischen Zügen, das sich gegen die nationalen Bestrebungen der Nichtpolen und gegen die Juden richtete.[8]

Die polnische Nationalbewegung hatte damit gegen Ende des 19. Jahrhunderts auch unter den schwierigen Bedingungen der russischen Autokratie eine Massenbasis mit vielfältigen Organisationen und ersten politischen Parteien geschaffen. Beide politischen Hauptrichtungen strebten noch immer die politische Unabhängigkeit an, und die soziale Umgestaltung der polnischen Gesellschaft wurde diesem Ziel untergeordnet. Obwohl der Adel seine führende soziale Stellung in Rußland weitgehend eingebüßt hatte, behielt er seine politische Führungsrolle. Die Adelsnation blieb das Ideal der polnischen Gesellschaft, das die nichtadligen Schichten weitgehend übernahmen. Der Adel hat damit die Mentalität und politische Kultur der Polen über das 19. Jahrhundert hinaus geprägt.

Im Russischen Reich spielte die polnische Nationalbewegung eine Vorreiterrolle. Seit 1815 und verstärkt seit den beiden Aufständen mobilisierte sie die Öffentlichkeit in Rußland und beeinflußte damit den Verlauf der russischen Nationalbewegung (vgl. unten 4.) und die russische Nationalitätenpolitik (vgl. Kapitel 7). Gleichzeitig übte sie tiefe Wirkungen auf die nationalen Emanzipationsbewegungen der Litauer, Ukrainer und Weißrussen aus, die zum größten Teil bis zum Ende des 18. Jahrhunderts unter der Herrschaft des polnischen Adels im Königreich Polen-Litauen gelebt hatten. Den Nationalbewegungen der Bauern im Westen des Reiches wende ich mich im folgenden Abschnitt zu.

2. Nationale Emanzipation der Bauernvölker

Im Westen des Russischen Reiches gab es eine ganze Reihe von «jungen» Nationen, die unter der Herrschaft andersethnischer Eliten lebten, keine eigene Hochkultur und Literatursprache und keine (oder keine lebendige) Staatstradition besaßen. Die Ukrainer, Weißrussen, Litauer, Letten, Esten und Finnen waren fast ausschließlich Bauern, und sie wurden vom russischen Staat und den Oberschichten kaum als eigenständige Gemeinschaften wahrgenommen. Zu Beginn des 19. Jahrhunderts wäre die Prophezeiung als phantastisch erschienen, daß hundert Jahre später diese Ethnien über eigene Eliten, eine eigene Literatursprache und Hochkultur verfügen und Anspruch auf politische Selbstbestimmung erheben würden.

Neben den grundsätzlichen Gemeinsamkeiten der «jungen Völker», die eine vergleichende Betrachtung in diesem Abschnitt rechtfertigen,[9] gab es zwischen den sechs ethnischen Gruppen wichtige Unterschiede. Das Kosakenhetmanat bot den Ukrainern und das Großfürstentum Litauen den Litauern (und zum Teil auch den Weißrussen) Ansatzpunkte für eine staatliche Tradition. Diese fehlten bei den übrigen drei Ethnien ganz; immerhin schuf die Begründung des Großfürstentums Finnland im Jahre 1809 den politisch-administrativen Rahmen für eine politische Nation. Noch wichtiger waren die Unterschiede im Tempo der sozialen Mobilisierung der einzelnen Ethnien, die durch die ökonomische Entwicklung, die Bauernbefreiung und die Alphabetisierung bewirkt wurden. Daraus ergibt sich eine grobe Teilung der sechs Ethnien in zwei Gruppen, die auch unterschiedlichen historischen Einflußsphären zuzuordnen sind: Die lutherischen, mitteleuropäisch (schwedisch-deutsch) geprägten Finnen, Esten und Letten und die eng mit dem Schicksal Polen-Litauens verbundenen Litauer, Weißrussen und Ukrainer. Dieser Zuordnung der Litauer widersprechen zwar ihre sprachliche Verwandtschaft mit den Letten und ihr konfessioneller Gegensatz zu den Ostslawen, doch erscheint sie als sinnvoller als die übliche Zusammenfassung der drei baltischen Völker, die sich erst aus ihrem gemeinsamen Schicksal seit dem Ersten Weltkrieg ergibt.

Die gemeinsame lutherische Konfession ist eine wesentliche Ursache dafür, daß die Finnen, Esten und Letten schon um 1800 ein dichtes Netz muttersprachlicher Elementarschulen und den höchsten Alphabetisierungsgrad unter allen Ethnien des Russischen Reiches aufwiesen.[10] Auch die Emanzipation der Bauern fand hier früher als in Rußland statt. Während die finnischen und schwedischen Bauern ohnehin immer frei geblieben waren,

waren die meisten Esten und Letten Leibeigene deutschbaltischer Gutsherren gewesen. In der Ära der Reformexperimente unter Alexander I. erhielten die estnischen und lettischen Bauern in den Jahren 1816–1819 die persönliche Freiheit und wurden zu Rechtspersonen. Da die Gutsherren aber die Eigentumsrechte am Boden behielten, blieben die Bauern in ihrer Abhängigkeit. Der zweite Schritt der Agrarreform, der den Landerwerb freigab, folgte in den 1840er bis 1860er Jahren und führte – zusammen mit der im Gegensatz zum russischen Dorf stehenden Vererbung der ungeteilten Hofstelle – zur Formierung eines estnischen und lettischen Mittelbauerntums und einer großen Zahl von Häuslern und Landarbeitern. Die meist alphabetisierten und wirtschaftlich gesicherten lettischen, estnischen und finnischen Bauern standen als soziales Fundament für die nationalen Bewegungen bereit. Eine Ausnahme stellten die katholischen Letten Lettgallens dar, die mit den litauischen Bauern erst 1861 befreit und erheblich später von der Nationalbewegung erfaßt wurden.

Die Phase A der Nationalbewegung, die kulturelle Erweckung der Finnen, Esten und Letten, setzte – nach einigen Vorläufern im 18. Jahrhundert – in der ersten Hälfte des 19. Jahrhunderts ein.[11] Es waren zunächst meist Angehörige der schwedischen und deutschen Elite, Pastoren oder Gelehrte der Universitäten Abo und Dorpat, die sich für die Sprache und die reiche Volkskultur der drei Bauernvölker zu interessieren begannen. Sie begründeten zu diesem Zweck kulturelle Gesellschaften, die Lettisch-literärische (1824), die Finnische Literarische (1831) und die Gelehrte Estnische Gesellschaft (1838). Für die Begründung eines nationalen Bewußtseins und einer Literatursprache wichtig war die Publikation des aus der finnischen Volksdichtung zusammengestellten Epos Kalevala (seit 1835) und des nach diesem Vorbild in romantischem Geist geschaffenen estnischen Kalevipoeg (1857–1862).

Die finnische Nationalbewegung erreichte als erste schon um die Jahrhundertmitte die Phase B, die Esten und Letten folgten erst in den 60er Jahren. Die Ziele der nationalen Bewegungen waren zunächst vorwiegend kulturelle, vorab die Gleichberechtigung der Volkssprachen als Amts- und Bildungssprachen, die nur in Finnland schrittweise erreicht wurde, oder die Begründung weiterführender Schulen in diesen Sprachen, für die Geldsammlungen durchgeführt wurden. Bei den Letten und Esten gewannen die Gesangsvereine und die Massenveranstaltungen der Sängerfeste eine besonders große mobilisierende und integrierende Kraft. Finnisch-, estnisch- und lettischsprachige Zeitungen und Zeitschriften waren wichtige Instrumente nationaler Agitation, und Redakteure wie der Finne J. V. Snellman, der Lette K. Valdemārs oder der Este C. R. Jakobson wurden zu Führern der nationalen Bewegung. Alle drei Nationalbewegungen spalteten sich in Phase B in eine radikale und in eine gemäßigte Richtung, wobei ein Teil der Radikalen im Konflikt mit der schwedischsprachigen und deutschbaltischen Oberschicht vorübergehend die Zusammenarbeit mit Rußland suchte.

Auch im Übergang zur Massenbewegung gingen die Finnen voran. Bis in die 1880er Jahre dominierte zunächst noch die Sprachenfrage, wobei die finnischen Patrioten, die Fennomanen, mit den Svekomanen, der schwedischen Bewegung der Oberschicht, konkurrierten. In den 90er Jahren führte die auf Einschränkung der Autonomie Finnlands ausgerichtete russische Politik zu einer gewaltigen politischen Mobilisierung: Im Jahre 1899 unterschrieben sehr viele (angeblich über 500 000) Finnländer die gegen das Februarmanifest gerichtete «Große Adresse» an den Kaiser. Die Nationalbewegung der Letten und Esten, die gegen Ende des 19. Jahrhunderts die Phase C erreichte, richtete sich, wie sich auch in der Revolution von 1905 zeigen sollte, weiter in erster Linie gegen die Deutschbalten. Finnen, Letten und Esten ließen sich vermehrt in den Städten nieder, wo sie in Wahlen erste Mehrheiten erreichten. Die politischen Strömungen entwickelten sich allmählich zu politischen Parteien, wobei die bürgerlich-nationalen Gruppierungen in Finnland und Estland, die sozialdemokratischen im stärker industrialisierten und sozial gespaltenen Livland früher und intensiver in Erscheinung traten.

Aus welchen sozialen Gruppen stammten die Aktivisten der drei nationalen Bewegungen? Bei den Esten und Letten kamen neben einigen wenigen (meist lettischen) Hochschulabsolventen als nicht deutschsprachige Intellektuelle nur die Lehrer und Küster in Frage, die in engem Kontakt zu den Bauern standen und meist auch Bauernsöhne waren. Dazu stießen in zunehmendem Maß Vertreter der Bauernschaft und der städtischen Handwerker. In der finnischen Bewegung gaben zunächst Pastoren, die wie die Lehrer vorwiegend auf dem Lande lebten, untere Beamte, Studenten und Vertreter der städtischen Intelligenz, die sich zum Teil aus der schwedischsprachigen Elite rekrutierten, den Ton an, und erst später nahm die Zahl der Lehrer und Bauern zu.

Die Programme der Nationalbewegungen entsprachen ihren Trägerschichten. Zunächst waren die Zielsetzungen überall kultureller Art, wobei die Durchsetzung des Finnischen gegenüber dem Schwedischen und des Estnischen und Lettischen gegenüber dem Deutschen in Schule, Verwaltung und Gericht im Vordergrund stand, während die Konfession kaum einen mobilisierenden Effekt hatte, da Bauern und Oberschicht lutherisch waren und die Glaubensfreiheit von Rußland im Prinzip nicht angetastet wurde. Ein Motor der Nationalbewegungen war dagegen die Kongruenz von ethnischen und sozialen Antagonismen, so daß sozialrevolutionäre und populistische Forderungen einen wichtigen Teil der nationalen Programmatik bildeten. Das galt vor allem für die Esten und Letten, die sich primär gegen die Privilegien und den Großgrundbesitz des deutschbaltischen Adels wandten, weniger für die seit jeher freien und mit politischen Rechten ausgestatteten finnischen Bauern, denen keine geschlossene Oberschicht von Großgrundbesitzern gegenüberstand. Politische Autonomiebestrebungen standen bis 1905 bei den Esten und Letten im Hintergrund, während in Finnland seit dem Ende des 19. Jahrhunderts die Verfassungsfrage die nationale Diskussion dominierte und Schwedisch- und Finnischsprachige zunehmend gegen Rußland integrierte.

Zu Beginn des 20. Jahrhunderts hatten die Finnen, Esten und Letten die Grundlagen von modernen Nationen geschaffen. Eine meist aus der Bauernschaft aufgestiegene neue Intelligenz und Mittelschicht forderten die traditionellen deutschen und schwedischen Eliten heraus und integrierten mit Hilfe nationaler Organisationen und eines ausgebauten Schul- und Publikationswesens die Masse der Bauern allmählich in die Nationalgesellschaft. Die neu erstandenen Hochkulturen erreichten früh ein hohes Niveau, wie etwa die Werke des lettischen Dichters Janis Rainis oder des finnischen Komponisten Jean Sibelius zeigen. Die Frage einer politischen Autonomie stellte sich zunächst nur in Finnland, wo im Rahmen des autonomen Großfürstentums neben der ethnischen Nation der Finnen die aus Schweden und Finnen bestehende politische Nation der Finnländer entstand.

Die zweite Gruppe von Bauernvölkern im Westen des Russischen Reiches, die Litauer, Weißrussen und Ukrainer, hatten über weite Abschnitte ihrer Geschichte zum Königreich Polen-Litauen gehört, und der polnische oder polonisierte ostslawische und litauische Adel war auch im 19. Jahrhundert im größten Teil ihres Siedlungsgebietes die führende soziale Schicht geblieben.[12] Das trifft nicht zu für die östliche und südliche Ukraine, wo der russifizierte ukrainische und russische Adel dominierte. Polen und Russen sahen in den Litauern, Weißrussen und Ukrainern keine eigenständigen Gemeinschaften, sondern Bestandteile der eigenen Nation. Die drei Ethnien wurden deshalb in die polnisch-russischen Auseinandersetzungen hineingezogen, und ihre Nationalbewegungen hatten die schwierige Aufgabe, sich gleichzeitig von der polnischen Oberschicht und von Rußland zu emanzipieren.

Die ukrainischen, litauischen und weißrussischen Bauern im Russischen Reich waren erst 1861, also später als die Esten und Letten, aus der Leibeigenschaft entlassen worden. Lediglich die Litauer im westlichen Gouvernement Suwałki waren gleichzeitig mit den Polen des Herzogtums Warschau schon 1807 persönlich (ohne Land) befreit und dann 1864 wie alle Bauern Kongreßpolens relativ großzügig mit Land ausgestattet worden. Nicht zufällig bildete sich gerade hier ein Mittelbauerntum heraus, aus dem später ein Teil der nationalen Intelligenz hervorging. Bei den Ukrainern des ehemaligen Hetmanats gab es die breite Gruppe der ehemaligen Kosaken, die nie leibeigen gewesen waren. Bei allen Unterschieden zwischen einzelnen Regionen schuf die Bauernbefreiung bei allen drei Ethnien eine einheitliche Grundschicht von armen Kleinbauern. Die Volksbildung der orthodoxen Ukrainer und Weißrussen und der katholischen Litauer hatte nicht wie die der Ethnien im Norden vom Protestantismus Impulse erhalten, so daß bei ihnen die Analphabetenrate viel höher war.

Trotz der ungünstigeren sozialen und kulturellen Voraussetzungen setzte die Nationalbewegung bei den Ukrainern und Litauern, in bescheidenerem Umfang sogar bei den Weißrussen, früher ein als bei den Esten und Letten.[13] Nach Vorläufern am Ende des 18. Jahrhunderts begann die Phase A der kulturellen Erweckung bei ihnen zu Beginn des 19. Jahrhunderts. Die Ursache dafür war, daß Reste eines Adels mit einem Landespatriotismus, der die Erinnerung an die Vergangenheit des Kosakenhetmanats und des Großfürstentums Litauen bewahrte, erhalten geblieben waren. So waren es neben polnischen und russischen Gelehrten der Universitäten Wilna und Char'kov (später Kiev) Angehörige des stark polonisierten litauischen und ostslawischen Kleinadels und des teilweise russifizierten ukrainischen Adels im ehemaligen Hetmanat, die sich für die Volkssprache, die Volkskultur und – typisch für den Landespatriotismus – auch für die Geschichte zu interessieren begannen. Für die ukrainische Nationalbewegung war zudem wichtig, daß schon in dieser Phase der größte ukrainische Dichter, der ehemalige Leibeigene Taras Ševčenko, mit seinen volksnahen patriotischen Werken an die Öffentlichkeit trat, für die litauische, daß sich Bischof M. Valančius während Jahrzehnten für die litauische Kultur einsetzte.

Im Gegensatz zu den Finnen, Esten und Letten zog sich die kulturelle Phase bei den Litauern, Ukrainern und Weißrussen lange hin, und die Phase B der politischen Agitation begann erst mit großer Verzögerung. Dies ist neben dem erwähnten Modernisierungsrückstand auch auf die nach dem Januaraufstand, das heißt gerade zwei Jahre nach der Bauernbefreiung, einsetzende repressive russische Politik zurückzuführen, die die kulturelle Entfaltung und politische Organisation der drei Nationalbewegungen wesentlich behinderte (vgl. Kapitel 7). Es war deshalb wichtig, daß es außerhalb der Grenzen Rußlands Ukrainer und Litauer (nicht aber Weißrussen) gab, die unter günstigeren politischen Bedingungen die nationale Sache förderten. Bei den Litauern im östlichen Ostpreußen handelte es sich allerdings nur um eine kleine Gruppe, die sich durch ihr lutherisches Bekenntnis von der katholischen Mehrheit in Rußland abhob. Dennoch wurden Tilsit und Memel zum Sitz nationaler Organisationen wie der «Litauischen Literärischen Gesellschaft», zum Druckort für litauische Publikationen und zu einer Zufluchtsstätte für Flüchtlinge. Erheblich größer war die Bedeutung, die die sogenannten «Ruthenen» im österreichischen Ost-Galizien für die ukrainische Nationalbewegung hatten. Schon im Jahre 1848 und endgültig in den 60er Jahren entfaltete sich hier unter Führung der griechisch-katholischen Geistlichkeit die Phase B mit einem breiten Organisationsnetz und einer ukrainischen Presse. Die Wechselwirkungen mit Galizien waren für die ukrainische Nationalbewegung in Rußland gerade während der Jahrzehnte politischer Repression wichtig, und nicht wenige ukrainische Patrioten aus Rußland, so etwa der Historiker M. Hruševs'kyj, wirkten zeitweise in Lemberg.

Die Ukrainer in Rußland versuchten in mehreren Anläufen, in die Phase B einzutreten. Die 1846 in Kiev begründete «Bruderschaft der Heiligen Kyrill und Method» entwickelte erstmals ein national-ukrainisches Programm, doch wurden ihre wenigen Mitglieder und Sympathisanten schon im folgenden Jahr verhaftet. Unter ihnen waren der Historiker M. Kostomarov und der Dichter Ševčenko, der durch seine zehnjährige Verbannung nach Kasachstan und seinen bald darauf folgenden frühen Tod zum Märtyrer der nationalen Sache wurde. Die führenden Mitglieder der «Bruderschaft» konnten ihre Ideen noch einmal in den Jahren 1861/62 in der in Petersburg zum Teil in ukrainischer Sprache erscheinenden Zeitschrift «Osnova» (Grundlage) verbreiten. Gleichzeitig versuchten Gruppen von Lehrern und Studenten der Universität Kiev, sogenannte «Hromady», eine liberalere Phase der russischen Politik zur Entfaltung einer nationalen Bewegung zu nutzen, doch griff die russische Regierung rigoros durch. Dasselbe wiederholte sich in der Mitte der 70er Jahre. Erst in den 1890er Jahren erreichte die ukrainische Nationalbewegung in Rußland endgültig die Phase B, zu einem Zeitpunkt, als die Ukraine schon von der Industrialisierung erfaßt wurde.[14] Die erste größere nationale Organisation war deshalb eine politische Partei, die ein sozialrevolutionäres, sozialdemokratisches und nationales Programm zu vereinen suchte. Dieser 1900 begründeten Revolutionären Ukrainischen Partei folgten wenig später zwei aus der Hromada-Bewegung hervorgegangene gemäßigte Parteien. Die Breitenwirkung auch dieser Organisationen blieb aber gering, und erst die Revolution von 1905 eröffnete breitere Möglichkeiten politischer Agitation. Während die ukrainische Nationalbewegung in Galizien schon zu Beginn des 20. Jahrhunderts zu einer Massenbewegung geworden war, gelang dies den Ukrainern in Rußland erst im Jahre 1917.

Der Ablauf der bisher nur ungenügend untersuchten weißrussischen Nationalbewegung ähnelt der ukrainischen. Eine Reihe von ephemeren Versuchen politischer Agitation – der erste von K. Kalinoŭski schon während des Januaraufstandes von 1863, weitere von Mittelschülern in Minsk und Studenten in Petersburg – brachen wieder ab, und erst mit der Begründung der populistischen Weißrussischen Revolutionären (später Sozialistischen) Partei (Hramada) im Jahre 1902 begann die Phase B. Die sozial schwach mobilisierten und kulturell noch wenig gefestigten Weißrussen standen in der Intensität und Breitenwirkung ihrer Nationalbewegung hinter den übrigen fünf Bauernvölkern im Westen des Russischen Reiches zurück.

Auch die litauische Bewegung brauchte lange, bis sie 1883 ihre politische Phase erreichte. In diesem Jahr erschien, herausgegeben vom Arzt J. Basanavičius, in Tilsit erstmals die Zeitschrift Aušra (Morgenröte), und ihr folgten eine ganze Reihe weiterer nationaler Periodika klerikal-gemäßigter, liberaler und radikaler Ausrichtung. Die erste und wichtigste politische Partei war hier die Sozialdemokratische, die bereits 1895 begründet wurde und sozialistische Ziele mit national-separatistischen verband. 1902 folgte eine liberale Demokratische Partei. Nach einem späten Start entfaltete sich die litauische Nationalbewegung also erheblich rascher als die ukrainische und weißrussische, und möglicherweise (so Hroch) erreichte sie schon in den 1890er Jahren, spätestens aber in der Revolution von 1905 die Phase C.

Die im Vergleich zu den Ukrainern und Weißrussen größere Durchschlagskraft der litauischen Nationalbewegung ist unter anderem darauf zurückzuführen, daß sie von einem großen Teil der niederen katholischen Geistlichkeit unterstützt wurde, die als Mittler zu den Bauern wirkte und sie gegen die Russifizierungspolitik mobilisierte. Die orthodoxen Geistlichen, die eng in die Staatskirche eingebunden waren, beteiligten sich dagegen nur vereinzelt an der ukrainischen Bewegung. Lehrer spielten angesichts des rudimentären (und nicht muttersprachlichen) Bildungswesens bei allen drei Ethnien vor 1905 keine große Rolle. Über die Bedeutung, den der regionale Adel für die Nationalbewegungen hatte, ist sich die Forschung nicht einig. Es scheint, daß der schemaitische Kleinadel und die Nachkommen des Kosakenadels als Vermittler nationaler Werte wichtig waren. Aus dem Adel (und außerdem aus der orthodoxen Geistlichkeit und der litauischen Bauernschaft) stammte dann auch der größte Teil der schmalen weltlichen Intelligenz, der Studenten, Mittelschullehrer und (in Litauen) Ärzte, die in allen drei Fällen die meisten Führer der radikalen Nationalbewegung stellten. Es waren die Gymnasien und Universitäten, die zu Kaderschmieden der nationalen Bewegungen wurden.

Die Programme der Bewegungen waren stark kulturell geprägt und konzentrierten sich auf die Förderung der Volkssprache und des Bildungswesens. Das war bei den Ukrainern und Weißrussen, die von der Regierung und der Mehrheit der russischen Gesellschaft als Teil der russischen Nation angesehen wurden, besonders wichtig, weil sie sich nur durch ihre Sprache, nicht durch ihre Konfession, von den Russen abgrenzen konnten. Der religiöse Gegensatz fiel dagegen mit dem sozialen Antagonismus zum polnischen Adel und zur jüdischen Stadtbevölkerung zusammen. Die Zugehörigkeit zur 1839 verbotenen Unierten Kirche, die in Galizien der wichtigste Träger der ukrainischen Nationalbewegung war, diente in Rußland nur noch bei einem Teil der Weißrussen als nationales Merkmal. Die Litauer dagegen grenzten sich durch ihre Sprache deutlich von Russen und Polen, durch ihre katholische Konfession aber nur von Rußland ab. Die antikatholische Politik der russischen Regierung verstärkte wie bei den Polen die gegen Rußland gerichtete religiöse Komponente der litauischen Nationalbewegung, während die weltliche Intelligenz sich durch die Sprache und mit sozialen Losungen vom polnischen Adel abgrenzte; so war die Bewegung der Litauer in eine klerikale und säkulare Richtung gespalten. Alle drei Bewegungen versuchten, unter dem Einfluß der polnischen, jüdischen und russischen sozialistischen Bewegung nationale mit agrarrevolutionären Zielsetzungen zu verbinden, um die Bauern zu mobilisieren. Bei den Ukrainern und Weißrussen wurde die russische revolutionäre Bewegung allerdings zu einer erfolgreichen Konkurrentin der Nationalbewegungen, und viele junge Intellektuelle schlossen sich russischen Parteien an, um gemeinsam mit ihnen den Zarismus zu stürzen. Bei den Ukrainern wurde die dominierende populistische Richtung, die schon im Werk Ševčenkos und dann beim bedeutenden Theoretiker M. Drahomanov ihren Ausdruck fand, erst spät durch eine auf die alte Oberschicht und die Staatstradition orientierte konservative Tendenz ergänzt.

Die Litauer, Ukrainer und Weißrussen waren bis zum Jahre 1905 auf dem Weg zu einer modernen Nation weniger weit vorangekommen als die Finnen, Esten und Letten. Sie waren noch immer mehrheitlich bäuerlich geprägt, die Städte blieben polnisch, jüdisch und russisch, und die national bewußte Intelligenzschicht war schmal. Einzig bei den Litauern hatte sich ein Teil der Geistlichkeit der nationalen Bewegung angeschlossen und dadurch deren Wirkung auf die Bauern erhöht. Die Litauer hatten es auch verstanden, trotz aller Verbote eine Hochsprache zu schaffen und geheim zu unterrichten, während die Ukrainer und Weißrussen mehr Mühe hatten, ihre Sprache gegenüber dem nahe verwandten Russischen durchzusetzen. Die ukrainische und litauische Hochkultur hatten aber trotz der noch schmalen Basis schon eine erste Blüte erreicht, wie die Werke der Dichter T. Ševčenko, L. Ukrainka und J. Maironis dokumentieren.

Die Nationalbewegungen der sechs Bauernvölker im Westen des Russischen Reiches entwickelten sich im Laufe des 19. Jahrhunderts in unterschiedlichem Tempo. Für die Verzögerungen waren soziale Voraussetzungen, so der Zeitpunkt und die Umstände der Bauernbefreiung, und der Bildungsstand ebenso wichtig wie die unterschiedlichen politischen Bedingungen, vor allem die im polnischen Kontext erheblich repressivere russische Politik. Alle sechs Ethnien erhoben nach der Russischen Revolution den Anspruch auf politische Souveränität und konstituierten einen Nationalstaat. Die Finnen konnten ihren Staat bis heute behalten, die Esten, Letten und Litauer verloren ihn 1940 als Folge des Hitler-Stalin-Paktes, die Ukrainer nach wenigen Jahren, die Weißrussen nach wenigen Monaten. Es fällt auf, daß dieses Muster dem Grad der Nationsbildung der drei Ethnien vor dem Ersten Weltkrieg entspricht. Zwar spielten neben den inneren Voraussetzungen auch außenpolitische Faktoren oft entscheidend mit, zufällig ist diese Übereinstimmung aber nicht.

Die Nationalbewegungen der Esten, Letten, Litauer, Ukrainer und Weißrussen am Ende des 20. Jahrhunderts gegen das sowjetische Zentrum wiesen zahlreiche Parallelen zu ihren Vorläufern im 19. Jahrhundert auf. Das zeigte sich zum Beispiel an Organisationsformen wie der «singenden Revolution» bei den Esten und Letten, an Trägerschichten wie der katholischen Geistlichkeit in Litauen, an den unterschiedlichen nationalen Programmen, im spezifischen Wechselverhältnis zwischen den Ukrainern in Galizien und im Osten und in der Abgrenzung der Ukrainer und Weißrussen von den Russen.

Den «jungen» Bauernvölkern im Westen Rußlands standen die christianisierten Ethnien an der mittleren Wolga, im Ural, in Nordrußland und Sibirien typologisch nahe. Auch sie lebten fast ausschließlich auf dem Lande in geschlossenen Dorf- oder Sippengemeinschaften, verfügten über keine Schriftsprache und Hochkultur, hatten keine eigene staatliche Tradition und nur Reste einer degradierten Oberschicht. Anders als die Bauern im Baltikum und in Polen-Litauen waren sie in ihrer überwiegenden Mehrheit nie leibeigen gewesen, sondern hatten zur Kategorie der Staatsbauern gehört. Bei den meisten Völkerschaften spielte auch nach ihrer Christianisierung der Animismus in Wertvorstellungen und Sozialbeziehungen eine wichtige Rolle. Ihr sozialer und politischer Widerpart waren also weniger landbesitzende Oberschichten als die russischen Verwaltungsleute und Priester.

Protonationaler Protest hatte sich schon in der ersten Hälfte des 19. Jahrhunderts im Abfall vom Christentum, so bei den Tscheremissen, oder in nativistisch-messianistischen Bewegungen, so bei den Mordwinen, geäußert.[15] Ihre «nationale Erweckung» ging dann aber von russischen Gelehrten und von ersten Vertretern einer aus russischen Schulen hervorgegangenen Intelligenz wie dem Syrjänen I. Kuratov aus.[16] Wichtige Impulse gab auch das Missionsprogramm N. I. Il'minskijs, das für zahlreiche Sprachen erstmals (kyrillische) Alphabete schuf und muttersprachliche Schulen begründete (vgl. Kapitel 7.3). Aus diesen Schulen gingen «nationale Erwecker», wie der von Lenins Vater geförderte Tschuwasche I. Jakovlev, hervor, die zusammen mit russischen Ethnographen und Sprachwissenschaftlern die kulturelle Phase der Nationalbewegungen einleiteten, indem sie Sitten und Bräuche der einzelnen Ethnien erforschten und Lehrbücher und erste literarische Werke in den Volkssprachen publizierten. Auch diese sozio-ökonomisch und sozio-kulturell noch kaum von der Modernisierung erfaßten Ethnien hatten um 1900 erste Schritte auf dem Weg der Nationsbildung getan. Einzelne Gruppen wie die Jakuten waren bis zur Revolution von 1905 schon an die Schwelle der Phase B gelangt, andere wie die Mordwinen, Wotjaken und die meisten kleinen Völker Sibiriens waren von der Nationalbewegung allerdings noch kaum erfaßt worden.

3. National revolutionäre Bewegungen bei Georgiern und Armeniern

Die bunt gemischten ethnischen und religiösen Gruppen im Süden und Osten des Russischen Reiches lassen sich mit den aus dem europäischen Kontext gewonnenen Modellen der «alten» und «jungen» Nationen und der adligen und bäuerlichen Nationalbewegungen nur partiell analysieren. Zwar wurden auch sie im Laufe des 19. und frühen 20. Jahrhunderts fast ohne Ausnahme von nationalen Bewegungen erfaßt, doch nahmen diese den spezifischen sozialen, politischen und kulturell-religiösen Bedingungen entsprechend spezifische Formen an, die eine Erweiterung der Typologie erfordern. Am nächsten kamen den europäischen Mustern die christlichen Ethnien Transkaukasiens.

Die Georgier repräsentieren zusammen mit den Polen im Russischen Reich den Typ der alten Adelsnation: Ein sehr zahlreicher, sozial differenzierter Adelsstand, von dem die leibeigenen Bauern abhängig waren, lebendige staatliche Traditionen und eine alte christliche Hochkultur.[17] Nachdem der georgische Adel wie der polnische mehrmals erfolglos gegen Rußland revoltiert hatte, wurde er durch die Reformen Voroncovs in den russischen Adel und Staat integriert. Die Loyalität gegenüber dem Zarismus trug Früchte in der Bauernbefreiung von 1864–1871, die für den Adel günstiger ausfiel als in Rußland oder gar in Polen. Die georgischen Bauern wurden persönlich befreit, doch erhielten sie nur einen Teil des Adelslandes zur Nutzung. Die Folgen für die Bauern waren geringe Landanteile, steigende Abgaben und eine fortbestehende Abhängigkeit vom Gutsbesitzer. Die Bauernbefreiung brachte also wie in Rußland keine wirkliche soziale Emanzipation der Bauern.

Da die Georgier über keine nennenswerten städtischen Mittelschichten verfügten, blieb ihre Nationalbewegung bis ins 20. Jahrhundert weitgehend eine Sache des Adels und der aus dem Adel stammenden Intelligenz.[18] Auf die russische Herrschaft und die durch die Reformen Voroncovs verstärkte Herausforderung der russischen Kultur reagierte der georgische Adel in den 1830er bis 1850er Jahren mit einem romantischen Patriotismus, der eine Renaissance der georgischen Sprache, Literatur, Folklore und Geschichte mit sich brachte. Nach der Eingliederung der georgischen Kirche in die russische kam der georgischen Sprache als Abgrenzungskriterium besondere Bedeutung zu, zumal sie von den russischen Behörden immer wieder diskriminiert wurde.

Die kulturelle Phase A ging in den 60er Jahren in die politische Phase B über, die zunächst von einer eher konservativen adligen Nationalbewegung bestimmt wurde. Ihr wichtigster Protagonist war über Jahrzehnte Fürst I. Čavčavadze, bedeutender Schriftsteller und Publizist, Vorsitzender der «Gesellschaft zur Förderung der Alphabetisierung der Georgier» und in zahlreichen weiteren Funktionen «der ungekrönte König Georgiens».[19] Der allmähliche wirtschaftliche Niedergang des Adels und die wirtschaftliche und politische Dominanz der armenischen Mittelschicht in den Städten, vor allem in Tiflis, ließ die Adelssöhne dann nach radikaleren Antworten suchen. Sie fanden sie auf den Universitäten bei der russischen Intelligenzia, zunächst in einem westlich orientierten Liberalismus, dann im agrarrevolutionären Populismus und schließlich im Marxismus.

Zu Beginn der 1890er Jahre kehrten einige junge Marxisten, unter ihnen der spätere Präsident Georgiens N. Žordanija, von der Universität nach Georgien zurück, und ein Jahrzehnt später waren die georgischen Sozialdemokraten die wichtigsten Träger der nationalen Befreiungsbewegung geworden. Im Gegensatz zur 1903 begründeten, auf nationale Autonomie ausgerichteten georgischen Partei der Sozial-Föderalisten hatten sie es verstanden, nicht nur das schmale georgische Proletariat zu organisieren, sondern viele

Gebildete und sogar zahlreiche georgische Bauern hinter sich zu scharen. Ihre Mehrheit schloß sich nach 1903 den Menschewiki an, während eine Minderheit, unter ihnen der junge I. Džugašvili (der spätere Stalin), zu den Bolschewiki stieß. Daß sich gerade die georgische Adelsnation mehrheitlich nicht einer nationalen, sondern einer grundsätzlich internationalistischen und revolutionären Bewegung verschrieb, die erst in zweiter Linie auch der nationalen Befreiung Georgiens diente, erstaunt, da eine Revolution doch gerade auch den Adel treffen mußte. Der Marxismus erschien dem sozial absteigenden georgischen Adel offensichtlich als geeignete Waffe im Kampf gegen seine Gegner, die armenische Bourgeoisie und die russischen Beamten. Die fortschreitende Radikalisierung der Adelsintelligenz zeigt auch auffallende Parallelen zu Rußland: Die «reuigen Adligen», die von der Masse der Bauern durch eine tiefe soziale und kulturelle Kluft getrennt waren, mußten ihre Schuld durch den Dienst für das Volk abtragen.

Die Georgier unterlagen zu Beginn des 20. Jahrhunderts einer intensiven nationalen und sozialen Mobilisierung. Allerdings blieben sie gespalten in eine arme bäuerliche Mehrheit und einen nach wie vor sozial führenden Adel. Die in mehrere Richtungen aufgesplitterte, von den Menschewiki angeführte Nationalbewegung stand vor der schwierigen Aufgabe, diese Kluft zu schließen.

Die Armenier, das zweite christliche Volk Transkaukasiens, unterschieden sich wesentlich von den Georgiern: Sie hatten sich nur einen schmalen Adel (vor allem in Berg-Karabach) erhalten, ihre Elite stellten die reichen Kaufleute der Städte und der Klerus, während die Mehrheit der Bauern auch nach der Agrarreform von 1870 von muslimischen Herren abhängig blieb.[20] Dazu kam, daß die Mehrheit der Armenier nicht in Russisch-Armenien, sondern im übrigen Transkaukasien, im Osmanischen Reich und in über Asien und Europa zerstreuten Diaspora-Gemeinschaften lebte.

Eine nationale Renaissance hatten schon im 18. Jahrhundert vielfältige kulturelle Aktivitäten der Diaspora, so der Mechitaristen in Venedig und der armenischen Gemeinschaft im indischen Madras, eingeleitet. Diese von der Kirche getragene Bewegung wurde im Laufe des 19. Jahrhunderts säkularisiert, Hochsprache und Literatur, Presse- und Schulwesen wurden allmählich modernisiert. Träger dieser Phase A der Nationalbewegung waren neben dem Klerus und der städtischen Mittelschichten die neu entstehende weltliche Intelligenz, die vermehrt auch russische Einflüsse aufnahm.[21]

Die Enttäuschung darüber, daß die europäischen Mächte 1878 den Armeniern des Osmanischen Reiches die versprochene Autonomie nicht garantierten, führte zur Politisierung der Nationalbewegung. Armenische Studenten, die von der russischen revolutionären Bewegung, vor allem den «Narodniki», beeinflußt waren, begründeten 1887 in Genf die sozialistische Organisation Hnčak (Glocke) und 1890 in Tiflis die «Revolutionäre armenische Föderation» (Dašnakcutiun). Hauptziel dieser beiden nationalrevolutionären Organisationen war die Befreiung der Armenier im Osmanischen Reich.

Ihr sozialistisches Programm blieb verschwommen und wurde von einem revolutionären Aktionismus überlagert. Den Vorbildern der russischen und bulgarischen Terroristen folgend organisierten sie im Osmanischen Reich Anschläge und Revolten, die wiederum antiarmenische Repressionen wie die Massaker von 1894–1896 auslösten.

Erst infolge der Russifizierungspolitik, die 1903 in der Konfiskation der Güter der armenischen Kirche gipfelte, wandten sich die armenischen Revolutionäre auch gegen den Zarismus. Getragen von einer spontanen national-religiösen Protestbewegung, die auch vom Katholikos unterstützt wurde, organisierten sie Demonstrationen und Attentate auf russische Beamte. Während die zu Beginn des 20. Jahrhunderts begründete Union der armenischen Sozialdemokraten mit ihren internationalistischen Zielen nicht viele Anhänger fand, gelang es der mit den russischen Sozialrevolutionären verbundenen nationalrevolutionären Dašnak-Partei (Daschnaken), nach 1903 in Transkaukasien eine Massenbewegung zu schaffen, die nicht nur die Befreiung der Armenier des Osmanischen Reiches, sondern auch der Armenier Rußlands anstrebte. Die armenische Nationalbewegung ist somit zum im Osmanischen Reich verbreiteten «aufständischen Typ» (nach Hroch) zu rechnen.[22]

Auch die Armenier hatten damit noch vor der Revolution von 1905 die Phase C der Nationalbewegung erreicht. Nicht die führende soziale Schicht, das im ganzen loyale Bürgertum mit seiner prorussischen national-konservativen oder liberalen Orientierung war ihre Triebkraft, sondern die schmale weltliche Intelligenz, die mit Erfolg breitere Schichten mobilisierte und die religiöse Gemeinschaft allmählich in eine moderne Nation transformierte. Die spezifische terroristische Ausrichtung ihres nationalen Populismus beruhte wie bei den bulgarischen Haiducken auf alten Traditionen des Guerillakampfes, war aber auch vom russischen Terrorismus beeinflußt. Sie ist, wie regelmäßige Anschläge armenischer Gruppen zeigen, bis heute erhalten geblieben.

Es fragt sich, ob die Armenier als mobile Diasporagruppe einen spezifischen Typus von Nationalbewegung repräsentieren. Der Vergleich mit den Juden und Tataren zeigt, daß bei allen drei ethnoreligiösen Gruppen eine bürgerliche Mittelschicht und eine Geistlichkeit als mögliche Trägerschichten vorhanden waren, daß die nationalen Bewegungen aber dennoch einen unterschiedlichen Charakter annahmen. Während die Juden Rußlands auf die zunehmende Diskriminierung und ersten Pogrome mit Sozialismus und Zionismus reagierten (vgl. Kapitel 7.4), müssen die Tataren zusammen mit den anderen Muslimen Rußlands betrachtet werden.

4. Islamisches Nationalbewußtsein

Die muslimischen Ethnien, die in der zweiten Hälfte des 19. Jahrhunderts im Russischen Reich lebten, waren in ihrer ethnischen Zusammensetzung, Wirtschaftsweise und ihren politischen und kulturellen Traditionen heterogen. Den seit vielen Jahrhunderten seßhaften Wolgatataren, Aserbaidschanern und Mittelasiaten standen Hirtennomaden wie die Kasachen und die Bergvölker des Kaukasus gegenüber. Während die Wolgatataren schon seit drei Jahrhunderten zu Rußland gehörten, kamen die Mittelasiaten erst nach 1860 unter russische Herrschaft. Zwar sprach die überwiegende Mehrheit der Muslime Rußlands eine Turksprache, doch war die Sprache für ihre ethnische Identität weniger wichtig als Lebensform und Religion. Die Frage war, welche Rolle der Islam spielen würde, als diese Völker mit Modernisierung und nationalem Prinzip konfrontiert wurden, lediglich die eines Faktors ihres nationalen Bewußtseins oder die der primären, andere Identitäten überlagernden Integrationsideologie.

Als erste Muslime Rußlands wurden die Wolgatataren von der nationalen Bewegung erfaßt. Ihre Träger waren Kaufleute und islamische Geistliche, die in engem Kontakt mit den Muslimen der östlichen Regionen Rußlands standen.[23] Impulse für eine nationale Wiedergeburt gingen auch von der 1804 begründeten Universität Kazan' aus, wo eine Druckerei für tatarische Publikationen (in arabischer Schrift) eingerichtet, Tatarisch-Unterricht eingeführt und orientalische Studien gefördert wurden. Wiederholte Wellen von Apostasie unter den getauften Tataren legten von der ungebrochenen Dynamik des Islams Zeugnis ab. Nationale Erwecker wie Š. Merdžani und K. Nasiri legten dann die Basis zur Erforschung der tatarischen Geschichte und Folklore, für eine neue wolgatatarische Literatursprache und ein tatarisches Publikationswesen, das im Laufe des 19. Jahrhunderts aufblühte. Die schmale, meist von Kaufleuten oder Mullahs abstammende wolgatatarische Intelligenz antwortete auf neue Missionsversuche und allgemein auf die Herausforderung durch die russisch-europäische Moderne mit einer islamischen Reformbewegung, die die islamisch-tatarische Kultur erneuern wollte, ohne ihre Identität aufs Spiel zu setzen. Der Islam sollte sich an die moderne Welt vor allem mit Hilfe eines reformierten tatarischsprachigen Schulwesens anpassen.

Eine «neue Methode» (usul al-dschadid) des Unterrichts wurde dann von einem Krimtataren ausgearbeitet – von ihr erhielt die muslimische Reformbewegung in Rußland den Namen Dschadidismus.[24] Ismail Bey Gasprali (Gasprinskij), aus verarmtem krimtatarischem Adel stammend, begründete nach Aufenthalten in Moskau, Paris und Istanbul 1883 in Bachčisaraj die Zeitschrift Terdschüman (Dolmetscher), die in den folgenden drei Jahrzehnten seine Ideen in ganz Rußland und darüber hinaus verbreitete. Die verknöcherte islamische Schule sollte die Methoden und Denkweisen des Westens übernehmen, der Dschadidismus strebte eine Synthese islamischer Kultur mit moderner Naturwissenschaft, Technologie und dem westlichen Fortschrittsdenken an. Der Unterricht sollte nicht mehr ausschließlich in Arabisch erfolgen, und Gasprali stellte den wolgatatarischen Reformen – auch in seinem Terdschüman – das Konzept einer gemeinsamen, auf dem modernisierten osmanischen Türkischen basierenden Sprache entgegen, die eine Integration der Muslime Rußlands unter der Devise «Einheit von Sprache, Denken und Handeln» erleichtern sollte.

Der Dschadidismus hatte bis zum Beginn des 20. Jahrhunderts vor allem bei den Wolga- und Krimtataren, aber auch bei den Baschkiren und den Muslimen Aserbeidschans zahlreiche Anhänger gewonnen, während die Muslime Mittelasiens, die weniger intensive Kontakte zu Rußland hatten, dem konservativen Islam treu blieben. Der Dschadidismus, den man als Phase A einer religiösen Nationalbewegung bezeichnen könnte, war weitgehend unpolitisch, Gasprali und seine Anhänger blieben loyale Untertanen des Zaren. Der krimtatarische Reformer hatte aber schon die beiden Konzeptionen formuliert, die für die politische Phase der muslimischen Nationalbewegung bedeutsam werden sollten, den Panislamismus und den Pantürkismus, die sich in Rußland nicht ausschlossen, sondern verstärkten. Andererseits zeigten sich auch schon vor 1905 Ansätze zentrifugaler ethnischer Nationalbewegungen.

Die Wolgatataren waren um 1900 die geistigen Führer der Muslime Rußlands. Zahlreiche dschadidistische Schulen und tatarische Druckereien machten Kazan' zu einem Zentrum des reformierten Islam mit einer Ausstrahlungskraft über die Grenzen Rußlands hinaus.[25] Innerhalb Rußlands übten die Tataren einen besonders großen Einfluß auf die Baschkiren aus, die Tatarisch als Hochsprache benutzten und bei denen vor 1905 keine selbständige Nationalbewegung zu beobachten ist. In Kazan' formierten tatarische Intellektuelle seit 1885 erste Zirkel mit politischen Zielen, die schon zu Beginn des 20. Jahrhunderts eine Synthese von Islam und Sozialismus anstrebten. Ihnen standen moderate liberale und panislamische Gruppierungen gegenüber, die sich 1905 in der Union der Muslime (Ittifak) zusammenschließen sollten, und auch tatarisch-nationale Tendenzen blieben lebendig. In konservativer Form hatten sie sich seit 1862 in der sufitischen Sekte der Waisiten angedeutet, die mit Berufung auf das wolgabulgarische Erbe die Autorität des offiziellen Klerus und des russischen Staates ablehnte.[26] Doch standen die Auseinandersetzungen zwischen Panislamismus und tatarischer Nationalbewegung erst bevor.

Bei den Krimtataren verlief die Entwicklung ähnlich, und die herrschende Richtung der dschadidistischen Anhänger Gaspralis wurde allmählich von radikaleren «Jung-Tataren» herausgefordert. Infolge der sprachlichen und historischen Bande zu den Türken des Osmanischen Reiches waren die Wechselbeziehungen mit der dortigen Reformbewegung besonders eng.

Die sprachlich noch enger mit den Türken verwandten Muslime Aserbaidschans waren dagegen zwischen einer osmanischen Orientierung (vor allem der Sunniten) und der traditionellen persischen Orientierung (der Schiiten) gespalten.[27] Eine schmale, meist aus der Oberschicht der Gutsbesitzer oder Kaufleute stammende, durch russische Schulen geprägte, säkulare Intelligenz hatte schon um die Mitte des 19. Jahrhunderts begonnen, die Phase A der Nationalbewegung zu initiieren. Ihr bedeutendster Vertreter, der Schriftsteller F. A. Achundov, verhalf der «türki» genannten Volkssprache zum Durchbruch gegenüber dem Persischen und dem klassischen Aseri, und seit den 1870er Jahren erschienen in Baku erste Periodika in dieser Sprache. Der Dschadidismus fand auch hier Anhänger, und seit den 90er Jahren formierten sich in Baku erste politische Gruppen pantürkischer, panislamischer, liberaler und sozialistischer Ausrichtung, wobei nur die islamischen Programme bei breiten Bevölkerungsschichten Widerhall fanden. Die Muslime Aserbaidschans, eine «alte Nation» mit einer eigenen Elite, waren damit schon vor der Revolution von 1905 in die Phase B der Nationalbewegung eingetreten. Die Frage war, welche der konkurrierenden Richtungen die Oberhand behalten und wie sich ihr Verhältnis zu den Wolgatataren, der anderen stark mobilisierten muslimischen Gruppe, gestalten würde.

Die Kasachen standen seit dem 18. Jahrhundert unter dem wirtschaftlichen und geistigen Einfluß der Wolgatataren, deren Mullahs den Islam unter den Hirtennomaden befestigt hatten und gegen Ende des 19. Jahrhunderts auch den Dschadidismus verbreiteten. Gegen diese kulturelle Dominanz der Tataren wandten sich seit den 1860er Jahren einige kasachische Intellektuelle, die durch russische Schulen gegangen waren. Ihr erster bedeutender Vertreter war der aus der Hocharistokratie stammende Č. Valichanov, der ein radikales weltliches, auf die russisch-europäische Kultur orientiertes Programm entwarf.[28] Der als Offizier dienende Valichanov war mit bedeutenden Russen, so auch mit Dostojevskij, gut bekannt und schrieb seine orientalistischen Werke in russischer Sprache. Die ihm folgenden Aufklärer schufen dann eine kasachische Literatursprache, die an die Stelle des Tatarischen treten sollte und publizierten erste literarische Werke in Kasachisch. Gleichzeitig zeigten sich gegen die Behörden und die verstärkte Siedlungsbewegung gerichtete Tendenzen, die eine kasachische Identität in einer Verbindung von Islam und nomadischen Traditionen suchten.

Alle diese Strömungen hatten nur die nördlichen Steppengebiete erreicht, während die Kasachen im Süden unter dem Einfluß der islamischen Zentren Mittelasiens blieben. Hier fanden Dschadidismus und nationaler Gedanke vor 1905 noch wenig Echo, und sowohl in Russisch-Turkestan wie in den Reichen von Buchara und Chiwa blieben die alten Literatursprachen (Tschagatai und Persisch) und die traditionelle Ausrichtung auf den konservativen Islam und sein Schulsystem vorherrschend.[29] Die muslimischen Bergvölker des Kaukasus blieben durch ihre tribalen Strukturen und die sufischen Gemeinschaften geprägt und gegen äußere Einflüsse ebenfalls weitgehend abgeschottet. Dennoch traten schon in der zweiten Hälfte des 19. Jahrhunderts neben den traditionellen Volkssängern bei einzelnen Ethnien von Rußland beeinflußte intellektuelle «Erwecker» auf, besonders bei den mehrheitlich christlichen Osseten.[30]

Unter den Muslimen Rußlands zeigten sich in der zweiten Hälfte des 19. Jahrhunderts zahlreiche Spielarten einer national-religiösen Wiedergeburt. Die Anstöße kamen in der Regel von Westen, in erster Linie von Rußland, zum Teil auch aus dem Osmanischen Reich, und die Bewegungen verbreiteten sich unter den einzelnen ethnischen Gruppen mit unterschiedlicher Intensität. Die von den Muslimen Rußlands initiierte islamische Reformbewegung übte Wirkungen weit über die Grenzen des Zarenreiches bis nach Indien und Ägypten aus. Bis zum Ende des 19. Jahrhunderts herrschten kulturelle Zielsetzungen (Sprache, Schule, Literatur, Reform des Islam) vor, doch setzte dann eine Politisierung ein, die in der Revolution von 1905 erheblich intensiviert wurde (vgl. Kapitel 9). Schon in den Jahrzehnten vor 1905 deutete sich ein Spannungsverhältnis zwischen Panislamismus und partikularen Nationalismen an, das während des ganzen 20. Jahrhunderts aktuell bleiben sollte.

Ein dem islamischen vergleichbares «religiöses Nationalbewußtsein» entwickelten im Laufe des 19. Jahrhunderts auch die lamaistischen Burjäten.[31] Sie antworteten auf die Bedrohung durch christliche Mission und ostslawische Kolonisation mit einer Bewegung, die eine Renaissance der traditionalen burjätischen Kultur und ihre Modernisierung anstrebte. Sowohl in der alten mongolischen Literatursprache wie in einer auf der Grundlage des kyrillischen Alphabets neu geschaffenen burjätischen Schriftsprache wurden Volksdichtung, Chroniken und schöne Literatur publiziert. Diese kulturelle Bewegung wurde von Lamas und einzelnen in russischen Schulen erzogenen Intellektuellen wie dem Lehrer und Ethnologen M. Changalov, der von den russischen Narodniki beeinflußt war, getragen. Zu Beginn des 20. Jahrhunderts wurde sie durch den Protest gegen die Kolonisationspolitik und die Verwaltungsreformen verstärkt und erfaßte schon einen beträchtlichen Teil der Burjäten, vor allem der Lamaisten Transbajkaliens.

5. Das nationale Erwachen der Russen

Nicht nur die nichtrussischen Ethnien des Russischen Reiches, auch die Russen wurden im 19. Jahrhundert von der nationalen Bewegung erfaßt. Die Russen waren eine «alte» Nation mit einem Adel, einer Hochkultur und Literatursprache und – im Unterschied zu den anderen Völkerschaften des Reiches – einem Staat.[32] Rußland war aber kein Nationalstaat der Russen, sondern ein dynastisch-ständisch legitimiertes Vielvölkerreich, und der Reichspatriotismus, der es integrierte, hatte zwar einige Elemente (die Orthodoxie, die gemeinsame Geschichte und Kultur) mit dem ethnischen Bewußtsein der Russen gemeinsam, doch überwogen die supranationalen Züge. Noch zur Zeit Nikolaus I. schlug Finanzminister E. Kankrin vor,

Rußland nach der regierenden Dynastie in «Romanovija» oder nach Peter dem Großen in «Petrovija» umzubenennen, und unter den gleichzeitig von Volksbildungsminister S. Uvarov geprägten drei Grundprinzipien Rußlands überwogen Orthodoxie und Autokratie das schwammige «Volkstum».[33] Hauptziel der Regierung blieb die Erhaltung des territorialen, politischen und sozialen Status quo im polyethnischen Imperium, und dazu benötigte man die traditionelle übernationale Integrationsideologie. Das dynamische nationale Konzept, das die unteren sozialen Schichten mobilisieren und integrieren wollte, und das Loyalität zur Nation statt zum Herrscher verkündete, mußte sich also gegen den autokratischen Staat richten. Zwar gab es in der Folge Wechselwirkungen zwischen den beiden politischen Modellen, doch dürfen offizieller Reichspatriotismus und gesellschaftliches russisches Nationalbewußtsein nicht gleichgesetzt werden.

Ein modernes russisches Nationalbewußtsein entstand im 18. Jahrhundert, zunächst als Reaktion auf die Verwestlichung und Überfremdung Rußlands im Gefolge der Reformen Peters des Großen, dann auch beeinflußt von Aufklärung und Romantik.[34] Eine sich allmählich aus dem Adel herauslösende Intelligenz suchte nun die russische Identität und Kultur nicht mehr wie bisher in Staat und Religion, sondern in der russischen Sprache, Geschichte und im russischen Volk. Auch bei den Russen zeigten sich die für die Phase A der Nationalbewegung typischen Elemente: Schaffung einer standardisierten Literatursprache und einer russischen Literatur, Publikation von Volksdichtung und Geschichtswerken. Mit einem ethnisch fundierten Nationalbewußtsein versuchte die Adelsintelligenz, die tiefe Kluft zwischen der traditionellen Volkskultur und der verwestlichten Hochkultur der Elite zu überbrücken.

Im «Vaterländischen Krieg» gegen Napoleon verbanden sich Reichspatriotismus und ethnisches Nationalbewußtsein und erfaßten breitere Bevölkerungsschichten. An diesen patriotischen Schulterschluß mit dem Staat knüpfte eine national-konservative Strömung an, deren wichtigster Sprecher N. M. Karamzin wurde. Er und andere Historiker begannen, das Russische Reich als Nationalstaat zu betrachten und die Konzessionen Alexanders I. gegenüber Polen zu kritisieren. Mit dem Novemberaufstand von 1830 wurde die polnische Frage zum Katalysator eines staatstreuen russischen Nationalbewußtseins, das ethnische und politische Elemente zu vereinen suchte.[35]

Nach 1815 wandte sich aber ein ständig wachsender Teil der russischen Intelligenz vom Staat ab und der gesellschaftlichen Nationalbewegung mit politischen Zielsetzungen zu. Die geistigen und politischen Bewegungen der folgenden Jahrzehnte sind von der sowjetischen und westlichen Historiographie meist teleologisch als revolutionäre (oder reaktionäre) Bewegungen analysiert worden. Dabei hat man übersehen, daß sie alle gleichzeitig auch nationale Bewegungen waren, die das Ziel verfolgten, Rußland nach westlichem Vorbild umzugestalten, den Bürgerrechten zum Durchbruch zu verhelfen, die Unterschichten zu mobilisieren und in eine russische Nationsgesellschaft zu integrieren.[36] Diesen Zielen standen das autokratische politische System, die Leibeigenschaftsordnung und der verbreitete Analphabetismus entgegen. Die nationale Bewegung verband also folgerichtig die nationalen mit sozialen und politischen Forderungen und richtete sich gegen den Staat, der sich den Veränderungen widersetzte.

Schon in den Programmen der Dekabristen, deren Aufstandsversuch im Jahre 1825 scheiterte, spielten nationale Zielsetzungen, wie die Umgestaltung Rußlands in einen demokratischen, zentralisierten Nationalstaat nach französischem Vorbild, eine große Rolle.[37] Die nächste Generation der Intelligenz reagierte auf die Herausforderung der Modernisierung Europas und auf die von dort einströmenden neuen Ideen mit der Frage nach der russischen Identität.[38] Die Slawophilen antworteten darauf mit einem Rückgriff auf die Orthodoxie und die idealisierte vorpetrinische Rus', die Westler mit der Forderung nach bürgerlich-liberalen Reformen. Slawophile und Westler wollten die russischen Bauern in die Nation integrieren und idealisierten deren Gemeindeverfassung, beide traten für bürgerliche Freiheiten und gegen die Leibeigenschaft ein. Beide Zweige der nationalen Bewegung nahmen – wie das polnische adlige Nationalbewußtsein – messianistische Züge an und wiesen den Russen eine besondere Rolle unter den Nationen Europas zu.

Die Niederlage im Krimkrieg, die Bauernbefreiung und die politischen Reformen, die erneute Konfrontation mit der polnischen Nationalbewegung im Januaraufstand und allgemein die beschleunigte Modernisierung Rußlands führten seit den 1860er Jahren zu einer erheblichen Intensivierung und Polarisierung der russischen nationalen Bewegung.[39] Die Radikalen wandten sich erneut der Aufgabe zu, die Kluft zu den Unterschichten zu überwinden, und die Narodniki «gingen ins Volk», um die russischen Bauern zu mobilisieren. In der Idealisierung der Bauern und ihrer Umteilungsgemeinde zeigte auch diese agrarsozialistische Bewegung eine deutliche nationale Färbung. Das war nicht anders bei den Liberalen, die weiter das Ziel der demokratischen Umformung Rußlands verfolgten und dabei die traditionellen Sonderrechte der Nichtrussen im Westen in Frage stellten.

Im Gefolge des polnischen Aufstandes von 1863 formierte sich auch ein extremer russischer Nationalismus, dessen wichtigster Sprecher der einflußreiche Journalist M. N. Katkov war. Damit verband sich ein auf die imperiale Außenpolitik orientierter Panslawismus, der in N. Ja. Danilevskijs Werk «Rußland und Europa» beredten Ausdruck fand.[40] Träger dieses integralen Nationalismus waren Teile der Eliten, der Intelligenz und der sich formierenden städtischen Mittelschichten, doch vermochte er in der Zeit des polnischen Aufstandes von 1863/64 und des Balkankriegs von 1877/78 auch breitere Kreise zu mobilisieren. Die extremen Nationalisten standen in der Regel loyal zum Staat, dessen imperialistische Außenpolitik und assimilatorische Nationalitätenpolitik sie unterstützten. Ihre nationalstaatlichen Zielsetzungen stellten jedoch für den autokratischen Staat eine Herausforderung dar.

Die Regierung stand denn auch allen Richtungen der russischen Nationalbewegung, die die traditionelle Legitimation und das Machtmonopol der Autokratie in Frage stellten, zurückhaltend und mißtrauisch gegenüber. Die Revolution von 1848 hatte ihr das demokratisch-emanzipatorische Potential des nationalen Prinzips deutlich vor Augen geführt. Dazu kam, daß der traditionelle dynastische Reichspatriotismus bei der Masse der Bevölkerung noch immer verwurzelt war. Die russischen Bauern wurden durch den «Glauben an den Zaren», die Loyalität zu Autokratie und Orthodoxie integriert und nicht durch ein ethnisches Nationalbewußtsein.[41] Andererseits hatten nationalistische Strömungen auch Eingang in Bürokratie und Armee gefunden und beeinflußten die Politik. Unter der doppelten Herausforderung der revolutionären Bewegung und der nationalen Bestrebungen der Nichtrussen lag es nahe, mit dem extremen russischen Nationalismus zusammenzuarbeiten, um von den sozialen und politischen Gegensätzen in der russischen Gesellschaft abzulenken. Die russische Regierung hat denn auch seit 1863 und vor allem seit 1881 den Nationalismus vermehrt zur Herrschaftsstabilisierung einzusetzen versucht. Das zeigte sich vor allem in der Nationalitätenpolitik (vgl. Kapitel 7). Auch unter dem Eindruck aggressiver Nationalismen in anderen europäischen Staaten nahm der traditionelle Reichspatriotismus allmählich die Züge eines imperialen Nationalismus an. Trotz aller Konzessionen blieb das Verhältnis des zarischen Staates zur russischen Nationalbewegung jedoch ambivalent.

Unter dem Einfluß der Modernisierung, der Herausforderung des Westens und der Nationalbewegungen der Nichtrussen verbreiteten sich nationale Gedanken im 19. Jahrhundert auch unter den Russen. Es formierte sich aber keine einheitliche nationale Bewegung, sondern eine ganze Reihe alternativer Richtungen. In der zweiten Hälfte des Jahrhunderts gewannen die revolutionären gegenüber den nationalen Strömungen an Bedeutung. Dazu trug bei, daß das nationale Gedankengut bei der demokratischen Intelligenz allmählich diskreditiert wurde, weil es bei den anderen herrschenden Nationen Europas seine Funktion als emanzipatorisch-demokratische Kraft zunehmend einbüßte und zur Systemstabilisierung instrumentalisiert wurde. In Rußland ging aber keine der nationalen Richtungen eine stabile Koalition mit dem Staat ein, der im Prinzip am vornationalen dynastisch-ständischen Reichspatriotismus festhielt. Zu groß waren die Widersprüche zwischen Staat und Gesellschaft, zwischen Elite und Grundschichten, als daß die nationale Bewegung ihre Aufgabe, die einzelnen sozialen Gruppen zu einer Nation zu integrieren, in Rußland hätte erfüllen können.

6. Zusammenfassung

Fast alle ethnischen Gruppen des Russischen Reiches wurden im Laufe des 19. Jahrhunderts von nationalen Bewegungen erfaßt. Seit dem Ende des

18. Jahrhunderts läßt sich im Westen, später auch im Süden und Osten die Phase A der kulturellen Erweckung beobachten, während die Phase B der politischen Agitation in der Regel mit Verzögerung erst in der zweiten Hälfte des 19. Jahrhunderts, teilweise sogar erst in der Revolution von 1905, erreicht wurde. Eine nationale Massenbewegung gab es vor 1905 lediglich bei den Polen, Russen, Finnen, Esten, Letten, Litauern, Georgiern und Armeniern.

Die stärkste Wirkung hatten die nationalen Bewegungen bei den «jungen» Bauernvölkern im Westen, die zu modernen Nationen mit eigener Elite und Hochkultur transformiert wurden, während die christianisierten Ethnien im Osten und Norden Rußlands höchstens die Phase A erreichten. Die meist aus der Elite stammende Intelligenz der «alten» Nationen mobilisierte neue Schichten und integrierte sie zu einer modernen Nation. Das gelang in erster Linie den Polen, zum Teil auch den Armeniern und Georgiern, während bei den Russen der dynastische Reichspatriotismus die Ausbreitung eines ethnischen Nationalbewußtseins und die Kluft zwischen Elite und Unterschichten die Formierung einer modernen Nation behinderten. Die Muslime und Lamaisten in Asien antworteten auf die Herausforderung des nationalen Prinzips und der Modernisierung mit religiös geprägten Reformbewegungen, die ebenfalls nationalen Charakter annahmen.

Das Dreiphasenschema Hrochs läßt sich auf alle Fälle übertragen, wobei bei den «alten» Nationen Modifikationen nötig sind. Typologisch erweist sich die Unterscheidung der bäuerlichen Nationalbewegung der «jungen» Völker und der adligen Nationalbewegung vor allem für den Westen des Russischen Reiches als sinnvoll. Die Bewegungen der «alten» Nationen (der Polen, Russen und vor allem der Georgier und Armenier) kann man auch als «revolutionär» bezeichnen. Bei den Russen kam ein aus dem übernationalen Reichspatriotismus herauswachsender, zusehends aggressiver «imperialer Nationalismus» hinzu. Die Muslime und Lamaisten Rußlands wären dagegen einer «religiösen Nationalbewegung» zuzuordnen.

In allen Nationalbewegungen war die Sprengkraft der politischen Selbstbestimmung zumindest angelegt. Sie hatten ein starkes demokratisch-emanzipatorisches Potential, das die Fundamente der Zarenautokratie in Frage stellte. Dies wurde deutlich im «Völkerfrühling», den Rußland in der Revolution von 1905 erlebte (vgl. Kapitel 9.1). Der Staat mußte jedoch schon früher auf die nationale Herausforderung, die die Loyalität für den Herrscher durch die Loyalität für die Nation ersetzen wollte, antworten. Er tat dies in erster Linie mit seiner Nationalitätenpolitik, die ihrerseits auch auf die Nationalbewegungen zurückwirkte. Sie ist Gegenstand des folgenden Kapitels.

Siebtes Kapitel

Die Reaktion des Staates: Nationalitätenpolitik 1831–1904

Die russische Politik gegenüber den nichtrussischen Völkern des Reiches folgte bis in die ersten Jahrzehnte des 19. Jahrhunderts grundsätzlich den traditionellen Mustern. Priorität hatte die Sicherung der Macht im Inneren und gegen außen. Falls Rebellionen dieses Ziel gefährdeten, griff die Regierung mit militärischer Gewalt energisch durch. Wenn die nichtrussischen Eliten dem Zaren Loyalität zeigten und die sozio-politische Stabilität in ihren Gebieten aufrechterhielten, wurden sie als Partner akzeptiert. Die Regierung arbeitete mit ihnen zusammen, garantierte ihre Privilegien und hielt sich an die bewährte Praxis des flexiblen Pragmatismus und der Toleranz. Unter Alexander I. wurde diese Politik besonders gegenüber den Regionen im Westen, die als Modelle für eine Reformierung Rußlands dienen sollten, angewandt, während europazentrische Vorstellungen eine stärkere Abgrenzung von den Ethnien im Osten und Süden bewirkten.

Im Laufe des 19. Jahrhunderts traten eine Reihe von neuen Faktoren auf, die diese traditionellen Grundmuster der Politik veränderten. Die beiden wichtigsten habe ich im vorangehenden Kapitel behandelt: Die Nationalbewegungen der Nichtrussen, zunächst vor allem der Polen, und das nationale Bewußtsein in Teilen der russischen Gesellschaft stellten die Grundlagen des dynastisch legitimierten Vielvölkerreiches und seiner ständisch-vornationalen Politik in Frage. Dazu kam die immer drängendere Notwendigkeit einer Modernisierung des Reiches, die auch verbunden war mit einer administrativen, rechtlichen und sozialen Systematisierung und Homogenisierung. Schließlich wirkten auf Rußland Veränderungen im übrigen Europa ein, wo das Modell des ethnisch einheitlichen Nationalstaats an Boden gewann. Daß es auch in Vielvölkerreichen angewandt werden konnte, demonstrierten die Germanisierungspolitik nach der deutschen Einigung und die Magyarisierungspolitik nach dem österreichisch-ungarischen Ausgleich.

Die russische Politik wurde von diesen neuen Kräften beeinflußt, Tendenzen einer forcierten administrativen, sozialen und kulturellen Integration verstärkten sich und gipfelten in der sogenannten Russifizierungspolitik am Ende des 19. Jahrhunderts. Die in der Forschung verbreitete Auffassung von einer spätestens unter Nikolaus I. einsetzenden geradlinigen und eindimensionalen Russifizierungspolitik gilt es allerdings im folgenden regional und zeitlich zu differenzieren.[1] Ebenso ist zu fragen, inwiefern es, wie in der Überschrift dieses Kapitels suggeriert, überhaupt *eine* russische Nationalitätenpolitik gab. Ich werde im folgenden den Terminus «Nationalitätenpolitik» zurückhaltend, den Begriff «Russifizierung» nicht, wie üblich, zur übergreifenden Beschreibung der Integrationspolitik, sondern nur für ihre sprachlich-kulturellen Aspekte verwenden. Es gilt im Auge zu behalten, daß die beharrenden Kräfte stark blieben und die zarische Autokratie trotz aller Konzessionen an nationale Stömungen und politischen Druck die vornationale dynastisch-ständische Grundlage der Politik zu bewahren suchte, die allein die sozio-politische Stabilität aufrechterhalten konnte.

1. Herrschaftsstabilisierende Repression unter Nikolaus I.

Die Regierung Nikolaus I. (1825–1855) war durch die Priorität der Systemerhaltung, die kontrollierte Reformen nicht ausschloß, geprägt.[2] Die Schlüsselereignisse des Dekabristenaufstandes (1825), der Revolution von 1830 in Frankreich, Belgien und vor allem in Polen und der Revolution von 1848 schürten die Revolutionsfurcht von Kaiser und Machteliten und das Bestreben, Rußland vor den zersetzenden Einflüssen des westlichen Liberalismus, Nationalismus und Sozialismus zu bewahren. In diesem Rahmen verstärkte die Regierung die bürokratische Kontrolle und arbeitete wieder enger mit konservativen Kräften wie der orthodoxen Kirche zusammen, und als Abgrenzungskriterium zu den Nichtrussen gewann die Religion wieder an Bedeutung.

Von diesen Prämissen aus war die scharfe Reaktion auf den Novemberaufstand in Polen folgerichtig. Sie bedeutete eine Fortsetzung der traditionellen Politik, indem sie die illoyale polnische Elite bestrafte, welche die in der liberalen Verfassung des Königreichs zu Tage getretene Großzügigkeit des russischen Zaren mit Undank vergolten und den 1815 besiegelten politischen Status quo in Frage gestellt hatte. Die Intervention in Polen wurde auch von einem großen Teil der gebildeten russischen Gesellschaft unterstützt, und selbst Puschkin rechtfertigte das Eingreifen der russischen Truppen im Jahre 1831 damit, daß Rußland seine Führungsstellung in der slawischen Welt gegen die Polen verteidigen müsse: «Wer wird bestehen im ungleichen Streit: Der hochmütige Pole oder der treue Russe? Werden die slawischen Flüsse ins russische Meer münden? Oder wird es austrocknen? Das ist die Frage.»[3]

Rußland rechnete zunächst mit den Aufständischen ab, soweit sie nicht nach Westeuropa emigriert waren.[4] Zahlreiche Güter wurden konfisziert und an Russen verliehen, viele Adlige mußten nun in Rußland Militärdienst leisten. Dann nahm die russische Regierung die meisten Zugeständnisse, die sie unter Alexander I. dem Königreich Polen gemacht hatte, zurück: Die Verfassung von 1815 wurde suspendiert, Sejm und polnische Armee abgeschafft, die Universität Warschau geschlossen. Zwar wurden im Organischen Statut von 1832 theoretisch die administrative Sonderstellung des Königreiches und die bürgerlichen Freiheiten bestätigt,[5] in der Praxis regierten Nikolaus I., sein Statthalter I. F. Paskevič und die russischen Spitzenbeamten fortan mit einer Ausnahmegesetzgebung. Die Integration des Königreiches ins Russische Reich wurde in den folgenden zwei Jahrzehnten vorangetrieben: Einführung der Gouvernementsordnung, der russischen Währung, Maße und Gewichte, des russischen Strafrechts, Gendarmeriekorps und der russischen Zensur, direkte Aufsicht über die Schulen. Auch die katholische Kirche Polens wurde nun gegenüber der Orthodoxie benachteiligt. Eine starke militärische Präsenz, die in der neu erbauten Warschauer Zitadelle ihren symbolischen Ausdruck erhielt, garantierte die Kontrolle.

Während in Kongreßpolen immerhin Reste der Autonomie, eine überwiegend polnische Beamtenschaft, der Sonderstatus der Szlachta, ein weitgehend polnisches Rechtssystem, die polnische Amtssprache und die Unierte Kirche erhalten blieben, wurden die 1772 bis 1795 annektierten polnischen Gebiete, wo der Aufstand vor allem unter den Polen Unterstützung gefunden hatte, nach 1831 fester in das Russische Reich eingegliedert: Abschaffung des Litauischen Statuts und Einführung des russischen Rechts, Aufhebung der regionalen Selbstverwaltung, Einführung der russischen Sprache in Verwaltung, Gericht und Schule (wobei das Polnische allerdings bald wieder an Boden gewann), Zentralisierung des Schulwesens, Schließung der Universität Wilna und Eröffnung der russischen Universität Kiev, Schließung zahlreicher katholischer Klöster. Der polnische Adel, der vor allem in seinen unteren Schichten dem russischen Muster widersprach, wurde stärker an den russischen Adel angeglichen, und zahlreiche der noch nicht deklassierten landlosen Kleinadligen wurden allmählich in die lastenpflichtige Kategorie der «odnodvorcy» (Einhöfer) eingegliedert.[6] Der soziale Status des mittleren Adels und der loyalen Magnaten blieb dagegen erhalten, und trotz der zahlenmäßigen Reduktion war der polnische Adel nicht nur in Kongreßpolen, sondern auch in weiten Teilen der «westlichen Gouvernements» auch nach 1831 die sozial dominierende Kraft. Daß ungeachtet der scharfen antipolnischen Maßnahmen die adlige Elite nicht entmachtet und deklassiert wurde, wirft ein Schlaglicht auf die systemerhaltenden Prioritäten der nikolaitischen Politik.

Die Litauer, Weißrussen und Ukrainer gerieten nun allmählich in den Gesichtskreis der russischen Regierung, und man versuchte, den Einfluß der katholischen Kirche und der polnischen Kultur auf diese Bauernvölker einzudämmen. Diesem Ziel dienten die erwähnten Maßnahmen zur Durchsetzung der russischen auf Kosten der polnischen Sprache und die endgültige Aufhebung der Unierten Kirche in den «Westprovinzen» im Jahre 1839.[7] Alle mit Rom unierten Weißrussen und Ukrainer der «westlichen Gouvernements» wurden in die orthodoxe Kirche eingegliedert. Versuche, auch katholische litauische und weißrussische Bauern zur Konversion zu bewegen, hatten wenig Erfolg. Nicht angetastet wurde die soziale Stellung der ukrainischen, weißrussischen und litauischen Bauern: Sie blieben weiterhin mehrheitlich Leibeigene polnischer Adliger. Das bedeutete auch, daß trotz der Eindämmungsversuche der Einfluß der polnischen Sprache und Kultur nicht nur im Königreich Polen, sondern auch in den «westlichen Gouvernements» unter Nikolaus I. dominant blieb.

Daß die Regierung Nikolaus I. nicht primär auf kulturell-sprachliche Russifizierung, sondern auf Erhaltung des Status quo ausgerichtet war, zeigt sich auch an der Politik gegenüber anderen Regionen. In den Ostseeprovinzen förderte man allerdings die vom neu begründeten orthodoxen Bistum Riga ausgehenden Bemühungen, die Letten und Esten zu bekehren, und in den Jahren 1845 bis 1847 traten gegen 100 000 lettische und estnische Bauern, die sich davon eine Verbesserung ihrer wirtschaftlichen und sozialen Situation erhofften, zur Orthodoxie über. Pläne, die russische Sprache und russische Lehrer in den Schulen zu fördern, wurden nur zum kleineren Teil realisiert. Die dominierende Stellung der deutschen Kultur und der deutschbaltischen Elite (auch in Bürokratie und Militär des Reiches) blieb erhalten, und die 1845 abgeschlossene Kodifizierung des Provinzialrechts, die ihre traditionellen Privilegien bestätigte, machte deutlich, daß Nikolaus I. die Zusammenarbeit mit den loyalen konservativen Deutschbalten fortsetzen wollte.[8] Dasselbe galt für Finnland, dessen innere Autonomie, die nicht auf einer verfassungsmäßigen Garantie, sondern auf einem Konsens mit der loyalen Elite beruhte, nicht angetastet wurde,[9] und auch für die Armenier.

In der Regierungszeit Nikolaus I. gewannen Kirche und Orthodoxie als Pfeiler konservativer staatlicher Politik wieder an Bedeutung. Das wirkte sich aus in einer Verschärfung der Politik gegenüber den Juden und in einer Erneuerung der Mission. Der Abfall von getauften Tataren zum Islam und ein großes animistisches Opferfest der Tscheremissen dienten dem Heiligen Synod im Jahre 1828 zum Anlaß, die Missionstätigkeit wieder aufzunehmen, denn «Einheitlichkeit im Glauben» fördere auch «Einmütigkeit» im Staat.[10] Der Staat bekräftigte zwar das Verbot des Glaubenswechsels orthodoxer Christen und der nicht-orthodoxen Mission, doch unterstützte er die Kirche in ihren Missionsbemühungen unter den Ethnien der Mittleren Wolga, des Hohen Nordens und Sibiriens nur halbherzig, so daß sich kaum Erfolge einstellten. Als bei den Staatsbauern der Mittleren Wolga gewisse Reformen durchgeführt werden sollten, erhoben vor allem Tschuwaschen und Tscheremissen heftigen Protest, unter anderem gegen den dekretierten Anbau von Kartoffeln.[11] Die Unruhen wurden gewaltsam unterdrückt, machten aber deutlich, daß jede Veränderung des Status quo Risiken mit sich brachte.

Keine wesentlichen Veränderungen vollzogen sich unter Nikolaus I. in der Politik gegenüber den Krimtataren und den ausländischen Kolonisten. Die Autonomie Bessarabiens wurde allerdings 1828 wesentlich eingeschränkt, und in der Folge wurde die rumänische Sprache aus der Verwaltung und den Schulen verdrängt.[12] Diese für die 40er Jahre ungewöhnliche Maßnahme gehört wohl in den Kontext der Stärkung der Kirche, der daran lag, daß orthodoxe Untertanen des Zaren russischsprachige Schulen besuchten. Eine entsprechende Politik der Angleichung wurde auch gegenüber den Georgiern verfolgt, obwohl sich gerade in den 1840er Jahren die Transkaukasienpolitik von einer zentralistischen Integrationspolitik ab- und dem traditionellen flexiblen Pragmatismus zuwandte (vgl. oben Kapitel 5.1).

Im ganzen gesehen brachte die Regierungszeit Nikolaus I. keine grundsätzliche Wende in der Politik gegenüber den Nichtrussen des Reiches. Oberste Priorität hatten weiter die soziale und politische Stabilität und die Kooperation mit loyalen nichtrussischen Eliten. Allerdings verstärkte sich die systemerhaltende Komponente im Vergleich zu den ersten beiden Jahrzehnten des Jahrhunderts wesentlich. Das zeigte sich in einer Unterstützung oder mindestens einem Gewährenlassen kirchlicher Bestrebungen. Das führte auch dazu, daß die Regierung gegen Rebellionen mit großer Härte vorging. In der Reaktion auf den Novemberaufstand von 1830/31 zeigte sich aber zusätzlich auch eine Politik, die die kulturell-sprachliche Integration der Polen und der von polnischen Adligen abhängigen Bauernvölker förderte. Diese neuen russisch-nationalen Elemente wurden von weiten Teilen der Bürokratie und der gebildeten Gesellschaft mitgetragen. Sie wurden aber unter Nikolaus I. nicht zum bestimmenden Faktor der Politik, sondern wurden der traditionellen dynastisch-ständischen Herrschaftslegitimation der Autokratie untergeordnet und schwächten sich am Ende seiner Regierungszeit wieder ab.

2. Übergang zu forcierter Integration im Westen nach 1863

Als nach dem Tod Nikolaus I. im Jahre 1855 sein Sohn Alexander II. den Thron bestieg, richteten sich auf ihn viele Hoffnungen. Der junge Kaiser hat einige dieser Hoffnungen erfüllt und ist als Bauernbefreier und Reformer in die russische Geschichte eingegangen. In der nationalgeschichtlichen Tradition mancher nichtrussischer Ethnien des Reiches ist das Bild Alexanders II. dagegen negativ besetzt, und der Zar ist nicht als Befreier, sondern als Unterdrücker in Erinnerung geblieben.

Die Weichen stellte auch jetzt wieder die polnische Frage.[13] Die Regierung Alexanders II. machte den Polen vor allem im Königreich nach 1856 eine Reihe von Zugeständnissen: Amnestie für die Teilnehmer des Novemberaufstandes, Aufhebung des Ausnahmezustandes, Besetzung des vakanten Erzbischofsitzes von Warschau, Wiedereinrichtung einer polnischen Hochschule (der Medizinischen Akademie in Warschau). Die Regierung versuchte zur Kooperation mit der loyalen polnischen Elite zurückzukehren und – wie in Rußland – mit ihr die Frage der Bauernbefreiung zu erörtern. Zu diesem Zweck wurde eine «Landwirtschaftliche Gesellschaft» begründet, die in kurzer Zeit zu einer großen nationalen Organisation mit 4000 Mitgliedern wurde. Die Lockerung des Druckes und die geweckten Hoffnungen ließen die nationalrevolutionäre Bewegung rasch anwachsen, und im Jahre 1861 kam es in Warschau zu blutigen Zusammenstößen zwischen Demonstranten und russischen Ordnungskräften. Rußland versuchte darauf, der Lage mit kontrollierten Reformen Herr zu werden. Der als Chef einer polnischen Zivilregierung eingesetzte Marquis A. Wielopolski verkündete ein Programm, das für das Königreich Polen eine am Organischen Statut von 1832 orientierte Autonomie mit einer polnischen Selbstverwaltung und einem polnischen Schulwesen restituierte. Wielopolski gelang es jedoch nicht, in der polnischen Gesellschaft breitere Unterstützung zu finden, und der Januaraufstand von 1863 beendete den Versuch einer «Reform von oben» in Polen.

Die russische Reaktion auf den Januaraufstand folgte dem Szenario von 1831. Jetzt erhielten Machterhaltung und Systemstabilisierung wieder absolute Priorität, und die Methoden der Unterdrückung waren unter dem Reformerzaren noch erheblich härter als unter seinem konservativen Vater. In Kongreßpolen und in den «Westprovinzen» wurden etwa vierhundert Aufständische hingerichtet, etwa 2500 zu Zwangsarbeit verurteilt und gegen 20000 nach Rußland und Sibirien deportiert oder in Strafkompanien gesteckt. Etwa 3500 Güter polnischer Adliger wurden konfisziert.

Die russische Polenpolitik der folgenden Jahrzehnte verfolgte das Ziel, die polnische Frage durch Repression und Zwangsintegration ein für allemal zu lösen. Wie schon nach 1830 fand sie Unterstützung bei einer Mehrheit der russischen Öffentlichkeit, die von einer neuen Welle der Polenfeindschaft erfaßt wurde. Einigen Solidaritätskundgebungen von radikaler Seite, so von Alexander Herzen, standen viel zahlreichere antipolnische Stimmen gegenüber. Während slawophile Panslawisten wie Ivan Aksakov und Jurij Samarin die polnische Nationalbewegung und das fremde lateinische Kulturprinzip als gefährliche Herausforderung des russischen Führungsanspruchs herausstellten, die Existenz der polnischen Kulturnation jedoch nicht in Frage stellten, riefen russische Nationalisten wie M. N. Katkov undifferenziert zur Bekämpfung der aufrührerischen Polen auf: «Zwischen diesen zwei verwandten Nationalitäten (den Russen und Polen) hat die Geschichte immer die Schicksalsfrage von Leben und Tod gestellt. Beide Staaten waren nicht nur einfache Rivalen, sondern Feinde, die nicht nebeneinander leben konnten, Feinde bis zum Ende.»[14]

In den Jahren nach 1863 wurden die Reste der Sonderstellung des Königreichs Polen schrittweise aufgehoben, sogar der Name Polen wurde getilgt, indem die Region fortan als «Weichselland» (Privislinskij kraj) bezeichnet wurde. Die polnischen Behörden wurden abgeschafft, die polnischen Beamten durch russische, die polnische Amtssprache durch die russische ersetzt. Während auch das Justizwesen an das russische angepaßt wurde, blieb das auf dem Code Napoléon basierende polnische Privatrecht erhalten. Die russische Politik richtete sich in erster Linie gegen den polnischen Adel als wichtigstem Träger der Aufstände. Mit der im Vergleich zu Rußland bauernfreundlichen Reform von 1864 schwächte man die soziale und wirtschaftliche Stellung der Masse des Gutsadels erheblich, während die Magnaten weniger betroffen wurden. Mit dieser von Liberalen wie N. A. Miljutin propagierten Politik rückte Rußland vom bewährten ständischen Prinzip der Kooperation mit fremden Eliten ab und versuchte erstmals konsequent, bäuerliche Unterschichten gegen den Adel auszuspielen. Dieser Versuch glückte mittelfristig nicht, unter anderem wegen der rigiden Politik gegenüber der katholischen Kirche, die auch die polnischen Bauern gegen Rußland mobilisierte.

Die Repressionen gegenüber der katholischen Geistlichkeit, die als zweiter Hauptträger nationalen Widerstandes galt, widersprachen ebenfalls der traditionellen Politik der Toleranz und der Zusammenarbeit mit nichtorthodoxen, von Rußland kontrollierten Kirchenorganisationen.[15] Die meisten Bischöfe wurden abgesetzt, Kirchenland wurde säkularisiert, Klöster wurden geschlossen, die Beziehungen zu Rom unterbunden. Dafür förderte man die orthodoxe Kirche. 1875 wurde mit Cholm die letzte unierte Diözese Rußlands der orthodoxen Kirche einverleibt, und die Gläubigen wurden zum Übertritt zur Orthodoxie gezwungen. Zur administrativen Integration kam nun auch das Ziel der kulturellen Russifizierung. Rußland ging erstmals systematisch gegen eine der bisher akzeptierten Hochsprachen vor: Das Polnische sollte in den Mittel- und Hochschulen (mit Ausnahme des Religionsunterrichts) durch das Russische ersetzt werden, und 1879 wurde der Gebrauch des Polnischen im Schulgebäude (auch in den Pausen) unter Strafe gestellt. Unter Alexander III. wurde 1885 die russische Unterrichtssprache auch in den Elementarschulen eingeführt. Die 1869 begründete Universität Warschau war rein russischsprachig und wurde von den Polen weitgehend boykottiert. Die sprachliche Russifizierung, von der nur die katholische Kirche verschont blieb, fügte dem polnischen Bildungswesen schweren Schaden zu.

Auch in den «westlichen Gouvernements», die jetzt in der Regel in ein «Nordwestgebiet» (Litauen-Weißrußland) und ein «Südwestgebiet» (rechtsufrige Ukraine) unterteilt wurden, richtete sich die russische Politik in erster Linie gegen die katholische Geistlichkeit und den polnischen Adel, dessen Stellung schon nach 1831 geschwächt worden war. «Ich beschloß», so N. M. Murav'ev, der dafür verantwortliche Generalgouverneur von Wilna in seinen Memoiren, «den gordischen Knoten, den verderblichen Einfluß der Pane auf die Landbevölkerung, zu durchhauen.»[16] Die hier 1863 zugunsten der Bauern korrigierte Bauernbefreiung und das Verbot des Landkaufs durch Polen bzw. Katholiken dienten diesem Zweck ebenso wie der Verzicht, die Zemstvo-Selbstverwaltung, die dem Regionaladel neue Aufgaben übertrug, einzuführen. Durch die repressiven Maßnahmen gegen die katholische Kirche und die Eliminierung der polnischen Sprache in Verwaltung, Bildungswesen und sogar auf Rechnungen und Firmenschildern sollten die bis dahin ungebrochene Dominanz der polnischen Kultur und Sprache und ihr Einfluß auf die litauischen, weißrussischen und ukrainischen Bauern beseitigt werden. An ihre Stelle sollten die Orthodoxie und die russische

Kultur und Sprache treten, eine mögliche Förderung der Bauernsprachen stand in Petersburg nicht zur Debatte.

Dies war der Hintergrund für die russifizierenden Maßnahmen gegenüber der litauischen, weißrussischen und ukrainischen Sprache, die primär gegen den polnischen Adel gerichtet waren.[17] Dazu kam, daß die russische Regierung und die Mehrheit der russischen Öffentlichkeit nun der Meinung waren, daß die «Westgouvernements» «von alten Zeiten her russisch» seien und «die russische Nationalität und die Orthodoxie im Lande wiederhergestellt werden» müßten.[18] Die Weißrussen und Ukrainer und sogar die Litauer galten als «Westrussen» und «Kleinrussen», also als Teile des russischen Volkes, die vor den Polen beschützt werden müßten. Mit dem polnischen Aufstand erhielten die national-kulturellen Erweckungsbewegungen der Ukrainer, Weißrussen und Litauer, die von russischer Seite lange mit Sympathie betrachtet worden waren, plötzlich politische Bedeutung, wurden in der russischen Presse als «polnische» oder «jesuitische Intrige», als Werk «fanatischer polnischer Agitatoren» bezeichnet.[19]

Die Regierung reagierte mit dem Verbot der drei Sprachen. Schon im Sommer des Jahres 1863 untersagte Innenminister P. Valuev in einem geheimen Zirkular den Druck von Büchern in ukrainischer Sprache, mit Ausnahme der schönen Literatur, aber mit Einschluß religiöser und pädagogischer Schriften, sowie den Unterricht in ukrainischer Sprache. Seine Begründung, die die Verbindung mit den «politischen Plänen der Polen» betonte, gab auch die Meinung weiter Kreise der russischen Gesellschaft wieder: «Eine eigene kleinrussische Sprache hat es nie gegeben, gibt es nicht und kann es nicht geben. Der Dialekt, den das einfache Volk braucht, ist russisch, nur verdorben durch den Einfluß Polens.»[20] Wenig später folgten Druckverbote für weißrussische Schriften und für litauischsprachige Publikationen in «lateinisch-polnischen Lettern» sowie deren Import (aus Ostpreußen). Litauische Drucke in kyrillischem Alphabet waren erlaubt, doch galten sie den Litauern als Symbole der Orthodoxie und fanden keinen Anklang.

Gleichzeitig wurde die katholische Kirche diskriminiert, und etwa 60 000, meist weißrussische, Katholiken wurden zur Orthodoxie bekehrt. Die infolge einer gewissen Liberalisierung sich neu entfaltende ukrainische Bewegung veranlaßte die Regierung 1876 dazu, das Sprachverbot im Zirkular von Ems noch zu verschärfen und nun auch die Einfuhr ukrainischsprachiger Schriften (aus Galizien) sowie zusätzlich Theateraufführungen und Vorträge in ukrainischer Sprache zu untersagen. Obwohl es sich primär um antipolnische Maßnahmen handelte, trafen die Publikationsverbote die Ukrainer, Litauer und Weißrussen schwer, da sie die Volksbildung und die für Nationalbewegungen entscheidend wichtige nationalsprachliche Kommunikation für Jahrzehnte wesentlich erschwerten.

Unter Alexander III. (1881–1894), dessen Herrschaftszeit durch politische Reaktion und «defensive Modernisierung» geprägt war, veränderte sich die Politik gegenüber den Polen, Litauern, Weißrussen und Ukrainern grundsätzlich nicht. Auf der einen Seite suchte die konservative Regierung vorübergehend wieder die Zusammenarbeit mit dem loyalen polnischen Adel und lockerte einige Maßnahmen. So wurde eine Amnestie für die 1864 deportierten Polen erlassen, Wörterbücher und Theateraufführungen in ukrainischer Sprache wurden wieder gestattet. Auf der anderen Seite setzten die russischen Behörden Maßnahmen forcierter Integration wie die Entlassung polnischer Beamter, die Förderung des russischen Grundbesitzes in den «Westprovinzen» oder die Einführung der russischen Unterrichtssprache in den polnischen Dorfschulen erst jetzt konsequent durch, und die Polizei unterdrückte mit harten Methoden jede Opposition. So wurde der Widerstand der litauischen Bevölkerung gegen die von den russischen Behörden angeordnete Zerstörung der Klosterkirche von Kražiai blutig niedergeschlagen. Auch die ersten zehn Regierungsjahre Nikolaus II. (1894–1917) brachten keine Wende. Erst im Jahre 1904 zeichneten sich Kurskorrekturen ab, als die Regierung den Druck litauischer Publikationen in lateinischen Buchstaben wieder zuließ. Zu grundsätzlichen Konzessionen wurde sie dann im folgenden Jahr durch die Revolution gezwungen.

Die Politik gegenüber den Polen, Ukrainern, Weißrussen und Litauern verfolgte seit 1863 erstmals in der Geschichte Rußlands offen das Ziel der kulturell-sprachlichen Russifizierung. Im Einklang mit einem großen Teil der russisch-national mobilisierten öffentlichen Meinung warf sie die meisten der traditionellen Prinzipien der Politik über Bord. Die Frage stellt sich, ob damit eine grundsätzlich neue Epoche russischer Nationalitätenpolitik begann. Um sie zu beantworten, müssen die anderen Ethnien Rußlands in die Analyse einbezogen werden.

Auch für die Ostseeprovinzen brachten die 1860er Jahre Veränderungen.[21] Es war aber nicht die Regierung, sondern die vom Januaraufstand und vom Aufstieg Preußens mobilisierte russisch-nationale Publizistik, die den Angriff auf die Sonderstellung der Deutschbalten eröffnete. Ihren Höhepunkt erreichte die Auseinandersetzung, als der Slawophile Jurij Samarin 1868 die erste Lieferung seines Werks über die «Randgebiete Rußlands» (okrainy Rossii) veröffentlichte und der Dorpater Historiker Carl Schirren ihm im folgenden Jahr eine «Livländische Antwort» entgegenstellte. Samarin wandte sich vehement gegen die überlebten Privilegien und angebliche separatistische Neigungen der Deutschbalten und ihren germanisierenden Einfluß auf die Esten und Letten. Er forderte von der russischen Regierung die Abschaffung ihrer Sonderrechte, die Förderung der russischen Sprache und der Orthodoxie und die Befreiung der estnischen und lettischen Bauern von der Unterdrückung durch die deutschen Adligen. Schirren verteidigte ebenso eloquent die historischen Rechte der Deutschbalten (nicht aber der Letten und Esten), und in seine Apologie der altständischen Ordnung und der Überlegenheit der deutsch-abendländischen Kultur mischten sich auch nationale und russophobe Töne.[22]

Die Regierung sah den Angriff auf die ständische Ordnung im Baltikum, die den eigenen Grundsätzen entsprach, und auf die deutschbaltische Elite, mit der man seit jeher eng zusammenarbeitete, mit Unbehagen. Alexander II. hatte schon 1867 dem deutschbaltischen Adel versichert, «er spucke auf diese Presse, die Sie auf ein Niveau mit den Polen zu stellen versucht».[23] Samarin, der wegen eines früheren Angriffs auf die Deutschbalten schon in den 40er Jahren für einige Tage eingekerkert und von Nikolaus I. persönlich zurechtgewiesen worden war, und der sein neues Buch bezeichnenderweise nicht in Rußland, sondern in Prag publizierte, wurde gemaßregelt, ebenso wie Schirren, der seine Professur verlor. Obwohl der Volksbildungsminister D. A. Tolstoj eine kulturelle Russifizierung wie in Polen befürwortete und eine Förderung der Orthodoxen Kirche und des Russischunterrichts auch erreichte, blieben das muttersprachliche Schulwesen und vor allem die deutsche Universität Dorpat erhalten, und die Regierung tolerierte sogar die Rückkehr Tausender von konvertierten Esten und Letten zum Protestantismus. Gleichzeitig verstärkte sich aber der administrative Druck auf die Ostseeprovinzen: Russisch wurde 1867 als Geschäftssprache der staatlichen Behörden eingeführt, und die 1877 erfolgte Übertragung der russischen Städteordnung von 1870 schuf neue städtische Selbstverwaltungsorgane, in denen fortan Esten, Letten und Russen viel stärker als zuvor vertreten waren. Die Justiz- und Zemstvo-Reform wurden dagegen bis 1881 in den Ostseeprovinzen nicht durchgeführt.

Erst unter Alexander III., der von konservativen Beratern wie dem Oberprokuror des Synods K. P. Pobedonoscev stark beeinflußt wurde, kann man von einer systematischen Politik der Unifizierung in den Ostseeprovinzen sprechen. Schon bei seinem Regierungsantritt im Jahre 1881 hatte der Kaiser erstmals die baltischen Privilegien nicht bestätigt. Eine unter Leitung des Senators N. A. Manasein stehende Revision leitete dann eine Reihe von Maßnahmen ein, die die Sonderstellung der Ostseeprovinzen untergruben. Die russische Amtssprache wurde auf weitere Bereiche, so auf die inneren Geschäfte der Stadtverwaltung, übertragen, das russische Polizeiwesen wurde 1888, die russische Justizreform (mit russischer Gerichtssprache) 1889 eingeführt. Der Druck auf die lutherische Kirche wurde verstärkt, vor allem auf die orthodoxen Esten und Letten, die zum Luthertum zurückgekehrt waren und die Pastoren, die sie dabei unterstützt hatten. Auch das hoch entwickelte Schulwesen blieb nicht verschont: Russisch wurde Unterrichtssprache in den Schulen aller Stufen, mit Ausnahme des Religionsunterrichts und der untersten beiden Klassen der Volksschule. Die Ritterschaften reagierten darauf mit der Schließung zahlreicher Schulen. Im Jahre 1893 wurde die deutsche Universität Dorpat in die russische Universität Jur'ev umgewandelt. Nur die theologische Fakultät blieb deutschsprachig. Trotz massiven Protesten der Deutschbalten wurde auch unter Nikolaus II. bis 1905 kaum eine dieser Maßnahmen zurückgenommen. Dennoch war die Periode forcierter Integration hier 1895 zu Ende.

In den 80er und frühen 90er Jahren wurde also die 1710 begründete Sonderstellung der Ostsee-Gouvernements wesentlich beschnitten. Ganz abgeschafft wurde sie nicht: Die Zemstvo-Reform wurde nicht eingeführt, und die deutschsprachigen Organe der ritterschaftlichen Selbstverwaltung blieben – allerdings mit geschmälerten Kompetenzen – erhalten, die lutherische Kirche konnte sich ebenfalls behaupten, und die führende soziale und wirtschaftliche Stellung der Deutschbalten blieb unangefochten. Die später begonnene und weniger rigoros durchgeführte Unifizierung hatte hier keine so tiefgreifenden Auswirkungen wie bei den Polen, Ukrainern und Litauern. Allerdings weckte sie bei der deutschbaltischen Elite Widerstand, der sich auf die Verteidigung der hergebrachten Privilegien konzentrierte. Die bei den gebildeten «Literati» auftretenden deutsch-nationalen und antirussischen Tendenzen verstärkten russische Befürchtungen eines deutschen Irredentismus im Baltikum.

Viele Letten und Esten sahen in Rußland einen Bundesgenossen gegen die deutschbaltische Elite, deren Macht durch administrative Reformen gebrochen werden sollte. Protagonisten der lettischen und estnischen Nationalbewegungen suchten in Petersburg Unterstützung, und Zehntausende von Bauern forderten in Petitionen die Einführung von Reformen, die Aufhebung der deutschbaltischen Privilegien und die Aufteilung des Gutslandes. Die Einführung der Reformen schwächte die deutschbaltische Oberschicht und brachte den Esten und Letten eine Reihe von Verbesserungen, doch rief die sprachliche Russifizierung, die auch die estnisch- und lettischsprachigen Volksschulen betraf, dann auch negative Reaktionen hervor. Die nationale Identität der Esten und Letten konnte aber zu diesem Zeitpunkt schon nicht mehr durch die Russifizierung gefährdet werden.

Die russische Politik gegenüber den Ostseeprovinzen war in sich widersprüchlich. Einerseits wollte sie gegenüber den konservativen Deutschbalten Reformen durchsetzen und förderte die Emanzipation der Esten und Letten, andererseits wollte sie gerade in einer Periode der Modernisierung eine sozio-politische Destabilisierung verhindern, was im Baltikum nur mit Hilfe der deutschbaltischen Elite möglich war. Die Regierung wurde in den 80er Jahren stärker von russisch-nationalen Kräften beeinflußt, die sich, auch infolge der Verschlechterung der Beziehungen Rußlands zum Deutschen Reich, gegen eine Privilegierung der Deutschbalten auf Kosten der Russen, Esten und Letten wandten. Das nationale Prinzip stellte aber die dynastisch-ständische Legitimation der Autokratie in Frage, zu dem die Mehrheit der deutschbaltischen Oberschicht in alter Loyalität stand. Die Gefahren, die sich aus dem Verzicht auf die traditionelle Priorität der Herrschaftssicherung mit Hilfe fremder Eliten ergaben, waren der russischen Regierung bewußt, doch erst die Revolution von 1905 brachte russische Herrschaftselite und deutschbaltische Oberschicht zur Einsicht, daß sie aufeinander angewiesen waren.

Erheblich später als Polen und die Ostseeprovinzen wurde Finnland zum Objekt der russischen Unifizierungspolitik.[24] Nicht nur Alexander II., sondern auch Alexander III. setzte die bewährte, auf Konsens beruhende Zusammenarbeit mit der loyalen finnländischen Elite fort. Zwar gaben beide Monarchen auch jetzt keine verfassungsmäßige Garantie der Sonderstellung Finnlands ab, machten aber eine ganze Reihe neuer Konzessionen. 1863, im Jahr des polnischen Aufstandes, wurde der finnische Landtag erstmals seit 1809 einberufen, dessen 1869 erlassene Statuten ihm die Entfaltung einer regen gesetzgeberischen Tätigkeit erlaubten. Finnland erhielt 1865 eine eigene Währung, die 1877 durch die Umstellung auf Goldbasis vom Rubel getrennt wurde. Die Reformen wurden nicht auf Finnland übertragen, das Großfürstentum erhielt 1878 im Gegenteil eine weitgehend eigenständige Armee. Sogar in den 80er Jahren, als die administrative und kulturelle Integration der Ostseeprovinzen vorangetrieben wurde, kamen weitere Konzessionen hinzu.

Am Ende des 19. Jahrhunderts waren die Finnländer nicht nur auf dem Wege zu einer modernen Nation weit vorangekommen, sondern Finnland besaß einige Attribute einer Eigenstaatlichkeit, und seine Oberschicht interpretierte die Zugeständnisse des Zaren in der Regel als verfassungsmäßige Garantien. Seit 1889 wurde die einzigartige Sonderstellung Finnlands von der russisch-nationalen Publizistik angegriffen, und in den 90er Jahren begann die russische Regierung gegenüber Finnland die gesamtstaatlichen Interessen stärker durchzusetzen. 1890 wurde das selbständige Postwesen Finnlands aufgehoben. Pläne, zwei andere sichtbare Symbole seiner Staatlichkeit, Zoll und Münzwesen, mit Rußland zu verschmelzen, wurden dagegen nicht realisiert. Nikolaus II. legte 1894 wie seine Vorgänger den Eid auf die Grundrechte Finnlands ab, doch in den folgenden Jahren verstärkte sich der Druck auf Finnland. Die vom Kriegsministerium erhobene Forderung nach der Integration der finnländischen Armee führte dann 1899 zum Februarmanifest Nikolaus II., das alle Gesetze, die die Interessen des Russischen Reiches berührten, der Zuständigkeit des Landtags entzog und damit die Autonomie Finnlands in Frage stellte.[25] In den folgenden Jahren wurde die finnländische Armee aufgelöst, die russische Sprache auf den oberen Ebenen der Verwaltung und im Senat eingeführt, und 1903 erhielt der 1898 eingesetzte Generalgouverneur N. I. Bobrikov diktatorische Vollmachten. Die neue russische Politik, die nach neun Jahrzehnten von den Grundsätzen des pragmatischen Konsenses abwich, wurde in Finnland als Verfassungsbruch aufgefaßt und rief heftigen Widerstand hervor, der in der Ermordung Bobrikovs im Jahre 1904 gipfelte. Rußland versuchte das Programm des Februarmanifests auch nach 1905 durchzusetzen, so daß sich der Graben zwischen den national-politisch mobilisierten Finnländern und Rußland weiter verbreiterte.

Alle von Nichtrussen bewohnten Gebiete im Westen wurden also im Laufe des 19. Jahrhunderts zum Ziel einer forcierten Integrationspolitik. Doch zeigt die vergleichende Betrachtung erhebliche zeitliche Phasenverschiebungen, indem die Unifizierungspolitik gegenüber Finnland fast 70

Jahre später einsetzte als gegenüber Polen. Auch in den Motiven und Methoden, im Ausmaß und in der Intensität der Angleichung an Rußland bestanden wesentliche Unterschiede. Bevor ich eine übergreifende Betrachtung der «Russifizierungspolitik» unternehme, will ich auch die Ethnien im Süden und Osten und die Juden in den Vergleich einbeziehen.

3. Traditionelle und neue Elemente in der Politik gegenüber den Ethnien im Osten und Süden

Die ethnischen Gruppen im Süden und Osten des Russischen Reiches waren nach Sprache, Religion, Lebensform, Wirtschaftsweise und sozialer Struktur außerordentlich vielfältig. Während die Wolgatataren schon seit dem 16. Jahrhundert Untertanen des Zaren waren, gehörten die Turkmenen erst seit den 1880er Jahren zum Russischen Reich. Es versteht sich deshalb von selbst, daß auch die russische Politik gegenüber diesen Ethnien in der zweiten Hälfte des 19. Jahrhunderts nicht einheitlich sein konnte. Im folgenden soll danach gefragt werden, inwiefern sich auch hier Tendenzen einer Zentralisierung, einer verstärkten Integration und einer kulturellen Russifizierung zeigten. Da ich die Politik gegenüber den Kasachen und den Muslimen Mittelasiens in dieser Epoche bereits im fünften Kapitel erörtert habe, klammere ich sie hier weitgehend aus.

Um die Jahrhundertmitte bewirkten neue Apostasie-Wellen getaufter Wolgatataren und Unruhen unter den Tataren während des Krimkrieges Gegenmaßnahmen der Regierung: Das Selbstverwaltungsorgan der Tataren in Kazan' (tatarskaja ratuša) und der Tatarisch-Unterricht am Gymnasium wurden abgeschafft, das Orientalistik-Zentrum der Universität Kazan' nach Petersburg verlegt, Zwangsumsiedlungen und Zwangstaufen durchgeführt.[26] Als man einsehen mußte, daß sowohl Mission wie Gewalt auch diesmal ohne Erfolg blieben, schwenkte die Politik wieder auf einen Kurs um, der fremde Eliten mit flexiblen Methoden integrieren sollte. Neu war daran, daß zum ersten Mal seit Stephan von Perm' im 14. Jahrhundert versucht wurde, Nichtchristen mit muttersprachlicher Unterweisung für die Orthodoxie zu gewinnen oder, was aktueller war, die getauften Nichtrussen in ihrem Glauben zu bestärken und vor dem Einfluß des Islam abzuschirmen.

Der wichtigste Promotor dieser neuen Methode der Integration war N. I. Il'minskij, ein Orientalist, der seit 1846 in Kazan' wirkte, zunächst an der Geistlichen Akademie, dann an der Universität.[27] Er war auf Reisen mit der Sprache und dem Alltag der Wolgatataren, Baschkiren, Kasachen und Turkmenen und mit den islamischen Zentren des Orients in Kontakt gekommen. 1863 begründete er in Kazan' eine Musterschule für getaufte Tataren mit tatarischer Unterrichtssprache und vorwiegend christlichen Inhalten und als Reaktion auf eine neue Apostasiewelle getaufter Tataren vier Jahre später eine Missionsgesellschaft, die nach dem ersten Erzbischof von Kazan' benannte «Bruderschaft des heiligen Gurij», die ebenfalls primär das Ziel verfolgte, die getauften Nichtrussen durch muttersprachlichen Unterricht in der Orthodoxie zu befestigen. Das System Il'minskijs erhielt im Jahre 1870 die Billigung des Volksbildungsministers D. A. Tolstoj, der deutlich aussprach, daß «das Endziel der Ausbildung aller inorodcy ... ihre Russifizierung und ihre Verschmelzung mit dem russischen Volk sein müsse».[28]

Il'minskij und seine oft aus den Reihen der Nichtrussen stammenden Mitarbeiter schufen kyrillische Alphabete für zahlreiche bisher schriftlose Sprachen wie das Tschuwaschische, Tscheremissische, Wotjakische, Kasachische, Jakutische oder die Sprachen der heutigen Chakassen und Altaier, aber auch für das Tatarische, Burjätische und Kalmückische als Alternative zum arabischen und mongolischen Alphabet. Zahlreiche christliche Schriften wurden in diese Sprache übersetzt und veröffentlicht, daneben wurden auch Wörterbücher, Grammatiken und Schulbücher publiziert. Um neue Eliten, auf die sich Rußland stützen konnte, heranzubilden, schuf man in der Wolga-Ural-Region, in Sibirien und Kasachstan zahlreiche muttersprachliche Schulen. 1872 wurde in Kazan' ein unter Il'minskijs Leitung stehendes Lehrerseminar für Nichtrussen begründet, an dem 1904 26 Mordwinen, 23 Tschuwaschen, 22 Tataren, 17 Tscheremissen, 15 Wotjaken, 7 Koreaner, 6 Kasachen, je 3 Baschkiren und Syrjänen, 2 Jakuten und je ein Kalmücke und Wogule studierten.[29] Dazu kamen spezielle Zentralschulen für die Ausbildung tatarischer, tschuwaschischer, wotjakischer und tscheremissischer Lehrer und Priester. Das System Il'minskijs wirkte bis nach Sibirien und in den Fernen Osten und über seinen Schüler N. P. Ostroumov auch nach Mittelasien, doch konnte es dort gegen die traditionelle muslimische Schule nicht viel ausrichten. Die Methoden Il'minskijs gerieten gegen Ende des 19. Jahrhunderts immer häufiger unter den Beschuß russisch-nationaler Kreise, die nicht mehr den orthodoxen Glauben, sondern die russische Sprache als das entscheidende Integrationselement betrachteten und befürchteten, daß mit den Muttersprachen auch nationale Bestrebungen unter den Nichtrussen des Ostens geweckt würden.

Solche Befürchtungen waren durchaus berechtigt. Zwar hatte die Missionspolitik Il'minskijs Erfolge, indem es gelang, getaufte Animisten fester an die Orthodoxie zu binden, Zehntausende von Tataren neu zu christianisieren und die Kasachen der panislamischen Bewegung zu entfremden. Mittelfristig wichtiger war aber, daß die Schaffung von Schriftsprachen, muttersprachlichen Schulen und einer schmalen Intelligenzschicht bei vielen Ethnien die Basis für nationale Bewegungen legte und die effizienten Missionierungsmethoden bei den Tataren wesentlich zur Entstehung der islamischen Reformbewegung beitrugen.[30] Das System Il'minskijs, das man mit der Formel «national in der Form, orthodox im Inhalt» umschreiben könnte, hatte auch Fernwirkungen über die Oktoberrevolution hinweg, denn es ist wahrscheinlich, daß Lenin, dessen Vater aktiv an der Organisation tschuwaschischer Schulen beteiligt war, daraus Anregungen für seine Nationalitätenpolitik empfing, die der Devise «national in der Form, kommunistisch im Inhalt» folgte.[31]

Die russische Politik gegenüber den Ethnien der Wolga-Ural-Region erschöpfte sich nicht in Fragen der Mission und des Bildungswesens, doch veränderte sie sich in den meisten übrigen Bereichen nicht wesentlich. Allerdings verstärkten sich in der zweiten Hälfte des 19. Jahrhunderts auch hier assimilatorische Tendenzen und europazentrische Vorurteile. Das zeigt sich in der Forderung nach dem «vollständigen Verschmelzen» der getauften Ethnien der Mittleren Wolga mit «der dominierenden Völkerschaft» zum Wohle «der christlichen Kirche und der Zivilisation»,[32] oder im Fall von zehn Wotjaken, die 1892 angeklagt wurden, ein heidnisches Menschenopfer begangen zu haben. Sieben von ihnen wurden 1894 des Ritualmords für schuldig gesprochen und zu Katorga verurteilt, und erst als der Schriftsteller V. G. Korolenko in Rußland eine Pressekampagne entfacht hatte, wurden sie 1896 freigesprochen.[33]

Die russische Politik gegenüber den Nichtrussen Asiens habe ich bereits im fünften Kapitel charakterisiert. Grundsätzlich wichtig blieb die rechtliche Unterscheidung zwischen den «natürlichen» (prirodnye) Untertanen Rußlands und der Sonderkategorie der inorodcy. Die Ethnien der Mittleren Wolga und des Ural galten als integriert, weshalb bei ihnen auch alle Reformen durchgeführt wurden. Dabei verloren auch die Baschkiren ihren Sonderstatus. Sie wurden der allgemeinen Wehrpflicht unterworfen und ihre Oberschicht in den russischen Adel kooptiert.[34] Gegenüber den inorodcy befolgte Rußland dagegen eine Politik der Nichteinmischung, am deutlichsten in Mittelasien, weniger konsequent bei den Ethnien Sibiriens und den Nomaden, die mit flexiblen Methoden allmählich akkulturiert werden sollten.[35] Für die Ethnien Sibiriens blieb im Prinzip die traditionelle Diskrepanz zwischen dem zurückhaltenden Pragmatismus der Zentrale, wie er im nach wie vor gültigen inorodcy-Statut von 1822 festgelegt worden war, und der Willkür der Regionalverwaltung erhalten. Allerdings beschnitten administrative Reformen in den Jahren 1898 bis 1901 die Autonomie der inorodcy in einigen sibirischen Gouvernements. So wurde die Verwaltung bei den Burjäten zum Teil an die der russischen Bauerngemeinden angeglichen.[36] Die Mission unter den Burjäten wurde nun zum Teil auch von der Regierung unterstützt, doch blieben andauernde Erfolge vor allem bei den Lamaisten aus. Für die nomadischen Kasachen, Kirgisen, Burjäten und Kalmücken bedeutete die von der russischen Regierung geförderte Besiedlung ihrer Weidegebiete durch ostslawische Bauern eine existenzgefährdende Herausforderung.

Die meisten Reformen der 60er und 70er Jahre wurden auch auf Bessarabien und die Krim ausgedehnt und verstärkten die Integration dieser Gebiete in das Russische Reich. Nachdem die rumänische Sprache in Bessarabien schon unter Nikolaus I. vom Russischen verdrängt worden war, wurde in den 60er Jahren Rumänisch als Schulfach und in der Folge sogar als Sprache des Gottesdienstes abgeschafft.[37] Zwar konnte sich in der Praxis die russische Sprache weder in der Schule noch in der Kirche ganz durchsetzen, dennoch war die Sprachpolitik gegenüber den Rumänen Bessarabiens eine extrem russifizierende. Motive dafür dürften die Unifizierungsbestrebungen der Orthodoxie, zusätzlich aber auch Befürchtungen vor irredentistischen Bewegungen infolge der Begründung des rumänischen Nationalstaats gewesen sein.

Im Zuge der Reformen wurde auch die rechtliche Sonderstellung der im Süden Rußlands und der Ukraine lebenden ausländischen (vorwiegend deutschen) Kolonisten abgeschafft.[38] Im Jahre 1871 wurden ihre Selbstverwaltungsorgane aufgelöst, die russische Amtssprache eingeführt und die Kolonisten in den Stand der Bauern eingegliedert. Dennoch blieben in den deutschen Gemeinden de facto zahlreiche Elemente der administrativen, rechtlichen und sozialen Sonderstellung erhalten. 1874 verloren sie allerdings auch das Privileg der Freiheit vom Militärdienst und wurden der allgemeinen Wehrpflicht unterworfen. Den Mennoniten, die einst in die Süd-Ukraine eingewandert waren, um dem Militärdienst in ihren Heimatländern zu entgehen, wurde ein Ersatzdienst zugestanden. Nach der Gründung des Deutschen Reiches und besonders seit den 90er Jahren, als sich die russisch-deutschen Beziehungen verschlechterten, wurden die deutschen Kolonisten – ähnlich wie die Deutschbalten – in der russisch-nationalen Presse als nationalistische Konspiratoren, als Ausbeuter der Russen und als Speerspitze des «Deutschen Drangs nach Osten» angeprangert.[39] Die Regierung kam der öffentlichen Meinung insofern entgegen, als sie 1887 und 1892 den Landerwerb durch die nach Wolhynien eingewanderten Deutschen einschränkte und in den 1890er Jahren die russische Unterrichtssprache in den deutschen Volksschulen einführte, doch blieb sie im ganzen ihrer traditionellen Rolle als Protektor der loyalen Kolonisten treu.

Transkaukasien wurde seit den 1860er Jahren des 19. Jahrhunderts administrativ weiter integriert, die Justizreform (ohne Geschworenengericht) und (schrittweise) die Stadtreform wurden eingeführt, und 1883 wurde das Amt des über große Vollmachten verfügenden Statthalters abgeschafft.[40] Der georgische und muslimische Adel und die armenischen Kaufleute waren in die russische Ständeordnung eingegliedert worden. In der Folge wurden die beiden christlichen Völker, nicht aber die Muslime, zum Objekt kultureller Russifizierung.

Die Ausgangslage der wiederholt gegen die russische Herrschaft rebellierenden orthodoxen Georgier war eine schlechtere als die der loyalen gregorianischen Armenier. Die georgische Kirche war Teil der russisch-orthodoxen Kirche, und schon unter Nikolaus I., der nur Russen als georgische Exarchen einsetzte, war ihre Liturgie allmählich an die russisch-kirchenslawische angepaßt und auch das georgischsprachige Schulwesen weitgehend durch ein russischsprachiges ersetzt worden. Nach einer gewissen Renaissance in der Mitte des Jahrhunderts wurde das Georgische in den 70er und vor allem zu Beginn der 80er Jahre systematisch aus den Schulen verdrängt.[41] 1872 wurde es auch im Theologischen Seminar von Tiflis durch die russische Unterrichtssprache ersetzt. Der Rektor des Seminars, der sich der Wiedereinführung des Georgischen widersetzte und es als «Sprache für Hunde» bezeichnet hatte, wurde 1886 ermordet. Im Jahre 1882 wurde sogar der Gebrauch des Begriffs Georgien in Druckwerken verboten. Dieser repressiven Politik, die die orthodoxen Georgier mit ihrer alten Hochkultur und Schriftsprache nicht als ebenbürtig anerkannte, wirkte mit Erfolg die Nationalbewegung entgegen, die sich für die georgische Sprache, Literatur und Kultur einsetzte.

Die selbständige armenische gregorianische Kirche, deren Klerus sich aktiv an der russischen Eroberung Transkaukasiens beteiligt hatte, war dagegen unter Nikolaus I. als zentrale kulturelle Institution der Armenier anerkannt worden. Erst nach Beendigung des Russisch-Türkischen Krieges, in dem die russischen Armeen von Armeniern unterstützt worden waren, setzte in den 1880er Jahren eine Kampagne gegen das blühende kirchliche Schulwesen ein. Zunächst wurden die russische Kontrolle und Unterrichtssprache durchgesetzt, und nach 1895 die kirchlichen Elementarschulen, Wohltätigkeitsvereine und Bibliotheken geschlossen.[42] In der russisch-nationalistischen Presse entfaltete sich eine Polemik, in der die Armenier wie die Juden als ausbeuterische Parasiten und illoyale Verräter gebrandmarkt wurden. Im Jahre 1903 wurde dann die armenische Kirche selber zum Ziel der Integrationspolitik, indem ihr Besitz konfisziert wurde. Diese Maßnahme zielte auf die Kirche als wichtigstem Träger des Armeniertums, das infolge der nationalrevolutionären Bewegung im Osmanischen Reich der Regierung nicht mehr als loyaler Verbündeter, sondern als Gefahr auch für die Ordnung in Rußland erschien. Da die diskriminierenden Maßnahmen 1905 wieder aufgehoben wurden, war ihre assimilierende Wirkung gering. Ihre politische Wirkung war dagegen bedeutend: Die traditionelle Russophilie der Armenier erlitt einen schweren Schlag, und die Massenproteste gegen den Erlaß von 1903 trugen wesentlich zur Politisierung der armenischen Nationalbewegung bei.

Obwohl die muslimische Bevölkerung Transkaukasiens von den allgemeinen Integrationsmaßnahmen wie der Einführung der Justizreform mit russischer Gerichtssprache ebenso erfaßt wurde wie die Christen, blieb sie von direkten Maßnahmen gegen ihre religiösen und Bildungsinstitutionen verschont. Diese Abstufung in der Intensität direkter russifizierender Maßnahmen gibt einen Einblick in die Ziele der russischen Politik. Sprache und Kultur der orthodoxen Georgier wurden ähnlich wie die der Rumänen Bessarabiens nur bedingt als eigenständig anerkannt und waren deshalb schon früh einem starken Assimilationsdruck ausgesetzt. Die Armenier wurden erst viel später zum Objekt massiver kultureller Integration, wofür wohl politische Motive den Ausschlag gaben. Glauben und Kultur der Muslime Transkaukasiens und des Kaukasus tastete die Regierung dagegen ähnlich wie in Mittelasien nicht an. Diese Unterschiede entsprechen zum einen dem unterschiedlichen Entwicklungsgrad der potentiell systemsprengenden Nationalbewegungen, auf die die russische Politik reagierte. Sie spiegeln aber auch das Interesse wider, religiös und sozio-kulturell den Russen näherstehende Ethnien stärker zu integrieren als die asiatischen Muslime oder die als räuberische Wilde betrachteten «gorcy», die von einer repressiven Kolonialverwaltung unter Kontrolle gehalten wurden; nur bei den christlichen Osseten wurde ein breiteres Netz russischsprachiger Schulen geschaffen.

4. Von Integration und Assimilation zu Ausgrenzung und Diskriminierung: Die Juden als Sündenböcke

In der Darstellung der russischen Nationalitätenpolitik und der Nationalbewegungen der nichtrussischen Ethnien habe ich bis jetzt die Juden ausgeklammert. Das läßt sich damit begründen, daß die Juden als ethno-religiöse mobile Diasporagruppe einen Sonderfall darstellen. Die jüdische Frage stand jedoch am Ende des 19. Jahrhunderts im Zentrum der Diskussion: Die Juden wurden zum wichtigsten Objekt des extremen russischen Nationalismus und in Wechselwirkung damit auch der Nationalitätenpolitik. Gleichzeitig wurde die jüdische Nationalbewegung zu einer Massenbewegung.

Rußland hatte die Juden, mit denen es erst im letzten Drittel des 18. Jahrhunderts in Berührung kam, zunächst wie andere Ethnien zu integrieren versucht, doch erließ die Regierung schon früh diskriminierende Gesetze, und unter Nikolaus I. wurden gegen die Juden gerichtete staatliche Maßnahmen häufiger.[43] Mit der Liberalisierung und den Reformen unter Alexander II. stellte sich wie in anderen europäischen Ländern die Frage der Judenemanzipation.[44] Erneut wurde darüber diskutiert, ob eine Gleichstellung der Juden für ihre Integration und Assimilation notwendig sei oder ob umgekehrt ihre Assimilation der Gleichberechtigung voranzugehen habe. Während im Königreich Polen 1862 die Gleichberechtigung der Juden verkündet wurde, entschied man sich im übrigen Rußland für den Kompromiß einer schrittweisen Emanzipation, einer Lockerung, nicht aber der Aufhebung der Diskriminierung. Der jüdische Ansiedlungsrayon – 15 Gouvernements im Westen und 10 im Königreich Polen – blieb bestehen, doch erhielten in den Reformjahren Kaufleute der 1. Gilde, Träger akademischer Grade, Zunfthandwerker und 1879 alle Hochschul-Absolventen das Recht, sich im Inneren Rußlands niederzulassen. Auch die Beschränkungen für die auf dem Lande lebenden Juden wurden gelockert, indem ihnen das Recht auf Bodenpacht und Alkoholverkauf zurückgegeben wurde. Alle großen Reformen wurden auch auf die Juden übertragen, und lediglich die Stadtreform von 1870 wurde durch diskriminierende Bestimmungen ergänzt, die den Juden maximal ein Drittel der Abgeordneten im städtischen Selbstverwaltungsorgan zugestanden und sie von der Funktion des Stadtoberhaupts ausschlossen. Obwohl die russische Politik also einen Kompromißcharakter hatte, führte sie zu einer sozialen Mobilisierung der Juden. Viele traten in die staatlichen Schulen ein, und es formierte sich eine Elite in den freien Berufen und in einer schmalen Schicht reicher Bankiers und Unternehmer. Manche wurden von ihrer russischen Umgebung assimiliert, und einige schlossen sich der russischen revolutionären Bewegung an.

Die Beteiligung einer Terroristin jüdischer Herkunft an der Konspiration, die am 1. März 1881 zur Ermordung Alexanders II. führte, war der Vorwand für antijüdische Massenpogrome.[45] Schon zehn Jahre zuvor hatte in Odessa ein von den Griechen der Stadt initiierter Judenpogrom stattgefunden, doch es waren die anitjüdischen Ausschreitungen von 1881, die eine entscheidende Wende in der russischen Judenpolitik auslösten. Die Pogrome konzentrierten sich auf Städte in der Ukraine, wo etwa vierzig Jüdinnen und Juden getötet, erheblich mehr verwundet und vergewaltigt und Hunderte von jüdischen Geschäften und Häusern geplündert und zerstört wurden. Im Dezember kam es auch in Warschau zu einem Judenpogrom. Bis heute umstritten ist die Frage, ob die Pogrome von russischen Behörden organisiert wurden oder ob sie spontane Aktionen darstellten. In den neueren Forschungsarbeiten überwiegt die Meinung, daß die Petersburger Regierung nicht beteiligt war und sogar vom Ausbruch der Massenunruhen unangenehm überrascht wurde, und daß die Pogrome auch nicht direkt von den lokalen Behörden organisiert wurden, daß diese dann aber Ausschreitungen duldeten und sie dadurch förderten. Die Pogrome von 1881 gingen in erster Linie von städtischen Unterschichten und von russischen Eisenbahnarbeitern und Tagelöhnern aus. Diese waren auf der Suche nach Arbeit in die Ukraine gekommen und dort auf die zahlreichen Juden gestoßen, die Handwerk und Kleinhandel beherrschten und sich als Sündenböcke, als Ventil für die ungelösten sozialen Probleme anboten. Ob Moskauer Kaufleute als Drahtzieher der Pogrome wirkten, wie einzelne Quellen andeuten, läßt sich heute nicht mehr nachweisen. Aus den meist russisch geprägten Städten wurden die Pogrome auch auf das Land getragen, wo sich ukrainische Bauern daran beteiligten. Dieses Ablaufschema entkräftet die verbreitete Meinung, die Pogrome von 1881 als Fortsetzung der antijüdischen Massaker des 17. und 18. Jahrhunderts zu betrachten und sie auf die «ewige Tradition» eines ukrainischen Antisemitismus zurückzuführen.

Die Regierung nahm die Pogrome von 1881 zum Anlaß, ihre Politik gegenüber den Juden zu verschärfen. Die alten Vorurteile von den Juden als Ausbeutern der ostslawischen Unterschichten waren erneut bestärkt worden. Diese mußten vor den Juden beschützt werden, so daß die Politik der schrittweisen Emanzipation obsolet wurde. Nicht mehr die Integration, Gleichberechtigung und Assimilation, sondern die Ausgrenzung und Diskriminierung der Juden wurden nun zur Leitlinie der Politik. Im Gegensatz zu allen anderen nichtrussischen Ethnien im Westen förderte Rußland im Falle der Juden auch die kulturelle Russifizierung nicht, sondern hielt etwa am Verbot des Russisch-Unterrichts in den religiösen jüdischen Schulen fest. Auch die orthodoxe Kirche setzte sich kaum mehr für die Judenmission ein: Obwohl eine Taufe die formalen Diskriminierungen aufhob, machte sie aus dem Juden keinen Russen. Die zunehmende Ausgrenzung der Juden, die allmählich eine rassistische Komponente annahm, spiegelte sich in der schon unter Nikolaus I. vorgenommenen Zuteilung zur rechtlichen Kategorie der inorodcy. Die Juden waren also wie die Nomaden und Muslime Asiens Bürger zweiter Klasse, wobei ihnen aber Vorteile dieses Status wie Selbstverwaltung und Befreiung vom Militärdienst vorenthalten blieben.[46]

Um die ostslawischen Bauern vor den Juden zu schützen, wurde diesen im Mai 1882 die Neuansiedlung auf dem Land verboten. Diese Bestimmung wurde auch auf das Königreich Polen übertragen, was die zwei Jahrzehnte zuvor erlassene Gleichberechtigung der Juden einschränkte. Gegen Ende der 80er Jahre folgten weitere diskriminierende Maßnahmen. 1887 führte man einen Numerus Clausus für Juden an Gymnasien und Hochschulen ein: Juden durften fortan im Ansiedlungsrayon maximal 10, im übrigen Rußland maximal 5 und in Petersburg und Moskau maximal 3 Prozent der Studierenden stellen. Diese Gesetze wurden damit begründet, daß die Juden den revolutionären Ungeist in die Schulen trügen: Neben das Stereotyp des Ausbeuters trat – ähnlich wie bei den Armeniern – das des Revolutionärs. Diese und andere diskriminierende Maßnahmen behinderten den sozialen Aufstieg der Juden wesentlich. Im Rahmen der Konterreformen wurden zu Beginn der 90er Jahre den Juden die unter Alexander II. zugestandenen Rechte in der Selbstverwaltung der Zemstva und der Städte wieder entzogen. Ebenso wurden andere Liberalisierungsmaßnahmen außer Kraft gesetzt, so als 1891 über 10 000 jüdische Handwerker aus Moskau ausgewiesen wurden. Die Vertreibung der Juden aus Rußland als extreme Form der Ausgrenzung wurde zwar gelegentlich gefordert, aber nur in der Form unterstützt, daß die Emigration der Juden nach 1881 in der Regel zugelassen wurde. Zwischen 1881 und 1914 sind etwa 2 Millionen Juden aus dem Russischen Reich ausgewandert, die meisten nach Nordamerika.

Die russische Politik vollzog nach 1881 eine Wende hin zu Diskriminierung und Segregation der Juden. Allerdings gab es auch Kräfte in der Herrschaftselite, die weiter für eine vorsichtige Emanzipation der Juden plädierten. Vor allem die Finanzminister wandten sich immer wieder gegen die vom Innenministerium unterstützte antijüdische Politik, indem sie auf die wichtige Rolle hinwiesen, die Juden in der Industrialisierung spielen konnten. Daß solche Stimmen nicht durchdrangen, ist auch damit zu erklären, daß judophobe Strömungen in der russischen Gesellschaft am Ende des 19. Jahrhunderts stark zunahmen und sich allmählich zu einem militanten Antisemitismus verdichteten, der bis in die höchsten Regierungskreise drang.

Nach der reaktionären Wende von 1881 suchte die russische Politik in einer «defensiven Modernisierung» die Autokratie, die ständische Ordnung und die Dominanz des Adels zu bewahren.[47] Parallel zur forcierten Industrialisierung der 90er Jahre breitete sich in Rußland ein reaktionärer Antikapitalismus mit einer starken antisemitischen Färbung aus. Diesen Reaktionären galten die Juden als Inbegriff des kapitalistischen Ausbeuters, der mit der Industrialisierung auch die politische Herrschaft übernehmen werde. Die Tatsache, daß sich zahlreiche Juden der sozialistischen Bewegung anschlossen, wurde zum Anlaß, die Juden als Drahtzieher der Revolution hinzustellen. Mit dem extremen russischen Nationalismus korrespondierten die Vorstellungen vom kosmopolitischen internationalen Börsenjudentum und einer polnisch-jüdischen Konspiration, die Rußland auf den verderblichen Weg des Liberalismus und Kapitalismus bringen wolle. Die antisemitische Legende von einer Verschwörung der Juden zur Übernahme der Weltherrschaft ging in die 1895 von Agenten der zarischen Geheimpolizei fabrizierten «Protokolle der Weisen von Zion» ein. Fast alle Elemente dieser «reaktionären Utopie» (Löwe) entsprachen nicht den Tatsachen, übten aber dennoch eine gewisse Wirkung auf die städtischen Unterschichten in Rußland aus und konnten als Bindemittel instrumentalisiert werden. Die Juden wurden zu willkommenen Sündenböcken für die sozialen und wirtschaftlichen Probleme, die sich aus der beschleunigten Modernisierung ergaben.

Die Pogrome von 1881 und die antijüdischen Maßnahmen der Regierung bedeuteten auch für die Zielsetzungen der Juden selber eine entscheidende Wende.[48] Das Scheitern der unter Alexander II. geförderten Emanzipation und Assimilation führte dazu, daß sich sozial mobilisierte Juden der nationalen und revolutionären Bewegung zuwandten. Wie bei anderen Ethnien des Reiches war die jüdische Nationalbewegung durch eine kulturelle Wiedergeburt, die Aufklärungsbewegung (Haskalah) und die Besinnung auf die jüdische Kultur und die jiddische und hebräische Sprache, vorbereitet worden. Infolge der Reformen war mit der russisch geprägten jüdischen Intelligenz eine breite Trägerschicht entstanden, die für nationale und sozialistische Losungen empfänglich war. Charakteristisch für die Juden Rußlands war, daß sich die Emanzipationsbewegung nicht in einem Strom bündelte, sondern in rivalisierende Gruppen zersplittert war. Dazu kam, daß die traditionalistischen Gegenkräfte ihren Einfluß auf die Massen behielten, sei es in Form des Rabbinertums, das die religiöse Identität der Juden gegen russische Einflüsse, Aufklärung und Reformen abschirmen wollte, sei es als mystischer weltabgewandter Chassidismus.

Die im engeren Sinn nationale Bewegung der Juden fand die Form des Zionismus, der sich in den 80er Jahren in Rußland zu formieren begann.[49] Neben der Hauptrichtung des politischen Zionismus, der die Errichtung eines jüdischen Nationalstaats in Palästina anstrebte, konzentrierte sich ein anderer Zweig auf die national-kulturelle Konsolidierung der Juden in der Diaspora, während ein dritter Zionismus und Sozialismus zu verbinden suchte. Zahlreiche Juden aus Rußland nahmen an den Zionistischen Weltkongressen teil, die seit 1897 regelmäßig stattfanden, und zu einer Konferenz der Zionisten Rußlands im Jahre 1902 schickten Hunderte von Organisationen ihre Delegierten nach Minsk. Für die Entfaltung des Zionismus war von Bedeutung, daß er im Gegensatz zu anderen nationalen Bewegungen bis 1903 von der Regierung, die das Ziel der jüdischen Emigration billigte, toleriert wurde.

In Konkurrenz zum Zionismus formierte sich unter den Juden des Russischen Reiches eine Arbeiterbewegung, die schon in den 90er Jahren Streikaktionen organisierte.[50] Zur wichtigsten jüdischen Partei wurde der «Allgemeine jüdische Arbeiterbund in Litauen, Polen und Rußland» (Bund), der sich gegen den bürgerlichen Zionismus wandte und im Jahre 1903 schon etwa 25 000 Mitglieder umfaßte. Der «Bund», der vor der russischen Sozialdemokratischen Partei begründet worden war, verstand sich als Teil der Sozialdemokratie Rußlands. Trotz dieser grundsätzlich internationalistischen Ausrichtung nahm er spezifisch jüdische Anliegen wie den Kampf gegen die Diskriminierung auf und begann jüdische Selbstschutzverbände zu organisieren. Der «Bund» erklärte die Juden zur Nation und forderte für die jüdische Nation personale Kulturautonomie mit jiddischsprachigen Schulen. Diese Zielsetzungen wurden von der russischen Sozialdemokratie abgelehnt und führten 1903 zum vorübergehenden Austritt des «Bundes» aus der RSDRP.

Zu Beginn des 20. Jahrhunderts war die jüdische Frage in Rußland von einer Lösung weiter entfernt als je zuvor. Die Politik der Regierung hatte Diskriminierung und Ausgrenzung der Juden verstärkt, in der russischen Gesellschaft wuchs der Antisemitismus, und die Juden hatten eine nationale und sozialistische Bewegung initiiert. Wie explosiv die Situation war, zeigte ein neuer Pogrom, der 1903 im bessarabischen Kišinev stattfand und bei dem mehr Juden getötet wurden als in allen Pogromen von 1881. Auch diesmal scheint die Regierung nicht direkt beteiligt gewesen zu sein, doch war der Pogrom von Kišinev keine spontane Aktion, sondern wurde von lokalen antisemitischen Organisationen geplant, die durch die Behörden unterstützt wurden. Dieses Szenario sollte sich in der Revolution von 1905 wiederholen.

5. Zusammenfassung

Die russische Politik gegenüber den Ethnien des Russischen Reiches zeigte seit 1831 die Tendenz zu wachsender Repression und verstärkter Unifizierung und wandte sich zunehmend von den traditionellen Mustern der Respektierung des Status quo, der Kooperation mit loyalen Eliten und der Toleranz ab, hielt aber an der Priorität der Herrschaftssicherung und staatlichen Einheit fest: «To maintain the empire was an end in itself, the chief objective of Russian political life» (F. Starr).[51] Während dieses Prinzip unter Nikolaus I. die Politik prägte, traten seit den 60er Jahren die administrative Vereinheitlichung und eine sprachlich-kulturelle Russifizierung stärker in den Vordergrund. Von den Vertreibungen der Krimtataren und Tscherkessen über die scharfe Reaktion auf den polnischen Aufstand von 1863, die Erneuerung der orthodoxen Mission und die Durchsetzung unifizierender Reformen unter Alexander II., über die im Einklang mit der allgemeinen reaktionären Wende stehenden Maßnahmen gegen Deutschbalten, deutsche Kolonisten und Juden unter Alexander III. bis zu den Angriffen auf die traditionell loyalen Finnländer und Armenier unter Nikolaus II. ergibt sich das geschlossene Bild einer ständig wachsenden, systematischen Russifizierung. Die Vorstellung einer konsequenten Russifizierungspolitik mit dem Ziel der völligen administrativen, sozialen und kulturellen Vereinheitlichung des Russischen Reiches und seiner Umwandlung in einen ethnisch einheitlichen Nationalstaat ist in der westlichen Forschung verbreitet und wird zum Teil sogar bis ins Zeitalter Katharinas II. zurückprojiziert. Ein solch pauschaler Erklärungsansatz wird jedoch der Komplexität der russischen Politik nicht gerecht und ist in den letzten Jahren vermehrt in Frage gestellt worden.[52]

Dem Konzept der Russifizierung widerspricht schon, daß die Politik gegenüber zahlreichen Ethnien gar nicht auf Integration, sondern auf Segregation und Diskriminierung ausgerichtet war. Das trifft vor allem zu für die rechtliche Kategorie der inorodcy, die grundsätzlich nicht zu den «natürlichen» Bewohnern des Reiches gerechnet wurden. Deutlicher noch als gegenüber den ursprünglich zu den inorodcy gerechneten Nomaden, Jägern und Sammlern zeigte sich diese Ausgrenzung bei den seßhaften Muslimen Mittelasiens und – seit den 80er Jahren – bei den Juden. Eine extreme Form von Segregation war die Vertreibung (oder mindestens die Ermunterung zur Emigration), wie sie gegenüber den Krim- und Nogai-Tataren, den Tscherkessen und anderen Kaukasiern und abgeschwächt gegenüber den Juden zur Anwendung kam. Andere Ethnien wie die Muslime Transkaukasiens unterlagen zwar einer administrativen Integration, nicht aber einer kulturellen Russifizierung.

Auch die kulturelle Integrationspolitik war keineswegs einheitlich. Während man im Westen und Süden versuchte, die russische Sprache in Verwaltung, Gericht und Bildungswesen allmählich durchzusetzen, förderte die russische Politik gegenüber den Ethnien der Mittleren Wolga, des Ural, der Steppe und Sibiriens gerade die Muttersprachen mit dem Ziel, dadurch die Orthodoxie zu verankern. Die sprachlich-kulturelle Russifizierung schließlich wurde mit unterschiedlicher Intensität verfolgt. Die loyalen Deutschbalten, deutschen Kolonisten und Armenier wurden davon erst spät, die Finnländer nur am Rand betroffen. Als die Polen und in ihrem Gefolge die Ukrainer, Weißrussen und Litauer in den 60er und 70er Jahren einer Russifizierung unterworfen wurden, kooperierte die Regierung weiter mit den loyalen Eliten im Baltikum und mit der armenischen Geistlichkeit. Als die Deutschbalten unter Alexander III. unter Druck kamen, blieben die Finnländer von Russifizierungsmaßnahmen verschont, und als sich um 1900 auch die Politik gegenüber ihnen verschärfte, hielt die Regierung an der traditionellen Zusammenarbeit mit den muslimischen Eliten fest. Eine vollständige

Russifizierung im Sinne einer Assimilation an die Russen wurde gegenüber den alten herrschenden Nationen, auch gegenüber den unbarmherzig unterdrückten Polen, kaum je ernsthaft ins Auge gefaßt. Der Pauschalbegriff der Russifizierung erklärt also die komplizierte Wirklichkeit nicht hinreichend, wie schon ein zeitgenössischer Beobachter festgestellt hat: «Die imperiale Politik in der nationalen Frage ist so bunt und vielgestaltig in ihren Erscheinungen, wie die Bevölkerung des Reiches bunt und vielgestaltig ist. Diese Vielfalt auf ein folgerichtiges System oder eine Einheit zurückzuführen, ist unmöglich, da es eine solche in der Wirklichkeit nicht gab.»[53]

Diese Einsicht enthebt uns nicht der Aufgabe, für die seit den 60er Jahren auftretenden Tendenzen einer forcierten Integration und (erstmals) auch einer sprachlich-kulturellen Russifizierungspolitik eine Erklärung zu suchen. Eine solche kann nicht monokausal auf eine feststehende und unveränderliche Zielsetzung der russischen Regierung verweisen, sondern muß vier neu auftretende interdependente historische Kräfte berücksichtigen.

Eine dieser Kräfte war der seit dem verlorenen Krimkrieg unabwendbare Zwang zur Modernisierung Rußlands, die – wie schon unter Peter I. und Katharina II. – mit einer administrativen Systematisierung und Unifizierung gekoppelt war. Modernisierung richtete sich auch gegen hergebrachte Sonderrechte und Privilegien nichtrussischer Eliten, besonders wenn sie nicht mehr wie im 18. und frühen 19. Jahrhundert als modellhaft und fortschrittlich, sondern als Hindernisse galten. Unifizierung hieß auch Einführung der russischen Sprache in Verwaltung und Bildungswesen, was die Nichtrussen gegenüber dem Staatsvolk benachteiligte. Wie konsequent diese modernisierende Vereinheitlichung in den einzelnen Regionen des Reiches durchgeführt wurde, soll am Beispiel der Reformen der 60er und 70er Jahre kurz überprüft werden.

Die Bauernbefreiung wurde überall mit nur geringer Verzögerung durchgeführt, wobei ihre unterschiedlichen Bedingungen, wie an den Beispielen Polens und Georgiens deutlich wurde, stark von politischen Erwägungen bestimmt wurden. Ein einheitlicher Bauernstand konnte durch die Reformen nicht geschaffen werden, sondern im Russischen Reich gab es bis zur Revolution eine Vielfalt von Agrarverfassungen. Auch die Justizreform von 1864, die das Gerichtswesen nach westlichem Vorbild modernisierte, wurde auf die meisten Randgebiete und auch auf die Juden übertragen, allerdings mit zum Teil großen Verzögerungen und mit wesentlichen Einschränkungen.[54] So wurde in Polen, Transkaukasien und den Ostseeprovinzen aus politischen Gründen das Geschworenengericht nicht eingeführt. Auch die Implementation der Stadtreform von 1870, die eine Neuordnung der Selbstverwaltung brachte, vollzog sich in den Randregionen mit nichtrussischer Bevölkerung verspätet und mit Ausnahmebestimmungen. Die allgemeine Wehrpflicht, ein wichtiges Instrument der Integration, wurde im Kaukasusgebiet verzögert und bei den asiatischen inorodcy und in Finnland gar nicht eingeführt.[55]

Wie sehr Sicherheitserwägungen die Politik der Vereinheitlichung des Reiches beeinträchtigten, zeigt sich am deutlichsten bei der Zemstvo-Reform von 1864, die eine Stärkung der lokalen Selbstverwaltung unter Leitung des Adels anstrebte. Sie wurde zunächst außer in den überwiegend von Russen bewohnten Gebieten nur an der Mittleren Wolga, im nördlichen Ural, in der östlichen und südlichen Ukraine, auf der Krim und in Bessarabien durchgeführt, wobei zu Beginn auch die hier lebenden Juden voll mit einbezogen wurden. Erst kurz vor dem Ersten Weltkrieg folgten die westliche Ukraine und die Gouvernements nördlich des Kaspischen Meeres. Nicht eingeführt wurden die Zemstvos im Königreich Polen, in Weißrußland/Litauen, den Ostseeprovinzen, Finnland und im ganzen Kaukasusgebiet, wo überall ein nichtrussischer Adel dominierte, sowie in Mittelasien und Sibirien, wo es nicht genügend als gleichberechtigt anerkannte Adlige gab.[56] Zwar erreichten die Reformen der 60er und 70er Jahre eine gewisse administrative Integration der Randregionen und gleichzeitig auch eine Reihe von für die nichtrussischen Unterschichten fortschrittlichen Neuerungen, doch wurden sie nicht automatisch auf alle von Nichtrussen bewohnten Gebiete übertragen, sondern zunächst meist nur auf einen inneren, als integriert betrachteten Kreis (Mittlere Wolga, Ural, Ost- und Süd-Ukraine, Bessarabien), dann vorsichtig abgestuft auf die Gebiete, in denen eine fremde Elite dominierte («Westprovinzen», Transkaukasien, Ostseeprovinzen und Königreich Polen) und kaum auf das autonome Finnland und die inorodcy Asiens.

Die zweite neue Kraft, die auf die russische Politik wirkte, waren die nichtrussischen Nationalbewegungen. Sie wurden zusammen mit der revolutionären Bewegung als Gefahr für die Stabilität und Einheit des Reiches angesehen und mit Repressionen, Unifizierungs- und Russifizierungsmaßnahmen bekämpft. Die russische Nationalitätenpolitik war im Fall der Polen, zum Teil auch der Armenier und Finnländer, in erster Linie eine Reaktion auf die nationalen Emanzipationsbewegungen, die man als Illoyalität ansah. Da man in Petersburg zunächst nur die von alten Eliten geführten Bewegungen für gefährlich hielt, förderte man zuweilen nationale Bewegungen von Bauernvölkern. Zur Eskalation der Konflikte trug bei, daß die von der nationalen Bewegung erfaßten Nichtrussen oft sehr heftig auf Integrationsmaßnahmen der Regierung reagierten.

In der Auseinandersetzung mit den Nationalbewegungen der Nichtrussen wuchs der Nationalismus in der russischen Gesellschaft an und beeinflußte seit den 60er Jahren die Regierungspolitik. Zum einen wurden Teile der Bürokratie und des Militärs von nationalen Strömungen erfaßt, zum anderen verstärkte sich der Druck der nationalistischen Presse, die einen beträchtlichen Teil der gebildeten Öffentlichkeit mobilisieren konnte. Obwohl die Regierung auch der russischen nationalen Bewegung gegenüber skeptisch blieb, lag der Gedanke nahe, die integrierende Kraft des russischen Nationalismus und des Antisemitismus zu instrumentalisieren, um die steigenden Probleme, denen man sich im Gefolge von Modernisierung und Industrialisierung gegenübersah, die wachsenden sozialen Spannungen und oppositionellen Bewegungen zu neutralisieren. Der russische Nationalismus stärkte nicht nur die Bestrebungen der sprachlichen Russifizierung, sondern auch die Durchsetzung des orthodoxen Glaubens gegenüber Andersgläubigen. Diese Koalition von Staat, Kirche und russischem Nationalismus wurde personifiziert in den einflußreichen Oberprokuroren des Heiligen Synod D. A. Tolstoj und K. P. Pobedonoscev. Weder die Kirche noch die extremen Nationalisten konnten sich aber voll durchsetzen, und der Staat hielt im Prinzip an der dynastisch legitimierten Autokratie fest.

Als vierter Faktor beeinflußten außenpolitische Erwägungen die russische Politik. Einmal wirkte im Zeitalter des Imperialismus und extremen Nationalismus das Beispiel anderer europäischer Länder auf Rußland ein. Aber auch die Politik gegenüber einzelnen Ethnien konnte von außenpolitischen Überlegungen beeinflußt werden, so gegenüber den Armeniern und Krimtataren vom Verhältnis zum Osmanischen Reich, gegenüber den Rumänen Bessarabiens vom Blick auf den rumänischen Nationalstaat, bei den Ukrainern durch die Verbindung zum ukrainischen Piemont im österreichischen Ost-Galizien.

Die Intensität, mit der die einzelnen Ethnien des Russischen Reiches einer unifizierenden Integration unterworfen wurden, soll in einer groben Skala zusammengefaßt werden. Dem stärksten Druck waren die Ukrainer und Weißrussen ausgesetzt, deren Elite weitgehend integriert war und die als Russen galten: Ihre nationalen Bestrebungen galten deshalb als Apostasie von der russischen Nation. Auf der zweiten Stufe befanden sich die orthodoxen Nichtrussen, die durch das gemeinsame Bekenntnis ebenfalls einem weiter gefaßten Russentum angehörten, also die Rumänen Bessarabiens, die griechischen und bulgarischen Kolonisten, die Georgier und die getauften Animisten und Muslime. Die Polen dagegen waren offensichtlich keine Russen und konnten auch nicht in Russen verwandelt werden, doch galten sie als Feinde und Verräter, die durch harte Repression und forcierte Integration geknüppelt werden mußten. Mit den Polen in einen Topf geworfen wurden lange die Litauer, und seit dem Ende des 19. Jahrhunderts reagierte die russische Politik auf die armenische national-revolutionäre Bewegung ähnlich wie auf die polnische.

Während die russische Politik gegenüber den genannten ethnischen Gruppen eine Politik der forcierten, auch sprachlich-kulturellen, Integration verfolgte, waren die übrigen Gruppen einem schwächeren Druck ausgesetzt. Hier wären die Deutschbalten (seit 1885) einzureihen und in deutlichem Abstand die Finnländer (seit 1899), sowie die Esten und Letten, die deutschen Kolonisten und die Muslime Aserbaidschans. Die Nomaden, Jäger und Sammler in Asien wurden einerseits als inorodcy weitgehend ausgegrenzt, andererseits aber durch die Missionsschulen Il'minskijs und die ostslawische Kolonisation einem steigenden Druck ausgesetzt. Am unteren Ende der Skala hätte die Nichteinmischungs-Politik gegenüber den seßhaften Muslimen Mittelasiens zu stehen. Der Sonderfall der Juden, die seit 1881 ausgegrenzt und diskriminiert wurden, muß hier ausgeklammert werden.

Die Resultate der neuen, auf eine stärkere Integration der Nichtrussen ausgerichteten russischen Politik waren ambivalent. Ihr wichtigstes Ziel wurde erreicht: Im Russischen Reich blieben Ruhe und Ordnung bewahrt, zwischen 1864 und 1905 gab es keine größeren Aufstände von Nichtrussen. Die administrative Vereinheitlichung und Zentralisierung Rußlands wurden ebenfalls vorangetrieben, auch wenn in den Peripherien manche Sonderregelungen bestehen blieben. Die kulturelle Russifizierung führte dazu, daß die Nationalbewegungen der Ostslawen und Litauer stark verzögert und bei zahlreichen Ethnien die Volksbildung in den Muttersprachen gehemmt wurden.

Auf der anderen Seite zeitigten gerade die kulturelle Russifizierung und die Diskriminierung der Nicht-Orthodoxen kontraproduktive Resultate, indem sie nicht nur die Bildungseliten, sondern auch breitere Kreise etwa der Polen, Litauer, Armenier und Finnländer gegen Rußland mobilisierten. Zwar wurden alte Eliten durch die Unifizierungspolitik geschwächt, doch konnten die meisten Oberschichten ihre soziale Stellung und kulturelle Identität konservieren. Das gilt für die schwedischsprachige Oberschicht in Finnland, die Deutschbalten, die polnischen Magnaten, die georgischen Adligen und die muslimischen Beys in Aserbaidschan. Das folgende Kapitel gibt einen Überblick über die durch Nationalbewegungen und Modernisierung veränderte Struktur des Vielvölkerreichs, die eine wichtige Voraussetzung für die sozialen und nationalen Konflikte der Revolutionszeit bildet.

Achtes Kapitel:

Das spätzarische Vielvölkerreich zwischen Modernisierung und Tradition

Die beschleunigte Modernisierung, die das Russische Reich seit der Mitte des 19. Jahrhunderts erlebte, veränderte auch seinen Charakter als Vielvölkerreich. Die Reformen, besonders die Bauernbefreiung, und die Industrialisierung mobilisierten neue soziale Schichten und ethnische Gruppen. Die mit der Modernisierung eng verknüpften nationalen Bewegungen formten die horizontal nach Ständen gegliederten Gesellschaften allmählich in vertikal integrierte, kulturell bewußte Nationen um, die politische Ansprüche erhoben.

Die Prozesse der sozialen und nationalen Mobilisierung, die bis zum Ende des 19. Jahrhunderts die einzelnen Regionen des Russischen Reiches mit unterschiedlicher Intensität erfaßt hatten, verstärkten seine Heterogenität. Auch die Expansion in den Kaukausus und nach Mittelasien trug dazu bei, daß die ethnische, konfessionelle, soziale und wirtschaftliche Vielfalt Rußlands im Laufe des 19. Jahrhunderts weiter zunahm. Gleichzeitig hatten Modernisierung und Industrialisierung vereinheitlichende Wirkungen. Auch die russische Politik versuchte seit den 60er Jahren das heterogene Reich administrativ zu systematisieren und reagierte auf die nationalen Bewegungen mit einer partiellen kulturellen Russifizierung. Diesen Tendenzen einer nationalen Homogenisierung standen beharrende Kräfte gegenüber, die das Reich weiter mit der dynastisch-ständischen Klammer zu integrieren suchten.

Die Struktur des Russischen Reiches am Ende des 19. Jahrhunderts, Veränderungen und Kontinuitäten im Vergleich zum vormodernen Vielvölkerreich sind Gegenstand dieses Kapitels (vgl. Karten 8 und 9). Wie im vierten Kapitel stehen die sozio-ethnische Struktur, die wirtschaftliche Arbeitsteilung und die Kultur im Vordergrund. Die Materialbasis ist für das spätzarische Rußland erheblich besser als für die Zeit um 1800, und manche Aspekte der Struktur des Vielvölkerreichs können deshalb erst für diese Zeit auf Grund statistischer Daten untersucht werden. Übergreifende Studien zum spätzarischen Vielvölkerreich fehlen allerdings[1], und die große Zahl von Quellen und auf einzelne Regionen bezogener Darstellungen kann hier nicht erschöpfend verarbeitet werden. Ich konzentriere mich deshalb darauf, die mit Abstand wichtigste Quelle, das Material der ersten und einzigen allgemeinen Volkszählung des Russischen Reiches, die im Jahre 1897 durchgeführt wurde, auszuwerten.

Die in 89 Bänden publizierten Daten der Volkszählung sind die einzige Quelle, die einen Vergleich der gesamten Bevölkerung des Russischen Reiches (ohne Finnland und die völkerrechtlich unabhängigen Protektorate Bu-

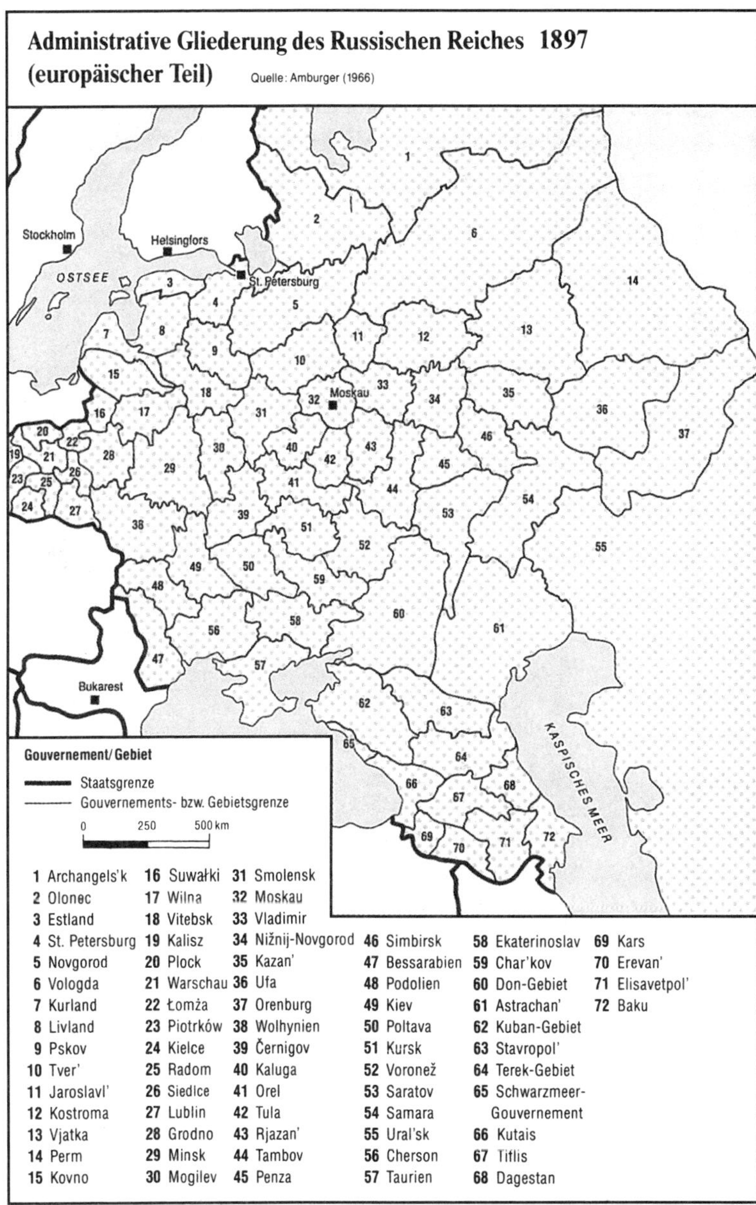
Administrative Gliederung des Russischen Reiches 1897
(europäischer Teil)
Quelle: Amburger (1966)
Stockholm
Helsingfors
OSTSEE
St. Petersburg
Moskau
Bukarest
KASPISCHES MEER
Gouvernement/Gebiet
Staatsgrenze
Gouvernements- bzw. Gebietsgrenze
0 250 500 km
1 Archangels'k
2 Olonec
3 Estland
4 St. Petersburg
5 Novgorod
6 Vologda
7 Kurland
8 Livland
9 Pskov
10 Tver'
11 Jaroslavl'
12 Kostroma
13 Vjatka
14 Perm
15 Kovno
16 Suwałki
17 Wilna
18 Vitebsk
19 Kalisz
20 Plock
21 Warschau
22 Łomża
23 Piotrków
24 Kielce
25 Radom
26 Siedlce
27 Lublin
28 Grodno
29 Minsk
30 Mogilev
31 Smolensk
32 Moskau
33 Vladimir
34 Nižnij-Novgorod
35 Kazan'
36 Ufa
37 Orenburg
38 Wolhynien
39 Černigov
40 Kaluga
41 Orel
42 Tula
43 Rjazan'
44 Tambov
45 Penza
46 Simbirsk
47 Bessarabien
48 Podolien
49 Kiev
50 Poltava
51 Kursk
52 Voronež
53 Saratov
54 Samara
55 Ural'sk
56 Cherson
57 Taurien
58 Ekaterinoslav
59 Char'kov
60 Don-Gebiet
61 Astrachan'
62 Kuban-Gebiet
63 Stavropol'
64 Terek-Gebiet
65 Schwarzmeer-Gouvernement
66 Kutais
67 Tiflis
68 Dagestan
69 Kars
70 Erevan'
71 Elisavetpol'
72 Baku

Karte 8

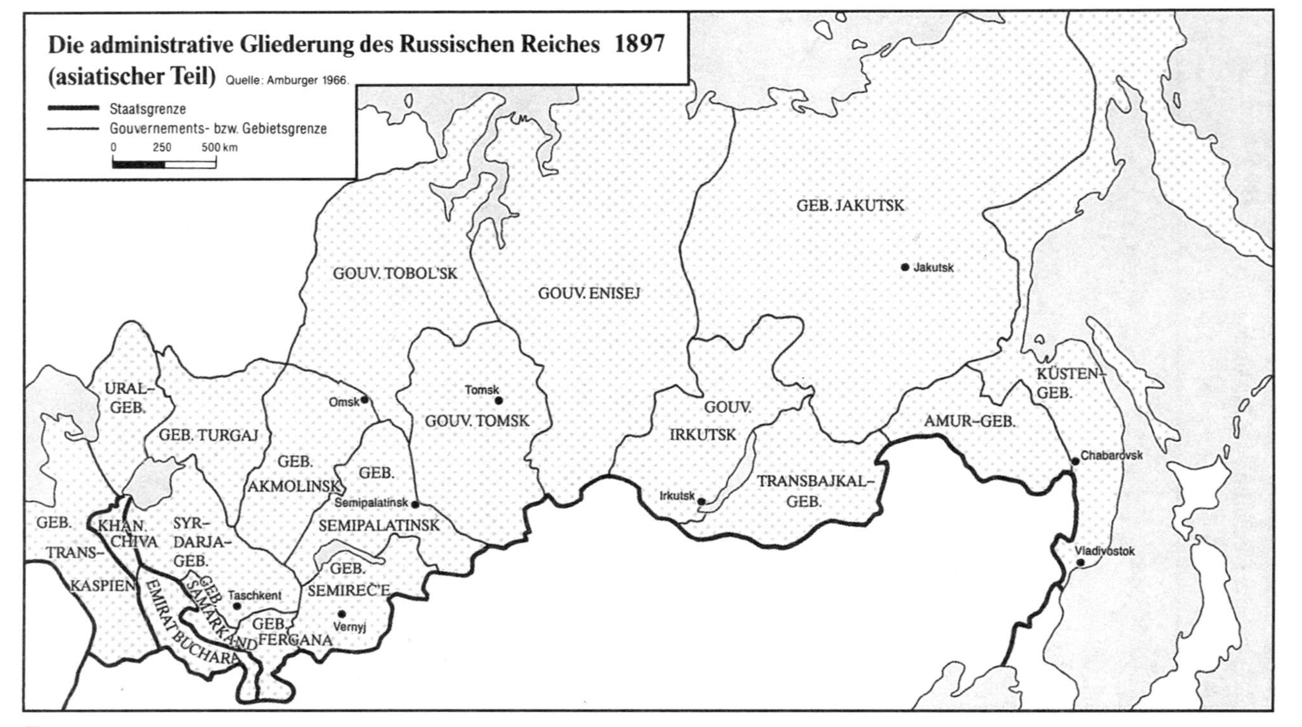
Die administrative Gliederung des Russischen Reiches 1897
(asiatischer Teil)
Quelle: Amburger 1966.
Staatsgrenze
Gouvernements- bzw. Gebietsgrenze
0
250
500 km
GEB. JAKUTSK
Jakutsk
GOUV. TOBOL'SK
GOUV. ENISEJ
URAL-GEB.
Omsk
Tomsk
GOUV. TOMSK
GEB. TURGAJ
GEB. AKMOLINSK
GEB. SEMIPALATINSK
Semipalatinsk
GOUV. IRKUTSK
Irkutsk
TRANSBAJKAL-GEB.
AMUR-GEB.
KÜSTEN-GEB.
Chabarovsk
Vladivostok
GEB. TRANS-KASPIEN
KHAN. CHIVA
SYR-DARJA-GEB.
GEB. SEMIREČ'E
Vernyj
Taschkent
GEB. SAMARKAND
GEB. FERGANA
EMIRAT BUCHARA

Karte 9

chara und Chiwa) ermöglicht und ethnische und soziale Faktoren miteinander in Beziehung setzt[2]. Für unsere Fragestellung ist besonders wichtig, daß ethnische Kategorien (Muttersprache, Religion) detailliert erfaßt und mit sozialen Kategorien wie Stadt-/Landbevölkerung, Stand, Beruf und Bildungsgrad korreliert worden sind. Das Material der Volkszählung erlaubt es also, wesentliche soziale, wirtschaftliche und kulturelle Aspekte des Vielvölkerreichs Rußland auf breiter empirischer Basis zu erhellen.

Zwar ist der Quellenwert der Volkszählung von 1897 schon von Zeitgenossen immer wieder in Frage gestellt worden, doch zeigen neuere Forschungsarbeiten, daß ihre Daten im ganzen als zuverlässig gelten können. Gewisse Einschränkungen müssen für einzelne Randgebiete in Asien und im Westen gemacht werden. Schwerer wiegt die limitierte Aussagekraft mancher Kategorien des Zensus. So erlauben die Daten zur ständischen Zugehörigkeit nur grobe Rückschlüsse auf die Sozialstruktur, und die 65 erfaßten Berufsgruppen unterscheiden nur nach Erwerbszweigen, nicht nach der sozialen Stellung. Das bedeutet zum Beispiel, daß ein Angehöriger des Bauernstandes städtischer Industriearbeiter oder Handwerker sein konnte und daß unter der Kategorie Metallbearbeitung Handwerker, Arbeiter, Angestellte und Unternehmer erfaßt wurden.

Die über 130 Sprachkategorien der Volkszählung entsprechen meistens der heutigen Nomenklatur. Einzig bei den Turksprachen ergeben sich Zuordnungsprobleme: Zum einen umfaßt das Ethnonym Tataren nicht nur die Wolga-, Krim- und sibirischen Tataren, sondern auch die Muslime Transkaukasiens (Aserbaidschaner) und andere kleinere Gruppen. Zum anderen wurden die turksprachigen Muslime Mittelasiens nicht einheitlich klassifiziert, so daß ihre ethnische Differenzierung in einigen Verwaltungseinheiten nicht möglich ist. Zum dritten ist die Zahl der Baschkiren auf Kosten der Tataren offensichtlich zu hoch[3]. Die Frage nach der Muttersprache konnte die ethnische Zugehörigkeit nicht immer exakt erfassen, zumal manche Gruppen wie die Stadtbevölkerung Mittelasiens oder der niedere Adel im Westen des Reiches zweisprachig waren. Im ganzen gibt die in der Volkszählung erhobene Kategorie der Muttersprache indessen einen an den Möglichkeiten der Zeit gemessen guten Überblick über die ethnische Struktur Rußlands.

1. Veränderungen der sozio-ethnischen Struktur

Die *ethnische Zusammensetzung* des Russischen Reiches veränderte sich im Laufe des 19. Jahrhunderts zuungunsten der Russen und der Ostslawen insgesamt. Infolge der Expansion nach Westen, Süden und Osten sank der Anteil der Russen an der Gesamtbevölkerung des Reiches (ohne Finnland) von etwa 53 Prozent (1795) auf 44,3 (nach Schätzungen der Forschung sogar auf lediglich 40 bis 43) Prozent (1897), derjenige der Ostslawen von 83 auf 66,8 Prozent (vgl. Tabelle 3)[4]. Nichtrussen machten damit erheblich mehr als die Hälfte der über 125 Millionen zählenden Gesamtbevölkerung aus. Offiziell galt das Zarenreich allerdings als zu zwei Dritteln von Russen bewohnter Staat, wurden doch die «Kleinrussen» (Ukrainer) und Weißrussen nicht als eigenständige Nationen anerkannt.

Fast die Hälfte des restlichen, nicht-ostslawischen Drittels der Bevölkerung des Reiches stellten die ethnischen Gruppen im Westen, an ihrer Spitze die Polen (7,9 Millionen und 6,3 Prozent, die Zahl ist zu niedrig[5]), die Juden (5,1 Millionen und 4 Prozent), die Esten, Letten und Litauer (zusammen 4,1 Millionen und 3,3 Prozent). Dazu wären noch die etwa 2,2 Millionen Finnen und 300 000 Schweden des Großfürstentums Finnland zu rechnen, die von der Volkszählung nicht erfaßt wurden[6]. Nur 7,2 Millionen (5,8 Prozent) zählten 1897 die Muslime Mittelasiens, da das Emirat von Buchara und das Khanat von Chiwa ausgespart blieben. Die kaukasischen Ethnien machten 5,7 Millionen (4,6 Prozent) aus, die Gruppen der Wolga/Ural-Region 5,9 Millionen (4,7 Prozent). Die 1,8 Millionen Deutschen (1,4 Prozent) sind in die sozial heterogenen Gruppen der Kolonisten, der Deutschbalten, der Deutschen Polens und der deutschsprachigen Stadtbevölkerung Rußlands zu untergliedern[7]. Nur sehr geringe Anteile stellten die Ethnien des Nordens, Sibiriens und die nach der Massenemigration übrig gebliebenen Reste der Krimtataren und der Steppennomaden des europäischen Rußland. Zwar zeichnete sich das spätzarische Vielvölkerreich durch eine große ethnische Vielfalt aus, doch blieben die Russen die weitaus größte Ethnie und die Ostslawen die klar dominierende Gruppe, während die Nichtslawen auf zahlreiche heterogene Ethnien aufgespalten waren. Trotz der Verschiebung nach Asien blieb das Russische Reich von seiner ethnischen Struktur her ganz überwiegend europäisch geprägt.

Als einigende Kraft wirkte weiter die Orthodoxie, der (mit den Altgläubigen) noch immer 71 Prozent der Bevölkerung angehörten. Die übrigen *Bekenntnisse* (vgl. Tabelle 2) wurden zwar geduldet, doch blieb die orthodoxe Staatskirche privilegiert und wirkte in der zweiten Hälfte des 19. Jahrhunderts vermehrt als russisch-nationale Kraft[8]. Die zweitgrößte Glaubensgemeinschaft des Russischen Reiches waren nicht mehr wie bis zur Jahrhundertmitte die Römisch-Katholiken, sondern die Muslime mit gut 11 Prozent der Gesamtbevölkerung (ohne Buchara und Chiwa). Es folgten die Katholiken mit gut 9, die Juden mit 4,3, die Lutheraner mit 2,7 (ohne Finnland), die Angehörigen der Armenisch-Gregorianischen Kirche mit 0,9, die buddhistischen Lamaisten mit 0,4 Prozent sowie kleinere Gruppen, darunter auch Animisten.

Ethnisch-sprachliche und konfessionelle Identität standen noch immer in enger Wechselwirkung und verstärkten sich in der Regel. Am deutlichsten war dies bei Armeniern und Juden, deren ethnische Identität mit der religiösen zusammenfiel. Bei den seßhaften Muslimen war die religiöse Identität noch immer wichtiger als die ethnisch-sprachliche. Die meisten Ethnien waren konfessionell einheitlich: Über 98 Prozent der Russen, Ukrainer, Rumänen, Griechen, Syrjänen, Mordwinen, Tschuwaschen und Jakuten waren orthodox, fast alle Kasachen, Usbeken, Kirgisen, Sarten, Tadschiken, Tschetschenen und Dagestaner waren Muslime, über 98 Prozent der Polen und Litauer Katholiken, fast alle Finnen und Schweden Lutheraner und über 96 Prozent der Kalmücken Lamaisten.

In unterschiedliche Religionsgruppen gespalten waren die Deutschen mit 13,5 Prozent Katholiken und zahlreichen Angehörigen kleinerer protestantischer Gruppen (unter ihnen die Mennoniten), die Weißrussen mit fast 18 Prozent Katholiken (darunter ehemalige Unierte und auch eine Anzahl von Polen), die Letten mit 18 Prozent Katholiken und 4,5 Prozent Orthodoxen, die Osseten mit etwa 11,7 Prozent Muslimen. Bei einer Reihe von Ethnien war ein kleinerer Teil zur Orthodoxie übergetreten, so 13,2 Prozent der lutherischen Esten, etwa 6 bis 7 bzw. 24,6 Prozent der muslimischen Wolgatataren und Tscherkessen, 34,3 bzw. 6,6 Prozent der animistischen Korjaken und Tschuktschen. Bei anderen hatte nur ein kleinerer Teil dem früheren (animistischen) Glauben die Treue gehalten, so bei den Tscheremissen (27,6 Prozent), Wotjaken (7,5 Prozent) und Ostjaken (5,3 Prozent). Ungeachtet des formalen Bekenntnisses waren die animistischen Traditionen auch nach der Taufe lebendig geblieben und bestimmten das ethnische Bewußtsein wesentlich.

Große Unterschiede zwischen den einzelnen ethnischen Gruppen Rußlands zeigen sich in ihren sozialen Charakteristika. So betrug der Anteil der *Stadtbevölkerung* der Volkszählung zufolge bei den Juden fast 50 Prozent (wenn man die kleinen Schtetl dazurechnet, noch erheblich mehr), während kein einziger Jukagire in einer Stadt wohnte (vgl. die Zahlen in Tabelle 4)[9]. Einen erheblich über dem Durchschnitt von 13,4 Prozent liegenden Urbanisierungsgrad wiesen die Ethnien auf, die im Russischen Reich seit langem die Funktion einer mobilen Diaspora erfüllten[10], neben den Juden die Deutschen (23,4 Prozent), Armenier (23,3 Prozent) und Griechen (18 Prozent), in geringerem Maß die Tataren, von denen viele Händler auf dem Lande lebten[11]. Einen traditionell hohen Anteil an Stadtbewohnern wiesen die seßhaften Muslime Mittelasiens auf. Die Polen und Russen hatten seit jeher auch in Städten gewohnt, doch ließ der Urbanisierungsprozeß des 19. Jahrhunderts den Anteil der Stadtbevölkerung stark anwachsen. Dennoch standen die Russen im Urbanisierungsgrad 1897 unter den Ethnien des Reiches erst an neunter Stelle. Bei den Georgiern und Muslimen Transkaukasiens wirkte sich die Urbanisierung ebenfalls, wenn auch schwächer, aus. Bemerkenswert ist dagegen der überdurchschnittliche Urbanisierungsgrad der sozial und national mobilisierten Bauernvölker der Letten und Esten, die im letzten Drittel des 19. Jahrhunderts vermehrt in die Städte gewandert waren und 1897 in Riga, Dorpat und Reval die Deutschen als größte Gruppe abgelöst hatten. Alle übrigen, traditionell agrarischen Ethnien des Russischen Reiches blieben auch am Ende des 19. Jahrhunderts den Städten weitgehend fern. So wiesen im Westen die Litauer und Weißrussen einen Urbanisierungsgrad von lediglich etwa 3 Prozent auf. Bei den meisten asiatischen Ethnien lagen die Werte noch niedriger, bei den Nomaden zwischen 0,04 Prozent (Karakalpaken) und 1,17 Prozent (Kasachen), bei den christianisierten Ethnien der Mittleren Wolga und den Ethnien Sibiriens mit Ausnahme der Jakuten unter einem Prozent. Da sich ein wesentlicher Teil des wirtschaftlichen und kulturellen Modernisierungsprozesses in den Städten vollzog, wurde ein großer Teil der ethnischen Gruppen Rußlands davon nur am Rande berührt. Andererseits blieben einzelne nichtrussische Gruppen auch am Ende des 19. Jahrhunderts unter der Stadtbevölkerung weit stärker vertreten als die Russen.

Das zeigt sich auch an der ethnischen Zusammensetzung der 19 über 100000 Einwohner zählenden *Großstädte* des Russischen Reiches (Tabelle 5). In zehn an der westlichen, südlichen und östlichen Peripherie gelegenen Städten stellten die Russen weniger als die Hälfte der Bevölkerung, in Warschau, Łódź und Taškent unter 10 Prozent, in Riga 15,8 und in Wilna 20 Prozent. Über 90 Prozent Russen wiesen nur Moskau und Tula auf. Die meisten Juden waren weiter auf ihren Ansiedlungsrayon beschränkt, doch stellten sie in allen Großstädten kleinere Gruppen. In Kišinev und Wilna waren sie die größte ethnische Gruppe, in Warschau, Odessa, Łódź und Ekaterinoslav die zweitgrößte. Die Polen dominierten in Warschau und Łódź und stellten die zweitgrößte Gruppe in Wilna, größere Gruppen von Deutschen lebten in Łódź und Riga (hier als zweite Ethnie hinter den Letten). In allen 19 Großstädten gab es kleinere Gruppen von Polen und Deutschen. Die Armenier waren in Tiflis die stärkste Ethnie (vor den Russen und Georgiern), in Baku (hinter den Muslimen und Russen) die dritte, während ihr Anteil an der Bevölkerung der übrigen Großstädte mit Ausnahme Astrachan's gering blieb. Die Tataren stellten nur in Kazan' und Astrachan' mehr als 10 Prozent der Bevölkerung. Die Ukrainer blieben auch in den Großstädten der Ukraine hinter den Russen und zum Teil auch den Juden zurück. Muslime dominierten mit über 85 Prozent in Taškent, mit über 40 Prozent in Baku[12].

Auch in der *ständischen Gliederung* der ethnischen Gruppen zeigten sich 1897 große Unterschiede (Tabelle 6). Dabei sei noch einmal unterstrichen, daß die Stände rechtliche Kategorien waren, die am Ende des 19. Jahrhunderts nur unscharfe Rückschlüsse auf die Sozialstruktur zulassen[13]. Die Ethnien Mittelasiens und Sibiriens, die fast alle als inorodcy ausgegrenzt, und die Juden, die in ihrer großen Mehrheit den städtischen Ständen zugeordnet wurden, bildeten Sonderfälle.

Einen besonders hohen Anteil erblicher Adliger von etwa 5 Prozent behielten auch 1897 die Georgier und Polen, wobei die meisten als Litauer und Weißrussen erscheinenden Erbadligen ebenfalls zu den Polen zu rechnen sind. Einen erheblich höheren Anteil erblicher Adliger als die Russen wiesen auch die Muslime Aserbaidschans (3 Prozent)[14] und Deutschen (1,4 Prozent, im Baltikum 7 Prozent) auf. Es zeigt sich also, daß sich die in den Adel kooptierten nichtrussischen Eliten trotz Nivellierungs- und Russifizierungs-

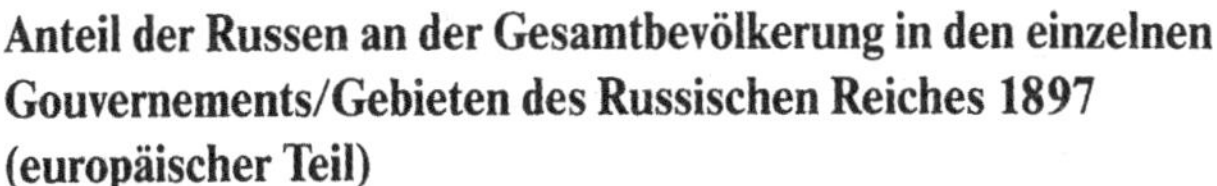

Anteil der Russen an der Gesamtbevölkerung in den einzelnen Gouvernements/Gebieten des Russischen Reiches 1897 (europäischer Teil)

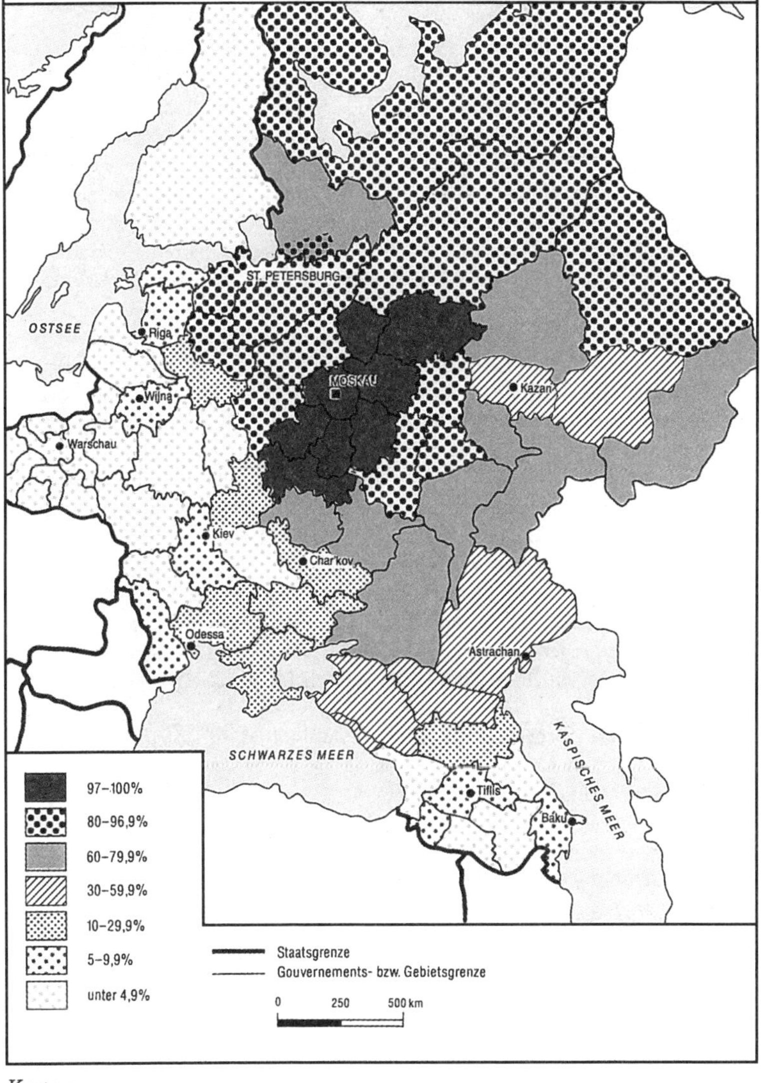

OSTSEE
ST. PETERSBURG
Riga
MOSKAU
Kazan
Wilna
Warschau
Kiev
Char'kov
Odessa
Astrachan
SCHWARZES MEER
KASPISCHES MEER
Tiflis
Baku

97–100%
80–96,9%
60–79,9%
30–59,9%
10–29,9%
5–9,9%
unter 4,9%

Staatsgrenze
Gouvernements- bzw. Gebietsgrenze

0 250 500 km

Karte 10

politik auch am Ende des 19. Jahrhunderts ihre – durch die Reformen allerdings wesentlich reduzierten und im Falle der Polen und Transkaukasier unvollständigen – Privilegien hatten erhalten können. Beim persönlichen Adel, der über eine Dienstkarriere erworben wurde, lag der Prozentsatz dagegen nur bei den Georgiern und Deutschen etwas höher als bei den Russen. Neben den inorodcy und Juden hatten auch die Letten, Esten, die Ethnien der Mittleren Wolga und des Urals praktisch keine Adligen. Der Anteil der nichtadligen städtischen Oberschicht der Kaufleute und Ehrenbürger war bei den Armeniern, Juden und Deutschen am höchsten. Daß die traditionell agrarischen Ethnien zu über 90 Prozent dem Bauernstand angehörten, erstaunt nicht. Die Gliederung nach Ständen deutet schon an, daß im Russischen Reich einzelne ethnische Gruppen noch immer spezifische Funktionen in der Elite, der Stadt- und Landbevölkerung erfüllten.

Trotz sozialer Mobilisierung und Nationalbewegung hatten also zahlreiche «junge Völker» des Russischen Reiches auch am Ende des 19. Jahrhunderts eine «unvollständige» Sozialstruktur[15]. Die meisten kleinen, national und sozial noch wenig mobilisierten Ethnien und auch die Ukrainer, Weißrussen, Litauer und Rumänen bestanden zu 90 und mehr Prozent aus Bauern. Lediglich bei den Esten, Letten und Finnen hatte sich schon eine städtische Kleinbürgerschicht formiert. «Alte Nationen» mit einer adligen Oberschicht, einer Intelligenz, einer wirtschaftlich aktiven Stadtbevölkerung, einer zahlenmäßig nach wie vor überwiegenden Grundschicht von Bauern und (neu) einem schmalen Industrieproletariat waren nur die Russen und Polen. Mit Einschränkungen gehörten zu diesem Idealtyp auch die Georgier und Muslime Transkaukasiens (mit einer schwachen Stadtbevölkerung) und die seßhaften Muslime Mittelasiens (ohne rechtlich anerkannten Adel). Den dritten Typ mit einer nichtadligen städtischen Handels-Elite repräsentierten die Juden, Armenier, Griechen und Wolgatataren, mit einer vorwiegend städtischen Unterschicht bei den Juden, einer ländlichen bei den übrigen drei Ethnien.

Auf der Ebene des gesamten Reiches bleibt das Bild jedoch zu unscharf, so daß – wie schon in Kapitel 4 – die sozio-ethnische Struktur der wichtigsten *Randregionen* vorgestellt werden soll[16]. Als Gliederungskriterium dient wiederum der Anteil der russischen Bevölkerung, der sich durch Migrationen laufend veränderte (vgl. Karten 8 bis 11).

1. Zunächst zu den Großregionen, in denen die Russen nach wie vor schwach vertreten waren. Den geringsten Anteil an Russen (0,2 Prozent) hatte das Großfürstentum *Finnland*. Die überwiegende Mehrheit der Bevölkerung sprach Finnisch (über 86 Prozent), etwa 13 Prozent Schwedisch[17]. Zwar stellten die schwedischsprachigen Finnländer noch immer die Mehrheit der ländlichen und städtischen Elite, infolge der Urbanisierung machten die Finnen jedoch schon in den 1890er Jahren über 70 Prozent der Stadtbevölkerung aus. Ethno-soziale Antagonismen blieben zwar bestehen, zumal ein bedeutender Teil der Landbevölkerung keinen Grund und Boden hatte,

doch wurden sie auf Grund des zunehmenden Gegensatzes zum russischen Zentrum von einem national-politischen finnländischen Schulterschluß teilweise neutralisiert.

Hinter Finnland den niedrigsten russischen Anteil hatte 1897 das ehemalige *Königreich Polen* mit 2,8 Prozent. Die jetzt offiziell als Weichselgouvernements bezeichnete Region hatte ihre Autonomie eingebüßt, und die 267 000 in Polen lebenden Russen erfüllten die Rolle einer Besatzungsmacht: 78 Prozent der berufstätigen Russen waren in der Armee beschäftigt. Russische Offiziere und Beamte stellten ein Sechstel des erblichen und 30 Prozent des persönlichen Adels in Polen. Die übrigen Adligen waren nach wie vor Polen, doch gehörten im ehemaligen Königreich nur noch 1,6 Prozent der Polen zum erblichen Adel. Die Polen, die 72 Prozent der Gesamtbevölkerung ausmachten, dominierten auch unter den Bauern klar, während sie in den Städten zwar ebenfalls die größte Gruppe (48,8 Prozent) ausmachten, ihnen jedoch von Juden (35,4 Prozent) und Deutschen (5,3 Prozent) Konkurrenz gemacht wurde. Das zeigt sich besonders deutlich daran, daß Juden über die Hälfte des schmalen Standes der privilegierten Kaufleute stellten. Die wichtigsten Veränderungen gegenüber dem Beginn des 19. Jahrhunderts waren der soziale Abstieg des polnischen Adels, die starke Zunahme der Stadtbevölkerung und das überproportionale Anwachsen der Juden (von 8,6 auf 13,5 Prozent der Gesamtbevölkerung).

Die komplizierte sozio-ethnische Struktur der in den Teilungen Polens zu Rußland gekommenen Regionen *Weißrußland-Litauen* und *rechtsufrige Ukraine* veränderte sich trotz der antipolnischen russischen Politik während des 19. Jahrhunderts nicht entscheidend. Allerdings war der Anteil der Russen auf 5,6 bzw. 4,3 Prozent, derjenige der Juden auf 14 bzw. 12,5 Prozent angestiegen, während der Anteil der Polen wesentlich zurückgegangen war. Obwohl Russen in Armee und Verwaltung dominierten und nach 1863 auch einen beträchtlichen Teil des polnischen Grundbesitzes übernommen hatten, konnte sich ein Teil der polnischen Magnaten und mittleren Gutsbesitzer als ländliche Elite behaupten. Neben den zahlreichen armen polnischen Adligen stand ein schmalerer litauischer und ukrainischer Kleinadel. Die Masse der Bauern stellten noch immer die Ukrainer, Weißrussen und Litauer. Unter der Stadtbevölkerung machten die Juden mit 52 Prozent in Weißrußland-Litauen und 40 Prozent in der rechtsufrigen Ukraine die größte Gruppe aus, wobei ihr Übergewicht im Stand der Kaufleute noch deutlicher war. Die traditionelle Schichtung – polnische Elite, stark jüdisch geprägte Stadtbevölkerung, breite Masse von ukrainischen, weißrussischen und litauischen Bauern – blieb also erhalten und war angesichts der zahlreichen ungelösten sozialen Probleme ein Nährboden für interethnische Konflikte, die sich nicht primär gegen Russen und die russische Regierung richteten.

Auch in den *Ostseeprovinzen* blieb der sozio-ethnische Antagonismus zwischen den lettischen und estnischen Unter- und den deutschbaltischen Oberschichten erhalten. Die nach wie vor nur 6,9 Prozent der Bevölkerung zählenden Deutschen blieben tonangebend in Stadt und Land, auch wenn die Zahl der russischen Adligen und Kaufleute in der zweiten Hälfte des 19. Jahrhunderts angewachsen war. Die Russen, unter ihnen zahlreiche Industriearbeiter, stellten 1897 4,8 Prozent der Gesamtbevölkerung. Zwar machten die Letten und Esten 1897 schon über die Hälfte der Stadtbevölkerung, jedoch nur 11 Prozent des privilegierten Kaufleute-Standes aus. Mit der gesteigerten sozialen und nationalen Mobilisierung verstärkte sich gegen Ende des 19. Jahrhunderts der Druck der lettischen und estnischen Landarbeiter, Häusler und städtischen Unterschichten auf die deutsche Elite. Auch hier richtete sich der soziale Protest nicht in erster Linie gegen die Russen.

Im zu Beginn des 19. Jahrhunderts eroberten *Transkaukasien* hatten die Russen 1897 einen Bevölkerungsanteil von 4,5 Prozent und waren ebenfalls in Militär, Verwaltung und unter den Industriearbeitern (vor allem in Baku) vertreten. Dennoch blieb auch hier die traditionelle sozio-ethnische Struktur weitgehend erhalten. In der ländlichen Elite dominierten der georgische und muslimische Adel. Obwohl ihr relativer Anteil an der Stadtbevölkerung auf 30 Prozent zurückgegangen war, blieben die Armenier in den Städten, so auch in Tiflis, dem wichtigsten Zentrum, die wirtschaftlich führende Gruppe und stellten 53,8 Prozent des Kaufleute-Standes. Konkurrenz erwuchs ihnen weniger von seiten der vermehrt in die Städte wandernden Georgier und Muslime als von russischen und ausländischen Unternehmern. Die Masse der Muslime, Georgier und auch der Armenier lebte als Bauern auf dem Land. Wie in den oben vorgestellten Regionen bestanden auch in Transkaukasien die primären Interessenkonflikte nicht zwischen Nichtrussen und Russen, sondern zwischen den einheimischen Ethnien, besonders zwischen Muslimen und Armeniern.

Die mehrheitlich muslimische Bevölkerung der *kaukasischen Berggebiete* war zwar ebenfalls partiell in das Ständegefüge Rußlands integriert worden, doch blieb ihre traditionale, auf tribalen und religiösen Elementen beruhende Sozialordnung ebenso erhalten wie ihr potentieller Widerstand gegen russische Siedler und Beamte. Im Gebiet Dagestan machten die Russen nur 2,3 Prozent der Bevölkerung aus, und auch der erbliche Adel bestand zu drei Vierteln aus Vertretern der kaukasisch- und turksprachigen Ethnien. Im Terek-Gebiet im zentralen Kaukasus gab es 1897 allerdings schon 29 Prozent Russen, die auch über 70 Prozent des erblichen Adels ausmachten.

Auch das südliche *Mittelasien* (inbegriffen die südlichen Teile der Steppenregion) blieb unter russischer Herrschaft eine Welt für sich. Seine Bevölkerung wurde den inorodcy zugerechnet, und seine sozio-ethnische Struktur veränderte sich nicht grundsätzlich. Zwar war die usbekische politische Elite entmachtet und durch Russen ersetzt worden, die hier 1897 3 Prozent der Bevölkerung stellten, die meisten davon im nordöstlichen Steppen- und Berggebiet des Semireč'e und in Transkaspien. In den südlichen Ackerbaugebieten gab es noch kaum Russen: Im Fergana-Gebiet machten sie nur ein halbes Prozent der Bevölkerung aus. Die Stammesführer der Nomaden und

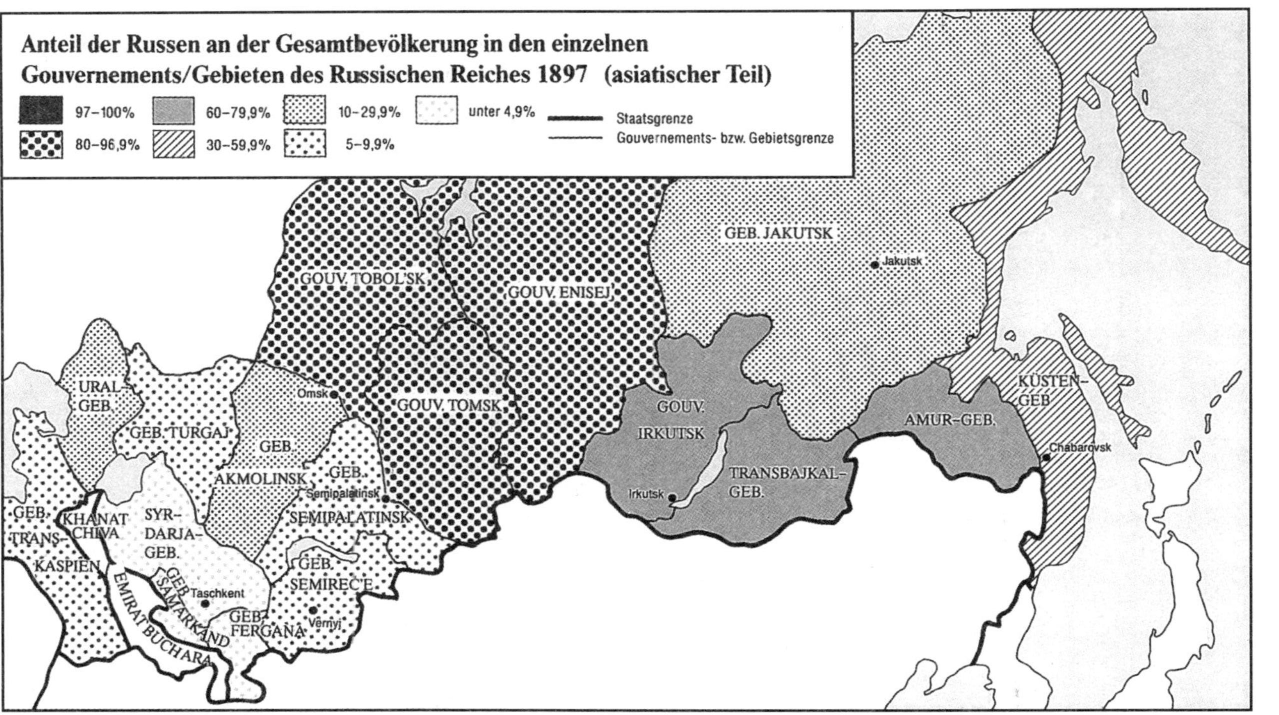
Anteil der Russen an der Gesamtbevölkerung in den einzelnen Gouvernements/Gebieten des Russischen Reiches 1897 (asiatischer Teil)
97–100%
60–79,9%
10–29,9%
unter 4,9%
80–96,9%
30–59,9%
5–9,9%
Staatsgrenze
Gouvernements- bzw. Gebietsgrenze
GEB. JAKUTSK
Jakutsk
GOUV. TOBOL'SK
GOUV. ENISEJ
GOUV. TOMSK
URAL-GEB.
GEB. TURGAJ
Omsk
GEB. AKMOLINSK
GEB. SEMIPALATINSK
Semipalatinsk
GOUV. IRKUTSK
Irkutsk
TRANSBAJKAL-GEB.
AMUR-GEB.
KÜSTEN-GEB
Chabarovsk
GEB. TRANS-KASPIEN
KHANAT CHIVA
SYR-DARJA-GEB.
GEB. SAMARKAND
Taschkent
EMIRAT BUCHARA
GEB. FERGANA
GEB. SEMIREČ'E
Vernyj
Karte 11

Bergbevölkerung, die ländliche und städtische Aristokratie der Oasen und Flußtäler wurden zwar nicht wie die muslimische Oberschicht im Kaukasus in den Adel kooptiert, doch behielten sie gewisse Privilegien. Die Stadtbevölkerung Mittelasiens bestand auch unter russischer Herrschaft weitgehend aus iranisch- und turksprachigen Muslimen. Die Förderung des Baumwollanbaus führte zu einer fortschreitenden sozialen Differenzierung der Bauern, besonders im Ferganatal.

Die meisten schon früher als inorodcy ausgegrenzten kleinen ethnischen Gemeinschaften der Rückzugsgebiete *Nord- und Ostsibiriens*, in die nur wenige russische Siedler vordrangen, erhielten sich ihre traditionelle Sozialordnung ebenfalls. Doch bewirkten bei einer Reihe von kleinen, zerstreut lebenden Ethnien die jahrhundertelangen Kontakte mit europäischen Siedlern und die Dezimierung ihrer wirtschaftlichen Ressourcen eine schwere soziale und kulturelle Krise, die zu Alkoholismus und Epidemien und einem zahlenmäßigen Rückgang führte[18]. Besser behaupteten sich die zahlenmäßig stärkeren, geschlossen siedelnden Jakuten, die im Gebiet Jakutsk 1897 mit 82,1 Prozent eine deutliche Mehrheit stellten, der nur 11,4 Prozent Russen gegenüberstanden.

In allen Regionen dieses ersten Typs waren die Russen im wesentlichen nur als militärische und administrative Elite, zum Teil auch als Industriearbeiter, präsent. Obwohl die administrative Autonomie der Randregionen im Laufe des 19. Jahrhunderts wesentlich eingeschränkt wurde – besonders in Polen-Litauen, Bessarabien, Transkaukasien und der Krim, weniger in Finnland und den Ostseeprovinzen –, blieb Rußland auf die regionalen Eliten angewiesen, die sich trotz Unifizierungs- und Russifizierungspolitik ihre sozialen Privilegien zum Teil erhalten konnten. Die relativ schwache Präsenz der Russen unter dem grundbesitzenden Adel und der städtischen wirtschaftlichen Elite hatte zur Folge, daß sich der soziale Protest nicht primär gegen Russen richtete, vor allem wenn die regionalen Eliten und die wirtschaftlich aktive Stadtbevölkerung einer anderen ethnischen Gruppe angehörten als die ländlichen Unterschichten. Auch gegen regionale Eliten gerichtete Koalitionen der Unter- und Mittelschichten mit dem russischen Zentrum waren nun möglich geworden. Im Zuge der sozialen Mobilisierung der Bauern verstärkte sich deren Druck auf die Stadtbevölkerung. Besonders explosive Situationen ergaben sich dann, wenn Angehörige einer fremden ethno-religiösen Gruppe (Juden, Armenier) Handel und Handwerk dominierten und dadurch den sozialen Aufstieg der Grundschichten behinderten.

2. Einen Sonderfall stellte die *linksufrige Ukraine* dar. Hier lag der Anteil der russischen Bevölkerung 1897 mit 13 Prozent erheblich höher als in den oben genannten Regionen, doch konzentrierten sich die Russen auf Randgebiete im Norden und Osten. Wichtiger war, daß die ukrainische Oberschicht des Hetmanats am Ende des 18. und im 19. Jahrhundert ihre dominierende Stellung eingebüßt hatte. Nun dominierten Russen im grundbesitzenden Adel und – neben den Juden – in der städtischen wirtschaftlichen Ober-

schicht. Ursache dafür war neben der repressiven Ukraine-Politik der Regierung, daß im Zuge der Integration des Kosakenhetmanats in das Russische Reich ein beträchtlicher Teil der ukrainisch-kosakischen Elite in der russischen Oberschicht aufgegangen war. Trotzdem stellten die Ukrainer im ehemaligen Hetmanat (Gouvernements Poltava und Černigov) 1897 noch die Mehrheit der Adligen (vor allem des Kleinadels) und der Stadtbevölkerung, allerdings nicht des Kaufmannsstandes. In den großen Städten Char'kov und Kiev, das auch zum Hetmanat gehört hatte, waren sie aber gegenüber den Russen klar in der Minderheit.

Ähnlich war die Lage in *Bessarabien*, wo die Russen nur 8 Prozent der Gesamtbevölkerung, aber 55,8 Prozent des erblichen Adels stellten. Die alte Oberschicht der rumänischen Bojaren war teilweise im russischen Adel aufgegangen, so daß der Erbadel Bessarabiens nur noch zu 22 Prozent rumänisch geblieben war. Die Rumänen (Moldauer), in erster Linie Bauern, machten 47,6 Prozent der Gesamtbevölkerung aus[19], während in den Städten die Juden die größte Gruppe bildeten. Die fast 20 Prozent Ukrainer waren mehrheitlich aus den angrenzenden Gebieten eingewanderte Bauern.

3. Wenige Veränderungen ergaben sich dagegen in den Regionen, die schon seit vielen Jahrhunderten zu Rußland gehörten und die seit langem von Russen besiedelt worden waren. Hier war der Bevölkerungsanteil der Russen hoch, und sie stellten in der Regel die Oberschicht in Stadt und Land und einen beträchtlichen Anteil der Bauern. Diese Gebiete waren seit langem administrativ, wirtschaftlich und sozial fest in das Russische Reich integriert.

Im *nördlichen Rußland* lebten neben einer deutlichen russischen Mehrheit kleine Gruppen von finnischsprachigen Ethnien (Karelier, Syrjänen, Wepsen, Ischoren) als Bauern, Fischer und Jäger. Die meisten weißrussischen Bauern im Westen des Gouvernements *Smolensk* waren im Laufe des 19. Jahrhunderts im Russentum aufgegangen. Der Rest stand einem russischen Adel und einer russischen Stadtbevölkerung gegenüber.

Auch in der Region der *Mittleren Wolga und des nördlichen Ural* waren die Russen mit 73 Prozent der Bevölkerung erheblich zahlreicher als die Nichtrussen. Während die Mehrheit der Tschuwaschen, Wotjaken und Tscheremissen kompakt in ihren angestammten Siedlungsgebieten lebten, waren die Tataren und Mordwinen auf die ganze Wolga-/Uralgegend zerstreut. Die muslimischen Tataren waren ethnisch stabil, die Mordwinen unterlagen jedoch einer starken Russifizierung. Im Gouvernement Kazan', im Zentrum des ehemaligen Khanats von Kazan', das seit langem kaum mehr von Russen kolonisiert wurde, blieben die Nichtrussen mit über 60 Prozent deutlich in der Mehrheit (31,1 Prozent Tataren, 23,1 Prozent Tschuwaschen und 5,7 Prozent Tscheremissen). In der ganzen Region dominierten die Russen aber in Adel und Stadtbevölkerung. Die überwiegende Mehrheit der Nichtrussen bestand aus Bauern, lediglich die Tataren hatten auch einen schmalen, großteils verarmten Adel und eine Schicht von Handwerkern,

Kaufleuten, Unternehmern und Arbeitern. An der *Unteren Wolga* kamen als ländliche Sondergruppen die deutschen Kolonisten und in der Steppe die zahlenmäßig stark reduzierten nomadischen Kalmücken hinzu.

Im *südwestlichen Sibirien* stellten die russischen Siedler am Ende des 19. Jahrhunderts die weit überwiegende Bevölkerungsmehrheit. So machten die Russen im Gouvernement Tobol'sk fast 90 Prozent der Bevölkerung aus, gegenüber 4 Prozent Tataren und 1,3 Prozent Ostjaken. Die kleinen turk- und ugrischsprachigen Ethnien waren von den Siedlern auf Rückzugsgebiete zurückgedrängt worden. Nur die sozial differenzierten sibirischen Tataren konnten sich einigermaßen behaupten.

4. Als vierter Grundtyp sind die Regionen zu nennen, die erst im Laufe des 19. Jahrhunderts von Russen, Ukrainern und anderen Ethnien besiedelt wurden und wo sich die sozio-ethnische Struktur noch ständig veränderte[20].

Neurußland, die Steppengebiete nördlich des Schwarzen Meeres (hier mit Bessarabien, der Krim und dem Don-Gebiet), war in der ersten Hälfte des 19. Jahrhunderts das wichtigste Zielgebiet ukrainischer, russischer, jüdischer und deutscher Siedler, nach der Jahrhundertmitte traten vermehrt Arbeiter an ihre Stelle. Seine Bevölkerung setzte sich 1897 zusammen aus 42,9 Prozent Ukrainern, 29,8 Prozent Russen, 10 Prozent Rumänen, 6,7 Prozent Juden, 3,5 Prozent Deutschen, 2,1 Prozent Tataren, 1,6 Prozent Bulgaren und zahlreichen anderen Ethnien. Den Erbadel und damit die ländliche Elite dominierten die Russen mit 71,6 Prozent deutlich vor den Polen und Ukrainern. In der Stadtbevölkerung waren ebenfalls die Russen mit 48 Prozent am stärksten vertreten vor den Juden (23 Prozent) und Ukrainern (15,5 Prozent), im Stand der Kaufleute die Juden und Russen, unter den gegen Ende des Jahrhunderts schnell wachsenden Industriearbeitern die Russen. Eine wichtige Rolle als wohlhabende ländliche Mittelschicht spielten deutsche Kolonisten, die ihren ohnehin schon ansehnlichen Grundbesitz in den letzten Jahrzehnten des 19. Jahrhunderts durch den Kauf von Adelsland erweiterten. Die bis in die zweite Hälfte des 18. Jahrhunderts nur dünn besiedelte Steppe nördlich des Schwarzen Meeres war also bis zum Ende des 19. Jahrhunderts zu einer Domäne der Ostslawen geworden, wobei die Russen in der Elite deutlich dominierten. Die größeren Städte waren polyethnisch, wie die Zusammensetzung der 404 000 Bewohner Odessas zeigt (siehe Tabelle 5). Auch die Krim wurde weiter von Ostslawen besiedelt. Die Krimtataren stellten nach mehreren großen Emigrationswellen 1897 im Gouvernement Taurien nur noch 13, auf der Halbinsel noch 34 Prozent der Bevölkerung, und die Bedeutung des krimtatarischen Adels war zurückgegangen. Trotz der starken russischen Prägung zeigte Neurußland eine relativ komplizierte sozio-ethnische Struktur, und in der vom Zentrum weit entfernten wirtschaftlich dynamischen Randregion bestanden erhebliche soziale und interethnische Spannungen.

Die Ebenen und Hügelgebiete *nördlich des Kaukasus* waren bis ins 18. Jahrhundert ebenfalls eine Domäne der Reiternomaden und kaukasischen «gorcy» gewesen, in die allmählich russische und ukrainische Kosaken vordrangen. Seit der Unterwerfung der Kaukasier in der Mitte des 19. Jahrhunderts wurde es zum wichtigsten europäischen Zielgebiet russischer und ukrainischer Siedler, die das durch die Vernichtung, Vertreibung und Emigration muslimischer Ethnien frei gewordene Gebiet besetzten. Im Jahre 1897 machte die ostslawische Bevölkerung, die etwa zu gleichen Teilen aus Russen und Ukrainern und zu einem beträchtlichen Teil aus Kosaken bestand, im Gouvernement Stavropol' und im Kuban-Gebiet schon über 90 Prozent aus. Ihr standen nur mehr kleine Gruppen von Nogaiern, Tscherkessen, Karatschaiern und Kabardinern gegenüber. Die brutale Eroberung hatte hier – im Gegensatz zum zentralen und östlichen Kaukasus – den Widerstand der einheimischen Ethnien gebrochen.

Die Zuwanderung von Russen in das Gebiet des *südlichen Ural*, die schon im 18. Jahrhundert begonnen hatte, setzte sich vor allem in der ersten Hälfte des 19. Jahrhunderts intensiv fort, und schon seit den 50er Jahren stellten die Russen die Mehrheit der Bevölkerung. Ihenen standen die Baschkiren, die alten Herren der Region, und die ebenfalls zugewanderten Tataren (zu denen ich auch die Teptjaren und Mischaren rechne), Mordwinen und Tscheremissen als Minderheit gegenüber. Während die Russen im Gouvernement Orenburg schon über 70 Prozent der Bevölkerung stellten, machten sie im Gouvernement Ufa nur 38 Prozent aus; hier waren die Baschkiren und Tataren zusammen noch in der Mehrheit. Im erblichen Adel waren die Tataren die größte Gruppe. Die tatarischen Kaufleute spielten weiter als Vermittler im Asienhandel über Orenburg eine wichtige Rolle. Die Konflikte um die Weidegründe der Baschkiren schwelten weiter, auch wenn sie gegenüber dem 18. Jahrhundert etwas an Brisanz verloren hatten.

Zum Gebiet, in dem sich die heftigsten Auseinandersetzungen zwischen ostslawischen Siedlern und muslimischen Steppennomaden abspielten, wurde am Ende des 19. Jahrhunderts die *nördliche Steppe Kasachstans*. Die seit den 60er Jahren in die Großregion der Steppengebiete Mittelasiens gewanderten Russen und Ukrainer machten 1897 schon 20 Prozent, in den fruchtbaren nördlichen Randgebieten wie im Gebiet Akmolinsk schon ein Drittel der Bevölkerung aus. Die nomadischen Kasachen, die noch über drei Viertel der Bevölkerung stellten, sahen sich dadurch, daß ihre Sommerweiden besetzt wurden, in ihrer ökonomischen Existenz bedroht. Da sich die Besiedlung Nord-Kasachstans am Ende des 19. und zu Beginn des 20. Jahrhunderts in gesteigertem Tempo fortsetzte, wodurch sich bis 1911 der Anteil der Ostslawen verdoppelte und der Landbesitz der Kasachen wesentlich verminderte, wuchs der sozio-ethnische Zündstoff immer mehr an.

Das wichtigste Zielgebiet russischer Siedler wurde in der zweiten Hälfte des 19. und zu Beginn des 20. Jahrhunderts *Sibirien*. Die Hauptmasse der Kolonisten blieb in Westsibirien, wo sie das ohnehin bestehende russische Übergewicht noch verstärkten. Doch auch Ostsibirien und das neu annektierte Gebiet an Amur und Pazifik zogen vermehrt Siedler an, wobei allerdings erst der Bau der Transsibirischen Eisenbahn (1891-1903) eine Massenkolonisation auslöste. Im Transbajkal-Gebiet machten die Russen aber 1897 schon ein Drittel der Bevölkerung aus, und die Konflikte um den Boden der nomadischen Burjäten, die noch etwas über ein Viertel der Bevölkerung stellten, verschärften sich. Im Fernen Osten stellten dagegen die tungusischen und paläoasiatischen einheimischen Ethnien nur kleine Gruppen dar, die durch Epidemien noch vermindert wurden. Der russischen und ukrainischen Mehrheit von 63 Prozent standen als größte ethnische Minderheiten die als Arbeiter eingewanderten Chinesen und Koreaner gegenüber, die im Küstengebiet um Vladivostok zusammen etwa ein Viertel der Bevölkerung stellten.

Die intensive Kolonisation der neu eroberten, dünn besiedelten Gebiete im Süden und Osten durch Russen und Ukrainer schuf im Laufe der Jahrhunderte eine breite Zone von Siedlungskolonien, die vom Schwarzen Meer bis zum Pazifik reichte. Die überwiegend nomadische Bevölkerung dieser Region wurde entweder umgebracht und vertrieben (wie im westlichen Kaukasus) oder durch die von der Regierung geförderte landwirtschaftliche Siedlung allmählich eingeschnürt und in Rückzugsgebiete abgedrängt. In der Konfrontation zwischen Ackerbauern und Steppennomaden (teilweise auch Jägern und Berghirten) standen sich nicht wie im ersten Typ Eliten gegenüber, sondern die Auseinandersetzung um das Land spielte sich zwischen Grundschichten ab, was den interethnischen Konflikten besondere Brisanz verlieh. Die Situation erinnert an die Auseinandersetzung zwischen europäischen Siedlern und Indianern in Nordamerika.

Die Kolonisation der Randregionen im Südosten und Osten war für die Russen und Ukrainer durchaus ein Ersatz für die überseeische Emigration der Mittel- und Westeuropäer. Lediglich einzelne ethnische Gruppen im Westen des Reiches wie Juden, Polen, Litauer und Finnländer schlossen sich der überseeischen Auswanderung in größerer Zahl an. Gleichzeitig wanderten jedoch zwischen 1860 und 1890 über zwei Millionen Ausländer (vor allem Deutsche, Polen, Armenier, Muslime, Koreaner und Chinesen) aus den Nachbarstaaten nach Rußland ein, was den Anteil der Nichtrussen an der Bevölkerung weiter erhöhte[21].

Der Vorgang der intensiven Besiedlung neuer Randgebiete, die dazu führte, daß sie von einer ostslawischen Mehrheit bewohnt und einer russischen Elite kontrolliert wurden, stellt eine der wichtigen Veränderungen der sozio-ethnischen Struktur des Russischen Reiches im Laufe des 19. Jahrhunderts dar. Aber auch in den Regionen, die nicht zum Zielgebiet der Kolonisation wurden, verstärkte sich der russische Druck. Die politische und administrative Autonomie wurde abgeschafft oder eingeschränkt, wenn auch – wie die Beispiele Finnland und Polen zeigen – in unterschiedlichem Maß. Dadurch verbesserte sich die politische und soziale Stellung der russischen Elite in der Peripherie. Typisch für die veränderte Situation war, daß in den neu eroberten Gebieten Mittelasiens die Aristokratie nicht mehr in den Adel

Rußlands kooptiert wurde. Dennoch konnte der nichtrussische Adel in zahlreichen Randgebieten im Westen und Süden seine Stellung als soziale Führungsschicht halten.

Bezeichnend ist, daß die Russen 1897 mit knapp 40 Prozent noch immer weniger als die Hälfte des erblichen Adels des Reiches ausmachten[22]. Die Polen stellten dagegen nicht weniger als 29 Prozent (mit den mindestens partiell polonisierten Weißrussen und Litauern 39 Prozent) des Erbadels, und auch die Georgier (5,9 Prozent), «Tataren» (vor allem Aserbaidschaner, 4,8 Prozent) und Deutschen (2 Prozent) blieben übervertreten. Allerdings spiegelte die rechtliche Zuordnung nicht die tatsächliche soziale Stellung wider. Die Masse der polnischen und georgischen Adligen waren arm und besaßen wenig oder gar kein Land, und ihre Privilegien waren beschnitten worden. Obwohl also der zahlenmäßig starke nichtrussische Adel (Polen, Georgier, Aserbaidschaner) einer sozialen Deklassierung unterlag, behielt seine Führungsschicht ihre sozial dominierende Stellung. Die Tatsache, daß eine so große Zahl von Nichtrussen auch am Ende des 19. Jahrhunderts wenigstens die Zugehörigkeit zum privilegierten Adelsstand erhalten konnte, wirft ein Licht auf die sozial bewahrende Komponente der russischen Politik.

Auch unter der Stadtbevölkerung konnten infolge der Urbanisierung die Russen ihre Stellung verstärken. Doch blieben in den Städten des Westens und Südens die mobilen Diasporagruppen der Juden, Deutschen und Armenier, in Mittelasien die Muslime weiterhin tonangebend. Die neue Klasse der Industriearbeiter, die von der Volkszählung nicht erfaßt wird, war allerdings mehrheitlich russisch. Obwohl die großen rechtlichen Unterschiede in der Stellung der Landbevölkerung durch die Reformen abgeschafft worden waren, blieben Unterschiede in Agrarverfassung, Landbesitz und in der sozialen Stellung erhalten. Das bedeutete etwa, daß die Masse der russischen Bauern, die weiter in der sozial nivellierenden und mobilitätshemmenden Umteilungsgemeinde verblieben und auf denen das Erbe der Leibeigenschaft lastete, wie schon im vormodernen Vielvölkerreich schlechter gestellt war als zahlreiche nichtrussische Bauern im Westen und Osten.

In der *politischen und militärischen Elite* im Zentrum des Russischen Reiches, die noch in der ersten Hälfte des 19. Jahrhunderts kosmopolitisch gewesen war, dominierten nun Russen stärker. Zum einen hatten der Ausbau des Bildungssystems und die soziale Mobilisierung der Russen «den Mangel an Leuten» (maloljudstvo) gemildert, zum anderen begannen im nationalen Zeitalter russische Regierung und Gesellschaft nichtrussischen Bürokraten und Offizieren zu mißtrauen. Angesichts dieser Entwicklungstendenz ist es erstaunlich, wie hoch der Prozentsatz von Nichtrussen in der zentralen Elite blieb.

Unter den 215 Mitgliedern des aus hohen Beamten und einzelnen Militärs und Akademikern bestehenden Reichsrats unter Nikolaus II. (1894-1914) waren mindestens 26 (12,1 Prozent) nicht-orthodoxer, weit überwiegend lutherischer Konfession, und die 568 Spitzenposten in der Zentral- und Regionalverwaltung waren 1903 zu 10 Prozent von Nicht-Orthodoxen (6,9 Prozent Lutheraner, 3,2 Prozent Katholiken) besetzt[23]. Die größte Gruppe bildeten nach wie vor die aus dem Baltikum und aus Deutschland stammenden Deutschen, die im Finanz- und Außenministerium sowie in der Diplomatie und unter den Gouverneuren stark vertreten waren. So wurde etwa die diplomatische Vertretung in London seit 1882 von Deutschbalten geleitet. Noch vor dem Ersten Weltkrieg waren 10 bis 15 Prozent der über 6000 wichtigsten Ministerialbeamten Nichtorthodoxe, in der Mehrzahl Lutheraner. Die Karrieremuster der hohen deutschen Beamten zeigen allerdings, daß die überwiegende Mehrzahl jetzt durch russische Bildungsinstitutionen gegangen waren, also mindestens partiell russifiziert waren. Dazu kamen zahlreiche hohe Beamte mit deutschen Namen, die orthodox und in ihrer Mehrheit weitgehend russifiziert waren. So kann man Persönlichkeiten wie die Finanzminister M. v. Reutern (1862-1878) und N. v. Bunge (1881-1887) oder die Außenminister N. Giers (1882-1895) und V. Graf Lambsdorff (1900-1906) nur mit großen Einschränkungen als Deutsche bezeichnen, doch standen sie für die große Tradition der Deutschen und Deutschbalten in der russischen Bürokratie. Neben den Deutschen waren in einzelnen Bereichen der Bürokratie, so im Landwirtschaftsministerium, die als unzuverlässig geltenden Polen gut vertreten. Orthodoxe Nichtrussen, etwa Georgier oder Ukrainer, wurden von der Statistik in der Regel nicht erfaßt. Vereinzelt kamen auch Vertreter anderer Ethnien zu hohen Posten, so der Armenier Loris-Melikov, der 1880/81 Innenminister war.

Unter den Offizieren der russischen Armee waren traditionell die Deutschen, Deutschbalten, Finnländer und Polen gut vertreten, und im 19. Jahrhundert kamen die Kaukasier hinzu. Im Jahre 1867/68 waren 77 Prozent der Offiziere Orthodoxe, 14 Prozent Katholiken (vorwiegend Polen), 7 Prozent Protestanten (Deutschbalten, Deutsche und Finnländer) und je 1 Prozent Armenier und Muslime, wahrscheinlich in erster Linie Aserbaidschaner sowie einige Nordkaukasier[24]. In der Generalität machten die Protestanten nicht weniger als 27 Prozent aus. Im Jahr 1903 war der Anteil der ostslawischen Offiziere auf etwa 80 Prozent gestiegen (unter ihnen auch zahlreiche russifizierte Deutsche). Von den über 4000 Hauptleuten waren aber noch immer 12,9 Prozent Katholiken, 4,2 Prozent Lutheraner (etwa 1 Prozent Finnländer), 63 Georgier (1,5 Prozent), 48 Armenier (1,1 Prozent) und 38 Muslime (0,9 Prozent). Unter den hohen Offizieren war der Anteil der Nichtrussen etwa gleich groß, doch änderte sich die ethnische Struktur wesentlich: Je höher der Rang, desto höher der Anteil der Lutheraner und desto niedriger der Prozentsatz der Polen, Armenier und Muslime, deren Laufbahn behindert wurde. Unter den 2679 Obersten machten die Lutheraner schon 7,3 Prozent aus, unter den 1468 Generälen 10,3 Prozent und unter den 132 obersten Generälen 14,7 Prozent, während die entsprechenden Anteile der Katholiken 5,9, 3,8 und 3,6 Prozent betrugen[25]. 9 Generäle waren Muslime, 6 Armenier und 5 Georgier. Das Offizierskorps blieb also auch um 1900 polyethnisch: In den unteren Rängen waren Polen breit vertreten, und sogar Muslime wurden weiter akzeptiert, im Gegensatz zu den Juden, die praktisch nur als Militärärzte Offiziersstellen erhielten. In den oberen Rängen blieben die Deutschbalten, Deutschen und Finnländer (diese besonders in der Marine) wichtig, auch wenn ihr Anteil gesunken war.

Obwohl die nationale Ideologie das Verhältnis zwischen Russen und Nichtrussen in der zweiten Hälfte des 19. Jahrhunderts zu trüben begann, blieben Deutsche, Finnländer und zum Teil auch Polen und Kaukasier in der militärischen und zivilen Elite des Reiches weiter präsent. Die Zarenregierung hielt also bis zum Ersten Weltkrieg an ihren Grundsätzen fest, Loyalität, Sachverstand und vornehme Abkunft höher zu werten als Konfession oder ethnische Zugehörigkeit.

Im Gegensatz zum autokratischen Regime stand die zunächst in erster Linie aus dem russischen Adel stammende Intelligenzija, die seit den 1860er Jahren oppositionelle und revolutionäre Gruppen bildete. Seit den 70er Jahren schlossen sich vermehrt Nichtrussen dieser *Anti-Elite* an. So waren die terroristisch orientierten Populisten der Jahre 1878 bis 1887 nur noch zur Hälfte russischer Herkunft. Besonders gut vertreten waren in den 70er Jahren Ukrainer und in den 80er Jahren Juden, daneben auch Polen und Deutsche. Die russischen revolutionären Parteien setzten diese kosmopolitische Tradition fort, am deutlichsten die Menschewiki, in deren Führung Russen gegenüber Nichtrussen (vor allem Georgiern und Juden) sogar deutlich in der Minderheit waren. Bei den Sozialrevolutionären gab es ebenfalls zahlreiche Juden und Ukrainer, bei den Bolschewiki Juden, doch waren in diesen Parteien die Russen deutlich in der Mehrheit.[26]

Die Nichtrussen in der allgemeinrussischen revolutionären Bewegung wurden in der Regel stark russifiziert. Anders war dies in den selbständigen revolutionären Parteien, die etwa Polen, Juden und Armenier begründeten, und in den Nationalbewegungen, die teilweise sozialistische Zielsetzungen aufnahmen. Im ganzen spielten einzelne nichtrussische Ethnien, die Juden, Polen, Georgier und Armenier, innerhalb der Gegen-Elite der revolutionären Intelligenzija eine bedeutsame Rolle.

Obwohl im nationalen Zeitalter ethnische Kriterien immer wichtiger wurden und im Gefolge der allmählichen Modernisierung die geographische und soziale Mobilität der Bevölkerung zunahm, veränderten sich die sozio-ethnischen Strukturen des Vielvölkerreichs Rußlands nur langsam. Traditionelle ständische Elemente, die horizontale Gliederung der Gesellschaft blieben in weiten Teilen des Landes erhalten. Die Spannung zwischen der vormodernen, vornationalen Ordnung und den neuen sozialen und nationalen Triebkräften trug zur Instabilität des spätzarischen Reiches wesentlich bei.

2. Wirtschaftliche Arbeitsteilung und Konkurrenz im Zeitalter der Industrialisierung

Die sozio-ökonomische Struktur des Russischen Reiches erlebte im 19. Jahrhundert, vor allem in seinem letzten Drittel, bedeutsame Veränderungen.[27] Die industrielle Entwicklung erhielt seit den 60er Jahren eine neue Dynamik und vollzog in den 90er Jahren einen qualitativen Sprung mit den höchsten Wachstumsraten in Europa. Als Motoren der vom russischen Staat energisch geförderten Industrialisierung dienten der Eisenbahnbau, die Kapitalbildung über Bank- und Kreditwesen und Auslandskapital und eine protektionistische Außenhandelspoltik. Der zentrale Wachstumssektor waren Bergbau und Schwerindustrie, doch auch Textil- und Zuckerindustrie expandierten von einem höheren Ausgangsniveau aus weiter. Die landwirtschaftliche Entwicklung blieb dagegen zurück, doch konnten die Produktion und die Exporte von Getreide in der zweiten Hälfte des 19. Jahrhunderts kontinuierlich gesteigert werden. Die stürmische wirtschaftliche Entwicklung des Russischen Reiches vollzog sich sektoral und regional ungleichmäßig. Für den Zusammenhang des Vielvölkerreiches ist deshalb danach zu fragen, welchen Anteil die peripheren Gebiete und die nichtrussischen Ethnien daran hatten.

In der industriellen Entwicklung besaß das ehemalige Königreich Polen seit Beginn des 19. Jahrhunderts einen Vorsprung gegenüber den anderen Regionen des Russischen Reiches. Schon in den 70er und 80er Jahren vollzog sich hier die Industrielle Revolution, und in Mechanisierungsgrad, Organisation und Produktivität waren die schnell wachsende Textilindustrie von Łódź und Umgebung und die Schwerindustrie des Dąbrowa-Beckens der russischen Industrie voraus. Der Export in andere Regionen des Russischen Reiches stieg ständig an, was zur wirtschaftlichen Verflechtung Polens mit Rußland beitrug und den Protest russischer Industrieller hervorrief. Die Unternehmer und Industriearbeiter im «Königreich» waren Polen, Juden und Deutsche (auch Ausländer), kaum Russen.

Das alte Schwerindustrie-Zentrum Rußlands, der Ural, blieb trotz veralteter Technologie und Organisation in der Eisen- und Stahlproduktion bis gegen Ende der 80er Jahre führend. Es wurde erst in den 90er Jahren von der mit Hilfe ausländischen Kapitals und ausländischer Unternehmer und Spezialisten aufgebauten Schwerindustrie der südlichen Ukraine, die auf den Steinkohlevorkommen des Donec-Beckens und den Eisenerzlagern von Kryvyj Rih am Dnepr beruhte, überholt. Um die Jahrhundertwende kam schon knapp die Hälfte der Eisen- und Stahlproduktion des Reiches aus dieser Region, während der Ural noch etwa 20, Polen 15 Prozent beisteuerten. Ähnlich wie die Industrialisierung des Ural fast ohne Beteiligung der Baschkiren vor sich gegangen war, partizipierten jetzt die Ukrainer kaum an der stürmischen Entwicklung im Süden ihrer Region, sondern ausländische und russische Unternehmer und russische Arbeiter dominierten deutlich.[28] In der rechtsufrigen Ukraine expandierte in erster Linie die Zuckerindustrie, mit jüdischen Kaufleuten und polnischen Adligen als Unternehmern und mehrheitlich ukrainischen Saisonarbeitern.

Neben der Süd-Ukraine und Polen wurden die Städte Petersburg und Moskau (mit einigen umliegenden Gouvernements) zu den wichtigsten Industriezentren des Reiches. In den übrigen Regionen an der Peripherie waren die rasch wachsende Metall- und Textilindustrie im Baltikum, besonders in Riga, wichtig, mit vorwiegend deutschen Unternehmen und lettischen, estnischen und russischen Arbeitern, sowie die holzverarbeitende Industrie in Finnland. Schließlich ist die Erdölgewinnung im Kaukasusgebiet zu nennen, in der Gegend um Groznyj im nördlichen Kaukasus, vor allem aber das Gebiet von Baku, das gegen Ende des Jahrhunderts zum größten Erdölproduzenten der Erde wurde. Auch hier war das Ausland, so die Firmen Nobel und Rothschild, beteiligt, daneben auch Russen und Armenier als Unternehmer und qualifizierte Arbeiter, während Aserbaidschaner aus Transkaukasien und Persien meist als Hilfsarbeiter beschäftigt waren.

Im ganzen vollzog sich die Industrialisierung des Russischen Reiches sowohl in Regionen des russischen Zentrums als auch der Peripherie. Doch waren die Mehrzahl der Unternehmer Russen und Ausländer, die meisten Arbeiter Russen. Zahlreiche nichtrussische Ethnien der Peripherie partizipierten kaum an dieser Entwicklung. Ausnahmen bildeten neben den Polen, Letten und Esten die mobilen Diasporagruppen der Juden, Deutschen und Armenier, die in ihren Regionen aktiv an der Industrialisierung teilnahmen. Die Entstehung von Industrien in peripheren Regionen des Reiches trug zur Intensivierung wirtschaftlicher Wechselbeziehungen und zum Ausbau der Eisenbahnverbindungen mit dem Zentrum und (mit der Ausnahme Polens) zur Immigration russischer Arbeiter bei. Damit wurden die Industrieregionen an der Peripherie stärker in das Russische Reich integriert.

Trotz der raschen Entwicklung der Industrie blieb der Agrarsektor im Russischen Reich klar führend. Die traditionelle Arbeitsteilung zwischen der vorwiegend getreideproduzierenden Schwarzerdezone und den seit jeher auch nicht-landwirtschaftlich orientierten übrigen Gebieten verstärkte sich noch. Durch Ausweitung der Anbaufläche und Steigerung der Produktivität konnte die Marktproduktion von Getreide in den letzten Dezennien des Jahrhunderts besonders in den neu erschlossenen fruchtbaren Steppengebieten Neurußlands, des Vorkaukasus und des Südurals erhöht werden. Die Überschüsse an Weizen wurden dann zum größeren Teil über die Schwarzmeerhäfen exportiert und trugen wesentlich zum raschen Anwachsen der Getreideausfuhr Rußlands bei. Es waren in erster Linie russische und polnische Adlige und deutsche Kolonisten, weniger aber die ukrainischen und russischen Bauern, die an der Kommerzialisierung des Ackerbaus in dieser Region Anteil hatten. Bemerkenswert ist, daß mindestens bei der Weizenproduktion des europäischen Rußland die vorwiegend von Nichtrussen bewohnten Randgebiete fast durchwegs eine höhere Produktivität erzielten als die russischen Regionen: In den 90er Jahren standen die Ostseeprovinzen an der Spitze, gefolgt von der Ukraine, Neurußland, dem südlichen Ural und Weißrußland-Litauen.[29] Die wichtigsten Ursachen für die hohe Produktivität der alten Landwirtschaftsregionen im Westen, zu denen auch Finnland und Polen, die in der obigen Aufstellung fehlen, zu rechnen wären, lagen in der Existenz sich modernisierender Gutswirtschaften und in ihrer Agrarverfassung, dem Fehlen der nivellierenden Umteilungsgemeinde und dem Vorwiegen von Einzelbauern.

In der landwirtschaftlichen Arbeitsteilung hatten einige vorwiegend von Nichtrussen besiedelte Regionen spezifische Aufgaben. Der Anbau von Zuckerrüben konzentrierte sich auf die westliche Ukraine und auf Polen, Tabakpflanzungen auf die linksufrige Ukraine, und Neurußland wurde zum wichtigsten Getreideexporteur. Die Nomaden der Steppengebiete und die Bergbevölkerung des Kaukasus und Mittelasiens widmeten sich weiter vorrangig der Viehwirtschaft. In allen südlichen Gebieten wurde der Anbau von Wein, Reis und Obst gefördert. In Mittelasien gewann die Produktion von Baumwolle steigende Bedeutung, wobei das Ziel der Selbstversorgung des Russischen Reiches bis 1917 bei weitem nicht erreicht wurde. Ihre traditionellen Gewerbe der Waldwirtschaft betrieben die kleinen Ethnien im Norden und Osten. Der Ausbau der Arbeitsteilung und die Intensivierung des Warenaustauschs im Agrarbereich trugen ebenfalls zur Integration der nichtrussischen Peripherie bei. Besonders Mittelasien, dessen Ökonomie auf die Bedürfnisse der Metropole ausgerichtet wurde, geriet in koloniale Abhängigkeit vom Zentrum.

Zusammenfassend: Im 19. Jahrhundert machten das vorwiegend russische Zentrum und ein Teil der Russen eine beschleunigte ökonomische Entwicklung durch. Da Industrialisierung und kommerzialisierte Landwirtschaft gleichzeitig auch in einzelnen Regionen im Westen des Reiches Fuß faßten, blieb das traditionelle West-Ost-Gefälle im wirtschaftlichen Entwicklungsniveau – allerdings in vermindertem Umfang – bestehen. Zu den traditionell führenden Regionen im Nordwesten des Reiches (Polen, Baltikum, Finnland) kamen die Steppengebiete im Südwesten hinzu, in deren Entwicklung auch Russen eine wesentliche Rolle spielten. Die von Nichtrussen bewohnten Gebiete im Osten nahmen dagegen an der industriellen und agrarkapitalistischen Entwicklung wenig Anteil. Hier blieben die traditionellen Wirtschaftsweisen der nomadischen Viehwirtschaft in Steppen und Gebirgen, des Ackerbaus mit Bewässerung in Mittelasien und der Jagd, Rentierzucht und Fischerei im Hohen Norden und Fernen Osten bestehen, und das Verhältnis zum russischen Zentrum trug wirtschaftskoloniale Züge.

Auf die Frage nach der interethnischen Arbeitsteilung im Russischen Reich können die Angaben der Volkszählung von 1897 zu den Beschäftigten in den einzelnen Wirtschaftszweigen eine – allerdings nur pauschale – Antwort geben.[30] Die folgenden Zahlen beziehen sich in der Regel auf die Angaben der Berufsgruppen mit Familienangehörigen (Tabelle 7), doch werden die Daten für die Berufstätigen (ohne Familienangehörige) gelegentlich zum

Vergleich herangezogen (Tabelle 8). Der wichtigste Erwerbszweig war für alle Gruppen außer den Juden und kleinen Gruppen ausländischer Einwanderer die *Landwirtschaft* (hier Ackerbau, Viehzucht, Waldwirtschaft und Fischerei umfassend). Über 96 Prozent der Ethnien der Mittleren Wolga (ohne die Tataren) und Sibiriens waren in diesem Sektor beschäftigt. Im Westen des Reiches hatten die Rumänen (92,9 Prozent), Weißrussen (90,9 Prozent), Ukrainer (87,2 Prozent) und Litauer (85,8 Prozent) die höchsten Anteile, während die Prozentsätze für Georgier und Aserbaidschaner etwas tiefer lagen. Es folgten mit Werten um 70 Prozent die Griechen, Russen, Armenier, Letten und Esten, dann die Polen (63 Prozent) und Deutschen (57,7 Prozent), während 1897 nur noch 3,8 Prozent der Juden in der Landwirtschaft beschäftigt waren.

Die pauschalen Angaben für die Deutschen müssen allerdings differenziert werden, handelte es sich doch um mindestens vier sozio-ökonomisch heterogene Gruppen. Die deutschen Kolonisten der Unteren Wolga, Neurußlands und Wolhyniens waren etwa zu drei Vierteln in der Landwirtschaft beschäftigt, die Deutschen Polens nur zur Hälfte, die Deutschen im Baltikum und in Zentral- und Nordrußland zu weniger als 5 Prozent. Auch bei den Armeniern lag der Anteil der in der Landwirtschaft Beschäftigten in ihren Kerngebieten viel höher als im übrigen Transkaukasien und in der Diaspora.

Die obigen Angaben haben ihre umgekehrte Entsprechung in den Zahlen der in den Bereichen Industrie/Handwerk und Handel/Kreditwesen Beschäftigten. Nicht weniger als 34,5 Prozent (ohne Familienangehörige 35,4 Prozent) der Juden arbeiteten 1897 in *Handwerk und Industrie*. Damit stellten sie in Weißrußland/Litauen 60 Prozent der in diesen Wirtschaftssektoren Beschäftigten, in Polen und der Ukraine etwa 30 Prozent. Der Löwenanteil fiel auf kleine jüdische Handwerker in Stadt und Land, davon 45 Prozent im Bereich Bekleidung (Schneider, Schuster usw.). Angesichts der außerordentlichen Dichte konnten jüdische Handwerker nur mit Mühe ein Auskommen finden. Sie standen mit anderen Juden, Nichtjuden und der wachsenden industriellen Produktion in Konkurrenz.

Im Anteil der in Handwerk und Industrie Beschäftigten folgten an zweiter Stelle die Deutschen mit 20,9 Prozent (ohne Familienangehörige 25,0 Prozent). Die Zahlen für das Baltikum (37,3 Prozent) und für Polen, Zentral- und Nordrußland (um 30 Prozent) lagen deutlich höher. Damit heben sich zwei der typischen mobilen Diasporagruppen von den übrigen Ethnien deutlich ab.[31]

Ein Anteil der in Industrie und Handwerk Beschäftigten von 11 bis 14 Prozent (ohne Familienangehörige 15–18 Prozent) bei den folgenden vier Ethnien dokumentiert deren im Rahmen des Russischen Reiches relativ hohen Grad sozialer Mobilisierung. Bemerkenswert ist, daß die ehemaligen Bauernvölker der Esten und Letten etwa gleichauf mit den Polen und Russen liegen, was erneut das Tempo ihrer sozialen Mobilisierung und Differenzierung zeigt. Die Russen stellten 51,6 Prozent (ohne Familienangehörige sogar 57,6 Prozent) der in Industrie und Handwerk Beschäftigten des Reiches, waren in diesem Sektor also überdurchschnittlich vertreten. Dem Reichsdurchschnitt entsprechende Anteile hatten die Armenier und Griechen, während die Ethnien Mittelasiens das Feld der asiatischen Völker anführten. Doch besagt ihr Durchschnittswert wenig, hatte doch die traditionelle Stadtbevölkerung der Tadschiken und Sarten einen Anteil an Handwerkern, der mit 21,8 bzw. 17,1 Prozent (ohne Familienangehörige etwa 28 Prozent) weit über dem der Russen lag.

Im Anteil der in *Handel und Kreditwesen* Beschäftigten lagen die Juden mit 36,7 Prozent (ohne Familienangehörige 29,7 Prozent) noch viel deutlicher an der Spitze. Sie machten nicht weniger als 44,8 Prozent (36 Prozent) aller in diesem Sektor Beschäftigten aus, in Weißrußland/Litauen sogar 92,9 Prozent, in Polen 82,6 Prozent und in der Ukraine 80,8 Prozent. Der wichtigste Teilsektor war für die Juden der Handel mit landwirtschaftlichen Produkten (Getreide, Vieh usw.) Im Kleinhandel und im Geldverleih, in der traditionellen Mittlerfunktion zwischen Stadt und Land, hatten sie in weiten Teilen des Ansiedlungsrayons fast eine Monopolstellung. Auch hier ist festzuhalten, daß die meisten dieser Juden Kleinhändler und Hausierer waren, die ihre Familien mit den kümmerlichen Erträgen ihres Gewerbes kaum ernähren konnten. Nur eine kleine Gruppe brachte es auch zu Vermögen, doch stellten Juden im Ansiedlungsrayon die Mehrheit der Gildenkaufleute. Als Kaufleute und Bankiers erwarben sich einzelne Juden wie J. Günzburg, S. Poljakov, H. Epstein, J. Bloch und I. Brodskij das Kapital, das sie dann zum Teil in Unternehmen der Textil-, Zucker- und Ölindustrie und im Eisenbahnbau investierten.[32]

In weitem Abstand folgten die Griechen (6,7 bzw. 11,7 Prozent) und Armenier (6,4 bzw. 9,6 Prozent), die wirtschaftliche Vermittlungsfunktionen im Süden des Russischen Reiches erfüllten. Ebenfalls noch über dem Durchschnitt lagen die Tataren, die seit dem 18. Jahrhundert eine wichtige Rolle im Osten des Reiches gespielt hatten, deren Bedeutung aber zurückgegangen war, und die Aserbaidschaner. Die niedrige Durchschnittszahl für die Deutschen ist wiederum nicht aussagekräftig, lagen doch die Werte für das Baltikum (13,2 Prozent) und für Zentral- und Nordrußland (15,9 bzw. 8,9 Prozent) viel höher. Der Anteil der in Handel und Kreditwesen Beschäftigten spiegelt so noch deutlicher als derjenige der in Handwerk und Industrie Tätigen die Vermittlerrolle wider, die die mobilen Diasporagruppen im Russischen Reich noch immer spielten. Bei den Juden hatte sich die Spezialisierung im 19. Jahrhundert noch verstärkt, da ihnen die Tätigkeit in der Landwirtschaft, in der Verwaltung und in zahlreichen anderen Berufen versperrt oder mindestens stark erschwert wurde.

Die Russen hatten dagegen mit 2,5 Prozent (ohne Familienangehörige 3,2 Prozent) einen erheblich unter dem Durchschnitt liegenden Anteil an in Handel und Kreditwesen Beschäftigten, und sie machten auch nur ein gutes

Drittel der im Russischen Reich in diesem Sektor tätigen Bevölkerung aus. Hoch lagen die Werte dagegen wiederum bei den Tadschiken und Sarten Mittelasiens. Von allen übrigen Ethnien, auch den Polen, Letten, Esten und Georgiern, war ein erheblich geringerer Prozentsatz in Handel und Kreditwesen tätig. Die interethnische Arbeitsteilung war also hier stärker ausgeprägt als im Sektor Handwerk/Industrie. Dennoch ging die wirtschaftliche Bedeutung der mobilen Diasporagruppen gegen Ende des 19. Jahrhunderts zurück. Die soziale Mobilisierung der anderen Ethnien führte dazu, daß diese die Vorherrschaft der mobilen Diasporagruppen in einzelnen Bereichen als Hindernis für ihren sozialen Aufstieg ansahen und daß die Regierung nicht mehr unbedingt auf deren Dienste angewiesen war und ihre traditionellen Privilegien nicht mehr bestätigte. Aus dem sozialen und wirtschaftlichen Antagonismus der vor allem aus städtischen und ländlischen Unterschichten bestehenden Ethnien und den in Handel, Kreditwesen und Handwerk dominierenden mobilen Diasporagruppen der Juden, Armenier, Deutschen und Griechen ergaben sich vermehrt interethnische Konflikte.

3. Verstärkte Alphabetisierung und die Entstehung nationaler Intelligenzschichten

Neben Urbanisierung, Industrialisierung, Ausbau der Kommunikation und Mobilität stellt die Alphabetisierung ein wichtiges Element des Modernisierungsprozesses dar. Auch in diesem Bereich erlauben die Daten der Volkszählung von 1897 erstmals einen Vergleich aller Ethnien des Russischen Reiches (ohne Finnland). Erfaßt wurden die Lesekenntnisse, nicht die Schreibfähigkeiten, die erheblich niedrigere Werte ergeben hätten. Obwohl ein direkter Nachweis infolge des Mangels anderer Daten schwierig ist, liegen die Angaben der Lesekenntnisse der nichtchristlichen Ethnien offensichtlich zu niedrig. Das dürfte zum einen daran liegen, daß die Schulen der Muslime, Juden und Buddhisten zum Teil nur mechanisches Auswendiglernen vermittelten, zum anderen aber auch daran, daß manche russische Zähler die Lesefähigkeit in Arabisch, Tatarisch, Hebräisch, Jiddisch oder Mongolisch nicht registrierten. Zu berücksichtigen ist auch, daß der beträchtliche Aufschwung, den das Bildungswesen im Russischen Reich gerade am Ende des 19. Jahrhunderts erlebte, sich in der Volkszählung noch kaum niederschlug. Die folgenden Angaben zum Alphabetisierungsgrad (Tabelle 9) beziehen sich auf die Anteile der Lesefähigen unter der über zehnjährigen Bevölkerung.[33]

Deutlich an der Spitze lagen mit einem Alphabetisierungsgrad von 94 Prozent die Esten, gefolgt von den Letten (85 Prozent) und Deutschen (78,5 Prozent). Zu dieser Gruppe gehören auch die in der Volkszählung nicht erfaßten Finnen und Schweden des Großfürstentums Finnland mit einem Anteil an Lesefähigen von über 98 Prozent im Jahre 1900.[34] Die Ethnien vorwiegend lutherischer Konfession konnten also ihren seit dem 18. Jahrhundert bestehenden Bildungsvorsprung halten. Ein noch deutlicheres Bild ergeben die Zahlen für die Ostseeprovinzen, wo 96,1 Prozent der Esten, 95,2 Prozent der Deutschen und 92,1 Prozent der Letten lesen konnten. Das unterstreicht die Ausnahmestellung des Baltikums und Finnlands mit ihren mitteleuropäischen Traditionen und Strukturen. Zum anderen wird dadurch die Bedeutung der lutherischen Konfession für den Bildungsgrad unterstrichen, denn von den in Lettgallen (Gouvernement Vitebsk) lebenden katholischen Letten konnten nur 57,7 Prozent lesen. Auch die in anderen Regionen Rußlands lebenden, zum Teil katholischen Deutschen hatten eine niedrigere Alphabetisierungsquote als die Deutschbalten. Das gilt weniger für die ehemaligen Kolonisten (etwa 87 Prozent) als für die Deutschen Wolhyniens und Polens (etwa 60 Prozent). Bemerkenswert ist, daß bei den Esten und Letten mehr Frauen als Männer lesen konnten und sich die Stadt- und Landbevölkerung im Alphabetisierungsgrad kaum unterschieden. Allerdings war ein großer Teil der Esten, Letten und Finnen nur partiell alphabetisiert. So konnten zwar schon 1881 fast alle Esten lesen, aber weniger als die Hälfte auch schreiben.[35]

Erheblich hinter den mehrheitlich protestantischen Ethnien standen die Juden mit einem Alphabetisierungsgrad von 50,1 Prozent. Da die religiöse Erziehung im Cheder zunächst vor allem auf die Männer ausgerichtet war, hatten diese einen erheblich höheren Anteil von Lesefähigen (64,6 Prozent) als die Frauen (36,6 Prozent). Zeitgenössische Beobachter vermuten, daß die Alphabetisierungsquote der Juden höher lag.[36]

Als nächste Gruppe folgten die beiden wichtigsten römisch-katholischen Ethnien des Russischen Reiches, die Litauer (48,4 Prozent) und Polen (41,8 Prozent). Bei beiden lagen die Frauen nicht weit hinter den Männern zurück. Bemerkenswert ist, daß das Bauernvolk der Litauer den Angaben der Volkszählung zufolge einen höheren Grad an Lesefähigen aufwies als die alte polnische Kulturnation mit ihrem großen Anteil an Adligen und Stadtbewohnern. Nur bei der polnischen Stadtbevölkerung lag der Alphabetisierungsgrad mit 62,6 Prozent höher. Zwar ist denkbar, daß die Angaben zu den Polen etwas zu niedrig sind, doch liegt der Hauptgrund für diesen überraschenden Tatbestand wohl darin, daß die polnische Volksbildung stärker unter der repressiven Sprach- und Kirchenpolitik der russischen Regierung gelitten hatte als die litauische, die mit einem dichten Netz von geheimen Schulen und mit der Unterstützung der national gesinnten Geistlichkeit sich auch in der Epoche kultureller Repression weiterentwickeln konnte. Der relativ hohe Anteil an lesefähigen Litauern war damit gleichzeitig Produkt wie wichtiger Faktor der Nationalbewegung, die sich am Ende des 19. Jahrhunderts rasch ausbreitete. Bei den Polen dagegen, deren muttersprachliches Bildungswesen am Ende des 18. und zu Beginn des 19. Jahrhunderts ausgebaut worden war, lag nun der Alphabetisierungsgrad der Männer gleich niedrig wie bei den Russen.

Bei den orthodoxen Ethnien hatten die Griechen und Bulgaren einen höheren Anteil an Lesefähigen als die Russen, die mit 29,3 Prozent nur knapp über dem Reichsdurchschnitt lagen. Die Dynamik der Alphabetisierung war bei den Russen, die noch bis zur Jahrhundertmitte hinter den Ethnien im Westen und zum Teil auch im Osten zurückgelegen waren, am Ende des 19. und zu Beginn des 20. Jahrhunderts allerdings besonders groß. Von der männlichen russischen Stadtbevölkerung konnten 1897 immerhin schon fast 70 Prozent lesen. Hinter den Russen folgten mit erheblichem Abstand die Weißrussen (20,3 Prozent) und Ukrainer (18,9 Prozent), die über keine muttersprachlichen Schulen verfügten. Das Bildungsniveau der Ukrainer war noch im 18. Jahrhundert höher gewesen als das der Russen, doch hemmten im 19. Jahrhundert die repressive Sprachpolitik und die Assimilationstendenzen die Entwicklung. Unter der relativ geringen ukrainischen und weißrussischen Stadtbevölkerung lag der Alphabetisierungsgrad erheblich höher, bei den Männern bei 52 bzw. 60 Prozent. Bei den orthodoxen Ethnien mit Ausnahme der Georgier war der Unterschied zwischen den Lesekenntnissen der Männer und Frauen sehr groß: Bei den Russen hatten die Frauen einen dreimal, bei den Ukrainern einen sechsmal niedrigeren Alphabetisierungsgrad. Eine überraschend niedrige Alphabetisierungsquote hatten die konfessionell selbständigen Armenier (18,3 Prozent), wofür die in den 1880er Jahren beginnende Kampagne gegen die armenischen Schulen mitverantwortlich sein könnte. Von der wirtschaftlich aktiven armenischen Stadtbevölkerung konnten immerhin 46 Prozent lesen. Den weitaus niedrigsten Alphabetisierungsgrad unter den christlichen Ethnien hatten die Rumänen Bessarabiens (8,8 Prozent), die weitgehend aus Bauern bestanden und deren Sprache seit langem unterdrückt worden war.

Sogar die meisten der christianisierten bäuerlichen Ethnien des europäischen Rußland wiesen mehr Lesefähige auf als die Rumänen, an ihrer Spitze die schon fest integrierten Karelier (20,8 Prozent) und Syrjänen (17,9 Prozent), weniger deutlich die Mordwinen (11,6 Prozent), Tschuwaschen (9,5 Prozent) und Tscheremissen (8,9 Prozent), während die Wotjaken mit 6,8 Prozent zurücklagen. Da fast alle Frauen der Wolga-Ethnien analphabetisch waren, lag der Anteil der lesefähigen Männer fast doppelt so hoch wie die oben genannten Werte. Eine erheblich niedrigere Alphabetenrate hatten dagegen die formal christianisierten Ethnien Sibiriens. Bei den Jakuten lag der Wert bei 0,9 Prozent, und von den 8812 Tschuktschen gaben 1897 lediglich zwei an, daß sie lesen könnten. Erheblich höher, wahrscheinlich noch über den in der Volkszählung ausgewiesenen 9,1 Prozent, lag dagegen der Anteil der Lesefähigen bei den mehrheitlich lamaistischen Burjäten.

Die muslimischen Ethnien lassen sich nach ihrem Alphabetisierungsgrad in zwei Gruppen teilen. Auf der einen Seite die Wolga- und Krimtataren sowie die stark tatarisierten Baschkiren mit einem Anteil an Lesefähigen, der mit 24 bis 27 Prozent nur wenig hinter dem der Russen zurückblieb. Bei den Männern lagen die Russen allerdings deutlich voran, während erheblich mehr tatarische und baschkirische Frauen lesen konnten als russische – eine für Muslime nicht selbstverständliche Tatsache. Der relativ hohe Bildungsgrad der Tataren überrascht nicht, hatten sie doch schon seit langem ein entwickeltes religiöses Schulwesen und einen relativ hohen Alphabetisierungsgrad. Sie scheinen in der zweiten Hälfte des 19. Jahrhunderts trotz der Ausbreitung des reformistischen Dschadidismus gegenüber den Russen an Boden verloren zu haben. Bei allen Muslimen der asiatischen Gebiete lag dagegen der Anteil der Lesefähigen der Volkszählung zufolge unter 5 Prozent. Für die nomadischen Kasachen (4,0 Prozent), Turkmenen (2,1 Prozent) und Kirgisen (0,8 Prozent) und die kaukasischen Bergvölker (7,1 Prozent, 10,8 Prozent bei den Dagestanern und 3,1 Prozent bei den Tschetschenen) könnten die Angaben zutreffen. Für die seßhaften Muslime Transkaukasiens (3,3 Prozent) und Mittelasiens (2,1 bis 4,8 Prozent), die seit Jahrhunderten ein dichtes Netz religiöser Schulen hatten, liegen die Zahlen mit Sicherheit zu niedrig, auch wenn man die bescheidene Qualität der konservativen Koranschulen in Rechnung zieht.

Im ganzen gesehen fällt auf, daß für die Gruppierung der Ethnien nach ihrem Bildungsgrad die Konfession der zentrale Faktor war. Die Protestanten lagen vor den Juden, Katholiken, Orthodoxen, Muslimen, Buddhisten und Animisten. Die Reihenfolge entspricht dem Stellenwert und der Qualität, die das noch immer stark religiös geprägte Bildungswesen bei den einzelnen Glaubensgemeinschaften hatte. Dem Urbanisierungsgrad kam dagegen nur eine nachgeordnete Bedeutung zu, wie das Beispiel der Litauer deutlich macht, die im Alphabetisierungsgrad weit vorne lagen, im Urbanisierungsgrad dagegen unter den Ethnien des europäischen Teils des Russischen Reichs einen der letzten Plätze einnahmen.

Gewisse Hinweise darauf, welche Wirkungen die partielle Russifizierung des Schulwesens hatte, lassen die Angaben der Volkszählung zur Lesefähigkeit im Russischen zu. Die Ethnien ohne muttersprachliche Elementarschulen wie die Ukrainer, Weißrussen, Rumänen oder Tschuwaschen konnten in der Regel nur Russisch lesen. Bei den Juden, Griechen und der deutschen und armenischen Stadtbevölkerung war die Zahl der Personen mit Russisch-Lesekenntnissen erheblich höher als die der Personen, die Lesekenntnisse nur in einer anderen Sprache, in der Regel ihrer Muttersprache, besaßen. Das bedeutet nicht, daß diese Vertreter der mobilen Diasporagruppen ihre Muttersprachen nicht lesen konnten, doch waren sie für ihre Vermittlungstätigkeit in höherem Maß auf Kenntnisse des Russischen angewiesen als andere Ethnien. Daß auch bei den Polen fast die Hälfte der Lesefähigen (auch) Russisch lesen konnte, weist auf die partiellen Erfolge der hier besonders repressiven Schulpolitik hin. Bei den Litauern, Esten und Georgiern konnte dagegen weniger als ein Drittel der Lesefähigen auch Russisch lesen, bei den Letten weniger als die Hälfte. Unter der Stadtbevölkerung lagen die Anteile der Personen mit russischen Lesekenntnissen allerdings erheblich höher, was auf die akkulturierende Wirkung des urbanen Milieus verweist. Sehr gering blieb der Anteil der Russisch Lesenden bei den Tataren und den übrigen Muslimen, deren Schulwesen kaum angetastet worden war. Unter den Ethnien im Westen des Reiches hatte die Russifizierung der Schulen also Wirkungen gezeitigt und die Russischkenntnisse vor allem unter der Stadtbevölkerung verbreitet. Das heißt aber nicht, daß diese Personen ihre Muttersprache nicht lesen konnten oder sie gar aufgegeben hatten. Da wir über keine verläßlichen Zahlen zu den Personen, die in ihrer Muttersprache lesen konnten, und über gar keine Angaben zum mündlichen Gebrauch der Sprachen verfügen, sind quantitative Aussagen über Assimilationsvorgänge leider nicht möglich.

Die Volkszählung von 1897 enthält auch Angaben über den Anteil der Personen, die eine Lehranstalt der mittleren oder höheren Bildung besucht (nicht unbedingt abgeschlossen) hatten (Tabelle 9). Erfaßt wurden allerdings nur die staatlich anerkannten Lehranstalten, also nicht die nichtchristlichen konfessionellen Schulen. Die Anteile dieser Personen (hier die über Zehnjährigen), die im folgenden vereinfacht als Gebildete bezeichnet werden, erlauben gewisse Rückschlüsse auf das Potential einer nationalen Intelligenz. Zusatzinformationen können die Angaben über spezifische Berufsgruppen geben, so vor allem zu den Freien Berufen (Tabellen 7 und 8). Unter diesem Begriff werden folgende Berufszweige zusammengefaßt: Unterricht und Erziehung, Wissenschaft und Kunst, Tätigkeit im privaten Rechtswesen und in Wohltätigkeitseinrichtungen.[37] Da diese Kategorien auch das untergeordnete Personal der entsprechenden Einrichtungen wie Diener, Schreiber oder Wächter erfaßten, enthalten die entsprechenden Anteile nicht nur Gebildete. Eine weitere Berufskategorie, die einen Teil der Intelligenz absorbierte, war «Verwaltung, Gericht, Polizei» (mit einem noch höheren Anteil Ungebildeter), während der Bereich «Kirche» die geistliche Intelligenz mit umfaßte.

Von allen Ethnien des Reiches wiesen 1897 die Deutschen mit großem Abstand die meisten Gebildeten auf (6,4 Prozent). Noch erheblich höher lag die Quote unter den Deutschbalten (19,1 Prozent) und der in hohem Maß aus Spezialisten bestehenden deutschen Stadtbevölkerung Zentralrußlands (47,1 Prozent). Auch unter den Angehörigen der Freien Berufe und in der Administration standen die Deutschen mit an der Spitze. Deutsche Spezialisten hatten seit dem 18. Jahrhundert eine hervorragende Rolle in der Modernisierung Rußlands gespielt. Obwohl im Laufe des 19. Jahrhunderts immer mehr Russen in die Intelligenz aufgerückt waren, hatten die Deutschen, unter ihnen die deutschbaltischen «Literati» und zahlreiche neu eingewanderte Spezialisten, auch 1897 in den Bereichen Medizin, Wissenschaft und Kunst den relativ höchsten Anteil aller Ethnien.

Die Ethnien mit dem zweit- und drittgrößten Anteil an Gebildeten waren die «alten Nationen» der Polen (2,8 Prozent) und Russen (2,3 Prozent), die über eine traditionell gebildete adlige Oberschicht verfügten. Bei den Russen, deren Adel erheblich schmaler war als der polnische, kamen als weitere soziale Gruppen, aus denen sich die Intelligenz rekrutierte, die Priester und die Stadtbevölkerung hinzu. Auch unter den Freien Berufen waren Russen und Polen leicht übervertreten. Da es im Russischen Reich keine polnische Universität mehr gab, studierten zahlreiche Polen an russischen Universitäten und Spezial-Hochschulen. Polnische Ärzte, Juristen, Ingenieure und Wissenschaftler (unter ihnen etwa der bedeutende Sprachwissenschaftler Baudouin de Courtenay) wirkten auch im Inneren Rußlands, so vor allem in Petersburg.[38] Daß die Russen den höchsten Anteil der in der Administration Beschäftigten hatten, erstaunt nicht, da sie auch unter den Beamten der meisten Randgebiete stark vertreten waren. Daß aber die Polen hier an zweiter Stelle standen, dokumentiert, daß der russische Staat noch immer auf die Mitwirkung der gebildeten polnischen Elite angewiesen war. Die geistliche Elite der Priester war bei den Polen infolge der repressiven Regierungspolitik klein, bei den Russen dagegen groß, da russische oder russifizierte Priester auch unter Nichtrussen, etwa den Ukrainern oder den Ethnien der Mittleren Wolga, wirkten.

Einen ungefähr gleich großen Anteil an Gebildeten wie die Russen hatten die mobilen Diasporagruppen der Armenier und Griechen. Die Juden dagegen lagen den Angaben der Volkszählung zufolge erheblich zurück und sogar unter dem Reichsdurchschnitt, wobei die Angaben für die männliche Bevölkerung besonders niedrig sind. Eine Erklärung dafür könnte in den Zulassungsbeschränkungen von Juden für höhere Schulen liegen, die besonders die Knaben betrafen.[39] Auch wenn die Zahlen zutreffen sollten, erlauben sie keine definitive Aussage über den niedrigen Anteil Gebildeter bei den Juden. Dagegen sprechen der trotz der Quotierung relativ hohe Prozentsatz jüdischer Studierender an Mittel- und Hochschulen und die Daten zu den Freien Berufen. Im Teilbereich Schule/Erziehung hatten die Juden nämlich die deutlich höchsten Anteile, während sie in Medizin und Wissenschaft/Kunst hinter den Deutschen, im Rechtswesen hinter den Polen, überall jedoch klar vor den Russen lagen. Die Armenier und Griechen waren hier unterdurchschnittlich vertreten, ihre Gebildeten wandten sich vorwiegend wirtschaftlichen, die Armenier auch administrativen Tätigkeiten zu, während den Juden Karrieren in der Verwaltung praktisch verschlossen waren.

Einen im Reichsdurchschnitt liegenden Anteil Gebildeter hatten die Georgier mit ihrem breiten Adel, der aber nur zögernd eine Beschäftigung in Freien Berufen oder Verwaltung aufnahm. Alle übrigen Ethnien hatten einen geringen Anteil an Personen, die staatlich anerkannte Mittel- oder Hochschulen besucht hatten und in den Freien Berufen oder der Verwaltung arbeiteten. Das gilt auch für die Letten und Esten, die zwar den höchsten Anteil an Lesekundigen und eine stark zunehmende Stadtbevölkerung hatten, die aber vor 1900 nur selten den Weg in die höheren Schulen fanden. In den Freien Berufen, der Verwaltung und der Geistlichkeit standen ihnen die breit gebildeten Deutschbalten im Weg. Die einzige breitere Gruppe von gebildeten Esten und Letten waren die Lehrer. Noch niedriger war der Anteil der Gebildeten und Freier Berufe bei den Ukrainern, Weißrussen,

Litauern und Rumänen, die vorwiegend auf dem Lande lebten und einer Aufstiegsassimilation unterlagen. Dennoch formierte sich auch bei diesen traditionell bäuerlichen Ethnien allmählich eine schmale nationale Intelligenz: 1897 hatten immerhin über 50000 Ukrainer, 20000 Weißrussen und je mehr als 3000 Litauer und Rumänen eine höhere Schule besucht. Sogar unter den Ethnien der Mittleren Wolga, des Nordens und Sibiriens, die extrem niedrige Anteile an Gebildeten hatten, verfügten einzelne Gruppen wie die Syrjänen und Jakuten über eine schmale nationale Intelligenz.

Da die religiösen Mittel- und Hochschulen der Nichtchristen in der Volkszählung ausgeklammert wurden, kann man aus dem in den Resultaten ausgewiesenen extrem niedrigen Prozentsatz Gebildeter keine Rückschlüsse auf das Fehlen einer geistigen Elite bei Muslimen und Lamaisten ziehen. Mit Ausnahme einzelner Vertreter einer weltlichen Intelligenz (vor allem bei der tatarischen Diaspora) bestand die intellektuelle Elite bei den Muslimen und Lamaisten Rußlands noch immer aus Geistlichen.

Obwohl überall im Laufe des 19. Jahrhundert ein Säkularisierungsprozeß einsetzte, blieben die Hochkulturen des Russischen Reiches auch um 1900 noch stark religiös geprägt. Das gilt in erster Linie für die islamischen Kulturen des südlichen Mittelasien und des Kaukasusgebiets und die kleinen lamaistischen Enklaven der Burjäten und Kalmücken, in etwas geringerem Maß aber auch für die Kultur der Tataren, Armenier und Juden. Alle diese Ethnien hielten an ihren eigenen Schriften und sakralen Sprachen (Arabisch, Mongolisch, Hebräisch) fest, entwickelten aber daneben vermehrt ihre weltlichen Literatursprachen (Tatarisch, Aserbaidschanisch, Jiddisch) weiter.

Die russische Kultur, die im 19. Jahrhundert in Literatur, Musik und Malerei eine Hochblüte erreichte, und die russische Wissenschaft, die sich immer stärker in die gesamteuropäische Entwicklung eingliederte, übten große Attraktivität auf die Vertreter der säkularen nichtrussischen Intelligenz aus, die in der Regel die gegen Ende des 19. Jahrhunderts schon stark russifizierten staatlichen Bildungsanstalten absolvierten. Besonders groß war der russische Einfluß auf die Ukrainer und Weißrussen, in zweiter Linie auch auf die übrigen orthodoxen Ethnien. Aber auch die protestantischen Deutschen und katholischen Polen wurden vermehrt akkulturiert, nachdem ihre muttersprachlichen Universitäten in russischsprachige umgewandelt worden waren und Karrieren stärker an russische Sprachkenntnisse gebunden waren als früher. Als Schmelztiegel wirkte neben den Hochschulen auch die russische Armee, in der außer den inorodcy alle Untertanen des Zaren zu dienen hatten und zwar, wie die Berufstabellen zeigen, vorwiegend außerhalb ihres Siedlungsgebiets.

Die alten christlichen Hochkulturen der Polen, Georgier und Armenier entwickelten sich aber auch im spätzarischen Reich weiter. Die polnische Kultur beeinflußte trotz der diskriminierenden Behinderungen noch immer die Litauer, Weißrussen und westlichen Ukrainer, die deutsche Kultur die Letten und Esten. In Finnland dagegen war die Ablösung der alten schwedischen Hochsprache durch das Finnische schon in vollem Gang. Das praktisch gleichberechtigte Nebeneinander unterschiedlicher Hochsprachen und Hochkulturen, wie es das vormoderne Vielvölkerreich geprägt hatte, war im europäischen Teil am Ende des 19. Jahrhunderts allerdings durch eine Vorherrschaft des Russischen abgelöst worden. Dieser unifizierenden Tendenz stand entgegen, daß mit den Nationalbewegungen «junger Völker» gleichzeitig neue Hochsprachen und Anfänge von Hochkulturen entstanden. So wurde mittelfristig das Nebeneinander der russischen, deutschen und polnischen, der hebräisch-jiddischen, armenischen, georgischen, tatarischen und arabischen Hochsprache und Hochkulturen nicht durch die russische Sprache und Kultur abgelöst, sondern noch erweitert zu einer erheblich größeren Vielfalt von Literatursprachen und Hochkulturen.

4. Der Charakter des spätzarischen Vielvölkerreiches

Das Russische Reich zeichnete sich auch am Ende des 19. Jahrhunderts durch eine große Heterogenität der Wirtschaftsweisen, Sozialordnungen und Kulturen aus. Nachdem es sich am Ende des 18. und zu Beginn des 19. Jahrhunderts so weit nach Europa ausgedehnt hatte wie nie zuvor, verlagerte sich sein Schwerpunkt infolge der Ost-Expansion des 19. Jahrhunderts wieder stärker nach Asien. Der Bevölkerungsanteil der Russen ging zurück, derjenige der Muslime und Nomaden erhöhte sich. Obwohl einzelne Denker wie der Panslawist N. Ja. Danilevskij seine eurasiatische Sonderstellung hervorhoben, blieb das Russische Reich im Bewußtsein von Regierung und Elite ein europäischer Staat.[40] Die Überwindung der relativen Rückständigkeit Rußlands gegenüber dem übrigen Europa und damit eine mindestens partielle Angleichung an die fortgeschrittenen Länder des Westens, also einen weiteren Schub der Europäisierung, sollte auch der vom Staat initiierte Modernisierungsschub in der zweiten Jahrhunderthälfte erreichen.

Bauernbefreiung, Industrialisierung, Urbanisierung, Kommerzialisierung der Landwirtschaft und Ausbau des Bildungswesen dynamisierten das Vielvölkerreich Rußland und veränderten seinen Charakter. Die soziale Mobilisierung erfaßte neue Schichten, die Modernisierung förderte die wirtschaftliche Integration der Randgebiete und die Uniformierung der administrativen und sozialen Strukturen. Die Migration von Russen erhöhte deren Bevölkerungsanteil vor allem in den Steppengebieten, die zuvor Hirtennomaden als Weiden gedient hatten, und in einigen industriellen Zentren der Peripherie. Die russischen militärischen und administrativen Eliten hatten nun die Führungspositionen in allen Randgebieten außer Finnland inne. Die russische Sprache und Kultur und die Orthodoxie wirkten verstärkt als Instrumente der Homogenisierung. Die soziale und nationale Mobilisierung erfaßte aber gleichzeitig mit den Russen zahlreiche nichtrussische Ethnien, die allmählich zu modernen Nationen mit neuen Eliten, Literatursprachen und Hochkulturen wurden. Diese gegenläufigen Tendenzen der Homogenisierung und Diversifizierung verstärkten die politischen und sozialen Spannungen im spätzarischen Vielvölkerreich.

Das Russische Reich wurde allerdings regional und sektoral in ganz unterschiedlichem Maß von der Modernisierung erfaßt. Nicht nur sein politisches System blieb im Kern unverändert, sondern auch seine sozialökonomische Basis: Das Russische Reich blieb agrarisch geprägt, die überwiegende Mehrheit der Bevölkerung lebte weiter auf dem Lande, hielt an einer traditionellen Wirtschaftsweise fest, blieb analphabetisch. Die dynastisch legitimierte Autokratie und die traditionelle ständische Ordnung blieben wichtige Klammern, die Religion behielt trotz fortschreitender Säkularisierung ihre Bedeutung für Kultur und ethnische Identität.

Die Struktur des spätzarischen Vielvölkerreichs war geprägt durch diese Mischung aus neuen und traditionellen Elementen. Das zeigt sich auch an der Stellung der nichtrussischen Eliten, die im Laufe der Expansion in den Adel des Reiches kooptiert worden waren. Die polnischen, georgischen, aserbaidschanischen und deutschbaltischen Adligen verloren zwar ihre politische Sonderstellung (mit der Ausnahme Finnlands), und manche erlebten nach der Bauernbefreiung einen sozialen Abstieg. Als zahlenmäßig reduzierte Elite konnten sie aber ihre soziale und wirtschaftliche Führungsstellung in den jeweiligen Regionen weitgehend behaupten. Infolge der Vermehrung einer russischen gebildeten Oberschicht war zwar der russische Staat nicht mehr dermaßen von ihrer Kooperation abhängig wie in frühen Jahrhunderten, verzichten konnte er aber auf ihre Mitarbeit noch immer nicht. So übten Deutschbalten, Deutsche, Finnländer, Polen und Kaukasier weiter wichtige Funktionen nicht nur in der Lokalverwaltung aus, sondern auch in der zentralen militärischen und administrativen Elite. Der besonders zahlreiche deklassierte polnische Adel übernahm neue Aufgaben in Wissenschaft, Technik und Kultur.

Die soziale und nationale Mobilisierung verstärkte auch den Druck auf die mobilen Diasporagruppen, die im vormodernen Vielvölkerreich komplementäre Funktionen in Wirtschaft, Verwaltung, Wissenschaft und Kultur gehabt hatten und dank ihren spezifischen Fähigkeiten, insbesondere ihren Sprachkenntnissen und Kommunikationsnetzen, für den Staat nicht ersetzbar, gleichzeitig aber vom Staat abhängig waren.[41] Obwohl sich nicht nur Unterschichten und Nationalisten verstärkt gegen die mobilen Diasporagruppen der Juden, Deutschen und Armenier wandten, sondern auch die russische Regierung gegen Ende des 19. Jahrhunderts von ihrer tradionellen Protektorenrolle abrückte, behielten diese ihre spezifischen Funktionen weitgehend. Juden, Deutsche (Deutschbalten und deutsche Stadtbevölkerung) und Armenier, weniger deutlich auch Griechen und Tataren, blieben besonders stark urbanisierte, im Handel, Kreditwesen und Handwerk übervertretene Gruppen. Auch als Industrieunternehmer traten sie in Erscheinung, wenn auch nicht so prominent wie die Ausländer. Die Juden wirkten weiter im Westen des Reiches, die Deutschen im Nordwesten, die Armenier und Griechen im Süden, die Tataren im Osten. Im Zentrum trugen Deutschbalten und Deutsche, unter ihnen viele neue Einwanderer, als Wissenschaftler, Ärzte und Ingenieure zur Modernisierung des Reiches bei, und Juden spielten trotz ihrer Fesselung auf den Ansiedlungsrayon im Bankwesen eine wichtige Rolle. Allerdings hatte die Bedeutung der mobilen Diasporagruppen ihren Höhepunkt bereits überschritten. Ihre Aufgaben wurden vermehrt von russischen Kadern übernommen, sie waren einem immer stärkeren Druck der sozial mobilisierten Grundschichten, besonders der Russen, ausgesetzt, und das Aufkommen des Nationalismus, unter anderem auch sein Eindringen in die Außenpolitik, zerstörte das Vertrauen der Regierung in ihre Loyalität und verstärkte die Vorurteile gegenüber den ethno-religiös fremden Gruppen. Wie das Ansteigen von Antisemitismus, Armeno- und Germanophobie zeigten, übernahmen sie im sich modernisierenden Rußland die Rolle von Sündenböcken.

Ein Spiegel des Vielvölkerreiches blieb die Hauptstadt Petersburg, während Moskau stärker russisch geprägt war. Der Anteil der Nichtrussen an der Bevölkerung Petersburgs blieb in der zweiten Hälfte des 19. Jahrhunderts konstant, doch stieg mit der Gesamtbevölkerung ihre absolute Zahl stark an: 1869 waren 16,8 Prozent der 667000 Einwohner Nichtrussen gewesen, 1900 waren es 17,8 Prozent von 1,4 Millionen. Zurückgegangen war der Anteil der zweitgrößten Ethnie, der Deutschen (von 6,8 auf 4,0 Prozent), und der Finnen (von 2,7 auf 1,4 Prozent), während der Prozentsatz der Polen (2,2 und 3,5 Prozent), der Weißrussen (0,4 und 2,9 Prozent), der Esten (0,6 und 1,3 Prozent) und der Juden (1,0 und 1,4 Prozent) angestiegen war.[42] In zahlreichen Tätigkeitsbereichen waren die nichtrussischen Bewohner Petersburgs – unter ihnen viele Frauen – allerdings weit überproportional vertreten. Besonders viele Deutsche waren in einzelnen Handwerkszweigen (Schlosser, Bäcker und Uhrmacher), als Unternehmer, Kaufleute, Ärzte, Lehrer und Ingenieure beschäftigt. Zahlreiche Finnen arbeiteten als Handwerker (besonders als Juweliere), Fabrikarbeiter und Dienstboten, die meisten Esten und Weißrussen ebenfalls als Arbeiter und als Dienstpersonal. Die Polen Petersburgs waren traditionell Offiziere, Beamte und Studenten, am Ende des Jahrhunderts kamen Angehörige der Intelligenz und Arbeiter hinzu. Die Juden waren zunächst Kaufleute und Handwerker, dann vermehrt auch Feldschere, Ärzte und Advokaten. Im ganzen waren Nichtrussen in qualifizierten Berufen erheblich breiter vertreten als die Russen. Die spezifischen Fähigkeiten nichtrussischer Ethnien wurden also auch für die Modernisierung Petersburgs genutzt. Zwar nahm wie im ganzen Reich auch in der Hauptstadt die Bedeutung und Anziehungskraft der russischen Sprache und Kultur zu, doch erhielten sich die einzelnen Gemeinschaften ihre religiösen und kulturellen Enklaven in der Hauptstadt.

Im ganzen blieb die Struktur des Vielvölkerreichs Rußland kompliziert und uneinheitlich. Zum einen verstärkte sich mit der Modernisierung sein kolonialer Charakter.[43] Die wirtschaftliche Entwicklung einiger Regionen wurde verstärkt auf das Zentrum und seine Industrien ausgerichtet. Dabei unterscheidet ein Teil der Forschung zwischen dem klassischen überseeischen Kolonialismus und einem «europäischen» oder «inneren» Kolonialismus.[44] Mit der gezielten Förderung des Baumwollanbaus wurde Mittelasien zum Paradebeispiel einer klassischen Kolonie. Mit dem Anwachsen der Migration russischer Bauern dehnten sich die Siedlungskolonien aus und führten zur weiteren Verdrängung von Hirtennomaden, Bergbevölkerung und Jägern und zu ihrer verstärkten Abhängigkeit von der Zentrale. Die asiatischen Gebiete Rußlands können deshalb ohne Einschränkungen als Kolonien bezeichnet werden, nicht nur wegen ihrer Rolle als Rohstofflieferanten und Absatzmärkte, sondern auch auf Grund ihres relativ niedrigen sozioökonomischen und sozio-kulturellen Entwicklungsniveaus und der rechtlichen Ausgrenzung ihrer Bevölkerung. Zwar geriet Transkaukasien spätestens mit der Forcierung der Erdölgewinnung ebenfalls in eine wirtschaftskoloniale Abhängigkeit vom Zentrum, doch paßt es mit seiner in den Adel des Reiches kooptierten Aristokratie, seiner wirtschaftlich einflußreichen armenischen Mittelschicht und dem relativ hohen Bildungsstand der christlichen Ethnien schon nicht mehr ganz in das klassische koloniale Modell.

Dem Typus der «inneren Kolonie» haben ukrainische Forscher seit den 20er Jahren die Ukraine zugeordnet.[45] Der Aufbau des Schwerindustriekomplexes in der südlichen Ukraine trug wirtschaftskoloniale Züge, da er einseitig auf die Ausbeutung von Rohstoffen orientiert war und von außen gelenkt wurde. Dennoch würde ich das Verhältnis Rußlands zur Ukraine nur bedingt als kolonial bezeichnen, kam doch die Modernisierung auch der Region zugute, deren sozio-ökonomischer Entwicklungsstand höher war als der Rußlands. Allerdings geriet die Bevölkerungsmehrheit der Ukrainer immer stärker in Rückstand. Die Diskussion über einen russischen Kolonialismus wird auch dadurch kompliziert, daß Rußland selber als wirtschaftlich rückständige Macht am Ende des 19. Jahrhunderts von ausländischem Kapital, Know how und ausländischen Unternehmern abhängig war.

Aber auch die nordwestliche Peripherie des Reiches befand sich nicht in kolonialer Abhängigkeit von Rußland. Obwohl das russische Zentrum, besonders die beiden Hauptstädte, eine stürmische wirtschaftliche, soziale und kulturelle Entwicklung erlebten, konnten das Königreich Polen, Finnland und die Ostseeprovinzen ihren Vorsprung im sozio-ökonomischen und sozio-kulturellen Entwicklungsniveau halten. Zwar wurden auch diese Regionen stärker an das Zentrum gebunden, doch profitierte ihre Wirtschaft vom russischen Absatzmarkt und von den Rohstoffimporten aus Rußland. Im Entwicklungsstand der Landwirtschaft hoben sich die meisten Regionen im Westen und Süden ebenfalls positiv vom russischen Zentrum und vom Osten ab.

Auch wenn man nicht die Regionen, sondern die ethnischen Gruppen als Maßstab nimmt, ergibt sich, daß die Russen noch immer keineswegs das privilegierte «Herrenvolk» des Reiches waren. Zwar hatten sie gegenüber der Vormoderne aufgeholt, doch lagen sie im Grad der Urbanisierung und Alphabetisierung weiter hinter einer ganzen Reihe anderer Ethnien zurück. Zwar gab es jetzt eine breite russische Intelligenz, doch noch immer waren hier die Deutschen, Polen und Juden besser vertreten. Die Masse der russischen Bauern lebte weiter schlechter als die meisten Bauern in anderen Regionen des Reiches, wobei allerdings bei einigen Ethnien im Westen die Schicht des ländlichen Proletariats ohne Grund und Boden breiter war. Wenn man als Faktor für den Lebensstandard einer Ethnie die mittlere Lebenserwartung heranzieht, dann lagen die Russen hier – den Berechnungen eines sowjetukrainischen Statistikers der 20er Jahre zufolge – nicht nur hinter den Letten, Esten, Litauern und Juden, sondern auch hinter den Ukrainern, Weißrussen, Tataren und Baschkiren zurück.[46] Die Modernisierung Rußlands und der Russen verlief also regional und sozial noch ungleichmäßiger als die der meisten anderen Regionen und Ethnien. Die Zarenregierung hatte zwar das russische Zentrum und die russischen Machteliten gefördert, die Masse der Russen in der Provinz blieb aber eine vernachlässigte Mehrheit.

Der politischen und militärischen Dominanz des russischen Zentrums standen also auch im spätzarischen Vielvölkerreich ein sozio-ökonomisches und sozio-kulturelles Entwicklungsgefälle vom Nordwesten über Rußland in den Osten des Reiches gegenüber, und die Masse der Russen blieb in Wirtschaftsniveau, Bildungsstand und Lebensstandard weiter hinter einer ganzen Reihe anderer Ethnien zurück. Diese grundlegenden strukturellen Merkmale wurden als Erbe von der Sowjetunion übernommen.

Dieser Tatbestand läßt erneut die Frage aufkommen, wem die imperiale Expansion Rußlands zugute gekommen ist. Die meisten Nichtrussen und viele Russen beklagten und beklagen sich darüber, daß sie vom Zentrum unterjocht und ausgebeutet worden seien. Damals wie heute hätten nur der Staat und die (mehrheitlich russische) Machtelite in Bürokratie und Armee von der Herrschaft über das Imperium profitiert. Ohne Zweifel haben die Expansionspolitik und die ständige Aufgabe der Herrschaftssicherung über Jahrhunderte hinweg gewaltige menschliche und materielle Ressourcen erfordert, haben von der sozialen, wirtschaftlichen und politischen Entwicklung im Inneren Rußlands abgelenkt, das extensive Wachstum auf Kosten des intensiven gefördert und damit die Rückständigkeit Rußlands mit bedingt. Wie hatte doch Rousseau den russischen Appetit auf Polen kommentiert? Seine Bemerkung erwies sich als Prophezeiung: Weder das Zarenreich noch die Sowjetunion waren imstande, die zahlreichen, schnell verschlungenen Brocken zu verdauen.

Neuntes Kapitel:

Nationalitätenfrage und Revolution

Dem Russischen Reich stellten sich zu Beginn des 20. Jahrhunderts gleichzeitig drei Aufgaben, die den Ländern Europas, die sozial, wirtschaftlich und politisch weiter fortgeschritten waren, in unterschiedlichen Entwicklungsphasen angestanden hatten. Erstens hatte die bürgerliche Revolution in Rußland nicht stattgefunden: Es gab keine Verfassung, keine Garantie der bürgerlichen Grundrechte, keine politische Partizipation breiterer Schichten, kein staatstragendes Bürgertum. Die Macht der zarischen Autokratie blieb mindestens theoretisch uneingeschränkt, der grundbesitzende Adel behielt eine wichtige Stellung, und die Bauernbefreiung war nicht zu Ende geführt worden. Mit der Aufgabe der liberal-demokratischen Umwälzung verband sich – wie in der Revolution von 1848 – als zweite Aufgabe die nationale Emanzipation der nichtrussischen Ethnien, die fast 60 Prozent der Bevölkerung stellten. Drittens setzten im Gefolge der forcierten Industrialisierung seit den 1890er Jahren oppositionelle Intelligenz und Arbeiterbewegung die Aufgabe der sozialistischen Revolution auf die Tagesordnung.

Das Zusammenfallen der drei Aufgaben führte zu einer Kumulation sozialer und politischer Konflikte. Der Staat, das traditionale politische System des Ancien Régime,. und die vormodernen sozio-ökonomischen Strukturen (vor allem in der Landwirtschaft) erlebten eine Krise, die Spannungen zu den von Industrialisierung und Modernisierung entfesselten neuen Kräften verstärkten sich ebenso wie die Spannungen zum westlichen Ausland und die nationalen Spannungen innerhalb des Vielvölkerreiches. Die Schwäche des Staates, des autokratischen Systems mit seiner vormodernen Legitimation und seiner nur beschränkten Reformfähigkeit, wurde im Russisch-Japanischen Krieg 1904–05 und im Ersten Weltkrieg offensichtlich.

Es ist hier nicht der Platz, die Russische Revolution im komplizierten Geflecht ihrer historischen Kräfte zu analysieren.[1] Ich beschränke mich auf eine knappe Darstellung des nationalen Faktors. Dabei ergibt sich eine doppelte Fragestellung:

1. Welchen Stellenwert hatte die nationale Frage für die Revolution, welchen Beitrag leisteten nichtrussische Ethnien in den Umbrüchen von 1905–6 und 1917?

2. Welche Bedeutung hatte die Revolution für die Nichtrussen und ihre nationalen Bewegungen?

Beide Fragen sind bisher nicht umfassend untersucht worden.[2] Das liegt unter anderem daran, daß man inner- und außerhalb der Sowjetunion den sozialen und politischen Faktoren der Revolution Priorität gegeben und ihnen die nationalen untergeordnet hat. Ein solcher Zugang hat seine Berechtigung: Nationale Konflikte spielen sich nicht im luftleeren Raum ab und sind immer mit sozialen, politischen und wirtschaftlichen Gegensätzen gekoppelt. Allerdings weisen nationale Bewegungen eine Eigendynamik auf, die nicht unterschätzt werden darf. Wie groß die Sprengkraft ethnisch relevanter sozialer, politischer und wirtschaftlicher Interessenkonflikte sein kann, hat die Entwicklung in der Sowjetunion seit 1988, die in manchem an die Jahre 1905 und 1917 erinnerte, erneut demonstriert.

1. Die Revolution von 1905 als Völkerfrühling

57 Jahre nach der Revolution von 1848 stellten sich auch in Rußland die Aufgaben der bürgerlichen Revolution und der nationalen Emanzipation. Die liberal-demokratischen Forderungen standen in der Epoche der Industrialisierung mit sozialistischen Zielsetzungen in Konkurrenz, und in den revolutionären wie in den nationalen Bewegungen zeigten sich beide Elemente in einem jeweils unterschiedlichen Mischungsverhältnis. Die Revolution von 1905 war gleichzeitig eine Revolution der Intelligenz, der Arbeiter, der Bauern, der Soldaten und der Nationalitäten. Daß sich die einzelnen Stränge nicht zu einer einheitlichen revolutionären Bewegung vereinigten, sondern in der Regel ihre eigene autonome Entwicklung nahmen, kann als eine der zentralen Ursachen für das Scheitern der Revolution gelten.[3]

Die Revolution begann in der Hauptstadt, und auch in ihrer Vorgeschichte spielten die Bewegungen der liberalen Gutsbesitzer und der radikalen Intelligenz in Petersburg eine wichtige Rolle. Gleichzeitig gab es wichtige Vorläufer an der Peripherie des Russischen Reiches, die oft übersehen werden. Schon in den Jahren 1895 bis 1900 fielen von 59 Straßendemonstrationen, die im Russischen Reich registriert wurden, nur drei auf die russischen Gebiete, dagegen 25 auf das Königreich Polen, je 9 auf die Ostseeprovinzen und die Ukraine, 7 auf Weißrußland und 6 auf Finnland.[4] Die Bauernbewegung flammte nach Jahrzehnten relativer Ruhe in den Jahren 1902 bis 1904 in der linksufrigen Ukraine wieder auf, und die gleichzeitig stattfindende bäuerliche Protestbewegung im sozial und ethnisch homogenen georgischen Gurien schuf eine revolutionäre Selbstverwaltung. Die städtischen Unruhen der Jahre 1903 und 1904 konzentrierten sich auf Baku und dann auf ganz Transkaukasien sowie auf die Ukraine und das Königreich Polen, wo in den letzten Monaten des Jahres 1904 zahlreiche gegen die Einberufung von Reservisten gerichtete Manifestationen stattfanden.[5]

Dennoch waren es Ereignisse in Petersburg, Massenstreiks und die bewaffnete Zerschlagung einer großen Arbeiterdemonstration am 9. Januar 1905, die die Revolution auslösten. Die stärker politisierte nichtrussische Peripherie reagierte jedoch auf den «Blutsonntag» schneller und heftiger als die russischen Gebiete.[6] Schon wenige Tage nach dem 9. Januar brachen im Königreich Polen Streiks aus, und in Warschau kam es zu bewaffneten Zusammenstößen, die mindestens 90 Todesopfer forderten.[7] Der anschließende Generalstreik erfaßte auch Städte der «westrussischen» Gouvernements, mobilisierte Hunderttausende von polnischen und jüdischen Arbeitern und dauerte etwa einen Monat. Er wurde begleitet von nationalen Manifestationen, vor allem einem Boykott der staatlichen russischsprachigen Mittelschulen. Im Frühjahr folgten ein neuer Generalstreik und Demonstrationen in Warschau, im Juni ein weiterer Generalstreik und blutige Barrikadenkämpfe in Łódź (mit wohl über 500 Opfern, darunter viele Juden) und anderen Städten Polens. Zahlreiche von der Polnischen Sozialistischen Partei (PPS) Piłsudskis organisierte Terrorakte verschärften die Situation, und die russische Regierung sah sich genötigt, trotz des noch andauernden Krieges mit Japan die schon 250000 Mann umfassenden Truppenkontingente im Königreich Polen zu verstärken.

In Transkaukasien gewannen die seit 1902 ständig anwachsenden sozialen und ethnischen Konflikte während der Revolution weiter an Breitenwirkung.[8] Die Streikbewegung griff von Baku auf Tiflis, Batumi und andere Städte über, im August trieben Truppen eine Versammlung im Rathaus von Tiflis brutal auseinander und töteten mehrere Dutzend Menschen. Die georgischen Bauern der «Gurischen Republik» kontrollierten weite Teile des Gouvernements Kutaisi und erhoben unter dem Einfluß der Menschewiki radikale soziale und politische Forderungen. Im östlichen Transkaukasien wurde der soziale Protest allerdings immer stärker von interethnischen Antagonismen überlagert. Das zeigte sich am deutlichsten in den blutigen Auseinandersetzungen zwischen den Muslimen Aserbaidschans und den Armeniern, die von Baku ausgehend vom Februar 1905 bis zum Frühjahr 1906 Transkaukasien erschütterten und Tausende von Opfern forderten.[9] Von der seit 1903 anhaltenden revolutionären Bewegung in Transkaukasien, der ersten Revolution im Orient, gingen Wirkungen auf die Nachbarländer Iran und Osmanisches Reich aus, die 1906 und 1908 revolutionäre Erschütterungen erlebten.

Das dritte Randgebiet, das früh von der Revolution erfaßt wurde, waren die Ostseeprovinzen. Die Arbeiter der Städte reagierten auf den Petersburger «Blutsonntag» mit Streiks und Massendemonstrationen. In Riga, wo die lettische Sozialdemokratie großen Einfluß hatte, kam es schon im Januar zu bewaffneten Zusammenstößen, die 73 Opfer forderten.[10] Die Ostseegouvernements, besonders Livland, gehörten während des ganzen Revolutionsjahres zu den Regionen mit der größten Streik-Intensität. Im Frühjahr und Sommer griff die Protestbewegung auf das Land über: Lettische und estnische Landarbeiter traten in Streik, Bauern verweigerten Abgaben und schufen – vor allem in Kurland und Südlivland – eine revolutionäre Selbstverwaltung. In der Folge radikalisierte sich die gegen den deutschbaltischen Adel gerichtete Agrarbewegung: 563 Rittergüter wurden (in erster Linie am Ende des Jahres 1905) zerstört. Das waren 38 Prozent aller Güter in den südlichen (vorwiegend lettischen), 19 Prozent in den nördlichen (vorwiegend estnischen) Gebieten. Zahlreiche Gutsbesitzer wurden vertrieben und 82 Deutsche, unter ihnen auch einige Pastoren, getötet. Die Regierung rief in Kurland schon im August 1905 das Kriegsrecht aus, Livland und Estland folgten erst im November und Dezember.

Seit dem Januar 1905, als der «Bund» zahlreiche Streiks organisierte, intensivierten und politisierten sich die Aktivitäten jüdischer Arbeiter, oft in Zusammenarbeit mit Polen, Russen oder Letten.[11] Jüdische Arbeiter waren auch am Aufstand in Odessa beteiligt, wo im Zusammenhang mit der Meuterei auf dem Panzerkreuzer Potemkin im Juni 1905 ein Aufstand ausbrach, der über 1000 Menschen das Leben kostete. Besonders intensive agrarische Unruhen mit großen Landarbeiterstreiks fanden seit dem Frühsommer in der rechtsufrigen Ukraine statt.[12] Fazit: Im Sommer des Jahres 1905, als es in Rußland verhältnismäßig ruhig blieb, war die Peripherie im Westen und Süden von Unruhen erschüttert, und mindestens im Königreich Polen, in Transkaukasien und im Baltikum herrschten bürgerkriegsähnliche Zustände.

Im Herbst des Jahres 1905 ging die Initiative aber wieder an Rußland über, und es war der im wesentlichen von Russen getragene Generalstreik, der die Regierung zu weitgehenden Konzessionen zwang. Im Oktobermanifest wurden die bürgerlichen Rechte und Freiheiten und ein gewähltes Parlament mit gesetzgebenden Kompetenzen in Aussicht gestellt. In den letzten drei Monaten des Jahres 1905 erreichte Rußland den Höhepunkt der Revolution, auch mit einer massiven Ausbreitung bäuerlicher Protestaktionen und Soldatenaufständen, den Aktivitäten des Petersburger Sowjets der Arbeiterdeputierten und dem Versuch eines bewaffneten Aufstandes in Moskau. Doch auch die revolutionäre Bewegung in der nichtrussischen Peripherie nahm einen neuen Aufschwung. Agrarrevolten erschütterten die Ukraine und das Königreich Polen, erreichten im Baltikum ihren Höhepunkt und breiteten sich von Gurien auf ganz Westgeorgien aus. Sie wurden hier am Jahresende und Anfang 1906 mit brutaler Gewalt niedergeschlagen. Die Streikbewegung erreichte im Herbst des Jahres 1905 und im Jahre 1906 nicht in Rußland, sondern im Königreich Polen die größte Intensität. Die PPS versuchte im Dezember, in Warschau die Macht zu ergreifen, und setzte nach dem Scheitern des Aufstandes ihre Terroraktionen fort.

Allerdings beteiligten sich eine ganze Anzahl nichtrussischer Ethnien, vor allem im Osten des Reiches, kaum an der Revolution. Das gilt in erster Linie für die Mehrheit der Muslime, die die neuen Freiheiten für eine gemäßigte islamische Bewegung nutzten. Die kleinen, mehrheitlich zur Orthodoxie bekehrten ethnischen Gruppen des Wolga-Uralgebiets und Sibiriens schlossen sich der in einzelnen Städten von Russen entfachten Revolution ebenfalls kaum an. Auch in den deutschen Kolonien blieb es ruhig. In Finnland hatten sich die Arbeiter im Herbst 1905 den Massenstreiks angeschlossen, doch ihre Aktionen bald wieder eingestellt, als der Zar versprach, Finnland Autonomie zu gewähren.

Im ganzen aber war die Rolle nichtrussischer Ethnien in der Revolution von 1905 bedeutsamer, als die Historiographie in Ost und West annimmt. Zwar fielen die wichtigsten Entscheidungen im Zentrum, doch trugen die Protestbewegungen an der Peripherie wesentlich zur Destabilisierung des sozialen und politischen Systems bei und banden einen großen Teil der militärischen Kräfte. Aus einer quantitativen Übersicht über die Streiks des Jahres 1905 geht hervor, daß in der überwiegend nichtrussischen Peripherie im Westen ein erheblich höherer Prozentsatz von Arbeitern mobilisiert wurde als im russischen Zentrum; einzige Ausnahme ist Petersburg, das aber ebenfalls hinter Warschau, Łódź und Riga zurücksteht.[13] Am aktivsten beteiligten sich die Ethnien an der Revolution, deren Gebiete bereits von Industrialisierung und Modernisierung erfaßt worden waren und deren Nationalbewegungen schon Massencharakter gewonnen hatten, allerdings nur dann, wenn die vier wichtigsten Komponenten der Revolution, die Agrarbewegung, die Arbeiterbewegung, die demokratische Bewegung der Intelligenz und die nationale Bewegung, zusammenfielen, was zum Beispiel für die Finnländer nicht zutraf. «Die Gefahr dieser so entfesselten nationalen Bewegung für den Staat lag nicht nur darin, daß diese anderen Nationalitäten, mit Ausnahme der deutschen Balten, ohne Unterschied demokratisch waren und die revolutionäre Bewegung direkt verstärkten, sondern vor allem darin, daß ein solcher Nationalismus den Staat ... zu sprengen drohte», stellte schon der Zeitgenosse Otto Hoetzsch fest.[14] Der spezifische Stellenwert des nationalen Faktors ist schwer zu bestimmen, er verstärkte aber auf jeden Fall die sozialen und politischen Konflikte, am deutlichsten bei den Polen, die eine Wiederherstellung ihrer Unabhängigkeit anstrebten und bei denen die Massenbewegung 1905 einen auch im europäischen Vergleich sehr hohen Mobilisierungsgrad erreichte. In den bäuerlichen Bewegungen hatten nationale Zielsetzungen einen geringeren Stellenwert.

Daß die Protestbewegungen an der Peripherie auch in den Augen der Regierung besonders gefährlich waren, zeigt die unbarmherzige Abrechnung nach deren Scheitern, die erheblich härter war als gegenüber den russischen Aufständischen. In den Ostseeprovinzen wurden während der von Russen und Deutschbalten gemeinsam durchgeführten Strafexpeditionen über 2000 Menschen getötet, und danach über 600 zum Tode verurteilt. Von den im Gefolge der Revolution ausgesprochenen Todesurteilen entfielen etwa ein Viertel auf das Königreich Polen, über 15 Prozent auf das Baltikum und über 5 Prozent auf das kleine Gurien.[15] Gleichzeitig gelang es der russischen Regierung, ethnische Antagonismen für ihre Zwecke zu nutzen. Der heftige Aufstand der Letten und Esten führte zu einem Schulterschluß der Autokratie mit der deutschbaltischen Elite. Im östlichen Transkaukasien spielte man erfolgreich «Divide et impera»-Methoden aus, indem die lokalen Behörden die interethnischen Konflikte zwischen Muslimen und Armeniern förderten. Schließlich konnten auch die neu aufflammenden Judenpogrome, die von den Behörden mindestens geduldet wurden, zur Ablenkung von revolutionären Aktivitäten instrumentalisiert werden.

Die Revolution von 1905 verlieh allen nationalen Bewegungen im Russischen Reich wesentliche Impulse. Die revolutionäre Situation im ganzen Lande und das Beispiel der Massenbewegungen einzelner Ethnien wirkten ebenso mobilisierend wie die Schwäche des Regimes, die auch in der Niederlage gegen Japan zum Ausdruck kam. Von entscheidender Bedeutung waren die Konzessionen, zu denen die Regierung unter dem Druck der Revolution gezwungen war. Rußland kehrte damit nach einer Periode der repressiven Assimilationspolitik wieder zur traditionellen Politik des flexiblen Pragmatismus zurück. Schon 1904 waren einige russifizierende Maßnahmen, wie das Druckverbot für das Litauische in lateinischen Lettern, aufgehoben worden. Im April 1905 folgte ein Toleranzedikt, das zwar die dominante Stellung der orthodoxen Kirche bestätigte, aber die Diskriminierung der nichtorthodoxen Bekenntnisse beseitigte und Orthodoxen gestattete, sich anderen christlichen Gemeinschaften anzuschließen.[16] 200 000 zwangsweise zur Orthodoxie bekehrte Weißrussen und Zehntausende getaufter Tataren nahmen darauf wieder ihren alten Glauben an. Es folgten eine Reihe von Zugeständnissen im Bereich der Sprachpolitik (etwa gegenüber dem Polnischen, Litauischen, Ukrainischen, Armenischen, Deutschen, Estnischen und Lettischen) und die Aufhebung der wenige Jahre zuvor gegen Finnland und Armenien gerichteten Ukase. Am wichtigsten war dann das Oktober-Manifest, das mit der Garantie der bürgerlichen Rechte und Freiheiten auch nationale Organisationen, nationale Kommunikation und Agitation zuließ und so die Voraussetzungen für eine Entfaltung der Nationalbewegungen schuf. Die Wahlen zur 1. Duma, dem ersten gewählten Parlament Rußlands, trugen zur Politisierung der nationalen Gesellschaften bei.

Die nationalen Bewegungen erhielten nun erheblich bessere Möglichkeiten, politische Programme an breitere Schichten weiterzugeben und eine nationale Gesellschaft aufzubauen. Eine Vielzahl neuer Organisationen und Parteien wurden begründet, eine nationalsprachliche Presse blühte auf, nationale Manifestationen häuften sich. Im Königreich Polen übten die Schulstreiks eine besonders große mobilisierende Wirkung aus. Während sieben Monaten boykottierten Mittelschülerinnen und Mittelschüler die staatlichen russischen Schulen, bis die Regierung im September 1905 die Erlaubnis zur Errichtung polnischer Privatschulen gab.[17] In der Folge wurde mit Hilfe eines Schulvereins (Polska Macierz Szkolna) parallel zum staatlichen ein polnisches Schulsystem wiederaufgebaut. Die Revolution von 1905, die manchmal als nach 1794, 1830 und 1863 vierter polnischer Aufstand bezeichnet wird, trug wesentlich zur Politisierung der polnischen Massen bei. Erst jetzt wurden die politischen Parteien zu Massenparteien, allen voran die PPS mit 1906 über 50 000 Mitgliedern. Gleichzeitig verstärkten sich besonders nach dem Oktober-Manifest die Konflikte zwischen den unterschiedlichen politischen Richtungen, sozialistische Gruppen und Anhänger der Nationaldemokraten stießen sogar bewaffnet zusammen. Gleichzeitig polarisierten sich die internationalistische und nationale Richtung der Sozialisten weiter, und eine Fraktion der PPS Piłsudskis schloß sich der SDKPil (Sozialdemokratie des Königreichs Polen und Litauens) Rosa Luxemburgs an, die mit den russischen Sozialdemokraten kooperieren wollte.

Bei den Esten, Letten und Litauern entstanden neue nationale Parteien, die meist demokratische Reformen und kulturelle und politische Autonomie forderten. Massenveranstaltungen wie der Volksschullehrerkongreß und die Konferenz der etwa 900 Dorf-Delegierten bei den Letten und die All-Estnische Versammlung mit etwa 800 Delegierten, markierten im November 1905 den Höhepunkt der national-politischen Mobilisierung. Auch in Finnland verstärkte die Revolution die politische Mobilisierung und führte gleichzeitig zu einer Differenzierung zwischen den Sozialdemokraten und den Konstitutionalisten, deren restaurative Ziele durch die Konzessionen der Regierung weitgehend erfüllt wurden. Die Litauer beriefen Anfang Dezember einen großen Landtag nach Wilna ein, dessen etwa 2000 Teilnehmer sich für nationale Autonomie, die litauische Amtssprache und eine gesetzgebende Versammlung aussprachen. Gleichzeitig versuchten die Litauer, das Litauische als Kirchensprache gegenüber dem Polnischen durchzusetzen, doch sträubte sich der polnische Klerus dagegen.

In der jüdischen Bewegung verbanden sich soziale und nationale Elemente. Seit März 1905 agitierte der von Zionisten und Liberalen begründete «Bund für die Gleichberechtigung der Juden» im Westen des Reiches für «die volle Verwirklichung der bürgerlichen, politischen und nationalen Rechte des jüdischen Volkes in Rußland»,[18] doch trotz einiger Konzessionen etwa in der Frage des Zugangs zu höheren Schulen verweigerte auch das Oktober-Manifest den Juden die Emanzipation. Ganz im Gegenteil brachten die «Tage der Freiheit» im Herbst 1905 den Juden Rußlands die bisher schlimmsten Pogrome.[19] Schon die vorangegangenen Monate hatten zahlreiche gewaltsame Übergriffe gebracht, die in Kiev, Žitomir und Białystok Dutzenden von Juden das Leben kosteten. Die Massenpogrome im Oktober und November, die sich auf die Ukraine konzentrierten, trafen etwa 600 jüdische Gemeinschaften und führten zu gewaltigen Zerstörungen und zur Ermordung von mindestens 1000 Juden. Die Zielrichtung der Pogrome war antirevolutionär, d. h. die Juden wurden wie schon im Gefolge des Zarenmordes von 1881 mit den Revolutionären identifiziert. Das zeigt sich auch daran, daß die Pogrome zum Teil von monarchistischen Prozessionen ausgingen und von gewaltsamen Übergriffen gegen Studenten, Demonstranten, Arbeiter und in Baku gegen Armenier begleitet waren. Träger waren wiederum städtische Unter- und Mittelschichten und zum Teil auch Bauern. Während die Mitwirkung regionaler Behörden an den Pogromen gesichert ist, gibt es über eine Beteiligung der Petersburger Regierung keine Gewißheit. Die unter Anleitung des «Bundes» gebildeten jüdischen Selbstverteidigungsgruppen leisteten zum Teil heftigen Widerstand.

Die Konsequenzen, die die Juden aus der bis dahin weitaus schlimmsten Pogromwelle im Russischen Reich zogen, waren ähnlich wie nach 1881 unterschiedlich: Zum einen intensivierte sich die jüdische Emigration nach Übersee, zum anderen der auf die nationale Konsolidierung der Juden im Russischen Reich ausgerichtete Zweig der zionistischen Bewegung.[20] Obwohl die Pogrome die internationalistische Ausrichtung der jüdischen Bewegung schwächten, erhielt auch die den Sturz des Zarismus und sozialistische Ziele anstrebende revolutionäre Bewegung unter den Juden neue Anstöße und eine stärkere nationale Färbung. Der «Bund» konnte seine Massenbasis ausweiten, und neue jüdische sozialistische Parteien wurden begründet. So blieben der hohe Mobilisierungsgrad und die charakteristische Zersplitterung der jüdischen Bewegung auch nach 1905 erhalten.

In der Agitation und den Ausschreitungen gegen die Juden zeigte sich 1905 auch erstmals offen ein extremer russischer Nationalismus.[21] Der «Bund des russischen Volkes» und die «Schwarzen Hundertschaften» verbanden in protofaschistischer Weise die Loyalität zur Autokratie und zur Orthodoxie mit dem Bekenntnis zur herrschenden Stellung der russischen Nation, mit Antikapitalismus, Fremdenhaß, Antipolonismus und Antisemitismus. Doch auch andere Spielarten der russischen Nationalbewegung erhielten im Jahre 1905 neue Artikulationsmöglichkeiten, so auch eine konstitutionelle Variante, wie sie zum Teil von den Parteien der Volksfreiheit (Kadetten) und der Oktobristen vertreten wurde. Jedenfalls wurde 1905 auch die russische Gesellschaft vom Völkerfrühling erfaßt, was nicht ohne Wirkungen auf die Politik der Regierung bleiben konnte.

In Transkaukasien führten die heftigen Konflikte zu einer weiteren Politisierung der nationalen Bewegungen. Die Armenier erreichten die Aufhebung der 1903 verfügten Konfiskation des armenischen Kirchenbesitzes und die Wiedereinrichtung der armenischen Schulen. Diese Konzessionen versöhnten zwar den Klerus und die armenischen Kaufleute mit dem Zarismus, andererseits hatte der muslimisch-armenische Bürgerkrieg eine Stärkung der national-revolutionären Partei der Daschnaken zur Folge, die Selbstverteidigungsgruppen organisierte und mit Zehntausenden von Mitgliedern endgültig die politische Führung der armenischen Nationalbewegung übernahm. Bei den Georgiern stärkten die Menschewiki in der Revolution ihre Stellung als politisch bestimmende Kraft, was ihre Entwicklung von einer internationalistischen zu einer stärker georgisch-nationalen Ausrichtung förderte. Für breitere Schichten der Muslime Transkaukasiens brachte erst die Revolution von 1905 eine Phase politischer Mobilisierung. Ihr Protest richtete sich weniger gegen Rußland als gegen die armenische Oberschicht von Baku und anderen Städten. Die liberalen muslimischen Eliten schlossen sich dagegen der panislamischen Bewegung an.

Den Muslimen Rußlands gaben die von der Revolution erzwungenen Konzessionen die Möglichkeit, eine politische Bewegung zu initiieren.[22] Vertreter der muslimischen Intelligenz trafen sich im August 1905 trotz eines behördlichen Verbots auf einem Schiff auf der Oka bei Nižnij Novgorod und begründeten eine Organisation, die auf dem zweiten Kongreß in Petersburg im Januar 1906 den Namen «Union der Muslime Rußlands» (Ittifak) erhielt. In einer politisch gemäßigten Plattform wurden Demokratie und bürgerliche und religiöse Gleichberechtigung der Muslime gefordert und eine kulturell-religiöse Erneuerung im Sinne des Dschadidismus angestrebt. Auf dem dritten Kongreß der Muslime vom August 1906 kristallisierten sich zwei Richtungen heraus: Die stärkere, gemäßigte unter Führung der Tataren A. Ibragimov, I. Gasprali und Ju. Akčura, der schon 1904 ein pantürkisches Programm entworfen hatte, und des Aserbaidschaners A. Topčibašev stand den liberalen russischen Kadetten nahe, die vom Wolgatataren A. Ischaki repräsentierte Gruppe hatte ein radikaleres sozialrevolutionäres Programm. Die panislamische Bewegung war vorwiegend in den Händen von tatarischen Intellektuellen, während die anderen Muslime, vor allem die Mittelasiaten, und die konservative islamische Geistlichkeit schwach vertreten waren. Gleichzeitig zum Panislamismus entwickelten sich nach 1905 in den einzelnen Regionen die nationalen Bewegungen weiter, vor allem bei den Aserbaidschanern, Wolgatataren und Kasachen. Dabei herrschten liberalreformistische Tendenzen vor, während sozialdemokratische Zirkel wie die «Himmät»-Gruppe in Aserbaidschan schwach blieben.

Das politische Erwachen der Muslime wurde von einer kulturellen Bewegung begleitet. Presse und Buchproduktion nahmen in den Revolutionsjahren einen stürmischen Aufschwung.[23] Zwischen 1905 und 1907 erschienen in Rußland über 50 Zeitungen und Zeitschriften in arabischer Schrift, davon 31 in tatarischer Sprache (in Kazan', Orenburg, Astrachan', Ural'sk, Orenburg, Ufa und Petersburg), 13 in Aseri und 2 in Persisch (alle in Baku), 3 in Krimtatarisch (darunter der ehrwürdige Terdschüman Gaspralis) und eine in Kasachisch. Auf tatarische Initiative hin wurden nun auch in Turkestan erstmals dschadidistische Periodika in einer türkischen Mischsprache publiziert. In der Presse der Muslime wurden kulturelle und politische Fragen diskutiert, wobei die gemäßigte reformistische Tendenz überwog. Gleichzeitig begründeten Tataren und Aserbaidschaner zahlreiche nationale Organisationen mit vorwiegend kulturellen Zielsetzungen.

Ebenso wie für die Muslime löste die Revolution von 1905 auch bei zahlreichen anderen Ethnien des Russischen Reiches eine neue Phase der Nationalbewegung aus. Dies gilt besonders für die Ukrainer und Weißrussen, deren national-kulturelle Entwicklung von der rigorosen Russifizierungspolitik immer wieder im Keim erstickt worden war. Die schmale, national engagierte ukrainische Intelligenz begründete – oft nach dem Vorbild der Ukrainer Ostgaliziens – eine Reihe neuer Organisationen, so eine Gesellschaft zur Volksaufklärung (Prosvita) mit 1906 schon 150 lokalen Zweigen, eine ukrainische wissenschaftliche Gesellschaft, zahlreiche, allerdings meist kurzlebige Zeitschriften und eine erste Tageszeitung (Rada) in ukrainischer Sprache sowie bäuerliche Genossenschaften. Die ukrainischen Parteien konnten sich nun freier entwickeln, doch blieben sie auch in der Ukraine hinter den gesamtrussischen Parteien zurück. Das gilt auch für die wichtigste politische Partei, die 1900 begründete Revolutionäre Ukrainische Partei, seit 1905 Ukrainische Sozialdemokratische Arbeiterpartei, die von den russischen Parteien und der von ihr abgespaltenen Ukrainischen Sozialdemokratischen Union (Spilka), die sich der russischen Sozialdemokratie anschloß, überflügelt wurde.[24] Die breiten Massen der Ukrainer waren zwar, wie die Bauernunruhen während der Revolution deutlich machten, sozial mobilisiert, doch waren sie von der nationalen Bewegung noch kaum erfaßt worden. Auch blieben die Konzessionen der Regierung gegenüber der ukrainischen Bewegung eng beschränkt. Zwar waren die repressiven Sprachgesetze aufgehoben worden, und die Akademie der Wissenschaften hatte sogar (mit einer Mehrheit von einer Stimme) die Existenz des Ukrainischen als selbständiger Sprache bestätigt, doch kam es im Russischen Reich auch nach 1905 nicht zur Begründung eines ukrainischsprachigen Schulwesens.

Noch weniger als die ukrainische konnte die weißrussische Nationalbewegung 1905 den Schritt zur Massenbewegung tun. Doch wurden auch hier nach Erlaß des Oktobermanifests neue nationale Organisationen begründet, die für Weißrußland Autonomie und muttersprachliche Schulen forderten. Für die Formierung eines weißrussischen Bewußtseins am wichtigsten wurden die ersten legalen Periodika in weißrussischer Sprache, die seit 1906 erscheinen konnten. Die Wochenzeitung Naša Niva (Unser Feld) erreichte zeitweilig eine Auflage von 3000 Exemplaren und publizierte Werke junger, aus der weißrussischen Bauernschaft stammender Dichter wie Janka Kupala und Jakub Kolas. In den Städten Weißrußlands dominierten aber weiterhin die russische und polnische sowie die jüdische Kultur.

Die Revolution und das Oktobermanifest bewirkten ein politisches Erwachen der deutschen Kolonisten, die zahlreiche Periodika und Vereine begründeten und sich für eine Regermanisierung des partiell russifizierten Schulwesens einsetzten. Unter den Rumänen Bessarabiens begründete die schmale nationale Intelligenz eine Kulturgesellschaft und eine Demokratische Partei, setzte sich für den Schulunterricht in der Muttersprache ein und gab rumänischsprachige Zeitungen heraus.

Für zahlreiche der kleinen Ethnien im Osten des europäischen Rußland und in Sibirien gingen von der Revolution der Jahre 1905 und 1906 ebenfalls Impulse zur nationalen Erweckung aus. Die schmalen Bildungsschichten formierten nationale Organisationen und erhoben meist kulturelle Forderungen, die sich aber nicht selten mit sozialen und allgemeinen politischen Zielsetzungen verbanden. Von den nicht-muslimischen Ethnien der Mittleren Wolga waren die Tschuwaschen 1905 besonders aktiv, wobei ein tschuwaschischer Lehrerverein hervortrat, dessen Mitglieder auch unter den Bauern agitierten. Im Januar 1906 konnte die erste Wochenzeitung in tschuwaschischer Sprache, Chypar (Nachrichten), erscheinen.[25] Angehörige der ossetischen Intelligenz gaben in Vladikavkaz zwei national orientierte Zeitschriften heraus.[26] In Sibirien waren es in erster Linie die Jakuten und Burjäten, die ihre schon initiierten Nationalbewegungen weiterentwickelten. Einzelne Intellektuelle publizierten Werke in jakutischer Sprache und begründeten einen «Bund der Jakuten». Zu Beginn des Jahres 1906 versammelten sich etwa 400 jakutische Delegierte und erhoben radikale politische und soziale Forderungen. Doch setzte die Verhaftung seiner führenden Mitglieder der Tätigkeit des Bundes schon nach kurzer Zeit ein Ende.[27] Die Burjäten – und die Tungusen der Region – wandten sich gegen die jüngsten administrativen Reformen, die ihre Selbstverwaltung eingeschränkt hatten, und gegen die ständige Verminderung ihres Landbesitzes. Die lamaistische Geistlichkeit und die burjätische Oberschicht organisierten im Jahre 1905 Versammlungen in Čita und Irkutsk.[28] Sie beschlossen, eine nationale Selbstverwaltung und ein muttersprachliches Schulsystem ein- und eine Landreform durchzuführen. Eine 1906 begründete Gruppe «burjätischer Progressisten» entwickelte die Nationalbewegung, die Populismus und Lamaismus zu vereinen suchte, weiter.

Die Revolution von 1905 scheiterte, und ihre Errungenschaften wurden nach 1907 von einer neuen politischen Reaktion zum Teil wieder beseitigt. Das gilt auch für ihr nationales Element, wie im folgenden Kapitel dargestellt werden soll. Doch ebenso wie «Blutsonntag», Generalstreik und Oktober-Manifest eine soziale und politische Mobilisierung der russischen Gesellschaft auslösten, die zwar eingedämmt, nicht aber rückgängig gemacht werden konnte, so hatte auch die nationale Mobilisierung zahlreicher Ethnien des Reiches dauerhafte Wirkungen. Das Gemisch von sozialem, politischem und nationalem Zündstoff, das in einigen Randgebieten 1905 und 1906 explodiert war, zeigte deutlich die Sprengkraft der nationalen Bewegungen. Zwar war die Revolution keine «Generalprobe» für 1917 im Sinne, wie Lenin das verkündete, doch war sie ein wichtiger Vorläufer der nationalrevolutionären und separatistischen Bewegungen des Jahres 1917. Aus heutiger Sicht fällt auf, daß in der nationalen Bewegung des Jahres 1905 fast ohne Ausnahme dieselben ethnischen Gruppen die Führung innehatten wie in der neuen nationalen Bewegung der Perestrojka-Epoche: Die Polen, von denen die wichtigsten Impulse ausgingen, die Transkaukasier (Armenier, Aserbaidschaner und Georgier), bei denen sich interethnische Konflikte mit Emanzipationsbewegungen vom Zentrum vermischten, und die mitteleuropäisch geprägten Esten und Letten. Zu Beginn und am Ende des 20. Jahrhunderts reagierten die Muslime auf den Umbruch später und politisch weniger radikal.

2. Politische Partizipation und reaktionäre Wende in der Duma-Periode

Nachdem am 8. Juli 1906 das erste gewählte Parlament Rußlands von Nikolaus II. aufgelöst worden war, kam es noch einmal zu größeren Erhebungen in der Armee und später unter den Bauern. Ihre Unterdrückung markierte auch das Ende der Revolution. Doch wurden die Konzessionen der Regierung, wie sie in den «Grundgesetzen» vom April 1906 festgelegt worden waren, vorerst nicht zurückgenommen. Dazu gehörte neben der Garantie der bürgerlichen Rechte und Freiheiten das Parlament, die Duma.[29] Zwar war die Dumawahl nicht allgemein, gleich und direkt, sondern eine mehrstufige Kurienwahl, die nur den Männern das Wahlrecht gab und die besitzenden Schichten bevorzugte, und sie wurde deshalb von den meisten Linksparteien boykottiert. Dennoch stand die Mehrheit der Abgeordneten, die am 27. April 1906 zusammentraten, in Opposition zur Regierung. Die beiden wichtigsten Gruppen waren die Konstitutionellen Demokraten (Kadetten) mit ungefähr 40 und die bäuerlich-populistischen Trudoviki mit über 20 Prozent der Sitze. Dazu kamen einige Gruppen von Nichtrussen, die sich zum Teil zur losen, zwischen 60 und 70 Abgeordnete zählenden Gruppe der Autonomisten zusammenschloß. In der 2. Duma, die am 20. Februar 1907 zusammentrat, war die Opposition noch stärker geworden. Zwar waren die Kadetten geschwächt, dafür zählten die sozialistischen Parteien, die sich diesmal zum großen Teil an der Wahl beteiligt hatten, erheblich mehr Abgeordnete.

Die ethnische Zusammensetzung des Parlaments läßt sich nicht präzise feststellen, da die ethnische Zuordnung mancher Abgeordneter unsicher ist. Im ganzen wurden in die 1. Duma etwa 220 Nichtrussen gewählt.[30] Die etwa 270 Russen bildeten eine knappe Mehrheit von ungefähr 55 Prozent und waren damit bei einem Anteil an der Gesamtbevölkerung von 44 Prozent deutlich überrepräsentiert. In der Praxis dominierten sie noch stärker, da die Abgeordneten aus der Peripherie erst verspätet oder gar nicht in Petersburg eintrafen. Hinter den Russen folgten die Ukrainer mit 63 Abgeordneten und die (gemessen an ihrem Bevölkerungsanteil deutlich übervertretenen) Polen mit 50 bis 60, aus dem Westen des Reiches weiter 12 Juden, 12 Weißrussen, 7 Litauer, 6 Letten, 5 Esten, 4 bis 6 Deutsche, aus dem Kaukasus 8 Aserbaidschaner, 7 Georgier, 4 Armenier und ein Tschetschene, aus dem Wolga-Ural-Gebiet 8 Tataren, 4 Baschkiren, je 2 Mordwinen und Wotjaken und ein Tschuwasche, aus Mittelasien nach festen Quoten 4 Kasachen und theoretisch 6 Muslime aus Turkestan, von denen allerdings bis zur Auflösung der 1. Duma nur einer gewählt werden konnte, sowie je ein Rumäne (Moldauer), Bulgare und Kalmücke. In der 2. Duma nahm der Anteil der Nichtrussen etwas ab, da die Ukrainer und Polen nur noch je 47, und die Juden nur noch 4 bis 6 Abgeordnete stellten, dafür waren diesmal die 6 Muslime aus Turkestan und ein Burjäte dabei.

Obwohl die meisten Nichtrussen in den ersten beiden Dumen nicht ganz ihrem Bevölkerungsanteil entsprechend vertreten waren, spiegelten die beiden Parlamente die ethnische Zusammensetzung des Reiches doch recht gut wider. Es ist bemerkenswert, daß allen ethnischen Gruppen, auch den rechtlich ausgegrenzten inorodcy und Juden, das Wahlrecht zuerkannt wurde. Das politische Gewicht der Nichtrussen entsprach allerdings ihrer zahlenmäßigen Vertretung nicht, da sie keine einheitliche Kraft darstellten. Eigene Fraktionen bildeten die mehrheitlich aus Bauern bestehenden ukrainischen Abgeordneten mit einer den Trudoviki nahestehenden Duma-Hromada, die fast nur aus Mitgliedern der bürgerlichen Nationaldemokraten zusammengesetzten Polen mit einem polnischen Klub (koło) und die Mehrheit der Muslime, die dem Ittifak angehörte und eng mit den Kadetten zusammenarbeitete, während eine kleinere Gruppe aus 5 Tataren und einem Aserbaidschaner den Trudoviki nahestand. Die Abgeordneten der übrigen ethnischen Gruppen schlossen sich direkt den großen russischen Parteien an, so alle Georgier den Sozialdemokraten, deren Fraktionschef sie mit Irakli Cereteli stellten, während sich die Armenier, Litauer, Juden, Esten und Letten auf verschiedene Parteien verteilten. Die Radikalisierung der 2. Duma zeigte sich etwa darin, daß nun die Sozialdemokraten fünf der sieben Litauer stellten und die Mehrheit der armenischen Delegierten aus den Reihen der Daschnaken stammten und sich den Sozialrevolutionären anschlossen.

Die ersten beiden Dumen konnten die Regierungspolitik kaum beeinflussen, da der Ministerrat nur dem Herrscher verantwortlich war und ihre Gesetzgebungskompetenz durch eine konservative zweite Kammer (den Reichsrat) und das Vetorecht des Kaisers blockiert und durch eine Ausnahmegesetzgebung unterlaufen wurde. Dennoch waren sie ein wichtiges Forum politischer Diskussion. Im Vordergrund der Debatten stand die Agrarfrage, während die spezifischen Probleme der Nationalitäten nur sporadisch zur Sprache kamen. Immerhin wurde etwa die Frage der Gleichberechtigung der Juden und der Mitverantwortung der Behörden an den Pogromen diskutiert. Die ukrainische Duma-Gruppe verband die Forderung nach mehr Land für die Bauern mit der nach muttersprachlichen Schulen und mehr Autonomie für die Ukraine. Muslimische Abgeordnete setzten sich für Gleichberechtigung ihrer Religion und Kultur ein, während der Kasache Karataev eine Einschränkung der russischen Besiedlung der Steppengebiete forderte. Die polnischen Nationaldemokraten unter Dmowski betrachteten das Deutsche Reich als Hauptgegner Polens und setzten deshalb auf eine Zusammenarbeit mit der russischen Regierung, doch wurden ihre Forderungen auf Wiederherstellung eines autonomen Kongreßpolens ebenso abgelehnt wie die Vorschläge anderer nichtrussischer Gruppen.

Die in den Augen der nun stärker russisch-national ausgerichteten Regierung unter Ministerpräsident Stolypin unerhörten Forderungen der Nichtrussen trugen neben den unüberbrückbaren Meinungsverschiedenheiten in der Agrarfrage wesentlich dazu bei, daß die 2. Duma am 3. Juni 1907 aufgelöst und ein neues Wahlgesetz erlassen wurde, das eine loyale Zusammensetzung der Duma garantierte. Dieses Motiv wird im Manifest vom 3. Juni offen ausgesprochen: «Die Reichsduma, die zur Festigung des Russischen Staates geschaffen worden ist, muß auch ihrem Geist nach russisch sein. Die anderen Völkerschaften, die zu unserem Reich gehören, sollen in der Reichsduma Vertreter ihrer Bedürfnisse haben, aber sie sollen und werden nicht in einer Zahl erscheinen, die ihnen die Möglichkeit gibt, in rein russischen Fragen ausschlaggebend zu sein. In den Grenzmarken des Reiches aber, in denen die Bevölkerung noch nicht die genügende staatsbürgerliche Entwicklung erlangt hat, müssen die Reichsdumawahlen zeitweilig sistiert werden».[31]

Das neue Wahlgesetz sorgte demnach nicht nur dafür, daß durch ein neues Kuriensystem die adligen und bürgerlichen Oberschichten und ihre Parteien das Übergewicht erhielten, sondern verminderte durch Sonderbestimmungen auch den Anteil der Nichtrussen drastisch. Die Muslime der Steppenregion und Turkestans wurden sogar ganz ausgeschlossen. So stellten Nichtrussen in der 3. Duma (1907–1912) nur noch etwas über 100 (24 Prozent) Abgeordnete, in der 4. Duma (1912–1917) 76 (19 Prozent).[32] Nur die Deutschen, vor allem die deutschbaltische Elite, profitierten vom neuen Wahlrecht und vermochten ihre Vertretung in der 3. Duma auf 13 Abgeordnete zu erhöhen. Der zahlenmäßig stark reduzierte polnische Klub setzte weiter auf die Zusammenarbeit mit Rußland und versuchte mit Hilfe der Oktobristen noch einmal die kulturellen und administrativen Beschränkungen im Königreich Polen aufzuheben, doch scheiterte er erneut. Der Führer der Nationaldemokraten, R. Dmowski, legte darauf im Jahre 1909 sein Mandat nieder. Die statt 33 nur noch 9 Abgeordnete zählende Fraktion der Muslime erreichte ebensowenig, als sie in der Duma erneut die Frage der religiösen Rechte und des Landbesitzes der Nomaden aufwarf. Die 20 Ukrainer, unter denen nun statt der Bauern Priester dominierten, bildeten gar keine eigene Fraktion mehr; ihre auf eine gewisse Berücksichtigung der ukrainischen Sprache in Schule und Gericht gerichteten Anträge scheiterten wiederholt an der russischen Mehrheit der Duma. Im Rahmen der Diskussionen um eine Reform des Schulwesens setzten sich fast alle nichtrussischen Duma-Abgeordneten für muttersprachlichen Unterricht ein, doch auch dieser konzertierten Aktion blieb der Erfolg versagt.

In der 3. und 4. Duma gewannen unter den russischen Abgeordneten nationalistische Strömungen mit Parteien, wie die «Nationalisten» und der «Bund des russischen Volkes», immer stärkeres Gewicht. Sie richteten sich gegen die verbliebenen Sonderrechte der Randgebiete, gegen Juden, Polen, Deutsche, Finnländer und überhaupt gegen alle Fremden und traten für eine Stärkung der russischen Nation, für die Dominanz der russischen Sprache und der orthodoxen Kirche ein.[33] «Darf Rußland seine Randgebiete den *inorodcy* (hier in der allgemeinen pejorativen Bedeutung für Nichtrussen) überlassen?» hatte schon 1907 eine Broschüre gefragt, und die allgemeine Antwort auf diese Frage hieß: «Rußland für die Russen!»[34]. Auch bei den gemäßigten Parteien der Oktobristen und Kadetten verstärkten sich nationalistische Tendenzen, und der «konstitutionelle Nationalismus» eines P. Struve trat ebenfalls für ein Großrußland ein, dem sich die meisten Nationalitäten zu assimilieren hätten. Auch die Regierung bediente sich vermehrt des russischen Nationalismus als Instrument der Herrschaftsstabilisierung:

«Auf diesem festen Boden sind die Regierungsinstitutionen zum unbeirrten Schutz der ... geheiligten Einheit und Unteilbarkeit des Reichs, der Vorherrschaft der russischen Nationalität in ihm und des orthodoxen Glaubens berufen», erklärte der neue Ministerpräsident V. Kokovcov 1912 vor der Duma.[35] Von dieser nationalistischen Tendenz wurde auch die Nationalitätenpolitik beeinflußt, die manche Zugeständnisse der Revolution wieder rückgängig machte.

Schon in den ersten drei Artikeln der «Grundgesetze» vom 23. April 1906 war der Rahmen abgesteckt worden:

«1. Der Russische Staat ist einheitlich und unteilbar.

2. Das Großfürstentum Finnland, das ein unteilbarer Teil des Russischen Staates ist, wird in seinen inneren Angelegenheiten durch besondere Bestimmungen auf Grund besonderer Gesetze verwaltet.

3. Die russische Sprache ist die Staatssprache und obligatorisch in Armee, Flotte und allen staatlichen und gesellschaftlichen Institutionen. Der Gebrauch lokaler Sprachen und Dialekte in staatlichen Institutionen wird durch besondere Gesetze geregelt.»[36]

Die Nationalitätenpolitik konzentrierte sich nach dem Staatsstreich von 1907 auf die gleichen Problemkomplexe wie vor der Revolution.[37] So wurde die Sonderstellung Finnlands, die 1905 weitgehend wiederhergestellt und in den «Grundgesetzen» garantiert worden war, weitgehend beseitigt. Noch 1907 war nach einer Reform, die auch den Frauen Finnlands als ersten in der Welt das aktive und passive Wahlrecht gab, ein neuer Landtag gewählt worden. Dessen radikale Zusammensetzung mit der Sozialdemokratie als wichtigster Kraft (und stärkster sozialistischer Partei in Europa) diente zum Anlaß, den Landtag aufzulösen. Im Jahre 1910 wurde Finnland in allen wesentlichen Bereichen der Reichsgesetzgebung unterworfen. Der Landtag, dessen Kompetenzen damit wesentlich beschnitten worden waren, verzögerte mit Obstruktion die Durchführung dieser und weiterer einschneidender Maßnahmen, die von der russischen Regierung nicht energisch in die Tat umgesetzt wurden.[38] Dennoch trug der erneute Angriff auf die hergebrachte Autonomie wesentlich zur weiteren Entfremdung der Finnländer von Rußland bei.

Auch die im Vergleich zu Finnland bescheidenen Zugeständnisse gegenüber dem Königreich Polen wurden bald wieder beseitigt. Schon im Dezember 1907 wurde der 781 Abteilungen und Hunderttausende von Mitgliedern zählende polnische Schulverein (Macierz Szkolna) geschlossen. Es folgten neue Angriffe auf die Stellung der Polen: 1912 wurde ein neues Gouvernement Cholm (mit einer ukrainischen Bevölkerungsmehrheit) gebildet, das aus dem Gebiet des Königreichs herausgelöst wurde, 1913 die Warschau-Wiener Bahn, die bisher im Besitz polnischer Gesellschaften gewesen war, verstaatlicht. Die auch in der Duma umstrittene Einführung der Zemstvo-Selbstverwaltung in sechs Gouvernements der «Westgebiete» im Jahre 1911 stärkte mit nationalen Kurien die Stellung der Russen gegenüber den Polen.

Daß eine solche Politik die polnische Nationalbewegung nicht schwächte, sondern im Gegenteil in ihrem Widerstand gegen Rußland stärkte, liegt auf der Hand.

Für die russischen Nationalisten war die Bewegung der Ukrainer, die als Russen betrachtet wurden, eine besondere Provokation. Die bescheidenen Anfänge eines Netzes nationaler Kommunikation, die nach 1905 entstanden waren, wurden wieder beseitigt. Bis zum Jahre 1910 wurden die lokalen Zweige der Prosvita-Gesellschaft und die meisten ukrainischsprachigen Periodika verboten. Die Feiern zum 100. Geburtstag des Nationaldichters Ševčenko im März 1914 wurden ebenfalls untersagt. Daß sich dennoch Zehntausende von Ukrainern in Kiev versammelten, zeigt, daß es nicht gelungen war, die ukrainische Bewegung zu ersticken. Im Vorfeld des Ersten Weltkriegs wurde die ukrainische Frage vermehrt zu einer Funktion des Verhältnisses zu Österreich-Ungarn, wo sich die ukrainische Nationalbewegung viel freier entfaltet hatte. Österreich wurde als Drahtzieher der ukrainischen Bewegung betrachtet, und die Ukrainer in Rußland wurden von russischen Nationalisten des Separatismus (Mazepismus) bezichtigt. Von der Verschlechterung der Beziehungen Rußlands zum Deutschen Reich wurden nun vermehrt auch die Rußlanddeutschen betroffen, die zum Ziel nationalistischer Angriffe wurden. Die Frage der Einschränkung des deutschen Landbesitzes in Rußland war nach 1909 ein ständiges Thema der Duma-Beratungen, ohne daß sich daraus ein Gesetz ergeben hätte.

Ein wichtiger Bestandteil des extremen russischen Nationalismus blieb der Antisemitismus. Die Revolution hatte die Stellung der Juden nur unwesentlich verbessert, Diskriminierungen wie der Ansiedlungsrayon, der Numerus Clausus in den mittleren und höheren Schulen, Beschränkungen im Landerwerb und in der beruflichen Mobilität waren erhalten geblieben. Zwar kam es nach 1907 zu keinen größeren Judenpogromen mehr, doch brachte der im Jahre 1911 eröffnete Bejlis-Prozeß in Kiev den Höhepunkt des russischen Antisemitismus. Der Jude M. Bejlis wurde angeklagt, einen Ritualmord an einem christlichen Knaben begangen zu haben. Die von lokalen Rechtsradikalen fabrizierte und vom Justiz- und Innenministerium und lokalen Behörden unterstützte Anklage sollte offensichtlich religiös-nationale Gefühle mobilisieren und revolutionäre Tendenzen neutralisieren. Die öffentliche Meinung Rußlands nahm großen Anteil am Prozeß, der im September 1913 mit einem Freispruch Bejlis' durch das Geschworenengericht endete.[39]

Es wäre eine unzulässige Vereinfachung, wenn man die russische Nationalitätenpolitik der Jahre 1906 bis 1914 auf Nationalismus und Repression reduzieren würde. Auch jetzt blieb die Politik inkonsequent und uneinheitlich.[40] So befürwortete das Finanzministerium, dessen Ziel die Modernisierung des Reiches war, nicht selten eine Zusammenarbeit mit Nichtrussen, auch mit Juden. Die Staatsspitze, die den extremen russischen Nationalisten mißtraute, setzte in manchen Bereichen die traditionelle vorsichtig-pragmatische Politik fort und griff immer wieder auf den vornationalen dynastischen Reichspatriotismus zurück, der die Nichtrussen unter der Obhut des Zaren integrieren sollte. Manche unter dem Druck der russisch-nationalen Öffentlichkeit und Duma-Mehrheit beschlossenen radikalen Integrations-Maßnahmen wurden von der Bürokratie nur zögernd durchgeführt, andere Projekte blieben ganz auf dem Papier. Man versuchte partiell erneut mit loyalen nichtrussischen Eliten, etwa den Deutschbalten oder dem muslimischen Klerus, zu kooperieren. In Transkaukasien kehrte Statthalter I. Voroncov-Daškov zur Zusammenarbeit mit den Armeniern zurück, die auch für die Außenpolitik gegenüber dem Osmanischen Reich instrumentalisiert werden sollten. Die grundsätzliche Duldung islamischer Schulen und Geistlicher wurde fortgesetzt, wobei wie früher die Konservativen gegenüber den Reformern gefördert wurden. Von erheblich größerer Tragweite für die Beziehungen zu den Ethnien Mittelasiens war allerdings die gezielte Unterstützung der ostslawischen Kolonisation im Zuge der Stolypinschen Reformen. Die ständige Beschränkung nomadischen Landbesitzes und das Einströmen russischer und ukrainischer Siedler vermehrten den Zündstoff in den nördlichen Steppengebieten.

Die russische Nationalitätenpolitik blieb also auch vor dem Ersten Weltkrieg widersprüchlich. Oft suchte der zarische Staat Antworten auf die Fragen der Zeit in alten Rezepten, doch konnte er keine eindimensionale Politik betreiben, ohne die Grundlagen seiner Existenz zu untergraben. Weder die Lösung eines russischen Nationalstaates noch die einer losen Föderation kamen in Frage. Die erneute Wendung zu einer reaktionären Nationalitätenpolitik seit 1907 brachte den Nationalbewegungen zwar Rückschläge, doch konnte die Uhr nicht mehr auf die Zeit vor 1905 zurückgedreht werden. Manche Errungenschaften der Revolution wie die Pressefreiheit und das Assoziationsrecht blieben in eingeschränktem Maß erhalten und ermöglichten eine nationale Kommunikation und Agitation mit Hilfe von Vereinen und muttersprachlichen Periodika. So entwickelten in diesen Jahren gerade einige der erst 1905 politisch erwachten Ethnien ihre Bewegungen weiter. Bei den ukrainischen Bauern machte das Genossenschaftswesen Fortschritte, während die Intelligenz sich unter der Führung des Historikers M. Hruševs'kyj in der «Gesellschaft der ukrainischen Progressisten» neu organisierte. Das Presse- und Publikationswesen der Muslime blühte weiter auf, und der Dschadidismus drang allmählich auch nach Mittelasien und sogar ins Emirat von Buchara ein. Die nun stark von der Jungtürkischen Revolution beeinflußten Aserbaidschaner begründeten 1912 die neue Musavat- (Gleichheits-) Partei, die islamische mit säkularen pantürkischen Ideen verband und bald die Führung der Nationalbewegung übernahm.

3. Territoriale Veränderungen und Destabilisierung im Ersten Weltkrieg

Der lange Krieg, der im Juli 1914 ausbrach, setzte das Russische Reich einer Belastungsprobe aus, die seine Kräfte überforderte.[41] Niederlagen gegen die deutschen Truppen führten erstmals seit drei Jahrhunderten zu bedeutenden territorialen Verlusten, und die Anstrengungen des Krieges verstärkten im Inneren die politischen und sozialen Spannungen, die dann im Februar 1917 zur Explosion kamen.

Zunächst hatte der Kriegsausbruch aber wie in anderen europäischen Staaten einen patriotischen Schulterschluß der «Kaisertreue» zur Folge, der die Bevölkerung hinter dem Zaren einte und der deutlich machte, daß das Russische Imperium noch über integrative Kräfte verfügte.[42] Nur die Sozialdemokraten wandten sich in der Sitzung der Duma vom 26. Juli gegen den Krieg. Auch die nichtrussischen Delegierten erklärten ihre Loyalität, und in der Folge zogen Hunderttausende von Nichtrussen als Soldaten und Offiziere des Zaren in den Krieg. Sogar die Polen hatten über den Duma-Klub ihre Loyalität erklären lassen. Der Oberkommandierende der russischen Armee versprach am 15. August den Polen die Wiedervereinigung unter dem Zaren bei Wahrung von Glauben, Sprache und Selbstverwaltung, und ein von den Nationaldemokraten Dmowskis begründetes Polnisches Nationalkomitee sprach sich im November 1914 für eine solche Lösung aus. Auch die Deutschbalten und deutschen Kolonisten erklärten ihre Loyalität im Krieg gegen das Deutsche Reich.

Dennoch wurden die Deutschen des Russischen Reiches diskriminierenden Maßnahmen unterworfen. Deutsche Schulen und Vereine wurden geschlossen, es folgte das Verbot, in der Öffentlichkeit Deutsch zu sprechen.[43] Im Jahre 1915 wurde erneut die Liquidierung des deutschen Grundbesitzes in Rußland diskutiert und in bezug auf die deutschen Staatsangehörigen, die nach 1871 eingewanderten und die im westlichen Grenzgebiet (vor allem in Wolhynien) wohnhaften Deutschen auch beschlossen, allerdings nur zum Teil durchgeführt. Auch die Juden wurden der Spionage für die Mittelmächte verdächtigt, und 1915 wurden neben Deutschen und Polen Hunderttausende von Juden aus dem Grenzgebiet zwangsausgesiedelt.[44] Um all diese Menschen unterzubringen und um der russischen Wirtschaft Impulse zu verleihen, wurde im August 1915 der jüdische Ansiedlungsrayon erweitert und den Juden die Niederlassung in den Städten Rußlands erlaubt.

Auch in den österreichischen Gebieten Ostgaliziens und der Bukowina, die im Herbst 1914 von russischen Truppen besetzt worden waren, ging man rücksichtslos gegen die Juden vor. Doch auch die Ukrainer, die eine Wende in der Nationalitätenpolitik erwartet hatten, wurden enttäuscht. Die Regierung betrachtete Galizien, das nie zu Rußland gehört hatte, als «altes russisches Land», die ukrainischen Schulen und Zeitschriften wurden geschlossen, die unierte Geistlichkeit verfolgt, zahlreiche politisch aktive Ukrainer und Polen verhaftet und nach Rußland deportiert, unter ihnen der Metropolit der griechisch-katholischen Kirche A. Šeptyc'kyj.

Die deutsch-österreichische Offensive vom Frühjahr und Sommer 1915 machte nicht nur diese Gebietsverluste Österreichs wett, sondern entriß dem Russischen Reich ganz Kongreßpolen und weite Teile der litauisch-weißrussischen «Westgouvernements» und Kurlands. Damit waren fast alle Polen und Litauer und zahlreiche Letten, Weißrussen, Ukrainer und Deutschbalten nicht mehr Untertanen des russischen Kaisers. Erneute russische Versprechungen gegenüber den Polen kamen jetzt zu spät, die Initiative war schon an die Mittelmächte übergegangen. J. Piłsudski, der schon seit Kriegsbeginn von Galizien aus militärisch und politisch gegen Rußland gekämpft hatte, dehnte seine auf die Wiedererrichtung eines unabhängigen Polen gerichteten Aktivitäten nun auf Kongreßpolen aus. Am 5. November 1916 wurde ein mit den Mittelmächten verbundenes Königreich Polen proklamiert. Der Status der unter deutscher Herrschaft stehenden ehemaligen «Westgouvernements», des «Landes Ober-Ost», blieb unklar. Eine von Litauern und Weißrussen gebildete «Konföderation des Großfürstentums Litauen» strebte die Wiedererrichtung eines litauisch-weißrussischen Reiches an und konkurrierte mit Ansprüchen der Polen und derjenigen Litauer, die einen Nationalstaat anvisierten. Die deutsche Besetzung Kurlands und seine Unterstellung unter eine germanisierende Militärverwaltung führten zu einer Massenflucht von etwa einer halben Million Letten ins Russische Reich, wo eine nationale militärische Einheit mit lettischer Kommandosprache, die «Lettischen Schützen», aufgestellt wurde.

Auch die militärische Auseinandersetzung Rußlands mit dem Osmanischen Reich war mit dem Nationalitätenproblem verknüpft. Zum einen gerieten turksprachige Muslime Rußlands in den Verdacht einer panislamischen oder pantürkischen Fünften Kolonne. Eine Anzahl von tatarischen und aserbaidschanischen Emigranten, unter ihnen J. Akčura, waren in Istanbul politisch tätig und begründeten 1915 ein «Komitee für die Verteidigung der Rechte der muslimischen turko-tatarischen Völker Rußlands». Das Osmanische Reich rechnete mit einer Erhebung der kaukasischen Muslime. Ein Aufstand der Adscharen, der von russischen Truppen niedergeworfen wurde, schien die Erwartungen zu bestätigen.

Zum anderen nutzte Rußland die armenische Frage für seine Zwecke. Schon vor dem Krieg hatte es, unterstützt von der armenischen Kirche, die Rolle eines Protektors der Armenier im Osmanischen Reich zu spielen begonnen, und für den Krieg wurden Verbände von armenischen Freiwilligen aus dem Osmanischen Reich und Rußland aufgestellt.[45] Die auf einen russischen Angriff folgende osmanische Gegenoffensive unter Enver Pascha endete im Januar 1915 mit einer Niederlage, und während des Rückzugs kam es zu ersten Massakern an Armeniern. Der Konflikt mit Rußland wurde so zu einem Anlaß und der Vorwurf der Kollaboration mit Rußland zur Rechtfertigung für die Massendeportation und den Völkermord an etwa einer

Million Armeniern im Jahre 1915. Die eigentliche Ursache lag aber in der Transformationskrise des untergehenden Osmanischen Reiches, dessen jungtürkische Machteliten die Bevölkerung mit nationalen Parolen mobilisieren wollten und die Armenier als Sündenböcke benutzten. Etwa 300 000 Armenier konnten sich unter dem Schutz der russischen Truppen nach Transkaukasien retten. Als Rußland nach einem vorübergehenden Rückschlag zu Beginn des Jahres 1916 weite Teile des osmanischen Armeniens besetzte, gab es dort praktisch keine Armenier mehr. Die Massaker von 1915/16 sind bis heute der zentrale historische Orientierungspunkt der Armenier geblieben, der ihre primäre Frontstellung gegen die Türkei oder die als Stellvertreter betrachteten turksprachigen Aserbaidschaner bestimmt.

Der Erste Weltkrieg stellte eine ganze Reihe von Nationalitäten des Russischen Reiches vor die Frage, ob sie sich mit den Mittelmächten gegen Rußland verbünden sollten. Neben den unter deutscher Besetzung lebenden Ethnien richteten auch finnländische Aktivisten ihre Blicke auf das Deutsche Reich, und zahlreiche Freiwillige aus Finnland formierten sich im Preußischen Jägerbataillon 27, das an der baltischen Front eingesetzt wurde. Auch der zu Kriegsbeginn in Lemberg von Emigranten aus Rußland begründete «Bund zur Befreiung der Ukraine» lehnte sich an die Mittelmächte an. Ebenfalls von Deutschland unterstützt wurde die «Liga der Fremdvölker Rußlands», die im Mai 1916 aus Stockholm einen von Vertretern der Finnländer, Polen, Deutschbalten, Juden, Ukrainer, Litauer, Letten, Weißrussen, Georgier und Muslime unterzeichneten Appell an den amerikanischen Präsidenten Wilson richtete, in dem die nationale Unterdrückung im Russischen Reich angeprangert wurde. An einer Nationalitätenkonferenz in Lausanne machten zahlreich erschienene Vertreter aus Rußland auf ihre Probleme aufmerksam, und vom September 1916 bis Februar 1917 erschien in Bern ein «Bulletin des Nationalités de Russie».[46]

Die Niederlagen und die wirtschaftlichen Probleme des Krieges, vor allem die schlecht organisierte Versorgung der Städte mit Lebensmitteln, verstärkten die politischen und sozialen Spannungen im Inneren Rußlands. Die Kluft zwischen der organisierten «Gesellschaft» und der Staatsspitze verbreiterte sich, als die Regierung auf die Begründung eines gemäßigt reformerischen «Progressiven Blocks» der Duma im September 1915 mit einem Rechtsruck antwortete. Gleichzeitig verstärkte sich die Polarisierung zwischen «Gesellschaft» und Unterschichten. Seit dem Sommer 1915 nahmen die Streiks der Industriearbeiter wieder zu, wobei neben Petrograd und dem zentralrussischen Industriegebiet auch die Süd-Ukraine und Baku erfaßt wurden. Dennoch kann man nicht davon sprechen, daß die wichtigsten sozialen Unruheherde – wie vor der Revolution von 1905 – in der nichtrussischen Peripherie gelegen hätten. Die drei Hauptregionen national-sozialen Widerstands fielen aus: Polen war in deutscher Hand, die Ostseeprovinzen und Transkaukasien lagen direkt an der Front.

Dennoch ging die weitaus größte Aufstandsbewegung im Russischen

Reich zwischen den Revolutionen von 1905 und 1917 nicht von Russen, sondern von Nichtrussen aus. Den Hintergrund für die Erhebung, die im Jahre 1916 weite Teile Mittelasiens erfaßte, bildete allgemein die russische Kolonialherrschaft, im besonderen die seit dem Ende des 19. Jahrhunderts dramatisch verschärften Auseinandersetzungen zwischen Hirtennomaden und den von der Regierung unterstützten europäischen Siedlern um die fruchtbaren nördlichen Steppengebiete, die den Nomaden als Sommerweiden dienten. Anlaß für den Aufstand war ein Erlaß der Regierung vom 25. Juni 1916, der 390 000 inorodcy zum Dienst in der Armee einzog. Zwar sollten diese nicht als kämpfende Truppe eingesetzt werden, sondern nur Arbeitsdienste hinter der Front verrichten, dennoch verstieß die neue Verordnung gegen die traditionelle Befreiung der asiatischen inorodcy vom Militärdienst.[47]

Im Sommer 1916 kam es zunächst in verschiedenen Städten und Dörfern des südlichen Mittelasien zu Erhebungen der seßhaften Bevölkerung, die sich in erster Linie gegen russische Verwaltungsleute und auch gegen die Eisenbahn richteten. In der Folge breitete sich der Aufstand auf fast ganz Mittelasien, von den Bergen Kirgisistans bis ins westliche Kasachstan und zu den Turkmenen Transkaspiens aus. Bis zu mehrere tausend Aufständische umfassende Abteilungen griffen Städte und russische Truppen an. Teilweise nahm die Erhebung die Züge eines «Heiligen Krieges» gegen die ungläubigen Russen und eines antikolonialen Unabhängigkeitskampfes an. In der nordöstlichen Steppen- und Gebirgsregion des Gebiets Semireč'e (Siebenstromland), wo die ostslawische Kolonisation besonders intensiv war, kam es zu den heftigsten bewaffneten Zusammenstößen zwischen Kirgisen und Kasachen auf der einen und russischen Siedlern, Verwaltungsleuten, Polizisten und Soldaten auf der anderen Seite. Über 3000 Russen und eine unbekannte, erheblich höhere Zahl von Nichtrussen wurden dabei getötet, etwa 10 000 russische Höfe wurden geplündert und verbrannt. In einzelnen Bezirken des Gebiets zerstörten Kirgisen praktisch alle europäischen Siedlungen. Die Folgen für die Kirgisen und Kasachen der Region waren katastrophal: Wohl über 100 000 Kasachen und Kirgisen kamen ums Leben, und über 200 000 flohen in die Berge und ins chinesische Ost-Turkestan. Die Dezimierung der nomadischen Bevölkerung und ihrer Viehherden erstickte nicht nur den Widerstand, sondern schuf auch Raum für neue Siedlungen europäischer Ackerbauern. In der säkularen Konfrontation zwischen Seßhaften und Nomaden hatten die Mittelasiaten damit weiter an Boden verloren. Den entscheidenden Schlag gegen die Nomaden führte aber erst Stalin.

4. Die Revolution von 1917 und der Zerfall des Russischen Reiches

Das Schicksal der Zarenherrschaft in Rußland wurde in der Hauptstadt entschieden: «Es wäre keine Übertreibung zu sagen, daß Petrograd die Februarrevolution vollbrachte. Das übrige Land schloß sich ihm an», schrieb Trotzki später.[48] Die von Nichtrussen bewohnten Randgebiete hatten schon in der Vorbereitung der Revolution eine geringere Rolle gespielt als 1905, und es waren die Arbeiter, Soldaten und Frauen von Petrograd, die zusammen mit der demokratischen Intelligenz das alte Regime stürzten. Daß die Revolution im ganzen Land so rasch und reibungslos siegte, war allerdings auch darauf zurückzuführen, daß die zarische Autokratie nicht nur bei den Russen, sondern auch bei den Nichtrussen ihren Kredit verspielt hatte. Dennoch ging im Jahre 1917 die revolutionäre Dynamik in höherem Maß als 1905 von den russischen Arbeitern, Soldaten und Bauern aus. Zum geringeren Gewicht der von Nichtrussen bewohnten Randgebiete trug wesentlich bei, daß die in der ersten Revolution besonders aktiven Regionen Polen und Kurland von Truppen der Mittelmächte besetzt waren.

Die Arbeiterbewegung konzentrierte sich im Jahre 1917 auf die beiden Hauptstädte und auf die russischen Industriegebiete. Auch in Städten der Peripherie wie Helsinki, Reval, Riga, Minsk, Kiev, Odessa, Ufa, Tiflis, Baku oder Taschkent entstanden früh Arbeiterräte, und in den meisten Regionen kam es zu Streiks. Auch in der Peripherie waren es oft russische Arbeiter und Soldaten, die die Initiative für Protestaktionen und revolutionäre Organisationen ergriffen. In solchen Fällen konnte es zur Konfrontation revolutionärer russischer Arbeiter mit den gemäßigten nationalen Kräften kommen. Wenn die Initiative von nichtrussischen Arbeitern ausging, wie in Finnland und den Ostseeprovinzen, stand ihre Auseinandersetzung mit der nationalen Bewegung auf der Tagesordnung.

Die Bauern des Russischen Reiches konfiszierten im Laufe des Jahres wie schon während der ersten Revolution immer größere Flächen von Gutsland. Die regionale Verteilung der agrarischen Unruhen zeigt deshalb eine Konzentration auf die Gebiete, wo die Bauern fast ausschließlich vom Ackerbau lebten und wo besonders viel Grund und Boden in nichtbäuerlichen Händen war. Darunter waren neben den russischen Schwarzerde-Gouvernements auch vorwiegend von Nichtrussen bewohnte Regionen, in erster Linie der Westen der Ukraine und das strukturell allerdings unterschiedliche Weißrußland.[49] Die Gutsbesitzer in diesen Gebieten waren Polen und Russen, gehörten also einer anderen ethnischen Gruppe an als die weißrussischen und ukrainischen Bauern, so daß die sozialen durch ethnische Antagonismen verstärkt wurden. Hier, in der Nähe der Kriegsfront, trugen auch Soldaten, die dritte Trägerschicht der Revolution, zur Radikalisierung der Bauern bei. Nichtrussische Soldaten, so die Ukrainer, Esten und Letten, formierten ethnisch geschlossene Truppenteile. Die schon vor 1917 im Krieg gegen

Deutschland eingesetzten lettischen Schützen radikalisierten sich im Laufe des Jahres und wurden zu einem bedeutsamen militärischen Instrument der Bolschewiki.[50]

Die Revolution von 1917 war eine soziale Revolution, und auch die im Februar entfesselten nationalen Bewegungen verbanden nationale mit sozialen Forderungen. Wie bei den Russen waren die Bauern bei den meisten nichtrussischen Völkern die weitaus größte soziale Gruppe, und die Landfrage stand deshalb im Vordergrund. Besonders explosiv wurde die Kombination sozialer und nationaler Faktoren dann, wenn Unterschichten einer ethnischen Gruppe Anspruch auf den Grundbesitz einer anderen Ethnie erhoben. Die Bewegungen der Bauernvölker des Westens richteten sich oft nicht gegen russische, sondern gegen deutschbaltische oder polnische Eliten, während die Nomaden des Ostens mit den mehrheitlich russischen Siedlern zusammenstießen. Auch unter der polyethnischen Stadtbevölkerung in den Randgebieten wurde der soziale Zündstoff durch nationale Antagonismen verstärkt. Die sozial mobilisierten Bauern drängten in die Städte, wo sie auf fremde ethnische Gruppen stießen, die ihren sozialen Aufstieg behinderten. Das klassische Modell stellten die Städte im Westen und Süden dar, in denen die ethno-religiösen Diaspora-Gruppen der Juden und Armenier die Masse der wirtschaftlichen Mittelschicht stellten. Auch hier spielten sich die Konflikte oft nicht zwischen Nichtrussen und Russen ab, so daß die Zusammenarbeit einer ethno-sozialen Gruppe mit Teilen der russischen Bevölkerung gegen eine andere ethnische Gruppe durchaus möglich war. In den östlichen Gebieten des Russischen Reiches war dagegen der Konflikt zwischen nichtrussischer Landbevölkerung und russischer Stadt die Regel. Obwohl infolge der ethno-sozialen Gemengelage interethnische Konflikte in den Randgebieten des Russischen Reiches vorherrschten, gab es auch tiefgreifende soziale Antagonismen innerhalb der einzelnen ethnischen Gruppen, besonders wenn sie, wie in Transkaukasien oder Finnland, sozial stärker differenziert waren.

Der sozio-ethnischen Struktur entsprechend zeigte sich in der Revolution von 1917 also ein kompliziertes Geflecht sozialer und nationaler Antagonismen. Über das relative Gewicht der beiden Faktoren gehen die Meinungen in der Historiographie auseinander. Das liegt auch daran, daß sich die Mehrheit der bisherigen Forschungsarbeiten inner- und außerhalb der Sowjetunion nur für die soziale *oder* die nationale Revolution interessiert und den anderen Aspekt weitgehend ausgeklammert hat. Dieser polarisierenden Sichtweise soll hier eine integrierende entgegengesetzt werden, die das Zusammenwirken sozialer und nationaler Faktoren, die Gleichzeitigkeit sozialer und nationaler Bewegungen betont.[51]

Manche oppositonellen Kräfte hatten erwartet, daß mit dem Sturz der Zarenherrschaft die nationale Frage im Russischen Reich automatisch einer Lösung zugeführt würde. Doch trat das Gegenteil ein: Die Februarrevolution entfesselte die nationalen Bewegungen in ungeahntem Maß. Die Frage war, ob die mit den Problemen des Krieges und der inneren Umgestaltung Rußlands belastete Provisorische Regierung imstande sein würde, die Forderungen der Randvölker zu befriedigen, ohne die Existenz des russischen Staates aufs Spiel zu setzen. Denn bald wurde deutlich, daß auch die Provisorische Regierung am Ideal des «einen und unteilbaren Rußland» festhielt und ihre Hauptaufgabe in der Verteidigung der Grenzen Rußlands im Krieg gegen die Mittelmächte sah.[52]

Allerdings brachte die Februarrevolution eine über die Konzessionen von 1905 hinausgehende Liberalisierung der Nationalitätenpolitik: Alle Bürger Rußlands kamen in den Genuß der bürgerlichen Rechte und Freiheiten und individueller national-kultureller Rechte. Die diskriminierende Ausnahmegesetzgebung, insbesondere gegenüber den Juden und inorodcy, wurde aufgehoben. Die Autonomie Finnlands und des Königreichs Polen (das allerdings von deutschen Truppen besetzt war) wurde wiederhergestellt. Den übrigen Nationen des Russischen Reiches gestand man aber keine kollektiven, territorialen Rechte zu. Die Provisorische Regierung (ebenso wie der zweite Träger der Doppelherrschaft, der Petrograder Sowjet) unterschätzte die Brisanz des Nationalitätenproblems. Sie war damit beschäftigt, Krieg zu führen, Ruhe und Ordnung und die Versorgung der Bevölkerung aufrecht zu erhalten. Die Autonomieforderungen wurden abgewiesen und ihre Lösung auf die noch zu wählende Konstituierende Versammlung vertagt, die dann zusammen mit den grundlegenden sozialen und politischen Problemen auch die nationale Frage auf demokratischem Weg lösen sollte. Die im Februar entfesselten nationalen Kräfte konnten jedoch dadurch ebensowenig im Zaum gehalten werden wie die soziale Revolution in Rußland. Die Hinhaltetaktik führte im Gegenteil zu einer ständig wachsenden Radikalisierung der sozialen und nationalen Bewegungen an der Peripherie. Als sich die Provisorische Regierung Ende September zu einem halbherzigen Zugeständnis durchrang und den Völkern des Reiches – immer unter dem Vorbehalt der Genehmigung durch die Konstituante – das Selbstbestimmungsrecht zugestand, hatte sie ihren Vertrauenskredit schon weitgehend verloren.

Noch stärker als die Revolution in Rußland war die nationale Revolution an der Peripherie vom Krieg bestimmt. Die Versorgungsmängel und die allgemeine Kriegsmüdigkeit verstärkten das Mißtrauen gegenüber dem Zentrum, und eine Reihe von nationalen Armee-Einheiten formierten sich. Die Randgebiete im Westen und Süden waren zudem direkter Kriegsschauplatz. Die Fronten blieben im Jahre 1917 einigermaßen stabil. Unter der Herrschaft der Mittelmächte standen nach wie vor die Polen und Litauer und Teile der Weißrussen, Ukrainer, Letten und Deutschbalten; mit der Besetzung Rigas durch deutsche Truppen Ende August vergrößerte sich der Anteil der unter deutscher Besatzung lebenden nichtrussischen Ethnien noch.

Die nationalen Bewegungen im Russischen Reich entwickelten sich im Jahre 1917 mit unterschiedlicher Intensität, je nach den historischen Voraussetzungen, den sozialen und politischen Antagonismen und dem Einfluß der

Kriegsereignisse.[53] Obwohl die jeweiligen Gegebenheiten sehr unterschiedlich waren, kam es zu Versuchen gemeinsamer Aktionen. Ende Mai trafen sich in Petrograd die Vertreter der nationalen sozialistischen Parteien, und im September fand in Kiev ein Kongreß der Völker Rußlands statt. Die dort versammelten 93 Vertreter aller größerer Gruppen außer den Polen und Finnländern waren sich einig, daß Rußland zu einer demokratischen föderativen Republik umgestaltet werden sollte. Dennoch zeitigten diese Bestrebungen keine weiterführenden Ergebnisse: Die nationalen Interessen erwiesen sich als stärker denn die gemeinsamen Anliegen.

Es ist kein Zufall, daß dieser Kongreß in Kiev stattfand, denn die ukrainische Bewegung erlebte im Jahre 1917 eine erstaunlich rasche Entfaltung und erreichte nun auch in Rußland die Phase der Massenbewegung. Angesichts der großen Zahl der Ukrainer und der strategischen und wirtschaftlichen Bedeutung ihres Siedlungsgebiets wurde die ukrainische Frage zu einem zentralen Problem für die Provisorische Regierung und später für die Bolschewiki.

Schon eine Woche nach der Februarrevolution begründeten Vertreter unterschiedlicher gesellschaftlicher Gruppen in Kiev den Ukrainischen Zentralrat (Rada), ein vom Historiker M. Hruševs'kyj präsidiertes Vorparlament, das einige Wochen später von einem Nationalkongreß legitimiert wurde und der Provisorischen Regierung seine Loyalität aussprach.[54] Die politische Führung hatten zunächst die Ukrainischen Progressisten inne, die aber bald von der Ukrainischen Sozialdemokratischen Arbeiterpartei abgelöst wurden, die nationale und gemäßigte soziale Ziele anstrebte. Diese Partei stellte dann im Juni mit dem Schriftsteller V. Vynnyčenko den ersten Vorsitzenden des Generalsekretariats der Rada, der ersten ukrainischen Regierung. Die Dynamik der Entwicklung bestimmten aber weder die Rada noch die Parteien, die lediglich eine schmale Intelligenzschicht repräsentierten, sondern die Bewegungen der Bauern und Soldaten. Entscheidend war, daß nach der Februarrevolution die Bauern, die gegen 90 Prozent der Ukrainer Rußlands ausmachten, sozial und zum Teil auch national mobilisiert wurden. Sie organisierten sich in einem Bauernverband und in Bauernsowjets, und im Juni trafen sich über 2000 Delegierte zu einem ukrainischen Bauernkongreß. Ihre wichtigsten Forderungen waren eine spezifische Lösung der Landfrage für die Ukraine, die Einrichtung eines ukrainischen Landfonds und die politische Autonomie.

Unter dem Druck der Massenbewegung radikalisierte auch die Zentrale Rada ihre Forderungen und erklärte am 10. Juni die Autonomie der Ukraine. Der Erlaß wurde als «1. Universal» bezeichnet, womit die Rada an die Erlasse der Hetmane des 17. Jahrhunderts und damit an das «Goldene Zeitalter» ukrainischer Staatlichkeit anknüpfte.[55] Die unter Druck gesetzte Provisorische Regierung gab nach und anerkannte die Rada und deren Generalsekretariat de facto als Vertretung der ukrainischen Nation. Damit hatte erstmals eine russische Regierung einen Teil ihrer Macht an eine nationale Körperschaft abgetreten und das nationale Prinzip als Grundlage administrativer Gliederung anerkannt. Für die Kadetten war diese Konzession nicht akzeptabel, so daß sie ihre Mitglieder aus der Regierung zurückzogen. Den mobilisierten Massen der Ukrainer genügten diese Zugeständnisse im Sommer 1917 aber schon nicht mehr. Sie wollten ihre drängenden sozialen Probleme gelöst sehen, und die Rada hatte sich in ihren Augen diskreditiert, als sie mit der Provisorischen Regierung paktierte. Konflikte innerhalb der ukrainischen Nationalbewegung brachen auf, die radikal populistische Ukrainische Sozialrevolutionäre Partei, die agrarrevolutionäre mit nationalen Forderungen verband, gewann rasch an Einfluß und wurde bis zum Herbst zur führenden politischen Kraft. Außerdem verschärften sich die Spannungen zwischen der schmalen intellektuellen Elite der Politiker und den Bauern und Arbeitern und zwischen den Ukrainern und den Russen in der Ukraine, die mit ihren Parteien noch immer das politische Leben in den Städten dominierten.

Weniger dramatisch verlief die Entwicklung bei den Weißrussen, von denen ein Teil unter deutscher Herrschaft stand. Die einzige nationale Partei, die Weißrussische Sozialistische Hramada, hatte keinen Massenanhang unter den Bauern, die über 90 Prozent der Weißrussen ausmachten. Unter dem Eindruck der ukrainischen Bewegung begründeten Intellektuelle und Soldaten im Juli eine weißrussische Rada, die aber nur wenige Anhänger fand. Die sozialistischen Parteien der mehrheitlich russischen und jüdischen Stadtbevölkerung bestimmten deshalb weiter das politische Geschehen in Weißrußland.

Auch die Ostseeprovinzen waren zum Teil von deutschen Truppen besetzt. Im bei Rußland verbliebenen Teil Livlands und in Estland entfalteten die Letten und Esten unter dem Eindruck der Februarrevolution politische Aktivitäten: Kongresse wurden durchgeführt, und neue Parteien wurden gegründet, die in erster Linie kulturelle Selbstverwaltung und politische Autonomie forderten.[56] Die internationalistisch orientierten Bolschewiki konnten ihre Position unter den lettischen Arbeitern, Landarbeitern und Soldaten (den lettischen Schützen) ausbauen und wurden hier zur stärksten politischen Kraft. Auch in Estland gewannen sie im Herbst an Boden.

In Finnland hatte sich der wieder voll handlungsfähige, mehrheitlich sozialdemokratische Landtag im Juli zur «höchsten Gewalt» erklärt und der russischen Zentrale nur Außenpolitik und Armee überlassen. Die Provisorische Regierung akzeptierte diese erhebliche Ausweitung der Autonomie Finnlands nicht und löste das Parlament auf. Neuwahlen im Oktober brachten einen Sieg für die mit der Provisorischen Regierung zusammenarbeitenden bürgerlichen Kräfte. Damit waren die Weichen für den Bürgerkrieg gestellt.[57]

Auch die Rumänen Bessarabiens waren 1916 in die Kriegsereignisse einbezogen worden. Nach der Februarrevolution wurde eine moldauische Nationalpartei begründet, die Autonomieforderungen stellte, und im Herbst verstärkten sich die auf Rumänien gerichteten irredentistischen Bestrebungen. Die deutschen Kolonisten blieben auch unter der Provisorischen Regierung loyale Untertanen, zumal die antideutschen Gesetze schon im März 1917 aufgehoben wurden. Sie nutzten die neuen Freiheiten zur Begründung einer Vielzahl kultureller und politischer Organisationen, die in der Regel gemäßigte Ziele verfolgten.

Die Juden des Russischen Reiches begrüßten die Februarrevolution und die Provisorische Regierung, die ihnen endlich die Gleichberechtigung brachten.[58] Ihr kulturelles und politisches Leben belebte sich wieder. Dabei blieb die politische Fragmentierung erhalten, und das Projekt eines allrussischen jüdischen Kongresses kam nicht zustande. Unter den zahlreichen Parteien, die fast alle für die Juden die extraterritoriale Kulturautonomie forderten, waren weiter die Zionisten und der sozialdemokratische, den Menschewiki nahestehende, «Bund» die wichtigsten. Judenpogrome, wie sie 1905 von reaktionären Kräften inszeniert worden waren, blieben 1917 weitgehend aus. Erst als gegen Ende des Jahres die öffentliche Ordnung zusammenbrach, kam es in der Ukraine zu einzelnen antijüdischen Ausschreitungen, denen im Bürgerkrieg viel schrecklichere folgen sollten.

Verhältnismäßig ruhig verlief das Jahr 1917 in Transkaukasien, das ebenfalls nahe der Kriegsfront (mit dem Osmanischen Reich) lag.[59] Wie in Rußland bildete sich eine Doppelherrschaft heraus: Auf der einen Seite stand ein von der Provisorischen Regierung eingesetztes, zum großen Teil aus Georgiern und Russen bestehendes Sonderkomitee für Transkaukasien, das aber die anstehenden sozialen und politischen Probleme keiner Lösung näher brachte. Auf der anderen Seite etablierten sich in Tiflis und Baku Arbeiterräte. Während der Sowjet von Tiflis menschewistisch ausgerichtet war, arbeiteten im Sowjet von Baku Menschewiki, Bolschewiki, Sozialrevolutionäre, die armenischen Daschnaken und die aserbaidschanische Musavat-Partei zusammen. Die georgischen Menschewiki blieben übernational orientiert und standen loyal zur Provisorischen Regierung. Sie stellten mehrfach Minister und mit N. Čcheidze und I. Cereteli wichtige Führer des Petrograder Sowjets. Auch die antitürkischen Daschnaken hielten der Provisorischen Regierung die Treue, schon weil sie den Krieg gegen das Osmanische Reich fortsetzte. Die von der Intelligenz und den bürgerlichen Mittelschichten dominierte Musavat-Partei trat für eine förderative Gliederung Rußlands ein und gewann 1917 einen Massenanhang. Die Bolschewiki waren bis zum Oktober überall in der Minderheit, doch stieg ihr Einfluß im Sowjet von Baku.

Die Muslime Rußlands setzten ihre seit 1905 eingeschlagene, gemäßigte Bewegung fort.[60] Die liberale, panislamisch orientierte Union der Muslime (Ittifak) blieb zunächst die wichtigste Kraft. Ihr standen eine konservativ-religiöse Richtung, die im Klerus und der alten Elite Anhänger fand, und eine radikale Gruppe der linken Intelligenz, die den Sozialrevolutionären zuneigte, gegenüber. Im Mai 1917 trafen sich gegen tausend gewählte Delegierte – darunter auch 200 Frauen – in Moskau zum Ersten allrussischen Kongreß der Muslime, beschlossen dort mehrheitlich (und als erste in der islamischen Welt) die Gleichberechtigung der Geschlechter und sprachen sich für das von den aserbaidschanischen Delegierten vertretene föderalistische Programm aus. Der zweite Kongreß, der im Juli in Kazan' stattfand, brachte einen Sieg der radikaleren Wolgatataren, die soziale Probleme in den Vordergrund stellten und sich für die Bildung einer «Nationalversammlung» der Muslime aussprachen. So spiegelte sich auch in der muslimischen Bewegung die allmähliche Radikalisierung des politischen Lebens wider, die im Laufe des Sommers Rußland erfaßte. Gleichzeitig verstärkten sich die partikularistischen Tendenzen der einzelnen nationalen Bewegungen.

Auch die Muslime Turkestans wurden im Jahre 1917 politisch mobilisiert. Unter den Organisationen unterschiedlicher politischer Ausrichtung war der von reformerischen Dschadidisten getragene Muslimische Zentralrat Turkestans die wichtigste. Die radikalste Bewegung ging im Herbst des Jahres 1917 aber von der russischen Bevölkerung aus, die sich im Sowjet von Taschkent organisierte. Viel stärker mobilisiert wurden die Nomaden der Steppe, deren traditionelle Konflikte mit ostslawischen Siedlern wieder aufflammten. Die Kasachen hatten sich schon im April 1917 zu einem Kongreß in Orenburg versammelt und im Sommer eine politische Partei, die Alasch-Orda, begründet. Sie verlangten Autonomie, ein Ende der Kolonisation und sogar die Ausweisung der neuen Siedler. Die gewaltsamen Auseinandersetzungen um die nördlichen Steppengebiete erreichten im Sommer 1917 einen neuen Höhepunkt, als zahlreiche Kirgisen und Kasachen, die 1916 nach China geflohen waren, wieder zurückkehrten und Ansprüche auf ihre alten Weiden erhoben. Auch zwischen Baschkiren und russischen und tatarischen Siedlern kam es zu Konflikten, und die Baschkiren erhoben ebenfalls Autonomieforderungen, die mit dem Programm der Tataren kollidierten.

Wie schon im Jahre 1905 wurden auch 1917 zahlreiche kleinere nichtrussische Ethnien politisch und sozial mobilisiert. Die Krimtataren begründeten eine nationale Partei (Milli Firka), die Autonomie forderte und bald mit den auf der Krim zahlenmäßig stärkeren Russen und Ukrainern zusammenstieß. Die gemäßigte Bewegung der nordkaukasischen «gorcy» suchte die Zusammenarbeit mit den konservativen russischen Kosaken gegen die mehrheitlich sozialrevolutionären russischen Kolonisten. Die schmale Intelligenz der ethnisch bunt gemischten Bergvölker begründete nationale Räte und einen «Bund der vereinigten gorcy» und führte zwei Kongresse durch, an denen Autonomieforderungen erhoben wurden. Im Sommer verstärkte sich dann die islamisch-konservative Richtung, die in der Nachfolge Schamils einen «Heiligen Krieg» gegen die Russen vorbereitete.

An der Mittleren Wolga trat im Mai ein Kongreß der kleinen Völker zusammen, an dem über 500 Vertreter der Tschuwaschen, Tscheremissen, Wotjaken, Mordwinen, Syrjänen, Kalmücken und getauften Tataren teilnahmen. Die Delegierten erklärten ihre Solidarität mit der Provisorischen Regierung und legten das Hauptgewicht auf kulturell-sprachliche Forderungen. Es folgten eine Reihe von Zusammenkünften der einzelnen Ethnien, die zum Teil erstmals national-kulturelle Forderungen erhoben. In Sibirien knüpften die Burjäten und Jakuten an die Aktivitäten von 1905 an. Eine nationale Duma der Burjäten und ein jakutisches Komitee verlangten die Einführung der Muttersprachen in Schulen und Behörden und soziale Reformen. Die russischen Regionalisten Sibiriens versuchten gemeinsam mit nichtrussischen Ethnien den Kampf gegen die koloniale Abhängigkeit vom Zentrum aufzunehmen, doch verhinderten die sozialen Antagonismen zwischen ostslawischen Siedlern und einheimischen Ethnien eine engere Kooperation.

Das Jahr 1917 brachte also für fast alle Nichtrussen des Russischen Reiches eine Explosion nationaler Bewegungen. Ihre Formen und Zielsetzungen widerspiegelten den Grad der sozialen und politischen Mobilisierung der einzelnen Ethnien und die jeweiligen sozialen Antagonismen der Region. Wie bei den Bewegungen der Arbeiter, Bauern und Soldaten kam es im Verlauf des Sommers zu einer deutlichen Radikalisierung. Diese bezog sich weniger auf politische Zielsetzungen, die mit Ausnahme der Polen und Finnländer nirgendwo über Autonomieforderungen hinausgingen, als auf die soziale Komponente. Die von Intellektuellen angeführten nationalen Bewegungen wurden von der Masse der Bauern dazu gezwungen, vermehrt agrarsozialistische Zielsetzungen zu berücksichtigen. Eine ganze Reihe von nationalen Parteien, die im Frühjahr eher den liberalen Kadetten zugeneigt hatten, standen deshalb im Herbst den russischen Sozialrevolutionären nahe. Die Sozialrevolutionäre waren als Bündnispartner auch deshalb willkommen, weil sie sich im Gegensatz zu den zentralistischen Liberalen schon seit langem zum Prinzip des Föderalismus bekannten. Die russischen Sozialdemokraten hatten zwar schon seit 1903 das Selbstbestimmungsrecht der Völker in ihrem Programm, doch war die nationale Frage für die internationalistisch ausgerichtete Arbeiterpartei von untergeordneter Bedeutung. Die Menschewiki, bei denen Georgier und Juden eine wichtige Rolle spielten, erklärten sich im Jahre 1917 für eine extraterritoriale Autonomie, während die Bolschewiki das revolutionäre Potential der nationalen Bewegungen ausnutzen wollten und sich für das Selbstbestimmungsrecht mit dem Recht zur Sezession aussprachen. Obwohl sie damit das radikalste nationale Programm aller russischer Parteien hatten, blieb der Boden in der zumeist bäuerlichen nichtrussischen Peripherie auch für sie steinig. Neben den großen russischen Städten, in denen sie im Sommer und Herbst ihre Basis erheblich ausweiten konnten, hatten sie lediglich bei den Letten, Finnen und Esten Erfolge.

Eine Momentaufnahme des politischen Kräftefeldes in den von russischen Truppen kontrollierten Gebieten (ohne Finnland) kurz nach der Oktoberrevolution geben die Ergebnisse der Wahlen zur Konstituierenden Versammlung im November 1917. Zwar verursachten die Umstände, unter denen sie durchgeführt wurden – Krieg, Revolution, Organisationsprobleme – Verzerrungen und Lücken, doch sind die von Radkey rekonstruierten Resultate im ganzen durchaus aussagekräftig.[61] Aus den Wahlen gingen als stärkste Kräfte die russischen Sozialrevolutionäre mit über 40 Prozent und die Bolschewiki mit 23,8 Prozent der Stimmen hervor. Die russischen Sozialrevolutionäre, deren Stimmenanteil infolge einiger Wahlbündnisse mit nationalen Parteien nicht genau festgestellt werden kann, lagen in den Schwarzerdegebieten, den Wolga-Gouvernements und in Sibirien vorn, die Bolschewiki im Zentrum, in den Industriegebieten und unter den Soldaten. Die übrigen russischen Parteien, die Menschewiki, die Kadetten und die nationalistische Rechte, erhielten zusammen weniger als 10 Prozent der Stimmen.

Die meisten Nichtrussen wählten nicht eine der russischen, sondern ihre nationalen Parteien. Die Bolschewiki vermochten allerdings im Nordwesten beachtliche Erfolge zu erzielen: In Estland mit 40 Prozent der Stimmen gegenüber 59 Prozent der estnischen Parteien, im nicht von deutschen Truppen besetzten Teil Livlands (jetzt ohne Riga) sogar mit 72 Prozent (dem besten Resultat im ganzen Reich) und in den beiden mehrheitlich von Weißrussen besiedelten Gouvernements Minsk und Vitebsk mit 63 bzw. 51 Prozent. Bemerkenswert ist, daß sich die Mehrheit der lettischen und weißrussischen und zahlreiche estnische Bauern für die bolschewistische Arbeiterpartei entschieden.

Der Anteil der nationalen Parteien machte etwa 22 Prozent der Gesamtzahl der bekannten Stimmen aus. Da von einigen nichtrussischen Regionen, so fast allen mittelasiatischen Gouvernements, dem nördlichen Kaukasus und Jakutien, keine Resultate vorliegen und zum Teil Wahlblocks mit russischen Parteien eingegangen wurden, ist der Anteil der potentiellen Wähler nationaler Parteien noch um mindestens 6 Prozent höher anzusetzen. Zwar bildeten diese Parteien keine Einheit, doch waren sie mehrheitlich sozialrevolutionär orientiert. Das gilt in erster Linie für die ukrainischen Parteien, die von der großen Mehrheit der ukrainischen Bauern gewählt wurden und in vier Gouvernements über 70 Prozent aller Stimmen erhielten, wobei der Löwenanteil auf die ukrainischen Sozialrevolutionäre entfiel. Obwohl die mehrheitlich nicht-ukrainischen Bewohner der Städte und der Industriegebiete des Südens russische Parteien wählten, dokumentierten die Wahlen zur Gesetzgebenden Versammlung, welch großen Schub politischer und sozialer Mobilisierung die Ukrainer im Jahre 1917 erlebt hatten. In extremem Kontrast dazu standen die Weißrussen, deren Parteien weniger als ein Prozent der Stimmen in Weißrußland erhielten. Die ethnischen Minderheiten der Juden, Polen und Deutschen wählten dagegen fast geschlossen nationale Parteien, wobei die Zionisten gegenüber dem «Bund» klar die Oberhand gewannen.

Auch in Transkaukasien wählten die drei großen ethnischen Gruppen ihre traditionellen Parteien, die Georgier die Menschewiki, die Armenier die Daschnaken und die Aserbaidschaner die Musavatisten und andere muslimische Gruppen, während Sozialrevolutionäre und Bolschewiki hier nur je etwa 5 Prozent erreichten. Die übrigen Muslime Rußlands entschieden sich ebenfalls für ihre nationalen Parteien, wobei im Wolga-Uralgebiet Tataren und Baschkiren getrennte Listen hatten, die zusammen im Gouvernement Ufa über 55 Prozent der Stimmen erzielten. Auch in Mittelasien wählten die Muslime ihre eigenen Parteien, wie die Ergebnisse aus dem einzigen Gebiet, aus dem Resultate bekannt sind, zeigen: Im Gouvernement Ural'sk erzielten die kasachischen Parteien drei Viertel der Stimmen. Daß auch einzelne der kleinen Ethnien im Laufe des Jahres politisch mobilisiert worden waren, dokumentieren die Tschuwaschen, die im Gouvernement Kazan' ihre Stimmen geschlossen für einen nationalen Block abgaben, und die Burjäten, auf deren Parteien in zwei Gouvernements etwa 18 Prozent der Stimmen entfielen.

Die Wahlen zur Konstituante zeigten also, daß sich die meisten Nichtrussen des Reiches im November 1917 für nationale Parteien entschieden. Das bedeutet nicht unbedingt, daß nun die nationalen Faktoren überall mehr Gewicht gewonnen hatten als die sozialen, sondern unterstreicht eher, daß die nationalen und sozialen Bewegungen im Jahre 1917 gleichzeitig und in enger Wechselwirkung miteinander verliefen. Die Programme der meisten nationalen Parteien legten viel Gewicht auf soziale Zielsetzungen. Ohne die Verbindung mit sozialen Forderungen liefen sie, wie sich im Bürgerkrieg zeigen sollte, Gefahr, ihre bäuerliche Massenbasis zu verlieren. Manche, wie die führenden Parteien der Ukrainer, Armenier und Tschuwaschen, standen den Sozialrevolutionären nahe, die zusammen mit diesen über eine klare Mehrheit der Abgeordneten verfügten. Die Mehrheit der Muslime neigte noch immer dem liberal-gemäßigten Lager zu, und die Kasachen und Kirgisen im Gouvernement Semireč'e gingen mit den russischen Kosaken ein gegen die mehrheitlich sozialrevolutionären ostslawischen Siedler gerichtetes Wahlbündnis ein. Entscheidend war, daß die Bolschewiki in allen überwiegend von Nichtrussen bewohnten Regionen mit Ausnahme der Ostseeprovinzen und Weißrußlands nur über eine sehr schwache Wählerbasis verfügten.

Die Bedeutung der nationalen Bewegungen und allgemeiner der ungelösten Nationalitätenfrage als einer Voraussetzung der Oktoberrevolution ist umstritten. Da sich in den meisten nationalen Bewegungen soziale und nationale Faktoren verbanden, ist eine Isolierung des nationalen Elements kaum möglich. Sicher ist, daß nationale Autonomiebewegungen die Position der Provisorischen Regierung, die sich als Sachwalter der Einheit Rußlands verstand, schwächten. Deren Intransigenz gegenüber nationalen und sozialen Forderungen und das Festhalten am Krieg ließ auch bei vielen Nichtrussen die Parolen der Bolschewiki – Land, Frieden und Selbstbestimmungsrecht der Völker – auf fruchtbaren Boden fallen und mindestens vorübergehende Allianzen mit ihnen als möglich erscheinen.

Auf die Machtübernahme der Bolschewiki in Petrograd und den großen russischen Städten Ende Oktober und Anfang November 1917 reagierten die meisten nationalen Kräfte in der nichtrussischen Peripherie deshalb zunächst abwartend. Die Dekrete über Land und Frieden und die am 2. November erlassene Deklaration der Rechte der Völker Rußlands, in der die Formel vom Selbstbestimmungsrecht bis zur Lostrennung bekräftigt wurde, weckten noch einmal Hoffnungen. Doch erwies sich eine Zusammenarbeit mit der nach Zentralisierung und alleiniger Macht strebenden, das nationale Selbstbestimmungsrecht dem Prinzip des Klassenkampfes unterordnenden Leninschen Partei als unmöglich. Ein deutliches Signal setzte die Auflösung der Konstituierenden Versammlung am 5./6. Januar 1918. Der Sieg der Bolschewiki wurde nun von vielen Nichtrussen als Sieg der Stadt über das Dorf, der Arbeiter über die Bauern, der Russen über die Nichtrussen aufgefaßt.[62] Seit dem Ende des Jahres 1917 verstärkten sich deshalb die zentrifugalen Bewegungen, und bis zum Februar 1918 erklärten Finnland, Estland, Litauen, die Ukraine und die moldauische Republik (Bessarabien) ihre Unabhängigkeit. Im März folgte – mit nur zeitweiligem Erfolg – Weißrußland, im April die Transkaukasische Föderation (ohne das jetzt mehrheitlich bolschewistische Baku), während in Turkestan eine provisorische muslimische Regierung, in Kasachstan die Alasch-Orda, in Baschkirien ein Zentralrat, im Nordkaukasus die Koalition zwischen Bergvölkern und Kosaken am Ende des Jahres 1917 die territoriale Autonomie ausriefen.

Neben der Politik der Bolschewiki trugen auch die Kriegsereignisse wesentlich zur Desintegration Rußlands bei. Deutschland und das Osmanische Reich nutzten die Schwäche Rußlands zu einer neuen Offensive, die unter anderem zur Besetzung der Ukraine und der übrigen Teile der Ostseeprovinzen führte und die Sowjetführung am 3. März 1918 dazu zwang, dem Frieden von Brest-Litovsk mit den Mittelmächten zuzustimmen. Der russische Staat verlor dadurch ein Drittel seiner Bevölkerung und einen wesentlichen Teil seines Rohstoff- und Industriepotentials.

Es waren also innere und äußere Faktoren, die den raschen Zerfall des Imperiums bewirkten. Bis zum Sommer 1918 hatten sich folgende Gebiete von Rußland gelöst: Polen, Litauen und die Ukraine als neue Nationalstaaten unter deutschem Protektorat, Estland, Lettland und der größere Teil Weißrußlands ebenfalls unter deutscher Besetzung, Finnland (unter deutschem Schutz), Bessarabien (jetzt im Rahmen Rumäniens), Georgien, Armenien und Aserbaidschan (nach der Auflösung der Transkaukasischen Föderation). Unübersichtlich war die Lage im nördlichen Kaukasus, in Mittelasien und Sibirien, wo sich nationale Autonomiebewegungen, Bolschewiki und russische gegenrevolutionäre Kräfte gegenüberstanden.

Ein halbes Jahr nach der Oktoberrevolution hatte das bolschewistische Rußland damit fast alle Randgebiete des Russischen Reiches im Westen und Süden verloren. Die meisten Abfallbewegungen waren allerdings durch die Kriegsereignisse wesentlich gefördert worden. Nach Beendigung des Ersten Weltkrieges versuchten die Bolschewiki denn auch, durch Aufstände und Waffengewalt die Herrschaft über die abgefallenen Randgebiete zurückzugewinnen. Dennoch verschlechterte sich ihre Situation bis zum Spätsommer

1919 weiter. Nationale Regierungen, die gegenrevolutionären «Weißen» und ausländischen Interventionsmächte, neben den Alliierten auch Polen und Rumänen, hatten nun noch mehr Gebiete des alten Russischen Reiches unter Kontrolle. Sowjetrußland hatte dagegen fast alle Territorien, die seit dem 17. Jahrhundert erworben worden waren, verloren: Sibirien, die Ostseeprovinzen, die Ukraine, weite Teile Weißrußlands, Litauen, Polen, Finnland, Bessarabien, fast die ganze Steppe, die Kaukasus-Region und Mittelasien. Das Ende des Vielvölkerreichs Rußland schien gekommen zu sein.

Ausblick

Wandel und Kontinuität im sowjetischen Vielvölkerreich

Unter den Erschütterungen des Ersten Weltkriegs und der Revolution war das russische Imperium auseinandergebrochen und im wesentlichen auf das großrussische Kerngebiet reduziert worden.[1] Parallelen zum Zerfall des sowjetischen Vielvölkerreichs zu Beginn der 90er Jahre des 20. Jahrhunderts sind offensichtlich, auch wenn der Faktor des äußeren Krieges heute fehlt. Die Territorien, die sich – neben Polen und Finnland – in den Jahren 1918 und 1919 von Rußland lösten, die drei baltischen Staaten, die Ukraine, Bessarabien und Transkaukasien, gehörten auch sieben Jahrzehnte später zu den führenden separatistischen Kräften, während die Autonomiebewegungen in Weißrußland, Mittelasien, im nördlichen Kaukasus, im Wolga-Uralgebiet und in Sibirien damals wie heute mindestens anfangs weniger radikale Ziele verfolgten. Die Geschichte knüpfte damit an die Situation von 1918/19 an und holte den um gut sieben Jahrzehnte aufgeschobenen Zerfall des russischen Imperiums nach.

1. Neuorganisation des Vielvölkerreiches

Das Jahr 1919 bedeutete nicht das Ende des Vielvölkerreiches Rußland. Der neue Sowjetstaat mußte allerdings nach dem Scheitern bolschewistischer Umsturzversuche auf wichtige Territorien im Westen verzichten. Damit verschob sich der Schwerpunkt des Imperiums noch weiter nach Asien. Langfristig blieben jedoch nur Polen und Finnland verloren, während die baltischen Staaten, das westliche Weißrußland und Bessarabien im Zweiten Weltkrieg wieder angegliedert wurden. Die übrigen abgefallenen Randgebiete des Zarenreiches gewannen die Bolschewiki schon in den Jahren 1919 bis 1921 zurück, und im Osten erweiterten sie das Reichsterritorium 1924 um die Protektorate Buchara und Chiwa.[2]

Daß es dem jungen Sowjetstaat gelang, eine scheinbar übermächtige Koalition von Feinden zu überwinden und das multinationale Imperium neu zu konsolidieren, hat eine Vielzahl von Ursachen: Die mangelnde Geschlossenheit und die vorwiegend russisch-nationalen und sozialpolitisch reaktionären Programme der «Weißen» und der ausländischen Interventionsmächte, die den Bolschewiki, die soziale Gerechtigkeit versprachen und auch gegenüber nationalen Forderungen zunehmend flexibler waren, wenig entgegenzusetzen hatten; die damit verknüpfte Unterstützung der Bolschewiki durch die Mehrheit des zum großen Teil russischen Industrieproletariats und ihre

Duldung als «geringeres Übel» durch weite Teile der Bauernschaft; die Organisation der Kommunistischen Partei und die Kampfkraft der Roten Armee, deren Machtmittel rücksichtslos eingesetzt wurden; die Unterentwicklung der nationalen Bewegungen in der Ukraine, in Weißrußland und im Osten, die von den breiten Massen nur bedingt unterstützt wurden.

Das «Sammeln der Länder des Zarenreiches» durch die Bolschewiki vollzog sich mit den bewährten Methoden von Zuckerbrot und Peitsche und divide et impera (unter Ausnutzung sozialer und ethnischer Antagonismen). Daß Machtpolitik und weltrevolutionärer Expansionismus und nicht die Slogans der sozialen Befreiung des Proletariats und des Selbstbestimmungsrechts der Völker primär ihr Handeln bestimmten, zeigte sich besonders kraß in der gewaltsamen Eroberung der demokratisch legitimierten und international, auch von Sowjetrußland, anerkannten menschewistischen Republik Georgien im Jahre 1921. Daran änderte auch nichts, daß Lenin im folgenden Jahr das Vorgehen der Bolschewiki und besonders Stalins in Georgien kritisierte und vor dem «Großrussen, Chauvinisten, ja im Grunde Schurken und Gewalttäter, wie es der typische russische Bürokrat ist», der «vom Zarismus übernommen und nur ganz leicht mit Sowjetöl gesalbt» worden sei, warnte.[3]

Zu Beginn der 20er Jahre hatte sich der neue sowjetische Staat als im Westen verkleinertes Vielvölkerreich konsolidiert, und es stellte sich die Frage, nach welchen Prinzipien er organisiert werden sollte. Im marxistischen Denken hatte die nationale Frage immer eine untergeordnete Rolle gespielt: Sie war an die bürgerlich-kapitalistische Welt gebunden; mit deren Ablösung durch den Sozialismus würden die sozialen Ursachen nationaler Antagonismen beseitigt und der Weg frei für eine übernationale Weltgesellschaft.[4] Zwar hatte Lenin im Gegensatz zu Marx und Engels das revolutionäre Potential der national unterdrückten Ethnien früh erkannt und deshalb das «Selbstbestimmungsrecht der Völker bis zur Lostrennung und Bildung eines selbständigen Staates» in das bolschewistische Parteiprogramm aufgenommen, doch hielt auch er am Vorrang des Klassenkampfes und am Glauben fest, daß in einem sozialistischen Rußland die nationalen Probleme automatisch verschwinden würden. Die Bolschewiki versuchten damit, die vornational legitimierte Ordnung des Zarenreiches durch eine nachnationale, proletarisch-internationalistische zu ersetzen und die Entwicklungsphase des Nationalstaats zu überspringen.

Als es um die praktische Aufgabe ging, den Vielvölkerstaat zu organisieren, rückten sie aber bald von ihren ideologischen Prämissen ab. Schon 1918 griff Lenin auf das bisher von seinen Erzfeinden, den Sozialrevolutionären, propagierte Prinzip des Föderalismus zurück, und Rußland wurde zur Sozialistischen Föderativen Sowjetrepublik (RSFSR) proklamiert. Die peripheren Regionen blieben zunächst formal unabhängige, durch Militärallianzen und Wirtschaftsabkommen mit Rußland verbundene Republiken. Erst am 30. Dezember 1922 wurden die von den Bolschewiki kontrollierten Gebiete in einem föderalistischen Bundesstaat, der Union der Sozialistischen Sowjetrepubliken, zusammengefaßt, die vorerst aus vier Republiken bestand, der RSFSR (mit acht Autonomen Republiken und 13 Autonomen Regionen), der Ukrainischen, Weißrussischen und der Föderativen Transkaukasischen Republik. Zwei Jahre später wurden die Grenzen in Mittelasien neu gezogen: Die völkerrechtlich unabhängigen Volksrepubliken Buchara und Choresm, die 1920 das Emirat von Buchara und das Khanat von Chiwa abgelöst hatten, und die schon 1918 ausgerufene Autonome Republik Turkestan wurden aufgelöst und durch neue nationale Einheiten ersetzt, von denen zunächst nur Usbekistan und Turkmenistan den Status von Sowjetrepubliken erhielten. 1936 wurde die Transkaukasische Republik aufgelöst, und in der Stalin-Verfassung wurde die Aufteilung in 11 Sowjetrepubliken (Rußland, Ukraine, Weißrußland, Georgien, Armenien, Aserbaidschan, Usbekistan, Turkmenistan, Tadschikistan, Kasachstan, Kirgisien) festgeschrieben; Änderungen auf der Ebene der Sowjetrepubliken ergaben sich nur noch durch die Annexion neuer Territorien.

Das Ordnungsprinzip des neuen föderalistischen Staates war das der sprachnational definierten Territorien. Es widersprach nicht nur der anationalen kommunistischen Ideologie, sondern auch den demographischen Realitäten des Russischen Reiches mit ihrer ethnischen Gemengelage, denen das von den Austromarxisten entwickelte und vom jüdischen «Bund» übernommene Prinzip der personalen Kulturautonomie angemessener gewesen wäre. In Mittelasien verfolgte man mit der sprachnationalen «Abgrenzung» auch das Ziel, die alte religiös-zivilisatorische Einheit Turkestans zu zerschlagen, doch erwies es sich als unmöglich, die ethnisch gemischte, oft mehrsprachige Bevölkerung auf sprachnational einheitliche Territorien aufzuteilen.

2. Die «goldenen» zwanziger Jahre

In der jungen Sowjetunion konnten diese Probleme zunächst gemeistert werden. Zum einen wirkten die zentralistische Parteiorganisation und Armee als Klammern, zum anderen erhielten die ethnischen Minderheiten in den Republiken auf regionaler und lokaler Ebene weitgehende kulturelle Rechte. Die 1921 eingeleitete Neue Ökonomische Politik, die einen Schulterschluß mit den Bauern und einen Kompromiß mit bürgerlich-kapitalistischen Kräften suchte, war begleitet von einer flexiblen Nationalitätenpolitik, mit der die Nichtrussen an den sowjetischen Staat gebunden werden sollten. Schon in der zweiten Phase des Bürgerkriegs hatte Lenin den Übergang vom starren Dogmatismus zu einem flexiblen Pragmatismus eingeleitet, der in mancher Beziehung an die vormoderne russische Nationalitätenpolitik anknüpfte. Ebenso wie damals setzte die Erhaltung der Macht und soziopolitischen Stabilität die Grenzen, innerhalb derer den einzelnen ethnischen Gruppen ein relativ großer Freiraum blieb.

Die frühe sowjetische Nationalitätenpolitik, für die als Volkskommissar der Georgier Stalin zuständig war, ersetzte das Prinzip des Selbstbestimmungsrechts durch das der Gleichheit der Völker innerhalb der föderativen Union. Im Gegensatz zum Spätzarismus, der zahlreiche nichtrussische Ethnien diskriminiert hatte, sollten jetzt alle Völker politische und kulturelle Gleichberechtigung genießen. Darüber hinaus wurde auch Gleichheit im sozio-ökonomischen und sozio-kulturellen Niveau angestrebt, um die Rückständigkeit der weniger entwickelten Ethnien zu beseitigen. Auf diesem Weg, so die Erwartung der Kommunisten, würden die noch bestehenden nationalen Antagonismen verschwinden, und die nationale Frage würde gelöst. Dazu müßten auch, so betonten die Partei und auch Stalin selber, die Überreste des russischen Großmachtchauvinismus in der sowjetischen Bürokratie energisch bekämpft werden.

Wie schon unter den Zaren suchte die Zentrale die Zusammenarbeit mit loyalen nichtrussischen Eliten, die in die neue kommunistische Führungsschicht kooptiert wurden. Die gewaltigen Verluste, die die gebildete Oberschicht durch Krieg, Revolution, Emigration und Bürgerkrieg erlitten hatte, mußten ausgeglichen werden. Da russische Kader nicht ausreichend zur Verfügung standen, griff die Regierung wie schon zur Zarenzeit auf mobile Diasporagruppen zurück. Die gebildeten Eliten der Deutschbalten, der deutschen Stadtbevölkerung und der Polen existierten nicht mehr, so daß dafür in erster Linie Juden in Frage kamen. Die Juden waren nun keinen Einschränkungen mehr unterworfen, strömten in großer Zahl in die Städte Rußlands und besuchten deren Bildungsanstalten. Viele von ihnen erwarteten nach der jahrzehntelangen Diskriminierung und Verfolgung ein neues besseres Leben und standen deshalb loyal zum neuen Sowjetregime. In zweiter Linie wurden auch Armenier und Georgier herangezogen, die wie die Juden in der sozialistischen Bewegung aktiv gewesen waren und ein relativ hohes Bildungsniveau hatten. In der Organisation von Partei und Staat, vor allem in den oberen Chargen, und in der neuen Intelligenz in Wissenschaft und Kultur waren (allerdings oft russifizierte) Juden, Armenier und Georgier in den 20er und 30er Jahren stark übervertreten.

Zum anderen rückte man von der spätzarischen Praxis ab, die Verwaltung der Randregionen Russen zuzuweisen, und kehrte zur traditionellen Methode zurück, sie loyalen nichtrussischen Eliten zu überlassen. Dazu diente die Politik der sogenannten «Einwurzelung» (korenizacija), durch die systematisch der Anteil der Einheimischen in den Republik-Apparaten von Partei und Regierung erhöht wurde. Obwohl der niedrige Bildungsstand und der Mangel an prosowjetischen Industriearbeitern den Prozeß der Einwurzelung erschwerten, ging der Anteil der Russen an den Mitgliedern der Kommunistischen Partei von 1922 bis 1927 von 72 auf 65 Prozent zurück (bei einem Bevölkerungsanteil von 53 Prozent), während derjenige der Ukrainer und Weißrussen in der Parteiorganisation ihrer Republik von 1922 bis 1932 von 24 bzw. 21 auf 59 bzw. 60 Prozent stieg. Selbst die Nationen Mittelasiens machten 1932 schon mehr als die Hälfte der Parteimitglieder ihrer Republiken aus. Im Jahre 1929 stellte die namengebende Republiknation in der Ukraine schon 59, in Weißrußland 66 und in Armenien gar 95 Prozent der Bürokratie. In Mittelasien, wo es noch immer an ausgebildeten Kadern fehlte, blieben in der staatlichen Verwaltung allerdings Europäer tonangebend.

Die Nationalitätenpolitik der 20er Jahre knüpfte auch an die vornationale Tradition der Toleranz gegenüber nichtrussischen Sprachen und Kulturen an, ja ging noch darüber hinaus, indem sie bewußt die Entwicklung auch kleiner Sprachen förderte. Für 48 Ethnien wurden erstmals neue Schriftsprachen geschaffen, so etwa für die Turkmenen, Baschkiren, Tschetschenen und für die kleinen Ethnien Sibiriens. Die nichtrussischen Sprachen wurden in immer höherem Maß in Verwaltung und Justiz (vor allem auf den unteren Verwaltungsebenen) und im Bildungswesen eingeführt. Manches blieb allerdings Theorie, da man mindestens auf den höheren Ebenen auf das Russische als lingua franca nicht verzichten konnte. Im Geiste des Internationalismus und der Modernisierung führte man am Ende der 20er Jahre für 70 Sprachen, vor allem der Muslime, Lamaisten und einiger christianisierter animistischer Ethnien, die lateinische Schrift ein. Obwohl es auch bei ihnen Latinisierungsbestrebungen gab, behielten die Ostslawen, Armenier, Georgier und Juden ihre Schriften. Die Bevorzugung der lateinischen vor der kyrillischen Schrift markierte einerseits den Bruch mit dem Spätzarismus, der einseitig das Russische gefördert hatte, zweitens entsprach sie den weltrevolutionären Erwartungen der Zeit, und drittens schnitt die Abschaffung der arabischen, bzw. mongolischen Schrift die Muslime und Buddhisten von ihrem kulturellen Erbe und ihrer Religion ab.

Zur Bekämpfung des Analphabetismus wurden überall muttersprachliche Schulen eingerichtet. Trotz großer Schwierigkeiten wurde das Programm erfolgreich durchgeführt: Schon 1927 besuchten 90 Prozent der weißrussischen, 94 Prozent der kirgisischen und fast 96 Prozent der tatarischen Schüler in der jeweiligen Republik muttersprachliche Grundschulen. Auch für Ethnien ohne eigene Republik wurden Schulen eingerichtet. So besuchte die Hälfte der ukrainischen Juden jiddischsprachige Schulen. In den Grundschulen der RSFSR wurde 1935 in nicht weniger als 80, in der Usbekischen Republik in 22 und in Dagestan in 12 Sprachen unterrichtet. Die Qualität des Unterrichts war allerdings bescheiden, und die Alphabetisierung ging langsam voran. Hier brachten erst die 30er Jahre einen Durchbruch. Auch ein muttersprachliches Mittel- und Hochschulwesen wurde allmählich aufgebaut, das vermehrt nichtrussische Eliten hervorbrachte. Gleichzeitig wurde die Publikationstätigkeit in den nationalen Sprachen gefördert. 1933 waren 37 Prozent aller Zeitungsexemplare in einer nichtrussischen Sprache geschrieben, und 1938 erschienen Zeitungen in 66 Sprachen. Literatur, Kunst und Wissenschaft in den einzelnen Republiken und nationalen Einheiten erlebten einen Aufschwung. Auch Nichtkommunisten nahmen daran teil, so

M. Hruševs'kyj, der ehemalige Führer der ukrainischen Rada, der erster Vorsitzender der historischen Abteilung der Ukrainischen Akademie der Wissenschaften wurde.

Diese liberale Sprach- und Kulturpolitik war für die sowjetische Regierung nicht Selbstzweck. Zum einen sollte sie die Stabilität des Vielvölkerreichs sichern, zum zweiten die Diskriminierung der Nichtrussen beseitigen und dadurch nationale Spannungen abbauen. Zum dritten diente die liberale Politik als Aushängeschild für das Ausland, das revolutioniert werden sollte. Diese Funktion übernahm auch die Politik gegenüber den Muslimen Mittelasiens, die als Vorbild für ganz Asien hingestellt wurde. Zum vierten sollten muttersprachliche Schulen und Publikationen die kommunistische Ideologie unter den Nichtrussen verbreiten: «National in der Form, sozialistisch im Inhalt» hieß die Devise. Die liberale Nationalitätenpolitik stieß denn auch schon in der zweiten Hälfte der 20er Jahre an die Grenzen, die durch die Ideologie gesetzt wurden. Das zeigte sich deutlich in der Religionspolitik, die sich früh zu verhärten begann. Besonders dramatisch verliefen Kampagnen gegen den Islam, die mit dem marxistischen Fortschrittsglauben gekoppelt waren. So wurde der Geltungsbereich des islamischen Rechts eingeschränkt, die islamischen Schulen und der geistliche Landbesitz abgeschafft, und durch eine Entschleierungskampagne suchte man – ohne Erfolg – die islamischen Frauen als Ersatz für ein fehlendes Proletariat gegen ihre Männer zu mobilisieren.

Die Politik der Einwurzelung und die liberale Sprachpolitik, die bis zur Mitte der 30er Jahre andauerten, übten tiefgreifende Wirkungen aus. Sie erfüllten ihren Zweck, breite Schichten der Nichtrussen nachträglich für die Revolution und die Partei zu gewinnen oder mindestens zu neutralisieren. Noch wichtiger war, daß sie die Nationsbildung der großen Ethnien wesentlich beschleunigten und die der kleineren zum Teil erst in Gang setzten. So konsolidierten sich die Ukrainer in den 20er Jahren als Nation: Die ukrainische Sprache setzte sich in Schulen und Behörden fast vollständig durch, erstmals formierten sich eine breite ukrainischsprachige Elite, Stadtbevölkerung und Industriearbeiterschaft. Bei den Weißrussen vollzog sich dieser Prozeß langsamer und mit Widerständen, bei kleineren Ethnien hatte er erst begonnen.

Diese Konsolidierung der Nationen und die Ausbreitung nationaler Ideologien widersprachen den Erwartungen der Zentrale, die mit ihren Maßnahmen einen Abbau nationaler Elemente bewirken und die Einheit des Sowjetstaates stärken wollte. Es wurde zunehmend deutlich, daß sich die neuen nationalen Eliten mittelfristig nicht mit der formalen Gleichheit und kulturellen und sprachlichen Rechten zufriedengaben, sondern auch politische Ansprüche formulierten. Nationalkommunisten forderten eine Erweiterung der Kompetenzen ihrer Republiken und strebten vermehrte politische Partizipation an. Schon 1923 wurde mit dem Wolgatataren Sultan-Galiev, der den antikolonialen Befreiungskampf der Muslime zur primären Aufgabe erklärt hatte, erstmals ein hoher kommunistischer Funktionär aus der Partei ausgeschlossen. 1928 wurde er verhaftet, 1929 verurteilt und in das Straflager von Solovki verschickt. Es folgten Säuberungen unter muslimischen und ukrainischen Kommunisten und Intellektuellen – erste Vorboten des Stalinschen Terrors.

3. Gleichschaltung, Terror und partieller Rückgriff auf vorrevolutionäre Traditionen unter Stalin

Die Wende von einer pragmatisch-flexiblen zu einer repressiven Nationalitätenpolitik, die am Ende der 20er Jahre einsetzte, kann nicht einfach als einer der Linienwechsel interpretiert werden, wie sie im Zarenreich periodisch stattfanden. Zwar stimmten die Ziele der Modernisierung, Systematisierung und Homogenisierung mit denen der spätzaristischen Nationalitätenpolitik überein, doch bedeutete die Stalinsche Revolution von oben eine fundamentale Transformation der Gesellschaften, wie sie das traditionalistische Rußland nie angestrebt hatte und wozu es auch nicht die Mittel gehabt hätte. Nun sollte die hergebrachte Sozialordnung eliminiert und damit gleichzeitig potentieller Widerstand ausgeschaltet werden. Die Nichtrussen, deren Nationsbildung schon lange den Verdacht des Zentrums geweckt hatte und deren Gesellschaften zum größeren Teil noch stärker in vormodernen Traditionen verharrten als die russische, hatten unter der Stalinschen Gewaltpolitik besonders zu leiden.

Die Neue Ökonomische Politik hatte den Wiederaufbau der Wirtschaft in erstaunlich kurzer Zeit erreicht, doch blieben die Niveauunterschiede zwischen den einzelnen Regionen und Ethnien der Sowjetunion bestehen. Die forcierte Industrialisierung, die Stalin mit dem Ersten Fünfjahrplan (1929–1933) einleitete, änderte daran nichts, da die Schwerindustrie primär in den alten Zentren und neu im Ural, in Westsibirien und Nordkasachstan, also in vorwiegend von Russen besiedelten Regionen ausgebaut wurde. Die notwendigen Kader und Facharbeiter wurden überall überproportional aus Russen rekrutiert, und der russische Anteil an der Stadtbevölkerung aller östlichen Regionen stieg rasch an.

Die Zwangskollektivierung der Landwirtschaft hatte bei der Mehrheit der Nichtrussen noch schwerwiegendere Folgen und forderte noch mehr Opfer als bei den Russen. Im südlichen Mittelasien baute Moskau gegen den Willen der Betroffenen den Baumwollanbau zur Monokultur aus. Bei den Nomaden war die Kollektivierung damit verbunden, daß man sie gewaltsam seßhaft machte und die traditionalen Clanstrukturen zerstörte. Die Mittelasiaten setzten sich gegen diese massiven Eingriffe des Staates zur Wehr, besonders heftig die Nomaden, die in Massen nach China flohen oder ihr Vieh abschlachteten, was zu einer Hungersnot führte. Die Bevölkerungsverluste infolge Emigration und Hunger waren mit mehr als einem Drittel bei den Kasachen am höchsten. Auch in der Ukraine und in den ethnisch gemischten Gebieten nördlich des Kaukasus und an der unteren Wolga führten die Zwangskollektivierung und die Requisitionen von Getreide in den Jahren 1932 bis 1934 zu einer Hungersnot, an der 3 bis 7 Millionen Menschen, unter ihnen besonders viele Ukrainer, starben. Vorangegangen war im ganzen Land die brutale «Liquidierung des Kulakentums als Klasse», die Enteignung und Deportation der wohlhabenderen und der sich der Kollektivierung widersetzenden Bauern.

Gleichzeitig begannen die Säuberungen unter der ukrainischen Elite, die nationalkommunistischer Tendenzen verdächtigt wurde. In der viel umfassenderen Terrorwelle der Jahre 1936 bis 1938 wurde dann nicht nur in der Ukraine, sondern in allen nichtrussischen Republiken die gesamte Führungsschicht abgesetzt und umgebracht. So verschwanden alle Mitglieder des ukrainischen Politbüros, und von 102 Mitgliedern und Kandidaten des ukrainischen Zentralkomitees überlebten drei die Säuberungen. Nicht nur die politische, sondern auch die intellektuelle Elite der nichtrussischen Völker wurde dezimiert. Die Säuberungen vernichteten auch einen großen Teil der russischen Kommunisten und Intellektuellen, doch war der Anteil der Überlebenden bei den Russen größer als bei den Nichtrussen, die zusätzlich noch als potentielle Nationalisten und Separatisten verfolgt wurden.

Am Ende der 30er Jahre wurden die Republiken völlig unter die Kontrolle der Zentrale gestellt. Der durch die zentralisierte Parteiorganisation schon zuvor eingeschränkte sowjetische Föderalismus wurde nun zu einer inhaltsleeren Fassade. In die freigewordenen Spitzenämter wurden vorwiegend loyale Russen eingesetzt, so Nikita Chruščev in der Ukraine. Die Politik der «Einwurzelung» und damit die Kooperation mit nichtrussischen Eliten wurde abgeblasen, der Anteil der Einheimischen in den Partei- und Sowjetorganisationen der Republiken verminderte sich wieder. Die neue Wirtschaftsbürokratie wurde ohnehin vorwiegend aus russischen Kadern rekrutiert.

Auch die liberale Kulturpolitik wurde beendet, das Bildungswesen wurde unifiziert, der sozialistische Realismus hielt auch in Georgien und Usbekistan Einzug, und «die Freundschaft der Sowjetvölker», besonders «die Freundschaft zum großen russischen Volk», wurde allmählich zu einem Axiom hochstilisiert. Nicht mehr der «großrussische Chauvinismus», sondern der «lokale Nationalismus» galt jetzt als Hauptgefahr. Stalins Formel vom «Sozialismus in einem Land» entsprechend wurde mit dem Sowjetpatriotismus eine neue Integrationsideologie geschaffen, die verstärkt auf vorrevolutionäre Wurzeln zurückgriff. Der Appell an die internationale Solidarität der Proletarier wurde durch Heimatliebe und Stalinkult ersetzt: Die für überwunden erklärten Ideologien des Nationalismus und des Zarenglaubens holten damit die Bolschewiki wieder ein. Der Sowjetpatriotismus wurde zunehmend mit russisch-nationalen Elementen angereichert. Seit dem Ende der 30er Jahre wurde die russische Sprache gezielt gefördert und als Pflichtfach in allen Schulen der Sowjetunion eingeführt. Gleichzeitig wurde das wenige Jahre zuvor für zahlreiche Sprachen eingeführte lateinische Alphabet wieder abgeschafft und durch das kyrillische ersetzt. Erst die Jahre während und nach dem Zweiten Weltkrieg brachten aber den offenen Durchbruch russisch-nationaler Strömungen, die in der Ždanov-Ära wie vor 1917 von Antisemitismus begleitet waren.

Dieser von oben verordnete Sowjetpatriotismus und russische Nationalismus hatte eine Basis in der russischen Gesellschaft, die mit der Industrialisierung und dem Ausbau des Bildungswesens eine gewaltige soziale Mobilisierung erlebte. Die meist aus dem Dorf neu aufsteigenden russischen Industriearbeiter und Kader, die vom Regime bevorzugt wurden und als wichtigste soziale Basis des Stalinismus gelten können, wurden Träger einer neuen russisch-nationalen Bewegung, die der Staat kontrollieren wollte. Wie vor der Revolution war sie auch gegen die in den Führungspositionen überproportional vertretenen mobilen Diasporagruppen, besonders gegen die Juden, gerichtet. Deren Bedeutung ging in der Folge rasch zurück, und nach dem Zweiten Weltkrieg instrumentalisierte die Regierung sie als Sündenböcke.

Die nichtrussischen Völker hatten an der beschleunigten Modernisierung der Sowjetunion weniger Anteil als die Russen, doch erhöhten sich auch bei ihnen die Anteile der Stadtbevölkerung, Industriearbeiter und Alphabetisierten. Wirtschaft und Verwaltung wurden zentralisiert, die Kontrolle durch Partei und Geheimpolizei ständig verstärkt, die nationalen Kulturen gleichgeschaltet, die freien Meinungen im Terror erstickt. Durch Zwangskollektivierung und Säuberungen war praktisch die gesamte neue politische und intellektuelle Elite der nichtrussischen Nationen vernichtet worden. Da die meisten nichtrussischen Völker nur eine relativ schmale Schicht von Gebildeten hatten, waren sie am Ende der 30er Jahre wieder weitgehend ohne eigene Elite und damit erneut der Bevormundung durch russische Kader ausgesetzt. Die Gewaltpolitik Stalins machte damit die Nationsbildung der 20er Jahre zum Teil rückgängig.

Einen neuen Höhepunkt repressiver Nationalitätenpolitik brachten die Deportationen des Zweiten Weltkriegs. Zahlreiche Nichtrussen und Russen, die unter der stalinistischen Zwangsherrschaft litten und von den neuen Herren eine Verbesserung ihrer Lage erwarteten, arbeiteten mit den Deutschen zusammen, bis die Mehrheit von ihnen von der brutalen Besatzungspolitik der nationalsozialistischen Herrenmenschen eines Besseren belehrt wurde. Der sowjetische Staat beantwortete die Kollaboration einzelner Gruppen mit der pauschalen exemplarischen Bestrafung ganzer Ethnien. Präventiv deportiert wurden schon vor dem Krieg die Koreaner (von der fernöstlichen Grenze nach Mittelasien) und 1941 die Deutschen der Sowjetunion (nach Asien). In den Jahren 1943/44 folgten die Kalmücken, die nordkaukasischen Ethnien der Balkaren, Inguschen, Karatschaier und Tschetschenen, die Krimtataren und die turksprachige Bevölkerung Südgeorgiens, die Mescheten. Im ganzen wurden gegen zwei Millionen Menschen in Viehwaggons nach Asien verfrachtet und dort als Zwangsarbeiter angesiedelt.[5] Während des Transports und der ersten Jahre in Asien kam etwa ein Drittel von ihnen ums Leben. Die Autonomen Republiken und Gebiete dieser Ethnien wurden aufgelöst, ihre Namen aus den Statistiken, Nachschlagewerken und Geschichtswerken getilgt. Daß ein sich marxistisch legitimierender Staat ganze Völker, mit allen Kindern, Greisen, Partei- und Armeeangehörigen, kollektiv bestrafte, zeigt, wie weit sich der Stalinismus von seinen ideologischen Prämissen entfernt und nationalistischen Denkmustern zugewandt hatte, ganz abgesehen davon, daß die Anschuldigungen zum großen Teil unbegründet waren. In der Auswahl der Ethnien griff Stalin auf russischnationale Traditionen zurück: Alle galten im nationalen Geschichtsbild als Verräter und Erbfeinde der Russen. Die nordkaukasischen Muslime und die Krimtataren waren schon im 19. Jahrhundert in Massen in die Emigration getrieben und die Deutschen waren schon im Ersten Weltkrieg aus den Grenzgebieten ausgesiedelt worden.

Der Hitler-Stalin-Pakt und der Sieg im Zweiten Weltkrieg ermöglichten es der Sowjetunion, in den Fußstapfen des Zarenreiches das Sammeln der Länder der Rus' abzuschließen und nicht nur die von Ostslawen besiedelten Gebiete des Zarenreiches zurückzugewinnen, sondern auch Ostgalizien, die nördliche Bukowina und die Karpato-Ukraine zu annektieren, die mehrheitlich von (unierten) Ukrainern bewohnt waren, aber nie zum Russischen Reich gehört hatten. Mit Litauen, Lettland, Estland, Bessarabien und weiten Teilen Kareliens – beim übrigen Finnland blieb es beim mißglückten Versuch – wurden weitere Territorien des Zarenreiches mit der Sowjetunion «wiedervereinigt». Dazu kamen das nördliche Ostpreußen und im Osten Tannu-Tuwa. Damit verschob sich der Schwerpunkt des Reiches nach über einem Jahrhundert erstmals wieder stark nach Europa. Schon in den Jahren 1939 bis 1941, besonders aber nach ihrer Wiederbesetzung im Jahr 1944, wurden die neuen Territorien mit Gewalt in die sowjetische Zwangsjacke gesteckt. Große Teile der nichtrussischen Eliten der annektierten Gebiete wurden deportiert, dafür immigrierten Russen, vor allem als Kader und Industriearbeiter.

Die Stalin-Ära brachte also für die Nichtrussen der Sowjetunion einen schärferen Bruch mit der Vergangenheit als die Revolution, da erst jetzt ihre hergebrachten Sozialordnungen und Kulturen zerstört wurden. Die Stalinsche Politik rückte von den alten Mustern der Zusammenarbeit mit nichtrussischen Eliten und der kulturellen Toleranz ab und knüpfte dafür mit Modernisierung, Zentralisierung und Unifizierung stärker an den Spätzarismus an, spielte wiederum die russisch-nationale Karte aus und wurde gleichzeitig von nationalen Strömungen in der russischen Gesellschaft beeinflußt. Das Dilemma, daß die polyethnische Bevölkerung des Reiches nicht mit einer russisch-nationalen Ideologie integriert, daß sie aber auch nicht assimiliert werden konnte, blieb freilich bestehen und konnte nur durch Terror überdeckt werden. Nationsbildung und nationale Bewegungen der Nichtrussen waren zwar wiederum zurückgeworfen worden. Von einer dauerhaften Lösung der nationalen Frage, wie sie von der Partei behauptet wurde, war das Sowjetreich aber weiter entfernt denn je.

4. Entstalinisierung und Formierung neuer nationaler Eliten

Nach dem Tod Stalins wurden die Exzesse seiner Nationalitätenpolitik rückgängig gemacht, eine konsequente Abkehr vom Stalinismus vollzogen seine Nachfolger hier – wie in anderen Bereichen – nicht. Immerhin nahmen sie partiell Methoden der 20er Jahre wieder auf, die «Einwurzelung», die Kooperation mit den nichtrussischen Kommunisten der Unionsrepubliken, eine teilweise Dezentralisierung und eine tolerantere Sprach- und Kulturpolitik. Allerdings blieben die Konzessionen halbherzig, und die Nationalitätenpolitik schwankte in der Folge kurzfristig zwischen einer flexibleren und einer repressiveren Linie, zwischen Konzessionen und Unterdrückung. Dem entsprach auf dem Gebiet der Ideologie die je nach Situation stärkere Betonung «des Aufblühens der Nationen und Kulturen» oder ihrer «Annäherung und Verschmelzung», wobei der marxistische Glaube, die nationale Frage werde mit der Zeit automatisch gelöst, noch immer weiterwirkte. Auch in der Rehabilitierung der unter Stalin deportierten Ethnien blieb man auf halbem Wege stehen: Während die Nordkaukasier und Kalmücken in ihre Wohngebiete zurückkehren durften und ihre autonomen Verwaltungseinheiten zurückerhielten, blieb dies den Krimtataren, Deutschen und Mescheten verwehrt.

Nach einer Phase der Flexibilität setzte um 1972, parallel mit einer allgemeinen innenpolitischen Verhärtung, eine repressivere Politik ein, die bis in die frühen 80er Jahre anhielt. In der Ukraine, in Georgien und anderen Republiken fanden Säuberungswellen statt. Die politische Partizipation von Nichtrussen in der Zentrale ging zurück. Der Russisch-Unterricht wurde nun wieder stärker gefördert, die russische Sprache sollte zur «zweiten Muttersprache» aller Völker der Sowjetunion werden. Wie im Spätzarismus nahm die offizielle Politik russisch-nationale und judenfeindliche Tendenzen auf, grenzte sich aber von extremen nationalistischen und antisemitischen Strömungen in der russischen Gesellschaft ab.

Wichtiger als die Nationalitätenpolitik waren in den drei Jahrzehnten nach Stalins Tod die Entwicklungen in Gesellschaft, Wirtschaft und Kultur. Nachdem die Russen seit der Zarenzeit eine sehr hohe Zuwachsrate aufgewiesen und die nichtrussischen Randgebiete in immer größerer Zahl besiedelt hatten, drehte sich diese Tendenz im Osten des Reiches um. Während der natürliche Bevölkerungszuwachs bei den meisten europäischen Nationen rasch sank, stieg er bei den Asiaten, besonders den Muslimen, dramatisch an.

Deren Anteil an der Gesamtbevölkerung wurde größer und erreichte 1989 fast 20 Prozent (vgl. Tabelle 3). Nachdem bis in die 60er Jahre die Migration von Russen vor allem nach Kasachstan angehalten hatte, wo die Kasachen 1979 nur noch 36 Prozent der Bevölkerung ausmachten, verminderte sich seit den 70er Jahren der Anteil der Russen und anderer Zugewanderter in Mittelasien und Transkaukasien. Der Zustrom von russischen Industriearbeitern und Kadern nach Westen hielt dagegen an, und im kleinen Estland machten die Russen 1979 schon 28, in Lettland 33 Prozent der Bevölkerung aus.

Die industrielle Entwicklung der Sowjetunion und mit ihr die Urbanisierung schritt in allen Regionen voran, wobei die meisten Nichtrussen, vor allem die Mittelasiaten und Nordkaukasier, aber auch die Rumänen, Georgier, Litauer, Weißrussen und Ukrainer stärker auf dem Lande verwurzelt blieben als die Russen. Zahlreiche, vorwiegend von Nichtrussen besiedelte Gebiete, das südliche Mittelasien, Transkaukasien und Bessarabien blieben Lieferanten landwirtschaftlicher Produkte, während sich die Industrie auf die Russische Republik und die Regionen im Westen konzentrierte. Zwar hatte sich seit den 30er Jahren ein gewisser Ausgleich des wirtschaftlichen Entwicklungsniveaus vollzogen, doch vergrößerte sich der Abstand zu den asiatischen Republiken seit den 60er Jahren wieder. So blieb das schon vor 1917 bestehende Gefälle von Nordwesten nach Südosten erhalten, vom klar an der Spitze stehenden Baltikum über Rußland, Weißrußland und die Ukraine bis zu den Regionen im Süden und Osten. Das besonders rückständige Mittelasien blieb mit seiner nun voll ausgebauten Baumwolle-Monokultur in kolonialer Abhängigkeit vom Zentrum. Den baltischen Republiken wurde dagegen wie schon im Zarenreich die Funktion eines «Fensters nach Europa« zugewiesen, etwa als Experimentierfeld für Innovationen. Das Zentrum verstärkte bewußt die Arbeitsteilung zwischen den Republiken und damit die gegenseitige wirtschaftliche Verflechtung und Abhängigkeit.

Bemerkenswert ist, daß auch in der Sowjetunion der 60er bis 80er Jahre das russische Zentrum wirtschaftlich hinter dem Nordwesten des Reiches zurückblieb. Ein Grundzug des russischen Vielvölkerreichs blieb also – in abgeschwächter Form – erhalten: Das militärisch und politisch dominierende Rußland herrschte über Gebiete im Westen, die in ihrer sozio-politischen Organisation, Wirtschaft und Kultur weiter entwickelt waren als die Metropole. Wenn man den Lebensstandard als Maßstab nimmt, dann war er bei den Russen, vor allem in der Provinz, noch immer erheblich niedriger als bei zahlreichen Nichtrussen der Peripherie. Wie schon die Zarenregierung kümmerte sich auch die sowjetische Regierung in der Zeit nach Stalin weniger darum, wie es der Masse der (staatstragenden) Russen ging, als daß sie Herrschaft und Privilegien der Machteliten und die Weltmachtstellung des Imperiums zu sichern suchte. Ähnlich wie in der zweiten Hälfte des 19. Jahrhunderts betrachteten sich deshalb Teile der russischen Bevölkerung als «diskriminierte Mehrheit», die die Hauptlast der sowjetischen Weltmachtpolitik zu tragen hätte, und reagierten mit steigenden Aversionen gegen angeblich oder tatsächlich privilegierte Nichtrussen.

Mit der wirtschaftlichen Entwicklung veränderte sich die soziale Struktur der Völker der Sowjetunion. Vor allem aber führte der weitere Ausbau des Bildungswesens dazu, daß breite, gebildete Eliten entstanden. Die Unterschiede im Bildungsniveau verminderten sich ständig, Muslime und traditionelle Bauernvölker holten rasch auf. Nach einer Statistik des Jahres 1980/81 hatten mindestens zehn Nationalitäten einen höheren Anteil an Studierenden als die Russen, unter ihnen die Burjäten, Jakuten, Kalmücken, Kabardiner und Kasachen.[6] Mit der sozialen Mobilisierung der Nichtrussen wurden die seit der Stalinzeit in den Randregionen eingesetzten russischen Kader zunehmend überflüssig und standen der sozialen Mobilität von Nichtrussen im Weg. Zwar wurden zahlreiche dieser sozialen Aufsteiger im (außer in Estland, Litauen, Georgien und Armenien) stark russifizierten Hochschulwesen akkulturiert, doch erfüllten sich die Erwartungen einer raschen Internationalisierung und der Formierung «einer neuen historischen Gemeinschaft von Menschen, des Sowjetvolks» nicht. Ganz im Gegenteil lebten die unter Stalin behinderten Prozesse der Nationsbildung wieder auf. Dabei blieben allerdings große Unterschiede zwischen den einzelnen Nationen bestehen. Während die Esten, Letten, Litauer, Georgier, Armenier und auch die meisten muslimischen Gruppen einen hohen Grad ethnischer Stabilität aufwiesen, waren bei den Ukrainern, Weißrussen, Tataren, Juden und Deutschen die Russifizierungstendenzen stärker, und bei einigen kleineren Ethnien wie den Mordwinen und Kareliern führte die beschleunigte Assimilation zu einem zahlenmäßigen Rückgang. Bei den meisten Nichtrussen entfalteten die Intellektuellen aber rege Aktivitäten, belebten die nationalen Sprachen, Literaturen und Geisteswissenschaften, das national-kulturelle Erbe und das nationale Bewußtsein, soweit die von der offiziellen Ideologie gesetzten Grenzen, vor allem die Axiome der «Völkerfreundschaft», dies zuließen. Die Frustration der neuen nationalen Eliten, die immer häufiger an die von Moskau gesetzten Schranken und auf russische Kader, die nationale Bestrebungen mit Argwohn beobachteten, stießen, wuchs im Laufe der Zeit an.

Allerdings konnten nun die Nichtrussen die föderale Struktur der UdSSR wieder besser nutzen. Seit den 60er Jahren waren sie in der Partei- und Staatsführung ihrer Republiken adäquat vertreten und entsandten auch Vertreter ins Machtzentrum. In einzelnen Republiken wie in Kasachstan, Aserbaidschan, Georgien und Lettland war die Titularnation in den Führungspositionen sogar übervertreten. Dennoch blieben in den zentralen Gremien die Russen dominant, und alle wichtigen Entscheidungen wurden nach wie vor in Moskau getroffen. Gegen diese politische Bevormundung durch das russische Zentrum äußerte sich immer wieder Protest von seiten regionaler Parteiführer. Diese systemimmanente Opposition verlangte mehr Mitsprache und Autonomie, mehr Investitionen für die eigene Republik, wandte sich gegen den ungebremsten Zustrom von Russen in die Republiken und die sprachlichen Russifizierungstendenzen. Beispiele dafür gab es fast in allen Republiken, so wurden schon in den Jahren 1958 bis 1961 die Parteichefs in Turkmenistan, Uzbekistan, Kirgisien, Tadschikistan, Aserbaidschan, Lettland und Moldawien nationalistischer Tendenzen beschuldigt und abgesetzt, zu Beginn der 70er Jahre folgte der ukrainische Parteichef P. Šelest.

Wie schon im 19. Jahrhundert führte die beschleunigte Modernisierung zur sozialen Mobilisierung neuer Schichten, die seit den 60er Jahren zu Trägern nationaler Bewegungen wurden. An ihre Spitze stellten sich wie damals Teile der intellektuellen Eliten. Diese illegalen Bewegungen hatten bei den einzelnen Nationen eine unterschiedliche Intensität. Am frühesten und intensivsten wurden die Krimtataren politisch mobilisiert. Sie setzten sich seit den 60er Jahren für die Rückkehr in ihre Heimat und die Wiederherstellung ihrer Republik ein und organisierten zu diesem Zweck zahlreiche Demonstrationen. Petitionen an die Moskauer Führung waren von einem großen Teil der erwachsenen Krimtataren unterschrieben. Es verwundert deshalb nicht, daß sie auch unter den politischen Häftlingen der UdSSR in den 70er Jahren weit überproportional vertreten waren. Ähnliche Forderungen stellten die Deutschen, deren weniger radikale Bewegung infolge der Fürsprache der Bundesrepublik mehr Erfolg hatte. Zwar wurde die Republik an der Wolga nicht wiederhergestellt, doch konnten schon in den 70er Jahren Zehntausende von Deutschen in die Bundesrepublik ausreisen. Entsprechende Resultate hatte die seit dem Sechstagekrieg von 1967 intensivierte Bewegung der Juden, die dank amerikanischer Unterstützung bis 1981 die Emigration von über 200 000 Juden erreichte.

Bei den drei genannten Bewegungen handelte es sich um Sonderfälle. Von den Nationen mit eigener Republik kam es in den 60er und 70er Jahren nur bei den Litauern zu einer Massenbewegung. Sie basierte wie schon im 19. Jahrhundert auf der Identität von nationalen und religiösen Forderungen und hatte einen Rückhalt im katholischen Klerus. Die «Chronik der litauischen katholischen Kirche» wurde zu einem der wichtigsten regelmäßig erscheinenden Samizdat-Organe, und einzelne litauische Petitionen trugen über 100 000 Unterschriften. Bei den übrigen Nationen waren es schmalere Zirkel von Intellektuellen, die nationale Aktivitäten entfalteten. Unter den Ukrainern waren die erst im Zweiten Weltkrieg «wiedervereinigten» Westukrainer führend, die im Untergrund die 1946 verbotene Unierte Kirche weiter organisierten, während in der Ost-Ukraine der Protest gegen die Russifizierung überwog. Wie schon die zarische reagierte auch die sowjetische Regierung besonders repressiv auf die nationalen Bestrebungen der Ukrainer, die angesichts ihrer Zahl und der wirtschaftlichen und strategischen Bedeutung ihrer Republik eine viel größere Bedeutung hatten als alle übrigen Nichtrussen des Reiches. Vorwiegend auf kulturelle und sprachliche Probleme konzentrierten sich oppositionelle Zirkel der Georgier, Armenier, Esten und Letten. Zu Beginn der 80er Jahre kam es in Estland und Georgien zu offenen Demonstrationen gegen die sprachliche Russifizierung, die zeigten, daß der nationale Widerstand auch hier eine Massenbasis hatte. Unter den muslimischen Nationen wurden dagegen kaum nationale Bewegungen manifest, doch äußerte sich ihr Widerstand im Festhalten an den islamischen Lebensformen und zum Teil auch im Wiederaufleben sufitischer Bruderschaften. Keine der nationalen Bewegungen hatte jedoch bis zur Mitte der 80er Jahre systemsprengenden Charakter. Es schien den meisten damaligen Beobachtern, daß das Sowjetregime trotz zunehmender wirtschaftlicher Schwierigkeiten und politischer Erstarrung die Nationalitäten des Reiches fest im Griff hätte.

5. Die Perestrojka und der Zerfall der Sowjetunion

Wie fast immer in der Geschichte Rußlands und der Sowjetunion ging der Anstoß für eine revolutionäre Umwälzung des Vielvölkerreiches nicht von der Peripherie, sondern vom Zentrum aus. Es war der zum Generalsekretär der Kommunistischen Partei gewählte M. Gorbatschow, der 1985 mit den Schlagwörtern Perestrojka (Umbau) und Glasnost' (Transparenz) eine Reform des wirtschaftlichen und politischen Systems der Sowjetunion einleitete. Sechs Jahre später war deutlich, daß er keinen Umbau, sondern den Zusammenbruch des Sowjetsystems initiiert hatte. Wie schon 1917/18 trugen die Bewegungen der nichtrussischen Nationen wesentlich zum Zerfall der alten Ordnung, aber auch zur Formierung neuer Strukturen bei.[7]

Der im Marxismus verwurzelte Gorbatschow hatte dagegen die Brisanz der nationalen Emanzipationsbewegungen lange unterschätzt. Das zeigte sich deutlich Ende 1986, als im Rahmen der Säuberungen unter der korrupten Machtelite Mittelasiens der Parteichef Kasachstans, der Kasache Kunaev, durch einen Russen ersetzt wurde. Die Folge waren heftige Manifestationen der Kasachen in Alma-Ata – die ersten offenen national motivierten Unruhen. Auch in der Folge hinkte die Nationalitätenpolitik der Moskauer Regierung hinter den Ereignissen her und versuchte ohne Erfolg, mit den traditionellen Methoden von Zuckerbrot und Peitsche die Entwicklung unter Kontrolle zu bekommen.

Im Jahr 1988 kam es zur Explosion der seit langem unter der Oberfläche schwelenden nationalen Konflikte. Den Anfang in einer ganzen Reihe nationaler Massenbewegungen machten die Armenier, die in Großdemonstrationen die Angliederung des zur Republik Aserbaidschan gehörenden, aber überwiegend von Armeniern bevölkerten Autonomen Gebiets Nagornyj Karabach an Armenien forderten. Die Reaktion der Aserbaidschaner war heftig, und der erbitterte Bürgerkrieg der Jahre 1905 und 1917/18 wiederholte sich: Zwangsvertreibungen, Wirtschaftsblockaden, Armenierpogrome, blutiger Truppeneinsatz in Baku, Partisanenkrieg. Auch die Georgier reagierten früh, doch erst die gewaltsame Zerschlagung einer Demonstration durch Truppen in Tiflis führte im April 1989 zu einer raschen Radikalisierung der nationalen Bewegung, die bald mit den Ansprüchen der nichtgeorgischen Minderheiten der Republik, der Osseten und Abchasen, zusammenstieß.

Die Führung der Emanzipationsbewegungen übernahmen im Laufe des Jahres 1988 die Esten, Letten und Litauer. Ihre Volksfronten, die sich durch demokratisches Vorgehen auszeichneten, verlangten wirtschaftliche und sprachlich-kulturelle Autonomie und wandten sich gegen die weitere Einwanderung von Russen. Eine große Schubkraft erhielten die Bewegungen der baltischen Nationen durch die Diskussion der völkerrechtswidrigen Annexion ihrer Staaten durch die Sowjetunion im Jahre 1940, womit die Wiederherstellung der unabhängigen Staaten impliziert war. Es war Estland, das sich als erste Republik im Herbst 1988 für souverän erklärte. Auch die sich rasch radikalisierende Bewegung der Rumänen in der Moldauischen Republik berief sich auf die Annexion von 1940 und setzte zunächst die Rückkehr zur rumänischen Sprache (in lateinischer Schrift) durch; ihr widersetzten sich die ukrainischen, russischen und gagausischen Minderheiten.

In der Ukraine brauchte die nationale Bewegung etwas länger, um breite Massen zu mobilisieren. Nur die West-Ukrainer, die ebenfalls erst seit 1939 bzw. 1944 zur Sowjetunion gehörten, reagierten rasch und bekannten sich nun offen zur Griechisch-Katholischen Kirche, die bald wieder offiziell anerkannt wurde. Die von der demokratischen Organisation «Ruch» angeführte ukrainische Bewegung engagierte sich vor allem in der Sprachenfrage und versuchte mit unterschiedlichem Erfolg die Bevölkerung auch im Osten und Süden der Repubik zu mobilisieren. Daß auch bei den Weißrussen schon 1988 die nationale Bewegung eine relativ große Breitenwirkung erreichte, kam überraschend. Hier wirkte die Entdeckung von Massengräbern der stalinistischen Geheimpolizei als Auslöser.

In Mittelasien blieben nationale und islamische Bewegungen dagegen weiter unter der Oberfläche, und Initiativen in Richtung nationaler Emanzipation kamen hier von oben. Wie groß der ethnosoziale Konfliktstoff im übervölkerten, wirtschaftlich unterentwickelten und ökologisch zerstörten Mittelasien war, machten aber eine ganze Reihe gewaltsamer Zusammenstöße deutlich: Schon 1989 kam es im usbekischen Teil des Ferganatals zu Pogromen gegen die von Stalin zwangsdeportierten Mescheten, im folgenden Jahr zu interethnischen Konflikten in Tadschikistan und, wiederum im Ferganatal, zu besonders blutigen Auseinandersetzungen zwischen Kirgisen und Usbeken.

Alle Unionsrepubliken erklärten bis Ende 1990 ihre Souveränität, das hieß in der Regel die politische und wirtschaftliche Autonomie und die Aufwertung ihrer Sprache und Kultur. Ihnen schlossen sich eine ganze Reihe von Autonomen Republiken an. So erhoben in der Russischen Republik Tschetschenen und Inguschen, Wolgatataren, Baschkiren, Mordwinen, Udmurten

(Wotjaken), Komi (Syrjänen), Kalmücken, Jakuten, Burjäten und andere kleine Ethnien wie die Tschuktschen und Korjaken weitgehende Autonomieforderungen. Auch die Aktivitäten der Deutschen und Krimtataren, die ihre Autonomen Republiken zurückforderten, und der Juden, die in Massen emigrierten, wurden belebt. Von kaum zu überschätzender Bedeutung war, daß sich auch die Russische Republik vom sowjetischen Zentrum emanzipierte und im Juni 1990 ihre Souveränität erklärte. Wichtig war, daß hierbei nicht die nationalbolschewistische und reaktionär-antisemitische, sondern die demokratische Variante der russischen Nationalbewegung, an deren Spitze sich Boris Jelzin stellte, die Führung übernahm.[8]

Die Nationalbewegungen, die fast alle ethnischen Gruppen der Sowjetunion in den Jahren 1988 bis 1990 entfalteten, verbanden sich mit einer ganzen Reihe anderer Konfliktstoffe, die sich lange angestaut hatten. Die offene Krise der Wirtschaft, die seit dem Ende der 70er Jahre in einem sinkenden Lebensstandard manifest geworden war, gab wirtschaftlichen Forderungen besonderes Gewicht. Sie verbanden sich mit sozialem Protest, der sich unter anderem aus einer steigenden Arbeitslosigkeit ergab, und mit einem ökologischen Bewußtsein, so im Protest gegen Kernkraftwerke (besonders nach der Katastrophe von Černobyl') oder gegen die Umweltkatastrophe in Sibirien und in Mittelasien (zum Beispiel das Austrocknen des Aralsees). Gegner der nationalen Bewegungen im Westen waren nicht nur das Moskauer Zentrum, mit seinen Machtapparaten, sondern immer mehr auch die kommunistischen Parteien in den Republiken. Die Krise der Partei und ihrer Ideologie wurde immer deutlicher.

In den nationalen Bewegungen seit 1988 gingen diejenigen Nationen voran, die schon vor 1917 die Phase der Massenbewegung erreicht hatten. Von den Polen, die mit der Solidarność-Bewegung schon früher einen entscheidenden Anstoß für die Desintegration des Sowjetsystems gegeben hatten, einmal abgesehen, ging die nationale Mobilisierung auch jetzt bei den Esten, Letten, Litauern, Georgiern und Armeniern am schnellsten und erfolgreichsten vor sich. Wie damals folgten die Ukrainer, Aserbaidschaner und dann abgestuft eine Reihe anderer Nationen, unter ihnen die Muslime Mittelasiens, deren nationaler Mobilisierungsgrad noch immer schwach war. Der wichtigste Unterschied gegenüber den Jahren 1917 bis 1920 war, daß sich nun auch die Russen von der Identifikation mit dem imperialen Staat lösten, was damals weder die reaktionäre noch die liberal-konstitutionelle Nationalbewegung noch die postnationalen Kommunisten getan hatten. Immer mehr Russen kamen nun zur Einsicht, daß die imperiale Politik im Inneren und gegen außen mehr Kosten als Nutzen verursachte und nur der herrschenden Elite, nicht aber der Masse des russischen Volkes Vorteile brachte.

Erheblich intensiver als vor 1917 waren seit 1989 die nationalen Bewegungen der Weißrussen und Rumänen. Gerade an diesen Beispielen wird deutlich, daß sich die Situation im Laufe der über sieben Jahrzehnte Sowjetherrschaft gewandelt hatte. Der Rahmen national definierter Republiken, die Ergebnisse der Nationsbildung der 20er und frühen 30er Jahre, die der Stalinsche Terror nicht ganz zerstören konnte, und die soziale Mobilisierung breiterer Schichten infolge des raschen Wandels in Wirtschaft und Bildungswesen hatten die Voraussetzungen für nationale Bewegungen wesentlich verbessert. Für die Rumänen Bessarabiens war die Tatsache, daß sie in der Zwischenkriegszeit nicht zur Sowjetunion gehört hatten, von entscheidender Bedeutung. Dies traf natürlich auch für die baltischen Nationen zu, die bis 1940 unabhängige Nationalstaaten gebildet hatten. Diese Staatstradition ist eine wichtige Erklärung dafür, daß die Unabhängigkeitsbestrebungen im Baltikum am stärksten waren, aber auch für die unerwartet radikale Bewegung der Rumänen und der Georgier, die ebenfalls auf die völkerrechtswidrige Annexion ihres Nationalstaates im Jahre 1921 rekurrierten. Auch andere Nationalbewegungen beriefen sich auf die kurze Zeit der – meist prekären – Unabhängigkeit nach der Oktoberrevolution und versuchten so, direkt an die vorsowjetische Zeit anzuknüpfen. Außerdem dienten die lange tabuisierten «bürgerlichen» Nationalbewegungen der Zarenzeit und die nationale Renaissance der 20er Jahre als Katalysatoren nationaler Identität.

Wie nach der Oktoberrevolution folgten auf die Deklarationen der Autonomie oder Souveränität die Erklärungen der Unabhängigkeit. Den Anfang machte im März 1990 Litauen, während Estland, Lettland, Georgien und Armenien vorerst nur den Übergang zur Unabhängigkeit einleiteten. Im April 1991 erklärte dann auch Georgien seine Unabhängigkeit. Den endgültigen Zerfall des sowjetischen Imperiums brachte der gescheiterte Umsturzversuch reaktionärer Kräfte im August 1991. Fast alle Unionsrepubliken erklärten nun ihre Unabhängigkeit, Litauen, Lettland und Estland schieden aus der Sowjetunion aus und wurden wieder als unabhängige Staaten anerkannt. Eine Volksabstimmung am 1. Dezember 1991 ergab eine große Mehrheit für die Unabhängigkeit der Ukraine, der neben Rußland wichtigsten Republik. Damit war das Schicksal der Sowjetunion besiegelt: Am Ende des Jahres 1991 hörte sie auf, als Staat zu existieren, und Präsident Gorbatschow trat zurück. An ihre Stelle trat eine lose «Gemeinschaft unabhängiger Staaten» (ohne die baltischen Republiken).

Das ideologische Vakuum, das durch den Zusammenbruch des Kommunismus entstanden ist, hat sich mit nationalen Inhalten gefüllt. An die Stelle der theoretisch übernationalen, praktisch russisch dominierten Sowjetunion sind neue Nationalstaaten getreten. Da diese aus den einzelnen Sowjetrepubliken hervorgegangenen Nationalstaaten sich nicht nur politisch, sondern auch sprachlich-ethnisch definieren, wird von entscheidender Bedeutung sein, wie sich die nationalen Ideologien entwickeln werden, wenn sie nicht mehr als emanzipatorische Kraft der Befreiung von der Sowjetherrschaft dienen, sondern Staaten integrieren sollen. Da alle Republiken ethnisch gemischt sind, wird das Verhältnis der staatstragenden Nationen zu den nationalen Minderheiten – unter ihnen überall auch Russen – zu einer zentralen

Frage. Die Nationalitätenprobleme werden also auf einer anderen Ebene bestehen bleiben. Werden die neuen Staatsnationen sich dabei auf den demokratischen Verfassungsstaat hin orientieren und die Minderheitenrechte garantieren, oder wird ein reaktionärer, gegen innen und außen aggressiver Nationalismus die Oberhand gewinnen?

Was wird vom seit über vier Jahrhunderten bestehenden Vielvölkerreich Rußland übrig bleiben? Ob die – in ihrem Bestand reduzierte – Sowjetunion als lockerer Staatenbund überleben wird, ist heute noch nicht abzuschätzen. Wenn die einzelnen Nationen ihre Selbständigkeit in einem Nationalstaat verwirklicht haben, können sie möglicherweise wieder zu einer übernationalen Gemeinschaft finden. Was in absehbarer Zeit erhalten bleibt, ist das Vielvölkerreich der russischen Föderation, in dem die Russen 1989 nur 81,6 Prozent der Bevölkerung stellten. Ob die Nichtrussen diesem Imperium weiter angehören werden, ist im Falle der nordkaukasischen Muslime zweifelhaft. Die übrigen Regionen und Ethnien, die Wolgatataren, Baschkiren, Tschuwaschen, Mordwinen, Mari, Udmurten, Komi, Karelier, Kalmücken, Burjäten, Jakuten und die übrigen noch kleineren Gruppen haben dagegen infolge ihrer Lage inmitten des russischen Siedlungsgebiets wenig Chancen auf staatliche Selbständigkeit. Das würde bedeuten, daß das Vielvölkerreich Rußland in dem Umfang, den es in der Mitte des 17. Jahrhunderts – und wieder im Bürgerkrieg – hatte, fortbestehen würde.

Auch die übrigen Nationen werden das Erbe des Vielvölkerreichs nicht von einem Tag auf den anderen ablegen können. Bedeutsam bleiben die ethno-demographische Durchmischung und die wirtschaftlichen Wechselbeziehungen, aber auch Prägungen der politischen Kultur und der Mentalitäten. Zunächst ist jetzt die Stunde der Nationalstaaten, in denen die Erinnerung an das zarische «Gefängnis der Völker», das unter Stalin zur Folterkammer wurde, an politische und militärische Unterdrückung, wirtschaftliche Ausbeutung und kulturelle Überfremdung durch das russische Zentrum das Denken bestimmen wird. Vielleicht kommt später eine Zeit, in der man sich auch erinnern wird an eine kosmopolitische Welt, in der zwar soziale Ungerechtigkeit und politische Bevormundung herrschten, in der jedoch weltoffene Bürokraten und Intellektuelle, Russen und Polen, Deutsche und Tataren, Finnländer und Georgier, in einem supranationalen Zusammenhang dachten und wirkten. Vielleicht kommt es sogar, wie in den Nachfolgestaaten der Habsburgermonarchie, einmal zu einer nostalgischen Verklärung des Vielvölkerreichs Rußland, dessen geographische und geistige Grenzen weiter waren als die der ethnischen Nationalstaaten.

6. Die postsowjetischen Staaten im ersten Jahrzehnt der Unabhängigkeit

Seit dem Ende der Sowjetunion im Dezember 1991 war es nicht ihre Nachfolgeorganisation, die „Gemeinschaft unabhängiger Staaten“ (G.U.S.), die die politische Entwicklung bestimmte, sondern die 15 aus den Sowjetrepubliken hervorgegangenen neuen Staaten. Sie wurden von der internationalen Staatengemeinschaft sogleich anerkannt und konsolidierten sich zusehends. Allerdings vollzogen sich die Prozesse der Staats- und Nationsbildung nicht ohne Schwierigkeiten. Zwar wurden neue demokratische Verfassungen eingeführt, doch stellte es sich als schwierig heraus, sie mit Leben zu füllen. Das betrifft sowohl Wahlen und Parlamente wie Menschen- und Bürgerrechte und rechtsstaatliche Prinzipien, die oft nicht respektiert wurden. In den meisten neuen Staaten etablierten sich Präsidialregimes mit einem gegenüber Parlament und Regierung starken Präsidenten, besonders deutlich in den mittelasiatischen Republiken, in Aserbeidschan, Georgien und Belarus'. Einige Republiken standen vor dem Problem, die heterogenen Regionen und/oder Ethnien zu integrieren. Es kam zu Bürgerkriegen in Georgien, Tadschikistan und Moldova, zum Krieg um Berg-Karabach zwischen Armenien und Aserbeidschan und zu zwei Kriegen Rußlands gegen Tschetschenien.

Der Kollaps der sowjetischen Planwirtschaft, die ökonomische Entflechtung der in Arbeitsteilung eng verbundenen ehemaligen Sowjetrepubliken und der meist nur zähe Übergang zur Marktwirtschaft brachten vielfältige ökonomische und soziale Probleme mit sich. Die Wirtschaftsleistung der meisten Republiken sank dramatisch ab, und erst am Ende der neunziger Jahre schien die Talsohle erreicht und ein Wachstum einzusetzen. Die sozialen Unterschiede vergrößerten sich, einer schmalen Schicht von Neureichen (in Rußland als „neue Russen“ bezeichnet), die teilweise mit mafiösen Elementen zusammenarbeiteten, stand die Masse der armen Grundschichten gegenüber, deren Lebensstandard absank und die um ihre Löhne und Pensionen fürchten und einen harten Überlebenskampf führen mußten. Besonders schlimm war die Lage der zahlenmäßig zunehmenden Arbeitslosen, der Jugendlichen und Pensionisten. Immerhin zeigten sich in einigen Staaten (Baltikum, Rußland) Ansätze einer neuen wirtschaftlichen Mittelschicht, die für das Funktionieren der Marktwirtschaft unerläßlich ist.

Im postsowjetischen Raum hielten sich in den neunziger Jahren zentrifugale und zentripetale Kräfte die Waage. Im nationalen Aufbruch der Jahre 1989 bis 1994 dominierten zunächst die auf Abspaltung vom alten Zentrum zielenden Bestrebungen. Dabei machte sich das Erbe der Geschichte deutlich bemerkbar. In der Konstruktion und Legitimation der Nationen und Staaten griff man überall auf vorsowjetische Muster zurück. Das gilt besonders für die Staaten und Regionen (Baltikum, Westukraine und Moldova), die in der Zwischenkriegszeit nicht von Moskau abhängig gewesen waren.

In der Ukraine und Südkaukasien knüpfte man an die ephemeren nationalen Staatsbildungen der Jahre 1918–1920 an. In den meisten Staaten und Republiken wurden und werden Goldene Zeitalter in der ferneren Vergangenheit heroisiert, besonders deutlich die mittelalterlichen Großreiche und Hochkulturen Mittelasiens, Südkaukasiens, der Kiever Rus' (durch die Ukrainer, neben dem Kosakenhetmanat), des Großfürstentums Litauen (durch Litauer und Weißrussen) und des Khanats von Kazan' (durch die Wolgatataren). Zum Teil knüpfte man auch an das frühsowjetische Modell der Nationsbildung an, die zur Etablierung der Republiken mit ihren heutigen Grenzen geführt, die nationalen Sprachen, Kulturen und Eliten gefördert und zum Teil die heutigen Nationen (etwa die Usbeken, Tadschiken und Moldauer) erfunden hatte.

In den Bemühungen, sich stärker von Moskau abzusetzen, rückten Widerstandsbewegungen gegen das zarische und sowjetische Imperium, ein in der Sowjetunion seit den vierziger Jahren tabuisiertes Thema, ins Zentrum der Aufmerksamkeit. Das betrifft zum Beispiel den erbitterten Widerstand, den die Kazan'-Tataren, Kasachen und Tschetschenen der Eroberung durch Rußland entgegensetzten. Auch Erfahrungen der Sowjetzeit wie die Hungersnot in der Ukraine, die Zwangsdeportationen im Zweiten Weltkrieg und der Widerstand der baltischen Nationen und der Westukrainer gegen die sowjetischen „Okkupanten" wurden zu wichtigen Pfeilern nationaler Identität. Gleichzeitig versuchte man, alte Verbindungen zur Außenwelt wiederzubeleben. Die baltischen Staaten mit ihrer mitteleuropäischen Tradition traten in Verbindungen zu Skandinavien und bewegen sich jetzt auf die Europäischen Union zu. Die turksprachigen islamischen Republiken verstärkten die Kontakte zur Türkei und zu den islamischen Ländern Asiens. In der Ukraine stehen sich eine Westorientierung in Galizien einer Rußlandbezogenheit im Osten und Süden gegenüber, die Moldau-Republik steht ideologisch zwischen Rumänien und Rußland.

Neben den zentrifugalen dürfen die zentripetalen Kräfte nicht vergessen werden, die in der postsowjetischen Welt auch zu Beginn des 21. Jahrhunderts deutlich bemerkbar sind. So fand ein Wechsel der Eliten in den meisten Staaten nicht statt, sondern Vertreter der kommunistischen Nomenklatura, die teilweise zu Nationalisten mutierten, blieben an der Macht und stellen noch immer zahlreiche Präsidenten. Die kommunistischen Parteien sind in den meisten Staaten, wenn auch zum Teil unter neuem Namen, noch immer wichtige Elemente der Politik. Die wirtschaftlichen Strukturen sind weiter stark sowjetisch geprägt, und eine egalitäre Wirtschaftsmentalität behindert Privatisierung und Marktwirtschaft. Die schlimme ökonomische und soziale Lage fördert vor allem bei älteren Menschen eine Nostalgie, die der unsicheren elenden Gegenwart die gesicherte Existenz während der späten Sowjetzeit entgegensetzt. Auch die Erinnerung an den Sieg im Zweiten Weltkrieg wirkt integrierend. Traditionen in der politischen Kultur und im Lebensstil verbinden auch nach zehn Jahren der Trennung zahlreiche Menschen des postsowjetischen Raums. Zentripetale Elemente sind auch die russische Sprache, die weiter als lingua franca dient, die in der Sowjetzeit verbreitete russische Kultur und die zum Teil starken russischen Minderheiten besonders in Kasachstan, der Ukraine, Lettland und Moldova.

Der weitaus größte und volkreichste Nachfolgestaat, die Rußländische Föderation, die sich als Rechtsnachfolgerin der Sowjetunion sieht, beansprucht den postsowjetischen Raum als ihr Interessengebiet. Dazu werden wirtschaftliche Abhängigkeiten vor allem im Energiesektor, militärische Stützpunkte und Abkommen ebenso eingesetzt wie das Ausspielen der russischen Minderheiten und inneren Konflikte im sogenannten „nahen Ausland", letzteres in der altbewährten Taktik des „Teile und Herrsche". Reale Schritte zu einer „Wiedervereinigung" mit Rußland hat bisher allerdings nur Belarus' unter dem diktatorischen Präsidenten Lukašenka vollzogen. Rußland ist aber noch immer die Hegemonialmacht im postsowjetischen Raum.

Nach zehn Jahren der Unabhängigkeit können die 15 ehemaligen Sowjetrepubliken in vieler Beziehung nicht mehr als Einheit betrachtet werden. Die unterschiedlichen Entwicklungstendenzen haben viel mit dem historischen Erbe zu tun. So waren die Esten, Letten und Litauer am besten auf die Unabhängigkeit vorbereitet, und die drei baltischen Republiken sind denn auch die einzigen, in denen parlamentarische Demokratie, Marktwirtschaft und Rechtsstaat schon Fuß gefaßt haben. Das ist um so bemerkenswerter, als in Lettland und Estland große russische Minderheiten leben, deren Unzufriedenheit mit den Nationalstaaten und ihrer diskriminierenden Sprachpolitik aber durch den wirtschaftlichen Aufschwung weitgehend neutralisiert werden konnte. Die Georgier und Armenier waren als Nationen ebenfalls seit langem konsolidiert. Dennoch verhinderten hier die erwähnten Kriege, damit teilweise verbundene wirtschaftliche Probleme und schwächere demokratische Traditionen eine Entwicklung wie im Baltikum. Das Kaukasusgebiet bleibt ein Krisenherd, auch wegen der Erdöllager im Kaspischen Meer und der umstrittenen Linienführung der Pipelines.

Die sechs überwiegend muslimischen Republiken Aserbeidschan, Kasachstan, Turkmenistan, Usbekistan, Tadschikistan und Kyrgystan haben politische Systeme, die vorrussische Traditionen von Clan- und Klientelbeziehungen mit dem sowjetischen autoritären Erbe zu „postkommunistischen Khanaten" verbunden haben. Mit Ausnahme Tadschikistans haben diese undemokratischen Zustände relative politische Stabilität garantiert, ohne daß diese von wirtschaftlichem Aufschwung begleitet würde. Die reichen Energieressourcen Turkmenistans, Kasachstans und Usbekistans werden noch wenig genutzt. Im Gegenteil zeigt sich erst jetzt das Erbe der zarischen und sowjetischen kolonialen Wirtschaft ganz deutlich, so in den auf Rußland ausgerichteten Verkehrsverbindungen und besonders kraß in den Umweltkatastrophen des Aralsees und der vergifteten Baumwollplantagen.

Unruhe kommt aus den heiklen Beziehungen zum südlichen Nachbarn Afghanistan, woher nicht nur islamistische Tendenzen, sondern auch Rauschgift eindringen.

Kasachstan, Belarus', die Ukraine und Moldova stehen in einem besonders engen Verhältnis zu Rußland. Kasachstan muß auf die relativ kompakt an der Nordgrenze zu Rußland lebende große russische Minderheit von etwa 35 Prozent Rücksicht nehmen. Die drei anderen Staaten, deren namengebende Nationen stark russifiziert und wenig konsolidiert sind, haben sich gegen imperiale Ansprüche Rußlands zu behaupten, die durch die enormen wirtschaftlichen und ökologischen (Černobyl') Probleme gefördert werden. Während Belarus' sich an Rußland angenähert hat und sich in Moldova nach den jüngsten Wahlen von Februar 2001 ähnliche Tendenzen zeigen, bleibt die Ukraine auf Unabhängigkeitskurs. Allerdings sind auf die Sowjetunion und Rußland orientierte Kräfte im Süden (besonders auf der Krim) und im Osten des Landes stark. Die Integration der historisch und kulturell stark divergierenden Regionen und das belastete Verhältnis zu Rußland bleiben deshalb zentrale Aufgaben der ukrainischen Politik.

Es darf nicht vergessen werden, daß auch die Rußländische Föderation ein junger Nationalstaat ist. Die Frage ist, ob er primär auf der ethnischen Nation der Russen oder, wie sein Name sagt, auf der supraethnischen politischen Nation der Rußländer, inbegriffen die 18 Prozent nichtrussische Bevölkerung, basiert. Auch die Erinnerung an die imperiale rußländische und sowjetische Nation, deren Hauptträger Russen waren, bleibt lebendig. In einem Föderationsvertrag gelang es Boris Jelzin, in der Tradition der Minderheitenpolitik der „pragmatischen Flexibilität" mit zum Teil weitgehenden Zugeständnissen die über eigene Republiken verfügenden Tataren, Jakuten, Baschkiren und anderen Minderheiten in den neuen Staat zu integrieren. Unter Vladimir Putin zeigen sich Bemühungen um eine stärkere Bindung der nichtrussischen Republiken und russischen Regionen an Moskau. Einzig im Falle Tschetscheniens kam es zu keiner Einigung, und nach jahrelangem Tolerieren seiner faktischen Unabhängigkeit versuchte Rußland seine Ansprüche 1994–96 und erneut seit 1999 mit Waffengewalt durchzusetzen. Der zweite Tschetschenienkrieg trug wesentlich zur Wahl Putins und zu einem patriotischen Schulterschluß in Rußland bei. Die brutal geführten Kriege zerstörten die tschetschenische Republik, forderten besonders unter den Tschetschenen viele Opfer und trieben einen großen Teil der Tschetschenen in die Flucht. In der längeren historischen Perpektive steht der erbitterte Widerstand der Tschetschenen in einer ununterbrochenen antikolonialen Tradition, die auf die Kaukasuskriege des 19. Jahrhunderts zurückgeht. Trotz dieses schweren Makels ist der neue rußländische Staat ungeachtet ständiger wirtschaftlicher und sozialer Probleme und innerer politischer Kämpfe stabiler als die meisten anderen postsowjetischen Staaten. Von der inneren Entwicklung Rußlands wird auch deren Schicksal wesentlich mitbestimmt werden.

Zehn Jahre nach dem Ende der Sowjetunion haben sich längst nicht alle Hoffnungen erfüllt. Die Transformation zu Marktwirtschaft, parlamentarischer Demokratie, Rechtsstaatlichkeit und funktionierenden Nationalstaaten erwies sich als viel schwieriger und langwieriger als man im Jahre 1991 innerhalb und außerhalb der Sowjetunion erwartet hatte. Nach den anfangs emporschießenden nationalen Blütenträumen steht jetzt wieder die harte wirtschaftliche und soziale Realität im Vordergrund. Nur wenn diese Probleme allmählich gelöst werden, kann der postsowjetische Raum stabilisiert werden. Dazu ist auch ein Umdenken der herrschenden Eliten notwendig, die sich bisher vor allem Machtkämpfen und der eigenen Bereicherung gewidmet haben.

Das Bild der postsowjetischen Welt, das von den Medien gemalt wird, gleicht einem Horrorszenario: Armut, Hunger, Korruption, Mafia, Verbrechen, Umweltschäden und atavistische ethnische Konflikte beherrschen die Schlagzeilen. Die gewaltigen Probleme können nicht geleugnet werden, doch war es eben eine Illusion, an ein rasches Gelingen der Transformation zu glauben. Dennoch ist es erstaunlich und bewundernswert, wie flexibel sich die Bevölkerung an die schlimmen Lebensbedingungen anpaßt und ihren Überlebenskampf meistert. Der Zusammenbruch von Imperien, von Vielvölkerreichen, war in der Geschichte meist von Kriegen, Anarchie und Gewalt begleitet. So ist es nicht selbstverständlich, daß sich die 15 postsowjetischen Staaten im ersten Jahrzehnt ihres Bestehens stabilisiert haben. Sie werden von der internationalen Staatengemeinschaft als vollberechtigte Mitglieder anerkannt, und ihre Souveränität wird offiziell (auch von Rußland) nicht in Frage gestellt, im Gegensatz zu den zahlreichen Revisionismen der Zwischenkriegszeit. Zwar brachte das vergangene Jahrzehnt im Kaukasus und in Tadschikistan viel Blutvergießen. Im Vergleich zu den Jahren des russischen Bürgerkriegs 1918–1920 oder zu den Kriegen und „ethnischen Säuberungen" in Post-Jugoslawien hielt sich die Gewaltanwendung aber in Grenzen. Es ist daran zu erinnern, daß in der postsowjetischen Welt in gewisser Weise Prozesse nachgeholt werden, die in Mitteleuropa im Zeitalter der beiden Weltkriege unter Anwendung von sehr viel mehr Gewalt stattgefunden haben. Es besteht also kein Anlaß zu westeuropa-zentrischer Überheblichkeit. Gefragt ist kritische Solidarität mit den Menschen Osteuropas und des nördlichen Eurasiens. Wenn dieses Buch, das der Geschichte dieses Raums und seinen Völkern gewidmet ist, zu ihrem besseren Verständnis auch in der Gegenwart beitragen kann, hat es seinen Zweck erfüllt.

Nachwort

Dieses Buch, das jetzt in 4. Auflage vorliegt, ist im Jahre 1992 erstmals erschienen. Es ist geschrieben worden unter dem Eindruck des Zusammenbruchs der Sowjetunion, deren 15 Republiken im Dezember 1991 zu souveränen Nationalstaaten geworden sind. Der Kollaps der Sowjetunion, die den kapitalistisch-demokratischen Westen während sieben Jahrzehnten mit ihrem sozialistischen Gegenentwurf und während fünf Jahrzehnten als hochgerüstete Supermacht herausgefordert hatte, veränderte die Weltpolitik und die geopolitischen Koordinaten fundamental. Seither ist die Sowjetunion ein historisches Phänomen, ein Untersuchungsobjekt für Historiker geworden. Im Jahre 1992 war sie jedoch in den Köpfen noch präsent, als das Andere, von dem sich der Westen abgrenzte.

Das Sowjetsystem wurde durch die Reformen Gorbatschows von oben her zerstört. Die Sowjetunion als Staat wurde von den nationalen Republiken im Baltikum und im Kaukasus und in der entscheidenden Schlußphase von der Ukraine und Rußland gesprengt. Nachdem die Sowjetunion in der Öffentlichkeit gemeinhin als Rußland und ihre Bevölkerung, die zu fast der Hälfte aus Nichtrussen bestand, als Russen betrachtet worden waren, rückten auf einen Schlag die Nationalitäten in den Vordergrund. Dies kam für die meisten Beobachter unerwartet, denn man hielt die «Nationalitätenfrage» in der Sowjetunion weithin für gelöst. Dementsprechend rudimentär waren die Kenntnisse über Gegenwart und Geschichte der nichtrussischen Völker der Sowjetunion. Dieses Buch kam dem Bedürfnis nach Orientierung in einer komplizierten fremden Welt nach. Gleichzeitig setzte es der dominanten russisch-nationalen Meistererzählung das Konzept der Geschichte Rußlands als Vielvölkerreich entgegen.

In den mehr als 16 Jahren seit dem Kollaps der Sowjetunion haben sich Veränderungen vollzogen, die den Blick auf ihre Geschichte und auf die Geschichte des zarischen Rußland beeinflußt haben und auch meine Interpretation des Vielvölkerreichs Rußland betreffen. Ich skizziere im folgenden zunächst die Veränderungen in der Entwicklung der postsowjetischen Staatenwelt zu Beginn des 21. Jahrhunderts und dann neuere Tendenzen der Geschichtswissenschaft, die unser Bild vom Vielvölkerreich Rußland erweitert und korrigiert haben.

Die postsowjetischen Staaten zu Beginn des 21. Jahrhunderts: Historische Traditionen und neue Orientierungen

Die Entwicklung der postsowjetischen Welt in den ersten Jahren des 21. Jahrhunderts knüpfte an ihre Geschichte im letzten Jahrzehnt des 20. Jahrhunderts an, die ich im letzten Kapitel der 3. Auflage dieses Buches (S. 319–323) umrissen habe. Die 15 ehemaligen Sowjetrepubliken konsolidierten sich endgültig als souveräne Staaten und die als postsowjetische Klammer vorgesehene Gemeinschaft der unabhängigen Staaten (GUS) verlor weiter an Bedeutung. An ihre Stelle traten neue Ausrichtungen wie der Beitritt der baltischen Staaten zur Europäischen Union und Bündnisse der zentralasiatischen Staaten mit Rußland.

Nach der schweren Wirtschaftskrise der 1990er Jahre setzten sich überall marktwirtschaftliche Prinzipien durch und die ökonomischen Verhältnisse stabilisierten sich. In allen Staaten ließ sich seither ein Wirtschaftswachstum beobachten, dessen hohe Raten allerdings vor dem Hintergrund der sehr niedrigen Ausgangsbasis interpretiert werden müssen. Die wirtschaftliche Entwicklung vollzog sich jedoch nicht gleichmäßig. Zum einen vertiefte sich das traditionelle Gefälle von Nordwesten über das Zentrum nach Südosten, wie es schon in der Sowjetunion und im zarischen Rußland bestanden hatte. Spitzenreiter war damals wie heute Estland, dessen Bruttosozialprodukt pro Kopf im Jahre 2004 24mal höher war als das Tadschikistans, das schon in der Sowjetunion das Schlußlicht gewesen war. Auch wenn man die viel höhere Geburtenrate in den zentralasiatischen Staaten und ihren agrarischen Charakter in Rechnung zieht, blieb eine tiefe Kluft. Zum anderen führte die steigende Gewinnung von Erdgas und Erdöl und die Hausse der Weltmarktpreise für diese Produkte zu einer Zweiteilung in reichere und ärmere Länder. Die Rußländische Föderation und Kasachstan, in geringerem Ausmaß auch Aserbaidschan und Turkmenistan, profitierten davon im Gegensatz zu Tadschikistan, Kirgistan, Moldova, Armenien, Georgien, Weißrußland und der Ukraine, die über keine oder wenige Energieressourcen verfügten. Die entwickelten Volkswirtschaften der drei baltischen Staaten waren von diesen Vorgängen nicht betroffen, da sie nicht auf die Erträgnisse aus Rohstoffen angewiesen waren. Die großen Gewinne aus den Exporten von Rohstoffen kamen in erster Linie einer schmalen reichen Elite zugute, die sich aus ehemaligen sowjetischen Funktionären und jüngeren Aufsteigern rekrutierte. Die Masse der Bevölkerung, vor allem die Pensionisten und die Landbevölkerung, verharrten dagegen in Armut. Die soziale Schere, die sich gegenüber der Sowjetzeit schon in den 1990er Jahren vergrößert hatte, blieb auch nach der Jahrhundertwende weit geöffnet.

Auch die politische Entwicklung folgte dem Gefälle von Nordwesten nach Südosten, das tief in der Vergangenheit wurzelt. Während Estland,

Lettland und Litauen auf die (allerdings bald eingeschränkten) parlamentarischen Demokratien und die Rechtsstaatlichkeit der Zwischenkriegszeit und alte ständisch-repräsentative Institutionen rekurrierten, haben die zentralasiatischen Republiken keine rechtsstaatlichen und demokratischen Traditionen. In den übrigen Staaten beschränkten sich diese auf kurze Perioden ihrer Geschichte, meist in den Jahren vor und nach 1917, oder auf Teilgebiete wie die Westukraine. Den Weg aus der sowjetischen Diktatur zur parlamentarischen Demokratie, wie er im Jahre 1991 vorgezeichnet schien, beschritten wiederum nur die drei baltischen Staaten erfolgreich. In zahlreichen übrigen Republiken blieben die zentralistischen und oft scheindemokratischen Präsidialregimes erhalten, die sich in den 1990er Jahren etabliert hatten. Dies betrifft besonders die zentralasiatischen Staaten, Aserbaidschan und Weißrußland. In Usbekistan verhärtete sich das autoritäre Regime des seit 1989 (damals als Parteisekretär) regierenden Präsidenten Islam Karimov, wie sich kraß in der blutigen Niederschlagung einer Demonstration in Andischan im Mai 2005 zeigte, in demselben Andischan, in dem 1898 ein Aufstand ausgebrochen war, der zum «Heiligen Krieg» gegen Rußland aufrief. In der Rußländischen Föderation, wo zu Beginn der 1990er Jahre die parlamentarische Demokratie erste Wurzeln geschlagen hatte, verstärkten sich unter Präsident Putin zentralistische und autoritäre Tendenzen, die auf sowjetische und vorsowjetische Traditionen rekurrieren konnten. Die Medienfreiheit wurde stark eingeschränkt und die staatliche Kontrolle über die Energieriesen und die Großindustrie verstärkt.

In den meisten Ländern vollzog sich auch nach der Jahrtausendwende kein Wechsel der Eliten. Kasachstan und Usbekistan wurden 16 Jahre nach dem Ende der Sowjetunion noch immer von den selben Männern regiert wie im Jahre 1991, während in Aserbaidschan der Sohn des Ex-Parteichefs und ersten Präsidenten Aliev nach dessen Tod seine Nachfolge antrat. Weißrußland orientierte sich unter dem diktatorischen Regime Lukaschenko direkt an der Sowjetunion. In den meisten Ländern hatten die politischen Eliten ihre Wurzeln in sowjetischer Zeit. Sie blieben eng mit den wirtschaftlichen Eliten verbunden. Korruption und Günstlingswirtschaft von Seilschaften grassierten.

Opposition gegen die autoritären Präsidialregimes wurde mit repressiven Methoden ausgeschaltet oder geschwächt. Nur in drei Staaten konnten sich breitere Protestbewegungen herausbilden, die mit friedlichen Mitteln erfolgreich einen Machtwechsel an der Spitze ihrer Staaten erzwangen. Den Anfang machte die sogenannte «Rosenrevolution» in Georgien, wo im November 2003 eine breite Volksbewegung den Präsidenten Schewardnadze, der in sowjetischen Zeiten georgischer Parteichef und unter Gorbatschow sowjetischer Außenminister gewesen war, zum Rücktritt zwang und durch den jungen westorientierten Michael Saakaschwili ersetzte. Dieser bediente sich allerdings bald ebenfalls autoritärer Methoden, gegen die sich erneut Opposition formierte. Ein Jahr später, im November 2004, kam es in der Ukraine zu einer breiten Volksbewegung, die gegen die Fälschung der Präsidentenwahlen durch den Präsidenten Leonid Kučma und seine Anhänger protestierte. Der «Orangenen Revolution» gelang es, Neuwahlen zu erzwingen, die mit dem Sieg des westorientierten Viktor Juščenko endeten. Obwohl Juščenko und seine Anhänger in den folgenden Jahren einen Teil ihres Kredits wieder verspielten, bedeutete die «Orangene Revolution» eine grundsätzliche Wende in der politischen Entwicklung des Landes. Neben den baltischen Staaten wurde die Ukraine zum einzigen postsowjetischen Staat, in dem sich ein Parteiensystem entfaltete, demokratische Wahlen stattfanden und weitgehende Medienfreiheit herrschte. Dies kam für viele Beobachter überraschend, denn der größere Teil der Ukraine hatte kaum demokratische Traditionen, auf denen aufgebaut werden konnte. Nur die Westukraine hatte in der zweiten polnischen Republik und davor in Österreich-Ungarn Erfahrungen mit Rechtsstaat und parlamentarischer Demokratie gesammelt. Nicht zufällig hatte die «Orangene Revolution» ihre Hauptbasis in der Westukraine. Der gelegentlich als «Tulpenrevolution» bezeichnete Machtwechsel in Kirgistan im März 2005 führte nur zur Absetzung des Präsidenten, nicht jedoch zu einer Veränderung des politischen Systems.

Die letzten Jahre der Sowjetunion und die ersten Jahre nach deren Fall hatten zu Bürgerkriegen im Kaukasus und in der Republik Moldova geführt. Zwar kam es hier zu keinen größeren Kampfhandlungen mehr, doch wurde keiner der Konflikte gelöst. Der völkerrechtliche Status der umstrittenen Gebiete blieb in der Schwebe. Zwar hatten sich Berg-Karabach, Abchasien, Südossetien und Transnistrien für unabhängig erklärt, doch wurden sie von keinem Staat anerkannt. Diese ungelösten Probleme belasteten die Innen- und Außenpolitik der betroffenen Staaten Armenien, Aserbaidschan, Georgien und Moldova und gaben Rußland Möglichkeiten, sich in die inneren Angelegenheiten dieser Länder einzumischen. Mit der Unabhängigkeitserklärung des Kosovo im Jahre 2008, die von Führern der abtrünnigen Republiken als Präzedenzfall angesehen wurde, verstärkten sich die separatistischen Bewegungen. Sie wurden von Rußland nur halbherzig unterstützt, unter anderem deshalb, weil man befürchtete, daß sich auch Tschetschenien, das 1991 seine Unabhängigkeit erklärt hatte, darauf berufen könnte. Die kriegerischen Auseinandersetzungen, die Rußland gegen die Tschetschenen führte, waren die bisher einzigen lang andauernden und mit brutaler Gewalt geführten Kampfhandlungen im postsowjetischen Raum. Hunderttausende von Tschetschenen verloren ihr Leben oder wurden in die Flucht getrieben. Rußland legitimierte diesen Krieg nun vermehrt als Kampf gegen den internationalen islamistischen Terrorismus. Zwar schien es Rußland gelungen zu sein, den offenen Widerstand, der eine zweihundertjährige Tradition hatte, zu brechen, doch blieb die Situation angespannt und unter dem von Moskau unterstützten Machthaber Ramsan Kadyrov von Gewalt und Willkür geprägt.

Die unterschiedliche politische Entwicklung fand ihren Niederschlag in der außenpolitischen Orientierung der 15 postsowjetischen Staaten. Auf der einen Seite strebten zahlreiche Republiken danach, sich von der einseitigen Orientierung auf die Metropole zu befreien und griffen dafür auf ältere Außenbeziehungen zurück, auf der anderen Seite blieben traditionelle wirtschaftliche, politische und kulturelle Bindungen an Rußland erhalten.

Einen konsequenten Weg nach Westen schlugen die drei baltischen Länder ein, die auf ihre auf das Mittelalter zurückgehende Zugehörigkeit zum protestantisch/katholischen Europa und die unabhängigen Staaten der Zwischenkriegszeit und deren Vernetzung mit Mitteleuropa rekurrieren und auf den breiten, nach Westen orientierten Unabhängigkeitsbewegungen der späten Sowjetzeit aufbauen konnten. In wenigen Jahren setzten sich Marktwirtschaft, Rechtsstaat und parlamentarische Demokratie durch, so daß Estland, Lettland und Litauen am 1. Mai 2004 zusammen mit den Nationalstaaten Polen, Slowakei, Slowenien, Tschechien und Ungarn, die nie direkt zur Sowjetunion gehört hatten, der Europäischen Union beitraten. Kurz zuvor waren sie auch Mitglieder der NATO geworden. Damit klinkten sich die drei baltischen Staaten aus dem postsowjetischen Rahmen aus und wurden zu vollwertigen Mitgliedern des neuen Europa. An die einstige Zugehörigkeit zur Sowjetunion erinnerten nur noch bedeutende russischsprachige Minderheiten in Estland und Lettland und kleinere Grenzstreitigkeiten mit Rußland. Daß die drei ehemaligen Sowjetrepubliken, die schon 200 bzw. 120 Jahre lang (Litauen) zum Zarenreich gehört hatten, nur zwölf Jahre nach dem Ende der Sowjetunion vollständig in die westlichen Institutionen integriert sein könnten, hätte im Jahre 1991 niemand zu prophezeien gewagt.

Historische Bindungen an Mitteleuropa, vor allem an Polen, hatten auch weite Teile der Ukraine. Gestützt durch die «Orangene Revolution» nahm die ukrainische Regierung Kurs auf den Beitritt zur Europäischen Union. Während dieses Ziel von der Bevölkerung breite Unterstützung erhielt, gab es gegenüber einem Beitritt der Ukraine zur NATO Vorbehalte. Angesichts der noch immer bestehenden Probleme in Rechtswesen, Verwaltung und Wirtschaft und der bis dahin lauen Signale aus Brüssel ist ein Beitritt der Ukraine zur EU nur mittelfristig zu erwarten. Diese Westorientierung wurde von der Bevölkerung der Westukraine vorbehaltlos, von der der Zentralukraine mehrheitlich unterstützt, während die Ost- und Südukraine stärker auf Rußland ausgerichtet blieben. Die mit Ausnahme der Westukraine traditionell engen Verbindungen der Ukraine zu Rußland, die sich in der noch immer starken Stellung der russischen Sprache und Kultur und in einem beträchtlichen Anteil russischer Bevölkerung spiegelten, mußten von der ukrainischen Regierung in Rechnung gezogen werden. Rücksichtnahme auf russische Interessen gebot auch die wirtschaftliche Verflechtung der beiden Länder und besonders die Abhängigkeit der Ukraine von den Energielieferungen Rußlands. Die Zweiteilung der Ukraine, die sich auf allen Wahlkarten seit 1991 ablesen läßt, ist in hohem Maß auf die Geschichte zurückzuführen: Während Galizien fünf Jahrhunderte lang zu Polen und 150 Jahre zu Österreich gehört hatte und die zentralen Regionen des Landes während drei- bis vierhundert Jahren Bestandteile Polen-Litauens gewesen waren, wurden die Süd- und Ostukraine erst seit dem 17. Jahrhundert allmählich von Ukrainern und Russen besiedelt und gehörten seither zum russischen und sowjetischen Imperium.

Daß historische Bindungen keine zwangsläufigen Determinanten darstellen, zeigt das Beispiel Weißrußland, das ebenfalls jahrhundertelang zu Polen-Litauen gehört hatte, dessen politische Führung sich aber ganz auf Rußland und die sowjetische Vergangenheit ausrichtete. Die Orientierung der Republik Moldova nach Rumänien, zu dem sie in der Zwischenkriegszeit gehört hatte und mit dem sie eine gemeinsame Sprache verband, schwächte sich zu Beginn des 21. Jahrhunderts ab.

Die drei südkaukasischen Staaten waren nach der Russischen Revolution kurzfristig unabhängig gewesen und hatten in der Spätphase der Sowjetunion nationale Massenbewegungen erlebt. Auf den Westen, die Vereinigten Staaten, die NATO und die Europäische Union, richtete sich nach der «Rosenrevolution» Georgien aus. Gegen die Abhängigkeit von den Energielieferungen Rußlands gerichtet war der Bau einer Pipeline von Baku über Tbilissi zum türkischen Mittelmeerhafen Ceyhan. Daß diese Pipeline Armenien umging, dokumentierte die außenpolitische Isolierung dieses Landes, das auf ein gutes Verhältnis zu Rußland angewiesen blieb.

Die fünf zentralasiatischen Staaten befanden sich, wie schon seit dem 19. Jahrhundert, in einer Zwischenstellung zwischen Rußland bzw. der Sowjetunion und den asiatischen Nachbarn Iran, Afghanistan und China. Nach anfänglichen Absetzbewegungen von Moskau, die sich etwa in der vorübergehenden Errichtung amerikanischer Militärbasen zeigte, verstärkten sich die Bindungen an Moskau wieder. Rußland unterstützte die autokratisch regierenden Präsidenten. Als zu Beginn des 21. Jahrhunderts der islamistische Terror die Welt erschütterte, gingen Rußland und die Staaten Zentralasiens eine Interessenkoalition gegen den Islamismus ein, der aus Afghanistan und dem Iran in die zentralasiatischen Staaten einzudringen drohte. Im Jahre 2001 wurde als Allianz der autoritären antiislamistischen Regimes Eurasiens die Schanghaier Organisation für Zusammenarbeit begründet, die Rußland, die zentralasiatischen Republiken und zusätzlich auch China einschloß.

Rußland, der Rechtsnachfolger der Sowjetunion und Erbe des Russischen Reiches, strebte danach, seinen Einfluß im postsowjetischen Raum, den es weiter als sein vorrangiges Interessengebiet betrachtete, zu bewahren und reagierte deshalb empfindlich auf Expansionstendenzen der NATO und der Europäischen Union. Während das Ausscheren der drei baltischen Staaten anerkannt wurde, betrieb Rußland unter Präsident Putin eine systematische Hegemonialpolitik gegenüber den anderen postsowjetischen Staaten. Dazu setzte es die klassischen politischen und ökonomischen Instrumente ein. Enge wirtschaftliche Zusammenarbeit und politisch-militärische Allianzen dienten der Sicherung des russischen Einflusses auf Weißrußland und die Republiken Zentralasiens, mit der Ausnahme Turkmenistans, das sich lange gegen außen abschottete. Das aufsässige Georgien wurde mit ökonomischen Sanktionen und der Unterstützung der separatistischen Kräfte in Abchasien und Südossetien unter Druck gesetzt. Gegenüber Moldova konnte Rußland das von ihm unterstützte Transnistrien ausspielen. Altbewährte Divide et Impera-Politik kam auch gegenüber Armenien und Aserbaidschan und in Versuchen, die unterschiedlichen politischen Lager in der Ukraine zu spalten, zum Einsatz. Eine Möglichkeit politischer Einflußnahme boten die russischen Minderheiten in anderen Republiken, deren sprachlich-kulturelle Rechte Rußland einforderte. Obwohl ihre Zahl im Laufe der 1990er Jahre zurückgegangen war, lebten auch nach der Jahrhundertwende noch immer zahlreiche Russen in der Ukraine, in Kasachstan, Moldova, Estland und Lettland. Besonders wirkungsvoll setzte Rußland rohstoffarme Republiken wie die Ukraine, Weißrußland und Georgien mit der Preispolitik seiner Erdöl- und Erdgaslieferungen unter Druck. Rußland trat mit seiner Hegemonialpolitik im postsowjetischen Raum in die Fußstapfen des zarischen und sowjetischen Imperiums.

Die jüngste Entwicklung der postsowjetischen Welt wirkte sich auf den Blick aus, den diese Staaten und außenstehende Beobachter auf ihre Geschichte hatten. Während man in der Ära Jelzin das Interesse auf demokratische und rechtsstaatliche Traditionen in der Geschichte des vorrevolutionären Rußlands gerichtet hatte, suchte das Rußland Putins Orientierung im Imperium, in dessen Staatsmännern und Zaren, in der Armee und der imperialen Außenpolitik, in der Orthodoxen Kirche und der russischen Aristokratie. Auch Teile der sowjetischen Vergangenheit wurden wieder stärker in die national-imperiale Geschichte integriert.

Während in Rußland das zarische Imperium wiederentdeckt wurde, blieb für die Historiographien der anderen postsowjetischen Staaten die nationale Meistererzählung maßgebend, die der Verankerung der Nation in der Geschichte und der Legitimierung der neuen Nationalstaaten diente. HistorikerInnen blieben als Ideologen der Nationalstaaten und als Konstrukteure von nationalen Mythen unverzichtbar. Dabei hielt man sich weitgehend an die Grenzen der Republiken, die in den 1920er Jahren von der Sowjetregierung gezogen worden und die jetzt zu Staatsgrenzen geworden waren. Das Imperium oder einzelne seiner Großregionen, die nicht durch diese Grenzen konstituiert wurden, wurden wenig beachtet. National ausgerichtet blieben auch die Historiographien der nationalen Republiken innerhalb der Rußländischen Föderation, die damit Beschränkungen ihrer Autonomie zu begegnen suchten.

Im Baltikum, in der Ukraine und in Georgien, die sich von Rußland zu emanzipieren suchten, wurde von der Mehrheit der HistorikerInnen die russische und sowjetische Herrschaft als Epoche der Unterdrückung und des Leidens interpretiert. Dabei wurde oft unterschlagen, daß auf der Seite des herrschenden Regimes immer auch Angehörige des eigenen Volkes waren. Trotz der offiziellen Unterstützung eines national-ukrainischen Geschichtsbildes blieben in der Öffentlichkeit auch russische Traditionen präsent, wie Kontroversen zeigten, die in den Medien um die historische Bedeutung Peters des Großen und des Hetmans Mazepa oder um die Wiedererrichtung eines Denkmals für Katharina II. in Odessa geführt wurden. In Zentralasien und Weißrußland wurden dagegen die sowjetischen Dogmen der Völkerfreundschaft und der guten Beziehungen zum russischen Brudervolk in der offiziösen Historiographie weiter gepflegt. Die Geschichte der baltischen Staaten wurde in den Rahmen der Geschichte Mitteleuropas und Skandinaviens gestellt. Auch ukrainische Historiker betonten vermehrt den mitteleuropäischen Charakter ihrer Geschichte. In den meisten postsowjetischen Historiographien wurden die langen Perioden russischer und sowjetischer Herrschaft und ihre wesentlichen Einflüsse auf die eigene Geschichte vernachlässigt.

Neuere Tendenzen in der Geschichtswissenschaft und ihre Auswirkungen auf die Erforschung Rußlands als Vielvölkerreich

In den 16 Jahren seit Erscheinen dieses Buches hat die Geschichtswissenschaft ihre Fragestellungen und Gegenstände, ihre theoretischen Ansätze und Methoden ständig weiter entwickelt und verändert. Im Gegensatz zur Epoche vor 1991 sind sowjetische und «westliche» Historiographien keine getrennten Systeme mehr, sondern man kann von einer globalen scientific community sprechen, die in einen immer engeren Austausch tritt, gemeinsam Projekte initiiert, Konferenzen organisiert, Zeitschriften und Sammelbände publiziert. Diese Globalisierung der Geschichtswissenschaft fand zwar in den einzelnen postsowjetischen Staaten nicht mit gleicher Intensität statt und betraf zunächst in erster Linie jüngere HistorikerInnen in Rußland, den baltischen Staaten und der Ukraine. Dennoch wurde die Zweiteilung der wissenschaftlichen Welt endgültig überwunden. An ihre Stelle traten zwar zum Teil Kontroversen zwischen den einzelnen nationalen Historikerschulen, doch spielen heute Meinungsverschiedenheiten innerhalb der einzelnen Historiographien eine ebenso wichtige Rolle.

1.

Unter dem Eindruck des Auseinanderbrechens der Sowjetunion, das weithin als letzter Akt in der Geschichte der europäischen Imperien verstanden wurde, nahm in den 1990er Jahren das Interesse der Geschichts- und Sozialwissenschaften am Phänomen des Imperiums stark zu. Man spricht heute in der Geschichtswissenschaft gelegentlich von einem *imperial turn* ähnlich dem *linguistic turn* und anderen neuen Ansätzen in den Kulturwissenschaften. Das verstärkte Interesse an Imperien war nicht nur ein Reflex auf den Zerfall des sowjetischen Imperiums, sondern hat auch zu tun mit der Erfahrung, die Europa im 20. Jahrhundert mit der zerstörerischen Kraft des Nationalismus gemacht hat. Auf dem Weg in eine postmoderne und postnationale Ordnung suchte man in den vormodernen und vornationalen Imperien nach Orientierung. So gab es Stimmen, die die transnationalen europäischen Imperien als Vorbilder für ein geeintes Europa ansahen.

Im Gefolge des *imperial turn* begannen HistorikerInnen in aller Welt, einzelne Imperien miteinander zu vergleichen. Neben universalhistorischen Studien, die den Bogen vom Imperium Romanum bis zu den Vereinigten Staaten des 21. Jahrhunderts spannten, und Arbeiten, die sich auf die Überseeimperien der westeuropäischen Mächte konzentrierten, wurden komparative Studien besonders fruchtbar auf die drei kontinentaleuropäischen dynastischen Imperien, das Habsburger, das Osmanische und das Romanov-Reich, angewandt. Damit einher ging eine Diskussion um den imperialen Charakter der Sowjetunion. Neben Sammelbänden, an denen HistorikerInnen aus Rußland, der Türkei, Österreich, den USA, Großbritannien, Japan, der Ukraine, Polen, Litauen, Deutschland und Frankreich beteiligt waren, ist besonders die vergleichende Monographie des britischen Rußlandspezialisten Dominic Lieven zu nennen.

Nachdem in der Sowjetunion der Begriff Imperium negativ besetzt worden war, dauerte es einige Jahre, bis die russischen und anderen postsowjetischen Historiographien den *imperial turn* aufnahmen und fruchtbar weiterentwickelten. Den Anfang machte eine bemerkenswerte Dikussion der russischen populärwissenschaftlichen Zeitschrift *Rodina* (Heimat), die in der zweiten Hälfte der 1990er Jahre unter der Rubrik «Wir im Imperium, das Imperium in uns» zentrale Fragen der Geschichte des Russischen Reiches diskutierte und den Begriff Imperium gegenüber einem breiteren Publikum rehabilitierte. Als Reaktion auf den Zusammenbruch des sowjetischen Imperiums verbreitete sich in Rußland eine postimperiale Nostalgie, die das zarische Vielvölkerreich idealisierte.

Gleichzeitig erschienen in Rußland im vergangenen Jahrzehnt immer mehr qualitativ hochwertige Studien zu unterschiedlichen Regionen und Aspekten der Geschichte des Russischen Reiches. Jüngere russische HistorikerInnen schalteten sich in die internationale Diskussion zum Imperienvergleich ein. Eine Gruppe begründete im Jahr 2000 in Kazan', der Hauptstadt Tatarstans, die meines Wissens erste und bisher einzige Spezialzeitschrift zur «Imperiologie», die rasch zu einem wichtigen internationalen Diskussionsforum geworden ist. Unter dem Namen *Ab Imperio. Theory and History of Nationalities and Nationalism in the Post-Soviet Realm* erscheinen jährlich vier umfangreiche Bände, in denen Fachleute aus unterschiedlichen Ländern eine Vielfalt von Aspekten, Themen, methodischen und theoretischen Problemen zur Geschichte der Imperien im allgemeinen und des Russischen Reiches im besonderen behandeln. Eine zweite, vom russischen Historiker Aleksej Miller begründete Gruppe organisierte mehrere Konferenzen und publizierte einige Sammelbände sowohl zum Imperienvergleich wie zur Geschichte unterschiedlicher Regionen des Russischen Reiches.

Die vergleichende Untersuchung der Imperien, besonders der Vergleich mit dem Habsburger und Osmanischen Reich eröffnete neue Einsichten in die Formierung, das Funktionieren, die Legitimation und den Zerfall des Russischen Reiches. Zu kurz gekommen sind bisher die Interaktionen zwischen den Imperien in den Grenzregionen, auf der Ebene der Metropolen oder in der Übernahme von Herrschaftspraktiken, Institutionen und Ideologien.

2.

Als dieses Buch im Jahre 1992 erstmals erschien, standen das Thema Imperium im allgemeinen und das Russische Reich im besonderen nicht im Rampenlicht der Forschung. Im Gefolge des Zerfalls der Sowjetunion und des *imperial turn* sind seither die wissenschaftlichen Publikationen zu diesem Thema in Rußland, den Vereinigten Staaten und in anderen Ländern geradezu explodiert. Eine kleine Auswahl von Titeln führe ich unten (Ausgewählte neuere Literatur, S. 400) an. Die Hunderte neuer Forschungsarbeiten vertiefen, ergänzen und korrigieren meine Darstellung des Vielvölkerreiches Rußland in wichtigen Bereichen. Ich nenne nur einige mir besonders signifikant erscheinende Tendenzen.

Die bis dahin ungenügend erforschte (und in der Sowjetunion praktisch tabuisierte) Geschichte der Religionen und Kirchen, ihres Verhältnisses zur imperialen Metropole und ihres Stellenwerts für Prozesse der Nationsbildung wurde Gegenstand zahlreicher meist amerikanischer und russischer Studien (Crews, Geraci-Khodarkovsky, Višlenkova). Neu beleuchtet wurde das Verhältnis zwischen dem imperialen Zentrum und den Führern der Glaubensgemeinschaften, das nicht nur als einseitige Abhängigkeit, sondern als für beide Seiten vorteilhafte Interaktion beschrieben wurde. Das verstärkte Interesse der Öffentlichkeit am Islam hat die Forschung zur Geschichte der Muslime Rußlands befruchtet.

Zum bisher fast ganz ausgeblendeten Thema der wirtschaftlichen Beziehungen zwischen Metropole und Peripherie erschien unlängst eine Pionierstudie, die für Rußland die auch für andere Imperien umstrittene

Frage diskutiert, ob das Imperium ein wirtschaftlich profitables Unternehmen gewesen sei oder ob die Peripherien Zuschüssen aus dem Zentrum bedurften (Pravilova). Die von Edward Thaden initiierte Diskussion um den Begriff «Russifizierung» wurde vorwiegend am Beispiel der westlichen Gebiete des Zarenreiches intensiv weitergeführt. Sie hatte eine weitere Differenzierung und Relativierung des Begriffs zur Folge bis hin zu Stimmen, die seine Abschaffung als wissenschaftlichen Terminus vorschlugen (Miller 2003, Staliunas, Weeks, Zapadnye okrainy). Waren vor 15 Jahren die einzelnen Regionen des Russischen Reiches sehr ungleichmäßig untersucht, so liegen nun zu praktisch allen Gebieten und ethnonationalen Gruppen neuere Forschungsarbeiten vor. Darunter sind mikrohistorische Untersuchungen, die den Alltag des Vielvölkerreichs und das Zusammenleben der einzelnen Ethnien vor Ort erfassen.

Solche Forschungsarbeiten wurden erleichtert durch die weitgehende Öffnung der Archive. Ganz neue Perspektiven eröffnete die «Archivrevolution» für die Erforschung des Sowjetimperiums und seiner Nationalitäten (Baberowski, Brandenberger, Hirsch, Martin). So wurde der Prozeß der Konstruktion der sowjetischen Nationen und ihrer Territorien in den 1920er Jahren, aus denen 1991 unerwartet die postsowjetischen Staaten hervorgingen, genauer analysiert. Für die Stalin-Ära wiesen neuere Arbeiten zunehmende Gewalt in den Peripherien und eine fortschreitende Ethnisierung der Sowjetunion nach, die vom offiziellen Internationalismus vernebelt worden war. Sie gipfelte in der Registrierung der Nationalität im Inlandspaß und in den gegenüber einzelnen ethnonationalen Gruppen besonders scharfen Repressionen bis hin zu den Zwangsdeportationen während und nach dem Zweiten Weltkrieg. Das Verhältnis national-kommunistischer Eliten zu Moskau wurde vermehrt nicht nur als einseitige Abhängigkeit, sondern als Interaktion interpretiert.

3.

Die Erforschung von Nationalismus und Nationalbewegungen, die in der Sowjetunion tabu gewesen und auf das Russische Reich bezogen auch im sogenannten «Westen» wenig entwickelt gewesen war, nahm in allen postsowjetischen Staaten einen großen Aufschwung. Die meisten Publikationen dienten der historischen Legitimation der in der Sowjetzeit unterdrückten Nationen und der neuen Nationalstaaten. Diese Arbeiten zeichneten sich durch einen unkritischen Umgang mit der nationalen Vergangenheit und ein essentialistisches Verständnis der Nation aus, die mit festen objektiven Kennzeichen versehen und weit in die Vergangenheit zurückprojiziert wurde. Daneben erschienen im vergangenen Jahrzehnt außerhalb des postsowjetischen Raums und vereinzelt auch in Rußland und der Ukraine innovative Forschungsarbeiten zu nationalen Fragen. Dies betraf auch die von der Forschung lange vernachlässigte Geschichte der russischen Nationsbildung und des russischen Nationalismus und seiner Wechselwirkung mit dem Imperium (Miller 2008, Renner). Viel beachtet wurde die Monographie des britischen Historikers Geoffrey Hosking, der mein Buch, das die Nationalitäten in den Mittelpunkt rückt, explizit durch eine Interpretation des Imperiums aus der Optik der russischen Nation ergänzt hat. In seiner Deutung zeichnete sich die Geschichte Rußlands durch ein Zuviel an Imperium und ein Manko an ethnischer russischer Nation aus.

In den postmodernen Geschichts- und Sozialwissenschaften sind in den letzten Jahren die Kategorien Nation, ethnische Gruppe und Volk dekonstruiert worden. In letzter Konsequenz wird die Sinnhaftigkeit der Erforschung von Nationen und Nationalismus in Frage gestellt und die Forderung erhoben, diese Begriffe und Kategorien aufzugeben oder mindestens angemessen zu reflektieren, um ethno-nationale Narrative und essentialistische Sichtweisen zu überwinden.

Dieser *transnational turn* betrifft auch Prämissen dieses Buches. Mein Buch wendet sich zwar explizit gegen ethno-nationale (vor allem russische) Narrative und setzt an ihre Stelle die Multiethnizität, das Vielvölkerreich. Dieser Ansatz kann zwar dazu beitragen, exklusive nationale Narrative und Interpretationsmuster zu überwinden, er bleibt aber dem analytischen Konzept der Nation bzw. der Ethnizität verhaftet. Ich habe dieses Buch, wie ich aus der Distanz von 16 Jahren selbstkritisch anmerke, geschrieben, ohne die zentralen Kategorien der Nation, der ethnischen Gruppe und des Volkes vertieft zu reflektieren. So bin ich der Gefahr nicht ganz entgangen, ethno-nationale Faktoren als Triebkräfte der historischen Entwicklung zu überschätzen. Dazu trug der politische Kontext der Jahre 1988 bis 1991 bei, in denen das Buch geschrieben worden ist. Meine historische Untersuchung ging von den Nationalitäten der Sowjetunion aus, die unter Stalin zu einer im Grunde essentialistischen ethno-nationalen Kategorie geworden waren. Die Nationalitäten und die nach ihnen benannten Unionsrepubliken legten den Sprengsatz, der zum Untergang der Sowjetunion führte und die postsowjetische staatliche Ordnung begründete. Diese zeitbedingten Umstände begünstigten eine Fokussierung auf Nationen, Nationalitäten und ethnische Gruppen.

Zwar hat die Kritik am nationalen Zugang die Forschung bereichert und die Fragestellungen verfeinert. Untersuchungen nationaler Phänomene und von Vielvölkerreichen sind deshalb nicht obsolet geworden. Die postmodernen Dekonstruktivisten sind in ihrer Demontage der Nation gelegentlich zu weit gegangen. Ethnische Gruppen und Nationen wurden nicht willkürlich konstruiert, sondern nur unter bestimmten historischen Rahmenbedingungen und aus einem Vorrat historischen Materials. Auch wenn Ethnien und Nationen konstruiert wurden, so waren und sind sie historische Realitäten, wie die jüngste Geschichte Osteuropas illustriert. Wenn ihre Geschichte kritisch reflektiert wird, bleiben sie legitime Untersuchungsobjekte für die historische Forschung.

4.

Eine Perspektive, die geeignet wäre, nationale Kategorien zu reflektieren und zu relativieren, ist die des geographischen Raums. Der sogenannte *spatial turn* hat die Rückkehr des Raumes in die Geschichte verkündet und ist in den letzten Jahren intensiv diskutiert worden. Für den Fall Rußland hat der Geograph Robert Kaiser schon 1994 mit der Kategorie des *national homeland* die geographische Dimension des russischen und sowjetischen Imperiums akzentuiert. Die Aufwertung des Raumes für das Verständnis des Russischen Reiches zeigt sich in neuen Arbeiten zur Steppengrenze, zur Kolonisation der Randgebiete und zur mentalen Kartierung Eurasiens, besonders Sibiriens und des russischen Fernen Ostens (Bassin, Imperskij stroj, Khodarkovsky). Jüngere Studien konzentrierten sich auf die administrative Gliederung des Russischen Reiches und das nicht nationalen Kriterien folgende *mental mapping* des Reiches durch die Zentrale. So hat der japanische Historiker Kimitaka Matsuzato für den Vorrang regionaler Kategorien gegenüber ethno-nationalen Erklärungsmustern plädiert. Der *spatial turn*, die stärkere Einbeziehung des Faktors Raum, kann zwar nicht als exklusiver Erklärungsansatz dienen, erweitert und schärft aber den Blick auf das Vielvölkerreich Rußland.

5.

Der in den Geisteswissenschaften viel diskutierte *postcolonial turn* hat sich in neueren Arbeiten zum Vielvölkerreich Rußland ebenfalls niedergeschlagen. In Übertragung und kritischer Weiterentwicklung des einflußreichen Orientalismus-Konzepts Edward Saids haben HistorikerInnen und IslamwissenschaftlerInnen eine ganze Reihe bemerkenswerter Forschungsbeiträge geleistet. Die wichtigsten Impulse gingen von einem 1997 publizierten Sammelband (Brower, Lazzerini) aus. Diese Arbeiten lösten sich von dem hergebrachten Blick aus dem russischen Zentrum auf die Peripherien und erklärten die Entwicklung der von Muslimen bewohnten Randregionen nicht nur als Übernahme europäischer Muster, sondern betonten autochthone kulturelle Wurzeln, endogenen Wandel und spezifische Formen antikolonialen Widerstandes (Brower, David-Fox u. a.). In diesen Zusammenhang gehören einige Arbeiten zum Kaukasus- und Ukrainediskurs der russischen schönen Literatur. Die Frage eines russischen Kolonialismus, die im Rahmen von Imperienvergleichen zu erörtern wäre, ist allerdings bis heute nicht vertieft untersucht worden.

Andere aktuelle Ansätze der «neuen Kulturgeschichte» sind bisher meistens in Form von Aufsätzen, so in der erwähnten Zeitschrift *Ab Imperio* und in der amerikanischen Zeitschrift *Kritika. Explorations in Russian Eurasian History*, auf das Russische Imperium übertragen worden. Eine innovative Monographie widmet sich der Repräsentation imperialer Macht (Wortman). Noch immer wenig untersucht sind die Fragen imperialer Ideologien und Mythen und imperialer Erinnerungskulturen.

Ansätze der kulturellen Anthropologie sind fruchtbar angewandt worden auf die Erforschung tribaler Gesellschaften in der Steppe und im Gebirge.

6.

Die gewaltige Produktion an neuen wissenschaftlichen Arbeiten zur Geschichte des Vielvölkerreichs Rußland und seiner Nationalitäten und Regionen und die neuen methodischen Zugänge, die dabei angewandt werden, haben unser Wissen und unser Verständnis der Geschichte des Vielvölkerreichs Rußland erheblich vertieft und erweitert. Die politische Diversifizierung des postsowjetischen Raumes und die fachliche Spezialisierung haben zu einer Auffächerung der Disziplinen und Forschungsfelder geführt, die noch in vollem Gange ist. Es ist immer schwieriger geworden, sich umfassend zu orientieren. Ein Gesamtüberblick über die Geschichte des russischen Imperiums zu schreiben war schon vor 16 Jahren vermessen. Er wäre heute von einem Einzelnen kaum mehr zu leisten.

So ist es wohl kein Zufall, daß meinem «Rußland als Vielvölkerreich» bisher weder in Rußland noch in einem anderen Land eine weitere Gesamtdarstellung mit diesem weiten Fokus gefolgt ist. Mangels Alternativen hat man das Buch in mehrere Sprachen (Französisch, Russisch, Englisch, Ukrainisch und Italienisch) übersetzt. Diese Tatsache und die freundliche Aufnahme, die das Buch in Fachwelt und Öffentlichkeit gefunden hat, mögen seine Neuauflage rechtfertigen. Der Text ist nicht verändert worden. Um die skizzierten neueren Forschungstendenzen zu berücksichtigen, hätte er völlig neu geschrieben werden müssen. Trotz aller Ergänzungen, Vertiefungen und Korrekturen halte ich das Konzept und die Interpretationen des Buches weiter für tragfähig. Als Orientierung über eine nach wie vor wenig bekannte Welt und als Ergänzung zu den nach wie vor stark zentralistisch und national-russisch ausgerichteten Gesamtdarstellungen der Geschichte Rußlands kann es vielleicht seinen Zweck weiter erfüllen.

Anhang

Tabellen

Tabelle 1: Die Ethnien des Russischen Reiches nach Sprachgruppen (um 1900)

A. Indoeuropäische Sprachen	
1. Slawische Sprachen	
– Ostslawen	Russen, Ukrainer, Weißrussen
– Westslawen	Polen
– Südslawen	Bulgaren
2. Baltische Sprachen	Litauer, Letten
3. Iranische Sprachen	Tadschiken, Osseten, Kurden, Zigeuner
4. Armenisch	Armenier
5. Romanische Sprachen	Rumänen (Moldauer)
6. Germanische Sprachen	Deutsche, Juden (Jiddisch), Schweden
B. Uralische Sprachen	
1. Finnische Sprachen	Finnen, Esten, Mordwinen, Wotjaken (Udmurten), Tscheremissen (Mari), Syrjänen (Komi und Komi-Permjaken), Karelier, Ischoren (Ingrier), Wepsen, Lappen
2. Ugrische Sprachen	Ostjaken (Chanty), Wogulen (Mansi)
3. Samojedische Sprachen	Samojeden (Nenzen u. a.)
C. Altaische Sprachen	
1. Turko-tatarische Sprachen	Tschuwaschen; Aserbaidschaner, Turkmenen, Türken, Gagausen; Kasachen, Karakalpaken, Tataren, Baschkiren, Nogaier, Kumyken, Balkaren, Karatschaier; Usbeken («Sarten»), Kirgisen; Ujguren, Chakassen, Schorzen, Jakuten, Altaier.
2. Mongolische Sprachen	Burjäten, Kalmücken
3. Mandschurisch-tungusische Sprachen	Tungusen (Ewenken) usw.
D. Kaukasische Sprachen	
1. Südgruppe	Georgier, Mingrelier, Swanen, Adscharen
2. Nordwestgruppe	Kabardiner, Tscherkessen (mit Adygei), Abchasen
3. Nordostgruppe	Tschetschenen, Inguschen
4. Dagestanische Gruppe	Awaren, Lesgier, Darginer, Laken usw.
E. Paläoasiatische Gruppe	Tschuktschen, Korjaken, Jukagiren usw.

Tabelle 2: Die ethnischen Gruppen des Russischen Reiches nach Religionen (um 1900)

A. Christentum	
1. Russisch-orthodoxe Kirche:	Russen, Ukrainer (Mehrheit), Weißrussen (Mehrheit), Rumänen (Moldauer), Bulgaren, Griechen; Georgier; Tschuwaschen, Mordwinen, Tscheremissen (Mehrheit), Wotjaken, Karelier, Ischoren, Wepsen, Lappen, Syrjänen, Wogulen, Ostjaken, Samojeden (Mehrheit), Jakuten, Chakassen, Schorzen, Altaier, Osseten (Mehrheit), Gagausen, Zigeuner
2. Katholische Kirche:	Polen, Litauer, Deutsche (Teil), Weißrussen (Teil)
– Unierte Kirche:	Ukrainer (Teil), Weißrussen (Teil), Armenier (Teil)
3. Protestanten	Finnen, Esten, Letten, Deutsche (Mehrheit), Schweden
4. Armenisch-Gregorianische Kirche:	Armenier
B. Judentum	Juden, Karaim, Taten
C. Islam	
1. Sunniten	Tataren, Aserbaidschaner (Teil), Kasachen, Usbeken, Tadschiken, Turkmenen, Kirgisen, Karakalpaken, Ujguren, Baschkiren, Nogaier, Kumyken, Tschetschenen, Inguschen, Kabardiner, Tscherkessen, Abchasen, Awaren, Lesgier, Darginer, Laken, Karatschaier, Balkaren
2. Schiiten	Aserbaidschaner (Mehrheit)
D. Buddhismus (Lamaismus)	Burjäten, Kalmücken
E. Naturreligionen	Zahlreiche Ethnien des Nordens und Sibiriens (z. T. nominell russisch-orthodox) wie die Tungusen, Tschuktschen, Samojeden usw.

Tabelle 3: Ethnische Gruppen des Russischen Reiches und der Sowjetunion (in den jeweiligen Grenzen)[1]

	1719		1897		1989	
	in 1000	%	in 1000	%	in 1000	%
Total	15764,8	100,00	125640,0	100,00	285743	100,00
Russen	11127,5	70,58	55667,5	44,31	145155	50,80
Ukrainer	2025,8	12,85	22380,6	17,81	44186	15,46
Weißrussen	382,7	2,43	5885,6	4,68	10036	3,51
Ostslawen	13536,0	85,86	83933,7	66,80	199377	69,77
Karelier	80,9	0,51	208,1	0,17	131	0,05
Ischoren	14,6	0,09	*13,8*	0,01	0,8	0,00
Wepsen	8,3	0,05	25,8	0,02	13	0,00
Lappen	1,5	0,01	1,8	0,00	1,9	0,00
Syrjänen[2]	50,6	0,32	258,3	0,20	497	0,17
Samojeden	6,0	0,04	15,9	0,01	35	0,01
Norden	161,9	1,03	523,7	0,42	678,7	0,24
Wolgatataren	293,1	1,86	*1834,2*	1,46	*6649*	2,33
Tschuwaschen	217,9	1,38	843,8	0,67	1842	0,64
Mordwinen	107,4	0,68	1023,8	0,81	1154	0,40
Tscheremissen	61,9	0,39	375,4	0,30	671	0,23
Wotjaken	48,1	0,31	420,8	0,33	747	0,26
Baschkiren	171,9	1,09	*1321,4*	1,05	1449	0,51
Teptjaren	22,6	0,14	117,8	0,09	—	—
Wolga/Ural	922,9	5,85	5937,2	4,73	12512	4,37
Sibirische Tataren	15,3	0,10	*50,0*	0,04	?	
Ostjaken	16,7	0,11	19,7	0,02	23	0,01
Wogulen	2,0	0,01	7,7	0,01	8,5	0,00
Chakassen u. a.	13,1	0,08	37,7	0,03	80	0,03
Schorzen			12,0	0,01	17	0,01
Altaier			*40,0*	0,03	71	0,02
Burjäten	47,8	0,30	288,7	0,23	421	0,15
Tungusen	17,7	0,11	65,5	0,05	47	0,02
Jakuten	35,2	0,22	227,4	0,18	382	0,13
Tschuktschen			11,8	0,01	15	0,01
Übrige	7,9	0,05	21,6	0,02	244	0,09
Sibirien	155,7	0,99	782,1	0,62	1308,5	0,46
Kalmücken	*200,0*	1,27	190,6	0,15	174	0,06
Nogaier	113,6	0,72	64,1	0,05	75	0,03
Krimtataren	—	—	*220,0*	0,18	272	0,10
Steppe	313,6	1,99	474,7	0,38	521	0,19

	1719		1897		1989	
	in 1000	%	in 1000	%	in 1000	%
Total	15764,8	100,00	125640,0	100,00	285743	100,00
Esten	309,2	1,96	1002,7	0,80	1027	0,36
Letten	162,2	1,03	1435,3	1,14	1459	0,51
Finnen	164,2	1,04	143,1[3]	0,11	67	0,02
Schweden	8,0	0,05	14,2[4]	0,01		
Polen			*7931,3*	6,31	1126	0,39
Litauer			1659,1[5]	1,32	3067	1,07
Juden			5063,2	4,03	1449	0,51
Rumänen (Moldauer)			1121,7	0,89	3498	1,22
Bulgaren			172,5	0,14	373	0,13
Gagausen			55,8	0,04	198	0,07
Westen	643,6	4,08	18598,9	14,81	12264	4,29
Georgier			1352,5	1,08	3981	1,39
Armenier			1173,1	0,93	4623	1,62
Aserbaidschaner			*1440*	1,15	6770	2,37
Kurden			99,9	0,08	152	0,05
Abchasen			72,1	0,06	105	0,04
Übrige			302,2	0,24	50	0,02
Transkaukasien			4439,8	3,53	15681	5,49
Tschetschenen			226,5	0,18	957	0,33
Awaren			212,7	0,17	601	0,21
Osseten			171,7	0,14	598	0,21
Lesgier			159,2	0,13	466	0,16
Kabardiner			98,6	0,08	391	0,14
Darginer			130,2	0,10	365	0,13
Kumyken			83,4	0,07	282	0,10
Inguschen			47,4	0,04	237	0,08
Laken + Tabasaranen			90,8	0,07	216	0,08
Tscherkessen			44,7	0,04	177[6]	0,06
Karatschaier			27,2	0,02	156	0,05
Balkaren			27,1	0,02	85	0,03
Übrige			1,6	0,00	104	0,04
Kaukasus			1321,1	1,05	4635	1,62
Kasachen			*3881,8*[7]	3,09	8136	2,85
Kirgisen			*634,8*	0,51	2529	0,89
Usbeken			*1800*[8]	1,43	16698	5,84
Tadschiken			350,4	0,28	4215	1,48
Turkmenen			281,4	0,22	2729	0,96
Karakalpaken			104,3	0,08	424	0,15
Ujguren			100	0,08	263	0,09
Übrige					112	0,04
Mittelasien			7152,8	5,69	35106	12,29

	1719		1897		1989	
	in 1000	%	in 1000	%	in 1000	%
Total	15764,8	100,00	125640,0	100,00	285743	100,00
Deutsche	31,1	0,20	1790,5	1,43	2039	0,71
Griechen			186,9	0,15	358	0,13
Zigeuner			44,5[9]	0,04	262	0,09
Koreaner			26,0	0,02	439	0,15
Übrige			*334*	0,27	340	0,12
Diaspora-Gruppen			2470,9	1,91	3438	1,20

[1] Zahlen für 1719 nach Kabuzan (1990); für 1897 (ohne das Großfürstentum Finnland, das Emirat von Buchara und das Khanat von Chiva) nach: Die Nationalitäten (1991), Bd. 2; für 1989: Narodnoe chozjajstvo SSSR v 1989 g. Statističeskij ežegodnik. Moskau 1990, S. 30–33. – Unsicher belegt sind die Zahlen für 1719 und die in Kursivschrift wiedergegebenen Zahlen der anderen beiden Zählungen. – Vgl. zu den einzelnen ethnischen Gruppen auch Mark (1989).

[2] Mit Permjaken.

[3] Ohne das Großfürstentum Finnland, wo um 1900 etwa 2,2 Millionen Finnen lebten, was etwa 1,75 %, zusammen mit den Finnen außerhalb des Großfürstentums etwa 1,83 % der Bevölkerung des Russischen Reiches ausmachte (Kasteljanskij, 1910, S. 627).

[4] Ohne die Schweden im Großfürstentum Finnland, die um 1897 etwa 300000, also etwa 0,24 % der Gesamtbevölkerung des Reiches (mit Finnland) ausmachten.

[5] Mit den Schemaitisch-Sprachigen

[6] Adygei und Tscherkessen.

[7] 1897 sind Kasachen und Kirgisen teilweise nicht unterschieden worden. Die Zahlen nach Bekmachanova (1986), S. 175, 182.

[8] Usbeken und Sarten.

[9] Die Zahl der Zigeuner war 1897 in Wirklichkeit viel höher, da in der Volkszählung nur die Personen erfaßt wurden, die als Muttersprache Roma angaben.

Tabelle 4: Urbanisierungsgrad einzelner Ethnien des Russischen Reiches 1897 (in % der Gesamtzahl der ethnischen Gruppe)[1]

Russisches Reich	*13,4*		
Juden	49,42	Rumänien	5,72
Tadschiken	29,50	Ukrainer	5,61
Deutsche	23,38	Litauer	3,16
Armenier	23,25	Weißrussen	2,91
Sarten	21,06	Kaukas. Bergvölker	1,96
Polen	18,35	Jakuten	1,71
Griechen	17,99	Karelier	1,34
Letten	16,05	Kasachen	1,17
Russen	15,85	Baschkiren	1,05
Esten	13,92	Ethnien Mittl. Wolga	0,92
Usbeken	12,63	Burjäten	0,71
Tataren und Aserbaidschaner	11,29	Kalmücken	0,66
Georgier	9,41	Tungusen	0,29
Bulgaren	8,32	Tschuktschen	0,07

[1] Daten nach: Die Nationalitäten (1991), Bd. 2.

Tabelle 5: Die ethnische Zusammensetzung der Großstädte des Russischen Reiches 1897[1]

Stadt	Einwohner (in 1000)	Russen %	Ukrainer %	Polen %	Juden %	Deutsche %	Armenier %	Muslime %	Übrige %	
Petersburg	1264	86,5	0,4	2,9	1,0	4,0	0,1	0,4	1,7	Finnen
Moskau	1039	95,0	0,4	0,9	0,5	1,7	0,2	0,5	0,2	Franzosen
Warschau	684	7,3	1,3	61,7	27,1	1,7	0,0	0,1	0,2	Rumänen
Odessa	404	49,1	9,4	4,3	30,8	2,5	0,4	0,5	1,3	Griechen
Łódź	314	2,2	0,1	46,4	29,4	21,4	0,0	0,0	–	
Riga	282	15,8	0,1	4,8	6,0	23,8	0,0	0,2	45,0	Letten
Kiev	248	54,2	22,2	6,7	12,1	1,8	0,0	0,8	1,1	Weißrussen
Char'kov	174	63,2	25,9	2,3	5,7	1,4	0,3	0,5	0,4	Weißrussen
Tiflis	160	28,1	1,7	2,6	1,8	1,8	29,5	5,4	26,4	Georgier
Taškent	156	9,6	1,7	1,4	0,9	0,4	0,0	85,8	–	
Wilna	155	20,0	0,3	30,9	40,0	1,4	0,0	0,5	2,0	Litauer
Saratov	137	88,8	0,9	1,3	0,9	6,1	0,0	1,3	0,3	Mordwinen
Kazan'	130	73,4	0,5	1,1	1,0	0,8	0,0	22,0	0,4	Tschuwaschen
Rostov	119	79,2	4,7	1,2	9,4	1,0	1,9	1,1	0,6	Griechen
Tula	115	95,9	0,8	0,6	2,0	0,4	0,0	0,1	0,1	Weißrussen
Astrachan'	113	76,7	0,4	0,6	1,9	1,4	3,6	14,8	0,1	Mordwinen
Ekaterinoslav	113	41,8	15,8	3,0	35,4	1,3	0,0	0,8	1,2	Weißrussen
Baku	112	33,4	0,8	0,8	1,7	2,2	17,1	40,6	0,9	Georgier
Kišinev	108	27,0	3,1	3,0	45,9	1,2	0,3	0,2	17,6	Rumänen

[1] Daten nach: Die Nationalitäten (1991), Bd. 2.

Tabelle 6: Wichtige ethnische Gruppen des Russischen Reiches nach ausgewählten Ständen (1897, in Prozent der Gesamtzahl der Gruppe)[1]

	Erbl. Adel	Pers. Adel	Klerus christ	Kaufl. + Ehrb.	Meščane	Bauern	Kosaken	inorodcy	Ausländer
Gesamtbevölkerung	0,97	0,50	0,47	0,49	10,66	77,13	2,33	6,60	0,51
Russen	0,87	0,84	0,82	0,73	8,24	83,71	4,15	0,04	0,53
Ukrainer	0,30	0,16	0,26	0,19	5,69	90,94	2,21	0,00	0,07
Weißrussen	1,50	0,16	0,17	0,10	5,73	92,16	0,06	0,00	0,02
Polen	4,41	0,78	0,04	0,11	15,28	77,70	0,00	0,00	1,45
Litauer	2,41	0,08	0,04	0,00	3,95	93,34	0,00	0,00	0,09
Letten	0,03	0,08	0,02	0,08	4,70	94,86	0,00	0,00	0,05
Esten	0,03	0,05	0,04	0,06	4,38	95,01	0,00	0,00	0,05
Deutsche	1,39	0,96	0,14	1,49	18,12	70,72	0,01	0,00	6,77
Juden	0,00	0,07	0,00	1,54	94,16	3,90	0,00	0,01	0,13
Griechen	0,37	0,30	0,83	0,73	6,94	65,23	0,02	0,02	25,32
Rumänen	0,26	0,17	0,58	1,13	8,02	89,29	0,01	0,00	0,40
Georgier	5,29	1,04	2,18	0,38	3,55	87,33	0,05	0,00	0,09
Armenier	0,83	0,55	1,30	1,68	15,00	76,06	0,01	0,00	4,45
Kaukas. Bergvölker	0,58	0,20	0,04	0,03	0,29	92,65	0,30	5,78	0,04
Tataren + Aserb.	1,60	0,09	0,03	0,17	7,28	83,29	1,17	4,73	1,36
Ethnien Mittl. Wolga	0,00	0,00	0,02	0,00	0,52	99,03	0,38	0,00	0,00
Ethnien Ural	0,07	0,03	0,00	0,12	0,17	99,50	0,07	0,04	0,00
Kalmücken	0,01	0,02	0,00	1,21	0,15	0,36	15,23	83,01	0,00
Ethnien Mittelasiens	0,03	0,01	0,00	0,01	0,14	0,67	0,02	98,92	0,19
Ethnien Sibiriens	0,02	0,01	0,01	0,04	0,06	0,50	3,91	95,38	0,01

[1] Daten nach: Die Nationalitäten (1991), Bd. 2.
Die aufgeführten Standeskategorien, immer mit Familienangehörigen (vgl. dazu: Die Nationalitäten (1991), Bd. 1, S. 392–429):
– Erbl(icher) und pers(önlicher) Adel – Klerus christ: Geistliche christlicher Konfessionen – Kaufl. + Ehrb.: Kaufleute (kupcy), erbliche und persönliche Ehrenbürger
– Außerdem Meščane (Kleinbürger), Bauern, Kosaken (Heereskosaken), inorodcy (Fremdstämmige) und Ausländer.
Zusammensetzung der in den Tabellen 7 bis 9 angeführten, mehrere Sprachen zusammenfassenden Sprachgruppen:
– Kaukas. Bergvölker: Osseten, Lesgier, Awaren, Tschetschenen, Inguschen, Tscherkessen, Kabardiner, Abchasen, Kumyken, Nogaier usw. – Ethnien Mittl. Wolga: Tscheremissen, Tschuwaschen, Mordwinen, Wotjaken – Ethnien Ural: Baschkiren, Teptjaren, Mischaren – Ethnien Mittelasiens: Tadschiken, Turkmenen, Kasachen, Kirgisen, Usbeken, Sarten, Karakalpaken, Ujguren usw. – Ethnien Sibiriens: Jakuten, Burjäten, Wogulen, Ostjaken, Samojeden usw.

Tabelle 7: Ethnische Gruppen des Russischen Reiches nach ausgewählten Berufsgruppen 1897 (mit Familienangehörigen, in % der Gesamtzahl der Ethnie)[1]

	Agrarwesen	Verarbeitung	Handel	Dienstleistung	Dienstboten	Freie Berufe	Rentiers	Verwaltung	Militär	Kirche
Gesamtbevölkerung	74,6	9,5	3,3	2,2	4,6	0,7	1,2	0,8	1,0	0,6
Russen	71,6	11,0	2,5	2,9	4,4	0,8	1,3	1,1	1,4	0,9
Ukrainer	87,2	4,8	0,7	1,0	3,5	0,2	0,4	0,4	0,8	0,3
Weißrussen	90,9	2,8	0,2	0,9	2,8	0,2	0,5	0,4	0,5	0,5
Polen	63,0	13,0	1,3	2,8	12,0	0,9	2,5	1,2	1,2	0,3
Litauer	85,8	4,1	0,3	0,9	5,6	0,1	0,7	0,4	0,4	0,3
Letten	69,4	13,3	1,2	2,8	8,2	0,6	1,2	0,7	0,5	0,1
Esten	68,3	13,5	1,4	2,8	8,7	0,6	1,4	0,7	0,5	0,1
Deutsche	57,7	20,9	3,3	2,4	6,3	2,3	3,5	1,0	1,0	0,3
Juden	3,8	34,5	36,7	6,5	6,6	3,3	3,4	0,2	1,1	1,8
Griechen	73,0	9,0	6,7	3,2	2,9	0,5	1,7	0,4	0,4	0,7
Rumänen	92,9	1,9	0,3	0,4	1,9	0,1	0,3	0,2	0,7	0,5
Georgier	82,5	4,0	1,9	2,1	3,3	0,3	2,6	0,6	0,5	1,0
Armenier	71,4	9,6	6,4	2,6	4,1	0,4	1,8	0,7	0,5	0,8
Kaukas. Bergvölker	89,3	3,2	0,7	0,4	3,2	0,1	0,5	0,4	0,2	0,3
Tataren + Aserb.	81,7	4,2	3,9	2,0	4,0	0,2	0,7	0,4	0,7	0,6
Ethnien Mittl. Wolga	97,4	0,6	0,1	0,1	0,5	0,1	0,1	0,1	0,3	0,1
Ethnien Ural	92,4	2,0	0,8	0,4	1,5	0,1	0,1	0,1	0,2	0,6
Kalmücken	71,2	1,1	0,3	0,2	23,4	0,1	0,2	0,3	0,1	1,2
Ethnien Mittelasiens	86,0	5,7	2,8	0,8	2,8	0,2	0,1	0,2	0,1	0,4
Ethnien Sibiriens	96,0	0,7	0,3	0,4	1,1	0,0	0,1	0,1	0,1	0,1

[1] Daten nach: Die Nationalitäten (1991), Bd. 2.
Die Berufsgruppen umfassen folgende Beschäftigungszweige (vgl. genauere Auflistung in: Die Nationalitäten (1991), Bd. 2, S. 26–29; Bd. 1, S. 466–488):
– Agrarwesen: Landwirtschaft, Bienen- und Seidenraupenzucht, Viehzucht, Forstwirtschaft, Fischfang und Jagd. – Verarbeitung von Metall, tierischen Produkten, Holz, Textilien usw. – Handel: Alle Arten von Handel und Kreditwesen. – Dienstleistung: Transport, Post, Gaststätten, usw. – Dienstboten – Freie Berufe: Tätigkeit als private Juristen, im Gesundheitswesen, im Unterrichtswesen, in Wissenschaft und Kunst. – Rentiers: Von Erträgen aus Kapital und Immobilien oder aus Mitteln der Eltern und Verwandten Lebende. – Verwaltung: Verwaltung, Gericht, Polizei, öffentlicher und ständischer Dienst. – Militär: Streitkräfte.
– Kirche: Christlicher und nichtchristlicher Gottesdienst, Amtspersonen bei Kirchen usw.
Für die Zusammenfassung der ethnischen Gruppen vgl. Tabelle 6, Anm. 1.

Tabelle 8: Ethnische Gruppen des Russischen Reiches nach ausgewählten Berufsgruppen 1897 (in Prozent der berufstätigen Personen der Ethnie, ohne Familienangehörige)[1]

	Agrarwesen	Verarbeitung	Handel	Dienstleistung	Dienstboten	Freie Berufe	Rentiers	Verwaltung	Militär	Kirche
Gesamtbevölkerung	54,9	15,0	3,8	3,3	10,0	1,1	2,0	1,0	3,4	0,9
Russen	47,3	18,3	3,2	4,4	10,3	1,4	2,4	1,4	4,3	1,3
Ukrainer	73,1	7,3	1,0	1,6	9,0	0,5	0,8	0,6	3,4	0,5
Weißrussen	77,8	5,3	0,4	1,7	7,3	0,5	0,9	0,6	2,2	0,3
Polen	48,6	15,8	1,4	3,0	17,9	1,3	3,3	1,2	3,5	0,4
Litauer	73,7	6,6	0,4	1,3	10,5	0,3	1,1	0,5	1,2	0,4
Letten	58,4	15,6	1,4	3,1	12,2	0,8	2,0	0,7	1,4	0,1
Esten	56,4	17,4	1,5	3,0	12,6	0,7	2,1	0,7	1,2	0,1
Deutsche	39,0	25,0	4,0	2,8	11,7	3,8	5,8	1,0	2,9	0,3
Juden	2,7	35,4	29,6	5,1	11,5	3,2	3,8	0,2	3,5	1,3
Griechen	50,1	15,4	11,7	5,8	6,9	1,0	3,0	0,6	1,5	0,8
Rumänen	82,4	3,2	0,5	0,8	5,2	0,3	0,8	0,3	3,2	1,1
Georgier	66,2	7,7	2,8	4,2	8,3	0,6	3,6	0,9	1,6	1,1
Armenier	48,1	16,4	9,6	4,7	9,0	0,9	3,2	1,1	1,9	1,0
Kaukas. Bergvölker	80,7	5,2	0,9	0,6	5,3	0,2	1,1	0,6	0,7	0,3
Tataren + Aserb.	67,2	7,2	5,1	3,0	7,6	0,4	1,0	0,5	3,1	0,6
Ethnien Mittl. Wolga	90,6	1,7	0,3	0,4	1,6	0,2	0,4	0,3	1,4	0,5
Ethnien Ural	83,7	3,1	0,9	0,6	2,8	0,2	0,3	0,1	1,1	0,7
Ethnien Mittelasiens	74,9	11,4	3,5	1,2	5,4	0,3	0,3	0,2	0,5	0,5
Ethnien Sibiriens	90,2	1,5	0,4	0,7	3,0	0,1	0,3	0,1	0,2	0,2

[1] Daten nach: Die Nationalitäten (1991), Bd. 2
Zu den Berufsgruppen vgl. Tabelle 7, Anm. 1, zu den Zusammenfassungen der Sprachgruppen Tabelle 6, Anm. 1.

Tabelle 9: Bildungsgrad der wichtigsten ethnischen Gruppen des Reiches 1897 (Personen älter als 10 Jahre, in % aller über Zehnjährigen)[1]

	lesefähig			mehr als Elementarschule		
	insges.	männl.	weibl.	insges.	männl.	weibl.
Gesamtbevölkerung	27,7	38,6	17,0	1,51	1,87	1,14
Russen	29,3	44,9	14,7	2,28	2,80	1,78
Ukrainer	18,9	32,4	5,3	0,36	0,47	0,25
Weißrussen	20,3	31,0	9,8	0,49	0,83	0,15
Polen	41,8	44,7	38,9	2,77	3,96	1,60
Litauer	48,4	49,3	47,6	0,27	0,54	0,02
Letten	85,0	84,8	85,3	0,63	1,13	0,17
Esten	94,1	93,8	94,4	0,59	0,98	0,23
Deutsche	78,5	79,7	77,3	6,37	7,51	5,26
Juden	50,1	64,6	36,6	1,20	1,18	1,22
Griechen	36,7	51,8	17,7	2,10	2,66	1,39
Bulgaren	29,8	47,7	10,5	1,26	1,40	1,10
Rumänen	8,8	15,1	2,2	0,43	0,55	0,30
Georgier	19,5	23,9	14,6	1,45	2,19	0,64
Armenier	18,3	25,7	9,8	2,27	3,07	1,35
Kaukas. Bergvölker	7,1	12,2	1,8	0,13	0,23	0,02
Tataren u. Aserb.	16,5	19,1	13,5	0,12	0,16	0,07
Ethnien Mittl. Wolga	9,8	18,1	1,8	0,04	0,07	0,01
Ethnien Ural	26,2	30,3	21,8	0,01	0,02	0,00
Kalmücken	4,1	7,6	0,3	0,03	0,05	0,00
Ethnien Mittelasiens	3,4	5,7	0,7	0,02	0,03	0,01
Ethnien Sibiriens	5,0	9,3	0,6	0,05	0,09	0,01

[1] Daten nach: Die Nationalitäten (1991), Bd. 2.
Die Kategorie «lesefähig» faßt die Personen zusammen, die als lesefähig in der russischen oder einer anderen Sprache erfaßt wurden, zuzüglich die Personen, die mehr als Elementarschulbildung (auch nicht abgeschlossene) genossen hatten. Die letzteren werden in der Kategorie «mehr als Elementarschule» erfaßt.
Zu den Zusammenfassungen der Sprachkategorien vgl. Tabelle 6, Anm. 1.

Zeittafel

* Alle Daten nach dem in Rußland bis 1918 geltenden Julianischen Kalender.

Vgl. die ausführliche Zusammenstellung von Edgar Hösch und Hans-Jürgen Grabmüller: Daten der russischen Geschichte. München 1981; dies.: Daten der sowjetischen Geschichte. München 1981.

1462–1505 Ivan III.

1478	Unterwerfung Novgorods durch Moskau
1480	Formelles Ende der mongolisch-tatarischen Herrschaft über das Moskauer Reich
1500–1503	Eroberung der zu Litauen gehörenden «severischen Fürstentümer» mit Černigov durch Moskau

1505–1533 Vasilij III.

1514	Eroberung von Smolensk durch den Moskauer Großfürsten

1533–1584 Ivan IV. Groznyj («der Schreckliche»)

1551	Begründung von Svijažsk und Angliederung der rechts der Wolga gelegenen Gebiete des Khanats von Kazan' an den Moskauer Staat
1552	Eroberung von Kazan' und Annexion des gesamten Khanats durch Moskau
1553–1557	Widerstandskrieg der Bevölkerung des Khanats von Kazan'
1556	Annexion des Khanats von Astrachan'
1557	Lockeres Protektorat über die Große Nogai-Horde
1558–1582/83	Livländischer Krieg: Vorübergehende Eroberung von Teilen Livlands und Litauens, dann Niederlage Moskaus gegen Polen-Litauen und Schweden
1570–1572, 1581–1584	Aufstände der Tscheremissen und Tataren gegen die Moskauer Herrschaft
1579–1582	Feldzug Jermaks gegen das Khanat von Sibir', Beginn der Eroberung Sibiriens

1584–1598 Fedor Ivanovič

1586	Begründung der Festung Ufa im Ural
1586/87	Begründung erster russischer Stützpunkte in Westsibirien: Tobol'sk, Tjumen'

1598–1605 Boris Godunov

1598/1605–1613	Bürgerkrieg (Smuta)
1610	Besetzung Moskaus durch polnische Truppen und Erhebung des polnischen Prinzen Władysław zum Zaren
1611	Eroberung von Smolensk durch Polen-Litauen

1613–1645 Michail Romanov

1617	Frieden von Stolbovo: Ostkarelien und Ingermanland an Schweden
1618	Waffenstillstand von Deulino: Smolensk und «severische Fürstentümer» an Polen-Litauen
1619–1648	Vorstoß über Jenissei und Lena bis an den Pazifik: 1632 Jakutsk, 1648 Ochotsk
1637	Einrichtung des Sibirskij Prikaz

1645–1676 Aleksej Michajlovič

1648/49	Erhebung der von den Dnepr-Kosaken unter Bohdan Chmel'nyc'kyj angeführten Ukrainer gegen Polen-Litauen
1652/61	Begründung der Festung Irkutsk
1654	Vereinbarung von Perejaslav und Moskau zwischen den Dnepr-Kosaken und dem Zaren: Moskauer Protektorat über die Ukraine
1654–1667	(Zweiter) Nordischer Krieg
1654	Russische Eroberung von Smolensk, Schaffung eines Smolensker Zentralamtes
1655	Militärallianz Moskaus mit den Kalmücken
1663	Begründung des Malorossijskij Prikaz (Kleinrussische Kanzlei)
1667	Waffenstillstand von Andrusovo: Teilung der Ukraine, das linksufrige Hetmanat mit Kiev fällt an Rußland, ebenso Smolensk
1670/71	Volksaufstand unter der Führung von Stepan Razin

1676–1682 Fedor Alekseevič

1682–1689 Ivan und Peter Alekseevič

1685	Unterstellung des Metropoliten von Kiev unter das Moskauer Patriarchat
1687–1709	Hetman Mazepa in der Ukraine
1689	Vertrag von Nerčinsk zwischen dem Moskauer Staat und China

1689–1725 Peter I., der Große

1700–1721	(Dritter) Nordischer Krieg
1701	Das Kiever Kollegium wird zur Akademie umgewandelt
1703	Begründung von St. Petersburg
1709	Schlacht von Poltava
1710	Unterwerfung von Estland und Livland
1713/18	Deklassierung des muslimischen tatarischen Adels
1716/18	Begründung der Festungen Omsk und Semipalatinsk
1718–1724	Einführung der Kopfsteuer und der Kategorie der Staatsbauern
1719–22	1. Revision (Volkszählung)
1721	Frieden von Nystad
1722	Einführung der Rangtabelle
1722	Begründung des Malorossijskaja kollegija (Kleinrussisches Kollegium)
1722–23	Persienfeldzug Peters I., Eroberung von Teilen Aserbaidschans (russisch bis 1735)

1725–1727 Katharina I.

1727–1730 Peter II.

1730–1740 Anna (Ivanovna)

1731–1742	Treueide kasachischer Khane gegenüber Rußland
1734–1740	Endgültige Unterwerfung der Baschkiren, die heftigen Widerstand leisten

1740–1741 Ivan VI.

1740–1755	Aggressive Missionspolitik gegen Animisten und Muslime
1741	Bering erreicht mit einer Expedition die Küste Alaskas

1741–1761 Elisabeth

1743	Friede von Abo, neue Grenze zu Finnland
1755	Begründung der Universität Moskau

1761–1762 Peter III.

1762	Abschaffung der adligen Dienstpflicht

1762–1796 Katharina II.

1762/63	Manifeste zur Anwerbung ausländischer Kolonisten
1764	Abschaffung des Hetman-Amtes in der Ukraine
1764–1795	Stanisław August Poniatowski, letzter König Polen-Litauens
1765	Sloboda-Ukraine wird russische Provinz
1767–1773	Kommission für ein neues Gesetzbuch
1768	Festigung des russischen Einflusses in Polen-Litauen
1768–1774	Russisch-türkischer Krieg: Die Gebiete nördlich des Schwarzen Meeres fallen an Rußland
1771	Eroberung des Krimkhanats: Russisches Protektorat
1771	Auswanderung der Mehrheit der Kalmücken nach Zentralasien und Abschaffung des Khanats der Kalmücken
1772	Erste Teilung Polens
1773–75	Volksaufstand unter Führung von E. Pugačev
1775	Eroberung, Zerstörung und Auflösung der Zaporoher Sič'
1775	Erlaß einer neuen Gouvernementsordnung
1783/85	Übertragung russischer Verwaltungsreformen auf die Ostseeprovinzen (1796 zum Teil wieder rückgängig gemacht)
1783	Russisches Protektorat über das ostgeorgische Königreich im Vertrag von Georgievsk
1783	Annexion des Khanats der Krimtataren
1784	Inbesitznahme der Insel Kodjak vor Alaska
1784	Errichtung der Festung Vladikavkaz
1785–1791	Guerillakrieg der Tschetschenen und Dagestaner unter Scheich Mansur gegen Rußland
1785	Gnadenurkunden für den Adel und die Städte
1788	Schaffung der «Muselmanischen Geistlichen Versammlung» in Ufa
1791	Polnische Verfassung vom 3. Mai
1793	Zweite Teilung Polens
1794	Aufstand in Polen unter Führung von T. Kościuszko
1794	Einführung der doppelten Besteuerung der Juden
1795	Dritte Teilung Polens

1796–1801 Paul

1799 Begründung der Russisch-Amerikanischen Kompanie
1801 Annexion des Königreichs Georgien

1801–1825 Alexander I.

1802 Wiedereröffnung der Universität Dorpat
1803–05 Begründung der Universitäten Wilna, Kazan' und Char'kov
1803–1811 Russisches Protektorat über die Fürstentümer Westgeorgiens (endgültige Eingliederung bis 1857)
1804–1813 Russisch-iranischer Krieg, Eroberung der Khanate im nördlichen Aserbaidschan
1804 Erlaß eines Juden-Statuts
1807 Bauernbefreiung im Herzogtum Warschau
1808/09 Eroberung und Annexion Finnlands, das autonomes Großfürstentum im Rahmen Rußlands wird
1810 Annexion des Königreiches Imeretien
1811 Zwangsintegration der autokephalen georgischen Kirche in die russisch-orthodoxe Kirche
1812 Friede von Bukarest: Bessarabien, der nordöstliche Teil des Fürstentums Moldau fällt an Rußland
1812 Vereinigung des seit 1721 bzw. 1743 russischen «Alt-Finnlands» mit dem Großfürstentum Finnland
1812 Errichtung von Fort Ross in Kalifornien (bis 1841)
1812/13 Rußlandfeldzug Napoleons
1815 Wiener Kongreß, neue Teilung Polens: «Königreich Polen» mit Verfassung und weitgehender Autonomie im Russischen Reich
1816 Eröffnung der Universität Warschau (1831 geschlossen)
1816–19 Bauernbefreiung in Estland, Kurland und Livland
1818 Weitgehende Autonomie an Bessarabien
1818 Erster Sejm des Königreichs Polen von Alexander I. eröffnet
1822 Reform der sibirischen Verwaltung durch M. Speranskij; Statut über die Verwaltung der inorodcy
1822 Annexion der Mittleren Horde, 1824 der Kleinen Horde der Kasachen
1824 Begründung der Lettisch-Literärischen Gesellschaft

1825–1855 Nikolaus I.

1825 Dekabristenaufstand
1825–1846 Erhebung der Kasachen unter Führung von Kenisary Kasymov
1826–1828 Russisch-persischer Krieg, Eroberung der Khanate von Eriwan und Nachitschewan
1828 Wiederaufnahme der orthodoxen Mission im Osten des Reiches
1828 Beschneidung der autonomen Stellung Bessarabiens
1829–1864 Kaukasuskrieg
1830–31 Novemberaufstand in Polen
1831 Begründung der Finnischen Literarischen Gesellschaft
1832 «Organisches Statut des Königreichs Polen», Auflösung des Sejms und der polnischen Armee
1832 Aufstand in Georgien
1833 Erklärung des Ausnahmezustandes im Königreich Polen
1834 Einführung der russischen Sprache in Verwaltung, Gericht und Schulen der bis 1795 annektierten Gebiete Polen-Litauens

1834	Eröffnung der (russischen) Universität Kiev anstelle der 1832 geschlossenen (polnischen) Universität Wilna
1834–1859	Schamil Führer der Muriden, Begründer eines theokratischen Imamats und Anführer des antirussischen Widerstandes im Kaukasuskrieg
1836	Bestätigung der Eigenständigkeit und Privilegien der armenischen Kirche
1838	Begründung der Gelehrten Estnischen Gesellschaft
1839	Eingliederung der unierten Kirche (mit Ausnahme des Königreiches Polen) in die russisch-orthodoxe Kirche
1839	Gescheiterte russische Expedition gegen Chiwa
1840	Abschaffung des Litauischen Statuts in den «Westprovinzen»
1840	Erscheinen des Gedichtbandes «Kobzar» des ukrainischen Dichters T. Ševčenko
1845	Annexion der Inneren Horde, 1848 der Großen Horde der Kasachen
1845–47	Bewegung zur Konversion der Letten und Esten zur Orthodoxie
1846/47	National-ukrainische Gesellschaft der Heiligen Kyrill und Method in Kiev
1849	Neu-Entdeckung der Amurmündung durch Rußland
1849–1860	Zweite Etappe der Agrarreformen in den Ostseeprovinzen
1853–1856	Krimkrieg, Rußland verliert das südliche Bessarabien
1854	Errichtung der Festung Vernyj (heute Alma Ata)
1854	Begründung von Chabarovsk

1855–1881 Alexander II.

1856	Lockerung der russischen Polen-Politik
1858/60	«Ungleiche» Verträge von Aigun und Peking mit China legen den Grenzverlauf im Fernen Osten fest
1859	Endgültiger russischer Sieg über die nordkaukasischen gorcy unter Schamil
1860	Begründung von Vladivostok
1861	Manifest zur Bauernbefreiung: Aufhebung der Leibeigenschaft in Rußland
1861/62	Versuch einer «Reform von oben» unter A. Wielopolski im Königreich Polen
1863/64	Januaraufstand in Polen und Litauen
1863	Einberufung des finnischen Landtags
1863	Verbot des Unterrichts und des Drucks von Werken (außer der Belletristik) in ukrainischer Sprache; es folgen Druckverbote für das Weißrussische und das Litauische (in lateinischer Schrift)
1863–1890	Von N. I. Il'minskij initiierte Bemühungen, die Nichtchristen im Osten des Reiches mit Hilfe muttersprachlicher Schulen zu christianisieren
1864	Harte Repressionen gegenüber den Teilnehmern des Januaraufstandes; Beginn von Unterdrückungsmaßnahmen gegen die katholische Kirche und Klöster und gegen den Gebrauch der polnischen Sprache in Verwaltung und Schulen auch in Kongreßpolen
1864	Zemstvo-Reform in 34 Gouvernements
1864	Agrarreform in Kongreßpolen
1864	Justizreform
1864	Unterwerfung und Vertreibung der westkaukasischen Tscherkessen
1864	Erster Feldzug Oberst Černjaevs nach Mittelasien
1864–1870	Agrarreform in Transkaukasien

1865	Eroberung von Taschkent
1867	Verkauf Alaskas an die USA
1867	Schaffung des Generalgouvernements Turkestan
1868	Eroberung von Samarkand, Protektorat über das Emirat von Buchara
1868/69	Auseinandersetzung zwischen Jurij Samarin und Carl Schirren um die Stellung der Deutschbalten im Russischen Reich
1869	Aufstand der Kasachen der Kleinen Horde
1869	Begründung der russischen Universität Warschau
1870	Stadtreform
1871	Abschaffung der Sonderstellung der Kolonisten
1873	Russisches Protektorat über das Khanat von Chiva
1874	Einführung der allgemeinen Wehrpflicht im Russischen Reich
1875	Sachalin wird russisch
1875	Eingliederung von Cholm, der letzten unierten Diözese im Russischen Reich, in die russisch-orthodoxe Kirche
1876	Verschärfung der gegen die ukrainische Sprache gerichteten Maßnahmen im Zirkular von Ems
1876	Annexion des Khanats von Kokand
1877	Einführung der russischen Städteordnung in den Ostseeprovinzen
1877/78	Russisch-türkischer Krieg, die Gebiete von Kars, Ardahan, Batumi und das südliche Bessarabien fallen an Rußland
1878	Das Großfürstentum Finnland erhält eine weitgehend eigenständige Armee
1879	Russische Niederlage gegen die Tekke-Turkmenen
1881	Eroberung der turkmenischen Festung Gök-Tepe, Annexion Turkmenistans
1881	Im Vertrag von Petersburg verzichtet Rußland auf weite Teile des 1871 eroberten oberen Ili-Tales im chinesischen Sinkiang
1881	Ermordung Alexanders II.

1881–1894 Alexander III.

1881	Juden-Pogrome in der Ukraine und in Warschau
1881–1899	Bau der Transkaspischen Eisenbahn
1883	Begründung der litauischen Zeitschrift Aušra (Morgenröte)
1883	Begründung der Zeitschrift Terdschüman durch I. Gasprali
1884	Russische Besetzung von Merw
1885	Einführung der russischen Unterrichtssprache in den Elementarschulen des Königreichs Polen
1887	Einführung des Numerus clausus für Juden an Gymnasien und Hochschulen
1889	Übertragung der russischen Justizreform und Gerichtssprache auf die Ostseeprovinzen
1890	Begründung der Partei der Revolutionären Armenischen Föderalisten (Daschnaken)
1891	Statut über die Verwaltung der Steppengebiete
1891–1903	Bau der Transsibirischen Eisenbahn
1892	Begründung der Polnischen Sozialistischen Partei (PPS)
1892–1904	Unter Finanzminister Witte wird die Industrialisierung Rußlands forciert
1893	Umwandlung der deutschen Universität Dorpat in die russische Universität Jur'ev

1894–1917 Nikolaus II.	
1895	Pamir-Abkommen mit Großbritannien legt Grenze in Mittelasien fest
1896	Schließung der armenischen Kirchenschulen
1897	Erste allgemeine Volkszählung im Russischen Reich
1897	Begründung des «Bundes», des Allgemeinen jüdischen Arbeiterbundes in Litauen, Polen und Rußland
1898	Aufstand von Andischan
1899	Beschränkung der Autonomie Finnlands im Februarmanifest
1900	Begründung der Revolutionären Ukrainischen Partei (RUP), ab 1905 Ukrainische Sozial-Demokratische Arbeiterpartei
1901	Wehrpflichtgesetz in Finnland
1902	Begründung der Weißrussischen Revolutionären Hramada
1902–04	Bauernbewegung in der linksufrigen Ukraine und im georgischen Gurien
1903	Judenpogrom in Kišinev
1903	Konfiskation der Güter der armenischen Kirche
1903	Generalstreik in Baku
1904–05	Russisch-japanischer Krieg
1905, 9. 1.	«Blutsonntag» in Petersburg, Beginn der Revolution in Rußland, es folgen Massenstreiks und Demonstrationen in Polen, den «westlichen Gouvernements» und den Ostseeprovinzen
– März	Begründung des Bundes für die Gleichberechtigung der Juden
– 17. 4./1. 5.	Toleranzedikte mildern die Diskriminierung der nicht-christlichen Bekenntnisse
– 9.–11. 6.	Generalstreik und Barrikadenkämpfe in Łódź
– 14.–25. 6.	Meuterei auf dem Panzerkreuzer Potemkin und Unruhen in Odessa
– August	Erster Kongreß der Muslime in Nižnij Novgorod
– Oktober	Generalstreik in Rußland und Polen
– 17. 10.	Oktobermanifest des Zaren
– 18.–25. 10.	Judenpogrome im Westen des Reiches
– 22. 10.	Wiederherstellung der Autonomie Finnlands
– November	Lettische Konferenz der Dorf-Delegierten und All-Estnische Versammlung
– Dezember	Großer Landtag der Litauer in Wilna
– Dezember	Bewaffneter Aufstand in Moskau
1906, Januar	Zweiter Kongreß der Muslime in Petersburg, Begründung der Union der Muslime Rußlands (Ittifak)
– 20. 2.	Manifest zur Einberufung der Reichs-Duma
– 23. 4.	Oktroyierung der «Reichsgrundgesetze»
– 27. 4.–8. 7.	Tagungsperiode der 1. Duma
– 20. 6.	Parlamentsreform in Finnland
– 8. 11.	Agrargesetz Stolypins
1907, 20. 2.–2. 6.	Tagungsperiode der 2. Duma
1907	Reform des Wahlrechts in Finnland (Einführung des aktiven und passiven Wahlrechts der Frauen) und Wahlen zum Landtag
1907, 1. 11.–1912, 9. 6.	Tagungsperiode der 3. Duma
1910	Einführung der Reichsgesetzgebung in Finnland
1911	Ausweitung der Zemstvo-Reform auf sechs Gouvernements im Westen des Reiches
1911–13	Ritualmord-Prozeß gegen den Juden Bejlis in Kiev

1912	Ausgliederung des Gouvernements Cholm aus dem Königreich Polen
1914	Demonstrationen zum 100. Geburtstag von T. Ševčenko in der Ukraine
1914, Juli	Beginn des 1. Weltkriegs
1914, August	Russische Besetzung Ost-Galiziens (bis Juni 1915)
1915	Deutsche Offensive: Rußland verliert Litauen, Kurland, Polen und das westliche Weißrußland
1915	Aussiedlung von Deutschen, Polen und Juden aus den westlichen Grenzgebieten des Russischen Reiches
1916, Sommer	Aufstände in verschiedenen Regionen Mittelasiens
1916, November	Proklamierung des Königreichs Polen durch die Mittelmächte
1917, 23.–27. 2.	Februarrevolution
– 2. 3.	Proklamation der Provisorischen Regierung, Abdankung Nikolaus II.
– 4. 3.	Bildung der ukrainischen Zentral-Rada in Kiev
– 17. 3.	Anerkennung eines unabhängigen Polen durch die Provisorische Regierung
– 20. 3.	Aufhebung der diskriminierenden Ausnahmegesetzgebung, auch gegenüber inorodcy und Juden
– 1. 5.	Erster allrussischer Kongreß der Muslime in Moskau
– 10. 6.	Erklärung der Autonomie der Ukraine im 1. Universal der Ukrainischen Zentralen Rada
– Juli	Auflösung des finnischen Landtags, der sich zur höchsten Gewalt erklärt hatte, durch die Provisorische Regierung
– August/Sept.	Deutsche Offensive im Baltikum: Eroberung Rigas
– September	Kongreß der Völker Rußlands in Kiev
24.–26. 10.	Oktoberrevolution, Übernahme der Macht durch die Bolschewiki
– 2. 11.	Deklaration der Rechte der Völker Rußlands
– 7. 11.	Konstituierung der «Ukrainischen Volksrepublik» als Teil einer russischen Föderation
– November	Wahlen zur Konstituierenden Versammlung
– 23. 11./6. 12.	Erklärung der Selbständigkeit Finnlands, am 18. 12. anerkannt
– 12. 12.	Proklamation der Ukrainischen Sowjetrepublik in Char'kov
1918:	
– 5./6. 1.	Auflösung der Konstituierenden Versammlung
– 11. 1.	Unabhängigkeitserklärung der Ukraine durch die Zentrale Rada
– 16. 2.	Unabhängigkeitserklärung Litauens
– 24. 2.	Unabhängigkeitserklärung Estlands
– 3. 3.	Frieden von Brest-Litovsk zwischen der RSFSR und den Mittelmächten
– 22. 4.	Unabhängigkeitserklärung der Transkaukasischen Föderativen Republik
– 26.–28. 5.	Unabhängigkeitserklärung Georgiens, Armeniens und Aserbaidschans
– 10. 7.	Verfassung der Russischen Föderativen Sowjetrepublik (RSFSR)
– 7. 10.	Proklamation der Unabhängigkeit Polens
– 11. 11.	Ende des 1. Weltkriegs
– 18. 11.	Unabhängigkeitserklärung Lettlands
1921	Eroberung Georgiens durch die Rote Armee
1922 (30. 12.)	Begründung der Union der Sozialistischen Sowjetrepubliken (UdSSR)

1924	Eingliederung von Buchara und Chiwa (seit 1920 Volksrepubliken) in die Sowjetunion
ab 1921	Neue Ökonomische Politik, begleitet von korenizacija (Erhöhung des Anteils von Nichtrussen in Partei und Verwaltung) und liberaler Sprachpolitik
1929–1933	Erster Fünfjahrplan: Forcierte Industrialisierung, Zwangskollektivierung, Terror, Zwangsansiedlung der Nomaden
1933	Hungersnot, besonders in der Ukraine
1934	Proklamation des Sowjetpatriotismus
1936	Stalin-Verfassung mit 11 Sowjetrepubliken
1936-38	Terror der Großen Säuberungen
1939	Hitler-Stalin-Pakt, Annexion des östlichen Polens mit Ost-Galizien
1940	Annexion Litauens, Lettlands, Estlands und Bessarabiens
1941–45	«Großer Vaterländischer Krieg» gegen Deutschland
1941–1944	Deportation der Deutschen, Kalmücken, Krimtataren und mehrerer kaukasischer Ethnien nach Sowjet-Asien
1953	Tod Stalins
1956	XX. Parteitag der KPdSU, Lockerung der Nationalitätenpolitik
1972	Neue Verhärtung der Nationalitätenpolitik
1985	Einleitung der Perestrojka durch Gorbatschow
1986	Unruhen in Kasachstan
1988	Ausbruch nationaler Konflikte in Transkaukasien und im Baltikum und Ausbreitung nationaler Bewegungen auf die ganze Sowjetunion
1988–1990	Souveränitätserklärungen aller Sowjetrepubliken
1990, März	Unabhängigkeitserklärung Litauens
1991, April	Unabhängigkeitserklärung Georgiens
1991, August	Dem gescheiterten Umsturzversuch reaktionärer Kräfte in Moskau folgen Unabhängigkeitserklärungen aller Republiken und die Anerkennung der Unabhängigkeit Estlands, Lettlands und Litauens
1991, Ende Dezember	Auflösung der Sowjetunion, Begründung der «Gemeinschaft unabhängiger Staaten», Rücktritt Gorbatschows.
1988–1994	Armenisch-aserbaidschanischer Krieg um Berg-Karabach
1992	Bewaffneter Konflikt um das von der Republik Moldova abgefallene Transnistrien
1992/93	Bürgerkrieg zwischen Georgien und dem abgefallenen Abchasien
1992–1997	Bürgerkrieg in Tadschikistan
1993	Föderationsverfassung der Rußländischen Föderation
1994–1996	Erster Krieg Rußlands gegen Tschetschenien
31. 5. 1997	Unterzeichnung des Freundschaftsvertrags zwischen Rußland und der Ukraine
1998	Beginn der Beitrittsverhandlungen der Europäischen Gemeinschaft mit Estland
seit 1999	Zweiter Tschetschenienkrieg Rußlands
26. 1. 2000	Unionsvertrag zwischen Rußland und Weißrußland
26. 3. 2000	Vladimir Putin löst Boris Jelzin als Präsident Rußlands ab
2000	Beginn der Beitrittsverhandlungen der Europäischen Gemeinschaft mit Lettland und Litauen
2001, Juni	Begründung der Schanghaier Organisation für Zusammenarbeit zwischen China, Rußland, Usbekistan, Kasachstan, Kirgistan und Tadschikistan
2003, November	«Rosenrevolution» in Georgien

2004, März	Wiederwahl Vladimir Putins als Präsident der Rußländischen Föderation
2004, April/Mai	Beitritt Estlands, Lettlands und Litauens zur NATO und zur Europäischen Union
2004, November/ Dezember	«Orangene Revolution» in der Ukraine
2005, März	«Tulpenrevolution» in Kirgistan
2005, Mai	Blutige Unterdrückung einer Demonstration in Andischan (Usbekistan)
2005	Eröffnung der Pipeline Baku-Tbilissi-Ceyhan (Türkei)
2006, Januar	Gasstreit zwischen Rußland und der Ukraine
2008, Februar	Aufnahme der Ukraine in die WTO (Welthandelsorganisation)
2008, März	Wahl Dmitrij Medved'evs zum Präsidenten Rußlands

Anmerkungen

Einleitung

[1] Vgl. z.B. Mark (1989); Nahaylo-Swoboda (1990); Stölting (1990), zitiert in Ausblick, Anm. 7. Die maßgebende Darstellung für die Zeit bis 1985 bleibt Simon (1986).

[2] Wertvolle Einsichten vermittelt der universale Überblick von Seton-Watson (1977), der auch Rußland einbezieht.

[3] Für die Begegnung zwischen den Russen und den Ethnien der Mittleren Wolga habe ich dies anderswo versucht (Kappeler, Rußlands 1982).

[4] Vgl. Anthony D. Smith: The Ethnic Origins of Nations. Oxford 1986.

[5] Ich weise hin auf von Albertini (1976); Reinhard (1983–1988); Bitterli (1986).

[6] Georgi (1776–1780).

[7] Histoire des différents peuples soumis à la domination des Russes ou suite de l'histoire de Russie par M. Levesque. Bd. 1–2. Paris 1783.

[8] Storch (1797–1799).

[9] Vgl. Seymour Becker: Contributing to a Nationalist Ideology: Histories of Russia in the First Half of the Nineteenth Century, in: RH 13 (1986), S. 331–353; Carl Reddel: S.M. Solov'ev and Multi-National History, ebda. S. 355–366; Robert Byrnes: Kliuchevskii on the Multi-National Russian State, ebda. S. 313–330.

[10] Nolde Bd. 1–2 (1952–53).

[11] von Rauch (1953). Vgl. auch den Aufsatz eines anderen Deutschbalten: Reinhard Wittram: Das russische Imperium und sein Gestaltwandel, in: Historische Zeitschrift 187 (1959), S. 568–593.

[12] Sarkisyanz (1961).

[13] Thaden (1984), (1981).

[14] Kappeler, Rußlands (1982).

[15] Raeff (1971); Starr (1978). Vgl. auch Marc Raeff: Un Empire comme les autres? in: CMRS 30 (1989), S. 321–327.

[16] Hunczak (1974); Rywkin (1988).

[17] Istorija SSSR (1966–68). Allgemein zur Historiographie der Nationalitäten der UdSSR Tillett (1969); Albrecht Martiny: Das Verhältnis von Politik und Geschichtsschreibung in der Historiographie der sowjetischen Nationalitäten seit den sechziger Jahren, in: JbbGO 27 (1979), S. 238–272; Andreas Kappeler: Die Historiographien der nichtrussischen Völker der RSFSR in den siebziger Jahren, in: JbbGO 29 (1981), S. 53–79.

[18] Ausnahmen aus jüngerer Zeit sind Istorija narodov (1988); Ališev (1990).

[19] Vgl. z.B. Drabkina (1930); Kolonial'naja politika (1936).

[20] Bisher erschienen sind Fisher (1978); Rorlich (1986); Olcott (1987), Raun (1987); Suny (1988), Allworth (1990).

[21] Publizierte Ergebnisse: Die Nationalitäten (1991); Kappeler, Ukrainians (1992).

Erstes Kapitel

[1] In diesem Kapitel stütze ich mich in erster Linie auf Kappeler (1986). Dort ist auch weiterführende Literatur verzeichnet. Vgl. außerdem Ju. A. Kizilov: Zemli i narody Rossii

v 13–15 vv. M. 1984; Janet Martin: Russian Expansion in the Far North: Tenth to Mid-Sixteenth Century, in: Rywkin (1988), S. 23–43.

[2] V. O. Ključevskij: Sočinenija. Bd. 1. M. 1956, S. 292–315.

[3] Duchovnye i dogovornye gramoty velikich i udel'nych knjazej 14–16 vv. Moskau-Leningrad 1950, S. 356f.; Herberstein (1984), S. 171f., 198f., 206–211, 286–292. Die in dieser einige Kürzungen aufweisenden Ausgabe nicht enthaltenen Passagen in: Ders.: Moscovia... Wien 1557, S. M IIIv.

[4] Vgl. Stökl (1990) S. 193–203, 212–214; Handbuch Bd. 1, S. 635–652.

Zweites Kapitel

[1] Polnoe sobranie russkich letopisej. Bd. 29. Moskau 1965, S. 108.

[2] Frank Kämpfer: Die Eroberung von Kasan 1552 als Gegenstand der zeitgenössischen russischen Historiographie, in: FOG 14 (1969), S. 7–161; Jaroslaw Pelenski: Russia and Kazan. Conquest and Imperial Ideology (1438–1560s). The Hague-Paris 1974.

[3] Charles J. Halperin: Russia and the Golden Horde. The Mongol Impact on Medieval Russian History. Bloomington 1985; Bertold Spuler: Die Goldene Horde. Die Mongolen in Rußland 1223–1502. 2. Aufl. Wiesbaden 1965.

[4] Vgl. außer dem oben zitierten Werk von Halperin auch Mark Batunsky: Muscovy and Islam: Irreconcilable Strategy, Pragmatic Tactics, in: Saeculum 39 (1988), S. 63–81. Die stark russisch-national geprägte sowjetische Historiographie interpretiert dagegen das Verhältnis zu den Mongolen in der Nachfolge der kirchlichen Quellen als grundsätzlich antagonistisch.

[5] Edward Louis Keenan: Muscovy and Kazan' 1445–1552. A Study in Steppe Politics. Ph. D. Diss. Harvard 1965; ders.: Muscovy and Kazan: Some Introductory Remarks on the Patterns of Steppe Diplomacy, in: SR 26 (1967), S. 548–558; Kappeler, Moskau (1992).

[6] Dieses Kapitel basiert auf Kappeler, Rußlands (1982), S. 39–198. – Vgl. außerdem Nolde Bd. 1 (1952), Kap. 1–3; Ališev (1990). Zum Khanat von Kazan' Rorlich (1986), S. 3–31; Istorija Tat. (1968), S. 68–100; Michail Chudjakov: Očerki po istorii Kazanskogo chanstva. Kazan' 1923.

[7] Herberstein (1984), S. 224f.

[8] Andreas Kappeler: Die Moskauer «Nationalitätenpolitik» unter Ivan IV., in: RH 14 (1987), S. 263–282, Zitat S. 267.

[9] AAE 1, No. 241, S. 259f. Eine von der hier vertretenen Meinung abweichende Interpretation der frühen Missionspolitik bei Lemercier (1967), S. 369–382.

[10] Zum folgenden vgl. außer Kappeler, Rußlands (1982), S. 137–198, und Ališev (1990) auch I. P. Ermolaev: Srednee Povolž'e vo vtoroj polovine XVI–XVII vv. (Upravlenie Kazanskim kraem). Kazan' 1982.

[11] Dazu Kappeler, Rußlands (1982), S. 244–292, 370–373; Nolde Bd. 1 (1952), S. 100–108, 120–127.

[12] PSZ I, 2734 (Bd. 5, S. 66f.).

[13] PSZ I, 3149 (Bd. 5, S. 533f.).

[14] PSZ I, 8236 (Bd. 11, S. 248–56). Vgl. auch Lemercier (1967), S. 382–391.

[15] PSZ I, 15396 (Bd. 22, S. 51f.).

[16] Dieses Kapitel basiert in erster Linie auf: Lantzeff-Pierce (1973); Nolde Bd. 1 (1952), S. 130–190; Wood (1991); Istorija Sibiri. Bd. 1–2 (1968); S. V. Bachrušin: Izbrannye raboty po istorii Sibiri XVI–XVII vv. Č. 2: Istorija narodov Sibiri v XVI–XVII vv. Moskau 1955, = Naučnye trudy Bd. 3.; Etničeskaja istorija (1982); Levin, Potapov (1964); B. O. Dolgich: Rodovoj i plemennoj sostav narodov Sibiri v XVII v. Moskau 1960. Vgl. auch die Sammlung von Quellen in englischer Übersetzung in: Russia's Conquest of Siberia 1558–1700, =

To Siberia Bd. 1 (1985), und den Forschungsbericht von David N. Collins: Russia's Conquest of Siberia: Evolving Russian and Soviet Historical Interpretations, in: European Studies Review 12 (1982), S. 17–44.

[17] Vgl. Fisher (1943).

[18] George V. Lantzeff: Siberia in the Seventeenth Century. A Study of the Colonial Administration. Berkeley 1943; Fedorov (1978).

[19] Kolonial'naja politika Moskovskogo gosudarstva v Jakutii XVII v. Sbornik archivnych dokumentov. Leningrad 1936, S. 109–111, hier nach der deutschen Übersetzung in: Wirtschaft und Handel der Kolonialreiche. München 1988 (= Dokumente Bd. 4), S. 351. Vgl. dort S. 351–355 auch das Beispiel einer Instruktion an einen Voevoden. – Vgl. zusammenfassend David N. Collins: Subjugation and Settlement in Seventeenth and Eighteenth-Century Siberia, in: Wood (1991), S. 37–56.

[20] Glazik (1954), S. 32–51; Nolte, Toleranz (1969), S. 34–36; Smolitsch (1991), S. 270–278.

[21] Zitat bei: T. V. Žerebina: Itogi kreščenija jakutov v XVII–XVIII vekach, in: Pravoslavie v Drevnej Rusi. Leningrad 1989, S. 103. Vgl. allg. Glazik (1954), S. 84–101: Istorija Jak. Bd. 2 (1957), S. 123–125; Fedorov (1978), S. 81–99.

[22] Vgl. z. B. Frances Svensson: Comparative Ethnic Policy on the American and Russian Frontiers, in: Journal of International Affairs 36 (1982), S. 83–103.

[23] Vgl. Yaroshevsky (1989).

[24] Zu den Baschkiren vgl. Donnelly (1968); Nolde Bd. 1 (1952), S. 166–168, 191–235; Artikel Baškiry, in: ES 3 (5) (1891), S. 225–240; Očerki Bašk. Bd. 1 (1) (1956); Apollova (1964).

[25] Kappeler, Rußlands (1982) S. 173f.

[26] So etwa Očerki Bašk. Bd. I/1 (1956), S. 56–66; Istoričeskoe značenie dobrovol'nogo prisoedinenija Baškirii k russkomu gosudarstvu. Materialy naučnoj konferencii. Ufa 1982.

[27] Vgl. dazu auch N. F. Demidova: Upravlenie Baškiriej i povinnosti naselenija Ufimskoj provincii v pervoj treti XVIII v., in: IZ 68 (1961), S. 211–237; U. Ch. Rachmatullin: Krest'janskoe zaselenie Baškirii v XVII–XVIII vv., in: Krest'janstvo i krest'janskoe dviženie v Baškirii v XVII–načale XX vv. Ufa 1981, S. 3–25.

[28] Baumann (1987), S. 491–495; LeDonne (1984), S. 283–290; Očerki Bašk. Bd. 1, 2 (1959), S. 33–37, 64–70.

[29] Kočekaev (1988), S. 17–119; A. A. Novosel'skij: Bor'ba Moskovskogo gosudarstva s tatarami v pervoj polovine XVII v. Moskau–Leningrad 1948; Kappeler, Moskau (1992).

[30] Zu den Kalmücken vgl. Očerki ist. Kalm. (1967); Charles Andrew Riess: The History of the Kalmyk Khanate to 1724. Ph. D. Diss. Indiana University 1983; Michael Khodarkovsky: The Arrival of the Kalmyks and the Muscovite Southern Frontier, 1600–1670, in: RH 15 (1988), S. 225–254; Sarkisyanz (1961), S. 252–262.

[31] PSZ I, 145 (Bd. 1, S. 356–358, hier S. 356). Vgl. allg. Michael Khodarkovsky: Kalmyk-Russian Relations, 1670–1697. Development of a Pattern of Relations between Nomadic and Sedentary Societies, in: CAS 2 (1983), 3, S. 5–36.

[32] Dobrovol'noe vchoždenie kalmyckogo naroda v sostav Rossii: Istoričeskie korni i značenie. Elista 1985 (erschien zum 375. Jahrestag des «Eintritts» Kalmückiens in den Bestand Rußlands, der schon auf das Jahr 1609 datiert wird!).

[33] Michael Khodarkovsky: Uneasy Alliance: Peter the Great and Ayuki Khan, in: CAS 7 (1988), 4, S. 1–45.

[34] Michael Khodarkovsky: Russian Peasant and Kalmyk Nomad: A Tragic Encounter in the Middle of the Eighteenth Century, in: RH 15 (1988), S. 43–69.

[35] Das Standardwerk zur Geschichte der Krimtataren ist Fisher (1978).

[36] Alan W. Fisher: The Russian Annexation of the Crimea 1772–1783. Cambridge 1970; Nolde Bd. 2 (1953), S. 115–195.

[37] PSZ I, 13943 (Bd. 19, S. 708–712, hier S. 708). Vgl. auch PSZ I, 14164 (Bd. 19, S. 959).

[38] Kočekaev (1988), S. 142–260; Nolde Bd. 2 (1953), S. 219–229; L. N. Čerenkov: Tavričeskie nogajcy (Poslednij kočevoj narod Pričernomorskoj ėtnokontaktnoj zony), in: Etnokontaktnye zony (1989), S. 44–53.

[39] PSZ 1, 15708 (Bd. 21, S. 898).

[40] Vgl. Jabločkov (1876), S. 583 f., 619.

[41] Vgl. neben Fisher (1978) auch Edward Lazzerini: The Crimea under Russian Rule. 1783 to the Great Reforms, in: Rywkin (1988), S. 123–138; E. I. Družinina: Severnoe Pričernomor'e v 1775–1800 gg. Moskau 1959, S. 92–146.

[42] Vgl. Günther Stökl: Die Entstehung des Kosakentums. München 1953; Peter Rostankowski: Siedlungsentwicklung und Siedlungsformen in den Ländern der russischen Kosakenheere. Berlin 1969; Istorija Dona s drevnejšich vremen do Velikoj Oktjabr'skoj socialističeskoj revoljucii. Rostov 1965, S. 94–193; Edward D. Sokol: Don Cossack Host, in: MERSH 9 (1978), S. 218–221; ders.: Volga Cossacks, ebda. 42 (1986), S. 225–230; ders.: Yaik Cossacks, ebda. 44 (1987), S. 144–151.

[43] LeDonne (1984), S. 291 f.

[44] Georgi Bd. 4 (1780), S. 501–521; Zjablovskij (1815), S. 106–123.

[45] Zum folgenden Roger P. Bartlett: Human Capital. The Settlement of Foreigners in Russia 1762–1804. Cambridge 1979; Hans Auerbach: Die Besiedelung der Südukraine in den Jahren 1774–1787. Wiesbaden 1965; Detlef Brandes: Die Ansiedlung von Ausländern im Zarenreich unter Katharina II., Paul I. und Alexander I., in: JbbGO 34 (1986), S. 161–187.

[46] Dazu Erik Amburger: Die Anwerbung ausländischer Fachkräfte für die Wirtschaft Rußlands vom 15. bis ins 19. Jahrhundert. Wiesbaden 1968; Fleischhauer (1986), S. 22–60.

[47] Zu den Deutschen vgl. außer den oben angeführten Werken Karl Stumpp: Die Auswanderung aus Deutschland nach Rußland in den Jahren 1763 bis 1862. Tübingen o. J. (Manifest von 1763: S. 14–18); Bonwetsch (1919); Fleischhauer (1986), S. 97–132, 156–176; Kabuzan (1984), S. 868–870; Ehrt (1932).

[48] PSZ I, 21163 (Bd. 28, S. 137–140).

[49] Vgl. zum folgenden auch Kappeler, Historische (1982); Raeff (1971); Starr (1978); Scharf (1988); Apollova (1964).

[50] Tillett (1969), bes. S. 331–357.

[51] Vgl. Reinhard (1983–1988); Dokumente (1984–1988); Bitterli (1986).

Drittes Kapitel

[1] Dazu, auch zu den zitierten Begriffen, vgl. Klaus Zernack: Das Zeitalter der nordischen Kriege von 1558 bis 1809, in: Zeitschrift für historische Forschung 1 (1974), S. 55–79 und die Beiträge von Zernack und Michael Müller in Handbuch Bd. 2.

[2] Übergreifend zur Geschichte der Ukraine vgl. in erster Linie Subtelny (1988) und außerdem Polonska-Vasylenko (1988); Krupnyckyi (1943); Hrushevsky (1941); Istorija Ukr. (1977–1979).

[3] Vgl. dazu Basarab (1982).

[4] Frank E. Sysyn: Ukrainian-Polish Relations in the Seventeenth Century: The Role of National Consciousness and National Conflict in the Khmelnytsky Movement, in: Peter J. Potichnyj (Hg.): Poland and Ukraine. Past and Present. Edmonton-Toronto 1980, S. 58–82 (auch zum folgenden); Teresa Chynczewska-Hennel: The National Consciousness of Ukrainian Nobles and Cossacks from the End of the Sixteenth to the Mid-Seventeenth Century, in: HUS 10 (1986), S. 377–392.

[5] Vgl. für die 1. Hälfte des 17. Jh. die Fallstudie von Frank E. Sysyn: Between Poland and the Ukraine. The Dilemma of Adam Kysil (1600–1653). Cambridge, Mass. 1985.

[6] V. A. Golobuckij: Zaporožskoe kazačestvo. Kiev 1957; Zbigniew Wójcik: Dzikie Pola w ogniu. O kozaczyźnie w dawnej Rzeczypospolitej. 3. Aufl. Warszawa 1968; Władysław A. Serczyk: Na dalekiej Ukrainie. Dzieje kozaczyzny do 1648 roku. Kraków 1984.

[7] Zur Vereinbarung von 1654 vgl. außer Basarab (1982), wo auch die wichtigsten Quellentexte wiedergegeben sind, Vossoedinenie Ukrainy s Rossiej. Dokumenty i materialy v trech tomach. Bd. 3. Moskau 1954; Hedwig Fleischhacker: Die politischen Begriffe der Partner von Perejaslav, in: JbbGO 2 (1954), S. 221–231; Oskar Eugen Günther: Der Vertrag von Perejaslav im Widerstreit der Meinungen, ebda. S. 232–257; Mychajlo Brajčevskij: Anschluß oder Wiedervereinigung (Kritische Anmerkungen zu einer Konzeption). München 1982 (mit Quellen).

[8] C. Bickford O'Brien: Muscovy and the Ukraine. From the Pereiaslavl Agreement to the Truce of Andrusovo, 1654–1667. Berkeley-Los Angeles 1963.

[9] Zum folgenden Kohut (1988) mit einer guten Übersicht auch zur Entwicklung ab 1654; Hans Schumann: Der Hetmanstaat (1654–1764), in: JbbGO (Alte Folge) 4 (1936), S. 499–548; Leo Okinshevich: Ukrainian Society and Government 1648–1781. Munich 1978. Zur staatsrechtlichen Stellung des Hetmanats innerhalb Rußlands im 17. und 18. Jh. vgl. Nol'de (1911), S. 287–331.

[10] Dazu Kohut (1988).

[11] SIRIO Bd. 7 (1871), S. 348.

[12] Dazu und zum folgenden L. Kubala: Wojna Moskiewska. R. 1654–1655. Warszawa 1910; Mal'cev (1976), S. 138–146, 163–177.

[13] G. Peretjatkovič: Povolž'e v 17 i načale 18 veka (Očerki iz kolonizacii kraja). Odessa 1882, S. 154 f., 162–164.

[14] PSZ I, 135 (Bd. 1, S. 349); N. V. Ustjugov: Evoljucija prikaznogo stroja russkago gosudarstva v XVII v., in: Absoljutizm v Rossii (wie Apollova). Moskau 1964, S. 134–167, hier S. 155–157; Mal'cev (1974), S. 135–138.

[15] Vgl. Nolte, Toleranz (1969), S. 114–116; Pelesz Bd. 2 (1880), S. 321–326; Charlampovič (1914), S. 170 f.; PSZ I, 398 (Bd. 1, S. 659).

[16] PSZ I, 983 (Bd. I, S. 490). Vgl. auch SIRIO Bd. 32 (1881), S. 319; Jabločkov (1876), S. 323 f.

[17] Vgl. noch die Instruktionen für die Gesetzgebende Kommission von 1767 in SIRIO Bd. 134 (1911), S. 60 f., 79 f., 110 f.

[18] Vgl. dazu Jabločkov (1876), S. 469; K. Rovinskij: Delo o tridcati šesti nezakonnych brakach. Epizod is žizni Smolenskoj šlachty v XVIII veke, in: Russkij Archiv 47 (1909), 2, S. 161–181.

[19] Vgl. z. B. Byelorussian Statehood (1988), S. 125, Karte S. 390 f.; John P. Stankevich: Ethnographical and Historical Territories and Boundaries of Whiteruthenia (Kryvia, Byelorussia). New York 1953.

[20] Allgemeine Literatur: Wittram (1954); Spekke (1951); Raun (1987); Istorija Est. Bd. 1 (1961); Istorija Latv. Bd. 1 (1952); Thaden (1984), S. 5–17; August Seraphim: Die Geschichte des Herzogtums Kurland (1561–1795). 2. Aufl. Reval 1904.

[21] Wittram (1964), auch zum folgenden.

[22] Eduard Winkelmann (Hg.): Die Capitulationen der estländischen Ritterschaft und der Stadt Reval vom Jahre 1710 nebst deren Confirmationen. Reval 1865, S. 23.

[23] C. Schirren (Hg.): Die Capitulationen der livländischen Ritter- und Landschaft und der Stadt Riga vom 4. Juli 1710 nebst deren Confirmationen. Dorpat 1865, Zitate S. 37, 38, 47 f. Vgl. auch Winkelmann (Hg.), zit. in Anm. 22. – Zusammenfassung bei Wittram (1964), Bd. 1, S. 344–354; Haltzel (1977), S. 3–12; Nol'de (1911), S. 332–407. Vgl. die russischen Texte in PSZ I, 2277, 2278, 2279 (Bd. 4, S. 500–526), 2297, 2298, 2299 (Bd. 4, S. 552–575), 2301, 2302, 2303, 2304 (Bd. 4, S. 575–580), 2495 (Bd. 4, S. 810), 2501 (Bd. 4, S. 819), 3819 (Bd. 6, S. 420–431). Vgl., auch zum folgenden, Hasso von Wedel: Die Estländische Ritter-

schaft vornehmlich zwischen 1710 und 1783. Das erste Jahrhundert russischer Herrschaft. Königsberg/Berlin 1935.

[24] Claes Peterson: Peter the Great's Administrative and Judicial Reforms: Swedish Antecedents and the Process of Reception. Stockholm 1979.

[25] Thaden (1984), S. 18–31; LeDonne (1984), S. 325–334; De Madariaga (1981), S. 61–66, 315–324; Friedrich Bienemann: Die Statthalterschaftszeit in Liv- und Estland (1783–1796). Ein Beispiel aus der Regentenpraxis Katharinas II. Hannover-Döhren 1973 (Reprint von 1886); Otto-Heinrich Elias: Reval in der Reformpolitik Katharinas II. Die Statthalterschaftszeit 1783–1796. Bonn-Bad Godesberg 1978.

[26] PSZ I, No. 17584 (Bd. 24, S. 20f.).

[27] Zu den Teilungen Polens Müller (1984), mit reichen Literaturangaben. Vgl. auch Robert Howard Lord: The Second Partition of Poland, A Study in Diplomatic History. Cambridge, Mass. 1915.

[28] «Vous ne sauriez empêcher qu'ils ne vous engloutissent, faites au moins qu'ils ne puissent vous digerer» (Jean-Jacques Rousseau: Considérations sur le gouvernement de Pologne et sur sa réformation projettée, in: Œuvres complètes. Bd. 3. Paris 1964, S. 959f.).

[29] Zur Geschichte Polen-Litauens vgl. Rhode (1980); Hoensch (1983); Davies Bd. 1 (1981); Józef Andrzej Gierowski: Historia Polski 1505–1764. Warszawa 1988 (1982); Gierowski (1988). Zur Situation vor den Teilungen und den Reformbestrebungen ausführlich Jörg K. Hoensch: Sozialverfassung und politische Reform: Polen im vorrevolutionären Zeitalter. Köln/Wien 1973.

[30] Emanuel Rostworowski: Ile było w Rzeczypospolitej obywateli szlachty, in: Kwartalnyk historyczny 94 (1988), S. 3–40.

[31] Zu den Ukrainern vgl. die oben, in Anm. 2 zitierte Literatur.

[32] Zur Geschichte der Juden Polen-Litauens vgl. Haumann (1990), S. 17–65; Dubnow Bd. 1 (1916); Bernard D. Weinryb: The Jews of Poland. A Social and Economic History of the Jewish Community in Poland from 1100 to 1800. Philadelphia 1973; Jacob Goldberg: Poles and Jews in the 17th and 18th Centuries. Rejection or Acceptance, in: JbbGO 22 (1974), S. 248–282.

[33] Zur Vorgeschichte und den ersten drei Teilungen vgl. Müller (1984).

[34] Die 2. Teilung wird primär mit dem Kampf gegen die Ausbreitung der Ideen der Französischen Revolution in Polen gerechtfertigt: Martens Bd. 2 (1875), S. 228f. Vgl. auch PSZ I, 17108 (Bd. 23, S. 410f.).

[35] Zitate: Martens Bd. 2 (1875), S. 291, 303f.

[36] PSZ I, 17108 (Bd. 23, S. 410).

[37] Vgl. z. B. Istorija SSSR Bd. 3 (1967), S. 550.

[38] Zum folgenden Thaden (1984), S. 32–71; Nol'de (1911), S. 420–434; LeDonne (1984), S. 314f., 334–338; Winiarski (1924), S. 135–151; U. L. Lehtonen: Die polnischen Provinzen Rußlands unter Katharina II. in den Jahren 1772–1782. Versuch einer Darstellung der anfänglichen Beziehungen der russischen Regierung zu ihren polnischen Untertanen. Berlin 1907; Henryk Mościcki: Dzieje rozbiorowe Litwy i Rusi. T. 1. 1772–1800. Wilno 1913; Historia Bd. 3 (1981), S. 833–860; Gistoryja Bd. 1 (1972), S. 444–453; Kosman (1979), S. 200–204.

[39] PSZ I, 17319 (Bd. 23, S. 664–685); Wittram (1954), S. 123f., 137f.; Haltzel (1977), S. 11–13.

[40] PSZ I, 13850 (Bd. 19, S. 555); 17108 (Bd. 23, S. 411); 17356 (Bd. 23, S. 730); 17418 (Bd. 23, S. 846).

[41] PSZ I, 17634 (Bd. 24, S. 229).

[42] PSZ I, 17327 (Bd. 23, S. 695).

[43] Zahlenangaben bei Kabuzan-Troickij (1971), S. 157, 162–165; Žukovič (1915), janvar', S. 76–94; maj, S. 130–146.

[44] Irena Rychlikowa: Deklasacja drobnej szlachty polskiej w Cesarstwie Rosyjskim. Spór o «Pulapkę na szlachtę» Daniela Beauvois, in: Przegląd historyczny 79 (1988), S. 121–147. Vgl. auch schon die Angaben von Ulaščik (1965), S. 68–91 und Tadeusz Korzon: Wewnętrzne Dzieje Polski za Stanisława Augusta (1764–1794). 2. Aufl. Bd. 1. Kraków-Warszawa 1897, S. 87–152. Zur älteren Forschungsmeinung vgl. Beauvois (1985), S. 99f.; Romanovič-Slavatinskij (1912), S. 96f., 496–501.

[45] Vgl. Kabuzan, Troickij (1971), S. 158; Jerzy Jedlicki: Szlachta, in: Przemiany społeczne w Królestwie polskim 1815–1864. Wrocław u. a. 1979, S. 27–56.

[46] PSZ I, 13850 (Bd. 19, S. 555); Recueil (1862), S. 328.

[47] Vgl. Kumor (1980).

[48] Zitat: PSZ I, 17333 (Bd. 23, S. 699). Vgl. Ammann (1950), S. 441–447, 472–475; Pelesz Bd. 2 (1880), S. 548–560, 583–595, 793–831; Smolitsch (1991), S. 394–402. Zur Kirchenorganisation Amburger (1966), S. 181–185.

[49] Vgl. Blackwell (1959), S. 52–61.

[50] Zu Kongreß-Polen vgl. neben der in Anm. 29 zitierten allgemeinen Literatur Thackeray (1980); Blackwell (1959); Leslie (1956), Kap. 1–3; Historia (1981), S. 168–579; Przemiany (1979); Szymon Aszkenazy: Rosya-Polska 1815–1830. Lwów 1907, S. 63–117; Wandycz (1974), S. 52–67, 74–91; Davies (1981), Bd. 2, S. 306–333; Thaden (1984), S. 71–80.

[51] Konstitucionnaja chartija 1815 goda i někotorye drugie akty byvšago carstva pol'skago (1814–1881). S.-Peterburg 1907, S. 64–86 (französischer Urtext), S. 87–108 (polnische Übersetzung).

[52] Recueil (1862), S. 734.

[53] Vgl. etwa Thackeray (1980), S. 30–33.

[54] N. Tourgeneff: La Russie et les Russes. Bd. 1. Paris 1847, S. 443–461, Zitat (in französischer Sprache) S. 450.

[55] Zeugnisse bei Thackeray (1980), u. a. S. 7, 11–13, 33–35, 45–50, und Blackwell (1959).

[56] Zur November-Revolution und ihren Folgen vgl. außer der oben zitierten allgemeinen Literatur Leslie (1956); Wandycz (1974), S. 105–126.

[57] Zum folgenden vgl. Klier (1986); Rest (1975); Hildermeier (1984) und allg. Dubnow Bd. 1 (1916), S. 242–413; Bd. 2 (1918), S. 13–110; Baron (1964), S. 7–41; Haumann (1990), S. 66–82.

[58] PSZ I, 13850 (Bd. 19, S. 555).

[59] Dazu ausführlich Klier (1986), S. 63f., 86f., 92, 95–115, 186f.; Dubnow Bd. 1 (1916), S. 410–413.

[60] Statut von 1804, hier zit. nach Rest (1975), S. 229.

[61] PSZ I, Nr. 21547, deutsche Übersetzung bei Rest (1975), S. 229–240.

[62] Dazu Hensel (1983); Artur Eisenbach: Kwestia równouprawnienia Żydów w Królestwie Polskim. Warszawa 1972, Teil 1.

[63] Michael Stanislawski: Tsar Nicholas I and the Jews. The Transformation of Jewish Society in Russia, 1825–1855. Philadelphia 1983.

[64] Zu Finnland allg. Jutikkala (1964); Wuorinen (1965); Thaden (1984), S. 81–95; Peter Scheibert: Die Anfänge der finnischen Staatswerdung unter Alexander I., in: JbbGO (Alte Folge) 4 (1939), S. 351–430; ders.: Volk und Staat in Finnland in der ersten Hälfte des vorigen Jahrhunderts. Diss. Breslau 1941; Päiviö Tommila: La Finlande dans la politique européenne en 1809–1815. Helsinki 1962.

[65] PSZ I, Nr. 8766 (Bd. 11, S. 863–874, Zitat S. 869). Neben der oben zitierten allgemeinen Literatur vgl. Nol'de (1911), S. 411–420.

[66] K. Ordin: Pokorenie Finljandii. Opyt opisanija po neizdannym istočnikam. Bd. 2. S.-Peterburg 1889, S. 335–341. Die wichtigsten Texte in englischer Übersetzung bei Kirby (1975), S. 12–18, die zentrale Passage russisch und deutsch auch bei Schweitzer (1978), S. 18.

[67] Vgl. dazu Hösch (1991), S. 25–29; die traditionelle Meinung noch bei Jutikkala (1964), S. 253–264.

[68] Vgl. die englische Übersetzung des russischen und schwedischen Textes bei Kirby (1975), S. 14f. Dazu auch Schweitzer (1978), S. 18–26; Nol'de (1911), S. 475–542.

[69] Englisch bei Kirby (1975), S. 18.

[70] Vgl. dazu Nicholas Dima: Moldavians or Romanians? in: Ralph S. Clem (Hg.): The Soviet West. Interplay between Nationality and Social Organization. New York u. a. 1975, S. 31–45; Walter Feldman: The Theoretical Basis for the Definition of Moldavian Nationality, ebda. S. 46–59.

[71] Zur Geschichte dieses Raums vgl. Babel (1926); R. W. Seton-Watson (1934); Istorija Mold. (1982); Andrei Otetea (Hg.): The History of the Romanian People. Bucharest 1970; Zelenčuk (1979).

[72] Dazu und zum ganzen Kapitel Jewsbury (1976); Nolde Bd. 2 (1953), S. 259–299; Istoričeskoe značenie prisoedinenija Bessarabii i levoberežnogo Podnestrov'ja k Rossii. Kišinev 1987; Alexandre Boldur: La Bessarabie et les relations russo-roumaines (La question bessarabienne et le droit international). Paris 1927, S. 15–26, 48–57.

[73] Zit. bei Nol'de (1911), S. 437, und bei Nolde Bd. 2 (1953), S. 286.

[74] PSZ I, 27357 (Bd. 35, S. 222–281).

[75] Zit. bei Nol'de (1911), S. 441, und Nolde Bd. 2 (1953), S. 289.

[76] PSZ II, 1834, Bd. 3, S. 197–204, zit. S. 198.

[77] Robert J. Kerner: The Urge to the Sea. Berkeley 1942; O. Halecki: Imperialism in Slavic and East European History, in: The American and East European Review 11 (1952), S. 171–188; Henry R. Huttenbach: The Origins of Russian Imperialism, in: Hunczak (1974), S. 18–44.

[78] Zum folgenden vgl. Raeff (1971); Starr (1978); Kappeler, Historische (1982); Thaden (1984); Scharf (1988); von Rauch (1953), S. 25–68.

[79] Vgl. Nolte, Toleranz (1969); Nolte, Verständnis (1969); Scharf (1988).

[80] A. M. Četvertkov: K voprosu o pravovom položenii zapadnych nacional'nych rajonov v sostave Rossijskoj imperii v pervoj četverti XIX v., in: Vestnik Moskovskogo gosudarstvennogo universiteta. Serija 11. Pravo. 1986, 6, S. 64–70.

[81] I. T. Pososkov: Zaveščanie otečeskoe. S.-Peterburg 1893, S. 320–328.

[82] Vgl. Marc Raeff: Uniformity, Diversity, and the Imperial Administration in the Reign of Catherine II., in: Osteuropa in Geschichte und Gegenwart. Festschrift für Günther Stökl zum 60. Geburtstag. Köln 1977, S. 97–113.

[83] SIRIO Bd. 7, S. 348.

Viertes Kapitel

[1] Zakonodatel'stvo (1987), S. 23.

[2] Kabuzan (1990); (1963); (1971); Bruk-Kabuzan (1980); (1981); (1982). Vgl. auch Kabuzan-Troickij (1971); Kabuzan (1984); V. M. Kabuzan: Gosudarstvennye krest'jane v XVIII – 50-ch godach XIX veka. Čislennost', sostav i razmeščenie, in: ISSSR 1988, 1, S. 68–83; ders.: Zaselenie Novorossii (Ekaterinoslavskoj i Chersonskoj gubernij) v XVIII – pervoj polovine XIX veka (1719–1858 gg.). Moskau 1976.

[3] Vgl. außerdem für einzelne Gebiete und Ethnien Zelenčuk (1979); Weinryb (1972), S. 3f.

[4] Die Angaben Kabuzans zu den Polen und Juden sind offensichtlich zu niedrig. Vgl. unten Anm. 8.

[5] Ich stütze mich dabei auf die in den vorangegangenen Kapiteln und oben in Anm. 2 und 3 zitierte Literatur.

[6] Vgl. dazu Bruk-Kabuzan (1984); Kabuzan (1971).

[7] Für die Zahlen zu den einzelnen Regionen vgl. erneut die in Anm. 2 zitierte Literatur.

[8] Vgl. die Zahlen bei Bruk-Kabuzan (1980) und Kabuzan (1990), S. 216–217, mit denen bei Wandycz (1974), S. 17; Historia Bd. 3 (1981), S. 834f.; Žukovič (1915), janvar', maj.

[9] Vgl. Kabuzan, Troickij (1971); Kabuzan (1990).

[10] Vgl. Kabuzan (1990), S. 221–224.

[11] Vgl. die Zahlen bei Kabuzan (1990) mit denen bei Kappeler, Rußlands (1982), S. 330.

[12] I. G. Akmanov: O čislennosti naselenija Baškirii v XVII–pervoj polovine XVIII v., in: Social'no-demografičeskie processy v rossijskoj derevne (XVI – načalo XX v.). Vyp. 1. Tallin 1986, S. 57–63; A. Z. Asfandijarov: Zaselenie Baškirii nerusskimi krest'janami v konce XVI – pervoj polovine XIX v., ebda. S. 102–108; B. S. Davletbaev: K voprosu o social'noj strukture baškirskogo obščestva po dannym revizskich materialov, ebda. S. 208–213; LeDonne (1984), S. 288–290. Vgl. auch Očerki Bašk, Bd. 1,1 (1956), S. 255–257, 271.

[13] Richard Hellie: Slavery in Russia, 1450–1725. Chicago/London 1982, S. 385–396.

[14] Dazu Tillett (1969).

[15] Dafür verweise ich pauschal auf die in den vorangegangenen Kapiteln zitierte Literatur zu den einzelnen Regionen. Vgl. auch die entsprechenden Abschnitte in Istorija SSSR Bd. 3, 4 (1967); Handbuch Bd. 2; Kahan (1985).

[16] N. L. Rubinštejn: Sel'skoe chozjajstvo Rossii vo vtoroj polovine XVIII v. (istoriko-ėkonomičeskij očerk). Moskau 1957, v. a. Kap. 6.

[17] Vgl. B. N. Mironov: Chlebnye ceny v Rossii za dva stoletija (XVIII–XIX vv.). Leningrad 1985, bes. S. 67–99; Mironov (1981).

[18] Fisher (1943), bes. S. 118–122.

[19] Vgl. auch zum folgenden Blackwell (1968); Erik Amburger: Der fremde Unternehmer in Rußland bis zur Oktoberrevolution im Jahre 1917, in: Ders.: Fremde und Einheimische im Wirtschafts- und Kulturleben des neuzeitlichen Rußland. Ausgewählte Aufsätze. Wiesbaden 1982, S. 97–115.

[20] Vgl. allg. Rieber (1982), S. 54, 62–65.

[21] Rieber (1982), S. 52–79.

[22] Mironov (1981), v. a. S. 238–241.

[23] Zusammenfassung der Argumente durch Kononenko (1958), S. 21–32. Vgl. auch Blackwell (1968), S. 65f., 70f.; M. E. Slabčenko: Chozjajstvo Getmanščiny v XVII–XVIII stoletijach. Bd. 1–3. Odessa 1922–1923; A. P. Ogloblin: Očerki istorii ukrainskoj fabriki. Predkapitalističeskaja fabrika, Kiev 1925.

[24] Vgl. den Versuch einer Kosten-Nutzen-Rechnung bei Starr (1978), S. 28f.

[25] S. Frederik Starr: Decentralization and Self-Government in Russia, 1830 1870. Princeton 1972, Kap. 1.

[26] Starr (1978, S. 12f.) betont die Rolle des Militärs für die imperiale Politik.

[27] Vgl. Kappeler, Moskau (1992), S. 97–99; Duffy (1981), S. 58, 82, 164; Keep (1985), S. 215f.

[28] Vgl. A. V. Černov: Vooružennye sily russkogo gosuadarstva v XV–XVII vv. S obrazovanija centralizovannogo gosudarstva do reform pri Petre I. Moskau 1954, S. 95, 131; Keep (1985), S. 77–79; Kappeler (1986), S. 147f.; Kappeler, Rußlands (1982), S. 100f., 103, 172, 174.

[29] Keep (1985), S. 75; LeDonne (1984), S. 279f., 296.

[30] Wittram Bd. 1 (1964), S. 49f., 63ff.; Keep (1985), S. 80–92; Erik Amburger: Die weiteren Schicksale der alten Einwohnerschaft der Moskauer Ausländer-Sloboda seit der Zeit Peters I., in: JbbGO 20 (1972), S. 412–426.

[31] Vgl. M. D. Rabinovič: Social'noe proischoždenie i imuščestvennoe položenie oficerov reguljarnoj russkoj armii v konce Severnoj vojny, in: Rossija v period reform Petra I.

Moskau 1973, S. 133–171, hier S. 138f., 154–58; Wittram Bd. 2 (1964), S. 9; Duffy (1981), S. 18f.; Keep (1985), S. 241; Amburger (1966), S. 515; Meehan-Waters (1982), S. 24–29, 172–202.

[32] Duffy (1981), S. 146f.; Keep (1985), S. 241–243.

[33] Curtiss (1965), S. 204–211; Amburger (1966), S. 335, 514; Fleischhauer (1986), S. 140–150; Screen (1976).

[34] Vgl. Stein (1967), S. 457–459, 462, 467.

[35] Vgl. Duffy (1981), S. 145f., 233–235.

[36] Curtiss (1965), S. 205f. (Zitat), 209; Keep (1985) S. 86, 242.

[37] Kappeler (1986), S. 148f.

[38] Vgl. dazu Saunders (1985), S. 65–111, auch zum folgenden; Amburger (1966); Wittram Bd. 2 (1964), S. 92–96, 104–123; Meehan-Waters (1982), S. 24–29, 172–202.

[39] Zum folgenden vgl. neben Amburger (1966) Walter M. Pintner: The Social Characteristics of the Early Nineteenth-Century Russian Bureaucracy, in: SR 29 (1970), S. 429–443, bes. S. 436–438; ders.: The Evolution of Civil Officialdom, 1755–1855, in: Russian Officialdom. The Bureaucratization of Russian Society from the Seventeenth to the Twentieth Century. Chapel Hill 1980, S. 190–226; ders. (1965), S. 56, A. 2 (S. 65); Zajončkovskij (1978), S. 130–140; W. Bruce Lincoln: The Composition of the Imperial Russian State Council under Nicholas I, in: Canadian-American Slavic Studies 10 (1976), S. 369–371; Fleischhauer (1986), S. 190–192, 199–205; Igor N. Kiselev, Sergei V. Mironenko: «Russia's Bureaucratic Ruling Elite». Towards a Social Portrait of Russia's Higher Bureaucracy During the First Quarter of the 19th Century, in: Historical Social Research 16 (1991), S. 144–154, hier S. 152.

[40] So etwa Armstrong (1978), S. 75–77. Vgl. dagegen Kiselev, Mironenko (zit. in Anm. 39), S. 152.

[41] Das ist das Ergebnis der Arbeit von Meehan-Waters (1982).

[42] Vgl. etwa Riasanovsky (1959), S. 144–146.

[43] Einige wenige Hinweise zu polnischen Beamten in Rußland gibt Bazylow (1984), S. 61, 70, 202.

[44] Kappeler (1986), S. 149.

[45] Amburger (1966), S. 442–464.

[45] Zajončkovskij (1978), S. 141.

[47] Erich Bryner: Der geistliche Stand in Rußland. Sozialgeschichtliche Untersuchungen zu Episkopat und Gemeindegeistlichkeit der russischen orthodoxen Kirche im 18. Jahrhundert. Göttingen 1982, S. 25–51; Charlampovič (1914), Kap. 7.

[48] Erik Amburger: Die Anwerbung ausländischer Fachkräfte für die Wirtschaft Rußlands vom 15. bis ins 19. Jahrhundert. Wiesbaden 1968.

[49] Vgl. Charlampovič (1914), Kap. 4–6, 9, 10; Saunders (1985); Amburger (1966), S. 188–191.

[50] Amburger (1966), S. 473. Vgl. auch die übrigen oben zitierten Arbeiten von Amburger und Fleischhauer (1986), S. 37f., 46–50, 80f., 90–97, 176–180.

[51] Stefan Truchim: Współpraca polsko-rosyjska nad organizacją szkolnictwa rosyjskiego w początkach XIX wieku. Łódź 1960; Bazylow (1981), u. a. S. 57–61, 68–72, 156f., 201–205; Reinhard Wittram: Die Universität Dorpat im 19. Jahrhundert, in: ZfO 1 (1952), S. 195–219.

[52] Ališev (1990), S. 193–196; Serge A. Zenkovsky: A Century of Tatar Revival, in: ASEER 12 (1953), S. 303–318; Fisher (1968).

[53] Armstrong (1976).

[54] Armstrong (1978). Zur deutschen Stadtbevölkerung vgl. auch die Arbeiten von Amburger und Fleischhauer (1986), S. 193f., 205–215.

[55] Weinryb (1972); Rieber (1982), S. 56–62; Blackwell (1968), S. 230–237; Baron (1964),

S. 90–108; Hensel (1983); Kahan (1983); Žukovič (1915), fevral', S. 302f.; maj, S. 173–175.

[56] Vgl. Histoire (1982); Gregorian (1972), S. 169–175; Nolte, Toleranz (1969) S. 92–95, 52–54; Rieber (1982), S. 70; Golikova (1982), S. 159–208 und Kahan (1985), S. 259–262 zur Bedeutung der Armenier Astrachan's; Zelenčuk (1979), S. 219–225.

[57] Vgl. Kappeler, Rußlands (1982), S. 373–375, 459–474; Ališev (1990), S. 124–168; Rieber (1982), S. 71f.; G. A. Michaleva: Torgovye i posol'skie svjazi Rossii so sredneaziatskimi chanstvami čerez Orenburg. Taškent 1982; Ch. Ch. Chasanov: Formirovanie tatarskoj buržuaznoj nacii. Kazan' 1977.

[58] Edgar Hösch: Probleme der russisch-griechischen (balkanischen) Beziehungen im 16. und in der ersten Hälfte des 17. Jahrhunderts, in: FOG 38 (1986), S. 257–275.

[59] Rumjana Mihneva: Les «Grecs» et le commerce entre les Balkans et la Russie (milieu XVIIe – milieu XVIIIe s.). Des privilèges à la crise, in: Etudes balkaniques 1990, 1, S. 80–99.

[60] G. L. Arš: Grečeskaja ėmigracija v Rossiju v konce XVIII – načale XIX veka, in: SE 1969, 3, S. 85–95; Theophilos C. Prousis: The Greeks of Russia and the Greek Awakening 1774–1821, in: Balkan Studies 28 (1987), S. 259–280; Stephen K. Batalden: Catherine II's Greek Prelate Eugenios Voulgaris in Russia, 1771–1806. Boulder 1982. Vgl. allg. Ioannis K. Hassiotis: Continuity and Change in the Modern Greek Diaspora, in: Journal of Modern Hellenism 6 (1989), S. 9–24.

[61] Vgl. Zelenčuk (1979), S. 213–219; Zjablovskij (1815), S. 134; Žukovič (1915), maj, S. 167.

[62] Storch Bd. 1 (1797), S. 39.

[63] Für die folgenden Ausführungen verweise ich auf die im zweiten und dritten Kapitel zitierte Literatur zu den einzelnen ethnischen Gruppen und führe nur mehr wenige ausgewählte Titel zu spezifischen Fragen an.

[64] Vgl. Smolitsch (1964), S. 357–389.

[65] Vgl. Nolte, Toleranz (1969); ders., Verständnis (1969); Scharf (1988).

[66] Smolitsch (1964), S. 538–633; Alston (1969), S. 3–30.

[67] Storch (1795), S. 92.

[68] Vgl. Pelesz Bd. 2 (1880); Amburger (1966), S. 184f.; Zjablovskij (1815), S. 287.

[69] Ammann (1950), S. 457–463, 467–472; Amburger (1966), S. 181–183, für die ältere Zeit Nolte, Toleranz (1969), S. 110–122; Zjablovskij (1815), S. 285f.

[70] Wandycz (1974), S. 92–102; Daniel Beauvois: Lumières et société en Europe de l'Est. L'université de Vilna et les écoles polonaises de l'Empire russe (1803–1832). Bd. 1 Lille/Paris 1977.

[71] Vgl. etwa die Zahlen der Schulen, Lehrer und Schüler in den einzelnen Regionen bei Zjablovskij (1815), S. 135–138 und zum Königreich Polen bei Ryszarda Czepulis-Rastenis: Szkolnictwo, in: Przemiany (1979), S. 173–197.

[72] Dazu allg. Amburger (1961); ders. (1966), S. 177–181, für die ältere Zeit Nolte, Toleranz (1969), S. 95–110.

[73] Raun (1979), bes. S. 118. Vgl. die Angaben zu den Schulen der einzelnen Gouvernements bei Storch (1795).

[74] Bonwetsch (1919), S. 68–81.

[75] Ehrt (1932); S. V. Sokolovskij: Etničeskie kontakty i razmyvanie ėtnoizolirujuščich bar'erov u mennonitov Novorossii (konec XVIII – načalo XX v.), in: Etnokontaktnye zony (1989), S. 70–85.

[76] Amburger (1966), S. 186; für die ältere Zeit Nolte, Toleranz (1969), S. 92–95.

[77] Baron (1964), S. 135–157; Die Nationalitäten (1991), Bd. 1, S. 357–365.

[78] M. S. Kupoveckij: K ėtničeskoj istorii krymčakov, in: Etnokontaktnye zony (1989), S. 53–69.

79 Vgl. Die Nationalitäten (1991), Bd. 1, S. 328f. (mit Lit.).

80 Vgl. Nolte, Toleranz (1969), S. 54–89; Kappeler, Rußlands (1982), S. 213–218, 351–353, 475–478; Fisher (1968); Die Nationalitäten (1991), Bd. 1, S. 364–373.

81 Vgl. etwa Äußerungen deutscher Beobachter über das Schulwesen bei den Kazan'-Tataren: K. F. Fuks: Kazanskie tatary v statističeskom i ėtnografičeskom otnošenii. Kazan' 1844, S. 113–121; Erdmann Bd. 1 (1822), S. 80–87.

82 Nolte, Toleranz (1969), S. 36–52; Sarkisyanz (1961), S. 255–263, 379–386; Fedorov (1978), S. 95–103; Hundley (1984), S. 151–156; Lamaizm v Burjatii XVIII – načala XX veka. Struktura i social'naja rol' kul'tovoj sistemy. Novosibirsk 1983; A. I. Karagodin: Kalmyckoe duchovenstvo v XVII – pervoj polovine XIX vv., in: Voprosy istorii lamaizma v Kalmykii. Elista 1987, S. 5–23; Očerki Kalm. (1967), S. 72–79, 428 f.; Die Nationalitäten (1991), Bd. 1, S. 336f. Vgl. die Bemerkungen des Zeitzeugen Erdmann zu den Kalmücken Bd. 2, 2 (1826), S. 331–338, 347 f.

83 Nolte, Toleranz (1969), S. 20–36; Kappeler, Rußlands (1982), S. 353–355, 478 f.

84 Vgl. Die Nationalitäten (1991), Bd. 1, S. 174–300; Franklin A. Walker: Patriotic Rhetoric, Public Education, and Language Choice in the Russia of Tsar Alexander I. (1801–1825), in: Canadian Review of Studies in Nationalism 12 (1985), S. 261–271.

85 Vgl. die Schlüsse bei Bruk-Kabuzan (1980), S. 25–34; dies. (1982), S. 20f.; Kappeler, Rußlands (1982), S. 361–364, 489–500, oder die Bemerkungen A. Richters zu den Kareliern in: ES Bd. 16 (1895), S. 228.

86 Georgi Bd. 1 (1776), S. 2.

87 Kappeler, Rußlands (1982), S. 500f.; Bruk-Kabuzan (1981), S. 21, 30.

88 Kappeler, Rußlands (1982), S. 498; Ju. G. Muchametšin: Tatary-krjašeny. Istoriko-ėtnografičeskoe issledovanie material'noj kul'tury. Seredina XIX – načalo XX v. Moskau 1977.

89 Brenda Meehan-Waters: The Muscovite Noble Origins of the Russians in the Generalitet of 1730, in: CMRS 12 (1971), S. 28–75; Kappeler, Moskau (1992), S. 98f., 102 f. Vgl. auch Troickij (1974), S. 209–218, und allgemein Jabločkov (1876); N. A. Baskakov: Russkie familii tjurkskogo proischoždenija. Moskau 1979.

90 Kappeler, Rußlands (1982), S. 335–338.

91 John A. Armstrong: Acculturation to the Russian Bureaucratic Elite: The Case of the Baltic Germans, in: JBS 15 (1984), S. 119–129; Duffy (1981), S. 147.

92 Riasanovsky (1959), S. 44–46.

93 Vospominanija F. F. Vigelja. Č.2. Moskau 1864, S. 29.

94 Juchneva (1984), Kap. 1; Bazylow (1984), u. a. S. 91.

95 Vgl. zum ersten Viertel des 18. Jh. Golikova (1982), S. 159–208, und zum Ende des 18. und Beginn des 19. Jh. die Schilderungen bei Erdmann Bd. 2,2 (1826), S. 139–162, und Storch (1795), S. 98.

96 SIRIO Bd. 10, S. 204.

97 Kolonial'naja politika carizma na Kamčatke i Čukotke v XVIII veke. Sbornik archivnych materialov. Leningrad 1935, S. 163.

98 Vgl. Kappeler, Rußlands (1982), S. 178–187, 307–321; Andreas Kappeler: Die Rolle der Nichtrussen der Mittleren Wolga in den russischen Volksaufständen des 17. Jahrhunderts, in: FOG 27 (1980), S. 249–268.

99 A. V. Florovskij: Sostav zakonodatel'noj kommissii 1767–74 gg. Odessa 1915; Georg Sacke: Die Gesetzgebende Kommission Katharinas II. Ein Beitrag zur Geschichte des Absolutismus in Rußland. Berlin 1940; Madariaga (1981), S. 139–183.

100 Iv. Teličenko: Soslovnyja nuždy i želanija malorossijan v ėpochu Ekaterinskoj kommissii, in: Kievskaja starina 30 (1890), S. 161–191, 390–419; 31 (1890), S. 94–122, 213–215; Kohut (1988), S. 125–190; Alexander von Tobien: Die Livländer im ersten russischen Parlament (1767–1769), in: Mitteilungen aus der livländischen Geschichte 23. Riga 1924–1926,

S. 424–484; SIRIO Bd. 32 (1881), S. 319 (Smolensk); Kappeler, Rußlands (1982), S. 298–307; Fedorov (1978), S. 163–169.

[101] Storch Bd. 1 (1797), S. 302.

[102] Vgl. Michael Cherniavsky: Russia, in: Orest Ranum (Hg.): National Consciousness, History, and Political Culture in Early Modern Europe. Baltimore 1975, S. 118–143; Andreas Kappeler: Bemerkungen zur Nationsbildung der Russen, in: Ders. (Hg.) (1990), S. 19–35.

[103] Storch Bd. 1 (1897), S. 40.

[104] Vgl. auch Starr (1978), S. 26–28.

[105] Vgl. allg. David Morison: Kolonialherrschaft, in: Sowjetsystem und demokratische Gesellschaft 3. Frankfurt 1969, Sp. 689–709; Rudolf von Albertini (Hg.): Moderne Kolonialgeschichte. Köln 1970; Reinhard Bd. 1 (1983). Vgl. auch oben 3. Kapitel, 5.

Fünftes Kapitel

[1] Nolte, Verständnis (1969), S. 502 f.; Kappeler, Rußlands (1982), S. 356. Vgl. auch zusammenfassend Andreas Kappeler: Die zaristische Politik gegenüber den Muslimen des Reiches, in: Muslime (1989), S. 117–129; Bennigsen (1972).

[2] Vgl., auch zum folgenden Yaroshevsky (1989); ders.: Imperial Strategy in the Kirghiz Steppe in the Eighteenth Century, in: JbbGO 39 (1991), S. 221–224, und – mit teilweise anderen Akzenten – Mark Batunskij: Islam i russkaja kul'tura XVIII veka. Opyt istoriko-ėpistemologičeskogo issledovanija, in: CMRS 27 (1986), S. 45–70; Becker (1986); Batunsky (1990).

[3] Fedorov (1978), S. 156–181.

[4] PSZ I, 29126 (Bd. 38, S. 394–416). Zum folgenden Marc Raeff: Siberia and the Reforms of 1822. Seattle 1956; Hundley (1984); Fedorov (1978), S. 178–202; Damešek (1986), S. 31–45; Jadrinzew (1886).

[5] Vgl. zum ganzen Kapitel Suny (1989); Lang (1962); Salia (1983); Histoire (1982); Istorija Azer. Bd. 1 (1958). Zur älteren Geschichte vgl. auch Sarkisyanz (1961), S. 26–85, 141–156, und die ersten drei Beiträge in Suny (1983).

[6] Zum folgenden vgl. Lang (1957); Atkin (1980), S. 8–45; Atkin (1988).

[7] PSZ I, No. 15835 (Bd. 21, S. 1013).

[8] PSZ I, 19721 (Bd. 26, S. 502 f.); 20007 (Bd. 26, 781–786, zit. S. 783). Zur Inkorporation Georgiens Lang (1957), S. 158–266; Atkin (1980), S. 46–65.

[9] PSZ I, 25466 (Bd. 32, S. 641–645). Dazu vgl. Atkin (1980); Galojan (1976), S. 125–180; Chadži Murat Ibragimbejli: Rossija i Azerbajdžan v pervoj treti XIX veka (iz voenno-političeskoj istorii). M. 1969.

[10] PSZ II, 1794 (Bd. 3, S. 125–130).

[11] George A. Bournoutian: The Ethnic Composition and the Socio-Economic Condition of Eastern Armenia in the First Half of the Nineteenth Century, in: Suny (1983), S. 69–86; I. Šopen: Istoričeskij pamjatnik sostojanija Armjanskoj oblasti v ėpochu eja prisoedinenija k Rossijskoj imperii. Spb. 1852.

[12] Zum folgenden Rhinelander (1975); ders.: Russia's Imperial Policy. The Administration of the Caucasus in the First Half of the Nineteenth Century, in: Canadian Slavonic Papers 17 (1975), S. 218–235; ders.: Viceroy Vorontsov's Administration of the Caucasus, in: Suny (1983), S. 87–104; Suny (1989), S. 63–95; Lang (1957), S. 251–284; Atkin (1980), S. 145–161; Swietochowski (1985), S. 4–14; Mil'man (1966), S. 49–141; Machmedov (1987); I. P. Petruševskij: Sistema russkogo kolonial'nogo upravlenija v Azerbajdžane v pervoj polovine XIX v., in: Kolonial'naja politika (1936), S. 6–32; Gregorian (1972); Histoire (1982), S. 447–451; Parsamjan (1972), S. 71–124.

[13] Kolonial'naja politika Bd. 1 (1936), S. 280.

[14] Amburger (1966), S. 412–422.

[15] PSZ I, 19721 (Bd. 26, S. 502); 20007 (Bd. 26, S. 783). Zum folgenden Rhinelander (1975); ders.: Viceroy Vorontov's Administration of the Caucasus, in: Suny (1983), S. 87–104; Suny (1989), S. 63–95; Stephen F. Jones: Russian Imperial Administration and the Georgian Nobility: The Georgian Conspiracy of 1832, in: SEER 65 (1987), S. 53–76.

[16] SZ IX, kn. 1 (1899), Art. 53 (mit Anm.), 68, 69, 147, 190. Vgl. auch Korelin (1979), S. 47 f.

[17] Dazu ausführlich die unpublizierte Dissertation von Machmedov (1987).

[18] SZ IX, kn. 1 (1899), Art. 85, Anm. 2; Art. 189. Vgl. etwa die Auflistung der unterschiedlichen Adelskategorien Transkauskasiens (Fürsten, Adlige, beki, höchster muslimischer Stand, meliki), teilweise auch in einer ständischen Gruppe zusammengefaßt, in: Svod (1893).

[19] PSZ I, 24696 (Bd. 31, S. 767–771); 25709 (Bd. 32, S. 1013–1016); Smolitsch (1964), S. 369 f.

[20] Akaki Zereteli: Aus meinem Leben. Zürich 1990, S. 117.

[21] Vgl. Halbach (1991); Thomas M. Barrett: The Remaking of the Lion of Dagestan: Shamil in Captivity. Ungedrucktes Konferenz-Paper 1988.

[22] Vgl. zu den einzelnen Ethnien Wixman (1980); Bernard Geiger u. a.: Peoples and Languages of the Caucasus. A Synopsis. 'S-Gravenhage 1959; Sarkisyanz (1961), S. 86–140; Wixman (1984); Bennigsen--Wimbush (1985), S. 146–206; Akiner (1983), S. 122–236; Volkova (1974); Istorija narodov (1988).

[23] Dazu v. a. Wixman (1980), S. 99–120.

[24] Zum folgenden vgl. Firuz Kazemzadeh: Russian Penetration of the Caucasus, in: Hunczak (1974), S. 239–263; Paul B. Henze: Fire and Sword in the Caucasus: The 19th Century Resistance of the North Caucasian Mountaineers, in: CAS 2 (1983), 1, S. 5–44; Nolde Bd. 2 (1953), S. 301–363; Hoetzsch (1966), S. 34–43; Fadeev (1960), Kap. 1 und 3; Istorija narodov (1988), bes. S. 131–218; Istorija Dagestana Bd. 2 (1968), S. 9–28, 79–118.

[25] Dazu Halbach (1989).

[26] Alexandre Bennigsen: Un Mouvement populaire au Caucase au XVIIIe siècle. La «Guerre Sainte» du sheikh Mansur (1785–1791), page mal connue et controversée des relations Russo-Turques, in: CMRS 5 (1964), S. 159–205.

[27] Zitiert nach Fadeev (1960), S. 340. Vgl. zum Kaukasuskrieg auch Curtiss (1965), S. 152–175.

[28] Paul B. Henze: Circassia in the Nineteenth Century. The Futile Fight for Freedom, in: Passé turco-tatar (1986), S. 243–273; Ramazan Traho: Circassians, in: CAS 10 (1991), 1/2, S. 1–63; T. Tatlok: The Ubykhs, in: Caucasian Review 7 (1958), S. 100–109; Sarkisyanz (1961), S. 104–106.

[29] Die Nationalitäten (1991), Bd. 1, S. 233. – Die Schätzungen über die Zahl der in den 60er Jahren emigrierten Tscherkessen gehen bis zu 2 Millionen (Kemal H. Karpat: The Status of the Muslim under European Rule: The Eviction and Settlement of the Cerkes, in: Journal of Muslim Minority Affairs 1 (1978/79), S. 7–27, hier S. 11).

[30] Volkova (1974), S. 220–222; Istorija narodov (1988), S. 202–212; Wixman (1980), S. 76–79; Alan W. Fisher: Emigration of Muslims from the Russian Empire in the Years After the Crimean War, in: JbbGO 35 (1987), S. 356–371; Z. V. Ančabadze: Očerk ėtničeskoj istorii abchazskogo naroda. Suchumi 1976, S. 84–89.

[31] PSZ II, Nr. 41048 (Bd. 39, otd. 1, S. 583 f.).

[32] Istorija narodov (1988), S. 277–284; Istorija Dagestana Bd. 2 (1968), S. 119–139.

[33] Učreždenie upravlenija Stavropol'skoj gubernii, in: SZ II, č. 2 (1857), kn. 2, Art. 105, 107, 128. Vgl. aber PSZ II, Nr. 35201 (Bd. 34, otd. 2, S. 320).

[34] Ch. S. Achmedov: Carskaja administracija i vopros o soslovijach v čečeno-ingušskom obščestve vtoroj poloviny XIX – načala XX vv., in: Razvitie feodal'nych otnošenij u

narodov Severnogo Kavkaza. Machačkala 1988, S. 267–272; F. P. Trojno: Carizm i gorskie narody Severnogo Kavkaza v 60–90e gg. XIX v., in: Izvestija Severo-Osetinskogo naučno-issledovatel'skogo instituta 25. Ordžonikidze 1966, S. 107–124. Vgl. für Dagestan auch Svod (1893).

[35] Halbach (1991).

[36] Tillett (1969), S. 130–170, 194–221, 259–269; Chadži Murat Ibragimbejli: Narodno-osvoboditel'naja bor'ba gorcev Severnogo Kavkaza pod rukovoditel'stvom Šamilja protiv carizma i mestnych feodalov, in: Vist 1990, 6, S. 151–160.

[37] Grundlegend für diesen Abschnitt Olcott (1987). Vgl. außerdem Hambly (1966); Sarkisyanz (1961), S. 310–329; Demko (1969), Istorija Kazach. Bd. 1–2. (1975–1979).

[38] Vgl. I. Stebelsky: The Frontier in Central Asia, in: Studies Bd. 1 (1983), S. 143–173, bes. S. 151–161.

[39] Quellen in: Kazachsko-russkie otnošenija v XVI–XVIII vekach (Sbornik dokumentov i materialow). Alma-Ata 1961. Vgl. auch Alan Bodger: Abulkhair, Khan of the Kazakh Little Horde, and his Oath of Allegiance to Russia of October 1731, in: SEER 58 (1980), S. 40–57. Zum Handel N. G. Apollova: Ekonomičeskie i političeskie svjazi Kazachstana s Rossieju v XVIII – načale XIX v. Moskau 1960.

[40] Tillett (1969), S. 110–129, 149–167, 230–237.

[41] Amburger (1966), S. 401–409; Položenie ob upravlenii oblastej Akmolinskoj, Semipalatinskoj, Semirečenskoj, Ural'skoj i Turgajskoj, in SZ 2 (1892).

[42] Zu Il'minskij vgl. unten Kapitel 7.3.

[43] Dazu Demko (1969); Pierce (1960), S. 107–138; N. E. Bekmachanova: Formirovanie mnogonacional'nogo naselenija Kazachstana i Severnoj Kirgizii. Poslednjaja četvert' XVIII–60-e gody XIX v. M. 1980; Bekmachanova (1986).

[44] Zum folgenden vgl. Hambly (1966); Sarkisyanz (1961), S. 160–227, 332–341.

[45] Vgl. Bert G. Fragner: Probleme der Nationswerdung der Usbeken und Tadshiken, in: Die Muslime (1989), S. 19–34; Bennigsen-Wimbush (1985), S. 45–125; Akiner (1983), S. 266–383; Wixman (1984); Die Nationalitäten (1991), S. 252–283; Karl H. Menges: Peoples, Languages, and Migrations, in: Allworth (1989), S. 60–91; Allworth (1990), S. 30–43.

[46] Hambly (1966), S. 186–196; Wheeler (1964), S. 40–47; Bacon (1966), S. 47–91; Hayit (1971), S. 21–38; Istorija Usbek. Bd. 1 (1967), S. 607–686; Istorija tadžik. (1964), S. 57–126; Istorija Kirg. (1963), S. 282–326; Istorija Turkm. (1957), S. 7–92; Lorenz (1988), S. 120–137; Carrère (1988), S. 7–36.

[47] Vgl. Allworth (1989), S. 1–59; Hayit (1971), S. 39–49.

[48] Geyer (1977), S. 73–81; Hoetzsch (1966), S. 76–79; Lowell Tillett: Russian Imperialism and Colonialism, in Samuel H. Baron, Nancy W. Heer (Hg.): Windows on the Russian Past. Columbus 1977, S. 105–121 (mit Angabe der wichtigsten sowjetischen Arbeiten).

[49] Zitiert nach A. L. Popov: Iz istorii zavoevanija Srednej Azii, in: IZ 9 (1940), S. 202. Dazu auch Hoetzsch (1966), S. 102–122.

[50] Zitiert nach Hoetzsch (1966), S. 113.

[51] S. S. Tatiščev: Imperator Aleksandr II. Ego žizn' i carstvovanie. Bd. 2, Spb. 1903, S. 115–116. Vgl. auch Hoetzsch (1966), S. 27.

[52] Zum folgenden vgl. Pierce (1960), S. 17–45, zusammenfassend auch in Hambly (1966), S. 217–228; Hélène Carrère d'Encausse: Systematic Conquest, 1865 to 1884, in: Allworth (1989), S. 131–150; Hoetzsch (1966), S. 79–122; David MacKenzie: The Lion of Tashkent, The Career of General M. G. Cherniaev. Athens 1974; ders.: The Conquest and Administration of Turkestan, in: Rywkin (1988), S. 208–234; Hayit (1971), S. 74–114.

[53] Immanuel C. Y. Hsü: The Ili Crisis. A Study of Sino-Russian Diplomacy 1871–1881. Oxford 1965.

[54] F. M. Dostoevskij: Tagebuch eines Schriftstellers, zitiert nach Polnoe sobranie sočine-

nij. Bd. 27. L. 1984, S. 32. Andere Übersetzung in: Tagebuch eines Schriftstellers. München 1963, S. 583f.

[55] Zum folgenden Seymour Becker: Russia's Protectorates in Central Asia: Bukhara and Khiva, 1865–1924. Cambridge, Mass. 1968; Carrère d'Encausse (1988), S. 37–53.

[56] Zum folgenden Pierce (1960), S. 48–91, 141–152, knapp zusammengefaßt auch in: Hambly (1966), S. 221–233; Wheeler (1964), S. 65–78; Seymour Becker: Russia's Central Asian Empire 1885–1917, in: Rywkin (1988), S. 235–256; Hélène Carrère d'Encausse: Organizing and Colonizing the Conquered Territories, in: Allworth (1989), S. 151–171; Amburger (1966), S. 409–411; Položenie ob upravlenii Turkestanskago kraja, in: SZ II, 1892, Bd. 2; Galuzo (1929); Istorija Uzbek. Bd. 2 (1968), S. 39–68.

[57] Curzon (1967), S. 127–129.

[58] Die Nationalitäten (1991) Bd. 1, S. 437–439.

[59] Vgl. zum geistigen Hintergrund Batunsky (1987).

[60] Pierce (1960), S. 163–199; Ian Murray Matley: Agricultural Development, in: Allworth (1989), S. 266–281; ders.: Industrialization, ebda. S. 309–330; Lorenz (1989), S. 237–241; Jörg Stadelbauer: Bahnbau und kulturgeographischer Wandel in Turkmenien. Einflüsse der Eisenbahn auf Raumstruktur, Wirtschaftsentwicklung und Verkehrsintegration in einem Grenzgebiet des russischen Machtbereichs. Berlin 1973. Vgl. die ausführlichen Erörterungen des zeitgenössischen Beobachters Curzon (1967).

[61] Pierce (1960), S. 221–233; Halbach (1989), S. 227–229.

[62] Zum folgenden: To Siberia Bd. 2,3 (1988, 1989): Russian Penetration of the North Pacific Ocean 1700–1797. A Documentary Record, S. XXXI–LXX; The Russian American Colonies 1798–1867. A Documentary Record, S. XXVII–LXXX, beide Bände mit zahlreichen Quellen in englischer Übersetzung. – S. B. Okun: The Russian-American Company. New York 1979 (Reprint von 1951, Übers. aus dem Russischen); Alekseev (1982), S. 86–132; knappe Zusammenfassung Alton S. Donnelly: Russian-American Company, in: MERSH Bd. 32 (1983), S. 38–44.

[63] Dokumente Bd. 2 (1984), S. 517–521, zit. S. 519 (Notiz N. A. Šelichova's von 1798).

[64] Vgl. James R. Gibson: Diversification on the Frontier: Russian America in the Middle of the Nineteenth Century, in: Studies (1983), S. 197–238; ders.: Tsarist Russia in Colonial America: Criticial Constraints, in: Wood (1991), S. 92–116.

[65] Zitat Alekseev (1982), S. 132. Vgl. Ronald J. Jensen: The Alaska Purchase and Russian-American Relations. Seattle/London 1975.

[66] Zum folgenden Hoetzsch (1966), S. 50–60; Walter Kolarz: Rußland und seine asiatischen Völker, Frankfurt/M. 1956; Alekseev (1982); Dieter Landgraf: Amur, Ussuri, Sachalin 1847–1917. Neuried 1989.

[67] Zitat bei Hoetzsch (1966), S. 53.

[68] Amburger (1966), S. 407f. Vgl. zum folgenden auch Kurt Spiess: Periphere Sowjetwirtschaft. Das Beispiel Russisch-Fernost 1897–1970. Zürich/Freiburg i. Br. 1980, S. 16–30, 97–114.

[69] Levin-Potapov (1964), S. 685–787; Etničeskaja istorija (1982), S. 223–257; Die Nationalitäten Bd. 1 (1991), S. 288–297; Wixman (1984).

[70] Dazu Geyer (1977), S. 143–169; B. A. Romanov: Russia in Manchuria (1892–1906). Reprint New York 1974; R. K. I. Quested: «Matey» Imperalists? The Tsarist Russians in Manchuria 1895–1917. Hongkong 1982.

[71] Vgl. oben Kapitel 3.5. und 5.5. und Reinhard Bd. 1–3 (1983–1988); von Albertini (1976).

[72] Vgl. Geyer (1977).

[73] Vgl. Nicholas V. Riasanovsky: Asia Through Russian Eyes, in: Vucinich (1972), S. 3–29; Hoetzsch (1966), S. 123–138.

[74] F. M. Dostoevskij: Polnoe Sobranie sočinenij. Bd. 27. Leningrad 1984, S. 36f (Tagebuch eines Schriftstellers 1881).

Sechstes Kapitel

[1] Karl W. Deutsch: Nationalism and Social Communication. An Inquiry into the Foundations of Nationality. 2. Aufl. Cambridge, Mass. 1966; Ernest Gellner: Nations and Nationalism. Oxford 1983. Vgl. auch Lemberg (1964); Heinrich August Winkler (Hg.): Nationalismus, Königstein, Ts. 1978; Otto Dann: Der moderne Nationalismus als Problem historischer Entwicklungsforschung, in: Ders. (1978), S. 9–21.

[2] Hroch (1968); (1985).

[3] Dazu außer Hroch vgl. Seton-Watson (1977), S. 6–9; Józef Chlebowczyk: On Small and Young Nations in Europe. Wrocław u. a. 1980.

[4] Zur polnischen Nationalbewegung vgl. Tadeusz Łepkowski: Polska – narodziny nowoczesnego narodu 1764–1870. Warszawa 1967, knappe Zusammenfassung: La formation de la nation polonaise moderne dans les conditions d'un pays démembré, in: APH 19 (1968), S. 18–36; Stefan Kieniewicz: Le développement de la conscience nationale polonaise au XIXe siècle, ebda. S. 37–48; Kurt Georg Hausmann: Adelsgesellschaft und nationale Bewegung in Polen, in: Dann (1978), S. 23–47; Peter Brock: Polish Nationalism, in: Nationalism in Eastern Europe. Ed. by Peter F. Sugar and Ivo J. Lederer. Seattle/London 1969, S. 310–372; Davies Bd. 2 (1981), S. 3–79; Andrzej Walicki: Philosophy and Romantic Nationalism: The Case of Poland. Oxford 1982. Vgl. allg. Hoensch (1983); Rhode (1980); Wandycz (1974).

[5] Hans-Henning Hahn: Die Organisationen der polnischen «Großen Emigration» 1831–1847, in: Nationale Bewegung und soziale Organisation. Bd. 1. Vergleichende Studien zur nationalen Vereinsbewegung des 19. Jahrhunderts in Europa. Hg. von Otto Dann und Theodor Schieder. München, Wien 1978, S. 131–279.

[6] R. E. F. Leslie: Reform and Insurrection in Russian Poland 1856–1865. London 1963; Stefan Kieniewicz: Powstanie styczniowe. Warszawa 1972.

[7] Vgl. unten Kapitel 7, 2.

[8] Hans Lemberg: Polnische Konzeptionen für ein neues Polen in der Zeit vor 1918, in: Staatsgründungen und Nationalitätsprinzip. Hg. von Theodor Schieder. München/Wien 1974, S. 85–104.

[9] Vgl. die wegweisenden Studien von Hroch (1968, 1985) mit empirischen Untersuchungen zu den Finnen, Esten und Litauern, auf die ich auch im folgenden zurückgreife.

[10] Zum folgenden allgemein Jutikkala (1964); Wuorinen (1965); Thaden (1981); Wittram (1954); Raun (1987); Kruus (1932); Spekke (1951).

[11] Zu den Nationalbewegungen: Hroch (1968), (1985); Loit (1985), in erster Linie zu den Esten; Alapuro (1988); Pentti Renvall: Zur Organisations- und Sozialgeschichte der finnisch-nationalen Bewegung im 19. Jahrhundert, in: Theodor Schieder (Hg.): Sozialstruktur und Organisation europäischer Nationalbewegungen. München/Wien 1971, S. 155–167; Hösch (1991) mit Angabe neuerer finnischer Literatur; Toivo U. Raun: The Latvian and Estonian National Movements, 1860–1914, in: SEER 64 (1986), S. 66–80; Trapans (1979); Andrejs Plakans: Peasants, Intellectuals, and Nationalism in the Russian Baltic Provinces, 1820–90, in: Journal of Modern History 46 (1974), S. 445–475.

[12] Allg. zum folgenden Hellmann (1966); Čeginskas (1959); Ochmański (1967); Subtelny (1988); Krupnyckyj (1943); Vakar (1956); Gistoryja Bd. 1, 2 (1972); Wasilewski (1916).

[13] Allg. zu den nationalen Bewegungen vgl. Hroch (1968), (1985); zu den *Litauern* einige Beiträge in Loit (1985); Manfred Hellmann: Die litauische Nationalbewegung im 19. und 20. Jahrhundert, in: ZfO 2 (1953), S. 66–106; Jerzy Ochmański: Litewski ruch narodowo-kulturalny w XIX wieku (do 1890 r.). Białystok 1965; Leonas Sabaliunas: Lithuanian Social Democracy in Perspective 1893–1914. Durham/London 1990; Vladislas Kaupas: Die Presse Litauens. Unter Berücksichtigung des nationalen Gedankens und der

öffentlichen Meinung. Teil 1. Klaipeda 1934; A. Bulat: Litovcy, in: Kasteljanskij (1910), S. 426–444; Wandycz (1974), S. 239–259, 303–307; zu den *Ukrainern* Andreas Kappeler: Ein «kleines Volk» von 25 Millionen: Die Ukrainer um 1900, in: Kleine Völker (1991), S. 33–42; Kappeler, Ukrainians (1992); Ivan L. Rudnytsky: The Role of the Ukraine in Modern History, in: SR 22 (1963), S. 199–216; Ivancevich (1976); zu den *Weißrussen* Anton Novina: Belorussy, in: Kasteljanskij (1910), S. 382–395; Jan Zaprudnik: National Consciousness of the Byelorussians, in: Byelorussian Statehood (1988), S. 9–31; Peter Scheibert: Der weißrussische politische Gedanke bis 1919, in: Jomsburg 2 (1938), S. 335–354; Wasilewski (1925) zu Litauern und Weißrussen.

[14] Vgl. dazu Boshyk (1981).

[15] Kappeler, Rußlands (1982), S. 386–392.

[16] Vgl. Sarkisyanz (1961); Očerki Komi (1955), S. 275–285; Istorija Čuvaš. (1966), S. 217–230; Istorija Sib. Bd. 3 (1968), S. 423–431.

[17] Zum folgenden Suny (1989); Lang (1962); Salia (1983).

[18] Zur georgischen Nationalbewegung vgl. außer Suny (1989) Z. Avalov: Gruziny, in: Kasteljanskij (1910), S. 469–493.

[19] Vgl. Fairy von Lilienfeld: Die Heiligsprechung des Ilia Čavčavadze durch die Georgisch-Orthodoxe Kirche am 20. 7. 1987, in: Kleine Völker (1991), S. 66–75.

[20] Vgl. allg. Histoire (1982); Gregorian (1972); Parsamjan (1972).

[21] Zur armenischen Nationalbewegung vgl. auch Anahide Ter Minassian: Nationalisme et socialisme dans le mouvement révolutionnaire arménien (1887–1912), in: Suny (1983), S. 141–184.

[22] Vgl. Hroch (1985), S. 28f.

[23] Zum folgenden vgl. Bennigsen-Quelquejay (1960), S. 26–41; Rorlich (1986), S. 48–103, auch zusammenfassend in: Eine oder mehrere tatarische Nationen, in: Die Muslime (1989), S. 63–79; Džamaljutdin Validov: Očerk istorii obrazovannosti i literatury tatar (do revoljucii 1917 g.). Moskau 1923; Ja. G. Abdullin: Tatarskaja prosvetitel'skaja mysl' (Social'naja priroda i osnovnye problemy). Kazan' 1976; allgemein Hans Bräker: Die muslimische Erneuerungsbewegung in Rußland: in: Rußlands Aufbruch (1970), S. 181–198; Zenkovsky (1960), S. 8–40; v. Mende (1936), S. 21–91; Bennigsen-Lemercier (1981), S. 30–42.

[24] Vgl. Edward J. Lazzerini: Reform und Modernismus (Djadidismus) unter den Muslimen des Russischen Reiches, in: Die Muslime (1989), S. 35–47; Ders.: Ismail Bey Gasprinskii (Gaspirali): the Discourse of Modernism and the Russians, in: Edward Allworth (Hg.): Tatars of the Crimea. Their Struggle for Survival. Durham/London 1988, S. 149–169; Alan W. Fisher: Ismail Gaspirali, Model Leader for Asia, ebda. S. 11–26; Bennigsen-Lemercier (1964), S. 35–42.

[25] Bennigsen-Quelquejay (1960), S. 52–58; Očerki Bašk. Bd. I/2 (1959), S. 263–277.

[26] Halbach (1989), S. 229–231.

[27] Swietochowski (1985), S. 23–36; Bennigsen-Lemercier (1964), S. 27–31; Istorija Azerb. Bd. 2 (1960), S. 271–287, 314–405; Audrey Altstadt-Mirhadi: The Azerbaijani Bourgeoisie and the Cultural-Enlightenment Movement in Baku: First Steps Toward Nationalism, in: Suny (1983), S. 197–207.

[28] Kermit E. McKenzie: Chokan Valikhanov: Kazakh Princeling and Scholar, in: CAS 8 (1989), 3, S. 1–30.

[29] Hélène Carrère d'Encausse: The Stirring of National Feeling, in: Allworth (1989), S. 172–179; Hayit (1971), S. 185–189.

[30] Istorija narodov (1988), S. 336–380.

[31] L. Šternberg: Burjaty, in: Kasteljanskij (1910), S. 601–624; Sarkisyanz (1961), S. 379–387; Hundley (1984), S. 151–175; Egunov (1963); Istorija Burjat. (1954), S. 448–462.

[32] Vgl. zum ganzen Kapitel Rogger (1961/62); Andreas Kappeler: Bemerkungen zur Nationsbildung der Russen, in: Kappeler (1990), S. 19–35.

[33] Vgl. Riasanovsky (1959), für die Äußerung Kankrins S. 139. Zu den drei Prinzipien Uvarovs ein Quellenauszug in deutscher Übersetzung in: Die Orthodoxe Kirche (1988), S. 503–505.

[34] Hans Rogger: National Consciousness in Eighteenth-Century Russia. Cambridge, Mass. 1960.

[35] Vgl. Riasanovsky (1959).

[36] Diesen Gedanken äußert schon Lemberg Bd. 1 (1964), S. 228–231.

[37] Hans Lemberg: Die nationale Gedankenwelt der Dekabristen. Köln, Graz 1963.

[38] Nikolaj I. Zimbajew: Zur Entwicklung des russischen Nationalbewußtseins vom Aufstand der Dekabristen bis zur Bauernbefreiung, in Kappeler (1990), S. 37–54; Nicholas V. Riasanovsky: Russia and the West in the Teaching of the Slavophiles. A Study of Romantic Idelogy. Cambridge, Mass. 1952.

[39] Zum folgenden vgl. Geyer (1977), v.a. S. 43–54.

[40] Vgl. Edward C. Thaden: Conservative Nationalism in Nineteenth-Century Russia. Seattle 1964; Katz (1966); Lukashevich (1965); Picht (1969); Michael Boro Petrovich: The Emergence of Russian Panslavism 1856–1870. New York 1956.

[41] Vgl. Daniel Field: Rebels in the Name of the Tsar. Boston 1976; Jeffrey Brooks: When Russia Learned to Read. Literacy and Popular Literature 1861–1917. Princeton 1985, S. 214–245.

Siebtes Kapitel

[1] Vgl. die wichtigen Arbeiten von Thaden (1981, 1984) und die Kritik an dem von ihm gebrauchten Begriff der Russifizierung durch Schweitzer (1984) und Gert von Pistohlkors: «Russifizierung» in den baltischen Provinzen und in Finnland im 19. und beginnenden 20. Jahrhundert, in: ZfO 33 (1984), S. 592–606. Einen Überblick über die russische Nationalitätenpolitik geben von Rauch (1953), S. 89–145; Hugh Seton-Watson: The Russian Empire 1801–1917. Oxford 1967, S. 409–418, 485–505; Hans Rogger: Russia in the Age of Modernisation and Revolution 1881–1917. London, New York 1983, S. 182–207; Violet Conolly: Die «Nationalitätenfrage» im Zarenreich, in: Rußlands Aufbruch (1970), S. 151–180.

[2] Vgl. allg. W. Bruce Lincoln: Nicholas I. Emperor and Autocrat of all the Russias. Bloomington–London 1978; Riasanovsky (1959), bes. S. 224–233.

[3] A. S. Puškin: Klevetnikam Rossii (An die Verleumder Rußlands), in: Sočinenija. Bd. 1. Moskau 1962, S. 317. Vgl. Thaden (1984), S. 159f.; Fleischhacker (1941); Wladysław Bortnowski: Powstanie listopadowe w oczach Rosjan. Warszawa 1964.

[4] Zur Polenpolitik vgl. neben den allgemeinen Darstellungen von Hoensch (1983), Rhode (1980), Wandycz (1974), Historia Bd. 3 (1981) und Amburger (1966), S. 426–428, auch Winiarski (1924), S. 112–122, 151–164; Thaden (1984), S. 121–137, 144–153.

[5] Recueil (1862), S. 911–920.

[6] PSZ II, 4869 (Bd. 6, otd. 2, S. 134–138), auch gekürzt in Recueil (1862), S. 881–884. Vgl. Beauvois (1985), S. 110–153.

[7] Zur Unierten Kirche vgl. Pelesz (1880); Smolitsch (1991), S. 404–415, zu den Litauern, Weißrussen und Ukrainern Hellmann (1966); Čeginskas (1959); Vakar (1956); Subtelny (1988); Ivancevich (1976).

[8] Vgl. Wittram (1954); Haltzel (1977), S. 12–23; Thaden (1984), S. 169–191; Garve (1978).

[9] Thaden (1984), S. 201–219.

[10] Kappeler, Rußlands (1982), S. 387–392, Zitat 389; Lemercier (1967), S. 397–402; Glazik (1953); Glazik (1959), S. 120–127; Smolitsch (1991), S. 280–312.

[11] Kappeler, Rußlands (1982), S. 393–400.

[12] Babel (1926), S. 136f.; V.F. Šišmarev: Romanskie jazyki jugo-vostočnoj Evropy i nacional'nyi jazyk Moldavskoj SSR, in: Voprosy moldavskogo jazykoznanija. Moskau 1953, S. 73–120, hier S. 114; Zelenčuk (1979), S. 167f.

[13] Zum folgenden vgl. Wandycz (1974); Historia Bd. 4 (1982); Thaden (1984), S. 154–168, 138–143; Fleischhacker (1941); Winiarski (1924), S. 122–132, 153–170; Amburger (1966), S. 429–434.

[14] Katz (1966), S. 118–131, Zitat S. 121. Vgl. Michael B. Petrovich: Russian Pan-Slavists and The Polish Uprising of 1863, in: Harvard Slavic Studies 1 (1953), S. 218–248; Lukashevich (1965), S. 76–89; Picht (1969), S. 237–242; Fleischhacker (1941), S. 93–114.

[15] Vgl. u. a. Simon (1969), S. 203–217.

[16] Der Dictator von Wilna. Memoiren des Grafen M. N. Murawjew. Leipzig 1883, S. 59. Vgl. auch Sambuk (1980).

[17] Zum folgenden Hellmann (1966) Čeginskas (1959); Vakar (1953); Sambuk (1980); Subtelny (1988); Ivancevich (1976); Roman Solchanyk: Language Politics in the Ukraine, in: Kreindler (1985), S. 57–105, hier 58–62; Fedir Savčenko: Zaborona ukrajinstva 1876 r. München 1970 (Reprint der Ausgabe Kiev 1930).

[18] Der Dictator von Wilna, op. cit. S. 13, vgl. auch S. 85.

[19] Mich. Lemke: Epocha cenzurnych reform 1859–1865 godov. S.-Peterburg 1904, S. 300; Katz (1966), S. 131–133.

[20] Lemke op. cit., S. 295–309, Zitat S. 303.

[21] Zum folgenden Haltzel (1977); Thaden (1981); Thaden (1984), S. 191–199; Wittram (1954); Garve (1978).

[22] Juri Samarins Anklage gegen die Ostseeprovinzen Rußlands. Übers. aus dem Russischen. Leipzig 1869; C. Schirren: Livländische Antwort an Herrn Juri Samarin. Leipzig 1869 (Reprint 1971).

[23] Zitat nach Haltzel (1977), S. 32.

[24] Zum folgenden Schweitzer (1978); Thaden (1981); Jutikkala (1964); Hösch (1991), auch mit neuerer finnischsprachiger Literatur.

[25] In englischer Übersetzung bei Kirby (1975), S. 80f.

[26] Kappeler, Rußlands (1982), S. 403–406. Vgl. allg. auch zum folgenden: Materialy po istorii Tatarii vtoroj poloviny XIX veka. Čast' 1: Agrarnyj vopros i krest'janskoe dviženie 50–70-ch godov XIX v. Moskau/Leningrad 1936; Frank T. McCarthy: The Kazan Missionary Congress, in: CMRS 14 (1973), S. 308–332.

[27] Isabelle Kreindler: Nikolai Il'minskii and Language Planning in Nineteenth-Century Russia, in: International Journal of the Sociology of Language 22 (1979), S. 5–26; Stephen J. Blank: National Education, Church and State in Tsarist Nationality Policy: The Il'minski System, in: Canadian-American Slavic Studies 17 (1983), S. 466–486; Jean Saussay: Il'minskij et la politique de russification des Tatars 1856–1891, in: CMRS 8 (1967), S. 404–426; Simon (1969), S. 237–248; Bennigsen-Quelquejay (1960), S. 33–36; Zenkovsky (1960), S. 28–30; Rorlich (1986), S. 44–47; Glazik (1959), S. 131–143 (apologetisch).

[28] A. Ch. Machmutova: Stanovlenie svetskogo obrazovanija u tatar (Bor'ba vokrug škol'nogo voprosa. 1861–1917). Kazan' 1972, S. 23.

[29] Materialy po istorii Čuvašskoj ASSR. Vyp. 2. Čeboksary 1956, S. 263.

[30] Vgl. oben Kapitel 6., 2. und 4.

[31] Isabelle Kreindler: A Neglected Source of Lenin's Nationality Policy, in: SR 36 (1977), S. 86–100.

[32] Sbornik dokumentov i statej po voprosu ob obrazovanii inorodcev. S.-Peterburg 1869, passim, zit. S. 5.

[33] V. G. Korolenko: Multanskoe žertvoprinošenie, In: Ders.: Sobranie sočinenij. Bd. 9. Moskau 1955, S. 337–392; Očerki Udmurt. (1958), S. 179–182.

[34] Baumann (1987); Očerki Bašk. Bd. I, 2 (1959), S. 140–164.

[35] Vgl. Batunsky (1987).

[36] Vgl. dazu Jadrinzew (1886); Damešek (1986); Glazik (1953), S. 134–144; Sarkisyanz (1961), S. 381 f.; Egunov (1963).

[37] Babel (1926), S. 187 f.; Zelenčuk (1979), S. 168; Istorija Mold. (1982), S. 219. Vgl. auch Gustav Weigand: Die Dialekte der Bukowina und Bessarabiens. Leipzig 1904, S. 24; Seton-Watson (1934), S. 563.

[38] Fleischhauer (1986), S. 278–316; Long (1988), S. 16–40; Neutatz (1993), S. 27–62. Zu den Mennoniten: Ehrt (1932); P. M. Friesen: Die Alt-Evangelische Mennonitische Brüderschaft in Rußland (1789–1910) im Rahmen der mennonitischen Gesamtgeschichte. Halbstadt 1911.

[39] Ingeborg Fleischhauer: Zur Entstehung der deutschen Frage im Zarenreich, in: Die Deutschen im Russischen Reich und im Sowjetstaat, hg. von A. Kappeler, B. Meissner und G. Simon. Köln 1987, S. 39–47; Fleischhauer (1986), S. 329–357.

[40] Amburger (1966), S. 418–420; Mil'man (1966), S. 181–195, 204–234; John P. LeDonne: La réforme de 1883 au Caucase, in: CMRS 8 (1967), S. 21–35.

[41] Lang (1962), S. 108 f.; George B. Hewitt: Georgian: A Noble Past, A Secure Future, in: Kreindler (1985), S. 163–179, hier S. 168 f.; Ammann (1950), S. 477 f.; R. Janin: Géorgie, in: Dictionnaire de théologie catholique. Bd. 6. Paris 1920, Sp. 1239–1289, hier Sp. 1264–1270.

[42] Gregorian (1972), S. 194–204; Ronald Grigor Suny: Images of the Armenians in the Russian Empire, in: Richard G. Hovannisian (Hg.): The Armenian Image in History and Literature, Malibu 1981, S. 105–137.

[43] Vgl. oben Kapitel 3.3.

[44] Zum ganzen Kapitel vgl. Rogger (1986); Löwe (1978) und zusammengefaßt ders.: Die Juden als Minderheit in der Geschichte. Hg. von B. Martin und E. Schulin. München 1981, S. 184–208; Hildermeier (1984); Baron (1964), S. 46–69; Dubnow Bd. 2–3 (1918–1920).

[45] I. Michael Aronson: Troubled Waters. The Origins of the 1881 Anti-Jewish Pogroms in Russia. Pittsburgh 1990; Omeljan Pritsak: The Pogroms of 1881 in: HUS 11 (1987), S. 8–43; Mina Goldberg: Die Jahre 1881–1882 in der Geschichte der russischen Juden. Diss. Berlin 1934; Stephen M. Berk: Year of Crisis, Year of Hope. Russian Jewry and the Pogroms of 1881–1882. Westport, London 1985.

[46] Vgl. John D. Klier: The Concept of ‹Jewish Emancipation› in a Russian Context, in: Civil Rights (1989), S. 121–144.

[47] Hier folge ich Löwe (1978).

[48] Zum folgenden vgl. Baron (1964), S. 135–186; Dubnow Bd. 2–3 (1918–1920); Frankel (1981).

[49] David Vital: The Origins of Zionism. Oxford 1975; Gershon Swet: Russian Jews in Zionism and in the Building of Palestine, in: Russian Jewry (1966), S. 172–208; J. Goldstein: The Attitude of the Jewish and the Russian Intelligentsia to Zionism in the Initial Period (1897–1904), in: SEER 64 (1986), S. 546–556.

[50] Ezra Mendelsohn: Class Struggle in the Pale: The Formative Years of the Jewish Workers' Movement in Tsarist Russia. Cambridge/New York 1970; Henry J. Tobias: The Jewish Bund in Russia from its Origins to 1905. Stanford 1972; Klaus Heller: Revolutionärer Sozialismus und nationale Frage. Das Problem des Nationalismus bei russischen und jüdischen Sozialdemokraten und Sozialrevolutionären im Russischen Reich bis zur Revolution 1905–1907. Frankfurt/M. u. a. 1977.

[51] Starr (1978), S. 31.

[52] Vgl. die Interpretationen von Schweitzer (1986); Thaden (1981); Starr (1978); Rogger (1961/62); Raymond Pearson: Privileges, Rights, and Russification, in: Civil Rights (1989), S. 85–102; John D. Klier: The Polish Revolt of 1863 and the Birth of Russification: Bad for the Jews? In: Polin. A Journal of Polish-Jewish Studies 1 (1986), S. 96–110. Für eine einheitliche Nationalitätenpolitik plädiert Löwe (1990). Vgl. auch oben Anm. 1.

[53] M. Slavinskij: Nacional'naja struktura Rossii i velikorossy, in: Kasteljanskij (1910), S. 277–303, hier S. 284.

[54] Friedhelm Berthold Kaiser: Die russische Justizreform von 1864. Zur Geschichte der russischen Justiz von Katharina II. bis 1917. Leiden 1972, S. 465–467.

[55] Robert F. Baumann: Universal Service Reform and Russia's Imperial Dilemma, in: War & Society 4 (1986), 2, S. 31–49.

[56] Kermit E. McKenzie: Zemstvo Organization and Role within the Administrative Structure, in: The zemstvo in Russia. An Experiment in local self-government. Hg. von Terence Emmons und Wayne S. Vucinich. Cambridge 1982, S. 31–78, hier S. 33f.

Achtes Kapitel

[1] Die großen Gesamtdarstellungen der Geschichte Rußlands gehen auf die polyethnischen Aspekte nur am Rande ein. Ansätze eines Gesamtüberblicks durch den Zeitgenossen Hoetzsch (1917) und – mit stark ökonomisch orientierter Interpretation – durch Drabkina (1930).

[2] Zur Volkszählung von 1897 und ihren Kategorien umfassend: Die Nationalitäten (1991), Bd. 1.

[3] Dazu neuerdings auch D. I. Ischakov: O nekotorych aspektach problemy mesta priural'skich tatar v ėtničeskoj strukture tatarskoj nacii, in: Priural'skie tatary. Kazan' 1990, S. 4–12. Allgemein zur Sprachkategorie der Volkszählung: Die Nationalitäten (1991), Bd. 1, S. 137–284.

[4] Die Daten der Volkszählung von 1897 auch im folgenden nach: Die Nationalitäten (1991), Bd. 2. Zum Anteil der Russen und Ostslawen vgl. Bd. 1, S. 147f., 167–171. Von auf einzelne ethnische Gruppen oder Regionen beschränkten Untersuchungen, die ebenfalls vorwiegend auf der Volkszählung von 1897 basieren, seien genannt: Krawchenko (1985); Steven L. Guthier: The Belorussians: National Identification and Assimilation, 1897–1970, in: Soviet Studies 29 (1977), S. 37–61, 270–283; Bruckus (1908, 1909); Die sozialen Verhältnisse (1906); Łukawski (1978); Zelenčuk (1979); Ju. I. Smykov, L. N. Gončarenko: Nacional'nyj sostav naselenija Povolž'ja v konce XIX veka, in: Nacional'nyj vopros v Tatarii dooktjabr'skogo perioda. Kazan' 1990, S. 97–106; B. Ischchanjan: Nationaler Bestand, berufsmäßige Gruppierung und soziale Gliederung der kaukasischen Völker. Berlin 1914; Bekmachanova (1986); D. D. Nimaev: Etnodemografičeskie processy v Burjatii v XIX – načale XX v., in: Burjatija XVII – načala XX v. Novosibirsk 1989, S. 69–84.

[5] Die Nationalitäten (1991), S. 172f.

[6] Kasteljanskij (1910), S. 627f.

[7] Da die Sprache als Erhebungskriterium galt, sind unter den Deutschen auch Schweizer und Deutsch-Österreicher erfaßt worden.

[8] Die Daten zur konfessionellen Struktur der Bevölkerung wiederum nach: Die Nationalitäten (1991), Bd. 2, zur Quellenkritik Bd. 1, S. 285–323. Ergänzende Daten der Volkszählung stammen aus der Kölner NFR-Datenbank (vgl. Die Nationalitäten, 1991, Bd. 1, S. 89–134).

[9] Die Anteile der Stadtbevölkerung nach: Die Nationalitäten (1991), Bd. 2, S. 69–72. Zum Stadtbegriff der Volkszählung vgl. Bd. 1, S. 513–525.

[10] Zum Begriff vgl. Kapitel 4.2.

[11] Vgl. D. M. Ischakov: Tatary v krupnych gorodach Povolž'ja i Priural'ja v konce XIX – načale XX v. (Etnostatističeskij očerk), in: Etničeskie gruppy (1987), S. 82–90.

[12] Acht der Großstädte (Moskau, Petersburg, Kiev, Warschau, Riga, Odessa, Tiflis und Baku) behandelt Hamm (1986).

[13] Die neuere Forschung hat die Bedeutung der ständischen Kategorien allerdings wieder aufgewertet: Die Nationalitäten (1991), Bd. 1, S. 377–429; Gregory L. Freeze: The Soslovie (Estate) Paradigm in Russian Social History, in: American Historical Review 91 (1986), S. 19–34. Vgl. auch Handbuch Bd. 1 (1987), S. 1104–1119. Die Daten nach: Die Nationalitäten (1991), Bd. 2.

[14] Der nicht voll gleichberechtigte «höchste muslimische Stand» der beki wurde also zum erblichen Adel gerechnet (vgl. die Zahlen in Svod, 1893).

[15] Vgl. zu diesen Begriffen Kapitel 6.

[16] Ich stütze mich dafür erneut auf Die Nationalitäten (1991), Bd. 2, wo die Daten der Volkszählung von 1897 zu 15 Großregionen wiedergegeben sind. Vereinzelt muß ich zur Differenzierung auch auf die Datenbank «Die Nationalitätenfrage im spätzaristischen Rußland» des Seminars für osteuropäische Geschichte der Universität zu Köln, archiviert im Zentrum für historische Sozialforschung der Universität zu Köln (Studiennummer 8054), zurückgreifen (dazu vgl. Die Nationalitäten, 1991, Bd. 1, Kap. 2). Vgl. den auf derselben Quelle fußenden Aufsatz zur Stadtbevölkerung des europäischen Rußland von N. V. Juchneva: Materialy k ėtničeskomu rajonirovaniju gorodskogo naselenija Evropejskoj Rossii (Po dannym perepisi 1897 g.), in: Etničeskie gruppy (1987), S. 112–126. Für weitere Informationen verweise ich auf die in den vorangegangenen Kapiteln zitierte Literatur zu den einzelnen Regionen, die hier nicht mehr angeführt wird.

[17] Da das Großfürstentum Finnland von der Volkszählung von 1897 nicht erfaßt wurde, Daten nach Kasteljanskij (1910), S. 627f.; Raun (1984), S. 454–456.

[18] S. Patkanov: O priroste inorodčeskago naselenija Sibiri. Statističeskie materialy dlja osveščenija voprosa o vymiranii pervobytnych plemen. Spb. 1911.

[19] Nach Zelenčuk (1979, S. 153–158), der die Angaben der Volkszählung zugunsten der Moldauer korrigiert, 52,1 Prozent.

[20] Zu den Migrationen vgl. Bruk-Kabuzan (1984); B. V. Tichonov: Pereselenija v Rossii vo vtoroj polovine XIX v. M. 1978; Demko (1969); Bekmachanova (1986).

[21] Handbuch Bd. 3 (1987), S. 1038–1055. Vgl. die Zürcher Untersuchungen zur Schweizer Rußland-Auswanderung, zusammenfassend: Schweizer im Zarenreich. Zur Geschichte der Auswanderung nach Rußland. Zürich 1985.

[22] Vgl. Korelin (1979), S. 48f., der allerdings alle Ostslawen zu den Russen rechnet.

[23] Zajončkovskij (1978), S. 200–219; Dominic C. B. Lieven: The Russian Civil Service under Nicholas II.: Some Variations on the Bureaucratic Theme, in: JbbGO 29 (1981), S. 366–403. Vgl. auch die Bemerkungen von Armstrong (1978) und Amburger (1966).

[24] P. A. Zajončkovskij: Samoderžavie i russkaja armija na rubeže XIX–XX stoletij. 1881–1903. Moskau 1973; Stein (1967), S. 458f.; Screen (1976).

[25] Das Bild wird bestätigt durch die Zahlen für 1912; allerdings war nun der Anteil der Orthodoxen bei den Offizieren auf 89, bei den Generälen auf fast 86 Prozent gestiegen: Peter Kenez: A Profile of the Prerevolutionary Officer Corps, in: California Slavic Studies 7 (1973), S. 121–158, hier S. 137f.

[26] Andreas Kappeler: Zur Charakteristik russischer Terroristen (1878–1887), in: JbbGO 27 (1979), S. 520–547, hier S. 528–531; Leonard Shapiro: The Rôle of the Jews in the Russian Revolutionary Movement, in: SEER 40 (1961), S. 148–167; Łukawski (1978), S. 193–212; David Lane: The Roots of Russian Communism. A Social and Historical Study of Russian Social-Democracy 1898–1907. Assen 1969, S. 39–51, bes. S. 44; Maureen Perrie: The Social Composition and Structure of the Socialist-Revolutionary Party before 1917, in: Soviet Studies 24 (1972/73), S. 223–250, hier S. 236–238.

[27] Zu diesem Kapitel vgl. allg. Handbuch Bd. 3 (1981), S. 102–149, 213–243; Arcadius Kahan: Wirtschafts- und Sozialgeschichte Rußlands und Kongreßpolens. Teilveröffentlichung aus: Handbuch der europäischen Wirtschafts- und Sozialgeschichte Bd. 5. Stuttgart 1980; Roger Portal: The Industrialization of Russia, in: The Cambridge Economic History of Europe. Bd. 6. Cambridge 1966, S. 801–872. Für die einzelnen Regionen und Ethnien stütze ich mich auf die in den vorangegangenen Kapitel zitierte Fachliteratur.

[28] Vgl. Krawchenko (1985), S. 17f., 39–44; Theodore H. Friedgut: Iuzovka and Revolution. Bd. 1. Life and Work in Russia's Donbass, 1869–1924. Princeton 1989.

[29] A. S. Nifontov: Zernovoe proizvodstvo Rossii vo vtoroj polovine XIX veka. Po materialam ežegodnoj statistiki urožaev Evropejskoj Rossii. Moskau 1974, hier S. 276. Vgl. auch Andreas Moritsch: Landwirtschaft und Argarpolitik in Rußland vor der Revolution. Wien u. a. 1986, S. 119–157 und Tabellen.

[30] Die Zahlen nach: Die Nationalitäten (1991), Bd. 2, mit Ergänzungen aus der Kölner NFR-Datenbank. Zur Quellenkritik der Berufskategorien: Die Nationalitäten (1991), Bd. 1, S. 480–488. Zu den Juden Recueil Bd. 1 (1906); Bruckus (1908). Vgl. auch Weinryb (1972) für die Zeit vor 1881.

[31] Zum Begriff der mobilen Diasporagruppen vgl. oben Kapitel 4.2.

[32] Vgl. Kahan (1983).

[33] Die Daten nach: Die Nationalitäten (1991), Bd. 2, Quellenkritik zu den Bildungskategorien Bd. 1, S. 324–376.

[34] Angabe bei Aira Kemiläinen: Initiation of the Finnish People into Nationalist Thinking, in : Nationality and Nationalism in Italy and Finland from the Mid-19th Century to 1918. Helsinki 1984, S. 112. Vgl. auch Raun (1984), S. 455.

[35] Raun (1979).

[36] Bruckus (1909), S. 47f.; Die sozialen Verhältnisse (1906), S. 41–52. Vgl. aber auch Recueil Bd. 2 (1908).

[37] Vgl. die detaillierte Beschreibung der Berufskategorien in: Die Nationalitäten (1991), Bd. 1, S. 466–488.

[38] Vgl. dazu Łukawski (1978); Bazylow (1984).

[39] Vgl. Die sozialen Verhältnisse (1906), S. 52–57; Recueil Bd. 2 (1908), S. 340–354.

[40] Vgl. jüngst Mark Bassin: Russia between Europe and Asia: The Ideological Construction of Geography, in: SR 50 (1991), S. 1–17 (mit Lit.).

[41] Armstrong (1976). Vgl. oben Kapitel 4.2.

[42] Juchneva (1984); Bazylow (1984). Die ethnische Nomenklatur ist für Petersburg besonders schwierig, einerseits weil alle Nichtrussen einer ständigen Russifizierung unterlagen, andererseits weil die beiden wichtigsten ethnischen Gruppen uneinheitlich waren: Die Deutschen umfaßten auch deutschsprachige Schweizer, Finnländer, Juden usw., die Finnen zum Teil auch die im Gouvernement Petersburg lebenden finnischsprachigen Ischoren. Außerdem waren die Kategorien der Stadtzählungen und der Volkszählung von 1897 nicht identisch.

[43] Zur Frage des kolonialen Charakters Rußlands vgl. schon Kapitel 2.5, 4.5 und 5.6 (mit Literaturangaben), außerdem Petr Grigorevič Galuzo: Das Kolonialsystem des russischen Imperialismus am Vorabend der Oktoberrevolution, in: Zeitschrift für Geschichtswissenschaft 15 (1967), S. 997–1013.

[44] Vgl. für Westeuropa Michael Hechter: Internal Colonialism: The Celtic Fringe in British National Development. 1536–1966. London 1975.

[45] Zur Diskussion um die Ukraine als «europäische» oder «innere Kolonie» Rußlands, die schon in der Ukrainischen Sowjetrepublik der 20er Jahre geführt wurde, vgl. Kononenko (1958); Krawchenko (1985), u. a. S. 6–8, 39f.

[46] M. Ptucha: Smertnist' u Rosiji i na Ukrajini. Charkiv-Kyjiv 1928, bes. S. 63–93.

Neuntes Kapitel

[1] Vgl. dazu die problemorientierten Darstellungen von Geyer (1985), Hildermeier (1989) und Bernd Bonwetsch: Die Russische Revolution 1917. Eine Sozialgeschichte von der Bauernbefreiung bis zum Oktoberumsturz. Darmstadt 1991.

[2] Das in der ersten Auflage bereits 1954 erschienene Werk von Pipes (1964), das sich auf die Jahre 1917 bis 1922 konzentriert, bleibt die einzige zusammenfassende Darstellung.

[3] Zur Revolution von 1905 vgl. Ascher (1988); Shanin (1986); Die Revolution (1980); Handbuch Bd. 3 (1982), S. 338–378.

[4] Ju. I. Kir'janov: Uličnye demonstracii rabočich v Rossii v 1895–1900 gg., in: Rabočij klass Urala v period kapitalizma (1861–1917). Sbornik naučnych trudov. Sverdlovsk 1988, S. 45–62.

[5] Für die Ereignisse in den unterschiedlichen Regionen verweise ich auf die in den vorangegangenen Kapiteln zitierten Darstellungen zur Geschichte der Ethnien und Regionen Rußlands. Vgl. auch Kasteljanskij (1910); Revoljucija 1905–1907 gg. v nacional'nych rajonach Rossii. Sbornik statej. Moskau 1955; I. D. Kuznecov (Hg.): Nacional'nye dviženija v period pervoj revoljucii v Rossii. Sbornik dokumentov iz archiva byv. Departamenta Policii. Čeboksary 1935.

[6] Zusammenfassend Ascher (1988), S. 152–162; Seton-Watson (1967), S. 607–612.

[7] Kalabiński-Tych (1969); Anna Żarnowska, Janusz Żarnowski: La classe ouvrière du Royaume de Pologne dans la révolution de 1905–1907, in: Coquin (1986), S. 229–240; M. K. Dziewanowski: The Polish Revolutionary Movement and Russia, 1904–1907, in: Russian Thought and Politics. 's-Gravenhage 1957 (Harvard Slavic Studies 4), S. 375–394.

[8] Anahide Ter Minassian: Particularités de la révolution de 1905 en Transcaucasie, in: Coquin (1986), S. 315–337; Jones (1989); Leon Der Megrian: Tiflis during the Russian Revolution of 1905. Ph. D. Diss. University of California, Berkeley 1968; E. L. Keenan: Remarques sur l'histoire du mouvement révolutionnaire à Bakou (1904–1905), in: Sur 1905. Paris 1974, S. 49–97; Jacques Baynac: Aspects caucasiens, ebda. S. 99–153. Vgl. zur Bauernbewegung in Gurien auch die Memoiren von Grigorij Uratadze: Vospominanija gruzinskogo social-demokrata. Stanford 1968.

[9] Vgl. dazu den zeitgenössischen Bericht von Luigi Villari: Fire and Sword in the Caucasus. London 1906.

[10] Raun (1984); Trapans (1979), S. 876–1153; Die Lettische Revolution. Teil II. Berlin 1907 (tendenziös deutschfreundlich und antilettisch).

[11] Frankel (1981), S. 134–149.

[12] Robert Edelman: Proletarian Peasants. The Revolution of 1905 in Russia's Southwest. Ithaca–London 1987.

[13] A. S. Amal'rik: K voprosu o čislennosti i geografičeskom razmeščenii stačečnikov v Evropejskoj Rossii v 1905 godu, in: IZ 52 (1955), S. 142–185.

[14] Hoetzsch (1917), S. 337.

[15] Vgl. Kalabiński-Tych (1969), S. 413; Jones (1989), S. 430.

[16] Deutsche Übersetzung in: Die Orthodoxe Kirche (1988), S. 588–592.

[17] Céline Gervais-Francelle: La grève scolaire dans le royaume de Pologne, in: Coquin (1986), S. 261–298.

[18] Zit. bei S. Dubnov: Evrei, in: Kasteljanskij (1910), S. 406.

[19] Die Judenpogrome in Rußland. Bd. 1–2. Köln 1910. Vgl. die unterschiedlichen Interpretationen bei Rogger (1986); Löwe (1978), Baron (1964) und Ascher (1988, S. 129–131, 253–262).

[20] Vgl. Frankel (1981).

[21] Vgl. Löwe (1990); Hans Rogger: Was There a Russian Fascism? The Union of Russian People, in: Rogger (1986), S. 212–232; Ferenczi (1984).

[22] Zum folgenden Mende (1936); Zenkovsky (1960); Aršaruni-Gabidullin (1931); Rorlich (1986); Swietochowski (1985); Scheibert (1972), S. 91 f.

[23] Bennigsen-Lemercier (1964).

[24] Boshyk (1981); Kappeler, Ukrainians (1992).

[25] Istorija čuvaš. Bd. 1 (1966), S. 189, 194 f., 201, 227–229.

[26] Bennigsen-Lemercier (1964), S. 136 f.

[27] Vgl. zum folgenden L. Šternberg: Inorodcy, in: Kasteljanskij (1910), S. 534–563; Istorija Sib. Bd. 3 (1969), S. 291–298.

[28] N. P. Egunov: Pervaja russkaja revoljucija i vtoroj ėtap nacional'nogo dviženija v Burjatii. Ulan-Udė 1970.

[29] Vgl. allgemein Handbuch Bd. 3, S. 378–437; Seton-Watson (1967), S. 621–676; F. Dan: Obščaja politika pravitel'stva i izmenenija v gosudarstvennoj organizacii v period 1905–1907 gg. in: Obščestvennoe dviž. 4 (1912), č. 1, S. 365–392; č. 2, S. 1–148; S. M. Sidel'nikov: Obrazovanie i dejatel'nost' pervoj Gosudarstvennoj dumy. Moskau 1962; Alfred Levin: The Second Duma. A Study of the Social-Democratic Party and the Russian Constitutional Experiment. 2. Aufl. Hamden, Conn. 1966. Die wichtigsten Dokumente bei Kalinyčev (1957).

[30] M. Bojovič: Členy Gosudarstvennoj Dumy (Portrety i biografii). Pervyj sozyv 1906–1911 g. Moskau 1906; Členy 2-oj Gosudarstvennoj Dumy. S.-Peterburg 1907. Die Zahlenangaben bei Hoetzsch (1917, S. 112 f.), die von der Forschung zum Teil übernommen wurden, sind unvollständig und berücksichtigen die später eingetroffenen Abgeordneten aus der Peripherie nicht. Zur Vertretung der Nichtrussen in der Duma vgl. die oben und in früheren Kapiteln zitierten allgemeinen Werke sowie die folgenden Spezialstudien: Oleh W. Gerus: The Ukrainian Question in the Russian Duma, 1906–1917: An Overview, in: Studia Ucrainica 2. Ottawa 1984, S. 157–173; Zygmunt Łukawski: Koło polskie w Rosyjskiej Dumie Państwowej w latach 1906–1909. Wrocław u. a. 1967; Edward Chmielewski: The Polish Question in the Russian State Duma. Knoxville 1970.

[31] Kalinyčev (1957), S. 273, deutsch in Hoetzsch (1917), S. 120.

[32] Hoetzsch (1917), S. 120–123, 130 f.; Tiander (1934), S. 40–49; Manfred Hagen: Die Entfaltung politischer Öffentlichkeit in Rußland 1906–1914. Wiesbaden 1982, S. 84, vgl. auch S. 307–318; Coonrod (1954), S. 29 f.

[33] Vgl. dazu Löwe (1990); Ferenczi (1984); Avrech (1968); Geoffrey A. Hosking: The Russian Constitutional Experiment. Government and Duma, 1907–1914. Cambridge 1973. Vgl. zwei Parteiprogramme von 1906 bei Scheibert (1972), S. 81–88.

[34] Budilovič (1907).

[35] Zitiert nach Hoetzsch (1917), S. 132.

[36] Kalinyčev (1957), S. 141.

[37] Zur Nationalitätenpolitik nach 1906 vgl. allg. Hoetzsch (1917), Avrech (1968) und die früher zitierten Monographien zur Geschichte der einzelnen Regionen.

[38] Vgl. Avrech (1968), S. 44–91; Manfred Hagen: *Edinenie* und *obnovlenie:* Traditionale und modernistische Züge in Stolypins Staatsnationalismus gegenüber Finnland, in: JBS 15 (1984), S. 148–170.

[39] Hans Rogger: The Beilis Case: Anti-Semitism and Politics in the Reign of Nicholas II, in: Rogger (1986), S. 40–55.

[40] Vgl. allg. dazu Thaden (1981); Hagen op. cit. in Anm. 38.

[41] Allgemein Handbuch Bd. 3, S. 489–538.

[42] Vgl. zum folgenden neben den allgemeinen Werken zur Geschichte der einzelnen Regionen und Völker: Coonrod (1954); von Rauch (1953), S. 176–189.

[43] Fleischhauer (1986), S. 440–523.

[44] Löwe (1978), S. 146–191.

[45] Hovannisian (1967), S. 30–68.

[46] Zu den unterschiedlichen Aktivitäten der Nationalitäten Rußlands während des 1. Weltkriegs vgl. Tiander (1934), S. 52–69; Kennen Sie Rußland? Verfaßt von zwölf russischen Untertanen. Berlin 1916; Seppo Zetterberg: Die Tätigkeit der Liga der Fremdvölker Rußlands in Stockholm während der Jahre 1916–1918, in: Acta Baltica 10 (1970), S. 211–257; Ferro (1961), S. 132–138; Oleh Fedyshyn: The Germans and the Union for the Liberation of the Ukraine, 1914–1917, in: Hunczak (1977), S. 305–322.

[47] Zum Aufstand von 1916 Edward Dennis Sokol: The Revolt of 1916 in Russian Central Asia. Baltimore 1954; Vosstanie 1916 goda v Srednej Azii i Kazachstane. Sbornik dokumentov. Moskau 1960; Ch. Tursunov: Vosstanie 1916 goda v Srednej Azii i Kazachstane. Taškent 1962; Pierce (1960), S. 271–296; Olcott (1987), S. 118–127.

[48] Leo Trotzki: Geschichte der Russischen Revolution. Februarrevolution. Berlin 1931, S. 144. Zur Revolution von 1917 vgl. allgemein Geyer (1985); Hildermeier (1989); Handbuch Bd. 3 (1982/83), S. 538–622.

[49] Graeme J. Gill: Peasants and Government in the Russian Revolution. London 1979, bes. S. 157–169; Sergej M. Dubrowski: Die Bauernbewegung in der russischen Revolution. Berlin 1929, u. a. S. 90.

[50] Allan K. Wildman: The End of the Russian Imperial Army. Vol. 1–2. Princeton 1980, 1987; Uldis Germanis: Oberst Vacietis und die lettischen Schützen im Weltkrieg und in der Oktoberrevolution. Stockholm 1974.

[51] Vgl. Ronald R. Suny: Nationalism and Class as Factors in the Revolution of 1917. Ann Arbor 1988, = Center for Research on Social Organization Working Paper 365.

[52] Zum folgenden Ferro (1961). Die wichtigsten Dokumente zur nationalen Frage im Jahre 1917 in: The Russian Provisional Government. Documents. Selected and edited by R. P. Browder and A. F. Kerensky. Bd. 1 Stanford 1961, S. 317–472.

[53] Zu den einzelnen Regionen vgl. die in früheren Kapiteln zitierten Gesamtdarstellungen und allgemein Pipes (1964). Ich führe im folgenden nur mehr Spezial-Literatur zur Revolutionszeit an.

[54] Zum folgenden vgl. Hunczak (1977); John Reshetar: The Ukrainian Revolution 1917–1920: A Study in Nationalism. Princeton 1952; Dietrich Geyer: Die Ukraine im Jahre 1917. Russische Revolution und nationale Bewegung, in: Geschichte in Wissenschaft und Unterricht 8 (1957), S. 670–687; Steven L. Guthier: The Popular Base of Ukrainian Nationalism in 1917, in: SR 38 (1979), S. 30–47.

[55] Englisch in: Hunczak (1977), S. 382–385, deutsch in Manfred Hellmann (Hg.): Die russische Revolution 1917. München 1964, S. 237–240.

[56] Von den baltischen Provinzen zu den baltischen Staaten. Beiträge zur Entstehungsgeschichte der Republiken Estland und Lettland 1917–1918. Marburg/Lahn 1971; Andrew Ezergailis: The 1917 Revolution in Latvia. Boulder 1974; ders.: The Latvian Impact on the Bolshevik Revolution. The First Phase: September 1917 to April 1918. Boulder 1983.

[57] Anthony F. Upton: The Finnish Revolution 1917–1918. Minneapolis 1980; Alapuro (1988).

[58] Zvi Y. Gitelman: Jewish Nationality and Soviet Politics. The Jewish Sections of the CPSU, 1917–1930. Princeton 1972, S. 69–101.

[59] Firuz Kazemzadeh: The Struggle for Transcaucasia (1917–1921). New York/Oxford 1951; Hovannisian (1967); Swietochowski (1985); Ronald Grigor Suny: The Baku Commune 1917–1918. Class and Nationality in the Russian Revolution. Princeton 1972; ders.: Nationality and Social Class in the Russian Revolution. The Cases of Baku and Tiflis, in: Suny (1983), S. 239–258.

[60] Vgl. Mende (1936), S. 120–149; Bennigsen-Quelquejay (1960), S. 63–92; Zenkovsky (1960), S. 139–178; Hayit (1971), S. 206–252.

[61] Oliver H. Radkey: Russia Goes to the Polls. The Election to the All-Russian Consti-

tuent Assembly, 1917. Ithaca/London 1990, auch zum folgenden, v.a. die Tabellen S. 148–160.

[62] So die Formulierung von Pipes (1964), S. 53.

Ausblick

[1] Das Standardwerk für die sowjetische Nationalitätenfrage bis 1985, auf das ich mich für dieses Kapitel stütze, ist Simon (1986). Vgl. außerdem Nahaylo, Swoboda (1990); Walter Kolarz: Die Nationalitätenpolitik der Sowjetunion. Frankfurt/M. 1956.

[2] Für die Bürgerkriegszeit nach wie vor maßgebend Pipes (1964), für die Zeit bis 1930 vgl. Hélène Carrère d'Encausse: Le grand défi. Bolcheviks et Nations 1917–1930. Paris 1987.

[3] Lenin Studienausgabe. Bd. 2. Frankfurt/M. 1970, S. 275.

[4] Hans Mommsen, Albrecht Martiny: Nationalismus, Nationalitätenfrage, in: Sowjetsystem und demokratische Gesellschaft. Eine vergleichende Enzyklopädie. Bd. 4. Freiburg u.a. 1971, Sp. 623–695.

[5] Einen erschütternden Einblick in die Mechanismen des Terrors gibt ein jüngst veröffentlichter Briefwechsel zwischen Berija und Stalin zu den Deportationen: Deportacija. Berija dokladyvaet Stalinu, in: Kommunist 1991, 3, S. 101–112.

[6] Tabelle bei Simon (1986), S. 443 f.

[7] Zum folgenden vgl. Gerhard Simon: Die Nationalbewegungen und das Ende des Sowjetsystems, in: Osteuropa 41 (1991), S. 774–790; ders.: Die nationale Frage – Motor oder Bremse der Perestrojka? in: Andreas Kappeler (Hg.): Umbau des Sowjetsystems. Sieben Aspekte eines Experiments. Stuttgart–Bonn 1990, S. 80–110; Erhard Stölting: Eine Weltmacht zerbricht. Nationalitäten und Religionen in der UdSSR. Frankfurt/M. 1990.

[8] Vgl. dazu Kappeler (1990).

Literaturverzeichnis

1. Abgekürzt zitierte Sammelwerke und Periodika

AAE	Akty, sobrannye v bibliotekach i archivach Rossijskoj Imperii Archeografičeskoju Ekspedicieju Imperatorskoj Akademii Nauk. 1–4. S.-Peterburg 1836.
APH	Acta Poloniae Historica
ASEER	The American Slavic and East European Review
CAS	Central Asian Survey
CMRS	Cahiers du monde russe et soviétique
ES	Enciklopedičeskij slovar' (F.A. Brokgauz, I.A. Efron). Bd. 1–41 (1–82). S.-Peterburg 1890–1904.
FOG	Forschungen zur osteuropäischen Geschichte
HUS	Harvard Ukrainian Studies
IZ	Istoričeskie Zapiski
JbbGO	Jahrbücher für Geschichte Osteuropas
JBS	Journal of Baltic Studies
MERSH	Modern Encyclopedia of Russian and Soviet History. Ed. by Joseph L. Wieczynski. Bd. 1 ff., Gulf Breeze 1976 ff.
PSZ	Polnoe Sobranie Zakonov Rossijskoj imperii. Sobranie pervoe (I). Bd. 1–50. S.-Peterburg 1830; sobranie vtoroe (II). Bd. 1–55. S.-Peterburg 1830–1884.
RH	Russian History
RR	The Russian Review
SE	Sovetskaja Etnografija
SEER	Slavonic and East European Review
SIRIO	Sbornik Imperatorskago russkago istoričeskago obščestva. Bd. 1–148. S.-Peterburg 1867–1916.
SR	Slavic Review
SZ	Svod zakonov
Vist	Voprosy istorii
ZfO	Zeitschrift für Ostforschung

2. Quellen und Literatur

Akiner, Shirin: Islamic Peoples of the Soviet Union. London 1983.

Alapuro, Risto: State and Revolution in Finland. Berkeley u.a. 1988.

von Albertini, Rudolf: Europäische Kolonialherrschaft 1880–1940. Zürich, Freiburg i.Br. 1976.

Alekseev, A.I.: Osvoenie russkimi ljud'mi Dal'nego Vostoka i Russkoj Ameriki (do konca XIX veka). Moskau 1982.

Ališev, S.Ch.: Istoričeskie sud'by narodov Srednego Povolžja XVI – načalo XIX v. Moskau 1990.

Allworth, Edward (Hg.): Central Asia. 120 Years of Russian Rule. Durham, London 1989.

Ders.: The Modern Uzbeks. From the Fourteenth Century to the Present. A Cultural History. Stanford 1990.

Alston, Patrick L.: Education and the State in Tsarist Russia. Stanford 1969.

Amburger, Erik: Geschichte der Behördenorganisation Rußlands von Peter dem Großen bis 1917. Leiden 1966.
Ders.: Geschichte des Protestantismus in Rußland. Stuttgart 1961.
Ammann, Albert M., S. J.: Abriß der ostslawischen Kirchengeschichte. Wien 1950.
Apollova, N. G.: K voprosu o politike absoljutizma v nacional'nych rajonach Rossii v XVIII v., in: Absoljutizm v Rossii (XVII–XVIII vv.). Sbornik statej k semidesjatiletiju so dnja roždenija... V. K. Kafengauza. Moskau 1964, S. 355–388.
Armstrong, John A.: Mobilized and Proletarian Diasporas, in: The American Political Science Review 70 (1976), S. 393–408.
Ders.: Mobilized Diaspora in Tsarist Russia: The Case of the Baltic Germans, in: Jeremy R. Azrael (Hg.): Soviet Nationality Policies and Practices. New York u. a. 1978, S. 63–104.
Aršaruni, A., Gabidullin, Ch.: Očerki panislamizma i pantjurkizma v Rossii. Moskau 1931.
Ascher, Abraham: The Revolution of 1905. Russia in Disarray. Stanford 1988.
Atkin, Muriel: Russia and Iran 1780–1828. Minneapolis 1980.
Dies.: Russian Expansion in the Caucasus to 1813, in: Rywkin (1988), S. 139–187.
Avrech, A. Ja.: Stolypin i tret'ja Duma. Moskau 1968.
Babel, Antony: La Bessarabie. Étude historique, ethnographique et économique. Paris 1926.
Bacon, Elizabeth E.: Central Asians under Russian Rule. A Study in Cultural Change. Ithaca, New York 1966.
Baron, Salo W.: The Russian Jew under Tsars and Soviets. New York, London 1964.
Basarab, John: Pereiaslav 1654: A Historiographical Study. Edmonton 1982.
Batunsky, Mark: Imperial Pragmatism, Liberalistic Culture Relativism and Assimilatively-Christianizing Dogmatism in Colonial Central Asia: Parallels, Divergencies, Mergences, in: Utrecht Papers on Central Asia. Proceedings of the First European Seminar on Central Asian Studies. Utrecht 1987, S. 95–122.
Ders.: Islam and Russian Culture in the First Half of the 19th Century, in: CAS 9 (1990), 4, S. 1–27.
Baumann, Robert F.: Subject Nationalities in the Military Service of Imperial Russia: The Case of the Bashkirs, in: SR 46 (1987), S. 489–502.
Bazylow, Ludwik: Polacy w Petersburgu, Wrocław u. a. 1984.
Beauvois, Daniel: Le noble, le serf et le revizor. La noblesse polonaise entre le tsarisme et les masses ukrainiennes (1831–1863). Paris 1985.
Becker, Seymour: The Muslim East in Nineteenth-Century Russian Popular Historiography, in: CAS 5 (1986), 3/4, S. 25–47.
Bekmachanova, N. E.: Mnogonacional'noe naselenie Kazachstana i Kirgizii v ėpochu kapitalizma. Moskau 1986.
Bennigsen, Alexandre: The Muslims of European Russia and the Caucasus, in: Vucinich (1972), S. 135–166.
Ders., Chantal Lemercier-Quelquejay: La presse et le mouvement national chez les musulmans de Russie avant 1920. Paris, La Haye 1964.
Dies.: Les mouvements nationaux chez les musulmans de Russie. Le «Sultangalievisme» au Tatarstan. Paris, La Haye 1960.
Dies.: Les musulmans oubliés. L'Islam en Union soviétique. Paris 1981.
Ders., S. Enders Wimbush: Muslims of the Soviet Empire. A Guide. London 1985.
Bitterli, Urs: Alte Welt – neue Welt. Formen des europäisch-überseeischen Kulturkontakts vom 15. bis zum 18. Jahrhundert. München 1986.
Blackwell, William L.: Alexander I and Poland: The Foundations of his Polish Policy and its Repercussions in Russia, 1801–1825. Ph. D. Diss. Princeton 1959.

Ders.: The Beginnings of Russian Industrialization 1800–1860. Princeton 1968.

Bonwetsch, Gerhard: Geschichte der deutschen Kolonien an der Wolga. Stuttgart 1919.

Boshyk, George Y.: The Rise of Ukrainian Political Parties in Russia, 1900–1907: With Special Reference to Social Democracy. Ph. D. Diss. Oxford 1981.

Bruckus, B. D.: Professional'nyj sostav Evrejskago naselenija Rossii po materialam pervoj vseobščej perepisi naselenija 1897 goda. S.-Peterburg 1908.

Ders.: Statistika evrejskago naselenija. Raspredelenie po territorii, demografičeskie i kul'turnye priznaki evrejskago naselenija po dannym perepisi 1897 g. S.-Peterburg 1909.

Bruk, S. I., V. M. Kabuzan: Čislennost' i rasselenie ukrainskogo ėtnosa v XVIII – načale XX v., in: SE 1981, 5, S. 15–31.

Dies.: Dinamika čislennosti i rasselenija russkogo ėtnosa (1678–1917 gg.), in: SE 1982, 4, S. 9–25.

Dies.: Etničeskij sostav naselenija Rossii (1719–1917 gg.), in: SE 1980, 6, S. 18–34.

Dies.: Migracija naselenija v Rossii v XVIII – načala XX veka (Čislennost, struktura, geografija), in: ISSSR 1984, 4, S. 41–59.

Budilovič, A. S.: Možet-li Rossija otdat' inorodcam svoi okrainy? S.-Peterburg 1907.

Byelorussian Statehood. Reader and Bibliography. Ed. by Vitaut and Zora Kipel. New York 1988.

Carrère d'Encausse. Hélène: Islam and the Russian Empire. Reform and Revolution in Central Asia. Berkeley 1988.

Čeginskas, K. J.: Die Russifizierung und ihre Folgen in Litauen unter zaristischer Herrschaft. Bonn 1959, = Commentationes Balticae VI/VII,2.

Charlampovič, K. V.: Malorossijskoe vlijanie na velikorusskuju i cerkovnuju žizn'. Bd. 1. Kazan' 1914 (Reprint 1968).

Civil Rights in Imperial Russia. Ed. by Olga Crisp and Linda Edmondson. Oxford 1989.

Coonrod, Robert W.: The Duma's Attitude toward War-Time Problems of Minority Groups, in: ASEER 13 (1954), S. 29–46.

Coquin, François-Xavier, Céline Gervais-Francelle (Hg.): 1905. La première révolution russe. Paris 1986.

Curtiss, John Shelton: The Russian Army under Nicholas I, 1825–1855. Durham 1965.

Curzon, George N.: Russia in Central Asia in 1889 and the Anglo-Russian Question. London 1967 (Reprint von 1889).

Damešek, L. M.: Vnutrennjaja politika carizma i narody Sibiri. XIX – načalo XX veka. Irkutsk 1986.

Dann, Otto (Hg.): Nationalismus und sozialer Wandel. Hamburg 1978.

Davies, Norman: God's Playground. A History of Poland. Bd. 1–2. Oxford 1981.

Demko, George J.: The Russian Colonization of Kazakhstan 1896–1916. Bloomington 1969.

Dokumente zur Geschichte der europäischen Expansion. Hg. von Eberhard Schmitt u. a. Bd. 2–4. München 1984–1988.

Donnelly, Alton S.: The Russian Conquest of Bashkiria 1552–1740. A Case Study in Imperialism. New Haven 1968.

Drabkina, El.: Nacional'nyj i kolonial'nyj vopros v Carskoj Rossii. Posobie dlja vuzov, komvuzov i samoobrazovanija. Moskau 1930.

Dubnow, S. M.: History of the Jews in Russia and Poland from the Earliest Times until the Present Day. Vol. 1–3. Philadelphia 1916–1920 (Reprint 1946).

Duffy, Christopher: Russia's Military Way to the West. Origins and Nature of Russian Military Power 1700–1800. London u. a. 1981.

Egunov, N. P.: Kolonial'naja politika carizma i pervyj ėtap nacional'nogo dviženija v Burjatii v ėpochu imperializma. Ulan-Udė 1963.

Ehrt, Adolf: Das Mennonitentum in Rußland von seiner Einwanderung bis zur Gegenwart. Berlin–Leipzig 1932.
Erdmann, Johann Friedrich: Beiträge zur Kenntnis des Innern von Rußland. Bd. 1, 2 (1–2). Riga–Dorpat–Leipzig 1822–1826.
Etničeskaja istorija narodov severa. Moskau 1982.
Etničeskie gruppy v gorodach Evropejskoj časti SSSR (formirovanie, rasselenie, dinamika kul'tury). Moskau 1987.
Etnokontaktnye zony v Evropejskoj časti SSSR (geografija, dinamika, metody izučenija). Moskau 1989.
Fadeev, A. V.: Rossija i Kavkaz v pervoj treti XIX v. Moskau 1960.
Fedorov, M. M.: Pravovoe položenie narodov Vostočnoj Sibiri (XVII – načalo XX veka). Jakutsk 1978.
Ferenczi, Caspar: Nationalismus und Neoslavismus in Rußland vor dem Ersten Weltkrieg, in: FOG 34 (1984), S. 7–128.
Ferro, Marc: La politique des nationalités du gouvernement provisoire (fevrier–octobre 1917), in: CMRS 2 (1961), S. 131–165.
Fisher, Alan W.: The Crimean Tatars. Stanford 1978.
Ders.: Enlightened Despotism and Islam under Catherine II., in: SR 27 (1968), S. 542–553.
Fisher, Raymond H.: The Russian Fur Trade 1550–1700. Berkeley, Los Angeles 1943.
Fleischhacker, Hedwig: Russische Antworten auf die polnische Frage 1795–1917. München, Berlin 1941.
Fleischhauer, Ingeborg: Die Deutschen im Zarenreich. Zwei Jahrhunderte deutsch-russische Kulturgemeinschaft. Stuttgart 1986.
Frankel, Jonathan: Prophecy and Politics. Socialism, Nationalism, and the Russian Jews, 1862–1917. Cambridge 1981.
Galojan, G. A.: Rossija i narody Zakavkaz'ja. Očerki političeskoj istorii ich vzaimootnošenij s drevnich vremen do pobedy Velikoj Oktjabrskoj socialističeskoj revoljucii. Moskau 1976.
Galuzo, P. G.: Turkestan – kolonija (Očerki po istorii Turkestana ot zavoevanija russkimi do revoljucii 1917 goda). Moskau 1929.
Garve, Horst: Konfession und Nationalität. Ein Beitrag zum Verhältnis von Kirche und Gesellschaft in Livland im 19. Jahrhundert. Marburg 1978.
Georgi, Johann Gottlieb: Beschreibung aller Nationen des Russischen Reichs, ihrer Lebensart, Religion, Gebräuche, Wohnungen, Kleidungen und übrigen Merkwürdigkeiten. Bd. 1–4. S.-Peterburg 1776–1780.
Geyer, Dietrich: Der russische Imperialismus. Studien über den Zusammenhang von innerer und auswärtiger Politik 1860–1914. Göttingen 1977.
Ders.: Die Russische Revolution. Probleme und Perspektiven. 5. Aufl. Göttingen 1985.
Gierowski, Józef Andrzej: Historia Polski 1764–1864. Warszawa 1988 (1982).
Gistoryja Belaruskaj SSR. Bd. 1–2. Minsk 1972.
Glazik, Josef: Die Islammission der russisch-orthodoxen Kirche. Eine missionsgeschichtliche Untersuchung nach russischen Quellen und Darstellungen. Münster 1959.
Ders.: Die russisch-orthodoxe Heidenmission seit Peter dem Großen. Ein missionsgeschichtlicher Versuch. Münster 1954.
Golikova, N. B.: Očerki po istorii gorodov Rossii konca XVII – načala XVIII v. Moskau 1982.
Gregorian, Vartan: The Impact of Russia on the Armenians and Armenia, in: Vucinich (1972), S. 167–218.
Halbach, Uwe: Die Bergvölker (gorcy) als Gegner und Opfer: Der Kaukasus in der Wahrnehmung Rußlands (Ende des 18. Jahrhunderts bis 1864), in: Kleine Völker (1991), S. 52–65.

Ders.: «Heiliger Krieg» gegen den Zarismus. Zur Verbindung von Sufismus und Djihad im antikolonialen Widerstand gegen Rußland im 19. Jahrhundert, in: Die Muslime (1989), S. 213–234.
Haltzel, Michael: Der Abbau der deutschen ständischen Selbstverwaltung in den Ostseeprovinzen Rußlands. Ein Beitrag zur Geschichte der russischen Unifizierungspolitik 1855–1905. Marburg 1977.
Hambly, Gavin (Hg.): Zentralasien. Frankfurt/M. 1966, = Fischer Weltgeschichte 16.
Hamm, Michael F. (Hg.): The City in Late Imperial Russia. Bloomington 1986.
Handbuch der Geschichte Rußlands. Hg. von Manfred Hellmann, Klaus Zernack und Gottfried Schramm. Bd. 1–3. Stuttgart 1976ff.
Haumann, Heiko: Geschichte der Ostjuden, München 1990.
Hayit, Baymirza: Turkestan zwischen Rußland und China. Eine ethnographische, kulturelle und politische Darstellung zur Geschichte der nationalen Staaten und des nationalen Kampfes Turkestans im Zeitalter der russischen und chinesischen Expansion vom 18. bis ins 20. Jahrhundert. Amsterdam 1971.
Hellmann, Manfred: Grundzüge der Geschichte Litauens. Darmstadt 1966.
Hensel, Jürgen: Polnische Adelsnation und jüdische Vermittler 1815–1830. Über den vergeblichen Versuch einer Judenemanzipation in einer noch nicht emanzipierten Gesellschaft, in: FOG 32 (1983), S. 7–227.
Herberstein, Sigmund von: Das alte Rußland. Zürich 1984.
Hildermeier, Manfred: Die jüdische Frage im Zarenreich. Zum Problem der unterbliebenen Emanzipation, in: JbbGO 32 (1984), S. 321–343.
Ders.: Die Russische Revolution 1905–1921. Frankfurt/M. 1989.
Histoire des Arméniens. Sous la direction de Gérard Dédéyan. Toulouse 1982.
Historia państwa i prawa Polski. T. 3–4. Warszawa 1981–1982.
Hoensch, Jörg K.: Geschichte Polens. Stuttgart 1983.
Hösch, Edgar: Die kleinen Völker und ihre Geschichte: Zur Diskussion über Nationwerdung und Staat in Finnland, in: Kleine Völker (1991), S. 22–32.
Hoetzsch, Otto: Rußland. Eine Einführung auf Grund seiner Geschichte vom Japanischen bis zum Weltkrieg. 2. Aufl. Berlin 1917.
Ders.: Rußland in Asien. Geschichte einer Expansion. Stuttgart 1966.
Horak, Stephen M. (Hg.): Guide to the Study of Soviet Nationalities. Non-Russian Peoples of the USSR. Littleton, Colorado 1982.
Hovannisian, Richard G.: Armenia on the Road to Independence. Berkeley, Los Angeles 1967.
Hroch, Miroslav: Die Vorkämpfer der nationalen Bewegung bei den kleinen Völkern Europas. Eine vergleichende Analyse zur gesellschaftlichen Entwicklung der patriotischen Gruppen. Praha 1968.
Ders.: Social Preconditions of National Revival in Europe. A Comparative Analysis of the Social Composition of Patriotic Groups among the Smaller European Nations. Cambridge 1985.
Hrushevsky, Michael: A History of Ukraine. New Haven 1941.
Hunczak, Taras (Hg.): Russian Imperialism from Ivan the Great to the Revolution. New Brunswick 1974.
Ders. (Hg.): The Ukraine 1917–1921: A Study in Revolution. Cambridge, Mass. 1977.
Hundley, Helen Sharon: Speransky and the Buriats: Administrative Reform in Nineteenth Century Russia. Ph. D. Diss. Univ. of Illinois 1984.
Istorija Azerbajdžana. Bd. 1–3. Baku 1958–1960.
Istorija Burjat-Mongol'skoj ASSR. Bd. 1. Ulan-Udė 1954.
Istorija Čuvašskoj ASSR. Bd. 1. Čeboksary 1966.
Istorija Dagestana. Bd. 2. Moskau 1968.

Istorija Estonskoj SSR. Bd. 1–3. Tallin 1961–1974.
Istorija Jakutskoj ASSR. Bd. 2. Moskau 1957.
Istorija Kazachskoj SSR. Bd. 1–2. Alma-Ata 1975–1979.
Istorija Kirgizii. Bd. 1. Frunze 1963.
Istorija Latvijskoj SSR. Bd. 1–3. Riga 1952–1958.
Istorija Moldavskoj SSR s drevnejšich vremen do našich dnej. Kišinev 1982.
Istorija narodov Severnogo Kavkaza (konec XVIII v. – 1917 g.). Moskau 1988.
Istorija Sibiri s drevnejšich vremen do našich dnej. Bd. 1–5. Leningrad 1968–1969.
Istorija SSSR s drevnejšich vremen do našich dnej. Pervaja serija. Bd. 1–6. Moskva 1966–1968.
Istorija tadžikskogo naroda. Bd. 2/2. Moskau 1964.
Istorija Tatarskoj ASSR (S drevnejšich vremen do našich dnej). Kazan' 1968.
Istorija Turkmenskoj SSR. Bd. 1/2. Aščhabad 1957.
Istorija Ukrajins'koj RSR. Bd. 1–8. Kiev 1977–1979.
Istorija Uzbekskoj SSR. Bd. 2. Taškent 1968.
Ivancevich, Anthony: The Ukrainian National Movement and Russification. Ph. D. Diss. Northwestern University 1976.
Jabločkov, Michail: Istorija dvorjanskago soslovija v Rossii. S.-Peterburg 1876.
Jadrinzew, N.: Sibirien. Geographische, ethnographische und historische Studien. Jena o. J. (1886).
Jewsbury, George F.: The Russian Annexation of Bessarabia: 1774–1828. A Study of Imperial Expansion. Boulder, New York 1976.
Jones, S. F.: Marxism and Peasant Revolt in the Russian Empire: The Case of the Gurian Republic, in: SEER 67 (1989), S. 403–434.
Juchneva, N. V.: Etničeskij sostav i ėtnosocial'naja struktura naselenija Peterburga. Vtoraja polovina XIX – načalo XX veka. Statističeskij analiz. Leningrad 1984.
Jurgela, Constantine R.: History of the Lithuanian Nation. New York 1948.
Jutikkala, Eino (in Verbindung mit Kauko Pirinen): Geschichte Finnlands. Stuttgart 1964.
Kabuzan, V. M.: Izmenenija v razmeščenii naselenija Rossii v XVIII – pervoj polovine XIX v. (Po materialam revizij). Moskau 1971.
Ders.: Narodonaselenie Rossii v XVIII – pervoj polovine XIX v. (po materialam revizij). Moskau 1963.
Ders.: Narody Rossii v XVIII veke. Čislennost' i ėtničeskij sostav. Moskau 1990.
Ders.: Zahl und Siedlungsgebiete der Deutschen im Russischen Reich (1796–1917), in: Zeitschrift für Geschichtswissenschaft 32 (1984), S. 866–874.
Ders., S. M. Troickij: Izmenenija v čislennosti, udel'nom vese i razmeščenii dvorjanstva v Rossii v 1782–1858 gg., in: ISSSR 1971, 4, S. 153–169.
Kahan, Arcadius: Notes on Jewish Entrepreneurship in Tsarist Russia, in: Entrepreneurship in Imperial Russia and the Soviet Union. Hg. von Gregory Guroff and Fred V. Carstensen. Princeton 1983, S. 104–124.
Ders.: The Plow, the Hammer and the Knout. An Economic History of Eighteenth-Century Russia. Chicago, London 1985.
Kalabiński, Stanisław, Feliks Tych: Czwarte powstanie czy pierwsza rewolucja. Lata 1905–1907 na ziemiach polskich. Warszawa 1969.
Kalinyčev, F. I. (Hg.): Gosudarstvennaja duma v Rossii v dokumentach i materialach. Moskau 1957.
Kappeler, Andreas (Hg.): Die Russen. Ihr Nationalbewußtsein in Geschichte und Gegenwart. Köln 1990.
Ders.: Ethnische Minderheiten im alten Rußland (14.–16. Jahrhundert): Regierungspolitik und Funktionen, in: FOG 38 (1986), S. 131–151.

Ders.: Historische Voraussetzungen des Nationalitätenproblems im russischen Vielvölkerreich, in: Geschichte und Gesellschaft 8 (1982), S. 159–183.
Ders.: Moskau und die Steppe. Das Verhältnis zu den Nogai-Tataren im 16. Jahrhundert, in: FOG 46 (1992), S. 87–105.
Ders.: Rußlands erste Nationalitäten. Das Zarenreich und die Völker der Mittleren Wolga vom 16. bis 19. Jahrhundert. Köln, Wien 1982.
Ders.: The Ukrainians of the Russian Empire 1860–1914, in: The Formation of National Elites. Hg. von A. Kappeler. Aldershot 1992, S. 105–132 = Comparative Studies on Governments and Non-dominant Ethnic Groups in Europe, 1850–1940, vol. 6.
Kasteljanskij, A. I. (Hg.): Formy nacional'nago dviženija v sovremennych gosudarstvach. Avstro-Vengrija. Rossija. Germanija. S.-Peterburg 1910.
Katz, Martin: Mikhail N. Katkov. A Political Biography 1818–1887. The Hague, Paris 1966.
Keep, John L. H.: Soldiers of the Tsar. Army and Society in Russia 1462–1874. Oxford 1985.
Kirby, D. G. (Hg.): Finland and Russia 1808–1920. From Autonomy to Independence. London, Basingstoke 1975.
Kleine Völker in der Geschichte Osteuropas. Festschrift für Günther Stökl zum 75. Geburtstag. Hg. von M. Alexander, F. Kämpfer und A. Kappeler. Stuttgart 1991.
Klier, John Doyle: Russia Gathers her Jews. The Origins of the «Jewish Question» in Russia, 1772–1825. Dekalb 1986.
Kočekaev, B.-A. B.: Nogajsko-russkie otnošenija v XV–XVIII vv. Alma-Ata 1988.
Kohut, Zenon E.: Russian Centralism and Ukrainian Autonomy. Imperial Absorption of the Hetmanate. 1760's–1830's. Cambridge, Mass. 1988.
Kolonial'naja politika rossijskogo carizma v Azerbajdžane v 20–60-ch gg. 19 v. Bd. 1–2. Moskau–Leningrad 1936.
Kononenko, Konstantyn: Ukraine and Russia. A History of the Economic Relations Between Ukraine and Russia (1654–1917). Milwaukee 1958.
Korelin, A. P.: Dvorjanstvo v poreformennoj Rossii 1861–1904 gg. Sostav, čislennost', korporativnaja organizacija. Moskau 1979.
Kosman, Marceli: Historia Białorusi. Wrocław u. a. 1979.
Krawchenko, Bohdan: Social Change and National Consciousness in Twentieth-Century Ukraine. Basingstoke/London 1985.
Kreindler, Isabelle T. (Hg.): Sociolinguistic Perspectives on Soviet National Languages. Their Past, Present and Future. Berlin u. a. 1985.
Krupnyckyj, Borys: Geschichte der Ukraine von den Anfängen bis zum Jahre 1920. Leipzig 1943.
Kruus, Hans: Grundriß der Geschichte des estnischen Volkes. Tartu 1932.
Kumor, Bolesław: Ustrój i organizacja kościoła polskiego w okresie niewoli narodowej (1772–1918). Kraków 1980.
Lang, David Marshall: A Modern History of Georgia. London 1962.
Ders.: The Last Years of the Georgian Monarchy 1658–1832. New York 1957.
Lantzeff, George V., Richard A. Pierce: Eastward to Empire. Exploration and Conquest on the Russian Open Frontier, to 1750. Montreal, London 1973.
LeDonne, John P.: Ruling Russia. Politics and Administration in the Age of Absolutism 1762–1796. Princeton 1984.
Lemberg, Eugen: Nationalismus. Bd. 1–2. Reinbek 1964.
Lemercier-Quelquejay, Chantal: Les missions orthodoxes en pays musulmans de Moyenne- et Basse-Volga, 1552–1865, in: CMRS 8 (1967), S. 369–403.
Leslie, R. F.: Polish Politics and the Revolution of November 1830. London 1956.
Levin, M. G.; Potapov, L. P. (Hg.): The Peoples of Siberia. Chicago, London 1964.

Löwe, Heinz-Dietrich: Antisemitismus und reaktionäre Utopie. Russischer Konvervatismus im Kampf gegen den Wandel von Staat und Gesellschaft, 1890–1917. Hamburg 1978.

Ders.: Nationalismus und Nationalitätenpolitik als Integrationsstrategie im zarischen Rußland, in: Kappeler (1990), S. 55–79.

Loit, Alexander (Hg.): National Movements in the Baltic Countries during the 19th Century. Stockholm 1985, = Studia Baltica Stockholmiensia 2.

Long, James W.: From Privileged to Dispossessed. The Volga Germans 1860–1917. Lincoln, London 1988.

Lorenz, Richard: Die Basmatschen-Bewegung, in: Die Muslime (1989), S. 235–256.

Ders.: Die Turkmenen. Zum historischen Schicksal eines mittelasiatischen Volkes, in: Turkestan als historischer Faktor und politische Idee. Festschrift für Baymirza Hayit zu seinem 70. Geburtstag. 17. Dezember 1987. Hg. von Erling von Mende. Köln 1988, S. 120–148.

Lukashevich, Stephen: Ivan Aksakov (1823–1886). A Study in Russian Thought and Politics. Cambridge, Mass. 1965.

Łukawski, Zygmunt: Ludność polska w Rosji 1863–1914. Wrocław u. a. 1978.

Machmedov, Echtibar Selidar ogly: Carizm i vysšee musul'manskoe soslovie Zakavkaz'ja (Problema soslovno-zemel'nych otnošenij. Načalo XIX veka – 1917 g.). Diss. na soisk. uč. step. kandidata istoričeskich nauk. Baku 1987.

Madariaga, Isabel de: Russia in the Age of Catherine the Great. New Haven, London 1981.

Mal'cev, A. N.: Rossija i Belorussija v seredine XVII veka. Moskau 1974.

Mark, Rudolf A.: Die Völker der Sowjetunion. Ein Lexikon. Opladen 1989.

Martens, F. de: Recueil des traités et conventions conclus par la Russie avec les puissances étrangères. Bd. 1–15. St. Pétersbourg 1874–1909 (Reprint 1969).

Meehan-Waters, Brenda: Autocracy and Aristocracy. The Russian Service Elite of 1730. New Brunswick 1982.

Mende, Gerhard v.: Der nationale Kampf der Rußlandtürken. Ein Beitrag zur nationalen Frage in der Sowjetunion. Berlin 1936.

Mil'man, A. Š.: Političeskij stroj Azerbajdžana v XIX – načale XX vekov (administrativnyj apparat i sud, formy i metody kolonial'nogo upravlenija). Baku 1966.

Mironov, B. N.: Vnutrennij rynok Rossii vo vtoroj polovine XVIII – pervoj polovine XIX v. Leningrad 1981.

Müller, Michael G.: Die Teilungen Polens 1772, 1793, 1795. München 1984.

Die Muslime in der Sowjetunion und in Jugoslawien. Identität, Politik, Widerstand. Hg. von A. Kappeler, G. Simon und G. Brunner. Köln 1989.

Nahaylo, Bohdan, Victor Swoboda: Soviet Disunion. A History of the Nationality Problem in the USSR. London 1990.

Die Nationalitäten des Russischen Reiches in der Volkszählung von 1897. Hg. von H. Bauer, A. Kappeler und B. Roth, Bd. 1–2. Stuttgart 1991.

Neutatz, Dietmar: Die «deutsche Frage» im Schwarzmeergebiet und in Wolhynien. Politik, Wirtschaft, Mentalitäten und Alltag im Spannungsfeld von Nationalismus und Modernisierung (1856–1914). Stuttgart 1993.

Nol'de, B. E.: Očerki russkago gosudarstvennago prava. S.-Peterburg 1911.

Nolde, Boris: La formation de l'Empire russe. Études, notes et documents. Bd. 1–2. Paris 1952–1953.

Nolte, Hans-Heinrich: Religiöse Toleranz in Rußland 1600–1725. Göttingen 1969.

Ders.: Verständnis und Bedeutung der religiösen Toleranz in Rußland 1600–1725, in: JbbGO 17 (1969), S. 494–530.

Obščestvennoe dviženie v Rossii v načale XX-go věka. Bd. 4, č. 1–2. S.-Peterburg 1912.

Očerki istorii Kalmyckoj ASSR. Dooktjabr'skij period. Moskau 1967.

Očerki istorii Udmurtskoj ASSR. Bd. 1. Iževsk 1958.
Očerki po istorii Baškirskoj ASSR. Bd. 1 (1–2). Ufa 1956–1959.
Očerki po istorii Komi ASSR. Bd. 1. Syktyvkar 1955.
Ochmański, Jerzy: Historia Litwy. Wrocław u. a. 1967.
Olcott, Martha Brill: The Kazakhs. Stanford 1987.
Die Orthodoxe Kirche in Rußland. Dokumente ihrer Geschichte (860–1980). Hg. von Peter Hauptmann und Gerd Stricker. Göttingen 1988.
Parsamjan, V. A.: Istorija armjanskogo naroda 1801–1900 gg. Kniga pervaja. Erevan 1972.
Passé turco-tatar – présent soviétique. Études offertes à Alexandre Bennigsen, publiées par Ch. Lemercier-Quelquejay, G. Veinstein, S. E. Wimbush. Louvain, Paris 1986.
Pelesz, Julian: Geschichte der Union der ruthenischen Kirche mit Rom von den ältesten Zeiten bis auf die Gegenwart. Bd. 2. Wien 1880.
Picht, Ulrich: M. P. Pogodin und die Slavische Frage. Stuttgart 1969.
Pierce, Richard A.: Russian Central Asia 1867–1917. A Study in Colonial Rule. Berkeley, Los Angeles 1960.
Pipes, Richard: The Formation of the Soviet Union. Communism and Nationalism 1917–1923. 2. Aufl. Cambridge, Mass. 1964.
Polonska-Vasylenko, Natalija: Geschichte der Ukraine. Von den Anfängen bis 1923. München 1988.
Przemiany społeczne w Królestwie Polskim 1815–1864. Wrocław u. a. 1979.
Raeff, Marc: Patterns of Russian Imperial Policy Toward the Nationalities, in: Edward Allworth (Hg.): Soviet Nationality Problems. New York, London 1971, S. 22–42.
Rauch, Georg von: Rußland: Staatliche Einheit und nationale Vielfalt. Föderalistische Kräfte und Ideen in der russischen Geschichte. München 1953.
Raun, Toivo U.: Estonia and the Estonians. Stanford 1987.
Ders.: The Development of Estonian Literacy in the 18th and 19th Centuries, in: JBS 10 (1979), S. 113–126.
Ders.: The Revolution of 1905 in the Baltic Provinces and Finland, in: SR 43 (1984), S. 453–467.
Recueil de matériaux sur la situation économique des Israélites de Russie d'après l'enquête de la Jewish Colonization Association. Bd. 1–2. Paris 1906–1908.
Recueil des traités, conventions et actes diplomatiques concernant la Pologne 1762–1882 par le comte d'Angeberg. Paris 1862.
Reinhard, Wolfgang: Geschichte der europäischen Expansion. Bd. 1–3. Stuttgart 1983–1988.
Rest, Matthias: Die russische Judengesetzgebung von der ersten Polnischen Teilung bis zum «Položenie dlja evreev» (1804). Wiesbaden 1975.
Die Revolution von 1905–1907 in Rußland. Übers. aus dem Russ. Berlin (Ost) 1980.
Rhinelander, Laurens Hamilton Jr.: The Incorporation of the Caucasus into the Russian Empire: The Case of Georgia, 1801–1854. Ph. D. Diss. Columbia University 1975.
Rhode, Gotthold: Geschichte Polens. Ein Überblick. 3. Aufl. Darmstadt 1980.
Riasanovsky, Nicholas V.: Nicholas I and Official Nationality in Russia, 1825–1855. Berkeley, Los Angeles 1959.
Rieber, Alfred J.: Merchants and Entrepreneurs in Imperial Russia. Chapel Hill 1982.
Rogger, Hans: Jewish Policies and Right-Wing Politics in Imperial Russia. Basingstoke, London 1986.
Ders.: Nationalism and the State. A Russian Dilemma, in: Comparative Studies in Society and History 4 (1961/62), S. 253–264.
Romanovič-Slavatinskij, A.: Dvorjanstvo v Rossii ot načala XVIII veka do otmeny krepostnogo prava. Svod materialov i priugotovitel'nye ėtjudy dlja istoričeskago izsledovanija. Izd. 2-oe. Kiev 1912.

Rorlich, Azade-Ayşe: The Volga Tatars. A Profile in National Resilience. Stanford 1986.
Russian Jewry (1860–1917). Hg. von J. Frumkin, G. Aronson, A. Goldenweiser. New York, London 1966.
Rußlands Aufbruch ins 20. Jahrhundert. Politik – Gesellschaft – Kultur 1894–1917. Olten, Freiburg 1970.
Rywkin, Michael (Hg.): Russian Colonial Expansion to 1917. London, New York 1988.
Salia, Kalistrat: History of the Georgian Nation. Paris 1983.
Sambuk, S. M.: Politika carizma v Belorussii vo vtoroj polovine XIX veka. Minsk 1980.
Sarkisyanz, Emanuel: Geschichte der orientalischen Völker Rußlands bis 1917. Eine Ergänzung zur ostslawischen Geschichte Rußlands. München 1961.
Saunders, David: The Ukrainian Impact on Russian Culture 1750–1850. Edmonton 1985.
Scharf, Claus: Konfessionelle Vielfalt und orthodoxe Autokratie im frühneuzeitlichen Rußland, in: Deutschland und Europa in der Neuzeit. Festschrift für Karl Otmar Freiherr von Aretin zum 65. Geburtstag. Stuttgart 1988, S. 179–192.
Scheibert, Peter (Hg.): Die russischen politischen Parteien von 1905 bis 1917. Ein Dokumentationsband. Darmstadt 1972.
Schweitzer, Robert: Autonomie und Autokratie. Die Stellung des Großfürstentums Finnland im russischen Reich in der zweiten Hälfte des 19. Jahrhunderts (1863–1899). Gießen 1978.
Ders.: Die «Baltische Parallele»: Gemeinsame Konzeption oder zufällige Koinzidenz in der russischen Finnland- und Baltikumpolitik im 19. Jahrhundert? in: ZfO 33 (1984), S. 551–576.
Screen, J. E. O.: The Entry of Finnish Officers into Russian Military Service 1809–1917. Ph. D. Diss. London 1976.
Seton-Watson, Hugh: Nations and States. An Enquiry into the Origins of Nations and the Politics of Nationalism. London 1977.
Ders.: The Russian Empire 1801–1917. Oxford 1967.
Seton-Watson, R. W.: A History of the Roumanians. From Roman Times to the Completion of Unity. Cambridge 1934 (Reprint 1963).
Shanin, Teodor: Russia, 1905–1907. Revolution as a Moment of Truth. Basingstoke, London 1986, = The Roots of Otherness: Russia's Turn of Century 2.
Simon, Gerhard: Konstantin Petrovič Pobedonoscev und die Kirchenpolitik des Heiligen Sinod 1880–1905. Göttingen 1969.
Ders.: Nationalismus und Nationalitätenpolitik in der Sowjetunion. Von der totalitären Diktatur zur nachstalinschen Gesellschaft. Baden-Baden 1986.
Smolitsch, Igor: Geschichte der russischen Kirche 1700–1917. Bd. 1. Leiden 1964; Bd. 2. Berlin 1991 (FOG 45).
Die sozialen Verhältnisse der Juden in Rußland. Auf Grund des Amtlichen statistischen Materials bearbeitet. Berlin 1906.
Spekke, Arnolds: History of Latvia. An Outline. Stockholm 1951.
Starr, S. Frederick: Tsarist Government: The Imperial Dimension, in: Jeremy R. Azrael (Hg.): Soviet Nationality Policies and Practices. New York 1978, S. 3–38.
Stein, Hans-Peter: Der Offizier des russischen Heeres im Zeitalter zwischen Reform und Revolution (1861–1905), in: FOG 13 (1967), S. 346–507.
Stökl, Günther: Russische Geschichte. Von den Anfängen bis zur Gegenwart. 5. Aufl. Stuttgart 1990.
Storch, Heinrich: Historisch-statistisches Gemälde des Russischen Reichs am Ende des achtzehnten Jahrhunderts. Bd. 1–2, Riga 1797; Bd. 3. Leipzig 1799.
Ders.: Statistische Übersicht der Statthalterschaften des Russischen Reiches nach ihren merkwürdigen Kulturverhältnissen. In Tabellen. Riga 1795.

Studies in Russian Historical Geography. Ed. by J. H. Bater, R. A. French. Bd. 1. London u. a. 1983.
Subtelny, Orest: Ukraine. A History. Toronto, Buffalo, London 1988.
Suny, Ronald Grigor: The Making of the Georgian Nation. London 1989.
Ders. (Hg.): Transcaucasia. Nationalism and Social Change. Essays in the History of Armenia, Azerbaijan, and Georgia. Ann Arbor 1983.
Svod statističeskich dannych o naselenii Zakavkazskago kraja, izvlečennych iz posemejnych spiskov 1886 g. Tiflis 1893.
Swietochowski, Tadeusz: Russian Azerbaijan 1905–1920. The Shaping of National Identity in a Muslim Community. Cambridge 1985.
Thackeray, Frank W.: Antecedents of Revolution: Alexander I and the Polish Kingdom, 1815–1825. Boulder 1980.
Thaden, Edward C.: Russia's Western Borderlands, 1710–1870. With the Collaboration of Marianna Forster Thaden. Princeton 1984.
Ders. (Hg.): Russification in the Baltic Provinces and Finland, 1855–1914. Princeton 1981.
Tiander, Karl: Das Erwachen Osteuropas. Die Nationalitätenbewegung in Rußland und der Weltkrieg. Erinnerungen und Ausblicke. Wien, Leipzig 1934.
Tillett, Lowell: The Great Friendship. Soviet Historians on the Non-Russian Nationalities. Chapel Hill 1969.
To Siberia and Russian America: Three Centuries of Russian Eastward Expansion, 1558–1867. Hg. von Basil Dmytryshyn u. a. Bd. 1–3. Portland 1985–1989.
Trapans, Janis Arveds: The Emergence of a Modern Latvian Nation: 1764–1914. Ph. D. Diss. Univ. of California, Berkeley 1979.
Troickij, S. M.: Russkij absoljutizm i dvorjanstvo v XVIII v. Formirovanie bjurokratii. Moskau 1974.
Ulaščik, N. N.: Predposylki krest'janskoj reformy 1861 g. v Litve i zapadnoj Belorussii. Moskau 1965.
Vakar, Nicholas P.: Belorussia. The Making of a Nation. A Case Study. Cambridge, Mass. 1956.
Volkova, N. G.: Etničeskij sostav naselenija Severnogo Kavkaza v XVIII – načale XX veka. Moskau 1974.
Vucinich, Wayne S. (Hg.): Russia and Asia. Essays on the Influence of Russia on the Asian Peoples. Stanford 1972.
Wasilewski, Leon: Die Ostprovinzen des alten Polenreiches (Litauen u. Weißruthenien – die Landschaft Chełm – Ostgalizien – die Ukraina). Krakau 1916.
Ders.: Litwa i Białoruś. Przeszłość, teraźniejszość, tendencje rozwojowe. Kraków o. J. (1925).
Wandycz, Piotr S.: The Lands of Partitioned Poland 1795–1918. Seattle, London 1974.
Weinryb, Bernard D.: Neueste Wirtschaftsgeschichte der Juden in Rußland und Polen. Von der 1. polnischen Teilung bis zum Tode Alexanders II. (1772–1881). 2. Aufl. Hildesheim, New York 1972.
Wheeler, Geoffrey: The Modern History of Soviet Central Asia. London 1964.
Winiarski, Bohdan: Les institutions politiques en Pologne au XIXe siècle. Paris 1924.
Wittram, Reinhard: Baltische Geschichte. Die Ostseelande Livland, Estland, Kurland 1180–1918. Grundzüge und Durchblicke. München 1954.
Ders.: Peter I., Czar und Kaiser. Zur Geschichte Peters des Großen in seiner Zeit. Göttingen 1964.
Wixman, Ronald: Language Aspects of Ethnic Patterns and Processes in the North Caucasus. Chicago 1980.
Ders.: The Peoples of the USSR. An Ethnographic Handbook. London 1984.

Wood, Alan (Hg.): The History of Siberia. From Russian Conquest to Revolution. London, New York 1991.
Wuorinen, John H.: A History of Finland. New York, London 1965.
Yaroshevsky, Dov B.: The Attitüde of Catherine II toward Nomads of the Russian Empire. Paper Fourth International Conference on Eighteenth-Century Russia. Hoddesdon 1989.
Zajončkovskij, P. A.: Pravitel'stvennyj apparat samoderžavnoj Rossii v XIX v. Moskau 1978
Zakonodatel'stvo perioda rascveta absoljutizma. Moskau 1987, = Rossijskoe zakonodatel'stvo X-XX vekov Bd. 5.
Zelenčuk, V. S.: Naselenie Bessarabii i Podnestrov'ja v XIX v. (Etničeskie i social'no-demografičeskie processy). Kišinev 1979.
Zenkovsky, Serge A.: Pan-Turkism and Islam in Russia. Cambridge, Mass. 1960.
Zjablovskij, E.: Statističeskoe opisanie Rossijskoj imperii v nynešnem eja sostojanii. Č. 1–3. 2. Aufl. S.-Peterburg 1815.
Žukovič, P.: Soslovnyj sostav naselenija Zapadnoj Rossii v carstvovanie Ekateriny IL, in: Žurnal ministerstva narodnago prosveščenija N. S. 1915, čast' LV, janvar', S. 76–109; fevral', S. 171–321; čast' LVII, maj, S. 130–178.

Ausgewählte neuere Literatur

Baberowski, Jörg: Der Feind ist überall. Stalinismus im Kaukasus. München 2003.
Barkey, Karen, Mark von Hagen (Hgg.): After Empire. Multiethnic Societies and Nation-Building. The Soviet Union and the Russian, Ottoman, and Habsburg Empires. Boulder 1997.
Batalina, Marina, Aleksej Miller (Hgg.): Rossijskaja Imperija v sravnitel'noj perspektive. Sbornik statej. Moskva 2004.
Bassin, Mark: Imperial Visions. Nationalist Imagination and Geographical Expansion in the Russian Far East, 1840–1865. Cambridge 1999.
Brandenberger, David: National Bolshevism: Stalinist Mass Culture and the Formation of Modern Russian National Identity, 1931–1956. Cambridge, Mass. 2002.
Brower, Daniel R.: Turkestan and the Fate of the Russian Empire. London-New York 2003.
Brower, Daniel R., Edward J. Lazzerini (Hgg.): Russia's Orient. Imperial Borderlands and Peoples, 1700–1917. Bloomington, Indianapolis 1997, 27–57.
Burbank, Jane, Mark von Hagen, Anatolyi Remnev (Hgg.): Russian Empire. Space, People, Power, 1700–1930. Bloomington, Indianapolis 2007.
Crews, Robert D.: For Prophet and Tsar. Islam and Empire in Russia and Central Asia. Cambridge, Mass. 2006.
David-Fox, Michael, Peter Holquist, Alexander Martin (Hgg.): Orientalism and Empire in Russia. Bloomington 2006 (Kritika Historical Studies 3).
Evtuhov, Catherine, Boris Gasparov, Alexander Ospovat, Mark von Hagen (Hgg.): Kazan, Moscow, St. Petersburg: Multiple Faces of the Russian Empire. Moscow 1997.
Geraci, Robert P., Michael Khodarkovsky (Hgg.): Of Religion and Empire. Missions, Conversion, and Tolerance in Tsarist Russia. Ithaca-London 2001.
Gerasimov, I., S. Glebov, A. Kaplunovskij, M. Mogil'ner, A. Semenov (Hgg.): Novaja imperskaja istorija postsovetskogo prostranstva. (Biblioteka žurnala «Ab Imperio») Kazan' 2004.
Hirsch, Francine: Empire of Nations. Ethnographic Knowledge and the Making of the Soviet Union. Ithaca 2005.
Hosking, Geoffrey: Russland. Nation oder Imperium? 1552–1917. Berlin 2000.

Imperskij stroj Rossii v regional'nom izmerenii (XIX – načalo XX°veka). Sbornik naučnych statej. Moskva 1997.

Kaiser, Robert J.: The Geography of Nationalism in Russia and the USSR. Princeton 1994.

Kaspė, Svjatoslav: Imperija i modernizacija. Obščaja model' i rossijskaja specifika. Moskva 2001.

Khodarkovsky, Michael: Russia's Steppe Frontier. The Making of a Colonial Empire, 1500–1800. Bloomington 2002.

Lieven, Dominic: Empire. The Russian Empire and Its Rivals. London 2000.

Martin, Terry: The Affirmative Action Empire: Nations and Nationalism in the Soviet Union, 1923–1939. Ithaca-London 2001.

Matsuzato, Kimitaka (Hg.): Imperiology. From Empirical Knowledge to Discussing the Russian Empire. Sapporo 2007.

Miller, Alexei: The Romanov Empire and Nationalism. Essays in the Methodology of Historical Research. Budapest – New York 2008.

Miller, Alexei: The Ukrainian Question: The Russian Empire and Nationalism in the Nineteenth Century. Budapest – New York 2003.

Miller, Alexei, Alfred J. Rieber (Hgg.): Imperial Rule. Budapest – New York 2004.

Pravilova, Ekaterina: Finansy imperii. Den'gi i vlast' v politike Rossii na nacional'nych okrainach, 1801–1917. Moskva 2006.

Renner, Andreas: Russischer Nationalismus und Öffentlichkeit im Zarenreich 1855–1875. Köln u.a. 2000.

Staliūnas, Darius: Making Russians. Meaning and Practice of Russification in Lithuania and Belarus after 1863. Amsterdam u.a. 2007.

Višlenkova, Elena: Zabotjas' o dušach poddanych: Religioznaja politika v Rossii pervoj četverti XIX veka. Saratov 2002.

Weeks, Theodore R.: Nation and State in Late Imperial Russia. Nationalism and Russification on the Western Frontier. 1863–1914. DeKalb, Ill. 1996.

Wortman, Richard S.: Scenarios of Power. Myth and Ceremony in Russian Monarchy. B. 1–2. Princeton 1995, 2000.

Zapadnye okrainy Rossijskoj imperii. Moskva 2006.

Glossar*

* Vgl. die ausführlicheren Erörterungen in Hans-Joachim Torke (Hg.): Lexikon der Geschichte Rußlands. Von den Anfängen bis zur Oktober-Revolution. München 1985

Ansiedlungsrayon (čerta osedlosti): Die Regionen des Russischen Reiches (15 Gouvernements im Westen und 10 im Königreich Polen), in denen Juden ihren ständigen Wohnsitz haben durften.

Autokratie (samoderžavie, Selbstherrschaft): Herrschaftsordnung des Moskauer und Russischen Reiches mit einer theoretisch unbeschränkten Machtfülle des Zaren.

Beg (Bäy, Bey, Bei): Türkischer Ehrentitel für Stammesführer und Aristokraten.

Bund: Allgemeiner jüdischer Arbeiterbund in Litauen, Polen und Rußland.

Bund des russischen Volkes (Sojuz russkogo naroda): Rechtsradikale russische Partei.

Cholop: Sklave (Knecht) im Moskauer Staat.

Daschnaken (Dašnakcutiun): Partei der Revolutionären Armenischen Föderalisten.

Dschadidismus: Reformbewegung des Islam, die zunächst das traditionelle Schulwesen, dann die ganze islamische Kultur durch die Verbindung mit westlichem Denken erneuern wollte.

Dschingisiden: Angehörige der von Dschingis Khan begründeten mongolisch-tatarischen Dynastie.

Duma (Gosudarstvennaja duma, Reichsduma): Während der Revolution von 1905 von der Zarenregierung zugestandenes gewähltes Parlament. Die Wahlgesetze zur 1. und 2. Duma (1906–07) waren relativ demokratisch, die zur 3. und 4. Duma benachteiligten die Unterschichten stark.

Ehrenbürger (početnyj graždanin): 1831/32 geschaffener privilegierter städtischer Stand, unterteilt in erbliche und persönliche E.

Einhöfer (odnodvorcy): Deklassierte niedere Dienstleute, Unterkategorie der Staatsbauern.

Gebiet: siehe oblast'.

Gildenkaufleute (kupcy): Stand im Russischen Reich, der die reicheren Kaufleute umfaßte, nach dem Vermögen in drei, ab 1863 in zwei Gilden gegliedert.

Goldene Horde (Ulus Dschutschi): Nachfolgereich des Mongolischen Weltreiches im westlichen Eurasien im 13. bis späten 15. Jh.; Zentrum in Sarai an der unteren Wolga.

Gorcy (Bergler): Russische Kollektivbezeichnung für die Ethnien des Kaukasus-Gebirges.

Gouvernement (gubernija): Grundlegende Verwaltungseinheit des Russischen Reiches.

Haskalah: Aufklärungsbewegung unter den Juden.

Hetmanat: Von Hetman B. Chmel'nyc'kyj und den Dnepr-Kosaken 1648 begründeter Herrschaftsverband in der Ukraine; ab 1667 Gebiet der Ukraine am linken Dnepr-Ufer (mit Kiev), mit (bis 1764) weitgehender Autonomie innerhalb des Moskauer und Russischen Reiches.

Hromada (Gemeinde): Organisation der ukrainischen Nationalbewegung.

Inorodcy (Fremdstämmige, Allogene):

a) Rechtliche Standeskategorie, die zahlreiche nichtrussische Ethnien aus dem Kreis der vollwertigen Bürger (prirodnye) ausschloß und ihnen einen Sonderstatus und lokale Selbstverwaltung gab; 1822 für die nichtseßhaften Ethnien Sibiriens geschaffen, dann auf andere ethnische Gruppen im asiatischen Rußland und auf die Juden übertragen.

b) Seit der Mitte des 19. Jahrhunderts auch pejorative Bezeichnung für alle Nichtrussen des Zarenreiches.

Ittifak: Union der Muslime Rußlands.

Jasak: Tribut (mongolisch-tatarischer), im Moskauer Reich Abgaben der Lastenpflichtigen (Jasakleute), die ehemals unter mongolischer Herrschaft gewesen waren, dann auch aller sibirischen Stämme.

Kadetten: Abkürzung für die Konstitutionell-Demokratische (KD) Partei, auch Partei der Volksfreiheit, mit radikal-liberalem Programm.

Kahal (kehilla): Selbstverwaltungsorgan der jüdischen Gemeinden in Polen-Litauen und im Russischen Reich.

Kaufleute: siehe Gildenkaufleute.

Khan (Chan): Türkischer Herrschertitel; Herrscher in einem mongolischen Teilreich.

Khanat (Chanat): Reich (türkisch), Nachfolgestaat des Mongolenreiches.

Kleinrußland (Malorossija): Zunächst kirchliche, dann offizielle russische Bezeichnung der Ukraine.

Kollegien: Von Peter dem Großen an Stelle der Prikazy eingeführte zentrale Behörden, im 19. Jh. durch die Ministerien ersetzt.

Kolonisten: Ausländische Siedler im Russischen Reich, die sich bis zum Jahr 1871 als rechtlich und sozial privilegierte Gruppe von der russischen Landbevölkerung abhoben.

Kosaken:

a) In erster Linie aus Ostslawen bestehende Bevölkerungsgruppe, die sich im 16. und 17. Jh. an der Steppengrenze, meist an Flußläufen (Dnepr, Don, Wolga, Terek, Jaik) niederließ, von Kriegs- und Beutezügen, Fischerei und Viehzucht lebte, eine spezifische militärdemokratische Verfassung hatte und Aufgaben des Grenzschutzes für die polnisch-litauischen und russischen Herrscher erfüllte.

b) Dienst-K.: im Moskauer Reich Kategorie der »ausgehobenen Dienstleute« (služilye ljudi po priboru), meist als Garnisonen in Grenzfestungen eingesetzt.

c) Im Russischen Reich des 18. und 19. Jahrhunderts bildeten die militärdienstleistenden K. einen eigenen, in K.-Heeren organisierten Stand.

Maloljud'e (maloljudstvo): »Mangel an Leuten«, Fehlen ausgebildeter Fachleute.

Meščane (»Kleinbürger«): 1785 in Rußland eingeführter Stand, der die persönlich freie handel- und gewerbetreibende Grundschicht der Stadtbevölkerung umfaßte.

Meščerjaki (mišari, Mischaren): Tatarische Dienstleute im Ural, dann regionale Gruppe der Wolgatataren.

Metropolit: Oberhaupt der Kirche der Rus' und des Moskauer Reiches bis zur Errichtung des Moskauer Patriarchats im Jahre 1589.

Muridismus: Islamische Lehre der sufitischen Bruderschaften mit bedingungsloser Gefolgschaft der Schüler (Muriden).

Narodniki (Populisten): Mitglieder der russischen agrarsozialistischen Bewegung der zweiten Hälfte des 19. Jahrhunderts.

Neurußland (Novorossija): Zeitgenössische Bezeichnung für die Süd-Ukraine, das Steppengebiet nördlich des Schwarzen Meeres.

oblast' (Gebiet): Verwaltungseinheit in Randgebieten des Russischen Reiches (statt Gouvernement).

Oktobristen (Sojuz 17 oktjabrja, Union des 17. Oktobers): Rechts-liberale Partei.

PPS (Polska Partia Socjalistyczna): Polnische Sozialistische Partei.

Prikaz: Zentralamt im Moskauer Reich. – Prikaz Kazanskogo Dvorca: Kanzlei für das Khanat von Kazan', bis zur Schaffung des Sibirskij Prikaz (1637) für alle neu erworbenen Gebiete im Osten.

Rangtabelle: Von Peter dem Großen eingeführte Stufenleiter aller Dienstgrade und Ämter in Armee, Marine, Zivil- und Hofdienst.

Reichsrat (gosudarstvennyj sovet, auch Staatsrat): Oberste Behörde Rußlands im 19. Jh., ab 1906 zweite Kammer neben der Duma.
Revision: Zählung der steuerpflichtigen Bevölkerung Rußlands 1719–1858.
Ritterschaft: Korporation des deutschbaltischen Adels in den Ostseeprovinzen.
Rus': Selbstbezeichnung der Ostslawen im Mittelalter.
Sejm: Reichstag in Polen-Litauen.
Sejmik: Landtag in Polen-Litauen.
Senat: Von Peter dem Großen eingeführte höchste Behörde in Rußland, deren Bedeutung in der Folge abnahm und im 19. Jh. vor allem Kontrollorgan und oberster Gerichtshof war.
Sloboda-Ukraine: Region der Ost-Ukraine um Char'kov.
Smuta: Zeit der Wirren im Moskauer Staat zu Beginn des 17. Jahrhunderts.
Staatsbauern: Unter Peter dem Großen geschaffene Kategorie von lastenpflichtigen Bauern, die nicht von privaten Grundbesitzern, sondern direkt vom Staat abhängig waren, und im Gegensatz zu den Leibeigenen persönlich frei blieben. In die Kategorie der Staatsbauern wurden eine ganze Reihe früherer Bevölkerungsgruppen eingegliedert, so die sogenannten »schwarzen Bauern«, die »Einhöfer«, die russischen Bauern Sibiriens und die seßhaften Jasakleute.
Stände (soslovija, sostojanija): Im Laufe des 18. und 19. Jh. von der Regierung geschaffene rechtliche Kategorien: Erbliche Adlige, persönliche Adlige, Geistliche, erbliche Ehrenbürger, persönliche Ehrenbürger, Kaufleute, meščane, Bauern und als Sondergruppen die inorodcy und Kosaken.
Staršyna: Offiziere, dann Oberschicht der Dnepr-Kosaken.
Sufismus: Mystische Lehre des Islam, organisiert in Bruderschaften/Orden.
Szlachta: Adel in Polen-Litauen.
tajši: Titel mongolischer Aristokraten.
Teptjaren und Bobylen: In das Ural-Gebiet eingewanderte nichtrussische Jasakleute, die von Baschkiren abhängig waren.
Trudoviki: »Gruppe der Werktätigen« in der Duma mit agrarsozialistischer Ausrichtung.
Uezd: Verwaltungseinheit (»Kreis«, »Bezirk«), im Russischen Reich Unterabteilung der Gouvernements.
Unierte Kirche: In der Union von Brest (1596) begründete römische Kirche des östlichen Ritus, die den Papst und die römisch-katholischen Dogmen anerkennt, jedoch orthodoxe Riten und die kirchenslawische Sprache beibehalten hat; auch Griechisch-Katholische Kirche.
Voevode (Wojewode): Heerführer, im Moskauer und Russischen Reich des 16. bis 18. Jh. Vorsteher der Regionalverwaltung.
Votčina: »Vatererbe«, Erbgut, Erbbesitz.
Zaporoher Sič': Befestigtes Zentrum der Dnepr-Kosaken, wo sich ihre traditionelle Lebensweise und ihre militärdemokratische Ordnung bis zu seiner Auflösung im Jahre 1775 hielten.
Zemstvo: Bezeichnung für die 1864 in den zentralen Regionen des Reiches eingeführte regionale und lokale Selbstverwaltung.

Register